DÖBLER · KLEINE SPIELE

Erika und Hugo Döbler

KLEINE SPIELE

Ein Handbuch für Kindergarten, Schule und Sportgemeinschaft

16. Auflage

Volk und Wissen
Volkseigener Verlag Berlin
1987

Inhaltsverzeichnis

Praktisch-methodischer Teil (Spielsammlung)

*** Die bereits in anderen Kapiteln beschriebenen und auch im Wasser verwendbaren Spiele werden nicht noch einmal in der Gliederung genannt, sind aber im Kapitel selbst angegeben. Hier weisen wir nur auf die Gruppen hin, aus denen Spiele entnommen wurden**

Anhang

Vorwort zur 12. Auflage

Die bisherigen Auflagen unseres Spielbuches — die erste erschien 1963 — waren stets bald nach ihrem Erscheinen vergriffen. Durch zahlreiche Zuschriften, mündliche Mitteilungen und manchen Erfahrungsaustausch mit Sportlehrern, Kindergärtnerinnen, Heimerziehern, Pionierleitern und auch Trainern konnte diese umfangreiche Spielsammlung und methodische Anleitung erweitert und verbessert werden. Wir hoffen, daß dieses Buch seiner Zielsetzung jetzt noch besser gerecht wird. Es hat seit seinem Bestehen dazu beigetragen, die sportliche Betätigung in der Vorschulerziehung, den Sportunterricht, den außerunterrichtlichen Sport, den Freizeit- und Erholungssport, ja auch den Leistungssport zu bereichern. Die Kleinen Spiele helfen, die Körpererziehung freudvoll und lebhaft zu gestalten. Sie eignen sich als Mittel für eine vielseitige körperliche Grundausbildung und sind auch Trainingsmittel unter den verschiedensten Aspekten des Leistungssports.

Körperkultur und Sport haben in unserer Republik einen sehr hohen Entwicklungsstand erreicht, und die weitere Vervollkommnung der Methodik des Sportunterrichts und des Trainings sowie fachwissenschaftliche Untersuchungsergebnisse zwingen zur ständigen Erneuerung der Fachliteratur. Aus diesem Grunde haben sich Verfasser und Verlag zu einer stark überarbeiteten Auflage der „Kleinen Spiele“ entschieden und auch die Außen- und Innengestaltung des Buches verändert.

Soweit es möglich war, wurden die uns gegebenen Hinweise und auch die Empfehlungen unserer Gutachter — denen wir für ihre zustimmende und freundliche Wertung unserer Arbeit danken — bei der Überarbeitung berücksichtigt.

Mögen die „Kleinen Spiele“ in der nun vorliegenden neuen Fassung wie bisher ihre Aufgabe erfüllen und auf den verschiedensten Gebieten des Sports und der Freizeitgestaltung eine noch bessere Hilfe für die Arbeit sein.

Leipzig,
im Juni 1978

Erika und Hugo Döbler

Theoretische Einführung

1 Stellung und Bedeutung der Kleinen Spiele in der körperlichen Bildung und Erziehung

1.1. Allgemeines über das Spiel

In unserer sozialistischen Bildung und Erziehung nehmen die Spiele in ihrer Gesamtheit einen bedeutenden Platz ein. Sie tragen bei bewußter, zweckmäßiger Gestaltung dazu bei, *eine gebildete, körperlich gesunde, kräftige, in ihren Auffassungen und ihrem Streben fortschrittliche Jugend* zu erziehen. Ihr hoher biologischer und pädagogischer Wert hat die Spiele zu einem unentbehrlichen Mittel der Persönlichkeitsformung werden lassen. Bewegungsspiele tragen dazu bei, ein hohes Niveau der physischen und sportlichen Leistungsfähigkeit zu erreichen, sie helfen, ein ausgeprägtes Bedürfnis nach regelmäßiger sportlicher Betätigung zu entwickeln und bieten zahlreiche Möglichkeiten, positive Charaktereigenschaften und Verhaltensweisen zu festigen. Daß sowohl die Kleinen Spiele als auch die Sportspiele geeignet sind, „jung und alt" anzuziehen, zu begeistern und zur aktiven Teilnahme zu gewinnen, liegt zum großen Teil schon in den Spielen selbst begründet.

Durch die *Vielfalt der heiteren und abwechslungsreichen Formen* schaffen besonders die Kleinen Spiele *Freude und Frohsinn*. Jedes Spiel ist durch seine *ständig unterschiedliche Situationsentwicklung* und durch das oft *Ungewisse seines Ausganges* fesselnd.

Die meisten Spiele tragen infolge des *unmittelbaren Vergleiches Wettkampfcharakter*, selbst Kleine Spiele enthalten den Wettkampfgedanken und reizen zum höchsten Einsatz. Sie bieten eine Fülle von *Bewegungsmöglichkeiten* und gestatten in den Grenzen der Spielregeln stets *motorisch ungebundenes Handeln* und *selbständige Entscheidungen*. Bedenkt man weiterhin, daß eine große Anzahl von Spielen schon unter den *einfachsten Bedingungen*, ohne große Voraussetzungen betrieben werden können und daß viele Spiele verhältnismäßig *leicht erlernbar* sind, wodurch es bald zu einem Erfolgserlebnis kommt, so begreift man ihre Verbreitung.

„Ob Spiele zur Übung und Erholung des Körpers wie des Geistes gebraucht werden, zur Gesundung oder zur Gesunderhaltung des menschlichen Organismus und seiner Funktionen, ob sie als geeignet erkannt werden, ein viel tieferes Verhältnis zwischen Lehrern und Schülern sowie zwischen den Schülern selbst herzustellen, oder ob sie im einzelnen zur Schulung und Schärfung gewisser Sinnesorgane, zur Bildung und Erziehung sittlicher, namentlich patriotischer Gefühle und Verhaltensweisen beizutragen vermögen —, in jedem Falle erfüllen gerade die Bewegungsspiele eine ausnehmend wichtige pädagogische und politische Funktion.

Allerdings kommt es dabei auf die entsprechende Erzieherpersönlichkeit an, auf ihren Willen und auf ihr Können, sich in ihrem ganzen Tun und Handeln auch als politischer Mensch zu begreifen, der — beseelt von den Ideen des menschlichen Fortschritts — seine ganze Kraft aufbietet, in diesem Sinne auch die ihm anvertrauten jungen Menschen zu erziehen."[1]

Versuchen wir nun, die Bedeutung der Kleinen Spiele in den verschiedenen gesellschaftlichen Bereichen zu kennzeichnen. Dabei wollen wir in Anlehnung an Makarenko[2]

1. Höhne, E.: GutsMuths' Gedanken über das Wesen und über die Wirksamkeit der Spiele in der Körpererziehung. In „Festschrift zum 200. Geburtstage von Johann Christoph Friedrich GutsMuths". Herausgegeben vom Wissenschaftlichen Rat des Staatlichen Komitees für Körperkultur und Sport, Berlin 1959, S. 71.

2. Vgl. Makarenko, A. S.: Vorträge über Kindererziehung. Volk und Wissen Volkseigener Verlag, Berlin 1961, S. 35ff.

zunächst die *Entwicklungsstufen des Spielens* überhaupt vorausschicken, um die Stellung der Kleinen Spiele zu verdeutlichen:

— Die erste Stufe ist durch das Spiel des Kindes für sich allein, mit und ohne Spielzeug, gekennzeichnet (ausgehend von den motorischen Funktionsspielen). Sie erstreckt sich etwa bis zum vierten Lebensjahr. Sieht man von einfachsten spielerischen Bewegungsaufgaben ab, so sind Kleine Spiele, in denen ja schon Beziehungen zu einem oder mehreren Mitspielern hergestellt werden, auf dieser Stufe entwicklungsbedingt in der Regel noch nicht möglich.

— Mit den Konstruktionsspielen und den einfachsten Bewegungsspielen der zweiten Stufe beginnt das Interesse an Mitspielenden, das sich gewöhnlich auch im Drang zu Spiel im Freien äußert. Es ist die Kindergartenzeit, der wir uns noch zuwenden werden.

— Die dritte Stufe des Spiels, etwa mit dem Schuleintritt beginnend, ist schon durch strengere, von den Kindern oft selbst gewählte Gemeinschaftsformen gekennzeichnet. Das soziale Regelspiel tritt stärker hervor (Gesellschaftsspiele, Singspiele, Kleine Spiele und Sportspiele). Ordnungssinn und Disziplin werden entwickelt, kollektive Interessen entstehen, und allmählich setzt der Übergang von den Lauf-, Versteck- und den einfachen Ballspielen zu den sportlich ausgeprägteren Formen ein, die dann in den großen Sportspielen schließlich ihren Höhepunkt erreicht haben.

Auf allen Stufen handelt es sich um eine Auseinandersetzung des Kindes mit seiner Umwelt durch gegenständlich gebundenes Spielen, um spielerisches Darstellen, um eine Nachahmung von Handlungen der Erwachsenen[3], um eine den Spielenden zunächst nicht bewußt werdende Vorbereitung auf das Leben in der Gesellschaft entsprechend ihrer sozialen Struktur. In diesem Sinne ist auch das Spiel keine zweckfreie Sphäre, sind die Spieltätigkeiten keine absichtslosen Funktionen. Jedes Spielen bezweckt etwas. Bei fließendem Übergang von Stufe zu Stufe verändert sich aber die Art des Spielens, bis schließlich die Bewegungsspiele im Schulalter planvoll der Bildungs- und Erziehungsarbeit

3. Vgl. Alt, R.: Vorlesungen über die Erziehung auf frühen Stufen der Menschheitsentwicklung. Volk und Wissen Volkseigener Verlag, Berlin 1956, S. 50ff.

dienen können und auch im Erwachsenenalter noch von Bedeutung sind.

1.2. Kleine Spiele im Kindergarten

Die allgemeine Kräftigung des kindlichen Organismus durch eine systematisch betriebene Körpererziehung gewinnt auch im Vorschulalter immer mehr an Bedeutung. Kinderheime, Kindergärten und Kleinkinder-Sportgruppen erfüllen diese schöne Aufgabe in ständig wachsendem Maße.

Inhaltlich ist die sportliche Betätigung in diesem Alter vorwiegend durch eine freudvolle, abwechslungsreiche und vielseitige Körperformung und Bewegungsschulung an den Turn- und mit den Gymnastikgeräten gekennzeichnet. Aber auch einfache Kleine Spiele, besonders unter Ausnutzung natürlicher Gegebenheiten, bereichern schon den Übungsschatz.

Bei den Vorschulkindern ist der Wettkampfgedanke im allgemeinen noch nicht vorhanden. Besonders beim Spiel der Jüngeren sind Vergnügen und Freude das wesentliche, die sie zum Beispiel bei den Nachahmungsspielen bei der Verkörperung irgendwelcher Gestalten oder an kleinen „Bewegungskunststücken" empfinden. Später jedoch sind Massenwettläufe und einfache Haschespiele mit bildhaftem Charakter durchaus schon möglich (z. B. Zwerge und Riese, Schlangenzeck).

Durch das Spielerleben in kleinen Singspielen (Spielliedern) wird auch das Vorschulkind bereits in kindgemäßer Form auf das gesellschaftliche Leben vorbereitet.

Das Ballspiel ist im Vorschulalter meist noch ein tummelhaftes und oft ungezieltes Bewegen, da die einfachsten Formen der Kombinationsmotorik (z. B. Fangen und Werfen) noch nicht beherrscht werden. Erst mit zunehmendem Alter interessiert auch das Ergebnis der „Spielaufgabe". Das Kind ist bestrebt, seine Geschicklichkeit, Findigkeit, Fang- und Treffsicherheit zu zeigen (vgl. Abb. 1 und 2). „Es kann als sicher gelten, daß im frühen Kindesalter bedeutend größere motorische Entwicklungsmöglichkeiten vorhanden sind, als heute genutzt werden ... Biologisch ist der Boden eindeutig früher für die Entwicklung der Bewegungskoordination als für die Vervollkommnung der Kondition bereitet. Sehr gute Entwicklungsmöglichkei-

ten der Feinmotorik sind fraglos bereits im Vorschulalter gegeben."[4] Die Kleinen Spiele erweisen sich diesbezüglich als hervorragendes Übungsgut, mit dem frühzeitige Erfahrungen mit schnellen Bewegungen, die gut koordiniert sind, gesammelt werden können.

1.3. Kleine Spiele im Sportunterricht

Obwohl Ärzte und Pädagogen die Bildungs- und Erziehungswerte der *Bewegungsspiele* schon sehr früh erkannten (u. a. Galen, Mercurialis Guarinoni, GutsMuths, Jahn, Fröbel), wurden sie im Schulturnen der Vergangenheit nicht immer entsprechend genutzt. Diese oft gesellschaftlich bedingte Zurückhaltung gegenüber dem Spiel, teils begründet durch zeitgebundene Ansichten, die besagten, daß Spiele nicht geeignet seien, Kinder zur Ordnung und Haltung zu erziehen, ist in unserer Körpererziehung vollends überwunden. Im Sportunterricht der sozialistischen Schule stehen die Spiele als gleichwertiger Bestandteil neben der Leichtathletik, dem Gerätturnen und dem Schwimmen und haben ihren Teilbeitrag zu leisten bei der Erfüllung der Hauptaufgabe des Sportunterrichts — der vielseitigen körperlichen Grundausbildung. Dazu gehören die Entwicklung und Vervollkommnung konditioneller und besonders koordinativer Fähigkeiten, die Ausbildung sportlicher Fertigkeiten, die Vermittlung und Anwendung von Kenntnissen, die Herausbildung sozialistischer Charaktereigenschaften, entsprechender Verhaltensweisen und Überzeugungen. Dabei spielt die Entwicklung von Wettkampffähigkeiten für die Schüler keine geringfügige Rolle. Die Möglichkeiten der Spiele zur Lösung dieser Aufgaben im Sportunterricht sind voll erkannt, und es gilt, durch eine zielgerichtete methodische Aufbereitung sie in diesem Sinne verstärkt für die Schüler zu nutzen.

Die Kleinen Spiele haben im Sportunterricht ihren festen Platz in allen Teilen der Stunde. Von der Ziel- und Aufgabenstellung der Stunde hängt es ab, wo und wie man sie verwendet. Sie werden kaum noch wahllos im Sportunterricht gespielt, vielmehr sind sie sinnvoll bereits in den Lehrplänen ausgewiesen, um als konkretes Mittel zur Erfüllung der bildungs- und erziehungsmäßigen Zielstellungen zu dienen. Insgesamt setzt sich immer mehr die Auffassung durch, die Kleinen Spiele im Sportunterricht als freudvolles Mittel so anzuwenden, daß sie mithelfen, die Forderung nach einer trainingsgemäßen Unterrichtsgestaltung zu erfüllen.

Bei der Lösung unserer *Erziehungsaufgaben*, nämlich die Kinder zu einem charakterlich einwandfreien und sittlichen Verhalten zu führen sowie sie nach und nach auf bewußte und systematische Arbeit vorzubereiten, sind die Kleinen Spiele nicht zu unterschätzen. Denn im Spiel wie bei der gesellschaftlichen Arbeit müssen die Menschen im Verhalten untereinander gleiche sittliche Grundforderungen erfüllen: Hilfsbereitschaft, Rücksichtnahme (Fairneß), kollektives Handeln, Leistungsstreben, ja auch Stetigkeit und schöpferisches Bemühen.

„Wetteifern einzelne Gruppen in Regelspielen miteinander, so müssen sie ihre gemeinsamen Handlungen aufeinander abstimmen, die Spielregeln genau beachten und werden unter dem Einfluß des Spiels ausgezeichnet dazu erzogen, soziale Gefühle und die Fähigkeit zu entwickeln, sich gesellschaftlich festgelegten Richtlinien unterzuordnen."[5]

Das beginnt in den einfachsten Formen der Kleinen Spiele und steigert sich systematisch

4. Israel, S.: Die Bewegungskoordination frühzeitig ausbilden. In „Körpererziehung", Heft 11/1976, S. 502.

5. Nowogrodzki, T.: Entwicklungspsychologie. Volk und Wissen Volkseigener Verlag, Berlin 1958, S. 101.

bis zu den großen Sportspielen. Die elementaren Bewegungen werden *spielend* geschult, sie erhalten erst nach und nach ihre spezielle Ausprägung entsprechend dem verzweigten System der Sportspiele. So haben auch körperlich schwache und motorisch nicht sonderlich gut ausgestattete Schüler durch Kleine Spiele Freude und Erfolgserlebnisse, die ihre Einstellung zur sportlichen Betätigung wesentlich mitbestimmen helfen, das heißt, sie unterstützen die Entwicklung des Bedürfnisses nach regelmäßiger sportlicher Betätigung.

1.4. Kleine Spiele im Freizeit- und Erholungssport

Auch im außerunterrichtlichen Sport sowie in der gelenkten und ungelenkten Freizeitgestaltung haben die Kleinen Spiele ihre Bedeutung. In zahlreichen Parkanlagen, Naherholungsgebieten und Urlaubsorten wurden Möglichkeiten geschaffen, Spiele mit sportlichem Inhalt in die Vielfalt der Erholungsformen einzuordnen. Doch die meisten Kleinen Spiele sind nicht an kostspielige Anlagen gebunden; viele von ihnen können bereits auf Rasenflächen im Garten oder im Park sowie am Badestrand gespielt werden. Sie stellen

auch ein Bindeglied zwischen der passiven Erholung und der aktiven sportlichen Betätigung dar. Sie können darüber hinaus das Zusammenleben in der Familie, im Arbeitskollektiv und in der Wohngemeinschaft bereichern.[6] Auf Kinder- und Volksfesten, an Sportnachmittagen von Hausgemeinschaften und Betriebssportfesten werden sie gern genutzt, um das Programm abwechslungsreich und lebendig zu gestalten.

In den Pionier- und Betriebsferienlagern, auf Wanderungen und in den Heimen haben sie ihren festen Platz. Allgemeine Sportgruppen mit Erwachsenen wählen gern die Kleinen Spiele als eine Stufe sportlicher Ausbildung.

Auch in den Rehabilitationszentren und Sanatorien sind die Kleinen Spiele zu einem wertvollen Übungsschatz geworden. Selbst aus dem Versehrtensport sind sie nicht mehr wegzudenken. Durch die Abwandlung zahlreicher Spielformen — der schädigungsbedingten Belastbarkeit entsprechend — machen wir den Körperbehinderten spielfähig. Wir kräftigen das, was erhalten blieb, und machen ihn unbeschwerter. Dadurch tragen wir mit dazu bei, die Auswirkungen einer Körperbehinderung in psychischer Hinsicht zu überwinden oder weitgehend auszugleichen.

1.5. Kleine Spiele im Leistungssport

Kleine Spiele dienen auch im Training der Leistungssportler der Abwechslung und aktiven Erholung bei der Belastungsgestaltung. Doch damit allein ist es noch nicht getan. Wir

6. Vgl. Bartel, W.: Freizeitspiele. Verlag Tribüne, Berlin 1971.

halten die Kleinen Spiele ebenfalls für geeignet, konditionelle und koordinative Fähigkeiten mit herauszubilden sowie bestimmte sportliche Fertigkeiten vorzubereiten und festigen zu helfen. Sie können also bei entsprechender Gestaltung zu einem festen Bestandteil der körperlich-sportlichen Grundausbildung werden. Dabei gehen wir in der körperlichen Bildung und Erziehung von dem Grundsatz aus: Auch die einfachsten Spiele sind trotz ihrer Eigenständigkeit und bei all ihrer lust- und freudebetonten Ausführung dennoch Vorstufen höherer Formen und leiten in zweckmäßiger Folge zu den Sportspielen über. Die Entwicklung geht vom Kleinen Spiel zum Sportspiel.
So liegt es auch sehr nahe, daß Kleine Spiele in ihrer reinen Form oder abgewandelt der methodischen Entwicklung oder der Schulung von Fähigkeiten und Fertigkeiten dienstbar gemacht werden können. Zweckmäßig ausgewählt, variiert, in der Belastungsgestaltung richtig dosiert und in der Bewegungsausführung auf bestimmte Anforderungen abgestimmt, dienen sie der allgemeinen körperlichen Vorbereitung, das heißt der Entwicklung der konditionellen und koordinativen Fähigkeiten und in den Sportspielen auch der Stabilisierung sportlicher Fertigkeiten. Viele Leistungssportler und Trainer nutzen diese Möglichkeiten. Hinzu kommt, daß die Belastung beim Training mit oftmaliger Wiederholung der Übungsformen durch Kleine Spiele aufgelockert werden kann.
Im praktisch-methodischen Teil haben wir bei der Beschreibung der Spiele des öfteren auf die Anwendungsmöglichkeiten für die Sportspiele hingewiesen. Daraus geht hervor, daß die Betätigungsformen und Spielgeräte den Sportspielen angepaßt werden. Auch spezielle räumliche Festlegungen sind mitunter notwendig. Die schöpferische Arbeit des Sportlehrers, Übungsleiters oder Trainers ist hier entscheidend. Wesentlich ist nur, wollen wir dabei noch von Kleinen Spielen sprechen, daß in jedem ausgewählten Spiel der ursprüngliche Spielgedanke erhalten bleibt. Im Anhang des Buches haben wir die beliebtesten und wertvollsten Vorbereitungs- und Zweckformen für die Sportspiele systematisch zusammengestellt.

Zusammenfassend sei noch einmal gesagt:
Das Spiel ist von seinen einfachsten Formen bis hin zu den großen Sportspielen ein wichtiges Element der gesamten Körperkultur und des Sports. Es hat im Sportunterricht, im Freizeit- und Erholungssport und im Leistungssport seinen festen Platz, da es zur Herausbildung körperlich-sportlicher Leistungsfähigkeiten verwendet werden kann, eine Quelle der Freude und des Frohsinns sowie ein Mittel der physischen Vervollkommnung ist und unseren Erziehungszielen dient.

2 Zur Systematik der Kleinen Spiele

2.1. Der Begriff „Kleine Spiele“ und seine Abgrenzung

Bevor methodische Hinweise zur Anwendung der Kleinen Spiele gegeben werden, müssen wir begriffliche Klarheit schaffen, müssen wir die *Kleinen Spiele von anderen Spielen und Betätigungsformen* in der Körpererziehung *abgrenzen*. Das ist nicht nur ein theoretisches Anliegen, sondern für den Praktiker gleichzeitig eine Begründung für die Auswahl der in diesem Buch zusammengestellten Spielformen.

Mit der Zeit haben sich für die zahlreichen Spielsammlungen viele Bezeichnungen herausgebildet, so Volks- und Jugendspiele, Turnspiele, Schulspiele, Rollenspiele, Lauf- und Neckspiele, Rauf- und Kraftspiele, Volks- und Bauernspiele, Bunte Spiele, Tummelspiele, Freizeitspiele, *Bewegungsspiele* oder *Kleine Spiele*.

Sieht man von der älteren, überholten Bezeichnung „Volks- und Jugendspiele“ ab, so enthält jeder andere Name schon eine nähere Kennzeichnung, entweder hinsichtlich eines *bevorzugten Anwendungsbereiches* (Turnspiele, Schulspiele, Rollenspiele) oder durch die Angabe *charakteristischer Merkmale* der Spiele. Es handelt sich also in den meisten Fällen um eine Einschränkung des Spielbereiches.

Nur mit den beiden letzten Begriffen: „Bewegungsspiele“ und „Kleine Spiele“, die gegenwärtig die gebräuchlichsten sind, soll ein größerer Spielbereich erfaßt werden. Diese Bezeichnungen bedürfen deshalb einiger Erläuterungen. Der Terminus *Bewegungsspiele* ist nach unserer Meinung nur dann richtig, wenn die mit körperlichen Bewegungen verbundenen Spiele von der Gruppe *der Sitz- oder Ruhespiele* (GutsMuths) unterschieden werden sollen. Dann gehören aber auch die modernen Sportspiele, die großen Sportspiele, zu den Bewegungsspielen. Soweit sie GutsMuths damals schon bekannt waren, wurden diese auch in der „ersten Klasse: Bewegungsspiele“ seines Werkes angeführt (so das Ballonspiel = Faustball, Baseball, Kricket, Federball)[7]. Spätere Auflagen enthielten noch weitere Sportspiele, die inzwischen Verbreitung gefunden hatten. Die Mehrzahl der Verfasser älterer Spielsammlungen hat ebenfalls in diesem Sinne den Ausdruck „Bewegungsspiele“ angewandt.

Mit dem Begriff „*Bewegungsspiele* kann also nicht das Typische der sogenannten *Kleinen Spiele* zum Unterschied von den (großen) Sportspielen gekennzeichnet werden. Behalten dennoch verschiedene Autoren diese Bezeichnung für ihre Spielsammlungen bei, so nur deshalb, weil es sich um einen „fest eingefahrenen“ umfassenden Begriff handelt. Dem Entwicklungsgang des Sports und einer Systematik seiner Teilgebiete wird man jedenfalls bei einer derartigen Anwendung nicht gerecht, er ist nicht charakteristisch.

Wenn die Bezeichnung „Kleine Spiele“ als zusammenfassender Begriff für Lauf-, Ball-, Kraft- und Gewandtheitsspiele richtig sein soll, so darf man das Wort „*Kleine*“ allerdings nicht *nur einseitig auf den Spielraum* beziehen. Es bedeutet auch gleichzeitig, daß die Voraussetzungen zum Spielbetrieb gering sein können, nur wenige Mittel erforderlich sind, keine großen Fertigkeiten verlangt werden, daß viele Formen schon mit kleinen Gruppen gespielt werden können und daß nur einfache Spielregeln gefordert werden.

So verstanden ist die große Anzahl der

7. Vgl. GutsMuths, J. Chr. Fr.: Spiele zur Übung und Erholung des Körpers und des Geistes. Sportverlag, Berlin 1959, S. 41 ff.

Spielformen mit dem Begriff „Kleine Spiele“ von den Sportspielen richtig abgehoben. Das erleichtert nun auch die nähere Kennzeichnung des Begriffsinhaltes *Kleines Spiel.*

Als *Kleines Spiel* bezeichnen wir eine von einem bestimmten Spielgedanken beziehungsweise einer Aufgabe ausgehende Folge von lustbetonten und freudvollen Handlungen, die in anregender und unterhaltender Form die körperlichen und geistigen Fähigkeiten entwickeln und üben. Kleine Spiele tragen meist Wettkampfcharakter. Sie haben jedoch *keine amtlichen Wettkampfbestimmungen,* in denen Spielzeit, Spieleranzahl, Ausmaße des Spielfeldes sowie Umfang und Gewicht des Spielgerätes national oder gar international verbindlich festgelegt sind, wie es bei den großen Sportspielen der Fall ist. Vielmehr können die Spielregeln und der Spielverlauf den Verhältnissen entsprechend verändert oder auch bestimmten pädagogischen Absichten angepaßt werden. Nicht selten werden die Spielregeln sogar von den Spielenden selbst gewählt. Dem Charakter, der Art und Aufgabe des Spiels nach können die Mannschaften zahlenmäßig gleich oder ungleich stark sein. Mitunter kämpft nur ein Teilnehmer gegen alle anderen.

Ein wesentliches Merkmal der Kleinen Spiele ist, daß sie keiner langen Anlaufzeit bedürfen und daß sie meistens schon nach wenigen Erläuterungen gespielt und beliebig oft wiederholt werden können.

Die Kleinen Spiele müssen aber auch zu den in *Spiel- und Wettkampfformen eingekleideten Übungen* abgegrenzt werden, die oft bei der Festigung bestimmter Fertigkeiten Verwendung finden. Natürlich sind die Übergänge hier fließend. Es zählen zum Beispiel die als Wettbewerb durchgeführten Positionswürfe im Basketballspiel, die Wettkampfformen im Hindernisturnen oder die in Wettkampfform ausgetragenen Weitwurf- und Zielübungen bei strengem Maßstab nicht zu den Kleinen Spielen. Die Staffeln nehmen zweifellos eine Zwischenstellung ein.

Einen Übergang von den Kleinen Spielen zu den großen Sportspielen bildet die Gruppe, die wir als *kleine Sportspiele* (in der ČSSR Turnierspiele) bezeichnen (z. B. Prellball, Rollball, Ringhockey, Raufball). Hier drängt man nach festen, allgemeingültigen Spielregeln, deren Einhaltung bei Mannschaftsvergleichen von Vorteil ist. Doch darf man diese Spiele ohne weiteres noch zum Bereich der Kleinen Spiele rechnen.

Die in der Literatur oft als *Heimspiele, Volks- und Bauernspiele* oder als *volkstümliche Spiele* erfaßten Formen, von denen viele zweifellos allzu leicht in Vergessenheit geraten, können in unserer Zusammenstellung nur so weit behandelt werden, wie sie der Zielstellung unserer Körpererziehung entsprechen. Das heißt, es dürfen nicht nur unterhaltende, heitere Formen mit allerlei Kniffen und kleinen Kunststücken sein, sondern sie müssen vor allem körperkräftigende und bewegungsschulende Werte besitzen.

Die jahreszeitlich gebundenen Straßenspiele der Kinder können hier nicht als eine selbständige Gruppe aufgenommen werden. Etliche Formen finden wir aber in der Zusammenstellung wieder.

2.2. Die Spielnamen

Es ist möglich, daß jemand dieses oder jenes Spiel unter dem hier gebrauchten Namen nicht kennt oder einen Spielnamen nicht als richtig, schon überholt oder zu „zeitgebunden“ ansieht. Deshalb sei darauf hingewiesen, daß Namen sich genauso ändern wie das Leben in der Gesellschaft. Sie werden nicht nur einmal gewählt und stehen dann für immer fest, sondern müssen, wenn sie richtig sein sollen, auch der Vorstellungswelt der Kinder und damit weitgehend dem sich ändernden Lebensinhalt entsprechen. So können moderne Spielsammlungen ruhig auf Spielnamen wie „Kaiserball" (Kaiser, König, Edelmann, Bettelmann), „Königsball" (Ballschule), „Ballköniginnen" (Wettball oder Doppelball), Völkerball, „Türkenschießen", „Bürgerkrieg" (Verdrängen), „Bombe" (Stehball oder Stando) und andere verzichten, sie sollten für diese oft wertvollen Spiele passendere Namen verwenden, zum Beispiel statt Völkerball „Zweifelderball".

Vielfach werden auch Spielnamen aus dem Dialekt, aus Sitten und Gebräuchen bestimmter Gegenden geboren, die sich dann überall einbürgern, manchmal ohne vollkommen verstanden zu werden (z. B. Steirisch Ringen, Hexentanz, Butterstriezeln, Die Meißner Brücke). Diese Spielbezeichnungen sollten auch weiterhin erhalten bleiben.

Zahlreiche Spiele tragen Namen, in denen die Verbundenheit der Bewohner bestimmter Landstriche mit ihrer Arbeit, mit den Begebenheiten des täglichen Lebens, die Bodenständigkeit zum Ausdruck kommen. So hat manches Lauf- und Haschespiel seinen Ursprung in der Jagd. Singspiele, wie „Die Wassermühle" und „Der Bauer" (Fröbel), gehen auf die entsprechenden Berufe zurück. Fischerkinder lassen das Leben und den Kampf der Seefahrer in ihren Spielen lebendig werden („Das wogende Meer", „Fischzug"). Das beliebte Kinderspiel „Meister, gib uns Arbeit!" oder das „Handwerksspiel" (vgl. S. 162), wie GutsMuths die Grundform nannte, erinnert an die Wanderjahre der Handwerksgesellen. GutsMuths berichtet uns, daß Basedow dieses Spiel in belehrender Weise nutzte, um den Kleinen dadurch technologische Kenntnisse zu vermitteln.[8]

Zum überwiegenden Teil entsprechen die in diesem Buch verwendeten Spielnamen auch den in anderen Spielsammlungen angegebenen und im Volksmund gebräuchlichen Bezeichnungen. Bei Änderungen gingen wir von folgenden Überlegungen aus:

— Entspricht der neue Name besser unseren Bildungs- und Erziehungsabsichten und der Vorstellungswelt der Kinder?

— Wird mit dem Namen schon in bildhafter Weise der Spielgedanke angedeutet beziehungsweise ein typisches Merkmal des Spielverlaufes gekennzeichnet?

— Hebt der Name das Spiel klar genug von anderen Formen ab, ohne Verwirrung zu stiften?

Selbst wenn es gelungen sein sollte, diese Punkte zu berücksichtigen, muß man dennoch für ein Spiel oft mehrere Namen gelten lassen, die bei der Beschreibung des Spiels und auch im alphabetischen Verzeichnis angegeben worden sind.

2.3. Grundsätzliche Bemerkungen zur Systematik in den Spielen

Jede Systematik eines Stoffgebietes entspringt zunächst dem praktischen Bedürfnis nach Übersicht. Indem dabei nach typischen Merkmalen klassifiziert wird, werden die wesentlichsten Unterschiede gekennzeichnet. Das ist auf dem verzweigten Gebiet der Spiele besonders notwendig. Hier gelingt aber kaum eine überschneidungsfreie Abgrenzung. Es wäre auch müßig, die Vorteile der einen Systematik gegen die einer anderen abzuwägen. Jede erleichtert den Überblick und gibt von ihrer Zielstellung her die pädagogische Handhabe zur Bewältigung des umfangreichen Stoffgebietes.

GutsMuths' grobe Unterteilung der Spiele nach dem Hauptprinzip, nämlich nach der Tätigkeit, in *Bewegungsspiele* und *Sitzende Spiele* oder *Ruhespiele* hat sich dem Wesen nach bis in die moderne Literatur hinein erhalten.

Aus den Bewegungsspielen haben sich dem

8. Vgl. GutsMuths, J. Chr. Fr.: A. a. O., S. 223.

Charakter nach zwei große Gruppen herausgebildet: erstens die *Sportspiele* (Kampfspiele), zweitens die *Kleinen Spiele* (auch Turnspiele, Tummelspiele, Neckspiele genannt). Beide Gruppen können nach den verschiedensten Gesichtspunkten geordnet werden.

Lassen sich die Sportspiele dem Spielgedanken und ihrer Spielhandlung nach noch relativ leicht klassifizieren, wenn es auch hier verschiedene Zugänge gibt, so erschwert die Mannigfaltigkeit der *Kleinen Spiele* diese Aufgabe beträchtlich. Zahlreiche Einteilungsmöglichkeiten bieten sich an. Infolge der bunten Vielfalt der Spiele gelingt es scheinbar nicht, ein *einheitliches Ordnungsprinzip* zu finden. Das wird einem besonders bewußt bei Benutzung der zahlreich vorhandenen Spielsammlungen. Es kann wohl kaum von richtigen oder falschen Systematiken gesprochen werden, sondern höchstens von brauchbaren oder weniger brauchbaren, wobei Zielstellung und Verwendungszweck den Ausschlag geben.

Im allgemeinen hat sich eine Grobgliederung durchgesetzt, bei der zunächst das Charakteristische verschiedener Spielgruppen bestimmend ist und der auch wir uns angeschlossen haben. Dabei beinhalten die Gruppennamen weitgehend auch die *Grundformen der körperlichen Bewegung* und die *Art der Spieltätigkeit:*

Singspiele — das Singen, Tanzen und Darstellen,

Laufspiele — das Laufen und Haschen,

Ballspiele — das Fangen und Werfen,

Kraft- und Gewandtheitsspiele — das Ringen und Raufen,

Spiele zur Übung der Sinne — das genaue Beobachten, schnelle Reagieren und sichere Orientieren,

Kleine Spiele im Wasser — das Planschen, Schwimmen und Tauchen,

Kleine Spiele bei Schnee und Eis — das Tummeln im Schnee, das Schlittenfahren, das Schlittschuh- und Skilaufen,

Geländespiele — das Schleichen, Tarnen, Suchen und Verfolgen.

Eine Auswahl von *Heimspielen* mit ausgesprochenem Bewegungscharakter führen wir zum Schluß als gesonderte Gruppe an.

Man muß dann aber feststellen, daß eine weitere Untergliederung dieser Gruppen nach einem einheitlichen Prinzip nicht mehr gelingt. Um alle Spiele sinnvoll zu ordnen, müssen verschiedene Gliederungsgesichtspunkte gelten.

Trotz des Versuches, mit möglichst wenigen Gesichtspunkten auszukommen, haben sich dennoch ergeben: *die Art der Spielhandlung, der räumliche Verlauf, Gruppen- oder Mannschaftscharakter, Schulung bestimmter Sinneseigenschaften, Inhalt der Singspiele (Spiellieder) und Kennzeichnung spezieller Bereiche.* Wir glauben aber dennoch, eine Einteilung gefunden zu haben, die übersichtlich ist, an Hand derer sich der Spielleiter[9] schnell orientieren kann und die die einzelnen Spiele im wesentlichen sinnvoll den Hauptgruppen zuordnet.

In den einzelnen Gruppen wurden Spiele mit ähnlichem Spielgedanken und -verlauf zusammengestellt, dabei von einfachen zu schwierigen Spielformen fortschreitend, um eine methodisch zweckmäßige Folge anzustreben.

Nach diesen Überlegungen ergibt sich folgende Einteilung:

9. Mit diesem Begriff soll der Personenkreis erfaßt werden, der im Rahmen der obligatorischen oder freiwilligen sportlichen Betätigung Kleine Spiele einführt und leitet, das sind: Sportlehrer, Unterstufenlehrer, Kindergärtnerinnen, Trainer, Übungsleiter sowie Horterzieher, Pionierleiter und auch Physiotherapeuten.

Bewegungsspiele
(Bezeichnung nach GutsMuths zur Unterscheidung von unterhaltenden Gesellschaftsspielen, Tisch- und Brettspielen, Denk- und Ratespielen und anderen bewegungsarmen Formen)

Jahreszeitlich gebundene Straßenspiele — Mit Sitten und Gebräuchen verbundene volkstümliche Spiele — Spiele auf Volksfesten

Kleine Spiele
Turnspiele, Schulspiele, Bunte Spiele, Tummelspiele und andere Bezeichnungen

Singspiele
— Darstellungsspiele — Spiellieder
— Tanzspiele

Laufspiele
— Wettläufe — Staffeln — Platzsuchspiele
— Haschespiele (Fangspiele, Zeckspiele)

Ballspiele
— Ballspiele zur Schulung der Wurf- und Fangsicherheit — Ballspiele mit Abfangen
— Ballspiele zur Schulung der Treffsicherheit und des Ausweichens — Grenz- und Torballspiele

Kraft- und Gewandtheitsspiele
— Zieh- und Schiebekämpfe — Gleichgewichtskämpfe — Bunte Formen

Spiele zur Übung der Sinne
(Beruhigende Spiele — Kurzweilspiele)
— Genaues Beobachten — Schnelles Handeln
— Orientierung bei geschlossenen Augen

Kleine Spiele im Wasser
— Spiele im flachen Wasser — Spiele im tiefen Wasser — Spiele mit Booten

Kleine Spiele bei Schnee und Eis
— Spiele im Schnee — Spiele mit dem Schlitten — Skispiele — Spiele auf dem Eis

Geländespiele
— Anschleich-, Versteck- und Suchspiele
— Spursuch- und Jagdspiele — Angriff, Durchbruch und Verteidigung

Heimspiele
— Kraftproben — Geschicklichkeit und Gleichgewicht — Genaues Beobachten — Schnelles Handeln — Spielformen bei gegeschlossenen Augen

Sportspiele
Große Mannschaftsspiele, Kampfspiele

Tor-, Mal- und Korbspiele
(Sämtlich Mannschafts-Kampfspiele)
— Mit Körperbehinderung (z. B. Fußball, Rugby, Eiskockey)
— Ohne Körperbehinderung (z. B. Basketball, Hockey, Radball)

Rückschlagspiele
— Einzel- und Doppelspiele (z. B. Federball, Tischtennis, Tennis)
— Mannschaftsspiele (z. B. Faustball, Volleyball)

Schlagball- oder Abwurfspiele
(Sämtlich Mannschaftsspiele)
Schlagball, Kricket, Baseball

Ziel- und Treibspiele
(Kugel- und Vollballspiele z. B. Billard, Kegeln, Eisschießen, Golf)

3 Kleine Spiele als Erziehungs- und Bildungsmittel

Meist werden die Kleinen Spiele zwar als ein geeignetes Mittel zur freudvollen Gestaltung des Sportunterrichts oder zur Auflockerung einer Trainingsstunde betrachtet, ihre pädagogischen und biologischen Werte werden dabei auch erkannt, aber nicht immer bewußt genutzt. Deshalb wollen wir auf einige Möglichkeiten hinweisen.

3.1. Die Erziehungswerte

Jedes erzieherische Einwirken im Spielunterricht und im Spiel selbst ist ein Teil der gesamten Erziehung unserer jungen Generation zur sozialistischen Moral. Es sollen Jungen und Mädchen heranwachsen, die die im Spiel erworbenen Charaktereigenschaften und Verhaltensweisen letzten Endes einsetzen für ein kameradschaftliches Verhältnis zwischen den Menschen, gekennzeichnet durch Ehrlichkeit, Hilfsbereitschaft, gemeinsame Arbeit und selbstloses Verhalten zum Nutzen aller. Bei der Lösung der Aufgaben, die dem Sportunterricht bei der kommunistischen Erziehung gestellt sind, können auch die Kleinen Spiele ihren Anteil leisten. Sie unterstützen vor allem die Erziehung zum kollektiven Verhalten, tragen dazu bei, Willenseigenschaften herauszubilden, und entwickeln anteilig auch ästhetische Anschauungen, Empfindungen und Verhaltensweisen. Darüber hinaus helfen sie bei freudvoller Ausführung, das Bedürfnis nach regelmäßiger sportlicher Betätigung zu entwickeln und zu festigen.

Versucht man diesbezüglich, die pädagogischen Werte der Spiele zu beschreiben und Erziehungsmöglichkeiten zu erfassen, so kann man nicht an dem vorbeigehen, was unsere Klassiker der Körpererziehung GutsMuths und Jahn uns in so vortrefflicher Weise darüber gesagt haben. Die Bedeutung, die sie den Spielen in erzieherischer Hinsicht beimaßen, soll deshalb in wenigen Sätzen zusammengefaßt wiedergegeben werden. Unsere Aufgabe ist es, die gekennzeichneten Werte unter den Bedingungen einer sozialistischen Gesellschaft gemäß ihren Zielen wirksam werden zu lassen.

3.1.1. GutsMuths und Jahn über die Notwendigkeit und den pädagogischen Nutzen der Spiele

Für die *harmonische Erziehung* der Jugend, die nach ernster Anstrengung des Geistes auch die Ausbildung des Körpers verlangt, hält GutsMuths besonders Bewegungsspiele für unentbehrlich. Spiele vertreiben die Langeweile; sie sind „natürliche Rollen der Jugend" (vorwiegend natürlich gegenüber dem konventionellen Gehabe und Getue Adliger und reicher Bürgerfamilien — die Verfasser)[10], in denen man leicht ihren *Charakter* erkennen kann. Ob die Ursachen für die Gleichgültigkeit der Schüler gegen alles Wissenschaftliche bei den Kindern selbst oder in äußeren Dingen liegen, könne man auch durch Bewegungsspiele feststellen. Spielt ein Kind teilnehmend und eifrig, so liegt die Schuld der Gleichgültigkeit nicht bei ihm. Spiele sind ein treffliches Mittel, jene unglückliche, *reizbare Empfindlichkeit des Körpers und des Gemüts zu überwinden.*

10. Vgl. hierzu Höhne, E.: GutsMuths' Gedanken über das Wesen und über die Wirksamkeit der Spiele in der Körpererziehung. A. a. O., S. 64ff. Höhne weist mit Recht darauf hin, daß GutsMuths' Gedanken natürlich auch durch die zeitbedingte, ja klassengebundene enge Erziehungspraxis beeinflußt wurden, so daß nicht jeder seiner Kerngedanken heute uneingeschränkt gelten kann.

Durch die Spiele nähert sich der Erzieher der Jugend, *er gewinnt ihr Vertrauen.* Auf die mannigfaltigste Art *bilden Spiele den Gang des menschlichen Lebens nach.* Ein gesundes *Verhältnis* der Menschen zueinander wird entwickelt. Spiele verbreiten im jugendlichen Kreis *Heiterkeit und Freude, Lust und Frohsinn,* verändern die Jugend zu ernsthaften Charakteren und lenken sie vom eigentlichen Leichtsinn ab.[11]

Jahns einprägsame Sätze über den Nutzen der Turnspiele gehören mit zu dem Besten, was je über die Spiele gesagt wurde. Sie wiederzugeben, wenn auch nur auszugsweise, erscheint uns angebracht:

„Ohne Turnspiele kann das Turnwesen nicht gedeihen, ohne Spielplatz ist ein Turnplatz gar nicht zu denken ... In jedem echten Turnspiel regt sich eine Welt. So machen Turnspiele den Übergang zum größeren Volksleben und führen den Reigen der Jugend. In ihnen lebt ein geselliger, freudiger, lebensfrischer Wettkampf. Hier paart sich Arbeit mit Lust und Ernst mit Jubel. Da lernt die Jugend von klein auf *gleiches Recht und Gesetz mit anderen halten.* Da hat sie Brauch, Sitte, Ziem und Schick im lebendigen Anschauen vor Augen ... Jeder Einling verirrt so leicht zur Selbstsucht, wozu den Gespielen die Gespielschaft nicht kommen läßt ... Knaben und Jünglinge kennen ihre Gespielen, Gesellen, Gefährten und Gespanne sehr genau, nach allen ihren guten und schlimmen, schwachen und starken Seiten. ... So ist das Zusammenleben der wähligen Jugend der beste Sittenrichter und Zuchtmeister. Ihr Witz ist ein fröhliches Treibjagen auf Mängel und Fehler. Die Gespielschaft ist der scharfsichtigste Wächter, dem nichts entgeht, ein unbestechlicher Richter, der keinen Nennwert für voll nimmt. So erzieht sich die Jugend auf eigenem und geselligem Wege in kindlicher Gemeinde und lebt sich Bill und Recht ins Herz hinein.“[12]

Diese wertvollen Gedanken gelten natürlich für den gesamten Bereich der Spiele, für die Kleinen Spiele und auch für die großen Sportspiele. Es ist sehr leicht zu erkennen, daß ein Sportspiel zwischen zwei Mannschaften allerdings größere Erziehungswerte in sich birgt, für jeden Teilnehmer mehr Anlässe der Selbstprüfung, Eigenkorrektur und Bewährung enthält als manch Kleines Spiel, in dem *Freude und Frohsinn* vorherrschen. Doch bieten sich auch in den Kleinen Spielen zahlreiche Möglichkeiten, um sehr nachhaltig auf Kinder und Jugendliche einzuwirken, was im folgenden erläutert werden soll. Grundsätzlich ist jedoch vorauszuschicken: *Bei allen guten Erziehungsabsichten dürfen Spielfreude, Heiterkeit und Frohsinn durch engstirnige „Schulmeisterei“ nicht eingeschränkt werden.*

3.1.2. Über einige Erziehungsmöglichkeiten

Wie können wir die Kleinen Spiele bei freudvoller und abwechslungsreicher Gestaltung bewußt und planvoll in den Dienst unserer Erziehungsarbeit stellen?

Die Erziehung zur *bewußten Disziplin* bietet sich in vielen Spielen von selbst an. Die Spieler begreifen sehr schnell, daß ein ungestörter, reibungsloser Spielbetrieb nur dann möglich ist, wenn sie bestimmte Ordnungsformen einhalten, wenn sie als Mannschaft oder Riege nach erfolgter Spielhandlung schnell wieder ihre Grundaufstellung einnehmen. So behalten alle die Übersicht, und die Arbeit des Schiedsrichters und seiner Helfer wird erleichtert; auch geht ihnen von der Sport- oder Spielstunde wenig Zeit verloren, woran alle

11. Vgl. GutsMuths, J. Chr. Fr.: Spiele zur Übung und Erholung ... A. a. O., S. 18ff.

12. Jahn, F. L., Eiselen, E.: Die Deutsche Turnkunst. Sportverlag, Berlin 1960, S. 129f.

interessiert sind. Das muß der Spielleiter zielstrebig nutzen. So kann er zum Beispiel als Spielregel festlegen, daß bei Gruppenwettläufen, Lauf- und Ballstaffeln die Gruppe zum Sieger erklärt wird, die nicht nur zuerst ihren Ausgangsort wieder erreicht hat, sondern auch zuerst wieder *ordentlich in der geforderten Aufstellung steht.* Der Spieleifer und der Wunsch zu siegen sind groß, so daß sich die Kinder sehr schnell gegenseitig zum geordneten Aufstellen anhalten, mitunter die Säumigen und Langweiligen gar zu heftig „erziehen". Dieser „pädagogischen" Beeinflussung sollte jeder Spielleiter große Aufmerksamkeit widmen.

Die Kinder gewöhnen sich auf diese Weise bereitwillig und spielend an Ordnung und Disziplin, achten aber auch sehr auf *gleiche Spielbedingungen* und *korrekte Schiedsrichterentscheidungen,* die durch Abgrenzungen der Spielfläche, genaue Markierungen der Ablauf- und Wendemarken erleichtert werden können (siehe auch den Abschnitt „Die Leitung des Spiels", S. 56 ff.).

Es sei ferner darauf hingewiesen, daß Disziplinschwierigkeiten, Unordnung und Unübersichtlichkeit oft die Ursache von Unfällen sind. Die Erziehung zum „ruhigen" Spiel ist erstrebenswert. Natürlich dürfen die spontanen Äußerungen der Freude oder des Beifalls nicht unterdrückt werden. Aber das Schreien nach dem Ball durch die „Ballgefräßigen", gegenseitige Vorwürfe bei Spielfehlern, das Verhöhnen des Gegners (besonders wenn dieser sich im Spielverlauf als schwach erweist) sind zu unterbinden, notfalls zu bestrafen. Erzieherische Hinweise, Ermahnungen, Bestrafung mit Minuspunkten für die Mannschaft des störenden Schülers, ja auch zeitweises Herausstellen eines Spielers können angewandt werden. Wesentlich ist, daß das Spielerkollektiv selbst seine Meinung zum Ausdruck bringt, die Forderungen des Spielleiters als richtig erkennt und unterstützt.

Eng verbunden mit diszipliniertem Spielen ist *ehrliches Spielen.* Konsequent muß der Spielleiter darauf achten, daß auch die kleinste Spielregel eingehalten wird, daß sich niemand unerlaubte Vorteile verschafft. Verletzt ein Spieler vorsätzlich die Spielregeln oder verschafft er sich unerlaubte Vorteile, so kann ihm oder seiner Mannschaft der Sieg abgesprochen beziehungsweise die Mannschaft disqualifiziert werden. Gibt der Spielleiter nur einen kleinen Anstoß, so setzt bald die gegenseitige Erziehung ein. Was hier bei den Kleinen Spielen versäumt wird, zeigt sich oft in den großen Sportspielen sehr deutlich. Deshalb sollten die erzieherischen Potenzen der Kleinen Spiele bewußt genutzt werden.

Der Spielleiter muß sich vor Spielbeginn überzeugen, daß die Spielregeln verstanden wurden und daß alle notwendigen Markierungen vorhanden sind, damit eine genaue Spielkontrolle und -wertung gewährleistet ist. So kann man, statt auf dem Boden eine Ablauflinie zu ziehen, bei Staffeln zum Beispiel eine Turnbank hinstellen, über die der zurückkehrende Läufer erst springen muß, bevor der nächste startet. Die Bank kann auch durch den nächsten Läufer selbst gebildet werden. Manchmal ist es ratsam, vor dem Wettkampf erst einen Probelauf beziehungsweise ein Probespiel durchzuführen, um sich zu überzeugen, ob der Spielgedanke von allen Spielenden erfaßt worden ist.

Eine der wesentlichsten Aufgaben der Spielerziehung besteht darin, auf den sich vordrängenden, eigensinnigen, *rücksichtslosen Egoisten* einzuwirken, der mitunter seinen Mitspielern die Freude am Spiel verleidet und schwächere, ruhigere und zurückhaltende Schüler dadurch in ihrer Entwicklung hemmt. Meist sind es begabte und gewandte Spieler, die sich ihres Könnens bewußt sind. Doch die Förderung *aller* Spieler ist die Aufgabe des Spielleiters, indem er den Gehemmten und Leistungsschwächeren wirkliche Hilfe gibt und den Stärkeren zum Helfen erzieht. Auch hier muß das Kollektiv einwirken. Vorteilhaft ist es immer, den Spielverlauf zu unterbrechen und das gesamte Spielkollektiv darauf hinzuweisen, wenn so ein „Ballgefräßiger" wiederholt durch sein eigensinniges Verhalten einen Ballverlust oder Minuspunkt oder gar eine Niederlage für seine Mannschaft verursacht hat. Das muß jedoch so geschehen, daß die Handlungsfreude dem Schüler nicht genommen, er aber zum kollektiven Handeln angehalten und zum Verantwortungsbewußtsein erzogen wird. Später wird das Kollektiv von selbst einschreiten, um individuelles Können den kollektiven Aufgaben unterzuordnen. Andererseits ist auch positives Spielverhalten zu loben und beispielhaft herauszustellen.

Es empfiehlt sich, in den Klassen, in den Sektionen der Schulsportgemeinschaften und auch in den Sportgemeinschaften des DTSB der DDR *feste Spielgruppen* zu bilden, die über eine längere Zeit zusammenbleiben. Dabei ist natürlich eine annähernd gleiche Leistungsstärke der Gruppen anzustreben, um stets den Reiz des Wettkampfes und des Leistungsvergleichs zu erhalten. Dadurch wird nicht nur viel kostbare Spielzeit gespart, sondern auch kollektives Denken und Handeln werden bei den Sportlern gefestigt. Sie sind an feste Gemeinschaften gebunden.

Mit Erfolg sind verschiedentlich auch schon *Wettbewerbstabellen* geführt worden, in denen man über einen bestimmten Zeitabschnitt hinweg Siege, Niederlagen und das Verhalten der Gruppen bewertete (z. B. erhält die Gruppe die Punktzahl entsprechend ihrer Plazierung, also bei vier Gruppen erhält der Sieger vier Punkte, der Zweite drei usw.). Diese Wettbewerbstabellen können von den Schülern geführt werden.

Auf diese Weise lassen sich schon mit den Kleinen Spielen der *Gemeinschaftsgedanke* und das *Wettbewerbsstreben* entwickeln, also solche Charaktereigenschaften und Verhaltensweisen, die auch notwendig sind zum aktiven Wirken in unseren sozialistischen Arbeitskollektiven.

Die Übertragung der Kampfrichtertätigkeit sollte in den Kleinen Spielen sinnvoll bedacht werden, um genaues Beobachten, die Mitverantwortung und das gegenseitige Ein- und Unterordnen zu üben. Dabei kann das Amt des Schiedsrichters an geeignete Spieler vergeben werden, wobei eine methodische Heranführung erfolgen muß, denn die differenzierte Aufgabenstellung an einzelne Spieler ist ein wesentliches Mittel zur *Entwicklung der Persönlichkeit.* Außerdem hat der Spielleiter dadurch die Möglichkeit, sich selbst am Spiel zu beteiligen. Er kann als Vorbild fairen sportlichen Verhaltens die Spielgruppen positiv beeinflussen, kann das Spiel beleben, schwächere Schüler zum Einsatz bringen, taktische Spielzüge vorbereiten und durch sein Handeln das Beispiel einer kollektiven Spielweise schaffen.

Auch die Erziehung zur *Rücksichtnahme,* zum *„fair play"*, das Einschreiten gegen unsportliches Verhalten erfolgt nicht erst in den großen Sportspielen, sondern bereits in ihren vielen Vorformen. Negatives Abgleiten kann sich äußern als Rücksichtslosigkeit, Prahlerei, Hinterhältigkeit, Jähzorn, Herrschsucht, Neid. In zahlreichen Kleinen Spielen (z. B. besonders in den Kraft- und Gewandtheitsspielen) vollzieht sich schon eine *unmittelbare Auseinandersetzung* mit einem Gegner. Der Spieler wird sich dabei der gegnerischen Stärke bewußt, er erlebt sofort den besseren Gegner. Das zwingt ihn einerseits zur Anerkennung und Einsicht, ist andererseits Ansporn. Aber Zurückhaltung und Fairneß werden jetzt gefordert. Er muß der Versuchung widerstehen, sich mit *allen Mitteln* des Gegners zu erwehren. Ist er dagegen besser als sein Spielgegner, so soll man auf die Bescheidenheit einwirken, gegen Prahlerei auftreten und ihn dahingehend beeinflussen, sich

von selbst mit noch stärkeren Spielern auseinanderzusetzen.
Die Willensschulung sowie die Erziehung zum mutigen und entschlußkräftigen Handeln sind auch durch viele Kleine Spiele möglich. In den Geländespielen sind sie sogar sehr ausgeprägt.
Forderten wir vorher ein kollektives Verhalten der Spieler, so beeinträchtigt das in keiner Weise die Notwendigkeit eines entscheidungsfreudigen, freien Handelns des einzelnen. Es muß nur aus dem Verantwortungsgefühl der Gemeinschaft gegenüber erfolgen, in dem Bewußtsein, mit der Handlung den kollektiven Bestrebungen zu dienen. In den kleinen Sportspielen kann ein derartiges Verhalten schon sehr gut entwickelt werden.
Auch zur *geistigen Erziehung* können die Kleinen Spiele ihren Beitrag leisten. Hier kann der Weg vom einfachen Schauen zum genauen Beobachten sowie zum Selbst- und Mitgestalten durch frühzeitige Anleitung gegangen werden.
Was in den Tanzliedern und Singspielen der Vorschulzeit begonnen wurde, wird in der Unterstufe fortgesetzt. In den Nachahmungsspielen (Märchen, Tiergeschichten) erweitert sich die Vorstellungswelt der Kinder. Einfache neue Begriffe des gesellschaftlichen Lebens tauchen auf und werden in den Singspielen, die von der Arbeit und dem neuen Leben handeln, spielend erfaßt. Am wertvollsten aber ist in den Singspielen die Möglichkeit des *schöpferischen Gestaltens,* wozu die Kinder immer wieder anzuregen sind.
In den vielen Laufspielen werden Aufmerksamkeit und Konzentration geschult. Der Prozeß des Wahrnehmens, Denkens (Überlegens) und Handelns entwickelt sich, um später den taktischen Anforderungen in den Mannschaftsspielen genügen zu können. Zahlreiche Kleine Spiele enthalten schon derartige taktische Vorübungen, die das Spielverständnis vertiefen und eine nicht unwesentliche Grundlage für taktisch-schöpferisches Handeln in den großen Sportspielen bilden (z. B. einen Verfolger durch geschicktes Laufen abschütteln, einen Gegner sperren, sich beim Ballspiel freilaufen u. a.).
Es sei abschließend noch einmal darauf hingewiesen, daß die genannten Erziehungsmöglichkeiten und -maßnahmen in keiner Weise die Spielfreude, Lust und Heiterkeit der Spieler beeinträchtigen dürfen. Sie sind der Motor der Spielaktivität. Steht er still, so hört auch das Spiel auf, Spiel zu sein.
Verspürt der Spielleiter mangelnde Freude bei den Spielern, so prüfe er sein pädagogisches Verhalten. Meist wird den Übenden zu wenig Raum zur Selbsttätigkeit gelassen, es wird zuviel „geführt", zu ernst und „trocken" angeleitet. Zum anderen darf er das Spiel auch nicht nur laufen lassen, sondern muß durch gezielte technische und taktische Hinweise sowie erzieherische Einflußnahme das Niveau des Spiels anheben und dadurch die Spielfreude erhöhen. Mitunter liegt es aber auch an der Auswahl des Spiels, das nicht der Entwicklungsstufe oder dem Spielvermögen entspricht.

3.2. Die Bildungswerte

Eine ausführliche physiologische Begründung der Spiele überhaupt gab als erster der Arzt Prof. F. A. Schmidt[13], der die physiologische Neugestaltung des Turnens in seiner Zeit am meisten beeinflußt hat. Seine Ausführungen tragen polemischen Charakter und sind eine sachliche Auseinandersetzung mit der formalen Spießschen Bewegungsschule. F. A. Schmidt bestätigte den hohen körperbildenden Wert der Spiele als Koordinations- und Schlagfertigkeitsübungen.

13. Vgl. Schmidt, F. A.: Die Leibesübungen nach ihrem körperlichen Übungswert dargestellt. Leipzig 1893, S. 22ff. und S. 66ff.

Den körperlichen Bildungswert eines Spiels messen wir an seinem Einfluß auf den menschlichen Organismus in anatomisch-physiologischer und bewegungsmäßiger Hinsicht. Die mannigfaltigen Bewegungsformen, die die Spiele verlangen, wirken sich günstig auf die Entwicklung des ganzen Körpers aus, sowohl auf die Entwicklung der Muskulatur und des Halteapparates, auf das Herz-Kreislauf-System, auf die Sinnesorgane als auch auf die Motorik.

Die große Anzahl der Kleinen Spiele und ihre Variationsmöglichkeiten, die Verwendung verschiedener Geräte, die willkürliche Festsetzung der Spielzeit und die Festlegung der Größe des Spielplatzes entsprechend den Besonderheiten der Klasse oder Spielgruppe (Entwicklungsstand, Leistungsstand) gestatten uns, die Bildungsabsichten in ausgesprochen komplexer Weise zu erfüllen. Das gilt sowohl für die Sportbeschäftigung im Kindergarten, für den Sportunterricht in der Schule, für den Übungs- und Trainingsbetrieb als auch für den Freizeit- und Erholungssport. Dabei wird natürlich nicht jedes Spiel einer vollkommenen Körperbildung gerecht. Stets werden zwar mehrere Seiten erfaßt, verschiedene Fähigkeiten und Fertigkeiten erworben, von denen aber die eine oder andere besonders hervortritt.

3.2.1. Entwicklung konditioneller Fähigkeiten[14]

Die Entwicklung der konditionellen Fähigkeiten wie Schnelligkeit, Ausdauer, Kraft besitzt besonders bei Anfängern Komplexcharakter. Die Herausbildung der einen Fähigkeit bewirkt auch die Förderung der anderen. Diesem Sachverhalt kommen wesentliche Merkmale der Kleinen Spiele — wenn sie als Trainingsmittel verwendet werden — sehr fördernd entgegen. Die fast unerschöpflichen Abwandlungen zahlreicher Kleiner Spiele, ihre auf die Bildungsabsicht ausgerichtete methodische Gestaltung bieten sowohl die Möglichkeit einer *allgemeinen* ausgeglichenen Beeinflussung der Gesamtkonstitution und körperlichen Leistungsfähigkeit als auch der *gezielten* Entwicklung der einen oder anderen konditionellen Fähigkeit.

In fast allen Kleinen Spielen können neben dem Laufen das Bücken, Aufrichten, Strekken, Drehen, Wenden, Springen, Hüpfen, Kriechen, Ausweichen, Ziehen, Schieben oder Drängen gefordert werden. Alle diese Formen dienen der *Entwicklung einer zügig oder schnellkräftig arbeitenden Muskulatur.* Sehnen und Bänder werden in den verschiedensten Formen beansprucht und an größere Belastungen gewöhnt.

Betrachtet man die einzelnen Arten der Spiele, so können wir durch eine entsprechende Auswahl und Aufbereitung den einzelnen konditionellen Fähigkeiten gerecht werden.

Der Lauf ist das bestimmende Element einer großen Gruppe von Kleinen Spielen (Laufspiele, Ballspiele, Geländespiele), die deshalb auch bei entsprechender Streckenlänge oder Spieldauer und zweckdienlicher Pausengestaltung bei Wiederholung von Spielvorgängen als *Schnelligkeits-* oder *Ausdauerübungen* geeignet sind. Außerdem kennt jeder Spielverlauf anstrengende Phasen, Geschwindigkeitssteigerungen und nachlassendes Spieltempo. Kurz andauernde Reize wechseln mit gewissen Ruhepausen und bilden einen günstigen Belastungswechsel. Die aerobe wie anaerobe Arbeitsweise des Organismus werden gleichermaßen gefordert. Der Stoffwechsel wird dabei hervorragend angeregt.

Durch diesen ständigen Wechsel von Belastung und Erholung, Spannung und Ent-

14. Vgl. Thieß, G. u. a.: Training von A bis Z. Sportverlag, Berlin 1978, S. 78.

spannung ist eine hohe *Übungsintensität* möglich. Der Gefahr einer Überbelastung ist leicht zu begegnen, indem Spielfeld, Spielzeit und Einzelheiten des Spielverlaufes den Alters- und Entwicklungsstufen sowie der Leistungsfähigkeit der Spielenden angepaßt werden. Die äußeren Belastungsmerkmale der Spielenden sind einfache, aber ausreichende Hilfen für den Sportlehrer bei der Regulierung der Belastung.

Spielformen aus der Gruppe der Kraft- und Gewandtheitsspiele und zum Teil auch aus den Ballspielen (besonders Medizinballspiele und Handballspiele) dienen vorwiegend der Kräftigung der Muskulatur des Oberkörpers. Dabei können die einzelnen Spiele gezielt zur Entwicklung der *Kraftausdauer* und auch der *Schnellkraft* eingesetzt werden.

Charakteristisch für die Entwicklung der konditionellen Fähigkeiten durch Kleine Spiele ist, daß sich die Spieler infolge ihrer freudvollen Hingabe an das Spielgeschehen der *Belastungswirkung* und damit der leistungssteigernden Funktion der Spieltätigkeiten meist nicht bewußt werden. Die in den Kleinen Spielen vorherrschende Freude und Heiterkeit, der meist unmittelbare Leistungsvergleich, die kurzen Erholungspausen im Spielverlauf schaffen die Voraussetzungen, um mit hoher Konzentration die Anforderungen zu erfüllen.

3.2.2. Entwicklung von koordinativen Fähigkeiten und Bewegungsfertigkeiten

Sowohl die *koordinativen* als auch die *konditionellen Fähigkeiten* sind Leistungseigenschaften, die sich grundsätzlich von den Fertigkeiten (als automatisierte Komponenten von Handlungen bzw. automatisierte Handlungen) unterscheiden. Vom Niveau der koordinativen und konditionellen Fähigkeiten, ihrer Eigenart und ihrer Struktur hängt es ab, in welcher Qualität und mit welchem Kraftaufwand Fertigkeiten gebildet und mit welchem Erfolg sie eingesetzt werden. Andererseits wirken gut entwickelte Bewegungsfertigkeiten auf die Höherentwicklung der Fähigkeiten ein, das heißt, es besteht eine gegenseitige Abhängigkeit.

Eine große Anzahl Kleiner Spiele ist geeignet, wesentliche koordinative Fähigkeiten wie *Orientierungsfähigkeit, Anpassungs- und Umstellungsfähigkeit, Reaktionsfähigkeit, Antizipationsfähigkeit, Gleichgewichtsfähigkeit und Differenzierungsfähigkeit* entwickeln zu helfen. Das ist vor allem bedingt durch die vielseitige Bewegungstätigkeit in den Kleinen Spielen, durch die Notwendigkeit, unvorhergesehenen plötzlichen Bewegungsanforderungen infolge der sich ändernden Spielsituationen reaktionsschnell zu entsprechen, sich motorisch schnell und gezielt von einem Spielvorgang auf den anderen umzustellen (z. B. vom Haschen auf das „Gehaschtwerden", vom Necken und Foppen auf schnelles Fortlaufen oder vom Raufen und Ringen auf das Laufen und Haschen).

Damit wird bereits angedeutet, daß zur Entwicklung koordinativer Fähigkeiten auch in den Kleinen Spielen ein bestimmter *koordinativer Schwierigkeitsgrad* erforderlich ist (d. h. komplexe Bewegungsanforderungen, Variationen von Grundformen, Zusatzaufgaben, erhöhte konditionelle Anforderungen usw.).

Hinsichtlich der Entwicklung von Bewegungsfertigkeiten stellen die Kleinen Spiele vor allem für die Sportspiele eine methodisch gut zu handhabende Vorstufe dar. Die spielerisch entwickelten Grundformen des Bewegens wie Laufen, Springen, Fangen, Werfen, Stoßen, Schlagen — in zahlreichen Spielformen enthalten — bilden eine ausgezeichnete Grundlage für die Erlernung, Vervollkommnung und Stabilisierung *spezieller Bewegungsfertigkeiten* der Sportspiele. Dabei kommt es in den Kleinen Spielen schon zu zahlreichen Bewegungskombinationen, die dann in den Sportspielen ihre spezielle Ausprägung erfahren.

3.2.3. Vermittlung von Kenntnissen[15] und Grundformen taktischen Verhaltens

Eingebettet in die allgemeinen Aufgaben des Sportunterrichts, sportpolitische, sporttheoretische und hygienische Kenntnisse zu vermitteln, haben auch die Kleinen Spiele diesbezüglich ihren spezifischen Beitrag zu leisten. Die Abhängigkeit der sportlichen Leistung von Kenntnissen und die der Spielleistung darüber hinaus vor allem von taktischen Kenntnissen ist nachgewiesen. Deshalb ist auch im Lernprozeß der Kleinen Spiele die Einheit von theoretischer Unterweisung und praktischer Schulung zu beachten. Versäumt man, bereits im Vorschulalter und in den ersten Schuljahren eine *zweckmäßige Synthese zwischen theoretischer und praktischer Ausbildung* zu finden, so werden vorhandene günstige Voraussetzungen zur Entwicklung taktischer Verhaltensweisen ungenutzt bleiben. Natürlich erhöhen sich der Umfang und die Qualität der Kenntnisse mit zunehmendem Spiel- und Trainingsalter sowie durch eine zielgerichtete taktische Ausbildung. Sie stehen immer im Zusammenhang mit der Entwicklung allgemeiner intellektueller Fähigkeiten bei den Schülern.
Welche Kenntniskomplexe und Grundformen des taktischen Verhaltens müssen schon bei den Kleinen Spielen beachtet und vermittelt werden?
— Die Kenntnis der Spielregeln und die zunehmende Fähigkeit, sie schöpferisch abzuwandeln (Erziehung zur Selbsttätigkeit);
— Kenntnisse über das richtige Fangen und Werfen, Zielen und Treffen;
— Kenntnisse und Fähigkeiten zur Anwendung einfacher taktischer Verhaltensweisen (taktischer Aufgaben wie z. B.: richtige Platzwahl auf dem Spielfeld, Freilaufen, Tempowechsel, Positionswechsel, Ballsicherung durch richtige Körperstellung, schnelle Folge von Annahme und Zuspiel, Möglichkeiten von Täuschungshandlungen, taktische Funktionen in der Mannschaft u. a. m.);
— einfachste (der Aufnahmefähigkeit angepaßte) theoretische Grundlagen über die Wechselbeziehungen von konditionellen Fähigkeiten, technischen Fertigkeiten und taktischen Handlungen.
Nachdrücklich sei bei der Kenntnisvermittlung noch einmal darauf hingewiesen, daß es nicht schlechthin um mehr Wissen geht, sondern um die Tatsache, daß dieses Wissen auch im Bereich der Spiele die Intensität des sportlichen Interesses erhöht, die positive Grundeinstellung zum Sport fördert und eine wesentliche Voraussetzung ist für einen effektiven Übungs- und Spielbetrieb. Darüber hinaus ist die systematische Kenntnisvermittlung zugleich auch eine der Möglichkeiten, die Befähigung der Sportinteressierten zum selbständigen Sporttreiben zu erreichen.

3.3. Leistungsbewertung in den Kleinen Spielen?

Die Leistungserfassung und -bewertung in den Kleinen Spielen soll lediglich als *Problem* aufgeworfen werden, wenngleich auch durch die vom Ministerium für Volksbildung herausgegebenen Empfehlungen[16] für die Bewertung und Zensierung der Schülerleistungen

15. Theoretische Zusammenhänge vgl. Stiehler, G. u. a.: Methodik des Sportunterrichts. Volk und Wissen Volkseigener Verlag, Berlin 1978, S. 216ff.

16. Vgl. Empfehlungen für die Bewertung und Zensierung im Schulsport. Volk und Wissen Volkseigener Verlag, Berlin 1984., S. 9.

im Sportunterricht Bewertungsmaßstäbe für die Kleinen Spiele in den Klassen 1 bis 4 vorliegen.

Wir sind der Auffassung, daß die Leistung, und das besonders in den ersten Schuljahren, in ihrer Wertschätzung hinter der pädagogisch-psychologischen, *sozialen und biologischen Wirkung der Kleinen Spiele* zurücktreten muß. Die freudige Teilnahme muß im Vordergrund stehen; die emotionalen und ästhetischen Faktoren sollen *wirksam werden.* Das schließt nicht aus, daß sich jeder Spielleiter, auch der in der Unterstufe, um exakte Grundlagen zur *Persönlichkeitsbeurteilung* in der Körpererziehung bemüht. Weil die Kleinen Spiele hier ein wesentlicher Teil des Sportunterrichts sind und sich die Kinder ungehemmt und ungekünstelt bewegen, muß er sie auch diesbezüglich nutzen.

Die Leistungsermittlung in den Spielen sollte nach unserer Meinung komplexer Art sein, das heißt, mehrere Seiten des Verhaltens und Wirkens im Spiel berücksichtigen und nicht nur eine quantitative Erfassung anstreben.

Wesentlich für die Leistungsbewertung ist eine ausreichend lange Entwicklungszeit, in der das Spiel betrieben wurde, und — um gerecht zu verfahren — auch die Berücksichtigung individueller Besonderheiten (Objektivität der Leistungsbewertung).

Vermerke über die Entwicklung der einzelnen Schüler sind selbstverständlich kontinuierlich notwendig und damit eine wesentliche Hilfe zur Verhaltensbeurteilung als Teil der Schülerbeurteilung.

Leistungsunterschiede lassen sich besonders bei Staffeln und auch in den kleinen Sportspielen feststellen. Hier wird es bereits erforderlich, zur Leistungsbewertung genaue Schwerpunkte des zu bewertenden Bewegungsablaufes bekanntzugeben. Dadurch erziehen wir die Spielenden zugleich zum zielstrebigen Beobachten und befähigen sie systematisch zur Selbstkontrolle und Selbstbewertung der körperlich-sportlichen Leistungsfähigkeit und -entwicklung. Es soll an dieser Stelle nicht unerwähnt bleiben, daß wir mit dieser zielstrebigen pädagogischen Einwirkung eine weitere Möglichkeit nutzen, unsere Spielinteressenten zum selbständigen Sporttreiben zu befähigen.

Gegenüber verschiedenen anderen Sportarten ist in den Spielen die Charakterbeurteilung leichter. Das Verhalten des einzelnen im Kollektiv läßt sich gut beobachten. Diese Tatsache muß auch bei der Schülerbewertung genutzt werden.

Für eine Leistungsbewertung und Persönlichkeitsbeurteilung in den Kleinen Spielen könnten nach unserer Ansicht folgende Gesichtspunkte berücksichtigt werden:

— Die Teilnahme am Spiel, der Grad der *Spielaktivität*, das zweckmäßige Verhalten;

— das *geistige Auffassungsvermögen* (Spielgedanke und Spielregeln werden schnell oder langsam erfaßt, beherrscht oder ständig wieder vergessen), kluges (taktisches) Verhalten in den kleinen Sportspielen;

— *Reaktionsfähigkeit, Bewegungsschnelligkeit;*

— die *Gewandtheit und Geschicklichkeit* in den grundlegenden Bewegungsfertigkeiten;

— der Grad des *Beherrschens* sportlicher Bewegungsfertigkeiten — typischer Spielfertigkeiten wie Fangen, Werfen, Schlagen, Treffen, Ausweichen, Fintieren, die komplexen Koordinationsfähigkeiten;

— das *charakterliche Verhalten* im Spiel und im Kollektiv (ehrlich, diszipliniert, gerecht, beherrscht, hilfsbereit, kameradschaftlich, uneigennützig, einsichtig usw.).

So läßt sich von Zeit zu Zeit überprüfen, ob die Erziehungs- und Bildungsabsichten sowohl in der gesamten Klasse oder Spielgruppe als auch beim einzelnen erfüllt worden sind.

4 Zur Methodik der Kleinen Spiele

4.1. Zur Vorbereitung des Spielleiters

Der gewissenhafte Spielleiter wird sich immer gründlich auf seine Spielstunde (möglichst in schriftlicher Form) vorbereiten. Nur wer Spiele oberflächlich betrachtet, die Tiefe der Spielerziehung nicht erkennt (vgl. die Worte von GutsMuths, Jahn), verzichtet darauf.

Es geht bei der Vorbereitung nicht schlechthin um die stoffliche Erfüllung des Lehr- oder Trainingsplanes, es geht vielmehr um die Bildungs- und Erziehungsaufgaben. Wie kann ich mit meinem Spiel zur sittlichen Erziehung beitragen? Welche Eigenschaften muß ich entwickeln? Wie kann ich die vorhandenen Möglichkeiten nutzen? Kann ich an bestimmte Leistungen oder Verhaltensweisen anknüpfen?

Diese und andere Fragen müssen die pädagogischen Vorüberlegungen und die Auswahl der Spiele bestimmen. Man muß seine Klasse oder Spielgruppe bei der Vorbereitung vor Augen haben, ihre Stärken und Schwächen kennen und möglichst alle äußeren Umstände erfassen, um den Bildungs- und Erziehungsaufgaben auch durch das Spiel gerecht zu werden. Erst dann erfolgt die Auswahl und Aufbereitung des Stoffes, der zusammen mit dem pädagogischen Geschick des Spielleiters die Atmosphäre freudvollen Spiels schaffen muß.

4.2. Anforderungen an die Kleinen Spiele

Die Kleinen Spiele sind in ihrer Anzahl nicht so ohne weiteres zu überschauen. Davon zeugt eine reichhaltige ältere und neuere Spielliteratur mit den unterschiedlichsten Einteilungsprinzipien. Verwendet man als *Spielleiter* diese Sammlungen, so wird man eine Auswahl treffen müssen, da etliche Spielformen oft nicht den Anforderungen entsprechen, die das Spiel, im Kindergarten, im Sportunterricht und im Training zu erfüllen hat. Welche Anforderungen sind gemeint? Alles in allem kann man sagen:

Kleine Spiele müssen wie die Sportarten auch ein freudvolles Mittel der Erziehung und *wirkungsvollen körperlich-sportlichen Ausbildung* sein.

F. L. Jahn hat uns für ein gutes Turnspiel zwölf Grundsätze genannt. Sie können auch heute noch unverändert als gültige Richtlinien angesehen werden und sind gleichzeitig richtungweisend für die methodische Arbeit. Wir geben diese Grundsätze nach der Originalausgabe der „Deutschen Turnkunst" wieder:

„Ein gutes Turnspiel muß:

1. keine zu großen und weitläufigen Vorrichtungen erfordern;
2. leicht erlernbar sein und doch regelfest in sich begründet;
3. nicht vom bloßen Zufall oder meist von ihm abhängen;
4. eine nicht zu kleine Anzahl von Spielern turngemäß beschäftigen;
5. nicht einen zu großen Raum bedürfen, der mit der kleinen Spielerzahl in keinem Verhältnis steht;
6. unter den Mitspielern keine müßigen Zuschauer brauchen;
7. bewirken, daß jeder sich gehörig rührt und keiner müßig feiert;
8. eine zweckmäßige Verteilung von Last und Rast haben;
9. nicht einseitig und ohne Abwechslung im ewigen Einerlei bleiben;
10. um gut gespielt zu werden, eine große Gewandtheit und Geschicklichkeit der Mitspieler verlangen;

11. immer wieder mit neuem Eifer und reger Teilnahme gespielt werden können;
12. vor allem aber dem jugendlichen Gemüte behagen."[17]

4.3. Gesichtspunkte für die Auswahl der Kleinen Spiele

Die genannten Jahnschen Forderungen sind sehr wesentlich für die Auswahl der Spiele. Mit ihnen lassen sich Brauchbarkeit und Wert eines Spiels bereits abschätzen. Darüber hinaus müssen aber noch verschiedene Faktoren berücksichtigt werden, um den Spielablauf pädagogisch-methodisch richtig zu gestalten.

Die einzelnen Spiele stellen unterschiedliche Anforderungen an die Teilnehmer. Sind die einen äußerst einfach im Spielgedanken, so fordern andere eine erhöhte geistige Mitarbeit. Relativ bewegungsarme Formen stehen neben Spielen mit schwierigeren Aufgaben. Erfassen die einen den gesamten Organismus und haben damit größere Bildungswerte, so stellen andere wiederum geringere körperliche Anforderungen, tragen aber zur Übung der Sinne bei. Verlangen die typischen Jungenspiele Risikobereitschaft, Entschlußkraft, harten körperlichen Einsatz im Kampf mit dem Gegner, so neigen Mädchen in vielen Spielen mehr zur Gewandtheit, Geschicklichkeit und Anmut.

Diese Gesichtspunkte sind im Zusammenhang mit den Entwicklungsstufen, dem Geschlecht der Kinder, der methodischen Absicht des Spielleiters, den Besonderheiten der Klasse oder Spielgruppe, dem Ziel der Stunde und den jeweiligen örtlichen Gegebenheiten wesentlich für die Auswahl der Kleinen Spiele.

17. Jahn, F. L., Eiselen, E.: Die Deutsche Turnkunst zur Einrichtung der Turnplätze. Berlin 1816, S. 172.

4.3.1. Die Entwicklungsstufen der Kinder

Jede Entwicklungsstufe hat hinsichtlich der Spielbereitschaft und Spielmobilität ihre eigene Ausprägung, was bei der Stoffauswahl zu berücksichtigen ist. Deshalb muß der Erzieher tiefer in das Wesen der Spiele eindringen, muß ihren Nutzen durch entsprechende Gestaltung zu schaffen wissen.

Mit Kindern kann ich nur solche Spiele durchführen, deren Regeln ihnen leicht verständlich sind und deren Anforderungen an Gewandtheit und Können nicht die Entwicklungsstufe überschreiten.

Der Spielbetrieb in den ersten beiden Jahren der Unterstufe ist vorwiegend durch Tummel-, Hasche-, Platzsuch- und Scherzspiele mit einfachem Spielgedanken und durch Singspiele sowie darstellende Bewegungsspiele gekennzeichnet. Nach und nach werden dann einfache Ballspiele eingefügt, um das Fangen und Werfen sowie das Zielen und Treffen zu entwickeln.

Etwa mit dem zehnten Lebensjahr, oft auch schon früher, tritt bei den Jungen der Wunsch in den Vordergrund, in festen, gleichbleibenden Mannschaften zu spielen, um die Leistungen zu messen. Als Einzelwettbewerbe werden auch gern Kraft- und Gewandtheitsspiele betrieben. Mannschaftsspiele verdrängen nach und nach die einfachen Laufspiele. Mit dem fünften Schuljahr — natürlich ist der Übergang fließend — stehen die kleinen und größeren Mannschaftsspiele im Vordergrund, die den unmittelbaren Leistungsvergleich und Kampf gestatten. In dieser Altersklasse erfolgt auch nach dem Lehrplan die Einführung eines Sportspiels, womit das Interesse an technischen Spielfertigkeiten und die Freude der Schüler an entsprechenden Übungsspielen geweckt wird.

Nach physiologischen Gesichtspunkten und hinsichtlich der Bewegungsschulung ist eine *systematische Reihung,* eine zweckmäßige Folge von den einfachsten Formen bis zu den schwierigsten Sportspielen möglich und notwendig. Aber nicht nur in den Sportspielen wollen die Jungen ihre Kampfbereitschaft unter Beweis stellen. Auch in den Geländespielen mit ihren Kraft- und Ausdauerproben und naturverbundenen Erlebnissen wollen sie sich bewähren.

Später, von der achten oder neunten Klasse an, dringen die Jugendlichen dann tiefer in das Wesen der Sportspiele ein, sind empfänglich für technische Hinweise und taktische Feinheiten. Hier erfährt die gesamte „Spielerziehung" gewissermaßen eine Prüfung, hier zeigt es sich, ob die wesentlichsten Charaktereigenschaften und Verhaltensweisen im gemeinschaftlichen Sporttreiben entwickelt wurden. Entsprechend dem Entwicklungsstand der Schüler sind viele Kleine Spiele in dieser Altersstufe nicht mehr zu verwenden. Ein großer Teil aber kann abgewandelt werden. Mit zusätzlichen Regeln versehen oder auch durch gewisse Einschränkungen bleiben diese Spiele dann weiterhin reizvoll, sei es als selbständige Formen oder auch als Vorübungen für größere und schwierigere Spiele.

4.3.2. Das Geschlecht der Spielenden

Neben den Entwicklungsstufen ist auch das *Geschlecht der Übenden* bei der Auswahl der Spiele zu beachten. Es ist zwar bei den Kleinen Spielen nicht von vorrangiger Bedeutung, denn bestimmend sind die Aufgabenstellung, die methodisch-organisatorische Gestaltung. Doch kann auch der Stoff nicht außer acht gelassen werden. Der überwiegende Teil der Kleinen Spiele eignet sich für Jungen und Mädchen. Auf einige Spiele jedoch, die einen sehr harten körperlichen Einsatz verlangen, wo Ringen und Raufen im Vordergrund stehen, sollte man bei Mädchen verzichten oder das Spiel abwandeln. Das „Verdrängen" zum Beispiel, ein schönes Kraftspiel für Jungen und Männer, dürfte für Mädchen und Frauen nur in abgeänderter Form geeignet sein.

Bei einigen Ballspielen läßt man Mädchen und Frauen verständlicherweise besser keine *großen Medizinbälle* fangen, sondern ersetzt sie durch leichtere Vollbälle oder größere Hohlbälle (z. B. bei „Ball über die Schnur", „Zweifelderball"). In gemischten Klassen trennt man bei solchen Spielen die Jungen und Mädchen.

Es liegt jedoch andererseits keine Veranlassung vor, überaus ängstlich zu sein und jedes Spiel, das einen gewissen körperlichen Einsatz verlangt, als für Mädchen ungeeignet abzutun.

Die Entscheidung über die eventuell erforderliche Modifikation eines Spiels liegt beim Spielleiter. Er muß die Wirkung eines Spiels und das Maß der Anstrengung sowie die Belastungsgrenze seiner Mädchen kennen und danach die Spiele gestalten.

Wichtiger jedoch als der Gesichtspunkt der körperlichen Unterschiede sind die sich entwickelnden *unterschiedlichen Neigungen* der Jungen und Mädchen auf Grund ihrer psychischen Struktur. Werden in den beiden ersten Schuljahren von Jungen und Mädchen gemeinsam einfache Lauf- und Haschespiele und auch Singspiele betrieben, so drängen die Jungen später nach Spielen, in denen sie „mehr leisten können", wo Einsatzfreudigkeit und der Kampf mit dem Gegner ausgeprägter hervortreten, Mut und Entschlußkraft verlangt werden. Die Mädchen dagegen wenden sich auch weiterhin noch gern den Singspielen (im weiteren Sinne) zu, so daß sich die Entwicklung bis zum Volkstanz und zur rhythmischen Gymnastik eigentlich ohne Unterbrechung vollzieht. Auch einfache Lauf- und Ballspiele, von den Jungen schon „abgetan", werden von Mädchen noch gern gespielt.

Diesen geschlechtlich entwicklungsbedingten Neigungen muß bei der Auswahl der Spiele entsprochen werden, wenn sie als freudvolle Bildungs- und Erziehungsmittel wirksam sein sollen.

4.3.3. Die zweckmäßige Folge der Spiele

Im Abschnitt „Die Entwicklungsstufen" ist bereits auf die Notwendigkeit einer steten systematischen Reihung der Spiele hingewiesen worden. Darüber hinaus läßt sich aber mit einer festgelegten Folge von Spielformen auch eine bestimmte methodische Absicht verwirklichen, nämlich größere Spiele durch kleinere, möglichst strukturgleiche, vorzubereiten. Denn allzu schnell drängen die Jungen nach den Sportspielen. Nur wenige sind aber den technischen und taktischen Erfordernissen gewachsen. Der größte Teil der Schüler nimmt aus dem Spielverlauf noch zuwenig für die körperliche Ausbildung mit, weil die Voraussetzungen fehlen. So ist hier ein besonders gründliches methodisches Vorgehen notwendig, *das gerade im Spiel oft zu sehr vernachlässigt wird*. Spielformen, die die Wurf-, Fang- und Treffsicherheit schulen, sind zunächst zu bevorzugen. In den kleinen Sportspielen werden dann die ersten taktischen Fähigkeiten, wie Freilaufen, Platzhalten oder Decken des Gegners, erworben, bis dann schließlich in den großen Sportspielen das Erlernte angewandt wird.
So kann zum Beispiel die Grundfertigkeit im Handballspiel, das genaue und sichere Weiterleiten des Balles, etwa in folgender Weise entwickelt werden: Bei dem Spiel „Balljagd" werden sicheres Fangen, schnelles und genaues Zuspiel gefordert. Beim „Tigerball" sind Fangen und genaues Werfen bereits erschwert, die Spieler fintieren schon beim Abspielen des Balles. „Jägerball" als Parteispiel verlangt das Werfen und Fangen im Lauf. Beim einfachen „Parteiball" ist nun auch der Gegner, der den Ball wegzuschnappen versucht, zu berücksichtigen, so daß wir das Freilaufen und das ständige Positionswechseln entwickeln. Von den kleinen Sportspielen „Burgball", „Turmball", „Korbball" ist es dann nicht mehr weit, um im Hand- und Basketballspiel die speziellen Fertigkeiten zu entwickeln.
Die Rückschlagspiele Fußballtennis, Faustball und Volleyball lassen sich gut durch „Ball über die Schnur" und durch seine Varianten vorbereiten.
Durch entsprechende Regelfestsetzungen kann man über Rollball und Raufball zum Rugby gelangen.
Auf diese Weise können für die technischen und taktischen Anforderungen in den großen Sportspielen die erforderlichen Grundvoraussetzungen geschaffen werden, so daß selbst wenig veranlagte Schüler später dann gewisse Mindestanforderungen erfüllen können und auch Freude am Spielen haben.

4.3.4. Die Besonderheiten der Klasse oder Spielgruppe

Durch die Vielfalt der Spielformen hat der Spielleiter die Möglichkeit, auch Besonderheiten seiner Klasse oder Spielgruppe zu berücksichtigen. So muß bei der Auswahl der Spiele die *Anzahl der Kinder* beachtet werden. Bei großen Gruppen sind Spiele beziehungsweise solche Variationen erforderlich, in denen alle Spieler ausreichend beteiligt sind (z. B. Haschespiele mit *mehreren* Fängern). Wird mit kleinen Gruppen gearbeitet, so sind die Spiele derart auszuwählen oder zu gestalten, daß der Spielgedanke verwirklicht werden kann und die Spielenden nicht vorzeitig ermüden.
Der Leistungsstand der Kinder und Erwachsenen hat ebenfalls Einfluß auf die Auswahl der Spiele. So können Spielgruppen mit Gleich-

altrigen durchaus erhebliche Unterschiede aufweisen. Man muß also die Spiele in der Form auswählen oder abwandeln, daß sie durch entsprechende körperliche und geistige Anforderungen stets ihren Reiz behalten. Nach dem Leistungsstand der Spielenden müssen sich unter anderem richten: die Ausmaße des Spielfeldes; die Dauer eines Spiels; die Art der Hindernisse bei Wettläufen und Staffeln; Größe, Gewicht und Anzahl der Bälle; die Abwandlung der Spielregeln; die Einführung erleichternder oder erschwerender Spielbestimmungen.

Der Spielleiter sollte die Kleinen Spiele auch nutzen, um *spezielle Bildungsabsichten zu verwirklichen.* Stellt er in seiner Gruppe etwa *Haltungsschwächen* fest (z. B. Neigungen zur Lordose), so kann er nicht nur durch gymnastische Übungen, sondern auch durch die Auswahl entsprechender Spiele mithelfen, diesen Haltungsschwächen entgegenzuwirken (zum Beispiel Tigerball in Bauchlage mit beidarmigem Werfen).

Beeinflußt eine Anzahl ungelenker Spieler das Leistungsbild der Gruppe, so können eine Zeitlang Spiele bevorzugt werden, die vorwiegend die Gewandtheit und Geschicklichkeit fördern. „Langweiligen", reaktionslangsamen Spielern kann mit solchen Formen geholfen werden, die schnelles Starten und ständiges Wechseln der Spielsituation verlangen.

Werden die Kleinen Spiele in Betriebssportgemeinschaften durchgeführt, so ist auch die *berufliche Tätigkeit* der Spielenden nicht außer acht zu lassen. Eine entsprechende Abstimmung der Spiele auf die Berufsarbeit ist jedoch nicht immer einfach, denn nur in großen Betrieben werden in den Übungsstunden Menschen aus gleichen Berufsgruppen zusammen sein. Handelt es sich um ausgesprochene Spielstunden, so sollte man generell beachten, daß man Menschen mit schwerer körperlicher Arbeit nicht noch Aufgaben stellt, die kräftemäßig stark beanspruchen. Gerade hier sollten die Spiele ausgleichenden und ergänzenden Charakter tragen. Bei Werktätigen mit vorwiegend sitzender Arbeit oder mit wenig körperlicher Bewegung muß der „Bewegungshunger" gestillt werden.

4.3.5. Der Charakter der sportlichen Betätigung

Bei der Auswahl der Spiele ist weiterhin der Charakter der sportlichen Betätigung zu beachten. Handelt es sich um eine Unterrichtsstunde im Gerätturnen (in den Sportgemeinschaften des DTSB der DDR und Sportklubs um eine Übungs- oder Trainingseinheit), in der das Spiel nur eine Teilaufgabe zu erfüllen hat, so muß man eine andere Auswahl treffen als für eine ausgesprochene Spielstunde oder gar für einen Spielnachmittag.

4.3.5.1. Die Sportstunde, die Trainingseinheit, der Übungsabend

Der einleitende Teil einer Sportstunde beziehungsweise einer Trainingseinheit oder eines Übungsabends dient ja bekanntlich der Erwärmung und Auflockerung, der Befriedigung des „Bewegungshungers" und der Herstellung der Übungsbereitschaft. Eine Möglichkeit hierfür bilden die Kleinen Spiele. In der Regel wählt man eine oder auch zwei Formen aus den Lauf- und Haschespielen, mitunter auch ein geeignetes Ballspiel, um das gewünschte Ziel zu erreichen. Dabei ist jedoch darauf zu achten, daß das geplante Spiel nicht schon zu Beginn explosive Bewegungsanforderungen enthält.

Bei Doppelstunden, die leider noch nicht völlig zu umgehen sind, kann ein Spiel zur Belebung des Unterrichts auch in der Mitte

auftreten. Es gibt kein feststehendes Schema hierfür, sondern es muß der jeweiligen Situation entsprechend gehandelt werden.
Besonders beim Stundenausklang greift man gern zu den Kleinen Spielen. Es werden wiederum ein oder zwei Spiele vorgeschlagen, die aber in der Regel keine größere Anstrengung mehr bedeuten. Entweder wählt man Hasche- oder Ballspiele, bei denen die meisten Spieler ruhen (z. B. Drittenabschlagen, Burgball), oder ausgesprochene Kurzweilspiele, in denen die Geschicklichkeit oder Aufmerksamkeit geschult wird. Hierher gehören beispielsweise *Toter Mann, Schuhsuchen, Ballraten, Keulendieb* (vgl. auch S. 59ff., Stundenteil und Intensitätsgrad). Der Stundenausklang muß auch stets auf die nachfolgende Tätigkeit abgestimmt sein, um die Spieler nicht für die folgende Beschäftigung zu ermüden.

4.3.5.2. Die Spielstunde oder der Spielnachmittag

Handelt es sich um eine ausgesprochene Spielstunde oder um einen Spielnachmittag — das bekannte Schema einer Stunde bleibt im Prinzip auch hier bestehen —, wird die gesamte Zeit mit Spielen ausgefüllt.
Beim Aufbau einer Spielstunde ist die Berücksichtigung der Belastungskurve genauso wichtig wie in jeder anderen Sporteinheit. Sie muß in der Einleitung allmählich ansteigen, soll im Hauptteil ihren Höhepunkt erreichen und zum Schluß allmählich abklingen. Deshalb sollte die Stunde mit einem nicht allzu lebhaften Spiel *eingeleitet* werden (Erwärmung, Stillen des Bewegungshungers). Im *Hauptteil* wählt man dann die körperlich anstrengenderen und in der Ausführung schwierigeren Spiele und übt systematisch in spielerischer Form die sportlichen Fertigkeiten, während zum *Abschluß* ein beruhigendes Spiel am Platze ist, das genaues Beobachten und schnelles Handeln oder auch die Orientierung bei geschlossenen Augen schult.
Es muß unbedingt auf einen *abwechslungsreichen Spielbetrieb* Wert gelegt werden. Das wird erreicht, wenn man Spiele mit verschiedenartigen Tätigkeitsmerkmalen (Werfen, Fangen, Rollen eines Balles; Ziehen und Schieben eines Gegners; Weglaufen, Hüpfen) gut miteinander mischt, denn: das Werfen und Fangen eines Hohlballes hat eine entschieden andere Wirkung und Bewegung als das Werfen und Fangen eines Schlag- oder Medizinballes; das Ziehen eines Gegners wirkt anders als das Schieben.
Wählt man jedoch im Hauptteil der Stunde ein Spiel, das immerhin eine gewisse Anlaufzeit benötigt, ehe es entwickelt ist und erfolgreich gespielt werden kann, so ist es notwendig, für die Einleitung einige Spiele auszusuchen, die bereits das Hauptspiel vorbereiten.
An einem *Spielnachmittag* kann die Intensität der Beanspruchung im allgemeinen höher sein als in einer normalen Sportstunde, der ja meistens noch andere Unterrichtsfächer folgen. Deshalb können Spiele mit hoher Intensität für alle Beteiligten ausgewählt werden. Hier kommen häufig die kleinen Sportspiele (Turnierspiele) in Betracht.

4.3.6. Die örtlichen Verhältnisse

Für die Auswahl der Spiele ist nicht unwesentlich, wo sie stattfinden werden. Natürlich soll man anstreben, die Spiele zu allen Jahreszeiten im Freien durchzuführen.

4.3.6.1. Das Spiel im Freien

Es sollte stets ein ebener Platz gewählt werden, der vor Beginn des Spielens nach Steinen und Scherben abgesucht werden muß.

Vorzuziehen sind selbstverständlich *Rasenplätze*, denn hier sind auch Spielformen möglich, bei denen die Spielenden am Boden liegen, kriechen oder auf allen Vieren laufen, die Bankstellung einnehmen können und anderes mehr. Hart- und Sandplätze lassen diese Formen kaum zu.
Ferner muß die *Temperatur* beachtet werden. Ist es verhältnismäßig kalt, so muß man Spiele auswählen, bei denen die Spielenden nicht übermäßig lange an einem Platz verweilen. Hier sind Gruppen- und Massenwettläufe, Haschespiele mit mehreren Fängern, Ballspiele, bei denen niemand auszuscheiden braucht und alle Spieler bis zum Schluß aktiv teilnehmen, angebracht.
Auf die Kleinen Spiele im Wasser und bei Schnee wird in den entsprechenden Kapiteln eingegangen.

4.3.6.2. Das Spiel in der Turnhalle und in kleineren Räumen

Wird es erforderlich, in der Halle zu spielen, so muß man sich über den zur Verfügung stehenden Platz im klaren sein und auch danach die Spiele auswählen. Die *Große des Spielfeldes* zwingt zu bestimmten Abwandlungen der Grundform eines Spiels (Fortbewegungsart, Spielgerät, Wurfart, Aufstellungsform). Es ist weiterhin zu überlegen, wie sich verschiedene Hallengeräte für die Spielgestaltung ausnutzen lassen. Das bietet sich besonders in Gerätturnstunden an, wo die im Hauptteil verwendeten Geräte im Interesse der Effektivität des Unterrichts gleich zu Wettbewerbsformen genutzt werden.
Auch in kleinen Räumen muß man nicht Kleine Spiele verzichten. Den Lauf- und Ballspielen sind natürlich Schranken gesetzt, doch können zum Beispiel bei den Haschespielen erschwerende Fortbewegungsformen gefordert werden: statt Laufen ein- oder beidbeiniges Hüpfen oder auch Laufen im Vierfüßlergang. Gewisse Staffelformen sind ebenfalls gut möglich (Umlaufen der Gruppen, zwischen den gegrätschten Beinen hindurchkriechen, Ballstaffeln in Kreis- und Reihenaufstellung). Auch die meisten Kraft- und Gewandtheitsspiele sowie Spielformen zur Kurzweil lassen sich in kleinen Räumen durchführen. Trotz des Platzmangels sind also viele *körperbildende Spielformen* möglich.

4.4. Organisation und Lehrweise der Kleinen Spiele

4.4.1. Vorbereitung des Spielplatzes und der Geräte

Ganz gleich, in welchen Teil der Sportstunde beziehungsweise des Übungs- oder Trainingsbetriebes Spiele eingefügt werden, immer müssen eine gute Vorbereitung des Spielplatzes und die rechtzeitige Bereitstellung der Geräte erfolgen. Es gehen der gesamten Klasse oder Spielgruppe kostbare Minuten durch schlecht geplante Unterrichtsvorbereitungen verloren, und das unnötige Warten ist oft eine Quelle unliebsamer Störungen. Noch wichtiger jedoch ist die durch eine gute Vorbereitung des Spielplatzes mögliche erzieherische Einwirkung. Jeder Spielleiter weiß, welchen Einfluß schöne, gepflegte Sporthallen, gute Sportgeräte und auch ein vorschriftsmäßig gekreidetes Spielfeld auf das gesamte Verhalten, auf die Sport- und Spielbereitschaft der Sporttreibenden haben können. Schon vom äußeren Bild emotional angesprochen, sind sie dann „ganz bei der Sache“, sind freudig erregt, voll Erwartung. Das wirkt sich äußerst positiv auf die Spielaktivität, damit auf die Intensität des Spielbetriebes und auf die Lösung der Bildungs- und Erziehungsaufgaben aus.
Bei der Durchführung der Kleinen Spiele ist

das auch nicht anders. Hier sind die Übenden ebenfalls von den sorgfältig vorgenommenen Spielfeldmarkierungen und den bereitgestellten Geräten beeindruckt. Sind Spieler im Verlauf des Spiels als Schiedsrichter oder deren Helfer eingesetzt, so merken sie auch, daß dadurch Schiedsrichterentscheidungen leichter zu treffen sind. Gut sichtbare Markierungen schaffen wesentliche Voraussetzungen für diszipliniertes und ehrliches Spielen, die Spielregeln können besser eingehalten werden. Macht man den Übenden das recht deutlich, so erfüllen sie auch gern ihnen diesbezüglich vorher übertragene Aufgaben.

Besondere Aufmerksamkeit ist den *Unfallgefahren* zu widmen. In Turnhallen oder kleineren Räumen behindern oft herumstehende Turngeräte und Gegenstände die Spielenden. Alles, was nicht zum Spiel gehört, ist so aus dem Weg zu räumen oder abzudekken, daß jede Verletzungsgefahr ausgeschlossen wird. Im Freien können Zäune, Barrieren, Torpfosten, zu fest eingeschlagene oder gar abgebrochene Markierungsfähnchen, Raseneinfassungen aus Holz oder Stein und ähnliches zu Unfällen führen. Deshalb sind die Spielfeldgrenzen in genügendem Abstand hiervon zu ziehen.

Ist es schon eine allgemeine *hygienische Forderung*, den Hallenboden möglichst unmittelbar vor Inbetriebnahme zu kehren oder gar feucht zu wischen, sämtliche Durchlüftungsmöglichkeiten zu nutzen beziehungsweise im Freien Rasenplätze auszuwählen oder die Hartplätze leicht zu sprengen, so ist diese Forderung vor Spielstunden besonders zu beachten, da durch Spiele (gleichzeitige Bewegung einer großen Gruppe) der Staub stark aufgewirbelt wird, was sich nachteilig auf die Atmungsorgane auswirkt.

Die zur Verfügung stehende Spielfläche muß bei der theoretischen Vorbereitung wohl bedacht werden. Danach richten sich die Auswahl der Spiele, die Anzahl und Größe der Spielfelder und die Aufstellungsformen, von denen wiederum die Spielvarianten abhängig sind.

In der Halle erleichtern bereits vorhandene Markierungen die Vorarbeiten für den Spielbetrieb und schaffen feste Gewohnheiten für die Übenden. Im Freien verwendet man vorwiegend Schlämmkreide (Streukarre). Eckstangen und Fähnchen erleichtern den Gesamtüberblick.

Läßt es sich einrichten, ohne den vorhergehenden Übungsbetrieb zu stören, schon vor dem Spielen Leinen oder Netze anzubringen, Tore auszumessen und aufzustellen oder größere Geräte bereitzustellen, so sollte das im Interesse des Zeiteinsparens geschehen. Wesentlich ist das *vorteilhafte Ausnutzen der verfügbaren Spielfläche*. Die Spielfelder sind so zu legen, daß sich die verschiedenen Spielgruppen nicht gegenseitig behindern und stören. So sollten bei Ballspielen die Spielfelder möglichst nicht hintereinander liegen, weil Bälle, die über die hintere Begrenzung hinausrollen oder -fliegen, eventuell aus dem Spielfeld einer anderen Gruppe geholt werden müssen. Zu beachten ist auch, daß bei mehreren Spielfeldern der Spielleiter den Gesamtüberblick nicht verlieren darf.

Die für den Spielbetrieb erforderlichen *Geräte* müssen stets bereitliegen, eventuell auch eine Ersatzleine, ein Reserveball, ein oder zwei überzählige Schlaghölzer oder Turnstäbe. Es ist abzusichern, daß sich die Übenden nicht schon vorher mit den Spielgeräten beschäftigen und sie durcheinanderwerfen. Außerdem kommt es dabei häufig zu Verletzungen. Bälle „fordern" ja geradezu zum Spiel auf und können eine vorher wohlgeordnete Gruppe durcheinanderwirbeln. Die Geräte sind deshalb zwar bereitzulegen, aber entsprechend zu lagern. *Die äußere Vorbereitung ist also nicht weniger wichtig als die der inhaltlichen Gestaltung* und bestimmt im gleichen Maße den Spielerfolg.

4.4.2. Die Auswahl von Helfern

Die oben beschriebene Vorbereitung des Spielplatzes und der Geräte sollte in all ihren Einzelheiten nicht allein vom Spielleiter getroffen werden. Einem pädagogischen Grundsatz folgend, sollen die Spieler zur *Selbständigkeit* und *Selbsttätigkeit* erzogen werden. Das ist nur im kontinuierlichen Prozeß zu erreichen, der sich stufenweise von einfacheren zu schwereren Aufgaben vollzieht, wobei der Spielleiter zielstrebig plant und lenkt. In den unteren Jahrgängen liegt die Hauptarbeit natürlich noch beim Spielleiter, aber die auf das Alter abgestimmten *Schülerbeauftragungen* müssen bereits bedacht werden. In den mittleren und oberen Klassen und in den Sportgemeinschaften sollten auf jeden Fall Helfer hinzugezogen werden. Gemeinsam mit dem Sportorganisator der Gruppe werden zwei oder drei zuverlässige und aufgeweckte Sportler ausgewählt, die diese Aufgabe übernehmen. Von Zeit zu Zeit sollten sie ausgewechselt werden, um das Ein- und Unterordnen zu unterstützen.
Rechtzeitig, in der vorangegangenen Übungseinheit oder in der Schule einen Tag vorher, auch in einer der vorhergehenden Pausen, erfolgt die *Unterweisung der Helfer.* Meist genügt ein kleiner Handzettel, auf dem die gewünschten Markierungen und Spielgeräte angegeben sind. Es sollte auch vermerkt sein, welche Aufgaben erst während des Unterrichts erledigt werden können. Der Spielleiter kann so ungestört in der Leitung oder Neueinführung eines Spiels fortfahren, während die Helfer die erforderlichen Vorbereitungen treffen.
In der Regel werden die Vorarbeiten von den Spielern gern übernommen. Der Spielleiter hat auch hier das Prinzip der Kontrolle und Wertung nicht außer acht zu lassen. Lob für gute Spielvorbereitung spornt an und erhöht die Zuverlässigkeit.

4.4.3. Zur Einteilung von Spielgruppen oder Mannschaften

In dem Abschnitt über die Erziehungswerte der Kleinen Spiele hatten wir bereits die Bedeutung feststehender Spielgruppen erwähnt, die die Lehrtätigkeit erleichtern, die Spielintensität heben und den Wettbewerbsgedanken entwickeln helfen können. Mitunter müssen die Spielgruppen aber neu zusammengestellt werden. Deshalb sollen hier die *pädagogisch-organisatorischen Maßnahmen* besprochen werden.

4.4.3.1. Anzahl der Spielgruppen

Fragt man nach der Größe der Spielgruppen und damit nach ihrer Anzahl, so sind zwei Forderungen zu berücksichtigen:
— Es müssen möglichst viele Personen gleichzeitig am Spiel teilnehmen können.
— Die Gruppen müssen groß genug sein, damit bestimmte Spiele nicht zu schnell beendet werden und andererseits auch kleine Sportspiele durchgeführt werden können.
Aus diesem Grunde teilt man eine größere Gruppe nicht in zwei Mannschaften von je fünfzehn bis achtzehn Spielern, sondern in vier zu je sieben bis neun Spielern. Dadurch erhöhen sich Intensität und Spielfreude.

4.4.3.2. Wahl der Gruppen- oder Mannschaftsführer

Gruppen- oder Mannschaftsführer können von den Spielern vorgeschlagen oder vom Spielleiter ausgewählt werden. Treffen die Spieler die Wahl, so benennen sie in der Regel *spielstarke* Mitschüler, meist jene, die das Spiel stets an sich reißen wollen und denen sich ein Teil der Schüler, leider oft allzu willfährig, unterordnet. Der Spielleiter muß deshalb das

Kollektiv darauf hinweisen, Gruppenführer zu wählen, die sich neben ihrem spielerischen Können auch durch ihr *vorbildliches, faires Verhalten* im Spielverlauf und darüber hinaus auszeichnen. So werden die Spieler schon hier an bewußte Entscheidungen gewöhnt, wie sie das Leben auch späterhin verlangt, um ein wirkliches Vertrauensverhältnis zu den von ihnen gewählten Gruppenführern zu schaffen. Schlagen die Übenden einen weniger geeigneten Spieler vor, so muß der Spielleiter diesen begründet ablehnen und seinen Vorschlag unterbreiten. Der pädagogische Prozeß ist aber möglichst so zu führen, daß es zu einer kollektiven Entscheidung kommt. Den Gruppen- oder Mannschaftsführern sind Verantwortung und Aufgabenbereich zu erläutern. Beides ist in gewissen Zeitabständen auch einzuschätzen. Pädagogisch wie auch organisatorisch vorteilhaft sind über längere Zeit feststehende Mannschaftsführer. Andererseits darf daraus kein Abonnement werden, um im Sinne der Persönlichkeitsentwicklung mehreren Spielern eine Bewährungsprobe zu geben.

4.4.3.3. Zuordnung der Spieler

Den vielen *Abzählreimen*, wie sie die Kinder bei den Haschespielen, Versteckspielen und anderen Spielformen verwenden, können wir uns hier nicht widmen. Sie sind zwar ein bedeutender Bestandteil der kindlichen Spielwelt, im allgemeinen aber zu zeitraubend.

Für die Einteilung der Spieler in Mannschaften gibt es verschiedene Möglichkeiten. Häufig wird das *Abzählverfahren* angewandt, bei dem die Klasse oder Gruppe in Linie steht und zu zweien, dreien oder vieren abzählt, je nachdem, wieviel Mannschaften gebildet werden sollen. Eine weitere Möglichkeit zur Einteilung der Spieler bietet das Aufgehen aus der Reihe zur Doppelreihe.

Diese beiden Formen der Mannschaftseinteilung nehmen verhältnismäßig wenig Zeit in Anspruch, sind aber rein vom Zufall abhängig und ergeben oft ein ungleichmäßiges Kräfteverhältnis im Spiel.

Viel beliebter ist die *Mannschaftswahl*, bei der die Spielführer abwechselnd Namen der Spieler aufrufen. Bei dieser Einteilung sind beide Mannschaften meistens leistungsmäßig gleich stark. Für schwache Spieler ist diese Form jedoch oft verletzend, da sie von den Mannschaftskapitänen erst zum Schluß gewählt werden. Das kann dadurch abgeschwächt werden, daß der Spielleiter etwa das letzte Drittel der Spieler den Gruppen zuteilt. Empfehlenswert ist auch mitunter, daß sich jeder Mannschaftsführer, nachdem etwa die Hälfte der Spieler verteilt ist, gleich zwei oder drei auf einmal wählen darf, wodurch die spielschwächeren Schüler nicht so eindeutig gekennzeichnet sind. Bestehen in der Klasse Riegen, die über einen ausgeglichenen Leistungsstand in den Spielfähigkeiten verfügen, so können diese natürlich auch bei den Spielen zusammenbleiben.

4.4.4. Der Platz des Spielleiters bei der Erklärung und Leitung des Spiels

Bevor der Spielleiter mit den Erläuterungen eines Spiels beginnt, muß er sich davon überzeugen, ob die Gruppe eine zweckmäßige Aufstellung eingenommen hat. Alle Spieler müssen ihn gut sehen und verstehen können, und ebenso muß auch er einen genauen Überblick über die gesamte Gruppe haben (Abb. 3 bis 6).

Es ist deshalb zweckmäßig, die Gruppe bei der Erklärung des Spiels hinsetzen zu lassen (wenn Temperatur und Bodenverhältnisse es gestatten), möglichst bereits in der für das Spiel notwendigen Aufstellungsform. Keiner darf sich dabei und auch im späteren Spiel-

Die für die Abbildungen verwendeten Zeichen:

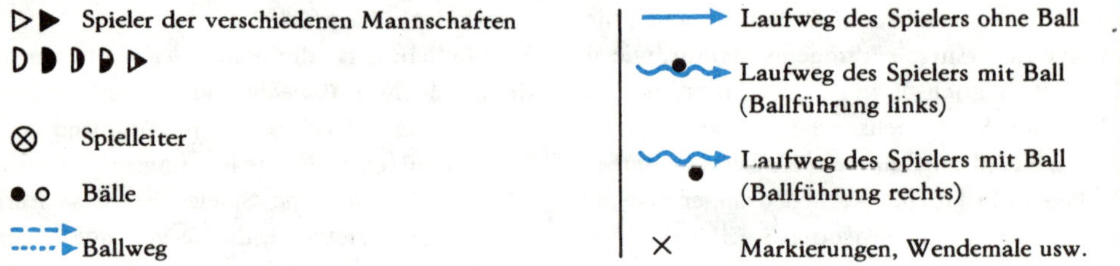

verlauf hinter dem Spielleiter befinden. Es ist selbstverständlich, daß die Spieler während der Erklärungen nicht in die Sonne blicken. Weiterhin schaltet man Ablenkungsmöglichkeiten, zum Beispiel spielende Nachbargruppen, durch entsprechende Anordnung der Klasse bei den Unterweisungen teilweise aus.

Während des Spielverlaufs steht der Spielleiter günstig auf einem erhöhten Platz (Bank, Kasten, Stuhl), von dem er alle Gruppen gut übersehen und beobachten kann, um durch Impulse und Hinweise das Spielgeschehen zu lenken.

Bilden die Spielenden einen großen Kreis, so tritt der Spielleiter bei den Erklärungen nicht in die Mitte des Kreises, da er dann die Hälfte der Gruppe aus seinem Blickfeld verliert, sondern er stellt sich zwischen die Spieler auf den Kreisrand. Während des Spiels steht er außerhalb des Kreises.

Bei der Aufstellung in Gassenform, zum Beispiel bei Schwarz-Weiß, Zieh- und Schiebekämpfen, wählt er seinen Standort so, daß er in die Gasse hineinschauen kann.

4.4.5. Zur Einführung und Lehrweise neuer Spiele

Ob die dargebotenen Spiele bald mit Erfolg und ganzer Teilnahme gespielt werden oder ob sie schleppend und zeitraubend in Gang kommen, hängt sehr wesentlich von der Einführung und Lehrweise ab. Diesbezüglich ist sehr gründlich zwischen Kindern und Er-

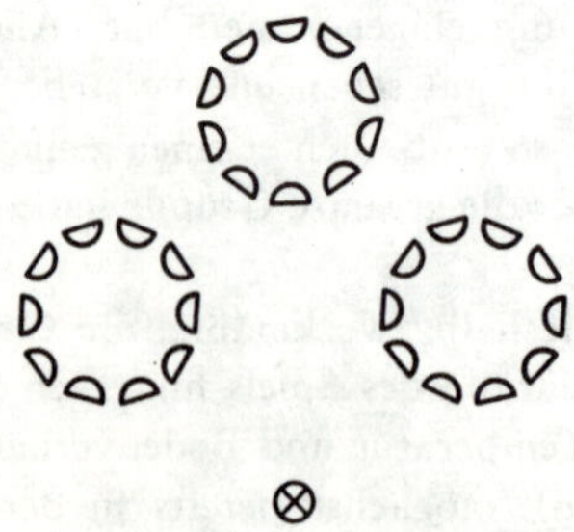

Abb. 3 richtig

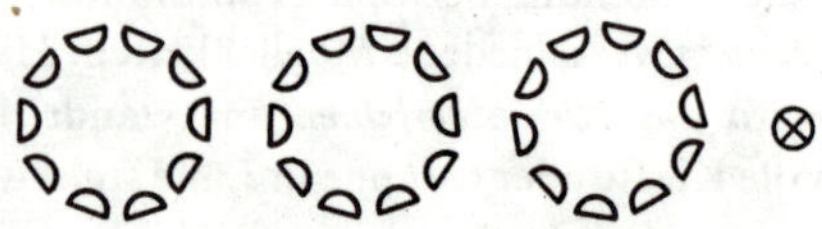

Abb. 4 falsch

wachsenen zu unterscheiden. Für beide gilt jedoch der Grundsatz: *Spielend entwickeln!* Es ist falsch, alle Einzelheiten und Spielregeln sofort „an den Mann zu bringen“. Zunächst wird der Name des Spiels genannt und der Spielgedanke erläutert. Spielregeln und Einschränkungen werden nur soweit bekanntgegeben, wie sie der einfache Spielverlauf erfordert. Erwachsenen kann man natürlich schon von vornherein mehr Spielregeln zumuten.

Ist der Spielgedanke verstanden worden und das Spiel eine Weile gelaufen, so werden nach und nach weitere Regeln, Erschwerungen und Einschränkungen aufgenommen. Bei den größeren Spielen kann sich das über einige Stunden hinziehen.

Es kann durchaus angebracht sein, daß der Spielleiter beim Lehren eines Spiels eine kurze Zeit selbst mitspielt. Wurfart und Ballweg demonstriert, Laufwege kennzeichnet, Ablöseformen zeigt oder auch die Kinder auf diesen oder jenen „Kniff“ bringt. Bei den kleinen Sportspielen ist es mitunter erforderlich, daß der Spielleiter etwas länger mitspielt, um die Schüler zu kollektiver und taktisch kluger Spielweise zu erziehen. Er soll in dem Falle seine Mitspieler lenken und einsetzen, nicht unmittelbar spielentscheidend sein, indem er Punkte oder Tore erzielt. Das darf natürlich keine Einschränkung des Selbst-

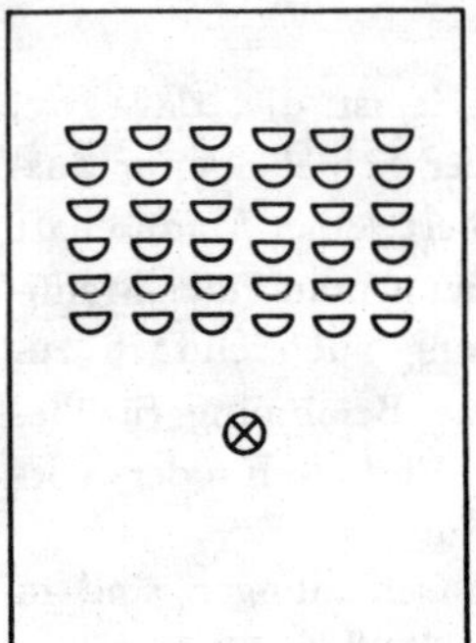

Abb. 5 gut

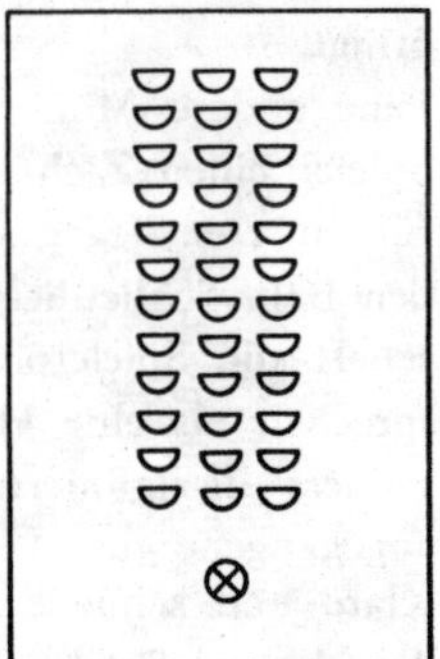

Abb. 6 ungünstig

gestaltens der Wettkämpfe durch die Spieler sein. Der Spielleiter muß entscheiden können, wann er das Spiel laufen lassen kann und nur mit kurzen Hinweisen steuert, oder wann er den Spielverlauf unterbricht, um Korrekturen anzusetzen.

Am folgenden Beispiel soll gezeigt werden, wie ein Spiel stufenweise entwickelt werden kann:

Spiel: Jägerball

Erste Stufe

Bekanntgabe des Spiels: „Wir spielen heute *Jägerball.*“

Spielgedanken erläutern: „Ein Spieler von euch ist der Jäger; alle anderen sind die Hasen. Der Jäger bekommt einen Ball und versucht, einen Hasen abzuwerfen. Wer getroffen wurde, wird Gehilfe des Jägers. Der zuletzt frei herumlaufende Hase ist Sieger. Jäger und Hasen dürfen aber nur in dem vorgezeichneten Feld umherlaufen.“

Verlauf des Spiels: Nachdem der Jäger bestimmt wurde, beginnt das Spiel. Man wird es so oft wiederholen, bis es von allen verstanden und „erspielt“ worden ist; erst dann werden weitere Spielregeln eingeführt.

Zweite Stufe

Weitere Spielregeln erläutern:

— „Ihr müßt noch besser auf die Spielfeldgrenzen achten. Wer jetzt die Spielfeldgrenze überschreitet, gilt als abgeworfen.“

— „Nur der erste Jäger darf mit dem Ball in der Hand laufen. Sobald es zwei oder mehrere Jäger gibt, müssen sie sich den Ball zuspielen und dürfen nur noch drei Schritte mit dem Ball laufen. Das müssen wir später auch im Handballspiel können.“

Dritte Stufe

(Nachdem die Grundform gut gespielt wird, können in einer der nächsten Spielstunden weitere Regeln eingeführt werden.)

— „Spielfeld ist jetzt die gesamte Halle. Die Hasen dürfen sich hinter den aufgestellten Turngeräten verstecken.“

— „Der Hase darf nur abgeschossen werden, wenn der Jäger den Ball vorher gefangen hat. Läßt er den Ball fallen, so muß er ihn, nachdem er ihn aufgehoben hat, erst wieder einem anderen Jäger zuspielen."

So kann das Spiel faßlich und systematisch an die Übenden herangetragen werden. Wird es dann wiederholt, so braucht nur noch der Name des Spiels genannt und noch einmal auf diese oder jene Regel hingewiesen zu werden. Weitere Ergänzungen, zum Beispiel technisch-taktische Hinweise zum Spielverlauf, werden jetzt schnell begriffen.

Sollten die Spiele jedoch sehr einfacher Struktur sein, erübrigt sich natürlich ein derartig stufenweises Vorgehen. Sie werden dann sofort, spätestens aber nach zwei- oder dreimaligem Durchspielen, in ihrer endgültigen Form beherrscht. Hinzu kommt noch, daß ja bei einer zweckmäßigen Reihenfolge der Spiele eines das andere vorbereitet, so daß bei einer richtigen Lehrweise selbst etwas schwierigere Spiele oft beim ersten Mal gelingen.

Bei Kindern der Unterstufe ist besonders darauf zu achten, daß der Spielgedanke recht anschaulich und lebhaft dargestellt wird. Notfalls deutet der Spielleiter auch mit zwei oder drei Spielern den Spielverlauf an.

Wann mit einem Spiel aufzuhören ist, muß der Spielleiter entscheiden. Einerseits „maßhalten", andererseits das Spiel auch nicht nur „andeuten", beide Seiten müssen beachtet werden. Der Reiz des Spiels soll erhalten bleiben.

4.4.6. Die Leitung des Spiels

Die Leitung des Spiels beginnt bei den Laufspielen mit der Benennung des Häschers (der Häscher) oder auch des zu fangenden Spielers. Kinder drängen sich in der Regel nach diesen Rollen, meist sind es die gewandten und lebhaften. Es ist deshalb darauf zu achten, daß nicht immer dieselben an die Reihe kommen. Andererseits ist es ratsam, beim Einführen neuer Spiele geschickte und aufgeweckte Spieler auszuwählen, um von vornherein ein lebendiges Spiel zu gewährleisten. Bei Jugendlichen und Erwachsenen muß man die Spieler meist einteilen.

Bei den Parteiballspielen kann wie bei den großen Sportspielen verfahren werden. Durch Auslosen erhält eine Partei die erste Wahl. Sie kann *Anstoß, Anwurf, Aufschlag* oder auch die *Spielfeldseite* wählen. Entscheidet sie sich für den Anwurf, so darf sich die andere Mannschaft die Spielfeldseite aussuchen.

Verschiedene Mannschaftsspiele (Rollball, Raufball, Krebsfußball u. a.) können auch so beginnen, daß der Ball in die Mitte des Spielfeldes gelegt (geworfen) wird (wie beim Wasserball), den sich die Mannschaften, die hinter der Grundlinie ihres Spielfeldes stehen, nach einem Signal erobern müssen.

Es kann auch, wie beim Basketballspiel, der Ball zwischen je einem Spieler beider Mannschaften hochgeworfen werden. Beide Spieler versuchen dann, den Ball ihrer Partei zuzupritschen.

Die anwerfende Partei kann ebenfalls durch kleine Leistungsproben ermittelt werden. Beispiel: Die Spieler gruppieren sich um den Schiedsrichter. Dieser wirft den Ball hoch oder prellt ihn auf den Boden. Es beginnt die Partei, die den Ball zuerst in ihren Besitz bringt.

Eine andere Möglichkeit ist die, daß zwei Spieler einen Zieh- oder Schiebekampf ausführen. Der Sieger erobert seiner Mannschaft den Ball. Schließlich kann man einer Mannschaft die Spieleröffnung auch einfach zusprechen als eine kleine Belohnung für besonders diszipliniertes Verhalten oder vorangegangene gute Leistungen.

Klare und schnelle Entscheidungen sind in den Kleinen Spielen unerläßlich. Nicht selten werden bei den Spielern Unruhe, Disziplinverstöße und Unlust zum Spiel durch eine oberflächliche oder unkorrekte Schiedsrichtertätigkeit hervorgerufen. Der Spielleiter erschwert sich hierdurch selbst die Erziehungsarbeit.

Die Schiedsrichtertätigkeit beginnt nicht erst bei den Parteispielen mit größerem Regelwerk, sondern ist schon bei den einfachsten Spielformen notwendig. Wird bei Haschespielen zum Beispiel von einem Spieler die Spielfeldgrenze überlaufen oder eine bestimmte Fortbewegungsart nicht eingehalten, so soll derjenige zum Fänger erklärt werden. Versuchen die Spieler bei Wettläufen mit vorgeschriebener Bahn, den Laufweg zu verkürzen, verläßt bei Staffeln ein Läufer zu früh die Ablaufmarke oder wird der Spielgegner in unerlaubter Weise behindert, so ist diejenige Mannschaft nach Beendigung des Spiels unter Bekanntgabe ihrer Verfehlungen in der Wertung an die letzte Stelle zu setzen oder auch zu disqualifizieren.

Bei ganz groben und wiederholten Disziplinverstößen kann ein Spieler auch für eine gewisse Zeit herausgestellt werden, doch sollte man diese Maßnahme nur selten anwenden.

So werden die Spieler rechtzeitig dazu erzogen, sich festgelegten Bestimmungen unterzuordnen, um dann später in den größeren Mannschaftsspielen die Spielregeln zu achten.

In den Parteiballspielen, mitunter mit mehreren Bällen betrieben, wird die Schiedsrichtertätigkeit für den Spielleiter schwieriger, zumal er sich ja auch noch über das Können der einzelnen Spieler ein objektives Bild verschaffen will. Deshalb ist es oft notwendig, Spieler als *Schieds-, Punkt- oder Linienrichter* einzusetzen. Das braucht aber nicht nur eine Hilfsmaßnahme zu sein, sondern es sollte sich um eine bewußte Aufgabenstellung handeln, um bestimmten Spielern zeitweilig eine Verantwortung zu übertragen oder den „Meckerern" mitunter einmal die Schwierigkeiten der Aufgabe vor Augen zu führen. Wird auf mehreren Feldern gespielt, so ist es von vornherein unerläßlich, Spieler als Schiedsrichter einzusetzen. Müssen zahlenmäßig große Gruppen in kleinen Hallen geteilt werden, so übernimmt ein Teil der Übenden während des Spiels Aufgaben des Schiedsrichter-Kollektivs. Ähnlich verfährt man bei Turnieren, bei denen die pausierenden Mannschaften die Schieds-, Linien- und Punktrichter stellen, so daß der Spielleiter den Gesamtüberblick behält.

Eine gute Leitung und methodische Gestaltung des Spiels zeichnet sich auch dadurch aus, daß die Spieler möglichst *nicht auszuscheiden* brauchen. Die Punktbewertung ist deshalb vorzuziehen. Wird dennoch bei einigen Formen mit Ausscheiden gespielt, so sollten die Ausgeschiedenen konkrete Auf-

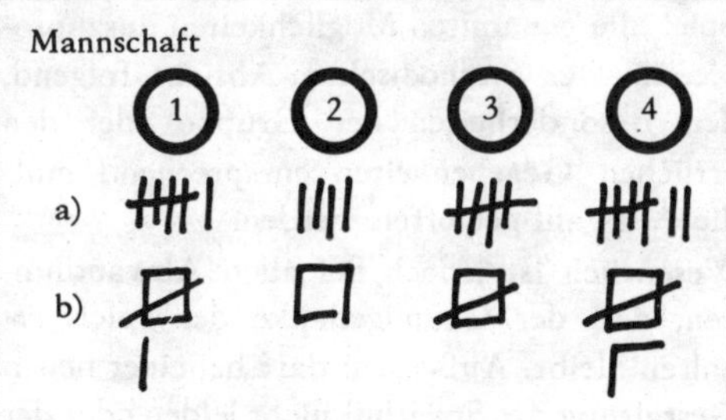

Abb. 7 Vermerken von Spielpunkten

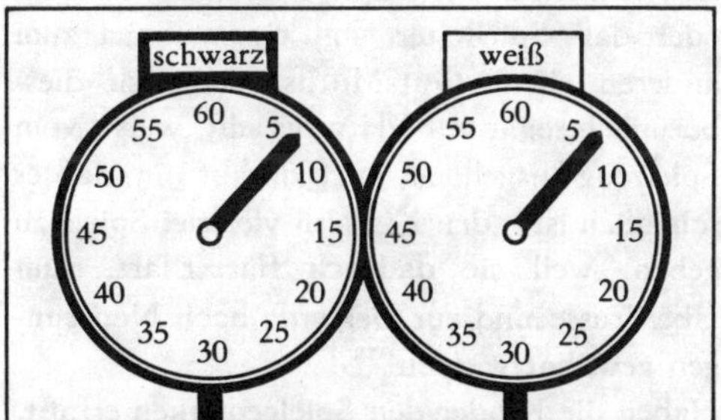

Abb. 8 Anzeigeuhren

gaben erhalten oder recht schnell ein neues Spiel beginnen.

Noch ein Wort zur *Wertung* und *Registrierung*. Entscheidungen sind deutlich bekanntzugeben. Es ist laut zu zählen, um den Wettkampfeifer zu erhalten oder zu erhöhen. Weisen die Linienrichter auf eine Fehlentscheidung des Schiedsrichters hin, so ist diese zu korrigieren; Beanstandungen der Spieler jedoch müssen während des Spiels energisch zurückgewiesen werden. Nach dem Spiel kann der Spielleiter seine Entscheidung begründen, um Unstimmigkeiten zu beseitigen und zwischen Spielern und Schiedsrichter eine kameradschaftliche Atmosphäre zu schaffen.

Die Registrierung, besonders bei Wettläufen und Staffeln oder Spielen mit mehreren Durchgängen und Mannschaften, kann man sich erleichtern, indem die Punkte durch Kreidestriche auf der Wandtafel oder auf dem Fußboden vermerkt werden (Abb. 7), um falsche Zahlenangaben zu vermeiden.

Bei Mannschaftsspielen können auch einfache Anzeigeuhren verwandt werden (Abb. 8).

4.4.7. Zur Wiederholung und Abwandlung Kleiner Spiele

Es läßt sich mitunter beobachten, daß in einer Unterrichtsstunde beziehungsweise Unterrichtseinheit zu viele Spiele verwandt werden, oder daß Spielleiter von einem Spiel zum anderen eilen. GutsMuths, der sich diesbezüglich sogar auf Plato bezieht, weist, vom Spielzeug ausgehend, auch darauf hin, daß es schädlich ist, „den Kindern vielerlei Spiele zu geben, weil sie dadurch flatterhaft, zum Überdrusse und zur Begierde nach Neuerungen gewöhnt werden“[18].

Haben die Kinder den Spielgedanken erfaßt, so soll man sie das Spiel auch „auskosten“ **lassen. Erst das gekonnte Spiel macht Freude. Dazu sind natürlich, abhängig von dem jeweiligen Schwierigkeitsgrad, Wiederholungen notwendig. Nur so verbessern sich in jeder Spielstunde die Fertigkeiten, werden Feinheiten des Spiels (z. B. Finten) vom Übenden selbst gefunden, wird der Spielverlauf fließender, wächst die Spielfreude.**

Durch zu schnelles Vorgehen und „Überfüttern“ mit Spielen können die Bildungs- und Erziehungswerte nicht erreicht werden. Das gilt besonders für die kleinen Sportspiele, die von den Spielern schon eine Reihe technischer Fertigkeiten verlangen und nicht auf „Anhieb“ gespielt werden können.

Verharrt man andererseits zu lange bei einem Spiel oder lehrt die Kinder nur ganz wenige Spiele, so wird die Spielfreude nachlassen. Die ständige Wiederholung ohne Änderungen des Spielverlaufes befriedigt nicht mehr, das Spiel verliert an Reiz, da neue Spielerlebnisse fehlen. Dem kann leicht abgeholfen werden, indem die *Grundform eines Spiels* nach bestimmten Gesichtspunkten *abgewandelt* wird. Die wesentlichsten Variationsmöglichkeiten haben wir in der Abbildung 9 zusammengestellt. Der findige Spielleiter könnte noch weitere Abwandlungsmöglichkeiten aufzählen. Aber es geht nicht darum, alle *möglichen* Formen herauszufinden, wobei man schließlich Ziel und Zweck der Spielstunde vergessen könnte. Es ist auch nicht ratsam, an einem Spiel alle genannten Möglichkeiten auszuprobieren. Der methodischen Absicht folgend, den Besonderheiten der Gruppe oder den örtlichen Gegebenheiten entsprechend muß die Auswahl getroffen werden.

Wesentlich ist jedoch bei allen Abwandlungen, daß der Grundgedanke des Spiels erhalten bleibt. Außerdem darf bei einer neuen Gestaltung der Spielfluß nicht leiden oder der Spielverlauf sich durch erschwerende Bedingungen und Regeländerungen derart komplizieren, daß das Spiel freudlos wird. Bei der

18. GutsMuths, J. Chr. Fr.: A. a. O., S. 23f.

Abwandlung eines Spiels sollte man nicht auf die schöpferische Mitarbeit der Kinder verzichten; ihre Vorschläge muß man anhören, gegebenenfalls in die richtigen Bahnen lenken, stets aber die Schüler mitdenken und gestalten lassen.

Fassen wir noch einmal kurz zusammen, was durch die Abwandlung der Spiele im einzelnen erreicht werden soll:

— Wir wollen stets die *Spielfreude erhalten;*

— die *Spielfertigkeiten sollen abwechslungsreich* geschult werden;

— der Entwicklungsstufe und dem angestrebten Bildungswert entsprechend soll der *Schwierigkeitsgrad eines Spiels bestimmt* werden (vgl. z. B. „Schwarz-Weiß" mit Abwerfen und Abschießen oder „Tigerball" in Bauchlage);

— durch Abwandlungen lassen sich bestimmte technische *Fertigkeiten für die großen Sportspiele* unmittelbar *vorbereiten* (z. B. bei Staffeln: Ballführen wie beim Handball- oder Fußballspiel, Volleyballzuspiel, Kopfstoß);

— durch zweckdienliche Abwandlungen läßt sich die komplexe konditionelle Ausbildung unterstützen.

Am Spiel „Schwarz-Weiß" wollen wir abschließend einige Abwandlungsmöglichkeiten erläutern. Die Grundform ist auf Seite 189 ff. beschrieben.

Abwandlungen:

a) Veränderung der Ausgangsstellung, zum Beispiel Strecksitz, Bauchlage oder Rückenlage;

b) Veränderung der Fortbewegungsart, zum Beispiel Schlußspringen oder Hüpfen auf einem Bein (das ist besonders in kleinen Räumen angebracht);

c) Veränderung der Abschlagart: In die Gasse werden so viele Bälle gelegt, wie Spieler einer Mannschaft beteiligt sind. Die Fangpartei versucht, ohne dabei nachzulaufen, die Davoneilenden abzuwerfen. Oder: Die Fangpartei versucht, die Läufer zu treffen, indem die Bälle mit den Füßen gestoßen werden (vgl. Zielschießen und genaues Zuspiel im Fußball).

4.5. Zur Intensität der Spielstunden

Die Intensivierung des Sportunterrichts und des Übungsbetriebes durch zweckmäßigste methodische Gestaltung ist nach wie vor eine wichtige Aufgabe. Indem die vielen von den Spielleitern gesammelten guten Erfahrungen überprüft und in der Praxis angewandt werden, läßt sich die Übungsintensität schon wesentlich erhöhen. Natürlich muß das unter Beachtung der örtlichen Besonderheiten, der spezifischen Situationen und Möglichkeiten geschehen.

Die von uns eingangs genannten erzieherischen und körperbildenden Werte der Kleinen Spiele können nur bei einer *hohen Übungsintensität* in vollem Maße wirksam werden. Deshalb wollen wir einige Hinweise geben, wie die Intensität gesteigert werden kann. Zunächst spielt die gedankliche Vorbereitung eine große Rolle. Was ist die konkrete Bildungs- und Erziehungsaufgabe? Mit welchen Spielen kann ich diese Aufgaben am wirksamsten erreichen? Welche Räumlichkeiten und Geräte stehen mir zur Verfügung? Welche Besonderheiten gibt es in der Gruppe zu beachten? Das sind nur einige Fragen, die vorher beantwortet werden müssen, um entsprechende zweckmäßige methodische Maßnahmen zur Intensitätssteigerung zu treffen.

Der *Intensitätsgrad bei Spielen* muß im Sportunterricht (das betrifft analog auch alle anderen Formen der sportlichen Betätigung) natürlich mit dem Stundenteil, in dem gespielt wird, in Einklang gebracht werden. So erfordert die Einleitung einer Stunde bereits intensives Spielen, um den „Bewegungshunger" zu stillen, das Interesse zu wecken und

Abb. 9 Zusammenstellung der wesentlichsten Abwandlungsmöglichkeiten

Abwandlungsmöglichkeiten	Pädagogisch-methodische Absicht	Anwendungsbereiche
Veränderung der Aufstellungsform	Anpassung an räumliche Verhältnisse und an die Gruppenstärke — Intensives Spielen — Abwechslungsreiche Gestaltung	Haschespiele mit festgelegtem Ordnungsrahmen — Wettläufe (Staffeln) — Platzsuchspiele — Wettwanderballformen — Ballschule — Ballspiele mit Abfangen — Keulenspiele — Ballspiele mit Treffen von Gegenständen oder Spielern — Grenzballspiele — Singspiele — Spiele zur Kurzweil
Veränderung der Ausgangsstellung	Körperformung — Abwechslungsreiches, lebendiges Spielen — Schwierigkeitssteigerungen	Haschespiele — Wettläufe — Platzsuchspiele — Wettwanderballformen — Ballspiele mit Abfangen — Kraft- und Gewandtheitsspiele
Veränderung der Fortbewegungsart	Bewegungsschulung — Körperformung — Intensivere Beanspruchung des Körpers — Anpassung an räumliche Verhältnisse — Lebendiges Spielen	Wettläufe (Staffeln) — Haschespiele — Platzsuchspiele
Zuordnung eines oder mehrerer Partner	Gemeinschaftsarbeit — Belastungssteigerung — Heiteres Spielen — Abstimmen der Bewegungen aufeinander — Anreiz durch Schwierigkeitssteigerung	Haschespiele — Wettläufe (Staffeln) — Platzsuchspiele — Kraft- und Gewandtheitsspiele
Veränderung des Lauf- und Ballweges	Anpassung an räumliche Verhältnisse — Organkräftigung durch längere Laufwege — Bewegungsschulung	Haschespiele mit festgelegtem Ordnungsrahmen — Wettläufe (Staffeln) — Platzsuchspiele — Wettwanderballformen

Beispiele

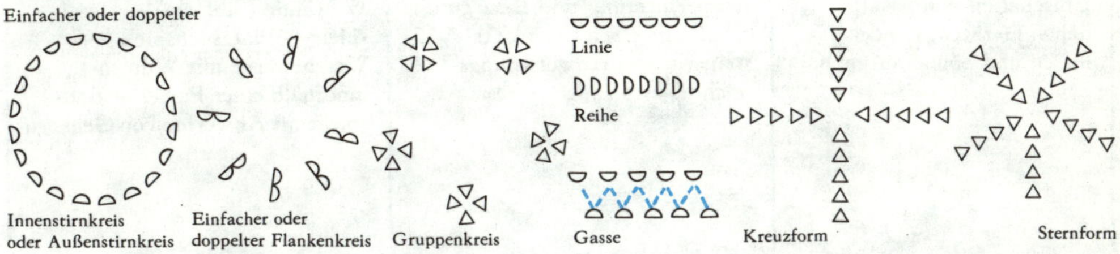
Einfacher oder doppelter
Innenstirnkreis
oder Außenstirnkreis
Einfacher oder
doppelter Flankenkreis
Gruppenkreis
Linie
Reihe
Gasse
Kreuzform
Sternform

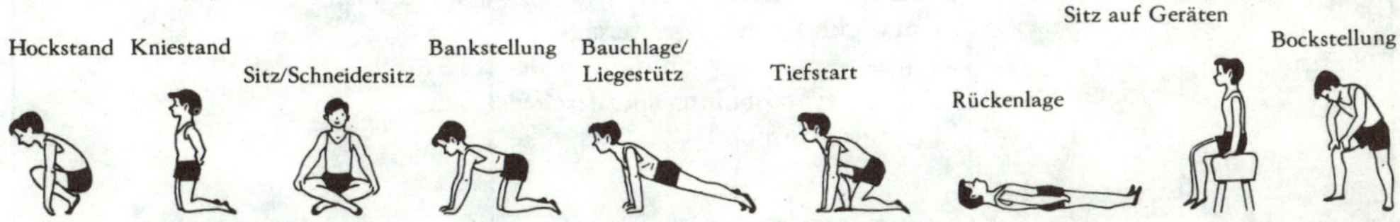
Hockstand
Kniestand
Sitz/Schneidersitz
Bankstellung
Bauchlage/
Liegestütz
Tiefstart
Rückenlage
Sitz auf Geräten
Bockstellung

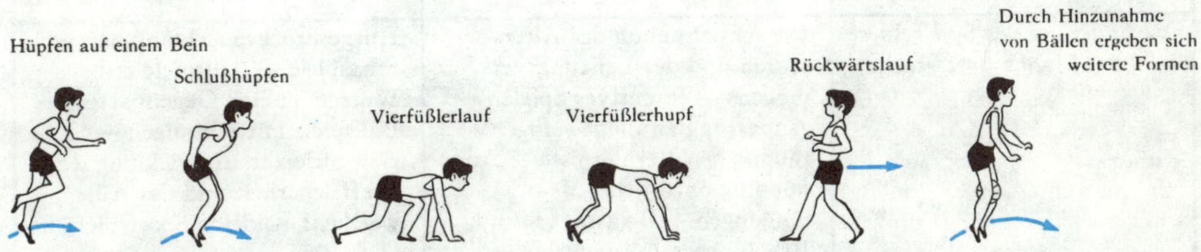
Hüpfen auf einem Bein
Schlußhüpfen
Vierfüßlerlauf
Vierfüßlerhupf
Rückwärtslauf
Durch Hinzunahme
von Bällen ergeben sich
weitere Formen

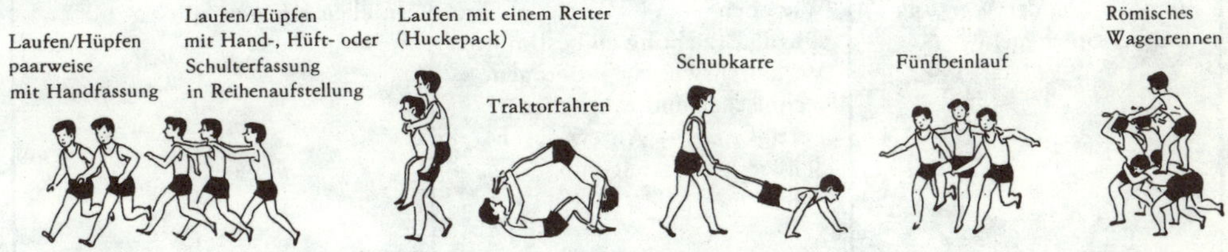
Laufen/Hüpfen
paarweise
mit Handfassung
Laufen/Hüpfen
mit Hand-, Hüft- oder
Schulterfassung
in Reihenaufstellung
Laufen mit einem Reiter
(Huckepack)
Traktorfahren
Schubkarre
Fünfbeinlauf
Römisches
Wagenrennen

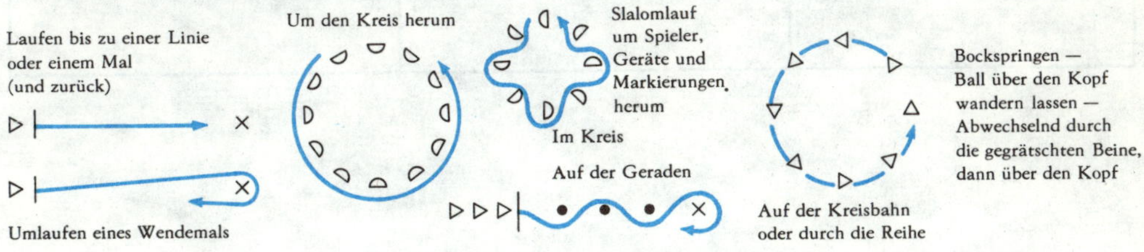
Laufen bis zu einer Linie
oder einem Mal
(und zurück)
Umlaufen eines Wendemals
Um den Kreis herum
Slalomlauf
um Spieler,
Geräte und
Markierungen
herum
Im Kreis
Auf der Geraden
Auf der Kreisbahn
oder durch die Reihe
Bockspringen —
Ball über den Kopf
wandern lassen —
Abwechselnd durch
die gegrätschten Beine,
dann über den Kopf

Abwandlungsmöglichkeiten	Pädagogisch-methodische Absicht	Anwendungsbereiche
Einschalten von zusätzlichen Geräten, Hindernissen und Sonderaufgaben	Körperformung und Bewegungsschulung — Schwierigkeitssteigerung — Abwechslungsreiche Gestaltung	Wettläufe (Staffeln) — Haschespiele — Platzsuchspiele — Wettbewerbe mit Würfen innerhalb einer Partei — Ballspiele mit Abwerfen von Gegnern
Veränderung der Wurfart	Anpassung an Altersstufe und Leistungsvermögen — Entwicklung der Wurffertigkeit — Anpassung an die Art der Bälle — Entwicklung spezifischer Leistungsformen	Staffeln mit Bällen — Annähernd alle Ballspiele
Veränderung des Spielfeldes und der Mannschaftsstärke	Berücksichtigung der Altersstufen und des Leistungsvermögens — Intensives Spielen — Anpassung an die jeweiligen räumlichen Verhältnisse — Ausnutzung natürlicher Bedingungen — Belastungs- und Erholungsgestaltung	Ausgesprochene Mannschaftsfangspiele — Ballspiele mit Würfen an eine Gegenpartei — Ballspiele mit Abfangen — Ballspiele zur Entwicklung der Treffsicherheit und des Ausweichens — kleine Sportspiele
Veränderung der Wertung und der Spielregeln	Wie oben — Dazu: Erziehung zu bestimmten Verhaltensweisen — Betonen technischer und taktischer Fertigkeiten — Anreiz durch Schwierigkeitssteigerung	In allen Kleinen Spielen

Beispiele

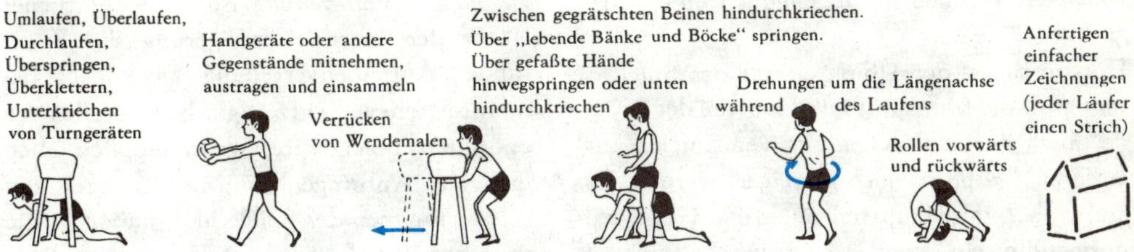

Das Spielfeld vergrößern oder verkleinern (z. B. Ball über die Schnur)	Netzhöhe (Leine, Turnbank usw.) verändern (z. B. Fußballtennis)	Überspielen einer neutralen Zone (z. B. Prellball)	Spielfeld in mehrere Felder einteilen (z. B. Parteiballspiele)	Tore und Ziele verändern (z. B. Burgball, Turmball)

Art des Abschlages festlegen (Hasche-spiele)	Sicherungs-formen (Freimale) vor dem Abschlag bestimmen (Hasche-spiele)	Punkt-wertung (z. B. bis zu 20 Punkten spielen)	Auf Zeit spielen (Wer hat in 2 min die meisten Zuspiele?)	Ermittlung des Einzel- oder Mannschafts-siegers (z. B. Verfolgungs-läufe)	Beschrän-kung von Spielhand-lungen (z. B. Verbot des Dribblings)	Anzahl der Zuspiele festlegen (z. B. Prellball)	Kampf Mann gegen Mann festlegen (z. B. Parteiballspiele, Rollball, Raufball)

den ganzen Körper „durchzuarbeiten", also insgesamt die psychophysische Bereitschaft der Schüler herzustellen. Einfache Lauf- und Ballspiele erfüllen im allgemeinen diese Aufgabe.

Entsprechend der Übungsarbeit des Spielleiters muß die Intensität im Hauptteil der Stunde, auch durch Verwendung von Spielen aus anderen Gruppen, noch gesteigert werden. Es kann aber im Hauptteil auch das Gegenteil notwendig sein, wenn es sich zum Beispiel um eine Gerätturnstunde handelt und eine längere, intensive Belastung durch ein nicht übermäßig anstrengendes Spiel aufgelockert werden soll, um eventuelle Ermüdungserscheinungen zu beheben. Auch das dient der Intensität des Sportunterrichts, denn die Konzentration und Übungsbereitschaft der Schüler werden durch ein entsprechendes Kleines Spiel wieder gesteigert.

Der Intensitätsgrad beim Spielen im abschließenden Teil der Sportstunde richtet sich im wesentlichen nach zwei Gesichtspunkten.

Erstens: Gab es im Hauptteil der Stunde eine starke oder geringe körperliche Beanspruchung? Handelte es sich vorwiegend um technische Übungen mit geringen körperlichen Leistungsanforderungen, so kann der Schlußteil durch Spiele intensiver gestaltet werden (Mannschafts-Kleinfeldspiele, wie Kastenhandball, Rollball, Raufball u. a.; Kraft- und Gewandtheitsspiele; Haschespiele und Laufstaffeln).

Wurden die Schüler im Hauptteil hoch belastet, so sind abschließend beruhigende, entspannende Spiele angebracht (Geschicklichkeitsspiele, die Sinne schulende Spielformen).

Zweitens: Welche Aufgaben erwarten meine Schüler nach der Sportstunde? Auch diesbezüglich kann beides notwendig werden: Intensitätssteigerung, wenn eine größere Pause oder gar der Unterrichtsschluß bevorsteht — Nachlassen der Intensität, wenn kurz darauf in anderen Unterrichtsfächern besonders hohe Konzentrationsleistungen gefordert werden.

Die *äußere Vorbereitung* ist ein wesentlicher Faktor der Intensitätssteigerung der Spielstunde. Aufgabenverteilung an vorher bestimmte Helfer, rechtzeitiges Bereitstellen der benötigten Spielgeräte, wenn möglich auch vorheriges Anbringen von Markierungen und Aufzeichnungen der Spielfelder, haben — wie wir schon erwähnten — nicht nur eine Wirkung auf die Disziplin der Schüler, sondern verhindern auch unnötige Pausen im Unterricht und steigern durch bessere Ausnutzung der Zeit damit die Intensität.

Die nächste Forderung ist die beste *Raumausnutzung*, die Einbeziehung größerer Geräte und die Ausnutzung natürlicher Hindernisse im Freien (Bäume, Hecken, Gräben). Steht eine große Spielfläche zur Verfügung, so ist es der Mühe wert, mehrere Spielfelder anzulegen, um in kleinen Gruppen zu spielen.

Für einen Teil der Spiele ist dagegen nur ein geringer Raum erforderlich, so daß die Übenden auch bei kleiner Spielfläche in mehrere Gruppen eingeteilt werden können. Haschespiele zum Beispiel lassen sich bei entsprechender Abwandlung auch auf kleinerem Raum und mit Einbeziehung der verschiedensten Geräte durchführen (z. B. Hindernishaschen, Freimalhaschen, Platzwechselspiele). Bei den Ballspielen sind die Spielfelder so anzulegen, daß sich die Spielgruppen nicht gegenseitig behindern oder durch die herausrollenden oder -fliegenden Bälle stören.

In einer gut ausgerüsteten Halle kann der Unterricht intensiver erfolgen als in einer mangelhaft ausgestatteten. Viel läßt sich schon bei Eigeninitiative, Anregung, Anleitung und Ausnutzung des Werkunterrichts durch den Spielleiter erreichen. An den Längswänden können zum Beispiel in der Höhe verstellbare Basketballkörbe für alle Altersstufen angebracht werden (Zielspiele). Größere Turnhallen können unter anderem durch Schleudernetze in drei und vier Abteilungen getrennt werden, so daß man sich bei Ballspielen gegenseitig nicht stört. Für Ballspiele über die Leine kann durch eine Kurbelvorrichtung schnell ein Drahtseil längs durch die Halle angebracht werden. Das sind Einrichtungen, die sich auch in alten Hallen einbauen lassen und zur besseren Ausnutzung der Unterrichtszeit beitragen.

Eine Anzahl von Spielen kann in den verschiedensten Aufstellungsformen betrieben werden, zum Beispiel in Linien, Gassen, Reihen und Kreisen. In Anpassung an die räumlichen Verhältnisse ist stets die *vorteilhafteste Aufstellungsform* zu wählen, das heißt die, bei der eine große Anzahl von Spielern gleichzeitig in Bewegung ist. Bei dem Spiel „Balljagd", einem Wettwanderballspiel ohne Lauf, kann man beispielsweise auch auf kleinem Raum durch Doppelkreis-Aufstellung eine größere Spielerzahl beschäftigen als in einem einfachen Stirnkreis (vgl. S. 213 f.).

Bei Wettläufen und Wettwanderballformen mit Lauf empfiehlt es sich, wenn nicht ausdrücklich die Schnelligkeitsausdauer entwikkelt werden soll, nicht zu lange Laufstrecken festzulegen, sondern über kurze Strecken mehrmals laufen zu lassen.

Durch Bildung von zahlenmäßig *kleinen Mannschaften* (sechs bis acht Spieler) wird bei jedem Spieler eine höhere Übungsintensität erreicht als in größeren Gruppen, weil jeder Spieler mehrmals laufen oder öfter den Ball werfen kann, er ist also häufiger am Spielgeschehen beteiligt. Natürlich richtet sich die Gruppen- oder Mannschaftsstärke nach dem vorhandenen Raum und nach den materiellen Möglichkeiten.

Bei einer Reihe von Ballspielen kann durch die Verwendung *mehrerer Bälle* eine Intensitätssteigerung erreicht werden. Das Spieltempo erhöht sich dadurch, der ununterbrochene Ballwechsel erfordert die Teilnahme aller Spieler, die Aufmerksamkeit wird gesteigert, die „Antworthandlungen" müssen jetzt schneller erfolgen, und das Spiel wird lebhafter und freudvoller (z. B. bei Wettwanderballformen, Keulenspielen, Ball über die Schnur). Selbstverständlich muß jedoch die hierfür notwendige Spielfähigkeit vorhanden sein.

Wichtig ist oft schon der Spielbeginn. Kommt das Spiel schleppend in Gang, so sind schon wieder wertvolle Minuten verloren. Deshalb anfangs aufgeweckte Spieler als Häscher, „Tiger", Keulenwächter auswählen! Auch die Eröffnung des Spiels durch den Spielleiter selbst ist gelegentlich notwendig, ebenso sein Eingreifen, wenn das Spiel zu stocken droht oder den Spielern langweilig wird. Auf jeden Fall gilt es, die Ursachen zu erkennen und sofort Abhilfe zu schaffen.

Zahlreiche Möglichkeiten zur Erhöhung der Intensität beim Spielen bieten sich weiterhin durch Einfügen *erschwerender Bedingungen und Sonderaufgaben* in den Spielverlauf (vgl. hierzu auch die Zusammenstellung der wesentlichsten Abwandlungsmöglichkeiten, S. 60 ff.).

Haschespiele werden intensiver, wenn mehrere Häscher fangen. Beim „Foppen und Fangen" kann man zum Beispiel drei oder vier „Fopper" auslaufen lassen. Bei den Laufstaffeln mit Tragen von Geräten können zusätzlich Hindernisse überwunden werden. Gruppen- und Massenwettläufe im ein- und beidbeinigen Hüpfen sind anstrengender als einfaches Laufen. Weiterhin können die Leistungsanforderungen erhöht werden, indem zum Beispiel bei den Ballspielen Bälle von unterschiedlicher Größe und verschiedenem Gewicht geworfen werden müssen. Tragen und Werfen von Medizinbällen (anfangs waren es Hohlbälle) dienen besser der Oberkörperkräftigung.

Kleine Bälle dagegen und Bälle mit geringem Gewicht, beispielsweise Schlagbälle, entwikkeln das „Bewegungsgefühl" und die Fangsicherheit.

Die angemessene Vergrößerung der Tore bei den kleinen Sportspielen oder die Erhöhung der Anzahl von Zielen in den verschiedenen Spielen zur Entwicklung der Treffsicherheit fordern eine größere Mobilität der verteidigenden Spieler.

Zweifelderball mit Wurfmöglichkeit von allen Seiten oder mit Barrikaden (vgl. S. 255 f.) verlangt ein schnelleres und gewandteres Bewegen als die „abgedroschene" Grundform, die im Sportunterricht oft nur aus Bequemlichkeit gespielt wird.

Sehr reizvoll und auf die Intensität ausstrahlend sind *Spielturniere*, wenn Zeit und Raum ausreichen. Der Kampf jeder gegen jeden spornt die Mannschaften im Streit um den besten Platz an. Durch den schnellen Wechsel der Gegner (zum Beispiel nach einem Satz, nach einem Durchgang, nach wenigen Minuten) kommt keine Eintönigkeit in das Spielgeschehen.

Sind die Bedingungen mitunter zu ungünstig (kleine Halle, zu starke Gruppe) und sollen trotzdem Kleine Spiele durchgeführt werden, so muß man die Gruppe teilen und „Stationen" einrichten. Ein Teil betreibt Körperübungen, die nur wenig Raum beanspruchen (z. B. an den Kletterstangen, Sprossenwänden, Gitterleitern, auf engem Raum mögliche Partnerübungen, Spielformen und Übungen an einem Barren, auch Spiele in kleinem Kreis oder enger Gasse), während der andere Teil auf dem größeren Raum ein kleines Sportspiel austrägt (Rollball, Raufball, Ringhockey o. a.).

Die nicht spielenden Schüler können aber auch — wie wir bereits erwähnten — die Funktionen des Wettkampfgerichts übernehmen, um sich hierin ebenfalls zu schulen (Schiedsrichter, Punktrichter, Linienrichter, Zeitnehmer, Anschreiber), oder, um das Spielfeld verteilt, haben sie die Aufgabe, hinausfliegende Bälle aufzuhalten beziehungsweise schnell wieder herbeizuschaffen. Nach einer bestimmten Zeit wechseln die Gruppen.

Im Zusammenhang mit der Intensität noch ein Wort zum *Ausscheiden der Spieler* als einer Form der Bewertung. Wir sollten uns möglichst immer bemühen, das Ausscheiden von Spielern zu vermeiden, und den Spielverlauf anders regulieren. Denn meistens müssen die Spieler zuerst ausscheiden, die die Wachstumsreize und Körperübungen am dringendsten benötigen. Spielern, die bestimmte Fehler (z. B. Fangfehler, Umwerfen von Keulen) begehen, kann man Minuspunkte anrechnen. Wer zum Schluß des Spiels die wenigsten Fehlerpunkte aufweist, hat gewonnen.

Beim „Keulenball im Kreis" beispielsweise scheidet der Spieler, dessen Keule umgeworfen wurde, nicht aus, sondern seine Rechte werden eingeschränkt, das heißt, er darf den Ball weiterhin den Spielern seiner Mannschaft zuspielen, aber nicht selbst Keulen umwerfen.

Sollen beim „Ringenden Kreis" die kräftigsten und gewandtesten Spieler ermittelt werden und das Ausscheiden läßt sich nicht verhindern, so bilden die ausgeschiedenen Spieler der einzelnen Kreise gleich wieder neue Kreise, bleiben also im Spiel, und man erhält außerdem eine gewisse Rangfolge.

Mitunter jedoch, zum Beispiel bei den kampfbetonten Formen der Kraft- und Gewandtheitsspiele, kann manchem eine kleine Ruhepause nicht schaden. *Denn intensiv spielen heißt nicht bis zur Erschöpfung spielen.*

Die Freude, das Erlebnis, der Wunsch nach Wiederholung, insgesamt die emotionale Wirkung der Spiele dürfen nicht minder Ergebnisse einer intensiven Spielgestaltung sein als das Erreichte in der körperlich-sportlichen Ausbildung.

Zusammenfassend kann gesagt werden, daß

die mannigfaltigsten methodischen Maßnahmen zur Intensitätssteigerung im Spielunterricht beitragen können.
Abschließend sei noch darauf hingewiesen, daß höchste Intensität und damit größter Nutzen für den jugendlichen Körper nur dann erreicht wird, wenn auch der *erforderliche Spielfluß* gewährleistet ist, wenn das Spiel und seine einzelnen Elemente bis zu einem bestimmten Grade gekonnt werden, wenn das Spiel mehr ist als absichtslose Spielerei. Erst dann sind Temposteigerung, Einschaltung von Sonderaufgaben und andere erschwerende Bedingungen überhaupt möglich, ohne die mitunter Unruhe stiftenden Spielunterbrechungen befürchten zu müssen. Erst dann wird auch die volle Spielfreude empfunden, werden Erfolge erlebt, wird die Persönlichkeit geformt. Deshalb soll man die Entwicklung der konditionellen und koordinativen Fähigkeiten und die Ausbildung der Bewegungsfertigkeiten durch Kleine Spiele nicht unterschätzen, sondern soll durch eine sinnvolle Auswahl und methodische Gestaltung der Spiele entsprechend der Bildungsabsicht diese Möglichkeiten im Sportunterricht oder in den anderen Formen der sportlichen Betätigung nutzen.
So verstanden, wird auch das „Kleine Spiel“ ein wertvoller Beitrag zu einer intensiven Körpererziehung sein.

4.6. Die Nachbereitung des Spielleiters

Der gute Spielleiter wird in angemessener Form den Spielverlauf auswerten, wird sich über den Stundenablauf Gedanken machen. Man meint oft, nach einer Spielstunde sei das nicht so notwendig, und begnügt sich mit der Einschätzung des allgemeinen „Stimmungsbarometers“ im Stundenverlauf. Doch das reicht nicht! Gerade die Spiele mit ihren hohen Anforderungen an Charaktereigenschaften, geistige Wendigkeit und körperlich-sportliche Leistungsfähigkeit zwingen uns zu einer *Einschätzung* ihrer Wirkung auf die Spieler.
Deshalb muß man sich fragen: Habe ich mit den von mir ausgewählten Spielen die Bildungs- und Erziehungsabsicht erfüllt? Was habe ich erzieherisch richtig, was falsch gemacht, was ungenützt gelassen? Welche methodischen Fehler werden mir jetzt bei der Auswertung bewußt? Haben alle Kinder der Klasse oder alle Mitglieder der Sportgruppe freudig und begeistert teilgenommen oder gab es Anzeichen von Gleichgültigkeit? Nur durch eine selbstkritische Beantwortung dieser und anderer Fragen kann ich meinen Spielunterricht verbessern und das gestaltete Spiel zu einem *wesentlichen Mittel der Persönlichkeitsformung* werden lassen.

Praktisch-methodischer Teil

(Spielsammlung)

1 Singspiele

Entgegen manchem Spielbuch stellen wir in unserer Spielsammlung die Singspiele an den Anfang. Das geschieht nicht nur, um sie aus pädagogischen Erwägungen in das rechte Licht zu rücken, sondern es erscheint uns auch aus der Sicht der Spielfolge im Laufe der individuellen Entwicklung des Menschen als zweckmäßig. Im allgemeinen leitet das einfachste Singspiel, meist als Darstellungsspiel, die Bewegungsspiele der Kleinkinder (Kindergartenkinder) ein. Freilich durchziehen dann die weiteren Formen der Spiellieder und Tanzspiele noch die spätere Kindheit, wenn bereits die Lauf- und Ballspiele vorherrschen.

So haben wir von der frühen Kindheit an die Möglichkeit, Musik und Bewegung zu verbinden, und schaffen den Kindern mit den Singspielen eine Umgebung, in der sie sich kindgemäß bilden und formen können. Das Kind erfaßt nicht nur Melodie, Takt und Rhythmus, sondern wird auch bei richtiger Anleitung im eigenen Bewegen rhythmisch angesprochen und zur motorischen Darstellung aufgefordert und geführt.

Die meisten hier wiedergegebenen Spiele sind altes Volksgut, das schon in vielen, auch älteren Büchern zu finden ist. Mitunter wurden kleine Änderungen vorgenommen. Den älteren Singspielen wurden auch einige neue hinzugefügt, doch muß auf diesem Gebiet noch weiter gearbeitet werden. Die bei uns neu entstehenden Singspiele, Spiellieder und Tanzspiele, die durch die gesellschaftliche Umwelt geprägt werden, vom Schaffen in unserer Republik, von dem neuen Leben und den Zielen unserer Menschen zeugen, müssen systematisch erfaßt und für die Körpererziehung methodisch aufbereitet werden.

Weiterhin muß darauf hingewiesen werden, daß Singspiele sicherlich über die Unterstufe hinaus Bedeutung gewinnen, wenn es gelingt, die neuzeitliche Musik mit entsprechenden motorischen Formen und sprachlichen Inhalten zu verbinden.

Ein Teil der in diesem Buch zusammengestellten Singspiele eignet sich bereits für den Kindergarten. Die in den Lehrplänen geforderten Singspiele haben wir ebenfalls beschrieben. Eine Reihe der letzten Formen der Tanzspiele sind schon als direkte Vorstufe des Volkstanzes zu bezeichnen. Die in Ferienlagern, bei Freundschaftstreffen und ähnlichen Anlässen sehr beliebten Massentänze wie Laurentia oder Matrjoschka werden hier nicht berücksichtigt; das würde unserer Meinung nach den Rahmen dieser Spielsammlung überschreiten.

Systematik

Die von uns aufgenommenen Singspiele haben wir ihrem Bewegungscharakter nach in drei Gruppen eingeteilt:

1.1. Darstellungsspiele
1.2. Spiellieder
1.3. Tanzspiele

Der Inhalt der drei Gruppen sei im folgenden kurz skizziert.

Darstellungsspiele sind Spielformen, in denen die Kinder nach einfachen Melodien dem Text entsprechend bestimmte Handlungen nachahmen. So können Tiergeschichten, Märchen, das Schaffen von Bauern und Handwerkern sowie andere Tätigkeiten des gesellschaftlichen Lebens bei Gesang bewegungsmäßig zum Ausdruck gebracht werden.

Als *Spiellieder* werden jene Singspiele bezeichnet, bei denen feststehenden Liedern eine bestimmte Bewegungsform durch die Gruppe im Raum gegeben wird (Reihen, Ketten, Gassen, Brücken, Kreise u. a.).

Der Charakter der *Tanzspiele* schließlich ist dadurch gekennzeichnet, daß Gesang und einfache Tanzschritte miteinander verbunden werden. Im Vergleich zu den Darstellungsspielen und den Spielliedern ist in den Tanzspielen der Rhythmus das entscheidende Element. Die Bewegungsausführung wird weniger durch den Inhalt des Textes, als vielmehr durch die bewußt aufgenommene Musik bestimmt. Die Tanzspiele bilden den fließenden Übergang zu den Volkstänzen.

Zweifellos ist es nicht einfach, die Singspiele nach dem Bewegungscharakter zu unterteilen. Mitunter könnte dieses oder jenes Spiel, in dem Darstellen, Raumverhalten und auch einfachste Tanzschritte enthalten sind, in verschiedenen Gruppen am Platze sein. Es muß stets das *Charakteristische des Bewegungsinhaltes* gesehen werden. Innerhalb der einzelnen Gruppen wurde eine Schwierigkeitssteigerung angestrebt.

Werte der Singspiele

Singspiele haben bis zu einer bestimmten Altersstufe hohe, doch leider oft nicht erkannte und dadurch nicht genutzte Werte. Sie sind weniger biologisch als vielmehr unter den verschiedensten Aspekten pädagogisch-psychologisch begründet. Freilich wird auch die körperliche Ausbildung durch entsprechende Bewegungsreize gefördert, doch sind andere Spielgattungen — beispielsweise die Lauf- und Ballspiele — diesbezüglich wirksamer.

Die Bedeutung der Singspiele liegt zunächst im *gefühlsbetonten, freudvollen Gestalten bestimmter Vorstellungsinhalte.* Die wahrgenommene, beobachtete Umwelt wird im Spiel wiederholt, und auch mitgeteilte Geschichten und Märchen werden in einer mehr oder weniger phantasiereichen Verarbeitung ausdrucksstärker oder -schwächer dargestellt. So erweitert sich durch die Singspiele die Vorstellungswelt der Kinder, so tragen sie zur geistigen Erziehung bei.

Weiterhin werden auch mit den Singspielen *elementare Forderungen der Musikerziehung* anteilig erfüllt. Der melodische Aufbau, der Rhythmus, der Takt und die Dynamik werden durch das Bewegen im Spiel leichter erfaßt und gefestigt. Auf einer höheren Stufe wird dann richtig gehörte Musik in schwungvolles Bewegen umgewandelt. Musik und Bewegung fließen zusammen; die rhythmische Ansprechbarkeit und die motorische Darstellungsfähigkeit werden nach und nach entwickelt.

Mit der Absicht einer einfachen, aber doch schöpferischen Bewegungsgestaltung in den Singspielen verwirklichen wir auch Aufgaben der *ästhetischen Erziehung,* indem wir das Gefühl für schönes, natürliches und anmutiges Bewegen erhalten beziehungsweise entwickeln und den Kindern den Unterschied zum „gezierten Gehabe", zur nicht kindgemäßen, stilisierten Darstellung bewußtmachen.

So werden hier schon die notwendigen Grundlagen für motorisch schwierige Tanzformen geschaffen.

Der Formenreichtum in den Singspielen dient nicht zuletzt auch der *Gemeinschaftserziehung.* Das freudebetonte Einordnen in die verschiedenen Bewegungsformen, wobei sich eine richtige zeitliche Anpassung an den Partner und auch ein gutes „Raumgefühl" herausbilden, verdient erwähnt zu werden.

Wenn schließlich noch in den textlich inhaltsreicheren Singspielen durch landschaftlich gebundene Spielweisen gewisse Sitten und Gebräuche und melodisch altes Volksgut dargestellt werden, so können wir damit bei den Kindern ihre *Liebe und Verbundenheit zur Heimat* entwickeln und erhalten helfen.

Methodische Hinweise

Eine größere Anzahl von Spielern bereitet bei den Singspielen keine Schwierigkeiten. Im allgemeinen können an einem Spiel bis zu zwanzig Kinder teilnehmen. Um auch hier alle Kinder recht oft an den Bewegungsaufgaben teilhaben zu lassen, bilden wir bei einer größeren Spielerzahl, wenn es möglich ist, mehrere Reihen, Ketten, Gassen oder Kreise. Ist der Spielgedanke von den Kindern erfaßt worden, wird bald mit mehreren Kreisinnenspielern (Häschen, Zipfelmützen, Butzemännern u. a.) gespielt, um das gesamte Spielgeschehen zu beleben.

Die Singspiele erfordern gegenüber den anderen Kleinen Spielen neben den Bewegungsaufgaben auch noch die Kenntnis der Melodie und des Textes. Das kostet oft wertvolle Zeit. Soweit wie möglich sollte deshalb versucht werden, das Singspiel schon im Musikunterricht vorzubereiten. Auch später bemühen wir uns diesbezüglich um die Unterstützung durch den Musiklehrer.

Das Spiel oder einen gewünschten Spielinhalt stimmen wir auf den Unterrichtsstoff ab (Tiererzählungen, Geschichten). Selbst ein Erlebnis der Klasse kann der Inhalt des Spiels sein. Die Darstellungsspiele können in folgender Weise entwickelt werden:

— Vorsprechen des Singspieltextes.

— Abschnittsweises Wiederholen im Chor.

— Text vorsingen und abschnittsweise im Chor wiederholen lassen. Oft können bei einfachen Melodien Text und Melodie gleichzeitig eingeführt werden.

— Darstellen des Spielinhaltes durch die entsprechenden Bewegungen. Hier gibt der Spielleiter möglichst nur Anregungen, hilft weiter und läßt die Kinder die richtigen Bewegungen selbst finden, die dann, durch ihn gelenkt, in die Spielweise einmünden, die er entwickeln will.

— Schließlich werden Lied und Bewegungsgestaltung fließend miteinander verbunden.

Auch bei den Spielliedern und Tanzspielen müssen zunächst Text und Melodie in ähnlicher Weise erlernt werden. Es ist angebracht, sich bei schwierigeren Formen erst auf eine Strophe zu beschränken und sie dann durchzuspielen. Dazu sind die Bewegungsrichtungen und die Ausführungsweise der Bewegung eindeutig anzugeben.

Man sollte mit einem bewegungsgewandten Kind oder einem Schüler, der das Spiel kennt, zunächst die Schrittfolge oder die Bewegungsformen abschnittsweise vorzeigen. Die gesamte Gruppe kann dabei und während der Wiederholungen bereits versuchen, das Singspiel durch Klatschen oder Mitsummen rhythmisch zu untermalen. Anschließend üben alle, bis die erste Strophe des Spiels gekonnt wird.

Die bei der Beschreibung der Spiele empfohlenen Ausführungsarten sind nicht als feststehende Spielweisen zu betrachten, sondern nur als Anregungen, die auch die Kinder selbst zum schöpferischen Weiterentwickeln der Bewegungsgestaltung musikalischer Formen auffordern sollen.

1.1. Darstellungsspiele

Häschen in der Grube

1. Spielweise

Aufstellung:
Innenstirnkreis mit Handfassung. In der Mitte hockt ein Spieler und bedeckt die Augen mit den Händen.

Ausführung:
Takt 1 bis 8: Die Kinder gehen im Kreis herum.

Takt 9 bis 12: Die Kreisspieler bleiben stehen, während das Häschen im Kreis herumhüpft. Es bleibt, wenn die Kreisspieler das letzte Mal „Häschen hüpf!“ singen, vor einem Kind hocken, das bei der Wiederholung des Spiels dann als Häschen in den Kreis geht.

2. Spielweise

Hierbei handelt es sich um ein Singspiel mit Haschen, wobei die Spielregeln von „Katze und Maus“ gelten können. Außerdem kommen folgende Strophen hinzu:

2. Strophe:
Häschen, vor dem Jäger hüte dich!
Vor dem bösen Schießgewehr
bist du nun nicht sicher mehr.
Häschen, lauf, Häschen, lauf, Häschen, lauf!

3. Strophe:
Häschen, vor dem Hunde hüte dich!
Hat gar einen scharfen Zahn,
packt damit mein Häschen an.
Häschen, hüpf, Häschen, hüpf, Häschen, hüpf!

Aufstellung:
Wie bei der 1. Spielweise, nur befinden sich jetzt zwei Häschen in der Kreismitte und außerhalb des Kreises je ein Spieler als „Jäger“ und „Hund“

Ausführung:
1. Strophe: Wie bereits beschrieben, doch hüpfen die Häschen im Kreis umher, ohne nach der 1. Strophe abgelöst zu werden.

2. Strophe:
Takt 1 bis 8: Die Kinder gehen im Kreis.
Takt 9 bis 12: Die Kreisspieler bleiben stehen. Beim letzten Mal „lauf!“ versucht der außerhalb des Kreises lauernde Jäger, das ihm vorher benannte Häschen zu fangen.

3. Strophe:
Takt 1 bis 8: Wie 2. Strophe.
Takt 9 bis 12: Beim dritten Mal „hüpf!“ wird vom Hund das zweite Häschen gefangen, das sich hüpfend bewegen muß. Der Hund hascht im Vierfüßlerlauf.

Alle meine Entchen

2. Strophe:
Alle meine Täubchen gurren auf dem Dach,
fliegt eines in die Lüfte, fliegen alle nach.
oder:
Alle meine Täubchen sitzen auf dem Dach,
klipp, klapp, klipp, klapp, fliegen übers Dach.
3. Strophe:
Alle meine Hühnchen scharren in dem Stroh,
finden sie ein Körnchen, sind sie alle froh.
4. Strophe:
Meine beiden Püppchen Anne und Marie,
schlafen in der Wiege, bis ich wecke sie.
5. Strophe:
Und mein kleines Pferdchen geht jetzt in den Stall,
denn es muß ja schlafen, wie die Kindlein all.

Aufstellung:
Innenstirnkreis mit Handfassung.

Ausführung:
Während der ersten sechs Takte gehen die Kinder bei allen Strophen im Kreis herum, wobei die Richtung jedesmal geändert werden kann. Bei den Takten 7 bis 10 werden jeweils der Textaussage entsprechende Bewegungen ausgeführt.

1. Strophe:
Takt 7 und 8: Am Ort, der Kreismitte zugewandt, tiefes Rumpfbeugen vorwärts mit gefaßten Händen.
Takt 9 und 10: Die Handfassung wird gelöst, damit jedes Kind seine Arme nach hinten führen kann, wobei die aneinandergelegten Handflächen das Schwänzchen bilden.

2. Strophe:
Takt 7 und 8: Ein vorher benanntes Kind fliegt mit ausgebreiteten Armen in den Kreis (Taubenschlag) hinein.
Takt 9 und 10: Jetzt fliegen alle anderen hinterher. Hierbei kommt es zu einer Auflösung des Kreises, die in der abgewandelten zweiten Strophe aber auch vermieden werden kann.
Takt 7 und 8: Lösen der Handfassung und viermaliges Klatschen in die Hände.
Takt 9 und 10: Jedes Kind dreht sich mit ausgebreiteten Armen einmal um sich selbst.

3. Strophe:
Takt 7 bis 10: Mit oder ohne Handfassung federndes Rumpfbeugen vorwärts, um das Picken der Hühner nach Körnchen anzudeuten.

4. Strophe:
Takt 7 bis 10: Die Hände werden gelöst und die Arme vor dem Körper verschränkt, damit die wiegenden Bewegungen ausgeführt werden können.

5. Strophe:
Takt 7 bis 10: Nach dem Lösen der Hände gehen alle Kinder in den Hockstand und legen bei geneigtem Kopf die Hände an die Wangen.

Das Taubenhaus

Aufstellung:
Zwei Drittel der Spielenden stehen im Innenstirnkreis dicht nebeneinander, um mit gefaßten Händen und hochgehobenen Armen das Taubenhaus zu bilden. Die übrigen Kinder befinden sich im Hockstand und sind als Täubchen eingeschlossen. Der Liedtext wird von den Kreisspielern gesungen, während das Gurren lediglich die Täubchen ausführen.

Ausführung:
Takt 1 und 2: Durch Rückwärtsgehen mit

gleichzeitigem Senken der Arme bis zur Seithalte wird ein weiter Innenstirnkreis gebildet und somit das Taubenhaus geöffnet.

Takt 3 bis 8: Die Täubchen verlassen ihr Haus. Mit ausgebreiteten Armen „fliegen" sie auf dem nicht zu eng bemessenen Spielplatz umher. Die Kreisspieler können stehenbleiben oder im Kreis herumgehen.

Takt 9 bis 12: Die Täubchen kehren heim, das Taubenhaus wird von den Kreisspielern wieder wie vorher geschlossen.

Takt 13 bis 20: In der erreichten Aufstellungsform wird das Lied zu Ende gesungen, wobei die Täubchen zum Schluß ihr „Ruku" (oder Grugru) singen.

Bemerkung:

Das Taubenhaus, im Vorschulalter gespielt, bewährt sich besonders bei Kinderfesten, zum Beispiel zum Abschluß des gemeinsamen Spielens. Es läßt eine große Teilnehmerzahl zu. Spielen die Eltern mit, können sie als Kreisspieler das Taubenhaus bilden, während alle Kinder gemeinsam lustig herumfliegen dürfen.

Der Bibabutzemann

Aufstellung:

Innenstirnkreis mit Handfassung. Ein Spieler als Butzemann im Kreis.

Ausführung:

Takt 1 bis 8: Die Kreisspieler gehen oder hüpfen im Kreis herum, der Butzemann bewegt sich in entgegengesetzter Richtung. Auf „Widebum" (oder dideldum) kann auch durch eine halbe Drehung ein Richtungswechsel ausgeführt werden.

Takt 9 bis 12: Während die Kreisspieler mit dem Gesicht zur Mitte stehen (und auch in die Hände klatschen können), hat der Butzemann entsprechend dem Text seine Bewegungsaufgaben auszuführen.

Takt 13 bis 16: Wie Takt 1 bis 4.

Abwandlungen:
Sie ergeben sich einmal daraus, daß sich bei den Takten 1 bis 8 und 13 bis 16 die Fortbewegungsart oder auch die Handfassung (Kreuzfassung der Arme) ändert. Außerdem können in den Takten 9 bis 12 alle Kreisspieler die Bewegungen des Butzemannes nachahmen. So läßt sich mit einfachsten Mitteln dieses kleine Singspiel je nach dem Entwicklungsstand der Gruppe in verschiedene Formen abwandeln.

Wollt ihr wissen, wie's die kleinen Mädchen machen?

2. Strophe:
Wollt ihr wissen, wollt ihr wissen,
wie's die kleinen Jungen machen?
Peitsche knallen, Peitsche knallen,
alles dreht sich herum.
3. Strophe:
Wollt ihr wissen, wollt ihr wissen,
wie's die jungen Mädchen machen?
Kleider nähen, Kleider nähen,
alles dreht sich herum.
4. Strophe:
Wollt ihr wissen, wollt ihr wissen,
wie's die jungen Männer machen?
Fußball spielen, Fußball spielen,
alles dreht sich herum.
5. Strophe:
Wollt ihr wissen, wollt ihr wissen,
wie's die fleiß'gen Bauern machen?
Korn abmähen, Korn abmähen,
alles dreht sich herum.
6. Strophe:
Wollt ihr wissen, wollt ihr wissen,
wie's die Waldarbeiter machen?
Bäume fällen, Bäume fällen,
alles dreht sich herum.

Aufstellung:
Innenstirnkreis der Kinder mit Handfassung

Ausführung:
1. Strophe:
Takt 1 bis 4: Gehen im Kreis (im zweiten Schuljahr kann auch anstelle des Gehens das Dreitrittgehen verwendet werden); dann Lösen der Handfassung, Gesicht zur Kreismitte und Verschränken der Arme vor dem Körper zum Wiegen des Püppchens.
Takt 5 und 6: Püppchen wiegen, auf „alles" in die Hände klatschen.
Takt 7 und 8: Jeder führt eine ganze Drehung aus.

Die weiteren Strophen werden entsprechend der Textaussage gestaltet. Außerdem sollte man bei diesem Spiel die schöpferische Mitarbeit der Kinder anregen, indem noch andere Arbeitsbewegungen nachgeahmt werden.

Wir wolln zum guten Meister gehn

2. Strophe:
Der Müller mahlt die Körner schnell,
sonst hat der Bäcker ja kein Mehl,
Rund-um …

3. Strophe:
Der Bäcker schiebt die Kuchen rein,
sie werden schon bald fertig sein.
Schieb rein …

4. Strophe:
Der Schmied, der schlägt die Eisen an,
damit das Pferd gut laufen kann.
Pink-pank …

5. Strophe:
Der Polizist steht auf der Wacht,
daß auf der Straße ihr gebt acht.
Hierhin-dahin … halt!

Aufstellung:
Innenstirnkreis mit Handfassung.

Ausführung:
Takt 1 bis 4: Gehen seitwärts rechtsherum im Kreis (bei der nächsten Strophe linksherum).
Takt 5 bis 8: Stehenbleiben und dem Text entsprechende Bewegungen ausführen.

Die fleißigen Handwerker

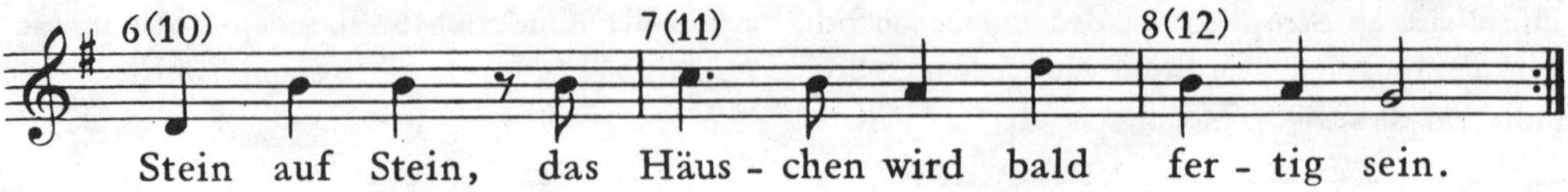

2. Strophe:
... O wie fein, o wie fein,
der Glaser setzt die Scheiben ein.
3. Strophe:
... Tauchet ein, tauchet ein,
der Maler streicht die Wände fein.
4. Strophe:
... Zisch, zisch, zisch, zisch, zisch, zisch,
der Tischler hobelt glatt den Tisch.
5. Strophe:
... Poch, poch, poch, poch, poch, poch,
der Schuster schustert zu das Loch.
6. Strophe:
... Stich, stich, stich, stich, stich, stich,
der Schneider näht ein Kleid für mich.
7. Strophe:
... Rühret ein, rühret ein,
der Bäcker backt den Kuchen fein.
8. Strophe:
... Trab, trab, drein, trab, trab, drein,
jetzt gehn wir von der Arbeit heim.
(Oder: Jetzt gehn die fleiß'gen Leute heim.)
9. Strophe:
... Hopp, hopp, hopp, hopp, hopp, hopp,
jetzt tanzen alle im Galopp.

Aufstellung:
Innenstirnkreis mit Handfassung.

Ausführung:
Text und Bewegungsausführung der ersten vier Takte wiederholen sich bei allen Strophen: Gehen im Kreis (auch rechts- und linksherum nach jeder Strophe im Wechsel). Während der nächsten acht Takte werden die entsprechenden Bewegungen der fleißigen Handwerker nachgeahmt.
Für die letzte Strophe empfehlen wir zwei Bewegungsformen:
Takt 1 bis 4: Gehen im Kreis.
Takt 5 bis 8: Galopphüpfen seitwärts rechtsherum im Kreis.
Takt 9 bis 12: Galopphüpfen seitwärts linksherum.
Oder:
Takt 1 bis 4: Gehen im Kreis.
Takt 5 und 6: Schlußhüpfen seitwärts rechtsherum im Kreis.
Takt 7 und 8: Galopphüpfen seitwärts rechtsherum im Kreis.
Takt 9 und 10: Schlußhüpfen seitwärts linksherum im Kreis.
Takt 11 und 12: Galopphüpfen seitwärts linksherum im Kreis.

Abwandlungen (bei großer Spielerzahl):
1. Doppelkreis
Takt 1 bis 4: Zwei konzentrische Kreise bewegen sich in entgegengesetzter Richtung.
Takt 5 bis 12: Alle Kinder führen die Arbeitsbewegungen aus. Bei der Schlußstrophe kann paarweise in verschiedenen Formen gehüpft werden.
2. Gasse
Gruppe A und B stehen sich einander zugewandt mit etwa 6 m Abstand gegenüber.
Takt 1 bis 4: Gruppe A geht mit oder ohne Handfassung acht kleine Schritte vorwärts, verbeugt sich vor der Gruppe B und geht acht Schritte rückwärts zum Ausgangsort. Gruppe B bleibt stehen und klatscht in die Hände.
Takt 5 bis 8: Von den Spielern der Gruppe A werden die Arbeitsbewegungen ausgeführt; Gruppe B klatscht in die Hände.
Takt 9 bis 12: Beide Gruppen wiederholen zusammen die Bewegungen der fleißigen Handwerker.
Bei der nächsten Strophe beginnt die andere Gruppe.

Die fleißigen Waschfrauen

2. Strophe:
Zeigt her eure Füßchen ...
sie spülen, sie spülen, sie spülen den ganzen Tag.

3. bis 9. Strophe:
... sie wringen; ... sie hängen; ... sie legen; ... sie rollen; ... sie plätten; ... sie ruhen; ... sie tanzen.

Aufstellung:
Innenstirnkreis, bei großer Spielerzahl Doppelkreis, Gesicht zueinander.

Ausführung:
Text und Bewegungsausführung der ersten acht Takte wiederholen sich bei allen Strophen: Wechselseitiges Vor- und Rückstellen der Füße oder Wechselhüpfen im Quergrätschstand mit einmaligem Nachfedern. Bei den folgenden acht Takten werden die Arbeitsbewegungen entsprechend dem Text nachgeahmt.

1. Strophe: „Sie waschen" — leichtes Vorbeugen des Rumpfes mit ständigem Strecken und Beugen der Arme.

Oder:
Jedes Kind reibt seine Fäuste gegeneinander oder erfaßt auch den Kleiderzipfel, um das Waschen anzudeuten.

2. Strophe: „Sie spülen" — tiefes Rumpfbeugen vorwärts und Seitschwingen der Arme.

3. Strophe: „Sie wringen" — Gegenbewegung der Hände und Arme.

4. Strophe: „Sie hängen" — abwechselndes Niederhocken und Heben in den Zehenstand, wobei die Arme in Hochhalte greifende Bewegungen ausführen.

5. Strophe: „Sie legen" — Federn des Rumpfes vorwärts, wobei die Hände im Wechsel vor und neben dem Körper den Boden berühren.

6. Strophe: „Sie rollen" — jeder führt eine Vierteldrehung links beziehungsweise rechts aus, so daß sich jeweils zwei Kinder die Hände reichen können; dann wechselseitiges Beugen und Strecken der Arme.

7. Strophe: „Sie plätten" — ein Arm deutet das Halten der Wäsche an, während sich der andere schwungvoll darüber hin und her bewegt.

8. Strophe: „Sie ruhen" — alle gehen in den Hockstand und legen die Hände an ihre Wangen.

9. Strophe: „Sie tanzen" — die Kinder hüpfen einzeln am Ort, wobei sie sich drehen und in die Hände klatschen. Sie können sich aber

auch paarweise mit Handfassung zusammenfinden, umeinander herumhüpfen oder im Galopp seitwärts im großen Kreis hüpfen.
Um das Singspiel ebenfalls für Jungen reizvoll zu gestalten, können gelegentlich Arbeitsbewegungen aus anderen Berufen nachgeahmt werden, zum Beispiel aus dem Beruf der Bergleute (hacken, bohren, schippen, tragen, messen, tanzen) oder aus dem der Gärtner (graben, harken, säen, mähen und anderes mehr). Ansonsten kommen die Jungen bei den „fleißigen Handwerkern“ zu ihrem Recht.

Die Zipfelmütz

Aufstellung:
Innenstirnkreis mit Handfassung. Im Kreis befindet sich ein Spieler als Zipfelmütz.

Ausführung:
Takt 1 bis 17: Die Spieler gehen im Kreis herum. In entgegengesetzter Richtung dazu bewegt sich die Zipfelmütz. Sie legt mit hochgehobenen Armen ihre Hände über dem Kopf zusammen, um dadurch die Zipfelmütz anzudeuten.

Takt 18: Singen die Kreisspieler das letzte Mal „bleib stehn", dann bleiben sie mit dem Gesicht zur Mitte stehen. Die Zipfelmütz stellt sich vor einen Spieler und begrüßt ihn durch eine leichte Verbeugung.

Takt 19 bis 22: Beide rütteln und schütteln sich durch Bewegungen des Rumpfes und werfen die Beine nach hinten.

Takt 23 und 24: Die Zipfelmütz und der Partner klatschen dreimal in die Hände.

Takt 25 und 26: Die Zipfelmütz nimmt ihren Partner an die Hand und hüpft mit ihm in den Kreis.

Beim nächsten Durchgang wandern zwei Zipfelmützen hintereinander im Kreis herum. Da sich bei jeder Wiederholung die Anzahl der Zipfelmützen verdoppelt, kann schließlich bis zur Auflösung des Kreises gespielt werden. Hierbei ergibt es sich, daß die Kreisspieler bei den Takten 1 bis 18 im Flankenkreis herumgehen, sobald die knappe Hälfte der Spieler Zipfelmützen geworden sind.

Folgende Spielweise wird außerdem noch empfohlen:

Zu Beginn befindet sich ein Viertel der Spieler als Zipfelmützen im Kreis. Die von den Zipfelmützen ausgewählten Partner tauschen dann mit ihnen bei einem erneuten Durchgang die Rollen.

Abwandlungsbeispiele für die Takte 23 bis 26

1. Abwandlung

Takt 23 und 24: Beide Partner klatschen dreimal in die Hände.

Takt 25 und 26: Das Paar hakt sich ein und läuft (hüpft) umeinander, um dann in den Kreis zu ziehen.

2. Abwandlung

Takt 23 bis 26: Nach einmaligem Handklapp haken sich beide mit dem rechten Arm ein und laufen umeinander.

Dornröschen

2. Strophe:
„Dornröschen, nimm dich nur in acht!"
3. Strophe:
Da kam die böse Fee herein.
4. Strophe:
„Dornröschen, schlafe hundert Jahr!"
5. Strophe:
Da wuchs die Hecke riesengroß.
6. Strophe:
Da kam ein junger Königssohn.
7. Strophe:
„Dornröschen, wache wieder auf!"
8. Strophe:
Sie feierten das Hochzeitsfest.
9. Strophe:
Da war die Freude riesengroß.

Diese Kurzform des Textes erfährt in den Takten 5 bis 8 eine Wiederholung und ist dadurch sehr leicht zu lernen. Daneben sind aber auch die Strophen üblich, in denen zu der ersten Zeile eine neue zweite dazu kommt. Dieser Text eignet sich gut für das zweite und dritte Schuljahr.

1. Strophe:
Dornröschen war ein schönes Kind, schönes Kind...
2. Strophe:
„Dornröschen, nimm dich nur in acht vor einer bösen Fee!"
3. Strophe:
Da kam die böse Fee herein und sprach zu ihr:
4. Strophe:
„Dornröschen, schlafe hundert Jahr und alle mit!"
5. Strophe:
Da wuchs die Hecke riesengroß um das Schloß.
6. Strophe:
Da kam ein junger Königssohn und sprach zu ihr:
7. Strophe:
„Dornröschen, wache wieder auf und alle mit!"
8. Strophe:
Sie feierten das Hochzeitsfest, ein großes Fest.
9. Strophe:
Es freute sich auch herzlich mit das ganze Land.

Aufstellung:
Innenstirnkreis mit Handfassung. In der Kreismitte hockt ein Kind, das „Dornröschen". Außerhalb des Kreises stehen die „böse Fee" und der „Königssohn".

Ausführung:
1. Strophe: Gehen im Kreis.
2. Strophe: Lösen der Handfassung. Mit erhobenem Zeigefinger wird Dornröschen gewarnt, dabei Nachstellgehen seitwärts nach rechts
3. Strophe: Handfassung, Nachstellgehen seitwärts nach links. Die böse Fee schlüpft unter der Handfassung in den Kreis und stellt sich vor Dornröschen.
4. Strophe: Stehenbleiben der Kreisspieler. Die böse Fee singt allein und schläfert Dornröschen durch kreuzende Armbewegungen bei Vorhalte der Arme ein. Dann verläßt sie den Kreis. Dornröschen hält im Kniesitz die Hände vor die Augen.
5. Strophe: Kleine Gehschritte des Innenstirnkreises vorwärts mit Vorhochheben der gefaßten Hände, um das Wachsen der Hecke anzudeuten.
6. Strophe: Kleine Nachstellschritte seitwärts nach rechts; der Königssohn tritt in den Kreis zu Dornröschen.
7. Strophe: Schrittknien des Königssohnes. Er singt allein und legt dabei eine Hand auf den Kopf von Dornröschen. Die Kreisspieler öffnen mit kleinen Gehschritten rückwärts und Armsenken den Kreis.
8. Strophe: Nachdem Dornröschen und der Königssohn aufgestanden sind, hüpfen sie mit Handfassung umeinander herum. Die Kreisspieler bleiben am Ort und klatschen in die Hände.

9. Strophe: Handfassung der Kreisspieler und Galopphüpfen seitwärts nach links. Das „Königspaar“ hüpft in entgegengesetzter Richtung im Kreis herum.

Abwandlung:

Innerhalb des großen Kreises wird mit etwa sechs Spielern ein kleiner Innenstirnkreis mit Handfassung gebildet, der die „Dienerschaft“ des „Schlosses“ darstellt. Dabei ergeben sich folgende Veränderungen:

1. und 2. Strophe: Beide Spielerkreise bewegen sich in entgegengesetzter Richtung.
4. Strophe: Auch die Diener schlafen ein.
8. Strophe: Dornröschen und der Königssohn haken sich ein, und die Dienerschaft schließt sich paarweise an. So bewegt sich der Hochzeitszug im großen Kreis herum.
9. Strophe: Das Königspaar und die Dienerschaft hüpfen in entgegengesetzter Richtung zu den Kreisspielern.

Hänsel und Gretel

2. Strophe:
Hu, hu, da schaut eine alte Hexe ’raus!
Sie lockt die Kinder ins Pfefferkuchenhaus.
Sie stellte sich gar freundlich, o Hänsel, welche Not!
Ihn wollt’ sie braten im Ofen braun wie Brot.

3. Strophe:
Doch, wie die Hexe zum Ofen schaut hinein,
wird sie gestoßen von Hans und Gretelein.
Die Hexe mußte braten, die Kinder gehn nach Haus.
Nun ist das Märchen von Hänsel und Gretel aus.

1. Spielweise

Aufstellung:

Innenstirnkreis mit Handfassung.

Ausführung:

1. Strophe: Nachstellgehen seitwärts nach rechts. Während der Takte 9 bis 12 Lösen der

Handfassung und Andeuten des Häuschens mit beiden Händen.

2. Strophe:

Takt 1 bis 4: Durch die mit Daumen und Zeigefinger gebildeten „Brillengläser" schauen die Kinder hin und her.

Takt 5 und 6: Locken mit dem rechten Zeigefinger.

Takt 7 und 8: Andeuten des Häuschens.

Takt 9 bis 16: Nachstellgehen seitwärts nach links.

3. Strophe:

Takt 1 bis 4: Die rechte Hand wird mit der Daumenseite über die Augen gehalten. Dabei wird der Oberkörper leicht vorgebeugt.

Takt 5 bis 8: Nachahmen des Stoßens durch Rumpfvorbeugen, Knieschwung und Stoßbewegung der Arme.

Takt 9 bis 16: Handfassung, Galopphüpfen seitwärts nach rechts.

Statt des Nachstellgehens und Galopphüpfens seitwärts können auch einfaches Gehen und Galopphüpfen vorwärts ausgeführt werden.

2. Spielweise

Aufstellung:

Die Spieler bilden einen großen Innenstirnkreis mit Handfassung („Hexenhaus"). Darin befindet sich ein von vier bis sechs Kindern gebildeter kleiner Außenstirnkreis mit Handfassung („Backofen"). Ein Kind, die „Hexe", steht neben dem Backofen, „Hänsel" und „Gretel" stehen mit Handfassung außerhalb des großen Spielerkreises.

Ausführung:

1. Strophe: Die Kinder des großen Spielerkreises gehen rechts herum, während die des Außenstirnkreises sowie Hänsel und Gretel sich in entgegengesetzter Richtung bewegen.

2. Strophe:

Takt 1 bis 8: Die Hexe schaut zu Hänsel und Gretel, lockt sie, wie bereits in der 1. Spielweise beschrieben, und nimmt sie in ihr Haus.

Takt 9 bis 16: Sie zieht die beiden Kinder an den Backofen.

3. Strophe:

Takt 1 bis 4: Die Hexe löst die Handfassung von zwei Spielern und schaut in den Backofen.

Takt 5 bis 8: Hänsel und Gretel stoßen sie hinein und schließen den Ofen.

Takt 9 bis 16: Großer Spielerkreis Hopserlauf seitwärts nach links.

Kleiner Außenstirnkreis das gleiche nach rechts. Hänsel und Gretel hüpfen mit Zweihandfassung umeinander herum.

1.2. Spiellieder

Eisenbahnspiele

1. Text:

2. Text:

3. Text:

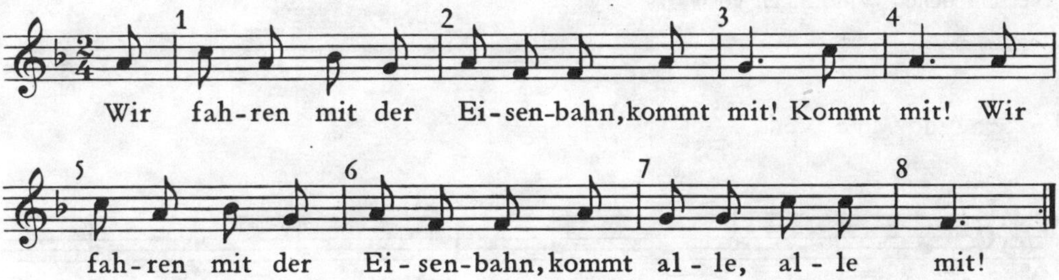

4. Text:

In den Eisenbahnspielen lassen sich viele Ausführungsarten im Gehen und Hüpfen zusammenstellen. Die hier angeführten Beispiele können bei allen vier Textformen angewandt werden.

Aufstellung:

Reihe, die Hände liegen auf der Schulter oder Hüfte des Vordermannes.

Sechs bis acht Kinder in einer Reihe; mehrere Gruppen bilden!

Aufstellung in Flankenkreisen.

Ausführungsarten:

1. Die „Eisenbahnen" fahren in Reihe mit verschiedenen Windungen vorwärts.
2. „Fahren" im Flankenkreis vorwärts, dann Handfassung und Laufen oder Hüpfen seitwärts.
3. Zwei oder drei Gruppen stellen sich mit geringem Abstand voneinander auf. Ein Kind (oder zwei) fährt als „Lokomotive" umher und hält an einem „Bahnhof" an. Ein Kind „steigt ein". Wiederholung, bis alle Kinder eingestiegen sind. Beim vierten Text fährt der volle Zug los, und die Kinder steigen nacheinander aus.
4. Vor- und Rückwärtsfahren der Eisenbahn (rangieren).

Winde, Winde eine Welle

Aufstellung:
Reihe mit Handfassung.
Ausführung:
Der erste Spieler führt die Reihe auf schlängelnden Wegen an:
a) durch beliebige Raumausnutzung,
b) durch Umgehen aufgestellter Hindernisse,
c) durch Umgehen von natürlichen Hindernissen (Bäume, Sträucher u. a. m.),
d) durch Gegenzug der Reihe.
Auch das Aufgehen zur Schneckenform ist sehr beliebt. Diese löst man entweder durch einen Gegenzug auf, oder alle Kinder heben die Arme hoch, der erste Spieler schlüpft hinaus und zieht die anderen nach sich, bis die Schneckenform aufgelöst ist.
Man kann die verschiedenen Formen des Gehens in Schlangenlinie miteinander verbinden und dabei die durch Handfassung gebildeten Tore am hinteren Teil der Reihe durchschlüpfen.
Bei einer großen Spielerzahl werden mehrere Reihen gebildet, die gewandt einander ausweichen müssen.

Die goldene Brücke

Bei dieser Singweise ist auf dic Frage „Womit denn?“ auch folgende Antwort üblich: „Mit Steinelein, mit Steinelein, der dritte soll gefangen sein!“

Zweite Form: Wir wolln die Merseburger Brücke baun!

Gesprochen: Den letzten wolln wir fangen, mit Spießen und mit Stangen.

Die Spielweise ist bei beiden Formen gleich.

Aufstellung:

Zwei Spieler stehen sich mit Zweihandfassung bei erhobenen Armen gegenüber und bilden die „goldene Brücke". Die übrigen Spieler stehen in Reihe mit Handfassung.

Ausführung:

Singend ziehen die Kinder mehrmals durch die Brücke. Zum Schluß des Liedes wird von den Brückenspielern ein Kind durch Senken der Arme gefangen. Die beiden haben sich vorher heimlich geeinigt, wer die „Sonne" und wer den „Mond" darstellt, und fragen den Gefangenen, wohin er möchte. Dieser hat seine Antwort ganz leise zu geben, damit es die anderen nicht hören. Danach muß er sich hinter den betreffenden Brückenspieler stellen. Nun beginnt der Gesang wieder von neuem, bis alle Kinder gefangen sind und sich hinter einem der beiden Brückenspieler angereiht haben. Jetzt beginnt ein Ziehkampf zwischen Mond und Sonne. Dazu fassen die Spieler innerhalb ihrer Reihen den Vordermann um die Hüfte. Die beiden Brückenspieler fassen sich fester an den Händen oder wenden den Unterarm- (Umfassen der Unterarme) beziehungsweise Flechtgriff an. Wer die Hände löst oder über eine vorher bezeichnete Stelle gezogen wird, hat das Spiel verloren.

Abwandlung:

Die Brückenspieler einigen sich vorher, welche Gefangenen gerüttelt und geschüttelt beziehungsweise welche gewogen werden. Die Gefangenen aber erfahren es erst bei Spielende. Alle, die dann gewogen werden, legen sich über die tief gefaßten Hände der Brückenspieler, sie werden dreimal hin und her geschaukelt. Die anderen aber stellen sich zwischen die beiden Brückenspieler, sie werden dreimal hin und her gerüttelt.

Wir treten auf die Kette

Aufstellung:
Innenstirnkreis mit Handfassung.

Ausführung:
Takt 1 bis 8: Gehen seitwärts nach rechts.
Takt 9 bis 14: Gehen seitwärts nach links.
Takt 15 und 16: Alle bleiben stehen. Die Aufgeforderte führt eine halbe Drehung aus und faßt wieder an.
Wiederholung, bis alle Kinder im Außenstirnkreis gehen.

Wir wolln den Kranz winden

Aufstellung:
Innenstirnkreis mit Handfassung.

Ausführung:
Die Kinder gehen rechts seitwärts im Kreis herum. Im Takt 5 wird der Name eines Kindes gesungen. Dieses Kind muß dann bei Takt 8 seine Arme vor dem Körper kreuzen und wieder anfassen.
Wenn alle Kinder so den „Kranz gewunden" haben, wird er nacheinander gelöst. Dabei wird anstelle von „winden" das Wort „lösen" (gewunden — gelöst) gesungen.

Morgen wolln wir Schlitten fahren

Gesprochen: Ganz alleine fahr ich nicht, da nehm' ich meine Ursel mit.

Aufstellung:
Innenstirnkreis mit Handfassung, ein Spieler außerhalb des Kreises.
Ausführung:
Während des Singens Nachstellgehen seitwärts, der Außenspieler geht vorwärts in entgegengesetzter Richtung. Beim gesprochenen Text bleiben die Kreisspieler stehen, der Außenspieler geht jedoch weiter und faßt bei „mit" einen Kreisspieler an der Hand (oder dieser legt seine Hände auf die Schultern des Vordermannes). Dann gehen sie zu zweit außen um den Kreis herum. Man kann so lange spielen, bis alle Kinder „Schlitten" fahren.

Wir gehn im gleichen Schritte

2. Strophe:
Jetzt gehen wir ganz leise
nach guter Kinder Weise.
3. Strophe:
Nun stampfen wir ganz kräftig,
doch auch nicht gar zu heftig.

4. Strophe:
Jetzt laßt uns auch mal springen
und fröhlich dazu singen.
Aufstellung:
Innenstirnkreis mit Handfassung oder Flankenkreis. Bei großer Spielerzahl können zwei

konzentrische Kreise gebildet werden, die sich in entgegengesetzter Richtung bewegen.

Ausführung:

1. Strophe: Einfaches Gehen.
2. Strophe: Hoher Ballengang.
3. Strophe: Stampfendes Gehen.
4. Strophe: Galopphüpfen vorwärts.

Der Sandmann ist da

Aufstellung:

Gasse, in der sich die Kinder mit gut 2 m Abstand voneinander paarweise gegenüberstehen.

Ausführung:

Während alle gemeinsam singen und dabei in die Hände klatschen, beginnt das erste Paar im Galopphüpfen seitwärts mit Handfassung durch die Gasse zu tanzen, um sich dort am Ende wieder anzureihen. Dann folgt sofort das zweite Paar. Es wird so lange durch die Gasse gehüpft, bis alle Paare an der Reihe waren. Genügend Platz muß berechnet werden, um bei der Verschiebung des Ausgangsortes ein unliebsames Nachrücken der Gassenspieler zu vermeiden.

Abwandlungen:

1. Wenn das letzte Paar am Gassenende angelangt ist, hüpft es gleich wieder zurück usw., bis alle Spieler ihren alten Platz eingenommen haben.
2. Bei einer großen Spielerzahl hüpft das jeweils nächste Paar schon 4 oder 2 Takte nach dem vorhergehenden los. Den Einsatz muß anfangs der Spielleiter geben.
3. Es ist angebracht, bei großer Teilnehmerzahl mehrere parallel zueinander stehende Gassen zu bilden. Alle Gruppen singen gemeinsam. Hierfür empfehlen wir die folgenden zwei Spielweisen: Entweder tanzt jede Gasse für sich, oder die Spielgemeinschaft bildet ein Ganzes, und die Paare hüpfen in schneller Folge durch ihre Gasse, dann in entgegengesetzter Richtung durch die andere usw.

Ri-ra-rutsch!

1. Spielweise

Gesprochen: Und wenn das große Wasser kommt, dann kehrn wir wieder um!

Aufstellung:
Doppelter Flankenkreis, die Paare haben bei gekreuzten inneren Armen beide Hände vor dem Körper gefaßt (Kettenschluß oder Kreuzfassung vorlings).
Ausführung:
Sie ist ganz einfach und eignet sich bereits für das Vorschulalter. Alle Kinder unterstützen das Gehen im Kreis durch Singen und Sprechen, und sie hüpfen auf „um!" eine halbe Drehung links- beziehungsweise rechtsherum, um in entgegengesetzter Richtung das Liedchen zu wiederholen.

2. Spielweise: Komm, wir wollen wandern

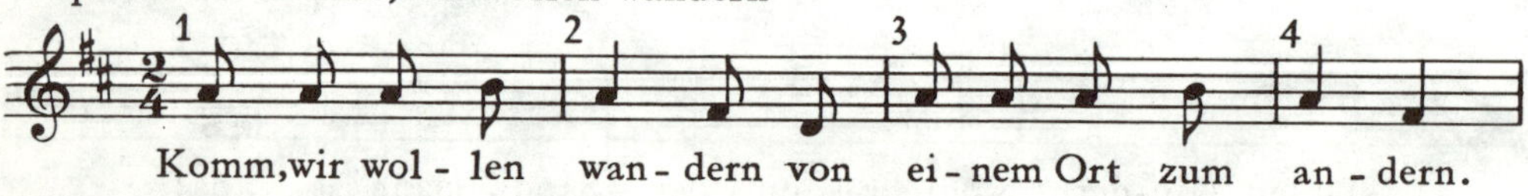

Aufstellung:
Siehe 1. Spielweise.
Ausführung:
Takt 1 bis 4: Gehen im Kreis vorwärts.
Takt 5: Wechselhüpfen im Quergrätschstand.
Takt 6: Auf „rutsch!" führen die Paare eine halbe Drehung aus.
Takt 7 und 8: Gehen oder Hüpfen im Kreis.

3. Spielweise: Ri-ra-rutsch

Aufstellung:
Siehe 1. Spielweise.

Ausführung:

Takt 1 bis 8: Hüpfen im Kreis vorwärts.

Takt 9: Beim Hüpfen Seitschwingen der Arme vor dem Körper oder Wechselhüpfen im Quergrätschstand.

Takt 10: Auf „rutsch!" halbe Drehung der Paare und Weiterhüpfen in entgegengesetzter Richtung.

Takt 11 und 12: Hüpfen im Kreis.

Hierbei ergibt sich durch die Verbindung von vier Partnern eine weitere Abwandlung. Zwei Paare stehen jeweils mit Einhandfassung hintereinander und reichen sich die äußeren Hände. Die so entstandenen Kutschen „fahren" langsam im großen Kreis herum. Lediglich im Takt 10 bei „rutsch!" gibt es in der Spielweise die Veränderung, daß alle Spieler einer Kutsche die Handfassung für die Zeit der halben Drehung lösen, um gleich wieder zuzufassen und weiterzufahren.

1.3. Tanzspiele

Im Sommer

2. Strophe:
Wie die 1. Strophe, aber:
Das Hüpfen, das Hüpfen, das muß man verstehn.

3. Strophe:
Wie die 1. Strophe, aber:
Das Springen, das Springen, das muß man verstehn.

Aufstellung:
Innenstirnkreis mit Handfassung.
Ausführung:
1. Strophe:
Takt 1 bis 8: Gehen seitwärts nach rechts.
Takt 9 bis 12: Lösen der Handfassung, jeder führt am Ort eine Drehung links aus.
Takt 13 bis 16: In jedem Takt einmal auf die Oberschenkel und einmal in die Hände klatschen.
Takt 17 bis 20: Nach einem Handklapp Drehung um sich selbst.
Bei der 2. und 3. Strophe werden die Takte 13 bis 20 entsprechend dem Text im „Hüpfen" und „Springen" ausgeführt.
Abwandlung:
Die Kinder stehen paarweise. Das Klatschen erfolgt abwechselnd in die eigenen Hände und in die des Partners, das Hüpfen und Springen mit Handfassung umeinander.

Kleiner Schelm

1. Text:

Für den Zeitraum von zwei weiteren Strophen wird dann Tra-la-la-la-la gesungen.
Aufstellung:
Doppelkreis, die Paare stehen sich frontal gegenüber.
Ausführung:
1. Strophe:
Takt 1 und 2: Alle führen Drohbewegungen mit dem rechten Zeigefinger aus.
Takt 3 und 4: Das gleiche mit dem linken Zeigefinger.
Takt 5 und 6: Tiefes Rumpfbeugen vorwärts, um das Hineinstecken in den Hafersack nachzuahmen.
Takt 7 und 8: Zum Zubinden deutet die linke Hand das Halten des Sackes an, während die rechte kreisende Bewegungen darüber ausführt.
2. Strophe:
Takt 1 und 2: Siehe 1. Strophe.
Takt 3 und 4: Bittbewegung mit zusammengelegten Händen.
Takt 5 und 6: Die Spieler des Außenkreises stampfen bei „Nein!" mit dem rechten Fuß

auf, die Kreisinneren nehmen als „kleine Schelme“ die Bankstellung ein.

Takt 7 und 8: Die Kreisäußeren setzen sich behutsam (!) auf die Schelme drauf.

3. und 4. Strophe: Galopphüpfen der Kreisäußeren mit Handfassung seitwärts nach rechts, wobei Richtungswechsel entsprechend der Gewandtheit der Spieler eingefügt werden.

Bemerkung:

Bei jeder Wiederholung des Singspiels werden die Aufgaben der beiden Gruppen gewechselt.

2. Text:

1. Strophe:

Kleiner Schelm bist du!
Weißt wohl, was ich tu.
Reiche beide Hände dir,
und so, so tanzen wir.

2. Strophe:

Guck mich nur mal an,
wie ich lachen kann;
sei nun fröhlich auch mit mir,
und so, so tanzen wir.

Die 3. und 4. Strophe werden wieder auf tra-la-la-la-la ... gesungen.

Aufstellung:

Wie beim 1. Text.

Ausführung:

1. Strophe:

Takt 1: Beide Hände klatschen einmal auf die Oberschenkel, dann ein Handklapp in die eigenen Hände.

Takt 2: Mit dem rechten Zeigefinger auf den Partner zeigen.

Takt 3: Wie Takt 1.

Takt 4: Wie Takt 2, aber mit dem linken Zeigefinger.

Takt 5: Wie Takt 1.

Takt 6: Die Partner klatschen die rechten Hände, dann die linken gegeneinander.

Takt 7: Wie Takt 1.

Takt 8: Die Partner klatschen beide Hände gegeneinander.

2. Strophe: Wiederholung.

3. und 4. Strophe: Galopphüpfen seitwärts mit Zweihandfassung.

Nach der 3. Strophe Richtungswechsel.

Ja, so wickeln wir

Ausführung:

Takt 1: Die Kinder stehen in Grundstellung und kreisen die waagerecht gehaltenen Unterarme in Brusthöhe umeinander.

Takt 2: Die Wickelbewegungen werden in entgegengesetzter Richtung ausgeführt.

Takt 3: Zweimaliges Auseinanderführen der Arme, um das Reißen anzudeuten.

Takt 4: Dreimaliges Schlagen der rechten Faust auf die vorgehaltene linke.

Takt 5 bis 8: Wie Takt 1 bis 4. Alle Spieler können aber auch im Schrittknien die Bewegungen wiederholen.

Takt 9 und 10: Die einzelnen Paare haken sich rechts ein (Armrad) und laufen umeinander, Handklapp.

Takt 11 und 12: Einhaken links, umeinanderlaufen.

Takt 13 bis 16: Wie Takt 9 bis 12, wobei anschließend die Spieler des Innenkreises nach rechts zum nächsten Partner gehen.

Ach, lieber Schuster du

Aufstellung:

Doppelkreis, die Paare stehen zueinander.

Ausführung:

Takt 1 bis 8: Die Spieler des inneren Kreises Schrittknien rechts (aus der Grundstellung einen Schritt links vorgehen und auf das rechte Bein niederknien). Sie sind die „Schuster" Sobald die Partner des äußeren Kreises ihren rechten Fuß auf das linke Knie des Schusters gestellt haben, beginnt dieser die Nähbewegungen nachzuahmen.

Takt 9 bis 16: Beinwechsel aller Spieler und Wiederholung der Takte 1 bis 8.

Takt 17 bis 20: Alle Paare bewegen sich mit Zweihandfassung im Galopphüpfen seitwärts nach rechts.

Takt 21 bis 24: Galopphüpfen seitwärts nach links.

Beim nächsten Spieldurchgang wechseln die Partner ihre Rollen.

Herr Spielmann

Aufstellung:
Innenstirnkreis mit Handfassung. In der Mitte steht der „Spielmann"
Ausführung:
Takt 1 bis 4: Vier Nachstellschritte seitwärts nach links und rechts im Wechsel. Beim ersten Schritt verneigen sich die Kinder, um den in der Kreismitte stehenden „Spielmann" zu begrüßen. Dieser ahmt während der gesamten Zeit das Spielen auf der Violine und der Baßgeige in beliebigem Wechsel nach.
Takt 5 und 6: Während mit dem linken Arm die Geige angedeutet wird, führt der rechte die Streichbewegungen aus.
Takt 7 und 8: Durch leichte Rumpfvorbeuge wird die Stellung und Bewegung des Baßgeigers angedeutet.
Takt 9 und 10: Alle klatschen sechsmal in die Hände, wobei erst die rechte Hand von oben an die linke schlägt, während die linke nach oben geht, dann ist es umgekehrt.
Takt 11 und 12: Heben in den Zehenstand, Hochhalte der Arme und Schütteln der Handgelenke.
Takt 13 bis 18: Im Innenstirnkreis mit Handfassung Galopphüpfen seitwärts.
Abwandlungen ergeben sich besonders in den letzten Takten:
1. Takt 13 bis 16: Im Innenstirnkreis Galopphüpfen seitwärts.
Takt 17 und 18: Lösen der Handfassung, jeder führt eine ganze Drehung aus.
2. Takt 13 bis 18: Die vorher benannten Paare reichen sich im Doppelkreis die Hände, Gesicht zueinander, Galopphüpfen in Uhrzeigerrichtung.

Liebe Schwester, tanz mit mir!

1. Spielweise

Im Text — bis auf den Anfang — vollkommen gleich, sind bei diesem Singspiel zwei verschiedene Melodien und Ausführungen üblich.

2. Strophe:
Mit dem Köpfchen nick, nick, nick,
mit dem Finger tick, tick, tick...

3. Strophe:
Ei, das hast du gut gemacht,
ei, das hätt' ich nicht gedacht...

4. Strophe:
Mit den Händchen klapp, klapp, klapp,
mit den Füßchen trapp, trapp, trapp...

5. Strophe:
Noch einmal das schöne Spiel,
weil es mir so gut gefiel!...

Aufstellung:
Doppelkreis, Gesicht zueinander.

Ausführung:
1. Strophe:
Takt 1 und 2: Die Kinder stehen sich paarweise gegenüber und beginnen zu singen.
Takt 3 und 4: Sie reichen sich beide Hände.
Takt 5 und 6: Zwei Nachstellschritte zur einen, zwei zur anderen Seite.
Takt 7 und 8: Nach Lösen der Handfassung dreht sich jedes Kind einmal am Ort herum.
2. Strophe:
Takt 1 und 2: Die Kinder stehen und singen, dreimaliges Kopfnicken.
Takt 3 und 4: Dreimaliges Tippen auf die Brust des Partners.
Takt 5 bis 8: Siehe 1. Strophe.
Alle weiteren Strophen entsprechend dem Text.

2. Spielweise

Aufstellung:
Großer Doppelkreis, Gesicht zueinander. Abstand der Partner etwa 3 m.

Ausführung:

Takt 1 und 2: Mit zwei Nachstellschritten links und rechts im Wechsel gehen die Partner aufeinander zu.

Takt 3 und 4: Sie reichen sich die Hände.

Takt 5 und 6: Zwei Nachstellschritte zur einen, zwei zur anderen Seite.

Takt 7 und 8: Mit Handfassung hüpfen die Kinder einmal umeinander.

Takt 9 bis 12: Wie Takt 1 bis 4 in der 2. Strophe der 1. Spielweise.

Takt 13 und 14: Zwei Nachstellschritte zur einen, zwei zur anderen Seite.

Takt 15 und 16: Nach Lösen der Handfassung hüpfen die Partner mit einer ganzen Drehung auseinander, um wieder in die Ausgangsstellung zu gelangen.

Kindertag

2. Strophe:
Heute ist der erste Juni, Kindertag für jedes Kind,
ob es schwarze oder weiße, gelbe oder braune sind.

3. Strophe:
Heute wolln wir tanzen, springen, heute wolln wir fröhlich sein;
unsre Lieder sollen klingen in die weite Welt hinein.

4. Strophe:
Alle Kinder auf der Erde wollen fest zusammenstehn;
über ihrem ganzen Leben soll die Friedensfahne wehn.

5. Strophe:
Kommt, wir fassen unsre Hände, denn wir feiern heut ein Fest,
das uns an die vielen Kinder aller Völker denken läßt.

Aufstellung:
Geöffneter Innenstirnkreis.
Ausführung:
1. Strophe:
Takt 1 und 2: Die Kinder stehen singend im Kreis und reichen sich die Hände.
Takt 3 bis 8: Gehen seitwärts nach links.
2. Strophe:
Takt 1 bis 4: Nachstellgehen seitwärts nach rechts.
Takt 5 bis 8: Nachstellgehen seitwärts nach links.
3. Strophe:
Takt 1 bis 8: Galopphüpfen seitwärts nach rechts.
4. Strophe:
Takt 1 bis 4: Kleine Gehschritte vorwärts im Innenstirnkreis mit Vorhochheben der gefaßten Hände.
Takt 5 bis 8: Mit erhobenen Armen Vor- und Rückbeugen des Oberkörpers im Wechsel, um das Wehen der Fahne anzudeuten.
5. Strophe:
Takt 1 bis 4: Gehen rückwärts mit Senken der Arme.
Takt 5 bis 8: Galopphüpfen seitwärts nach links (oder im Gehen ausklingen lassen).
Entsprechend der Entwicklung des kindlichen Bewegungsrhythmus lassen sich die Schrittarten noch erweitern. Und wenn das Abbremsen der Bewegung gelingt, können die Richtungswechsel schneller erfolgen. So kann man dieses Tanzspiel auch noch gut über das dritte Schuljahr hinaus verwenden.

Die Ziehharmonika

Aufstellung:
Innenstirnkreis mit Handfassung.
Ausführung:
Takt 1 bis 3: Gehen seitwärts nach rechts.
Takt 4: Die Kinder stehen mit dem Gesicht zur Kreismitte und führen drei Stampfschritte am Ort aus.
Takt 5 und 6: Kleine Gehschritte vorwärts zum Kreisinnern mit Hochführen der Arme (die Ziehharmonika zieht sich zusammen).
Takt 7 und 8: Gehen rückwärts mit Senken der Arme, wobei die letzten drei Schritte stampfend ausgeführt werden und in die Grundstellung führen.
Takt 9 bis 12: Acht Hopser am Ort links und rechts im Wechsel. Verschiedene Hopserarten lassen sich anwenden: Hopsen mit Knieheben, Spreizhopsen, Schwenkhopsen.
Takt 13 bis 16: Wie Takt 5 bis 8.

Sechs hübsche Mädel

2. Strophe:
Mädel, die drehen sich herum (Wiederholung),
sehn sich nach einer Freundin um
bei allen hübschen Mädchen.

3. Strophe:
Wer es ist, das ist mir gleich (Wiederholung),
Die, der ich meine Hand jetzt reich',
die hat mein junges Herze.

Die nächste Strophe wird nach folgender Melodie getanzt:

Aufstellung:
Großer Innenstirnkreis mit Handfassung. Innerhalb des Kreises stehen sechs Mädchen in gleicher Aufstellung.
Ausführung:
1. Strophe: Die Mädchen beider Kreise laufen in entgegengesetzter Richtung.
2. Strophe:
Großer Kreis: Mit Richtungswechsel im Kreis herumlaufen.
Kleiner Kreis:
Takt 1 und 2: Nach Handklapp führt jedes Mädchen eine ganze Drehung aus.
Takt 3 und 4: Handklapp, Drehung und Handfassung zum Außenstirnkreis.
Takt 5 bis 8: Laufen entgegengesetzt zur Richtung des großen Kreises.
3. Strophe:
Großer Kreis: Die Mädchen bleiben stehen und klatschen in die Hände.
Kleiner Kreis:
Takt 1 und 2: Die sechs Mädchen lösen ihren Kreis auf und laufen mit kleinen Schritten vorwärts, um sich vor eine Spielerin des großen Kreises zu stellen.
Takt 3 und 4: Die erwählte Partnerin tritt vor.
Takt 5 bis 8: Handfassung der Paare.
4. Strophe: Die Mädchen des großen Kreises fassen sich wieder an den Händen und laufen mit erneutem Richtungswechsel im Kreis herum. Die Paare laufen dazu in entgegengesetzter Richtung. Beim 4. Takt kann abermals ein Richtungswechsel beider Kreise ausgeführt werden.
Bei der Wiederholung des Tanzes bilden die ausgewählten Partner den Innenkreis, während die anderen sich mit in den großen Kreis einreihen. Die Mädchen, die bereits im Innenkreis waren, haben dann bei der 3. Strophe anstelle des Handklappens abwechselnd den linken und rechten Fuß schräg vorwärts zu tupfen; sie dürfen nicht ausgewählt werden, damit andere Mädchen zum Tanzen in die Mitte kommen.

Väterchen, verkauf den Stier!

Aufstellung:
Doppelter Flankenkreis, die Paare reichen sich die Hände.

Ausführung:
Takt 1 bis 8: Gehen vorwärts, Lösen der Handfassung, halbe Drehung zueinander.

Takt 9 bis 15: Gehen in entgegengesetzter Richtung mit Handfassung.

Takt 16: Lösen der Handfassung. Alle führen eine Vierteldrehung aus, so daß sie mit dem Gesicht zur Kreismitte stehen. Die Kreisäußeren reichen sich die Hände.

Takt 17 bis 32: Die Kreisinneren klatschen einmal auf die Oberschenkel, dann Handklapp in die eigenen Hände in Brusthöhe, anschließend Auseinanderführen der Arme und zweimal gleichzeitiges Klatschen der linken und rechten Hand in die der Nachbarn. Das wiederholt sich dem Rhythmus entsprechend bis zum Liedende. Die Kreisäußeren Galopphüpfen rechts seitwärts, auf Takt 25 Richtungswechsel. Bei Wiederholung des Tanzspiels gehen sie um einen Partner weiter.

Karusselltanz

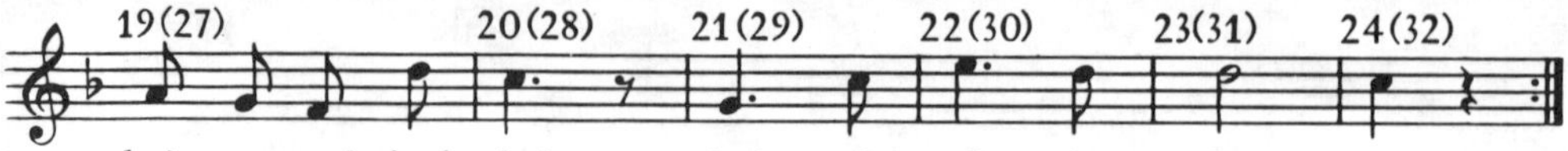

1. Spielweise

Aufstellung:

Gasse, die Paare stehen mit etwa 1 m Abstand voneinander. Die Partner reichen sich die Hände.

Ausführung:

Takt 1: Alle tupfen mit der linken Ferse links schräg vorwärts auf den Boden, Rückbewegung in die Grundstellung.

Takt 2: Wie Takt 1, aber widergleich.

Takt 3 und 4: Wiederholung von Takt 1 und 2.

Takt 5 bis 8: Einhaken der rechten Arme (Armrad) und umeinanderlaufen.

Takt 9: Schlagen mit beiden Händen gegen die des Partners.

Takt 10: Klatschen in die eigenen Hände.

Takt 11: Die Partner klatschen ihre rechten Hände gegeneinander.

Takt 12: Klatschen in die eigenen Hände.

Takt 13 bis 16: Wie Takt 5 bis 8, aber widergleich.

Takt 17 bis 32: Nachdem alle einen Schritt rückwärts gegangen sind, beginnen die Paare nacheinander im Galopphüpfen seitwärts durch die Gasse zu tanzen, wie es im „Sandmann" (S. 93) üblich ist. Die stehenden Spieler klatschen dazu. Der Refrain wird so lange wiederholt, bis alle Paare an der Reihe waren.

2. Spielweise

Aufstellung:

Großer Doppelkreis, die Paare stehen einander zugewandt und fassen sich an den Händen.

Ausführung:

1. Form:

Takt 1 bis 16: Bleibt wie in der 1. Spielweise.

Takt 17 bis 32: Mit Zweihandfassung Galopphüpfen seitwärts auf der Kreislinie entlang. Bei Takt 25 kann ein Richtungswechsel erfolgen.

2. Form:

Takt 1 bis 4: Bleibt wie in der 1. Spielweise.

Takt 5 bis 8: Wechselhüpfen zwischen Grundstellung und Seitgrätschstand (Grätschhüpfen).

Takt 9 bis 12: Bleibt wie in der 1. Spielweise.

Takt 13 bis 16: Grätschhüpfen, wobei die Spieler des Innenkreises auf Takt 16 eine halbe Drehung ausführen und sich die Hände reichen. Der hintere Partner legt die Hände auf die Schultern seines Vordermannes (Schulterfassung hintereinander).

Takt 17 bis 32: Bei Schulterfassung hintereinander und Handfassung des Innenstirnkreises Galopphüpfen rechts seitwärts, auf Takt 25 Richtungswechsel.

3. Spielweise

Aufstellung:

Doppelstirnkreis, Handfassung der Innenkreisspieler, deren Handgelenke von den auf Lücke stehenden Außenkreisspielern erfaßt werden.

Ausführung:

Takt 1 bis 4: Bleibt wie in der 1. Spielweise.

Takt 5 bis 8: Grätschhüpfen.

Takt 9 und 10: Lösen der Handfassung, Aufstellen der rechten Ferse schräg vorwärts und Zeigen der zehn gespreizten Finger.

Takt 11 und 12: Das gleiche links, aber mit fünf gespreizten Fingern einer Hand. Handfassung aller Spieler.

Takt 13 bis 16: Grätschhüpfen.

Takt 17 bis 32: Galopphüpfen rechts seitwärts, auf Takt 25 Richtungswechsel.

Ritsch — Ratsch

Aufstellung:
Großer Doppelkreis, die Paare stehen einander zugewandt.

Ausführung:
Takt 1: Alle klatschen auf „ritsch" in die Hände, wobei die rechte Hand von oben an die linke schlägt, während die linke nach oben geht; bei „ratsch" ist es umgekehrt (Beckenschlagen der Musikanten). Auf „was" Einhängen der rechten Arme beider Partner.

Takt 2 bis 4: Die Partner laufen mit kleinen Schritten im Armrad rechts zu ihrem Ausgangsort zurück.

Takt 5: Wie Takt 1.

Takt 6 bis 8: Wie Takt 2 bis 4, aber widergleich.

Takt 9 bis 16: Hüftstütz und Spreizhüpfen rechts und links seitwärts im Wechsel.

Takt 17 bis 20: Gewöhnliche Handfassung der Paare und Schottischhopsen (Polka) auf der Kreislinie in Uhrzeigerrichtung.

Takt 21 bis 24: Wie Takt 17 bis 20 in entgegengesetzter Richtung. Die Kreisinneren gehen nach rechts zum nächsten Partner, dann beginnt man von vorn.

Du und ich, wir beide

Aufstellung:
Doppelter Flankenkreis. Die kreisäußeren Spieler haken sich bei den kreisinneren Spielern ein.
Ausführung:
Takt 1 bis 16: Gehen vorwärts im Kreis entgegen der Uhrzeigerrichtung. Jeweils auf „ha-ha" werden Stampfschritte ausgeführt. Auf „und" im Takt 16 machen die Kreisinneren eine Vierteldrehung links (Außenstirnkreis).
Takt 17 bis 22: Während die Kreisinneren stehenbleiben, gehen die Kreisäußeren immer einen Partner weiter und handeln dem Text entsprechend. Den dritten Partner haken sie ein.
Takt 23 und 24: Alle gehen im Kreis herum.
Takt 25 bis 32: Wie Takt 17 bis 24.

Dieb, o Dieb

Aufstellung:
Innenstirnkreis, die Paare stehen mit Handfassung nebeneinander. Ein Spieler, der „Dieb", steht allein.
Ausführung:
Während die Kinder im Kreis singen und in die Hände klatschen, hüpft der Dieb zu einem Paar, um sich einen Partner zu holen. Mit Handfassung hüpfen beide durch den Kreis bis zum Ausgangsort des Diebes und reihen sich dort als Kreisspieler ein. Inzwischen ist aber der allein gelassene Partner ebenfalls fortgehüpft, um sich ein anderes Mädel zu suchen. So setzt man das Spiel fort, ohne an bestimmte Takte gebunden zu sein.
Bei einer großen Spielerzahl stehen die Kinder besser in einem Doppelkreis zu Stirnpaaren, und es können auch zwei Diebe hüpfen.

Kiekebusch

2. Strophe:
Und wenn du denkst, ich lieb' dich nicht
und treib' mit dir nur Scherz;
dann zünde ein Laterncken an
und leuchte mir ins Herz.
Kiekebusch, ick seih di
dat du mi sühst, dat freut mi.
Vidiralala, vidiralala, vidiralalalalala,
vidiralala, vidiralala, vidiralalalala.

Aufstellung:
Doppelkreis, Gesicht zueinander.

Ausführung:
Takt 1 bis 4: Galopphüpfen seitwärts in Uhrzeigerrichtung. Auf „und" („dann") Galopphüpfen in entgegengesetzter Richtung.
Takt 5 bis 7: Galopphüpfen seitwärts entgegen der Uhrzeigerrichtung.
Takt 8: Die Kreisäußeren bleiben stehen, die Kreisinneren führen eine halbe Drehung links aus, so daß die Partner in Grundstellung hintereinander stehen (Stirnpaare) und die „Kiekbuschfassung" einnehmen. Dazu erfassen die Kreisäußeren die über Schulterhöhe gehaltenen Hände der Kreisinnenspieler.
Takt 9: Alle tupfen mit der linken Ferse links schräg vorwärts auf den Boden, schauen sich über die linke Schulter der Kreisinneren an; Rückbewegung in die Grundstellung.
Takt 10: Wie Takt 9, aber widergleich.
Takt 11 und 12: Wie Takt 9 und 10.
Takt 13 bis 16: In Kiekbuschfassung Galopphüpfen seitwärts in Uhrzeigerrichtung.
Takt 17 bis 20: Das gleiche in entgegengesetzter Richtung.

Mit meinem Mädele

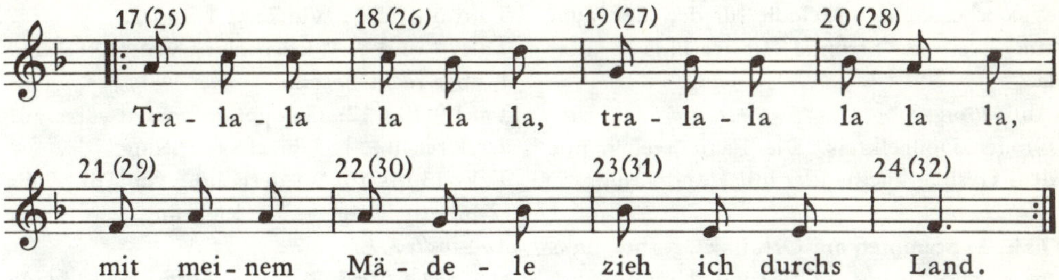

Aufstellung:
Dreiergruppen in einem großen Flankenkreis. Die drei Spieler bilden jeweils eine Kutsche, zwei stehen nebeneinander mit Handfassung, während der dritte als „Kutscher" davor steht, seine Arme nach hinten streckt, um die äußeren Hände des Paares zu erfassen.

Ausführung:
Takt 1 bis 16: Hüpfen vorwärts im Kreis entgegen der Uhrzeigerrichtung.

Takt 17: Der Kutscher hüpft rückwärts durch die zum Tor erhobenen Arme des Paares.

Takt 18: Kutscher und rechter Partner erheben die gefaßten Arme, der linke Partner dreht sich hindurch.

Takt 19: Der rechte Partner dreht sich am Ort.

Takt 20: Der Kutscher dreht sich links herum wieder nach vorn, so daß die Kutsche ihre Ausgangsstellung erreicht hat.

Takt 21 bis 24: Schwenkhopser am Ort.

Takt 25 bis 32: Wie Takt 17 bis 24, nur dreht sich jetzt der rechte Partner unter den gefaßten Armen von Kutscher und linkem Partner hindurch.

Trampelpolka

Wiederholung der Melodie für den Zeitraum einer weiteren Strophe mit tra-la-la-la-la-la-la.

Aufstellung:

Großer Doppelkreis. Die Paare stehen mit dem Gesicht zueinander mit Handfassung.

Ausführung:

Takt 1: Stampfen am Ort, links, rechts, links im Wechsel. Auf „ka" Grundstellung.

Takt 2: Wie Takt 1, aber rechts, links, rechts; oder dreimaliger Handklapp in die eigenen Hände oder auch in die des Partners.

Takt 3 und 4: Mit Handfassung und vier Hopsern bewegen sich die Partner linksherum umeinander.

Takt 5 und 6: Wie Takt 1 und 2.

Takt 7 und 8: Wiederholung von Takt 3 und 4, aber rechtsherum.

Takt 9 bis 12: Galopphüpfen seitwärts auf der Kreislinie in Uhrzeigerrichtung.

Takt 13 bis 16: Wiederholung von Takt 9 bis 12 in entgegengesetzter Richtung.

Abwandlungen:

a) **Takt 1 und 2**: Zwei kurze stampfende Nachstellschritte links und rechts im Wechsel.

b) **Takt 3 und 4**: Mit kleinen Schritten laufen die Partner umeinander.

2 Laufspiele

Systematik

Der größte Teil der Kleinen Spiele wird zu den Laufspielen gerechnet. Hier bestimmt der Lauf den Spieltyp, er ist das wesentlichste Mittel, um den Spielgedanken zu verwirklichen, zum Beispiel einen bestimmten Platz als erster zu erreichen oder einen Spieler zu verfolgen, um ihn abzuschlagen oder zu fangen.

Dem Ziel der Handlung nach empfiehlt sich eine Vierteilung der Laufspiele, nämlich in Wettläufe, Staffeln, Platzsuchspiele und Haschespiele. Ihre weitere Unterteilung ist nach verschiedenen Gesichtspunkten möglich. Einen ordnenden Gesichtspunkt zu finden, der Überschneidungen restlos ausschaltet, gelingt jedoch nicht.

Zwei Gliederungsprinzipien wurden deshalb verwandt:

— Laufspiele mit Gruppen- beziehungsweise Mannschaftscharakter oder durch Einzelläufe gekennzeichnet;

— der räumliche Verlauf der Spiele.

Eine Unterteilung und Anordnung nach diesen Gesichtspunkten ist auch vom methodisch-organisatorischen Standpunkt aus empfehlenswert: erstens werden mitunter Spiele erforderlich, bei denen alle Spieler oder zumindest große Gruppen in Bewegung sind; zweitens sucht der Spielleiter oft nach Spielen mit bestimmten Aufstellungsformen im Interesse einer intensiven Stundenausnutzung ohne große Unterbrechung durch Umgruppierungen.

2.1. Wettläufe

2.1.1. Massenwettläufe

Bei den Massenwettläufen starten alle Teilnehmer gleichzeitig auf das Zeichen des Spielleiters, um ein vorher bestimmtes Ziel zu erreichen. Wer das zuerst schafft, hat den Wettlauf gewonnen. Durch einfache Aufgaben: „Wer sitzt zuerst auf der Bank?", „Wer ist zuerst an der Wand?" und andere sprechen wir immer wieder das natürliche Wettbewerbsstreben der Kinder an. Durch diese sehr einfachen Spielaufgaben eignen sich

Massenwettläufe auch besonders für das Vorschulalter. Die Teilnehmerzahl ist nahezu unbegrenzt.

Die Massenwettläufe haben den Vorteil, daß sie unter gleichzeitiger Beteiligung der gesamten Klasse oder Gruppe ablaufen. Es können alle Teilnehmer in kurzer Zeit erwärmt werden. Dadurch eignen sich die Massenwettläufe besonders für den Stundenbeginn. Die Länge des Laufweges kann je nach Alter, Leistung und Ausbildungsabsicht (z. B. Reaktionsfähigkeit, Antrittsschnelligkeit, Schnelligkeitsausdauer) beliebig festgelegt werden.

Bei Kinderfesten lassen sich die Massenwettläufe dahingehend verändern und vielleicht noch reizvoller gestalten, daß die Kinder mit Rollern um die Wette fahren. Es soll nicht unerwähnt bleiben, daß beim Spielen am Strand auch mit Erwachsenen die Massenwettläufe angebracht sind, ja sogar viel Freude bereiten. Ihre Krönung erfahren die Massenwettläufe in der Meilenbewegung, wo jung und alt miteinander wetteifern.

Zur einfachen Veränderung der Massenwettläufe gibt es verschiedene Möglichkeiten:

— *Veränderung der Laufziele:* Überlaufen einer Linie, Anschlagen an eine Mauer, einen Zaun oder Baum, dem Spielleiter die Hand reichen, Erreichen einer Anhöhe, Sandgrube, eines Felsblockes oder Grabens;

— *Veränderung der Ausgangsstellung:* Sitz vor- und rücklings, Hockstand, Kniestand, Bankstellung, Bauch- oder Rückenlage und anderes mehr;

— *Veränderung des Laufweges:* Die Spieler umlaufen ein Wendemal und kehren zu ihrem Ausgangsort zurück (Hin- und Rückweg der Strecke berechnen!);

— *Einschalten von Hindernissen:* Diese müssen leicht zu überwinden und groß genug sein, um keine Wartezeiten an den Hindernissen entstehen zu lassen (kleine Gräben, zwei Striche, die einen Bach darstellen, Baumstämme, Turnbänke);

— *Veränderung der Fortbewegungsart:* Den Weg entsprechend kürzer bemessen und leichte Formen wählen (Hüpfen auf einem Bein, Schlußhüpfen, Vierfüßlerlauf, Froschhüpfen u. a. m.);

— *Zuordnung eines Partners:* Paarweise laufen mit Handfassung und andere leichte Formen;

— *Verwendung kleiner Geräte:* Austragen und Einsammeln von Keulen, Hanteln, Steinen, Kastanien und anderem;

— *Einschalten von Sonderaufgaben:* Vor dem Start eine leichte Körperübung ausführen lassen (Drehung, Rolle vorwärts);

— *Veränderung der Wertung:*

a) Die ersten drei Läufer sind Sieger.

b) Der letzte Spieler erhält einen Minuspunkt. Um den schwächeren Spielern untereinander, denen durch Aussichtslosigkeit auf einen Sieg die Spielfreude genommen werden könnte, einen Anreiz zu geben, spielen wir die unter b) genannte Form. Diese Spielweise ist auch für ältere Spieler noch anziehend, wenn jedem Läufer erlaubt wird, unterwegs einen anderen zu sperren oder zu rempeln, *aber nicht festzuhalten.* Hier besonders kurze Strecken wählen, dafür mehrere Läufe ausführen lassen.

c) Sollen in den Läufen die Schnellsten und Langsamsten gleichzeitig ermittelt werden, verbinden wir beide Fragen: „Wer wird der erste und wer der letzte sein?“

Kosmonautenspiel[19]

Dieses Spiel ist ein eingekleideter Wettlauf und im gewissen Sinne auch ein Platzsuchspiel.

19. Mitgeteilt von Mahlo, F., Berlin, in „Körpererziehung“, Heft 8/9/1964, S. 449f.

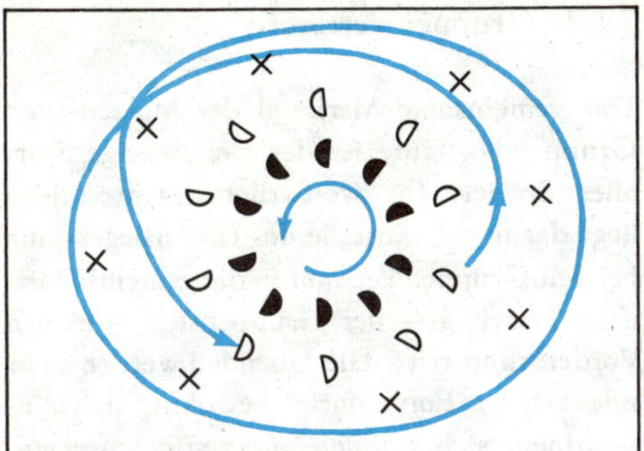
Abb. 10 Kosmonautenspiel

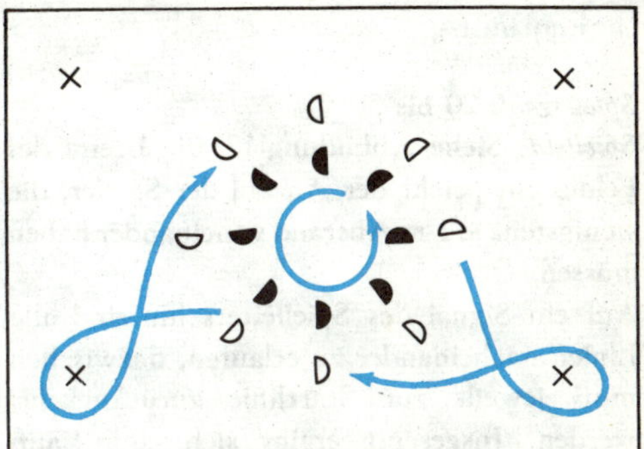
Abb. 11 Kosmonautenspiel

Spielerzahl: 20 bis 30

Spielfeld: (Abb. 10) Zwei Kreise — kleiner Kreis (Erde) 4 bis 5 m Durchmesser, großer Kreis oder Ellipse (Umlaufbahn) 10 bis 15 m Durchmesser (die Umlaufbahn wird durch Fahnen, Sprungständer oder Medizinbälle markiert)

Die Spieler gehen (hüpfen, kriechen) paarweise auf der Innenkreislinie (die Erde dreht sich langsam). Auf Kommando des Spielleiters (3-2-1-Start) eilen die äußeren Spieler (Kosmonauten) in Bewegungsrichtung auf die Umlaufbahn und umkreisen so schnell wie möglich die Erde, die sich langsam weiterdreht. Haben sie ihren Startplatz (Partner) wieder erreicht, landen sie (Anfassen des Partners). Welcher Kosmonaut hat seinen Startplatz zuerst erreicht? Nach dem Spieldurchgang erfolgt Rollenwechsel.

Abwandlungen:

a) Die Kosmonauten bleiben auf der Umlaufbahn, bis der Spielleiter das Zeichen zur Landung gibt. Dann versuchen sie, ihren Landeplatz so schnell wie möglich zu erreichen, dürfen aber nicht stehenbleiben, entgegengesetzt zur Bewegungsrichtung laufen oder den Innenkreis durchlaufen.

b) Auf Kommando starten die Kosmonauten zu den Planeten (Abb. 11; vier oder acht Fähnchen, Sprungständer, Medizinbälle), die sich in gleicher Entfernung (10 bis 20 m) von der Erde befinden. Die Spieler sollen sich für den am schnellsten erreichbaren Planeten (kürzeste Entfernung vom Startplatz) entscheiden. Sie umlaufen beziehungsweise berühren diesen und kehren zu ihrem Startplatz zurück, der sich auf der Kreisbahn weiterbewegt und den sie bei der Rückkehr suchen müssen. Hierbei darf der innere Kreis (Erde) nicht durchlaufen werden. Welcher Kosmonaut hat seinen Startplatz zuerst wieder erreicht? (Handfassung und Ruf: „Gelandet!“)

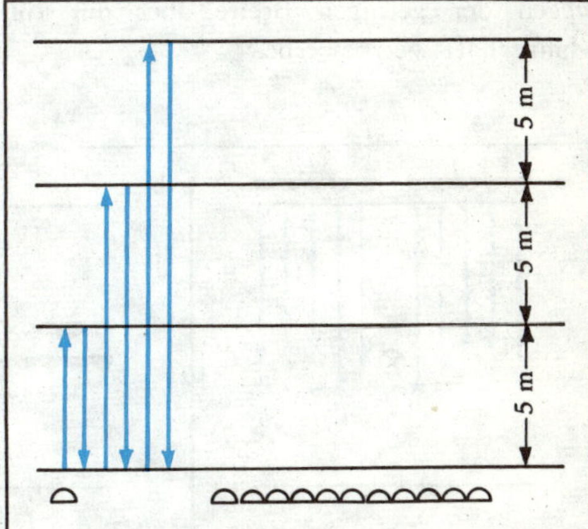

Abb. 12 Umkehrlauf als Massenwettlauf

Umkehrlauf

Spielerzahl: 20 bis 30
Spielfeld: Siehe Abbildung 12, die Breite des Feldes entspricht der Anzahl der Spieler, die wenigstens je 1 m Abstand voneinander haben müssen
Auf ein Signal des Spielleiters hin sind alle Linien nacheinander zu erlaufen, dazwischen muß jeweils zur Startlinie zurückgekehrt werden. Insgesamt ergibt sich eine Laufstrecke von 60 m.
Abwandlungen: Die Berührung aller Linien kann mit dem Fuß, der Hand oder mit dem Ellenbogen erfolgen.
Bei mitgeführtem Handgerät (Keule, Stab, Ball) wird mit diesem auf die Linie getippt.
Die Änderung der Fortbewegungsart erhöht den Anstrengungsgrad.
Möglich ist der Einbau von Hindernissen (Turnbänke, Kastenteile usw.).
Methodische Bemerkungen: Dieser Wettlauf eignet sich mit Zeitmessung auch als Test der spielspezifischen Schnelligkeit in den Sportspielen. Die Laufstrecke kann beliebig verändert werden. Bei Verwendung der Markierungen eines Volleyballspielfeldes werden zum Beispiel 90 m zurückgelegt; es eignet sich wegen der geringen Breite aber nur für Mannschaftswettbewerbe.

2.1.2. Gruppenwettläufe

Das gemeinsame Merkmal der Massen- und Gruppenwettläufe ist der gleichzeitige Start aller Spieler. Ihr wesentlicher Unterschied liegt darin, daß anstelle des Einzelsiegers nun bei den Gruppenwettläufen die gemeinschaftliche Leistung — der Gruppensieg — in den Vordergrund tritt. Die Übenden werden so in spielerischer Form daran gewöhnt, sich einzuordnen, sich für den anderen einzusetzen, auf schwächere Mitspieler Rücksicht zu nehmen und ihnen zu helfen; denn einer Gruppe wird der Sieg erst dann zugesprochen, wenn *alle* ihre Spieler in der geforderten Ordnung stehen. Die konsequente Einhaltung dieser Forderung unterstützt die Erziehung zum kollektiven Verhalten und zur Disziplin.
Die Spielerzahl kann sehr hoch sein. Von ihr und von dem Alter der Teilnehmer ist die Anzahl der Gruppen abhängig. Anfangs teilen wir die Spieler lediglich in zwei größere Gruppen, um später mehrere kleinere mit etwa sechs bis zehn Spielern zu bilden, die untereinander im Wettbewerb stehen.
Um bei den Wettläufen mit mehreren Gruppen auch den Zweit- und Drittplazierten einen Anreiz zu geben, empfiehlt sich eine gestaffelte Punktwertung (s. Staffeln, S. 128).

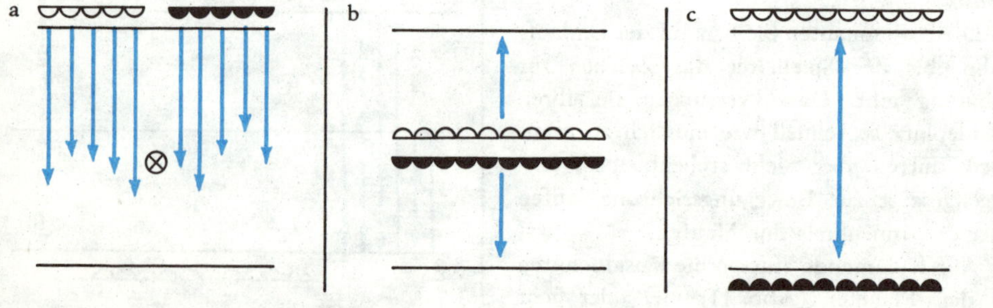

Abb. 13 Aufstellungsformen in Linie

Auch die Gruppenwettläufe eignen sich besonders zur Erwärmung im einleitenden Teil der Sportstunde, weil alle Schüler gleichzeitig tätig sind. Auf der anderen Seite dienen sie aber auch dem freudebetonten Stundenausklang unter Verwendung der im Hauptteil benutzten Turngeräte.

Man kann die Gruppenwettläufe sehr mannigfaltig variieren, weswegen wir sie auch bereits vom Vorschulalter ab bis ins Erwachsenenalter hinein durchführen können.

Die bereits bei den Massenwettläufen angeführten Veränderungen gelten auch hier in vollem Umfange bis auf die unterschiedliche Wertung. Sie läßt sich für die Gruppenwettläufe sogar noch erweitern, erschweren und auch kombinieren. Dabei kann die „Zusammenstellung der wesentlichsten Abwandlungsmöglichkeiten" (Abb. 9) die schöpferische Arbeit des Spielleiters anregen und unterstützen.

Die Gruppenwettläufe sind in verschiedenen Aufstellungsformen möglich, zum Beispiel:

Aufstellung in Linie

Hier gibt es wiederum verschiedene Aufstellungsmöglichkeiten, die bevorzugt bei Wettläufen mit zwei Gruppen angewandt werden (Abb. 13 a, b, c).

a) Die Gruppen stehen mit deutlichem Abstand voneinander hinter einer gemeinsamen Linie (Abb. 13 a). Auf das Signal des Spielleiters laufen sie zu dem etwa 10 bis 20 m entfernten Ziel (Linie, Mauer, Zaun, Graben).

b) Die Gruppen stehen mit etwa 1 m Zwischenraum Rücken an Rücken (Abb. 13 b) und laufen auf ein Zeichen zu ihrer gegenüberliegenden Grenzlinie.

Bei a) und b) kann neben dem Platzwechseln der Gruppen auch angeordnet werden, an den Ausgangsort zurückzukehren, was bei der folgenden Form weniger üblich ist.

c) Zwei Gruppen stehen sich an den Grundlinien mit etwa 20 m Abstand gegenüber (Abb. 13 c). Sie sollen ihre Plätze (Seiten) wechseln, ohne sich gegenseitig zu behindern! Für diesen Wettlauf haben sich eigene Namen gebildet: *Platzwechsel* oder *Seitenwechsel.*

Abb. 14 Platzwechseln durch Tore

Für alle drei Aufstellungsarten kann die Doppellinie gewählt werden, wenn wir mit Zuordnung eines Partners spielen.

Hinweis: Dieser einfache Platzwechsel wird auch zur Schulung der Körperbeherrschung im Basketballtraining angewandt. Um persönliche Fouls zu vermeiden, muß sich der Basketballspieler auf engem Raum ohne körperliche Behinderung seines Gegners bewegen können. Das Spielfeld wird dabei nach und nach schmaler begrenzt, um das gewandte Ausweichen zu erschweren. Erfolgt der Seitenwechsel mit Ballführung, so kann er in einer Fußball-, Handball- oder Basketballtrainingsstunde sehr gut zur spielnahen Erwärmung mit dem Ball dienen.

Da sich das Platzwechseln als die brauchbarste Form bei Wettläufen mit zwei Gruppen erwiesen hat, sei noch folgende Variante aufgeführt: Platzwechseln mit Einschalten von Toren (Abb. 14). Hier müssen zwei Tore von anfangs etwa 3 m Breite (von je zwei Sprungständern, Keulen, Fahnen oder Zweigen gebildet) durchlaufen werden. Dabei kann

Abb. 15 Gruppenwettlauf in Reihe um ein Wendemal

jede Gruppe ihr eigenes Tor haben, oder aber die Tore werden jedesmal gewechselt. Nach jedem Lauf die Tore enger stellen!
Es kann auch über eine Leine gesprungen werden, wobei man die Sprungständer ebenfalls von Mal zu Mal enger zusammenstellt. Hierbei ist jedoch wegen der Unfallgefahr auf das richtige Auflegen der Schnur zu achten. Leichter ist diese Form, wenn auf die in der Mitte des Spielfeldes stehenden Turnbänke Keulen zu Toren aufgestellt werden. Wir können sie dann ebenfalls immer enger stellen. Wer eine Keule umstößt, muß sie aufheben, bevor er weiterlaufen darf.

Hinweis: Sollen die Tore auf dem Hin- und Rückweg durchlaufen werden, ist auf der Mitte jeder Grundlinie ein Wendemal einzurichten, das umlaufen werden muß.

Aufstellung in Reihe

Die Reihe wird dann bevorzugt angewandt, wenn der Wettbewerb zwischen mehr als zwei Gruppen stattfindet. Sie ist raumsparend, oft durch das Riegenturnen schon gegeben. Die Gruppen stehen nebeneinander und haben entweder die Plätze zur gegenüberliegenden Seite zu wechseln oder ein Wendemal zu umlaufen (im Sinne der Platzwechsel- und Umkehrstaffeln) (Abb. 15).

Abb. 16 Gruppenwettlauf — Hüpfen auf einem Bein

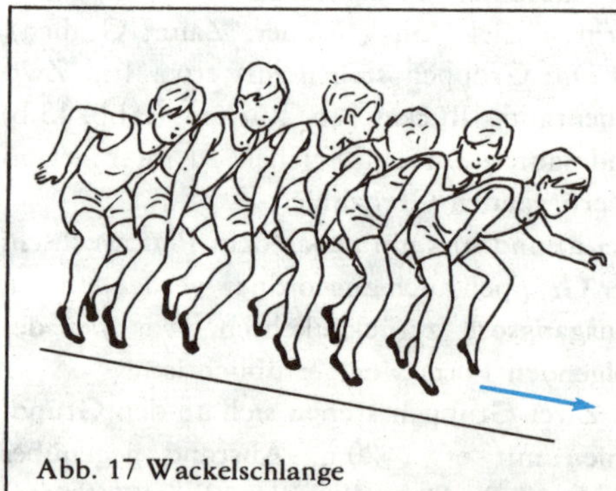

Abb. 17 Wackelschlange

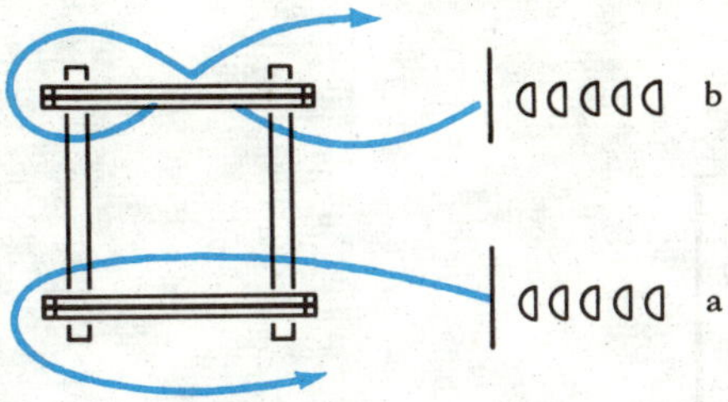

Abb. 18 a und b Gruppenwettlauf mit Einbeziehung der Turnbank

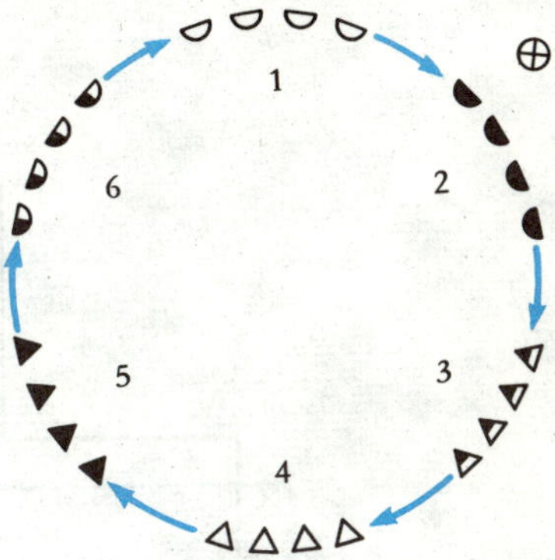

Abb. 20 Aufstellung im Gruppenkreis

Die Abbildungen 16 und 17 zeigen Abwandlungsmöglichkeiten für die Gruppenwettläufe in Reihe. Auch die Turnbank kann zusätzlich mit einbezogen werden (Abb. 18 a und b). Die Doppelreihe wird bei Läufen mit Partner (Handfassung, Schubkarrefahren, Huckepacktragen) angewandt.

Aufstellung im Kreis

Den Kreis können wir bei zwei und mehreren Gruppen wählen. Dabei sind wiederum verschiedene Aufstellungsarten möglich.

— Die Spieler stehen im großen doppelten Flankenkreis (Abb. 19), wobei die Innen- und Außenstehenden jeweils eine Gruppe bilden. Beide Gruppen laufen entweder in eine oder in die entgegengesetzte Richtung einmal im Kreis herum, bis alle wieder an ihren Plätzen sind. Nach jedem Lauf wechseln die Innen- und Außenläufer ihre Plätze.

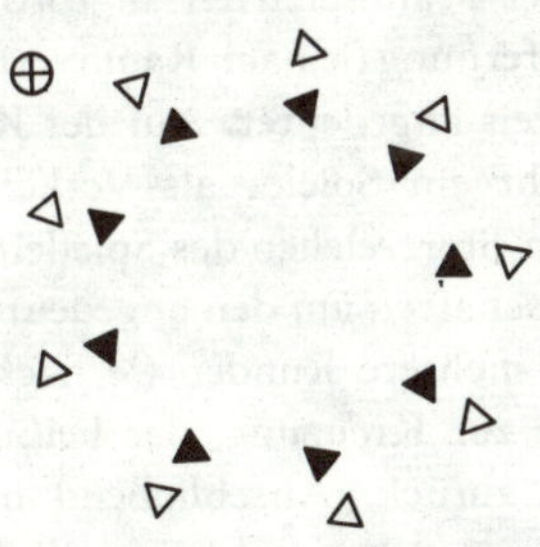

Abb. 19 Aufstellung in doppeltem Flankenkreis

— Die Spieler stehen im Gruppenkreis (Abb. 20). Jede Gruppe kann drei bis sechs Spieler haben, die Anzahl der Gruppen richtet sich nach der Klassenstärke und dem vorhandenen Platz. Werden auf der Kreisbahn zusätzlich Turngeräte als Hindernisse aufgestellt (Gruppenhindernislauf), wird der Gruppenwettlauf noch reizvoller.

Aufstellung im Quadrat, in Kreuz- oder Sternform

Diese Aufstellungsformen eignen sich von vornherein nur für vier und mehr Gruppen.

Die vier Gruppen sitzen auf den zum Quadrat aufgestellten Turnbänken; auf ein Zeichen laufen (hüpfen u. a. m.) sie in einer vorher bestimmten Richtung einmal um das Quadrat herum, bis sie wieder an ihrer Bank angelangt sind.

Bei dieser Form ist es auch möglich, daß die Gruppen ihre Plätze wechseln. Dann ruft der Spielleiter eine Zahl von eins bis vier — gleich-

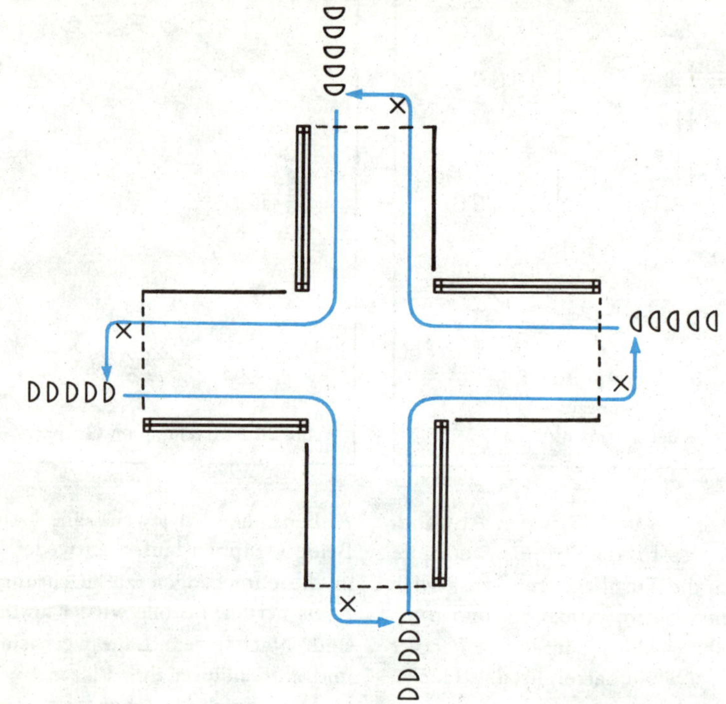
Abb. 21 Kreuzungsverkehr

zeitig Startsignal — auf, je nachdem, bis zu welcher Bank die Schüler laufen sollen. Eine weitere Form ist die, bei der vier, fünf oder sechs Bänke, je nach der Anzahl der Gruppen, in Kreuz- oder Sternform aufgestellt werden. Die Spieler laufen außen herum.

Kreuzungsverkehr

Mit vier Bänken und wenigen Kreidestrichen wird eine Straßenkreuzung markiert (Abb. 21). In diesem Verkehrsspiel üben wir das richtige Verhalten beim „Rechtsabbiegen“: enger Bogen, nicht über die Ecken „fahren“, nicht überholen! Welche Mannschaft steht zuerst ordnungsgemäß an der nächsten Straßenecke?

Wer hat die Vorfahrt?[20]

Spielerzahl: 16 bis 40
Spielfeld: Etwa 15 m × 15 m
Spielgeräte: 4 Turnbänke, 1 Staffelstab

Um eine aufgezeichnete Straßenkreuzung stehen vier Mannschaften angeordnet. In einiger Entfernung (je nach Raumverhältnissen) ist ein Kreis angedeutet. Auf der Kreuzungsmitte steht ein Spieler als Verkehrspolizist. Nach dem Startzeichen des Spielleiters laufen die Mannschaften um den angedeuteten Kreis eine oder mehrere Runden (je nach Angabe) und dann zur Kreuzung, das heißt zu ihrem Stellplatz zurück. Anschließend überqueren

20. Mitgeteilt von Walter, O., Mühlhausen, in „Körpererziehung“, Heft 8/9/1964, S. 449.

sie die Kreuzung. Der Polizist regelt dabei den „Verkehr".
Wird diese Form des Spiels beherrscht, kann ohne Verkehrspolizisten gespielt werden. Dabei gilt die Verkehrsregel: An Kreuzungen und Einmündungen von gleichberechtigten Straßen hat Vorfahrt, wer von rechts kommt, unabhängig davon, ob die Fahrtrichtung beibehalten wird oder nicht.
Sollten alle vier Mannschaften gleichzeitig an der Kreuzung ankommen, wird das Spiel wiederholt. Der Spielleiter verweist aber hierbei auf den § 1 der Straßenverkehrsordnung (gegenseitige Rücksichtnahme).

Abwandlungen:

a) Die ganze Mannschaft läuft eine oder mehrere Runden.

b) In Staffelform: Es läuft nur ein Spieler, der den nächsten abschlägt. Nach dem Eintreffen des letzten Mannschaftsläufers darf die Kreuzung überquert werden.

c) Auf der Laufstrecke sind Hindernisse (Kasten, Bänke u. a.) zu überwinden; die Fortbewegung erfolgt nach Anweisung.

Bewertung:

— Die Laufleistung wird nach dem Eintreffen der Mannschaften (letzter Läufer!) an der Kreuzung mit vier, drei, zwei und einem Punkt bewertet.
— Die Laufzeiten werden gestoppt.
— Bei richtigem Überqueren der Kreuzung ohne Verkehrspolizisten gibt es einen Pluspunkt, bei falschem Verhalten zwei Minuspunkte.
— Bei unkorrekter Ausführung des Spielauftrages erhält die betreffende Mannschaft einen oder zwei Minuspunkte.

2.1.3. Nummernwettläufe

Die Spieler werden in Gruppen eingeteilt. Diesmal laufen aber nicht alle gleichzeitig, wie es bei den bisher beschriebenen Wettläufen der Fall war, sondern die Gruppen oder die einzelnen Spieler innerhalb der Gruppen werden numeriert. So kommt es einmal zu Nummernwettläufen in Gruppen und zum anderen zu Nummernwettläufen mit einzelnen Spielern.
Die Nummernwettläufe schulen das Reaktionsvermögen und erziehen zur Aufmerksamkeit; sie werden deshalb häufig für den Stundenbeginn ausgewählt.

2.1.3.1. Nummernwettläufe in Gruppen

Es kann so verfahren werden, daß jede Gruppe eine andere Nummer erhält. Der Spielleiter ruft dann zwei oder drei Zahlen auf, so daß die Gegner bei den Wettläufen ständig wechseln. Das Aufrufen der Zahlen muß schnell hintereinander und deutlich erfolgen. Es ist aber auch möglich, je zwei oder drei Gruppen mit derselben Zahl zu bezeichnen — es wird also nur eine Zahl als Startsignal aufgerufen. Hierbei stehen stets die gleichen Gruppen im Wettbewerb.
Durch das abwechselnde Laufen der Spieler beziehungsweise der Gruppen werden den Teilnehmern entsprechende Erholungspausen zwischen den Läufen gegeben.
Entweder ist ein Ziel zu erreichen oder ein Wendemal zu umlaufen. Alle bereits bei den Gruppenwettläufen erwähnten Aufstellungsformen mit ihren zahlreichen Abwandlungen in bezug auf die Ausgangsstellung, Fortbewegungsart, Zuordnung eines oder mehrerer Partner, Einbeziehung von Hindernissen, Ausführung zusätzlicher Bewegungsaufgaben auf der Strecke sind anwendbar.
Hier soll noch zusätzlich folgende Möglichkeit genannt sein: *Aufstellung der Spieler in geöffneter Reihe* (Abb. 22).
Daraus ergeben sich einige Veränderungen des Laufweges:
— Umlaufen einer stehenden Gruppe,

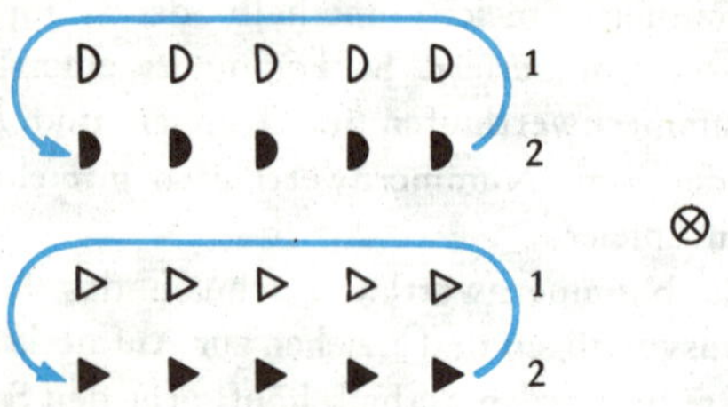

Abb. 22 Aufstellung in geöffneter Reihe

— Slalomlauf durch die Spielerreihe der stehenden Gruppe,

— Überspringen von „lebenden Hindernissen", die die pausierenden Gruppen zu bilden haben (vgl. auch Wanderstaffeln, 2. Form, S. 133).

2.1.3.2. Nummernwettläufe in Gruppen als Verkehrsspiele

Diese Wettläufe lassen sich insofern als Verkehrsspiele gestalten, als der Spielleiter anstelle des Zahlenrufens durch seine Armbewegungen den Gruppen das Startzeichen gibt.

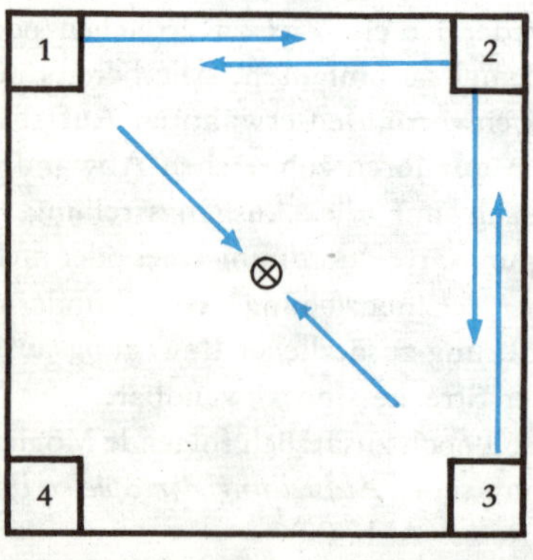

Abb. 23 Nummernwettlauf in Gruppen als Verkehrsspiel

Wir nennen drei Formen:

a) Es wird ein Spielfeld von etwa 15 m × 15 m abgemessen. Die vier gleich starken Gruppen verteilen sich jede hinter einer Linie. In der Mitte steht (nach Möglichkeit erhöht) der „Volkspolizist". Er gibt die Laufwege frei, worauf die Gruppen schnell die Seiten wechseln.

b) Bei der zweiten Form sind die vier Ecken des Spielfeldes abgegrenzt, in denen sich die Gruppen aufzuhalten haben (Abb. 23). Jetzt gilt es, auf das Zeichen des „Volkspolizisten" durch die Diagonale die Plätze zu wechseln, ohne sich gegenseitig zu behindern.

c) Die Gruppen verteilen sich wieder in die Ecken des quadratischen Spielfeldes: Der „Volkspolizist" gibt die Wege in verschiedenen Richtungen frei. Dabei kommt es beim Lauf in der Diagonale zum Platzwechseln von zwei Gruppen. Wird aber parallel zu den Spielfeldgrenzen gelaufen (Abb. 23), so sind alle Gruppen beteiligt (1 mit 2 und 3 mit 4; oder 1 mit 4 und 2 mit 3).

Dieses Verkehrsspiel ist also eine Kombination von „Nummernwettläufen in Gruppen" und Gruppenwettläufen.

Veränderungen der Ausgangsstellungen und Fortbewegungsarten sind bei allen drei Formen möglich.

2.1.3.3. Nummernwettläufe mit einzelnen Spielern

Alle Gruppen zählen für sich durch, jeder Spieler merkt sich seine Nummer. Der Spielleiter ruft eine Zahl, worauf nur die Läufer aller Gruppen starten und miteinander in den Wettbewerb treten, die diese Nummer haben (Abb. 24). Wer zuerst wieder an seinem Platz ist, hat gewonnen. Wird mit Gruppenwertung gespielt, so bringt der Sieger seiner Mann-

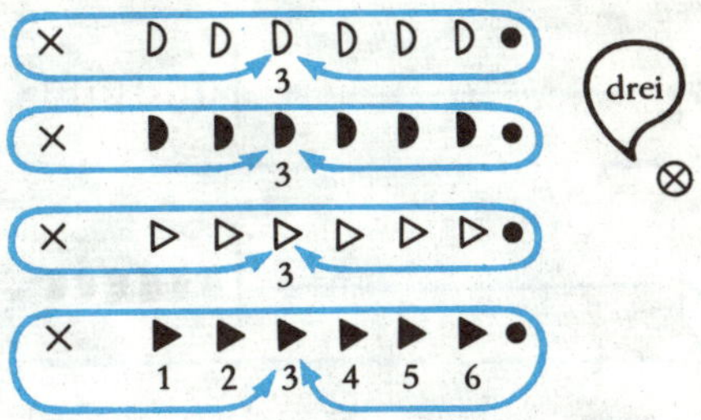

Abb. 24 Nummernwettlauf mit einzelnen Spielern

schaft einen Punkt ein. Über den Mannschaftssieg entscheidet dann die höchste Punktzahl.

Um diese Nummernwettläufe mit hoher Intensität spielen zu können, muß das Aufrufen der Zahlen flott hintereinander erfolgen, und in den einzelnen Gruppen sollten nicht mehr als vier bis sechs Spieler sein. Hierzu sei bemerkt, daß der Spielleiter keine Nummer vergessen darf und die einzelnen Läufer gleichmäßig belasten muß. Durch Vertauschen der Plätze untereinander erhalten die Spieler andere Gegner.

Auch hier sind neben der Veränderung der Ausgangsstellung, der Fortbewegungsart und des Einschaltens von Hindernissen die verschiedensten Aufstellungsformen möglich, zum Beispiel:

Aufstellung in Reihe

a) Enge Reihe — vor jeder Gruppe ein Wendemal.

b) Geöffnete Reihe (vgl. Abb. 22) mit den sich daraus ergebenden Veränderungen (vgl. Nummernwettläufe in Gruppen). Es empfiehlt sich, die Wendemale an den Reihen mit Bällen (Sprungständern) zu kennzeichnen, um das Herumschleudern der Läufer durch die dort stehenden Spieler zu vermeiden (Unfallgefahr).

c) Doppelreihe — hier erhalten mehrere Paare die gleiche Nummer. Die Strecke wird mit Handfassung, im Huckepack oder in anderer Form zurückgelegt. Die Paare jeder Gruppe können auch in Gasse mit Handfassung stehen. Dann ist eine Strecke durch die „Brücke“ zu laufen.

Aufstellung in Linie oder in Doppellinie

Aufstellung in einem großen Kreis

Es wird zu vieren abgezählt, und die aufgerufenen Spieler umlaufen den Kreis in der vorher festgelegten Richtung.

Abwandlung: In der Mitte des Kreises steht ein kleiner Kasten. Die Spieler mit der aufgerufenen Nummer laufen um den Kreis, dann durch ihre Kreislücke, um sich auf den Kasten zu stellen. Wer es zuerst schafft, bekommt den Punkt. Man kann auch auf eine Malstange einen Hut (Mütze) hängen, den der erste aufsetzen muß.

Aufstellung in mehreren kleinen Kreisen

Jede Gruppe bildet für sich einen Kreis und zählt durch. Darauf achten, daß alle Kreise die gleiche Größe beibehalten! Hier ergeben sich die Abänderungen wie bei der geöffneten Reihe.

Aufstellung im Doppelkreis

Auch hier, wie in der Doppelreihe, reichen sich die Partner ihre Hände. Der Spielleiter ruft zum Beispiel die Spieler Nr. 2 auf, worauf alle Paare mit dieser Zahl durch die „Brücke“ bis zum Ausgangsort laufen. Welches Paar steht zuerst?

Aufstellung in Kreuz- oder Sternform

Bemerkung: Im Training für die Sportspiele wählt man den Nummernwettlauf mit einzelnen Spielern als Reaktionsübung und zur Schulung der Antrittsschnelligkeit aus. Dazu eignen sich weitgeöffnete Reihen besonders gut.

Zur Entwicklung der Hüftbeweglichkeit wird die Strecke in Slalomform gelaufen, wobei der Abstand zwischen den Spielern beziehungsweise Gruppen sehr gering ist.

2.1.3.4. Kombinierte Nummernwettläufe

Es ist weiterhin möglich, Nummernwettläufe sowohl mit Gruppennumerierung als auch mit Numerierung einzelner Spieler innerhalb der Gruppen zugleich auszutragen. Dazu werden jeweils die Gruppen mit A, B, C usw. bezeichnet, und innerhalb der einzelnen Gruppen wird durchgezählt (Abb. 25). Ruft der Spielleiter zum Beispiel „AC“ auf, so laufen die entsprechenden Gruppen um die Wette; auf „3“ starten nur alle „Dreier“.
Auch diese Formen lassen sich wieder mit den verschiedensten Abwandlungsmöglichkeiten spielen und sind in fast allen bereits erwähnten Aufstellungsformen der Gruppen- und Nummernwettläufe durchführbar.

2.2. Staffeln

Die Staffeln haben einen sehr praktischen Ursprung. Vor dem Zeitalter der Technik, als es weder schnelle Verkehrsmittel noch Telegraphen gab, mußten reitende Boten (Stafetten) die wichtigen Nachrichten überbringen.

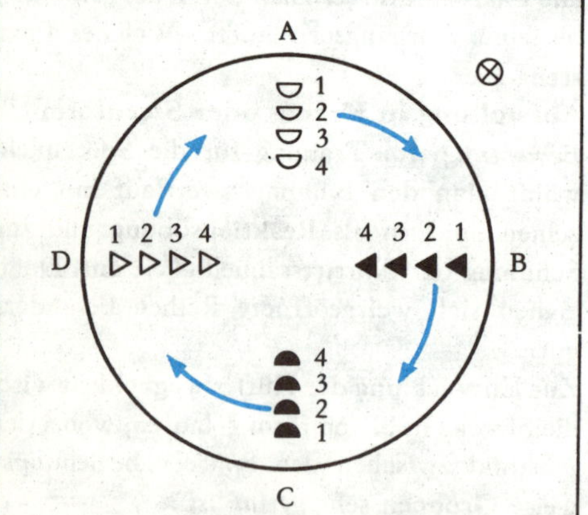

Abb. 25 Kombinierte Nummernwettläufe

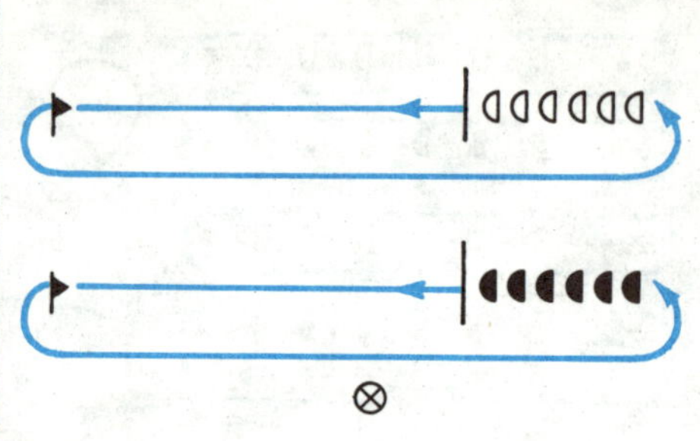

Abb. 26 Aufstellung der Staffelläufer in Reihe

Bei langen Wegstrecken lösten sich nacheinander mehrere Reiter bis zum Ziel ab. Auf diesen historischen *Stafetten* oder *Eilbotenläufen* fußen unsere sportlichen Staffelläufe und schließlich auch die vielfältigen Staffelformen in den Kleinen Spielen.
Sportliche Staffeln werden heute vor allem in der Leichtathletik, im Schwimmsport und in Form von Großstaffelläufen durchgeführt.
Darüber hinaus hat sich in der Körpererziehung eine große Anzahl von Staffeln und verwandten Übungsformen herausgebildet, die wir in den Bereich der Kleinen Spiele einordnen. Diese Leistungsformen bereichern sehr wesentlich den Spielbetrieb und helfen, größere Wettbewerbe, vor allem in der Unterstufe und im Freizeit- und Erholungssport vorzubereiten.
Der *Spielgedanke* ist bei allen Formen gleich. Die Läufer einer Mannschaft sollen nacheinander in kürzester Zeit eine bestimmte Strecke zurücklegen. Dabei können Hindernisse überwunden, Geräte mitgeführt oder Sonderaufgaben gelöst werden (vgl. auch „Zusammenstellung der wesentlichsten Abwandlungsmöglichkeiten“ der Spiele in Abb. 9).
Die Unterteilung der Staffeln (vgl. S. 115) wurde nach dem räumlichen Verlauf und den zu lösenden Aufgaben vorgenommen.

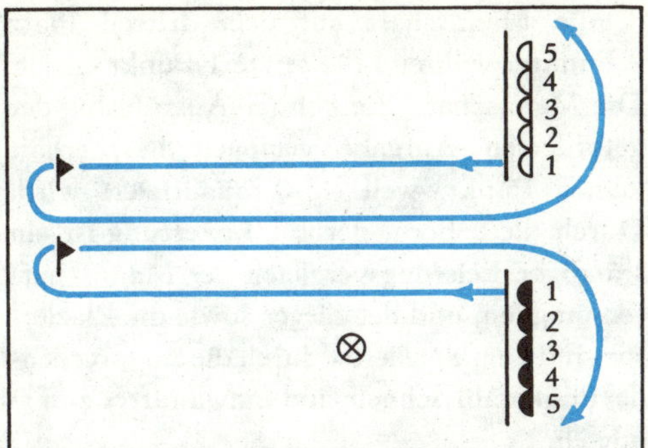

Abb. 27 Aufstellung der Staffelläufer in Linie

Der Wert der Staffeln liegt durch die geforderte Laufleistung vor allem in der Entwicklung der Schnelligkeitsfähigkeit. Durch Überklettern, Überspringen, Durchkriechen und Mitführen von Geräten sowie durch die Veränderung der Fortbewegungsart können sie auch zur Schulung koordinativer Fähigkeiten beitragen.

Die Erziehung zur Ehrlichkeit beim Staffelwechsel ist ebenfalls nicht zu unterschätzen. Diesbezüglich sind konsequente Entscheidungen erforderlich.

Methodische Hinweise: Im wesentlichen gelten die folgenden methodischen Bemerkungen für alle Arten von Staffeln.

Spielerzahl: Insgesamt kann die Teilnehmerzahl bei Staffelspielen sehr hoch sein. Die Mannschaften selbst sollten jedoch nicht aus mehr als etwa acht Spielern bestehen. Auch bei einer kleinen Spielerzahl bilden wir mehrere Mannschaften, die Spieler laufen in einem Spielgang dann mehrmals.

Aufstellungsformen: Durch eine entsprechende Aufstellungsform können wir uns jeweils den räumlichen Verhältnissen anpassen. Die übliche Aufstellung der Spieler ist die Reihe (Abb. 26). Sie ist raumsparend, hat aber den Nachteil, daß sie von den Spielern meist nicht ordnungsgemäß eingehalten wird, da jeder den Wettkampf beobachten will und aus der Reihe tritt. Die Aufstellung in Linie gewährt zwar die bessere Sicht, verlangt aber viel Platz (Abb. 27).

Die Zwischenlösung, die Aufstellung der Läufer in schrägen Reihen, ist nur dann zu empfehlen, wenn die Mannschaften jeweils entlang einer schräg zur Laufrichtung auf den Boden gezeichneten Linie stehen oder auf Turnbänken sitzen (Abb. 28).

Streckenlänge: Die Laufstrecken bemessen wir in der Regel nicht zu lang (etwa 10 bis 15 m), sondern lassen dafür lieber öfter laufen, um die Wartezeiten der einzelnen Spieler so kurz wie möglich zu halten und die Freude am Wettkampf zu heben. Sind bestimmte trainings-methodische Forderungen zu erfüllen, zum Beispiel die Entwicklung der Beschleunigungsfähigkeit, dann verlängert sich die Strecke auf etwa 20 bis 30 Meter. Hier ist dann die drei bis fünf Minuten dauernde Pause zwischen den einzelnen Wiederholungsläufen unbedingt zu beachten, um die Spieler nicht zu überanstrengen.

Ablöseformen: Das Ablösen eines Läufers beziehungsweise die Stabübergabe müssen wir sehr genau überwachen. Oft wird im „heißen" Wettstreit zu früh gestartet, so daß Unruhe, Unordnung und Streit entstehen. Bei mehre-

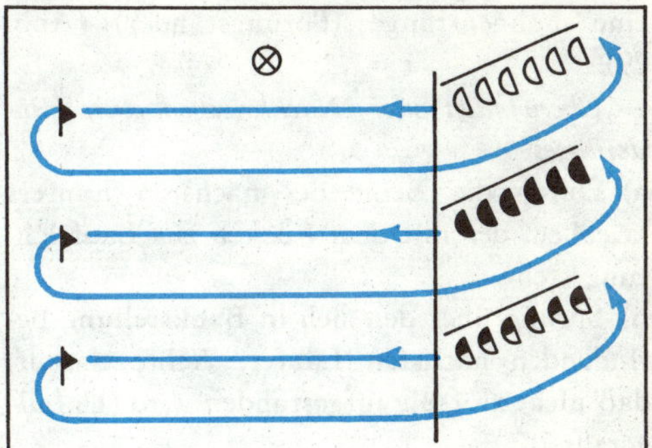
Abb. 28 Aufstellung der Staffelläufer in schräger Reihe

Abb. 29 Ablöseform durch Stabübergabe

ren Mannschaften sollten Spieler zur Kontrolle der Wechsel eingesetzt werden. Nachfolgend werden Ablöseformen angeführt, von denen einige den Spielern einen einwandfreien Wechsel gestatten und den Schiedsrichtern die Kontrolle erleichtern:

— *Wechsel durch Handschlag oder Stab- (Gerät-) Übergabe*

a) Der nächste Spieler wartet, mit beiden Füßen hinter der Ablauflinie stehend, mit vorgehaltener Hand auf den Abschlag (Stab).

b) Ein Wendepunkt hinter der eigenen Mannschaft muß erst umlaufen werden.

c) Der nächste Läufer hält einen Arm um eine Fahnenstange (Sprungständer) (Abb. 29).

— *Überwinden oder Durchkriechen eines Hindernisses*

a) Durch die Beine des nächsten Läufers kriechen, der mit dem Rücken zur Laufrichtung steht.

b) Sprung über den sich in Bankstellung befindenden nächsten Läufer. Achte darauf, daß nicht zu früh aufgestanden wird (Unfallgefahr).

Punktwertung: Da bei Staffeln ja meist mehrere Durchgänge erfolgen, empfiehlt sich eine den Wettstreit fördernde Punktwertung. So erhält bei vier teilnehmenden Mannschaften die siegende zum Beispiel 4 Punkte, die zweite 3, die Mannschaft auf dem dritten Platz 2 Punkte, während die letzte 1 Punkt erhält. Die Mannschaft, die bei der Ausführung der geforderten Aufgabe gemogelt hat, erhält keinen Punkt, weil sie disqualifiziert wird. Durch diese Form der Punktwertung ist ein ständiger Leistungsvergleich der Mannschaften möglich, und der Sieger sowie die Plazierten sind vom Spielleiter durch die entsprechende Punktzahl schnell und einwandfrei zu ermitteln.

2.2.1. Umkehrstaffeln (Rücklaufstaffeln)

Der erste Spieler jeder Mannschaft startet auf ein Zeichen des Spielleiters, läuft um ein Wendemal und kehrt schnell zurück, um dem nächsten Läufer, der hinter der Startlinie wartet, das Laufrecht durch Handschlag oder Übergabe eines Stabes zu erteilen. Danach reiht er sich als letzter an. Eine Mannschaft hat gewonnen, wenn alle Spieler gelaufen sind und zuerst wieder in ihrer ursprünglichen Aufstellung stehen. Gewertet wird aber erst dann, wenn alle Läufer nach einem Durchgang ordentlich und ruhig stehen. Konsequent sein!

Abwandlungen: Die Variationsbreite ist bei den Staffeln besonders groß. Die hier angeführten Beispiele lassen sich auch miteinander koppeln und können noch ergänzt werden (vgl. auch die „Zusammenstellung der wesentlichsten Abwandlungsmöglichkeiten" in Abb. 9).

Veränderung der Ausgangsstellung: Bauch- oder Rückenlage, Bankstellung, Sitz (auch auf Geräten), Tiefstart.

Veränderung der Fortbewegungsart: Hüpfen auf einem Bein, Schlußhüpfen (kurze Strecke), Vierfüßlerlauf, Vierfüßlerhupf, Rückwärtslauf.

Zuordnung eines Partners: Laufen oder Hüpfen mit Handfassung, Hinkelauf (der hintere

Spieler faßt das Fußgelenk des vorderen, beide hüpfen), Huckepacktragen, Schubkarrefahren.

Art der Umkehr am Wendemal: Umlaufen, Überwinden oder Durchkriechen eines Gerätes (Bock, Pferd, Barren), Erklettern eines Gerätes, Hindurchwinden (Sprossenwand, Gitterleiter, Leiter); Umkehr am Wendemal mit Unterbrechung: ein Spieler in Bank- oder Bockstellung, Bauchlage als Wendemal. Der erste Läufer springt über die Bank hinweg und nimmt den Platz des „Wendemalspielers" ein. Dieser läuft zurück, um dem nächsten Spieler das Laufrecht zu erteilen, usw. Das gleiche mit Durchkriechen eines Spielers, der im Seitgrätschstand oder Winkelliegestütz steht.

Hindernisse im Laufweg: Überspringen von Matten und Kastenteilen, Geräte überklettern und durchkriechen, über Schwebebalken und Turnbänke laufen, Schlängellauf um Keulen, Fahnen oder Sprungständer usw.

Beim Aufbau einer Hindernisstaffel ist zu beachten: Die Reihenfolge der Hindernisse sollte verschiedenen Bewegungsanforderungen entsprechen (z. B. Überklettern, Durchkriechen, Überspringen). Die Hindernisse müssen von allen Spielern ohne Gefahr überwunden werden können. Die Schwierigkeit einer Hindernisstaffel kann sich erhöhen, wenn die Geräte nach und nach eingebaut oder auch immer schwierigere Bewegungsaufgaben gestellt werden.

Das Auf- und Abbauen der Geräte darf nicht zu viel Zeit in Anspruch nehmen.

Einschalten von Sonderaufgaben: Drehungen im Lauf, Rollen vor- und rückwärts, Verstellen des Wendemals (z. B. den Bock seit- oder langstellen, Kastenteile legen oder aufstellen).

Veränderung der Streckenform (Abb. 30): Die Spieler umlaufen den Kreis und kehren zur Ablauflinie zurück.

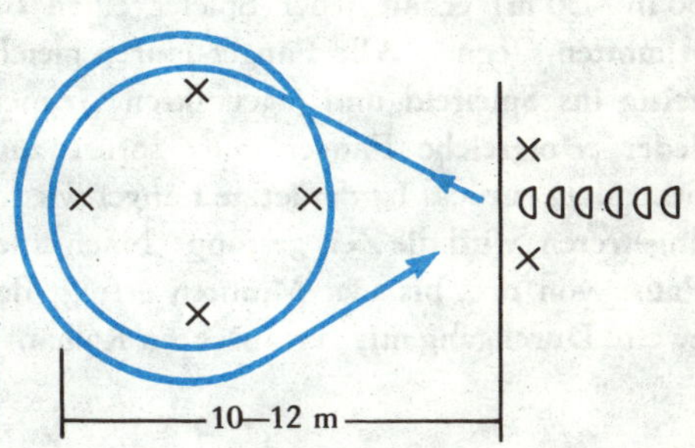

Abb. 30 Streckenform einer Umkehrstaffel

Staffelhasche[21]

Dieses Spiel ist die Verbindung einer Rücklaufstaffel mit einem Haschespiel. In einem begrenzten Spielfeld von etwa 20 m × 20 m (das richtet sich nach der Stärke der Gruppe) verteilt sich die Mannschaft A (Laufmannschaft). Mannschaft B (Fangmannschaft) ist außerhalb an einer der Spielfeldgrenzen angetreten. Auf Pfiff läuft der erste Fänger ins Spielfeld, versucht, möglichst schnell einen Spieler der Laufmannschaft abzuschlagen, und schickt danach den nächsten Fänger durch Handschlag oder auch durch Übergabe eines Staffelstabes ins Rennen usw. Es wird die Zeit gestoppt, die die Fangmannschaft für einen Durchgang benötigt. Die abgeschlagenen Spieler der Laufmannschaft scheiden nicht aus, sondern bleiben ständig im Spiel. Es gewinnt die Mannschaft, die für einen Durchgang beim Fangen die kürzeste Zeit brauchte.

Abwandlungen:

a) Die Fangmannschaft fängt zu Paaren mit oder auch ohne Handfassung (ohne Handfassung bei starken Gruppen).

b) In einem größeren Spielfeld (mindestens

21. Mitgeteilt von Lohmann, W.: Spiele und Wettkampfformen zur Entwicklung der läuferischen Fähigkeiten. In „Körpererziehung", Heft 8/9/1964, S. 444f.

30 m × 30 m) erhält jeder Spieler einen bestimmten Gegner. Alle Fänger laufen gleichzeitig ins Spielfeld und jagen ihren Gegner. Jeder erfolgreiche Fänger läuft sofort zum Startplatz zurück. Ist der letzte Fänger wieder angetreten, wird die Zeit gestoppt. Nach einer Pause von drei bis vier Minuten erfolgt der zweite Durchgang mit vertauschten Rollen.

2.2.2. Rundlaufstaffeln (Kreis- und Viereckstaffeln)

— Die Mannschaften bilden einen großen Flankenkreis (Abb. 31). Auf Pfiff läuft der erste Spieler jeder Mannschaft in die angegebene Richtung einmal um den Kreis herum. Da alle auf einer Kreisbahn laufen, sind Überholungen durchaus möglich. Die Läufer dürfen sich gegenseitig nicht behindern. Um das auch beim Wechsel zu vermeiden, darf der ablösende Spieler erst unmittelbar vor der Stabübergabe aus seiner Mannschaft heraustreten. Auch die in Abbildung 32 gezeigte Aufstellung ist möglich.

— Jede Mannschaft bildet für sich einen kleinen Innenstirnkreis (Abb. 33) (stehend, sitzend), der nacheinander von jedem Spieler umlaufen werden muß, um dem jeweils nächsten Spieler das Laufrecht zu erteilen. Befinden sich die Spieler in Bankstellung oder Bauchlage, so kann auch über sie hinweggesprungen werden.

— Fünf oder sechs Spieler fassen sich an den Händen und bilden einen kleinen Kreis. Je nach der Spielerzahl ordnen wir mehrere solcher Kreise zu einem Gruppenkreis an (Abb. 33). Der Spieler Nr. 1 jedes Kreises läuft auf Pfiff aus seinem Kreis heraus und auf einer großen Kreisbahn durch alle anderen hindurch wieder zu seiner eigenen Mannschaft, um dem Spieler Nr. 2 das Laufrecht zu erteilen. Wer gelaufen ist, setzt sich nieder, wodurch zugleich die Siegermannschaft besser kenntlich gemacht wird.

Methodische Hinweise: Intensiver läßt sich diese Form dadurch gestalten, daß alle übrigen Spieler der kleinen Kreise ständig auf ihrer Kreislinie laufen. Es ist darauf zu achten, daß die hindurchlaufenden Spieler nicht behindert werden.

— Die Mannschaften stehen in Form eines Vierecks (Abb. 34) oder sitzen auf Turnbänken, die so aufgestellt sind, wie es die Ab-

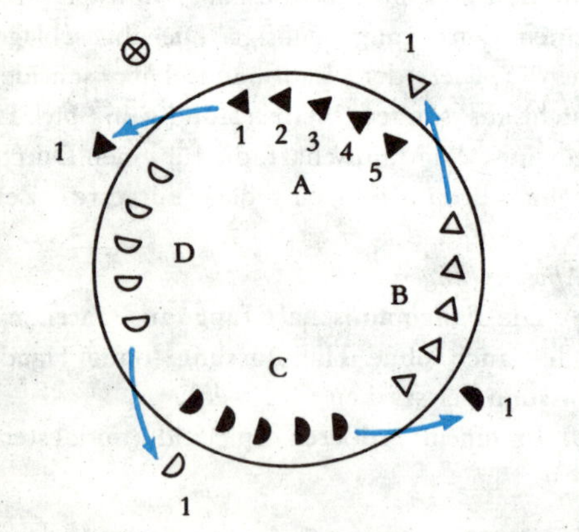

Abb. 31 Rundlaufstaffel in Kreisaufstellung

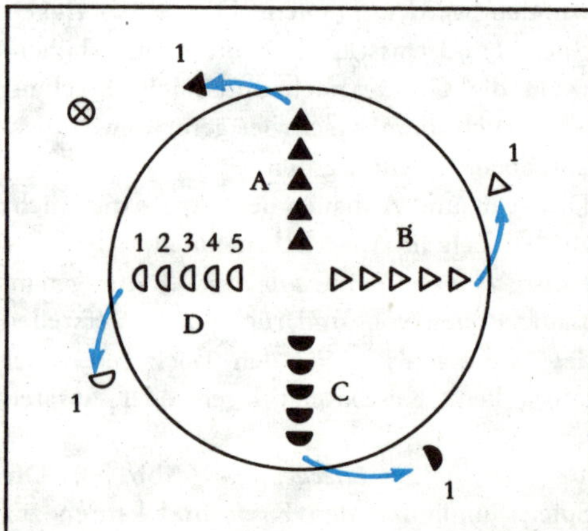

Abb. 32 Rundlaufstaffel in Reihenaufstellung

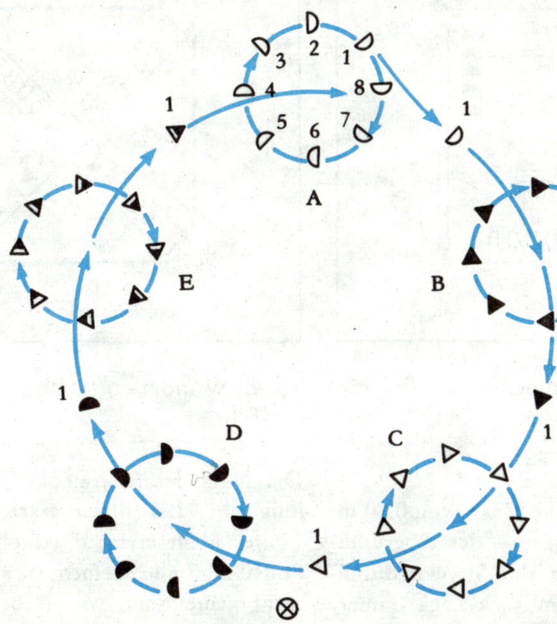

Abb. 33 Rundlaufstaffel in Gruppenkreisaufstellung

bildung 35 zeigt. Die Ecken werden im ersten Beispiel durch Fahnen oder Sprungständer markiert (kleine, flache Gegenstände als Laufmale gewährleisten kein korrektes Umlaufen). Die ersten Läufer jeder Mannschaft laufen einmal außen um das Viereck herum, bis sie wieder an ihrem Platz sind, um dem nächsten Läufer ihrer Mannschaft das Laufrecht zu erteilen, usw. Die Abwandlungen sind die gleichen wie bei den Umkehrstaffeln.

2.2.3. Pendelstaffeln

Bei den Pendelstaffeln schickt jede Mannschaft die Hälfte ihrer Spieler auf die gegenüberliegende Seite der Laufbahn. Die Spieler mit der Nr. 1 jeder Mannschaft laufen auf Zeichen los, übergeben den Staffelstab dem wartenden Spieler Nr. 2 der anderen Mannschaftshälfte und reihen sich dort hinten an (Abb. 36). Inzwischen ist Spieler Nr. 2 zur gegenüberliegenden Seite gelaufen und hat den Stab an Nr. 3 übergeben. So pendelt der Stab hin und her, bis jeder Spieler einmal gelaufen ist — bei kleineren Mannschaften auch zweimal — und dann seinen alten Platz wieder eingenommen hat.

Hinsichtlich der Aufstellungsformen vergleiche die einleitenden Bemerkungen zu den Staffeln (S. 126f.).

Abwandlungen können in gleicher Weise wie bei den Umkehrstaffeln getroffen werden (S. 128 f.).

Außerdem eignen sich Pendelstaffeln bei

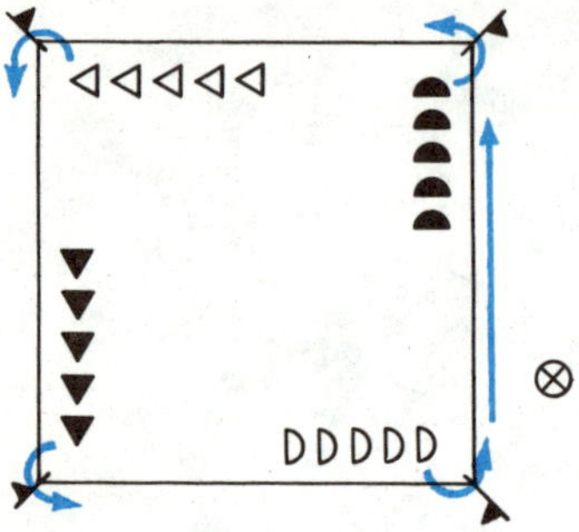

Abb. 34 Viereckstaffel

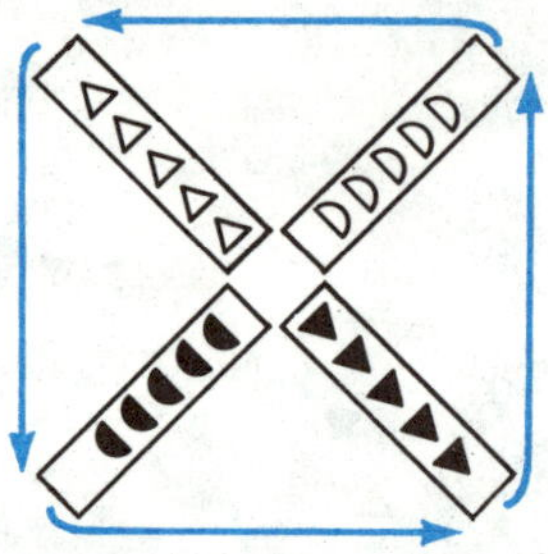

Abb. 35 Viereckstaffel

entsprechender Gestaltung gut für die Sprungkraftschulung.[22]

Beispiele:

Staffel über den Abgrund

Vor jeder Staffel wird eine Gasse von 0,80 m bis 1,00 m Breite markiert — der Abgrund. Die Spieler überwinden die Strecke durch Sprunglauf, wobei sie im Zick-Zack immer rechts und links neben dem „Abgrund" aufsetzen.

Staffel über die Inseln

Die Sprungstrecke ist durch kleine Kreise im Abstand von etwa 1,00 m bis 1,50 m markiert. Die Springer dürfen nur innerhalb der Kreise aufsetzen. Dazwischen ist „Wasser". Als Sprungarten eignen sich wiederum Sprunglauf oder Einbeinsprünge. Durch unterschiedliche Form der Markierungen kann ein bestimmter Rhythmus des Beinwechsels vorgeschrieben werden. So dürfen zum Beispiel Vierecke nur mit dem linken Fuß, Kreise nur mit dem rechten Fuß berührt werden.

Hinweis: Während bei den Umkehrstaffeln eine ungleiche Spielerzahl durch den doppelten Lauf eines Spielers ausgeglichen werden kann, müssen die Mannschaften bei Pendelstaffeln zahlenmäßig gleich stark sein.

22. Vgl. Lohmann, W.: Kleine Spiel- und Wettkampfformen für die leichtathletische Sprungschulung. In „Körpererziehung", Heft 7/1967, S. 365ff.

2.2.4. Wander- und Platzwechselstaffeln

Die Wanderstaffeln nehmen eine Sonderstellung ein. Bei ihnen starten die nächsten Läufer nicht erst auf Abschlag wie bei den Staffeln im allgemeinen, sie starten aber auch nicht gemeinsam, wie es bei den Gruppenwettläufen der Fall ist, sondern sie laufen alle nacheinander — also im Strom —, um ein oder mehrere Hindernisse zu überwinden.

Die Platzwechselstaffeln sind dadurch gekennzeichnet, daß die Mannschaft, nachdem alle Spieler gelaufen sind, ihren Platz gewechselt hat. Der nächste startet dann, wenn der vorhergehende Spieler eine bestimmte Bewegungsaufgabe erfüllt oder ein bestimmtes Mal erreicht hat.

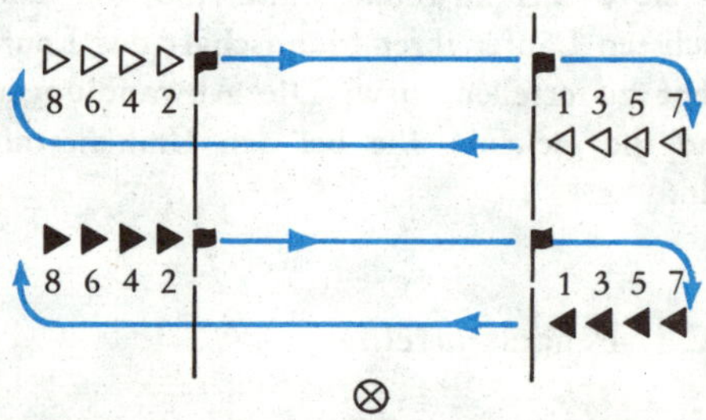

Abb. 36 Pendelstaffel

2.2.4.1. Wanderstaffeln

— Vor jeder Mannschaft, die der Übersicht wegen sitzen sollte, steht in kurzer Entfernung ein Hindernis (Bock, Mitspieler in Bock- oder Grätschstellung) und 3 bis 5 m dahinter ein Wendemal. Sobald der Läufer Nr. 1 den Bock übersprungen (durchkrochen) hat, folgt auch schon der nächste. Nach Umlaufen des Wendemals nehmen die Spieler die alte Ordnung wieder ein.
Stellen sich die Spieler nach dem Sprung auf die gegenüberliegende Seite — also, ohne daß ein Wendemal umlaufen wird —, so spielen wir in der Art und Weise, wie die Platzwechselstaffeln verlaufen.
Wanderspringen: Jede Mannschaft bildet einen Innenstirnkreis mit etwa 1 m Abstand der Spieler voneinander, die sich in der Bauchlage (Bankstellung) befinden. Auf Zeichen des Spielleiters springt der Spieler Nr. 1 jeder Mannschaft auf und überspringt die „lebenden Hindernisse", um sich an seinem Platz gleich wieder hinzulegen. Der Spieler Nr. 2 folgt sofort, dann der Spieler Nr. 3 usw., bis alle Spieler an der Reihe waren. Welcher Kreis ist zuerst durch?
Abwandlung der Aufstellung:
a) Jeder zweite Spieler liegt auf dem Bauch, die anderen bilden „Winkelliegestütztore", so daß die „lebenden Hindernisse" im Wechsel übersprungen und durchkrochen werden müssen.
b) Die Spieler stellen sich in Linien auf. Platzveränderung berechnen! Vom Leistungsstand der Klasse abhängig, können die Spieler auch die Bockstellung einnehmen. Dann sind die Abstände entsprechend größer zu bemessen (Wanderbock).
Lebende Brücke: Die sechs bis acht Spieler jeder Mannschaft stellen sich dicht hintereinander in Bockstellung auf, so daß sie sich jeweils an der Hüfte des Vordermannes festhalten und den Kopf an dessen Seite legen können. Auf Pfiff reitet der letzte Spieler jeder Staffel über seine Brücke hinweg und reiht sich vorn an. Der nächste Spieler startet, wenn sein Vorgänger niedergesprungen ist. Welche Brücke ist zuerst fertig?
Die Spieler können auch nach Überqueren der Brücke bis zu einem bestimmten Mal laufen und dort warten. Dabei wird die Brücke aber immer kürzer, bis der letzte Spieler keinen Bocksprung mehr auszuführen braucht. In diesem Falle wechseln wir im zweiten Durchgang die Reihenfolge der Spieler.
Stollenvortreiben: Jetzt stehen die Spieler dicht hintereinander im Grätschstand, und es gilt, durch die Beintore zu kriechen.

2.2.4.2. Platzwechselstaffeln

Zubringerstaffel: Der Spieler Nr. 1 jeder Staffel läuft um ein Wendemal und zurück zu seiner Mannschaft. Er faßt den Spieler Nr. 2 an und läuft mit ihm zum Wendemal. Hier bleibt Spieler Nr. 1 stehen, während Spieler Nr. 2 zurückläuft, um Nr. 3 abzuholen und dann auch am Wendemal zu bleiben, usw. Welche Mannschaft steht zuerst auf der anderen Seite?
Wettwanderspringen: Diese Form eignet sich nach Lohmann (vgl. S. 132) für die leichtathletische Sprungschulung. Die Wettkämpfer stehen in Reihe hinter einer gemeinsamen Startlinie. Die ersten jeder Mannschaft beginnen den Wettkampf mit einem Dreifachsprung aus dem Stand (links — rechts — links und Landung auf beiden Beinen). Wo der erste Springer landet, wird eine Markierung gezogen. Von dort springt der nächste Springer. Das wird so fortgesetzt, bis alle Wettkämpfer an der Reihe waren. Sieger ist die Mannschaft, die insgesamt die weiteste Strecke zurückgelegt hat.
Platzwechselstaffel mit Ball: Mit dieser Form leiten wir bereits zur nächsten Gruppe,

den Staffeln mit Geräten und Bällen, über. Die Mannschaften stehen in Reihe. Auf ein Zeichen des Spielleiters läuft der Spieler Nr. 1 jeder Mannschaft mit seinem Ball bis hinter eine 6 bis 10 m entfernte Linie. Dort dreht er sich sofort um und wirft oder stößt den Ball dem nächsten Spieler seiner Mannschaft zu. Dieser läuft nun ebenfalls zur gegenüberliegenden Seite. Der Vorgang wiederholt sich solange, bis schließlich die ganze Mannschaft auf der anderen Seite hinter der Linie steht.

2.2.5. Staffeln mit Geräten und Bällen

Zur Begriffserklärung sei vorausgeschickt, daß zu den Staffeln mit Geräten und Bällen nur die Formen zählen, bei denen der Lauf das bestimmende Element ist, während Geräte und Bälle lediglich zum Erschweren der Aufgabe mitgeführt werden. Die Spielformen, bei denen der Ball wandert, sind Wettwanderballformen (vgl. S. 211 ff.), die dem Kapitel „Ballspiele" zugeordnet wurden.

Im strengen Sinne bilden die Staffeln mit Geräten und Bällen gar keine eigene Gruppe, sondern können jeweils den Umkehr-, Pendel- und Rundlaufstaffeln zugeordnet werden. Um aber dort Wiederholungen zu vermeiden, führen wir für alle Staffeln zusammengefaßt einige Beispiele an, die weiterentwickelt die Staffeln wesentlich bereichern, beleben und freudvoller gestalten. Die hauptsächlichsten Abwandlungsmöglichkeiten hinsichtlich des Einschaltens von zusätzlichen Geräten und der Wurfarten können wiederum aus der Abbildung 9 entnommen werden.

Omnibus: Die Mannschaften treten paarweise in Doppelreihe an. Das erste Paar steht in einem Kastenteil, nimmt diesen auf ein Zeichen auf, läuft um ein Mal herum und zum Ausgangsplatz zurück. Der Kasten wird hinter die Startlinie (oder zur besseren Kontrolle auf eine Matte!) gestellt, und die nächste Besatzung steigt ein. Von welcher Mannschaft sind zuerst alle Spieler gelaufen?

Stabhüpfen (Gras mähen): Die Mannschaften stehen in Doppelreihe. Die ersten beiden Spieler haben ein Seil oder einen Stab, das (den) sie unter den Füßen der hochspringenden Spieler nach hinten ziehen. Einer der beiden stellt sich dann hinten an, der andere läuft schnell nach vorn und zieht mit dem folgenden Spieler das Seil oder den Stab hindurch usw. Welche Mannschaft steht zuerst wieder in der alten Aufstellung?

Mit einem **Sandsäckchen hüpfen:** Jeder Mannschaftserste hat ein Sandsäckchen zwischen die Füße geklemmt, das er dem nächsten Spieler übergibt.

Tragestaffel: Ein Spieler wird von zwei anderen seiner Mannschaft über die Laufstrecke getragen und dann dem nächsten Paar übergeben. Auch andere zumutbare Lasten können von einzelnen Spielern oder paarweise getragen werden.

Ballhüpfen: Ein kleiner Medizinball wird zwischen die Beine geklemmt (unter jedem Arm kann ein weiterer getragen werden). Der Spieler hüpft nun vorwärts. Als Wendemal kann eine Turnbank dienen, über die hinweggehüpft werden muß.

Zwei große **Medizinbälle werden getragen,** ein Hohlball wird mit den Füßen so vorangetrieben, daß er sich nicht mehr als 2 bis 3 m entfernt.

Dreiballauf: Drei Medizinbälle müssen auf einmal um ein Mal herumgetragen und dem nächsten Spieler übergeben werden. Schwieriger, aber noch freudvoller wird der Dreiballauf durch folgende *Abwandlungen:*

a) Auf einer Turnbank entlanglaufen;

b) zwei umgekippte Turnbänke bilden einen „Schienenstrang", auf dem mit gegrätschten Beinen entlangzulaufen ist;

c) Dreiballauf wird in der Grundform gespielt. Dabei können sich die Spieler aber gegenseitig rempeln, um beim Gegner das

Hinunterfallen der Bälle zu erreichen (Abb. 37). Richtig freudvoll wird diese Form erst, wenn nicht nur der Weg durchlaufen, sondern wirklich der Gegner behindert wird.

Medizinbälle rollen: Zwei oder auch mehrere Medizinbälle werden mit den Händen auf dem Boden entlanggerollt.

Bälle (Keulen) austragen: Drei Bälle (auch Gymnastikbälle) werden von dem Spieler Nr. 1 jeder Mannschaft an vorher markierte Punkte gelegt. Der Spieler Nr. 2 sammelt sie ein, während sie der Spieler Nr. 3 erneut austrägt usw.

Es kann auch so gespielt werden, daß jeder Läufer die drei Geräte nacheinander austrägt und ein anderer sie nacheinander einsammelt. Die Laufstrecke mit den markierten Punkten muß kurz bemessen sein.

Gegenstände vertauschen: Vor jeder Mannschaft wird in 10 m Entfernung ein Kreis, 5 bis 10 m weiter ein zweiter Kreis aufgezeichnet. In jedem Kreis liegt ein Handgerät. Die Läufer müssen die Geräte miteinander austauschen. Dann laufen sie zurück und erteilen dem nächsten Spieler ihrer Mannschaft das Laufrecht.

Balldribbling: Ein Hohlball wird mit einer Hand oder mit beiden Händen geprellt oder auch mit den Füßen gedribbelt. Dem nächsten Läufer darf der Ball nicht zugespielt, sondern er muß über eine Linie „geführt" werden, die wir etwa 2 m vor der Startlinie aufzeichnen.

Abb. 37 Dreiballauf mit Rempeln

Stockballstaffel: Ein Schlag-, Gymnastik- oder Handball wird mit einem Gymnastikstab getrieben. Nachdem die vorgeschriebene Strecke zurückgelegt wurde, müssen Ball und Stab dem nächsten Spieler übergeben werden.

Reifentreiben: Der Reifen kann mit der flachen Hand oder mit einem kleinen Stock getrieben werden.

Hindernisstaffel mit Ball: Hier sollen nur einige Beispiele aus den vielen Möglichkeiten genannt werden. Den Ball durch ein Kastenteil rollen und das Kastenteil überspringen; den Ball über eine etwa 2 m hoch gespannte Schnur werfen und auf der anderen Seite auffangen; mit dem Ball in den Händen eine Rolle vorwärts ausführen, um das Wendemal herumlaufen und den Ball zurückdribbeln.

Steinstoßstaffel: Im freien Gelände, auf Wanderungen und im Lager macht folgende Leistungsform älteren Spielern viel Freude. Alle Mannschaften haben einen gleich großen und gleich schweren Stein, den der Spieler Nr. 1 jeder Mannschaft ohne Anlauf von der Abwurflinie aus stößt. Von dort, wo der Stein aufschlägt, stößt der nächste Spieler usw. Welche Mannschaft kommt am weitesten?

Achtung! Sicherheitsmaßnahmen nicht vergessen! Alle Spieler befinden sich hinter dem Stoßer; der seitliche Abstand zur nächsten Mannschaft muß groß genug sein!

Bemerkung: Die Staffeln mit Bällen sollten in bezug auf die Vorbereitung der großen Sportspiele sehr variabel gestaltet werden. Zahlreiche technische Elemente lassen sich durch den Staffelwettbewerb bei gleichzeitiger Entwicklung von Schnelligkeitsfähigkeiten auf ihre Stabilität hin überprüfen (Ballführung und Korbwurf im Basketballspiel; Dribbling und Zielstoß im Fußballspiel; richtige Ballführung im Slalomlauf u. a. m.).

Es sei aber darauf hingewiesen, daß bei einer

mangelhaften, noch nicht gefestigten Technik solche Staffelwettbewerbe nicht zweckdienlich sind, da die motorisch unsaubere Ausführung durch das Bestreben nach Schnelligkeit noch gefördert wird.

2.2.6. Lustige Staffeln

Die lustigen Staffeln ließen sich durchaus auch in die bereits erwähnten Staffelformen einordnen. Sie werden vorwiegend durch Gewandtheit und Geschicklichkeit entschieden, wobei es meist viel Spaß gibt. Wir fassen sie der Übersicht wegen zu einer gesonderten Gruppe zusammen, da sie sich sehr gut für gesellige Zusammenkünfte aus unterschiedlichen Anlässen für alle Altersgruppen eignen und auf „Anhieb" zu finden sein sollen.

Die Zahl der lustigen Staffeln ist sehr groß, und wir können deshalb nur Anregungen geben, die den Verhältnissen und dem Alter der Teilnehmer entsprechend abgewandelt und gestaltet werden müssen. Hier sind einige Beispiele:

a) Alle Spieler ziehen ihre Schuhe aus und stellen sie neben sich. Mit dem Startzeichen zieht der Spieler Nr. 1 jeder Mannschaft seine Schuhe an und läuft los. Wer seine Schuhe unterwegs verliert, muß sie wieder anziehen, um weiterlaufen zu können. Erst nach dem Handschlag darf der nächste seine Schuhe anziehen und starten.

b) Am Wendemal (bei Pendelstaffeln in der Mitte der Laufstrecke) werden Wäscheleinen gespannt (an Sprungständern befestigen oder zwei Spieler halten sie). Darunter liegen zwei vierfach zusammengelegte kleine Tücher. Die Läufer Nr. 1 jeder Mannschaft haben die „Wäsche" aufzuhängen, die nächsten nehmen sie ab und legen sie ordentlich zusammen usw.

c) Auf jeder Laufstrecke stehen zwei Gefäße. In einem liegen abgezählt Kastanien und Eicheln. Die Läufer Nr. 1 sammeln die Kastanien heraus und legen sie in das andere Gefäß, die Läufer Nr. 2 schütten wieder alles zusammen.

d) Einige Bekleidungsstücke (Hut oder Mütze, weite Jacke oder Hose) liegen vor jedem Mannschaftsersten. Auf Pfiff zieht er sich an, erst dann darf er ablaufen. Wer die Kopfbedeckung unterwegs verliert, muß sie wieder aufsetzen, um weiterlaufen zu dürfen. Beim Umziehen sind nur der ankommende und der als nächster laufende Spieler beteiligt.

e) Das **Sackhüpfen**, bei dem die Läufer die Strecke in einem Sack hüpfend zurückzulegen haben, ist überall bekannt.

f) Anfertigen von Zeichnungen: Eine Tafel (oder ein Stück Pappe) wird etwa 10 m vor jeder Mannschaft aufgestellt, daneben liegt ein Stück Kreide. Die Mannschaften erhalten nun die Aufgabe, einen Mann (Haus, Schwein, Elefanten) zu zeichnen, an dem jeder Läufer nur einen bestimmten Teil ausführen darf. Neben der schnellen Ausführung kann ihre Güte mit Pluspunkten belohnt werden. Der Spielleiter kann auch ein Wort aussuchen, dessen Buchstaben der Anzahl der Läufer in jeder Gruppe entspricht, zum Beispiel Sportfest — neun Teilnehmer, und jeder hat einen Buchstaben zu schreiben. Es kann aber auch eine aktuelle Losung sein, die zur sportlichen Betätigung auffordert.

g) Beim **Zwei-Deckel-Lauf** erhält der Läufer Nr. 1 jeder Mannschaft zwei Pappdeckel, die so groß sein müssen, daß man mit beiden Füßen auf einem Deckel stehen kann. Abwechselnd werden die Deckel vorgelegt, um so, nur auf die Deckel tretend, die kurze Laufstrecke zurückzulegen.

h) Der erste Läufer jeder Mannschaft hat ein kleines Brett, auf dem ein Ball liegt. Die Laufstrecke soll so schnell wie möglich zurückgelegt werden, ohne daß der Ball hinunterfällt. Das „Tablett" wird anschließend dem nächsten Spieler übergeben.

i) Das **Stelzenlaufen** wird schnell erlernt und kann dann gut als Staffelspiel verwandt werden. (An etwa 2 m langen, möglichst runden Stangen werden in 30 bis 50 cm Höhe Holzklötzchen als Standfläche für den Fuß befestigt.)
k) Mit Hilfe einer Rutschunterlage (z. B. Scheuertuch) können einmal die Spieler im Sitzen oder auf den Knien schiebend eine Strecke zurücklegen, zum anderen können durch Partnerzuordnungen verschiedene Formen des Ziehens und Schiebens ausgewählt werden (entweder Handfassung oder Hinzunahme eines Sprungseils).

2.3. Platzsuchspiele

Der Name dieser Gruppe kennzeichnet bereits den Spielgedanken ihrer einzelnen Formen. Da bei diesen spielerischen Wettläufen immer ein oder einige Plätze zahlenmäßig weniger sind als Spieler, versucht jeder, einen Platz zu bekommen, um nicht zum Spaß aller leer auszugehen. Platzsuchspiele sind sehr freudvoll und werden von Kindern und Erwachsenen gleichermaßen gern gespielt. Wir haben, ohne eine weitere Unterteilung dieser Gruppe, die Spiele so angeordnet, daß zuerst die Spiele beschrieben werden, bei denen nach festen Malen und Plätzen gelaufen wird. Das sehr ausbaufähige Spiel „Komm mit! — Lauf weg!" bildet in dieser Gruppe zweifellos einen Höhepunkt. Dann folgen einige Formen, in denen der Platz durch einen Mitspieler ersetzt wird beziehungsweise sich die Spieler beim Durcheinanderlaufen zusammenfinden müssen.
Wenn auch in den meisten Platzsuchspielen immer nur wenige Spieler gleichzeitig in Bewegung sind, so sind diese Spiele doch sehr lebhaft. Da nur kurze, schnelle Läufe ausgeführt werden, können bei nicht zu großer Spielerzahl alle Teilnehmer mehrmals an die Reihe kommen. Der organkräftigende Lauf kann durch Veränderung der Fortbewegungsart und Einschalten von Sonderaufgaben noch wirksamer gestaltet werden. Daneben dienen alle Formen der Verbesserung der Reaktionsfähigkeit, wodurch sie besonders wertvoll sind.
Die meisten Spiele dieser Gruppe erlauben eine Stärke bis zu zwanzig Mitspielern. Wählen wir die doppelte Kreisform oder die Sternaufstellung, dann kann eine noch größere Spielerzahl beschäftigt werden. Ebenso ist bei den an keine bestimmte Aufstellungsform gebundenen Spielen (Das Schiff geht unter, Freunde suchen u. a.) eine recht große Teilnehmerzahl möglich.
Bei einigen Spielen, bei denen mehrere Spieler ohne Platz bleiben können (Omnibus, Hundehütte u. a.), empfiehlt sich eine Punktwertung.

Wechselt das Bäumelein!

Spielerzahl: 6 bis 12
Die Spieler verteilen sich unregelmäßig auf dem Spielfeld mit etwa 3 bis 5 m Abstand

Abb. 38 Wechselt das Bäumelein!

voneinander. Jeder zeichnet deutlich um sich einen kleinen Kreis. Diese Kreise sollen die „Bäume“ sein. Ein überzähliger Spieler in der Mitte ruft: „Wechselt das Bäumelein!“, worauf alle Spieler ihren Kreis verlassen (Abb. 38), um sich einen neuen Platz zu suchen. Aber auch der Mittelspieler läuft mit! So geht am Ende dieses Platzsuchens ein Spieler leer aus, der dann als Mittelspieler den nächsten Spielgang eröffnet.

Stehen ausreichend Bäume auf dem Spielgelände, oder sind wir im Wald oder in Parkanlagen, so beziehen wir, wie es der Spielname sagt, die Bäume ein. Auf einer Rasenfläche werden Malstangen oder Stöcke verwandt.

Dieses einfache Platzsuchspiel, das die sechs- bis siebenjährigen Kinder schon spielen, ist mit verschiedenen *Abwandlungen* möglich:

Veränderung der Fortbewegungsart: Hüpfen auf einem oder beiden Beinen, Laufen auf allen vieren und anderes mehr.

Veränderung der Ausgangsstellung: Hocken oder Sitzen im Kreis.

Veränderung durch Gruppenbildung: Sind zu wenig Bäume auf unserem Spielplatz vorhanden, so stehen an einem Baum zwei oder auch drei Spieler. Hierbei darf der Platz nicht zu eng sein. Diese Form erschweren wir, indem die Gruppen beim Wechseln nicht zusammenbleiben dürfen. Jeder Spieler muß sich also einen anderen Baum und einen anderen Partner suchen. Auch das Spiel mit zwei Mittelspielern ist möglich.

Kämmerchen vermieten

Spielerzahl: 6 bis 12

Die Spielanordnung entspricht dem vorher beschriebenen Spiel. Der Spielverlauf ändert sich in der Form, daß nicht alle „Bewohner“ auf einmal die Plätze tauschen, sondern jeweils zwei zum „Umziehen“ aufgerufen werden. Das geht so vor sich:

Nachdem *alle* Spieler durchgezählt haben, ruft der Mittelspieler: „Es vermieten die Kämmerchen drei und acht!“, worauf die entsprechenden Spieler laufen müssen. Inzwischen versucht aber auch der Mittelspieler, eins der beiden Kämmerchen zu besetzen. Gelingt es ihm nicht, so muß er sein Glück noch einmal versuchen und ein neues Paar aufrufen.

Abwandlungen:

a) **„Werkstatt vermieten“** wird in der gleichen Weise gespielt, doch hat sich jeder Spieler ein Handwerk ausgewählt, bei dessen Nennung er die Werkstätten tauschen soll. Weiterer Verlauf wie oben.

b) **„Die Reise“** wird diese Spielform dann genannt, wenn Städtenamen verteilt wurden. Jetzt fragt der Mittelspieler einen anderen Spieler: „Wohin soll ich reisen?“ und erhält zum Beispiel die Antwort: „Von Leipzig nach Rostock!“ Weiterer Verlauf wie oben. Beide Abwandlungen erfordern die volle Aufmerksamkeit der Spieler, sie sollten nur in kleinen Gruppen gespielt werden.

c) **„Kämmerchen vermieten“** wird noch wertvoller, wenn die Bewohner nicht zum „Umziehen“ aufgefordert werden, sondern dieses nach eigenem Ermessen tun. Während sich der Mittelspieler jemandem zuwendet, um zu erfragen, ob ein Kämmerchen zu vermieten sei, passen die anderen eine günstige Gelegenheit zum Platzwechsel ab. Ein fließender Spielverlauf kommt hierbei nur zustande, wenn wagemutig gespielt wird. Bleibt ein Mittelspieler mehrere Male erfolglos, so greift der Spielleiter mit dem Ruf: „Alle ziehen um!“ helfend ein.

d) Die Abwandlungen des oben beschriebenen Spiels „Wechselt das Bäumelein!“ sind ebenfalls möglich.

Wer hat kein Haus? (Den letzten beißen die Hunde!)

Spielerzahl: 10 bis 30

Auf dem Spielfeld liegen in beliebiger Anordnung Gymnastikreifen, oder es sind kleine Kreise gezogen worden, jeweils einer weniger als Teilnehmer an der Zahl. Alle Spieler laufen in schnellem Tempo außen um das Feld herum oder auch durcheinander. Sobald das Signal des Spielleiters ertönt, sucht sich jeder ein „Haus" und setzt sich darin nieder. Ein Spieler bleibt übrig. Er muß das nächste Mal schneller sein.

Abwandlungen:

a) Man kann mit Punktwertung spielen, wenn vier bis sechs Häuser weniger vorhanden als Spieler beteiligt sind. Wer kein Haus erreicht, erhält einen Minuspunkt. Wer geht bei Spielende ohne Minuspunkte aus? Hier kann es mehrere Sieger geben.

b) Jedes Haus darf von zwei Spielern bezogen werden (entsprechend weniger Reifen oder Kreise).

c) Nach dem Motto „Den letzten beißen die Hunde!" muß der übriggebliebene Spieler ausscheiden. Daraufhin wird ein Reifen entfernt, und es geht weiter. Bei einer großen Gruppe wird das Spiel nach dem Ausscheiden von sechs bis acht Spielern beendet, um wieder neu zu beginnen, während man bei einer kleinen Gruppe auch so lange spielen kann, bis nur noch einer als Sieger übrigbleibt.

d) Man kann auch so spielen, daß jeder Ausgeschiedene nur einen Spielgang pausiert und immer von dem nächsten abgelöst wird.

e) Wer ein Instrument spielen kann, läßt die Kinder nach Musik laufen. Das plötzliche Verstummen der Musik ist das Zeichen zum Platzsuchen (auch Tamburin verwenden).

f) Sind die Kreise oder Gymnastikreifen zu einem großen Kreis angeordnet, so läuft der „überzählige" Spieler im Slalomlauf um die markierten Kreise. Dabei berührt er beliebig viele Mitspieler, die sich ihm als Kette anschließen müssen. Auf ein Signal des Spielleiters löst sich die Kette, und jeder versucht, einen Kreis zu besetzen.

g) Schließlich können wiederum die Fortbewegungsformen verändert werden.

Omnibus

Spielerzahl: 12 bis 40
Spielgeräte: Kastenteile

Auf einer gedachten Kreislinie werden mehrere Kastenteile aufgestellt — die „Omnibusse". Die „Fahrgäste" laufen (hüpfen) um den Kreis und nehmen auf ein Zeichen ihre Plätze ein. Jeder „Omnibus" nimmt aber nur eine bestimmte Anzahl von „Fahrgästen" mit — zwei, drei oder vier —, was vorher laut bekanntgegeben werden muß. Die vorhandenen Plätze richten sich nach der Größe der Spielgruppe und der Anzahl der Kastenteile.

Die Kinder haben an den Bewegungsaufgaben an sich schon Freude. Noch reizvoller ist es, mit Verteilen von Minuspunkten zu spielen, was sich empfiehlt, wenn jeweils mehrere Kinder keinen Sitzplatz erhalten.

Anmerkung: Man kann an dieses Platzsuchspiel auch noch einen Wettlauf anschließen. Jeder vollbesetzte Omnibus darf sofort nach einem vorher angegebenen Ziel starten.

Anstelle der Kastenteile können als „Omnibusse" auch Matten ausgelegt werden.

Wer hat keinen Ball?

Spielerzahl: 10 bis 30
Spielgeräte: Viele Bälle oder Handgeräte

Einzelwettbewerb: Bei den voran beschriebenen Spielen galt es jedesmal, einen Platz aufzusuchen. Diesmal werden Bälle (Keulen, Hanteln oder andere Handgeräte) im Spielfeld

(Kreis) verteilt, und zwar ein Ball (oder mehrere) weniger als Kinder mitspielen. Die Spieler laufen oder hüpfen in einem großen Kreis. Wenn das Zeichen des Spielleiters kommt, versucht jeder, ein Gerät zu erobern. Damit begibt er sich wieder nach außen, um im Kreis weiterzugehen. Wer keinen Ball hat, bekommt einen Minuspunkt. Dann werden die Bälle wieder ins Spielfeld gelegt, und ein neuer Durchgang beginnt.

Die Bälle können auf verschiedene Art und Weise verteilt liegen:

— beliebig im Feld, mindestens aber mit 3 m Abstand von der großen gedachten Kreislinie, auf der die Spieler laufen;

— in einem Mittelkreis von etwa 4 m Durchmesser oder auf dessen Linie;

— sie begrenzen die *große* Kreislinie, die umlaufen wird. Hier muß auf schnelles Tempo geachtet werden.

Gruppenwettbewerb: Die erzieherisch wertvollen Gruppenwettbewerbe sollten auch bei den Platzsuchspielen berücksichtigt werden.

— Wir teilen die Spieler in vier zahlenmäßig gleich starke Gruppen ein. Die Ecken eines quadratischen Spielfeldes (vgl. Abb. 23, Nummernwettlauf in Gruppen als Verkehrsspiel) werden von je einer Gruppe besetzt. In einem großen Mittelfeld liegen die Bälle, wieder einige weniger, als Spieler beteiligt sind. Auf ein Zeichen des Spielleiters verlassen die Gruppen ihre Ecken und laufen durcheinander um das Mittelfeld herum. Auf das nächste Zeichen holen sie einen Ball aus dem Mittelfeld und kehren damit in die Gruppenecke zurück. Welche Gruppe sammelt die meisten Bälle?

Die *Fortbewegungsart* läßt sich auch hier beliebig verändern. Es kann zum Beispiel mit Bällen, die zwischen die Beine zu klemmen sind, zurückgehüpft werden.

— Die Spieler bilden zwei Gruppen, die sich in Linie mit dem Rücken gegenüberstehen. Zwischen ihnen ist eine etwa 2 bis 3 m breite Gasse markiert, in der so viel kleine Geräte (Keulen, Steine, Bälle) liegen, wie Spieler in *einer* Gruppe sind. Auf ein Signal „marschieren" beide Gruppen vorwärts, sie trennen sich also. Auf ein zweites Signal läuft jeder so schnell, wie er kann, zur Linie zurück und versucht, ein (!) Gerät zu erwischen. Wer kein Gerät erobern konnte, bringt seiner Gruppe einen Minuspunkt ein. Die Gruppe gewinnt, die nach mehreren Läufen die wenigstens Minuspunkte hat.

Das Schiff geht unter

Spielerzahl: 20 bis 30

Die Spieler stehen hinter einer Linie oder laufen in freier Form umher. Auf den Ruf des Spielleiters: „Das Schiff geht unter! Rette sich wer kann!" versuchen alle Spieler, den angegebenen Platz (zum Beispiel eine Turnbank) rechtzeitig zu erreichen. Wer sich zuletzt rettet — es können auch die letzten zwei oder drei sein —, erhält einen Minuspunkt. Wer ist nach mehreren Läufen ohne Punkte?

In einer kleinen Spielgruppe kann der jeweils letzte auch ausscheiden, so daß nach einer bestimmten Zeit nur noch ein Spieler übrigbleibt. Bei jedem Durchspiel wird ein anderes Gerät benannt.

Beachte: Bei einer großen Spielerzahl zu Beginn Geräte benennen, auf denen viele Spieler Platz finden (Sprossenwände, Gitterleitern, Matten u. a. m.).

Abwandlungen:

a) In der Halle stehen die Turngeräte unregelmäßig verteilt. Jedes Gerät darf aber nur von einer bestimmten Spielerzahl besetzt werden. Insgesamt sind zwei bis vier Plätze weniger zu vergeben, als Spieler an der Zahl sind. Auf ein Zeichen des Spielleiters müssen sich die durcheinanderlaufenden Spieler „Rettungsboote" suchen. Wer übrigbleibt, erhält einen Minuspunkt.

b) Folgende Spielweise führt zu einem kombinierten Platzsuch-Haschespiel: Auf jedem Gerät sitzt eine vorher bestimmte Anzahl von Spielern. In der Mitte befindet sich ein Spieler, der Häscher. Auf sein Zeichen zum Platztauschen haben alle Spieler die Geräte zu wechseln, wobei jedes Gerät wieder nur von der geforderten Anzahl besetzt sein darf. Dabei versucht der Häscher, einen abzuschlagen, um abgelöst zu werden.

Der Plumpsack geht um! (Eins, zwei, drei, ins faule Ei!)

Spielerzahl: 8 bis 15
Spielgerät: Plumpsack (zusammengeknotetes Spielband, Tuch oder ein Turnschuh)
Die Spieler sitzen im Innenstirnkreis bis auf einen, der mit einem Plumpsack um den Kreis läuft (geht) und ihn dabei etwas versteckt hält. Möglichst unauffällig läßt er ihn hinter einem Spieler fallen. Bemerkt dieser es doch, so springt er auf, um damit den ehemaligen Plumpsackträger einzuholen und mit „tüchtigen Schlägen" zu treiben. Wer von den beiden zuerst an dem leeren Platz ist — meist ist es der Plumpsackläufer —, setzt sich nieder, und der Überzählige geht nun mit dem Plumpsack um den Kreis.
Wenn ein Kreisspieler den hinter ihm liegenden Plumpsack nicht bemerkt und der Läufer einmal im Kreis herum und wieder bei ihm angekommen ist, so klopft er dem „Schläfer" auf die Schulter. Er schickt ihn mit den Worten: „Eins, zwei, drei, ins faule Ei!" in die Kreismitte, wo er so lange bleiben muß, bis er durch den nächsten unaufmerksamen Spieler abgelöst wird.
Bemerkung: In einigen Gegenden unserer Heimat wird, während der Plumpsackträger im Kreis herumläuft, von den Kreisspielern gesprochen oder gesungen: „Dreht euch nicht um, der Plumpsack geht um! Er geht um den Kreis, daß niemand es weiß! Und wer sich umdreht oder lacht, bekommt den Buckel voller Schacht!"

Komm mit! — Lauf weg!

Bei dem schon beschriebenen Plumpsackspiel wurde ein Kreisspieler möglichst unauffällig zum Wettlauf aufgefordert. Jetzt erhält er dagegen einen Schlag und dazu die Aufforderung „Komm mit!" oder „Lauf weg!", worauf er schnell zu reagieren hat. Infolge zahlreicher Abwandlungen ist „Komm mit! — Lauf weg!" vom Vorschulalter an in allen Altersstufen durchführbar.
Spielerzahl: 7 bis 13
Spieleraufstellung: Einfacher Innenstirnkreis
Die Spieler bilden mit weiter Handfassung einen Kreis und lassen dann die Hände los. Ein Spieler, der Schläger, läuft außerhalb des Kreises herum und gibt einem im Kreis Stehenden einen leichten Schlag auf die Schulter mit dem Ruf: „Komm mit!" oder „Lauf weg!" Dieser folgt entweder dem davoneilenden Herausforderer oder läuft in entgegengesetzter Richtung, und es beginnt der Wettlauf nach dem freigewordenen Platz. Wer dort zuletzt ankommt, muß die Rolle des Schlägers übernehmen.
Diese einfache Form wird schnell verstanden und kann durch vielfältige Variationen immer wieder aufs neue begeistern.
Veränderung der Fortbewegungsart: Vierfüßlerlauf, verschiedene Hüpfformen, Entengang.
Die Art der Fortbewegung wird vorher durch den Spielleiter bestimmt. Sie kann aber auch in bunter Folge von den Schlägern selbst angesagt werden.
Veränderung der Ausgangsstellung: Hockstand, Schneidersitz, Bankstellung vorlings, Bauchlage, Stehen mit Handfassung.
Veränderung des Laufweges: Slalomlauf (-hupf)

um die Kreisspieler, Hindernislauf über die in Bauchlage (für ältere Spieler Bankstellung) befindlichen Kreisspieler.

Einschalten von Sonderaufgaben:

— In der Mitte des Kreises steht ein Kasten oder Bock, auf den die Platzsuchenden nach ihrem Lauf um den Kreis hinaufzuklettern haben (Stand, Sitz). Das gibt einen kleinen Wettkampf für sich mit Überraschungen. Der Sieger eilt zur Kreislücke zurück, sobald der Verlierer wieder zu laufen beginnt.

— Bei „Guten Morgen, Herr ...!" laufen die Platzsuchenden von vornherein nur in entgegengesetzter Richtung. Bei ihrer Begegnung können sie folgende Sonderaufgaben erfüllen: Die Hände reichen zur Begrüßung; die Hände reichen und einen Moment niedersetzen; sich einhängen, eine ganze Drehung umeinander ausführen und weiterlaufen.

Veränderung der Aufstellungsform:

— Aufstellung im Doppelkreis

Spielerzahl: 13 bis 31

a) Innenstirnkreis; jetzt laufen beide angetippten Spieler dem Schläger hinterher oder in entgegengesetzter Richtung, so daß jeweils drei Spieler auf Platzsuche sind.

b) Kreisgasse; die Spieler stehen paarweise zueinander. Der Schläger läuft durch die Kreisgasse, um von hier aus ein Paar zum Wettlaufen herauszufordern.

— Aufstellung in Sternform

Spielerzahl: 13 bis 31

Bei einer großen Spielergruppe empfiehlt sich die Aufstellung in Sternform, da hier mehrere Reihen mit je drei, vier oder auch fünf Spielern auf der Kreisbahn stehen können. Der Schläger gibt dem letzten Spieler der Reihe mit dem Ruf „Komm mit!" oder „Lauf weg!" einen Schlag. Dieser hat ihn gleich an seinen Vordermann weiterzuleiten usw. Alle laufen dann um den Kreis. Wer den freigewordenen Platz zuletzt erreicht, wird neuer Schläger. Neben den Veränderungen der Fortbewegungsart und der einfachen Ausgangsstellung können

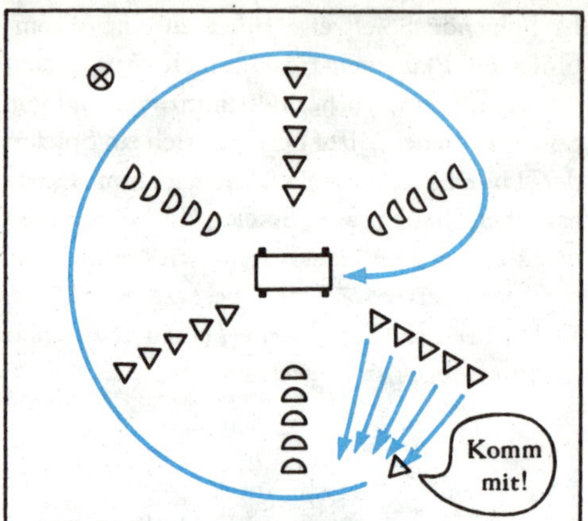

Abb. 39 Komm mit! — Lauf weg! Mit Einbeziehung von Geräten

bei diesem Platzsuchspiel in Gruppen noch folgende Varianten angewandt werden:

a) Der Spieler Nr. 1 jeder Reihe bestimmt die Laufrichtung, so daß der Schläger nach seinem Ruf „Lauft!" erst einmal warten muß.

b) Sehr spaßig wird die in a) beschriebene Spielweise, wenn der Spieler Nr. 1 der Reihe vor dem Ablauf zwei oder drei Übungen ausführt, die erst von allen anderen — auch vom Schläger — nachgemacht werden müssen. Da es hierbei zu kleinen Spielverzögerungen kommt, empfiehlt sich nur die Aufstellung in Kreuzform.

c) Alle Läufer haben, bevor sie ihren Platz aufsuchen, drei Schläge auf die Hände von verschiedenen Mitspielern auszuteilen.

d) Alle Läufer haben ein vorher bestimmtes Mal aufzusuchen. Es kann auch ein Gerät überklettert werden.

e) Ein Pferd oder Kasten steht in der Kreismitte (Abb. 39). Jeder der laufenden Spieler versucht, das Gerät als erster zu erreichen.

f) Die Gruppen sitzen oder stehen auf Turngeräten. Hier kommt es neben dem Lauf auch zu einer lustigen „Kletterpartie". Die kleine Mühe des Geräteaufbaus wiegt die Freude an dieser Spielform auf.

Bemerkungen: Bei der Einführung dieses Spiels mit Kindern erleichtern wir die Spielweise zuerst dahingehend, daß dem Schläger nur nachgelaufen wird oder die Läufer sich zu ihm in entgegengesetzter Richtung bewegen, um später dann „Komm mit!“ und „Lauf weg!“ in überraschendem Wechsel zu spielen.
Achte darauf, daß das Auffordern der Läufer in flottem Wechsel erfolgt. Dadurch schult das Spiel die Aufmerksamkeit sowie schnelles Reagieren, und es entstehen für alle Spieler keine großen Wartezeiten.
Für alle großen Sportspiele wird es gern zur Verbesserung der Reaktionsfähigkeit ausgewählt. Darüber hinaus kann es zur Schulung sportlicher Fertigkeiten derart umgestaltet werden, daß die Spieler dribbelnd die Gruppen umlaufen. Entweder besitzt jeder einen Ball oder es liegen welche in der Kreismitte bereit. Im Eishockeyspiel kann es außerdem zum Üben der Kurventechnik (Schlittschuhlaufen) verwandt werden, denn schnelles Antreten und dauerndes Übersetzen sind erforderlich, um als erster den freien Platz einzunehmen.
Das folgende „Brückenbauen“ ist diesem Spiel bei Aufstellung im Doppelkreis sehr ähnlich. Es ändert sich dahingehend, daß der Schläger von vornherein einen „Freiplatz“ hat und nur das aufgeforderte Paar zum Platzsuchen ausläuft.

Brückenbauen

Spielerzahl: 15 bis 35
In der Kreisgasse stehend reichen sich die Spieler paarweise beide Hände und halten die Arme hoch, um somit Brücken zu bauen. Ein Spieler läuft durch die Kreisgasse, tippt ein Paar an, das daraufhin in getrennten Richtungen die Brücke durchläuft (er selbst bleibt stehen), um schnell einen der freigewordenen Plätze einzunehmen. Wer zuerst ankommt, reicht dem dort wartenden Läufer die Hände, während der zuletzt Ankommende ein anderes Paar anschlagen muß.
Abwandlungen:
Veränderung der Fortbewegungsart: Hüpfen auf einem Bein, Galopphüpfen seitwärts und anderes mehr.
Veränderung des Laufweges: Die Paare im Kreis bilden abwechselnd eine Brücke und einen kleinen Zaun (im Hockstand zugereichte Hände). Die Platzsuchenden müssen dann im Wechsel durch die Brücke laufen und über den Zaun springen. Nicht vergessen, die Rollen der „Zäune“ und „Brücken“ zu tauschen!

Kreishüpfen

Spielerzahl: 8 bis 12
Nachdem die Spieler mit Handfassung einen großen Innenstirnkreis gebildet haben, lösen sie die Hände. Jeder zeichnet deutlich um seine Füße herum einen kleinen Kreis. Ein Spieler muß sich jetzt in die Mitte des großen Kreises stellen. Sofort wird sein Platz durch Schlußhüpfen von einem seiner Nachbarn besetzt. Während der Mittelspieler nun versucht, wieder einen kleinen Kreis zu besetzen, hüpfen seine Mitspieler ständig auf die leeren Plätze, um dieses zu verhindern. Sobald er jedoch einen Platz gefunden hat, muß ihn derjenige ablösen, der den Kreis verließ.
Der Spielleiter sollte anfangs einen recht flinken Spieler in die Mitte schicken.
Abwandlungen:
a) Man kann den platzsuchenden Spieler auch außerhalb des Kreises herumlaufen lassen. Dann steht er zu Beginn des Spiels seinem kleinen verlassenen Kreis in angemessener Entfernung gegenüber. Jetzt müssen die Kreisspieler sehr auf der Hut sein und die richtige Taktik des Kreishüpfens (entgegengesetzt zur Laufrichtung) erkunden! Hier

sollte der Spielleiter ruhig einmal mitspielen!
b) Bei einer größeren Spielerzahl (14 bis 20) können auch zwei kleine Kreise leer stehen. Das erfordert von den Kreisspielern mehr Übersicht und schnelles Reagieren. Es befinden sich dann auch zwei Spieler in der Mitte.

Einfache Partnersuchspiele

Spielerzahl: 15 bis 35
— Alle Spieler finden sich paarweise zusammen und reichen sich die Hände. Die Paare verteilen sich beliebig auf dem Spielfeld, halten aber etwa 4 m Abstand voneinander. Ein überzähliger Spieler fordert zum Wechseln auf, wobei die Spieler der nebeneinander stehenden Paare nicht miteinander tauschen dürfen. Auch der einzelne Spieler versucht nun, einen Partner zu bekommen, so daß in der Regel ein anderer überzählig ist, der dann das Wechseln anordnet.
Es können verschiedene Arten der Fortbewegung angewandt werden.
— Aufstellung der Spieler wie vorher. Der einzelne Spieler stellt verschiedene Bewegungsaufgaben, die von den Paaren auszuführen sind. Er ruft zum Beispiel: „Alle hinsetzen!" (hinlegen, knien, Rücken an Rücken stellen und einhaken).
Erfolgt aber der Ruf: „Partnerwechsel!", so geht das lustige Suchen los, und der dann überzählige Spieler gibt die neuen Anweisungen (schöpferische Arbeit der Kinder anregen).
— Die Spieler stehen im doppelten Innenstirnkreis, wobei die Kreisinneren mit weiter Handfassung Tore bilden. Auf das erste Zeichen des Spielleiters laufen die äußeren und ein überzähliger Spieler (es können auch zwei oder drei sein) um den Kreis, um bei dem zweiten Zeichen durch die Tore zu schlüpfen und sich vor einen Partner zu stellen. Ein Spieler bleibt übrig, der mit den nun Außenstehenden sein Glück versucht. Unterdessen haben die Kreisinneren sich an den Händen gefaßt und wieder einen großen Kreis gebildet.
— Zwei Flankenkreise — ein innerer und ein äußerer — bewegen sich in entgegengesetzter Richtung, wobei sich in dem äußeren ein (auch zwei oder drei) Spieler mehr befindet. Wenn das Zeichen des Spielleiters kommt, versuchen die Spieler des Außenkreises sich mit einem des Innenkreises zu einem Paar zu vereinen.
Dieses kann durch Handfassung oder Einhängen deutlich gemacht werden. Daraufhin erfolgt Rollentausch beider Kreise, wobei der oder die überzähligen Spieler noch einmal im Außenkreis mitlaufen und diesmal besser auf der Hut sein müssen.
Hinweis: Diese Form macht selbst den älteren Mädchen noch Freude, wenn wir sie mit neuzeitlicher Musik begleiten. Die vereinigten Paare führen dann mit Handfassung eine große Runde Galopphüpfen seitwärts aus.
— Die Spieler gehen paarweise mit Handfassung im Doppelkreis vorwärts. Diesmal befindet sich der überzählige Spieler in der Mitte. Auf seinen Handklapp laufen alle Kreisspieler nach einem vorher benannten Ziel und zurück, um dann mit einem anderen Partner im Kreis weiterzugehen. Wer übrigbleibt, muß in die Mitte.
Abwandlungen: Die Aufmerksamkeit der Spieler erhöhen wir in den letzten drei Formen, wenn sie das Spiel auf einen Handklapp (Pfiff, Tamburinschlag) in der vorher gewohnten Art und Weise fortsetzen und die Partner sich erst nach Doppelpfiff zusammenfinden dürfen.
Diese drei genannten Formen können im Gehen, Laufen oder Hüpfen gespielt und auch rhythmisch unterstützt werden.

Abb. 40 Hundehütte

Hundehütte

Spielerzahl: 15 bis 35
Spieleraufstellung: Doppelter Innenstirnkreis
Die Spieler des inneren Kreises befinden sich im Seitgrätschstand, sie stellen die Hundehütten dar. Die Äußeren, bei denen einige Spieler mehr sind als im Innenkreis, laufen um den Kreis herum. Auf ein Signal (Pfiff, Tamburinschlag) des Spielleiters versucht jeder, in eine „Hundehütte" zu kriechen (Abb. 40). Zum Spaß aller bleiben einige Spieler ohne Hütte, die noch einmal mitlaufen müssen, wenn jetzt die Rollen getauscht werden. Bei der Einführung des Spiels ist es ratsam, jeder Gruppe mehrmals hintereinander die gleiche Aufgabe zu belassen.

Abwandlungen:

a) Es kann auch mit Punktwertung gespielt werden. Jeder leer ausgegangene Spieler erhält einen Minuspunkt. Gewonnen haben zum Schluß die Spieler ohne Minuspunkte. Jeder zählt selbst seine Punkte (Erziehung zur Ehrlichkeit!).

b) Das Laufen kann rhythmisch unterstützt werden.

c) Während die „Hundehütten" im Kreis stehen, dürfen die anderen Mitspieler in freier Weise durch den Raum laufen (hüpfen).

d) Die Spieler beider Kreise laufen in entgegengesetzter Richtung. Erst auf ein bestimmtes Signal nimmt der Innenkreis die Seitgrätschstellung ein.

Pferd und Reiter

Dieses Spiel entspricht in der Ausführung und in den Abwandlungen dem vorangegangenen. Doch nehmen hier die Innenspieler — sie sind jetzt die Pferde — die Bankstellung vorlings ein. Die Reiter stellen sich dann auf ein Zeichen mit gegrätschten Beinen darüber.
Ältere Spieler müssen bei den in fester Schrittstellung stehenden „Pferden" in den Huckepack springen.

Von Bank zu Bank

Spielerzahl: 14 bis 20
Wie beim Kreishüpfen geht es auch hier darum, daß die Kreisspieler einen freien Platz früher besetzen als der Platzsuchende.
Es wird mit weiter Handfassung ein doppelter Innenstirnkreis gebildet. Während die Kreisinneren die Bankstellung vorlings einnehmen, stellen sich die anderen im Seitgrätschstand darüber. Ein Spieler verläßt die „Bank" und geht außerhalb des Kreises auf die andere Seite. Das lustige Bankwechseln kann beginnen.
Abwandlung: Die Spieler liegen paarweise im Innenstirnkreis. Ein Spieler steht auf. Um den freien Platz zu besetzen, rollt oder springt ein Nachbar dorthin. Diese Spielform ist besonders freudvoll auf dem Rasen oder am Sandstrand.

Freunde suchen

Spielerzahl: 20 bis 37
Gegenüber den ersten beiden Formen der „Einfachen Partnersuchspiele" wird das „Freunde suchen" dahingehend erschwert und weitergeführt, daß die Spieler sich jetzt aus dem Durcheinandergehen oder -laufen zusammenzufinden haben. Darüber hinaus wird die Anzahl der sich suchenden Spieler erhöht, laufend verändert und die Gruppenbildung durch geforderte Ordnungsformen erschwert. Das geschieht folgendermaßen: Während die Spieler durcheinanderlaufen, haben sie genau auf die Rufe des Spielleiters zu achten. Die aufgerufene Zahl von zwei bis zwölf ist das Signal für die Anzahl der sich suchenden Freunde. Auf den Ruf „Vier!" haben sich jeweils vier Freunde zusammenzufinden. Wer keinen Freund gefunden hat, erhält einen Minuspunkt und muß beim nächsten Mal wachsamer sein; denn zum Schluß stellen wir fest, welche Spieler die meisten Minuspunkte erhalten haben.
Um bei dem Suchen auch gleich Ordnung in die Spielgruppen zu bekommen, sagen wir vorher deutlich an, in welcher Form sie sich zusammenzufinden haben: in Linie, in Reihe, im Kreis. Außerdem können die Spieler stehen, sitzen oder gehen.

Einreihen

Spielerzahl: 20 bis 35
Entgegen dem voran beschriebenen Spiel bilden wir hier von vornherein feste Gruppen mit etwa sechs bis zehn Spielern, die miteinander im Wettbewerb stehen, um die geforderte Ordnungsform schnell und ordentlich einzunehmen. Alle Spieler laufen durcheinander. Auf Pfiff (Zuruf) findet sich jede Gruppe zusammen. Um das Ergebnis korrekt zu ermitteln, sollte eine gestaffelte Punktwertung angewandt werden (siehe Staffeln, S. 128).
Die oft mühselig zu erarbeitenden Ordnungsformen, ohne die ein diszipliniertes und intensives Sporttreiben in Gruppen gar nicht denkbar ist, können so zum Teil in spielerischer Form erarbeitet und geübt werden.

2.4. Haschespiele (Fangspiele, Zeckspiele[23])

Die Haschespiele sind in den vielfältigsten Formen verbreitet. In den verschiedenen Gegenden haben sich für einen gleichen Spielvorgang andere Bezeichnungen herausgebildet, die auch in der Fachliteratur Eingang gefunden haben, so zum Beispiel: Haschen, Fangen, Zeck, Greif(en), Kriegen (Einkriegen).

Der *Spielgedanke* dieser Grundform ist sehr einfach und erfährt auch in den Abwandlungen keine wesentlichen Veränderungen. Der freie Lauf bestimmt den Spieltyp, er ist das Mittel, um den Spielgedanken zu verwirklichen, das heißt *einen anderen Spieler zu verfolgen, um ihn abzuschlagen oder zu fangen.*

Gelingen einfache Formen schon im späten *Vorschulalter,* so bestimmen sie mit vielen Abwandlungen auch noch sehr wesentlich den Inhalt des Sportunterrichts in den ersten Schuljahren. Dafür lassen sich folgende Gründe anführen:

— Der *einfache* Spielgedanke wird schnell erfaßt und entspricht dem geistigen Aufnahmevermögen dieser Entwicklungsstufe.

— Die bewegungsreichen Haschespiele befriedigen voll den ausgeprägten *Spieldrang,* die *Spielfreude* und das *Bewegungsbedürfnis* der Sechs- bis Zehnjährigen.

— Mit vielen sinnvoll gestalteten Formen kann entsprechend der psychischen Struktur des Unterstufenkindes zur Entwicklung seines Vorstellungsvermögens beigetragen werden (Nachahmung von Tierbewegungen, Handwerksbewegungen, Verhaltensweisen, neue Begriffe tauchen auf).

— Durch vielfältige Maßnahmen kann die Dauer der körperlichen Belastungsphase kurz sein, dafür aber oft wiederholt werden, wodurch der notwendige *Wechsel von Belastung und Erholung* gewahrt bleibt.

Später, wenn die Kleinen Spiele nur noch einen bescheidenen Teil des Sportunterrichts bilden, werden Hascheformen gern zur Erwärmung am Stundenanfang, aber auch zum sinnvollen Stundenausklang geplant. Mitunter in die Stunde eingestreut, beleben sie den Unterricht, bringen Freude und Heiterkeit.

Motorik: Beim Vorschulkind und beim Schulanfänger zeigt sich noch das Unvermögen zu motorisch differenzierten Leistungen. Diesem Entwicklungsstand wird der einfache Lauf in den Haschespielen als *natürlichste Bewegungsform* gerecht. Dennoch werden nach und nach in den Haschespielen *Gewandtheit, Geschicklichkeit* und *Zielstrebigkeit* gefordert und entwickelt. Fehlt im Vorschulalter noch das dynamische *Verteilen von Beschleunigung* und *Bremsen der Bewegungen,* so wird es beim Schulanfänger erforderlich, um erfolgreich an den Laufspielen teilnehmen zu können. Plötzlich müssen im Spielverlauf die *Richtung geändert,* der *schnelle Lauf gestoppt,* der *langsame Lauf gesteigert* werden.

Den Häschern oder den Partnern ist durch Wendungen, Sprünge, durch Beugen und Neigen des Körpers *gewandt auszuweichen. Erste täuschende Bewegungen* lassen sich schon beobachten und schulen.

Die Veränderung der Fortbewegungsarten oder irgendwelche erschwerenden Bedingungen sind nicht nur körperlich wirksamer oder dienen einer lebendigeren und freudvolleren Gestaltung, sie sind auch sehr wertvoll für die Entwicklung koordinativer Fähigkeiten der Kinder.

Nach und nach sind sogar *richtige Raumausnutzung,* zweckmäßig gewählte Laufwege, Freilaufen durch schnellen Antritt, Absperren oder Einengen der Läufer festzustellen, womit sich, wenn auch noch unbewußt, die ersten

23. Das meist *Haschen* oder *Fangen* genannte Kinderspiel heißt in verschiedenen Gegenden *Zeck* (mittelhochdeutsch zecken = einen leichten Stoß geben).

Anfänge taktischen Verhaltens für die Sportspiele bemerkbar machen.

Methodische Hinweise: Die *Klassen-* oder *Spielgruppenstärke* ist auch bei den Haschespielen zu berücksichtigen. Kommt man bei kleineren Spielgruppen, etwa bis zu zehn Teilnehmern, mit einem Häscher aus, so sind bei größerer Spielerzahl zwei oder drei Häscher einzusetzen. Wird das Spiel neu eingeführt, so sollte man aber zunächst mit einem Häscher beginnen, um das Spiel besser zu entwickeln. In den jüngeren Altersgruppen kann man den oder die ständigen Häscher mit einem geknoteten Spielband oder -tuch oder einer Armbinde versehen, um sie kenntlich zu machen. Eine andere Form ist die, daß der abgeschlagene Spieler als neuer Häscher zunächst einige Schritte mit erhobenem Arm läuft. Es ist jedoch erforderlich, die Spieler von *vornherein zur genauen Beobachtung des Spielverlaufes* zu erziehen. Die Klasse kann auch in zwei oder drei Spielgruppen aufgeteilt werden, damit Spieler und Schiedsrichter im Spielverlauf immer den Überblick behalten.

In den meisten Fällen wird eine Begrenzung des *Spielfeldes* erforderlich. In kleinen Turnhallen ist sie von selbst gegeben, sonst genügen einfache Markierungen. Auf Plätzen, Wiesen und in den Parks können auch auf den Boden gelegte Gegenstände oder Hecken, Bäume, Wege und anderes mehr als Begrenzung dienen. Wer die Spielfeldgrenze überschreitet, gilt als abgeschlagen und muß den Häscher ablösen. Die Größe des Spielfeldes richtet sich nach der Anzahl der Spieler, aber auch nach der Bildungsabsicht des Spielleiters: Das Feld muß einerseits groß genug sein, um für alle reichlich Auslauf zu gewähren (für 30 Spieler etwa 15 m mal 20 m), es muß andererseits aber auch klein genug sein, um gewandtes Ausweichen, schnelle Wendungen und Richtungsänderungen zu fordern.

Wird mit sehr starken Klassen in kleinen Turnhallen gespielt, so erschwert man zweckmäßig die Fortbewegungsformen (statt Laufen: Schlußhüpfen, einbeiniges Hüpfen, einen Partner tragen usw.).

Bei allen Formen hat sich die Spielregel bewährt: „Widerschlag gilt nicht!"

In den Haschespielen kann *einzeln, paarweise oder auch zu dritt* gefangen oder geschlagen werden. Die einzelnen Häscher beziehungsweise Paare sind aber unabhängig voneinander. Häscher und abgeschlagener Läufer wechseln dabei miteinander ihre Rollen, so daß das Spiel *ohne Unterbrechung* fortgesetzt wird.

Bei einer anderen Spielweise wird der abgeschlagene Läufer ebenfalls zum Häscher (z. B. Kettenhaschen) oder scheidet aus dem Spiel aus (z. B. Saalausräumen), so daß das Spiel sich schließlich auflöst und von neuem begonnen werden muß.

Durch das Ausscheiden der Spieler leidet aber die Intensität des Spielbetriebes. Deshalb kann man folgendermaßen verfahren:

— Die Ausgeschiedenen bilden eine eigene Gruppe und beginnen das Spiel von neuem.

— Sind es nur wenige Spieler, die ausscheiden, so wählt man eine andere bekannte, der Spielerzahl entsprechende Form.

— Es wird nur bis zum Ausscheiden eines Teils oder der Hälfte der Spieler gespielt, um dann mit den so entstandenen zwei Mannschaften mit einem Mannschaftsfangspiel fortzufahren.

Besonders wertvoll sind die Lauf- und Haschespiele, in denen eine möglichst große Spielerzahl gleichzeitig tätig ist und die schon auf die Zusammenarbeit und gegenseitige Hilfe hinzielen (z. B. Hilfezeck, Schneidezeck, Hascheformen, bei denen Gefangene befreit werden); solche Spiele also, von denen Jahn in seiner „Deutschen Turnkunst" wünscht, „daß jeder sich gehörig rührt und keiner müßig feiert".

Andererseits sind aber auch jene Haschespiele nicht wertlos, bei denen die Masse der Spieler ausruhen kann (z. B. Letztes Paar vorbei, Irrgarten, Katze und Maus). Sie werden deshalb nach größeren Anstrengungen oder zum beruhigenden Schluß der Stunde verwandt.

2.4.1. Haschespiele in freier Aufstellung

Freie Aufstellung besagt, daß die Spieler nicht an einen festgelegten Ordnungsrahmen gebunden sind. Innerhalb eines abgegrenzten Feldes laufen sie, wohin sie wollen, es gibt keine vorgeschriebenen Laufwege, auch keine genau fixierten Ziele, die erreicht werden müssen. Selbst wenn sich die Häscher zu Paaren oder Ketten zusammenschließen, bleibt der räumlich ungebundene Spielverlauf erhalten.

2.4.1.1. Grundform und Abwandlungen

Die Grundform des Haschens kann leicht abgewandelt werden und erscheint den Übenden dann im anderen „Gewande" als neues Spiel (siehe auch Übersicht auf den Seiten 60 bis 63). Die erste Möglichkeit besteht darin, daß wir die *Fortbewegungsformen* ändern (Hüpfen, Schlußhüpfen, Vierfüßlergang, Rückwärtslauf, Schubkarrefahren u. a. m.). Eine zweite Möglichkeit bietet sich durch das Vorschreiben der *Fangart* (vgl. Elefantenhaschen, Fleckhaschen, Schlagzeck, Schattenzeck u. ä.). Weiterhin können für den Häscher *erschwerende Bedingungen* geschaffen werden (vgl. Schlangenzeck, Sperrzeck, Hindernishaschen u. ä.).
Schließlich kann in *Paaren und Gruppen* gehascht werden. Im Spielverlauf ist stets darauf zu achten, daß die Eckensteher und Drückeberger aufgestöbert werden.

Haschen — Grundform (Fangen, Greifen, Zeck, Nachlaufen, Einkriegen)

Spielerzahl: Beliebig, 2 bis 30

Spielfeld: Eine der Spielerzahl entsprechende große *begrenzte* Fläche (bei 30 Spielern etwa 15 m × 20 m)

Aus der Gruppe wird ein Spieler als Fänger bestimmt. Er hat die Aufgabe, einen frei herumlaufenden Spieler zu fangen beziehungsweise abzuschlagen. Wer einen Schlag erhalten hat, löst den Fänger ab, während sich dieser wieder als Läufer am Spiel beteiligt. Widerschlag gilt nicht! Übertreten der Spielfeldgrenze, um sich vor dem Fänger zu retten, gilt als Abschlag.

Bemerkung: Sobald mehr als zehn Spieler beteiligt sind, empfiehlt es sich, zwei oder auch drei Häscher zu bestimmen, die dann aber auf jeden Fall kenntlich zu machen sind.

Besondere Anwendungsmöglichkeiten: Bereits in den Haschespielen, besonders, wenn sie auf kleinem Raum gespielt werden, lassen sich schon verschiedene Grundfertigkeiten für die großen Sportspiele schulen, wie zum Beispiel plötzliche Richtungsänderungen, Tempowechsel, gewandtes Ausweichen und fintierende Rumpfbewegungen. Nach und nach muß man den Kindern diese Möglichkeiten zeigen.

Nachahmungszeck (Hinkezeck, Froschzeck)

Die Grundform des Haschens kann schon durch das Ändern (Nachahmen) der Fortbewegungsart abgewandelt werden. Dabei gelten folgende Regeln:
Alle Spieler — auch der Fänger — bewegen sich in der vorgeschriebenen Art und Weise. Das Wechseln der Bewegungsart, um dem

Fänger zu entgehen, zählt als Abschlag. Neben Hinkezeck (Hüpfen auf einem Bein) und Froschzeck (Vierfüßlerhupf) gibt es noch zahlreiche Möglichkeiten, die Fortbewegungsart abzuwandeln, die auf den Seiten 60 bis 63 angeführt sind.
Bemerkung: Die Hauptbewegungsart bei den Haschespielen ist und bleibt aber das Laufen. Die angeführten Variationen eignen sich für größere Spielgruppen besonders dann, wenn nur kleine Spielfelder vorhanden sind.

Lustiges Zeck

Wir spielen einfaches Haschen mit ständigem Wechsel verschiedener Lauf-, Hüpf- und Fangarten. Hat der Häscher einen Läufer abgeschlagen, so darf dieser die neue Bewegungsform vormachen, die sofort von allen Spielenden ausgeführt werden muß.
Bemerkung: Durch den fortwährenden Wechsel wird das Spiel sehr lebendig und ist dadurch recht beliebt. Voraussetzung ist, daß verschiedene Fortbewegungs- und Fangarten bekannt sind. Deshalb sollte der Spielleiter auch den Jüngeren wertvolle, körperbildende Bewegungsformen zeigen.

Haschen zu zweit oder zu dritt (Einer fängt einen — Zwei fangen einen)

Beim Haschen zu zweit fängt ein Spieler den anderen. Nach dem Abschlag werden die Rollen getauscht. Zur Belebung des Spiels kann auch jedes Kind ein buntes Band oder Tuch lose hinten an der Turnhose (im Bund) befestigen. Diesen „Schwanz" gilt es dann abzunehmen.
Beim Haschen zu dritt versuchen zwei Spieler, die sich an den Händen fassen, den davoneilenden dritten zu fangen. Dabei dürfen die Hände nicht gelöst werden. Der neue Häscher kann auf zwei verschiedene Arten bestimmt werden:
— Wer von den beiden Fängern den Spieler Nr. 3 abschlägt, wird Läufer.
— Ganz gleich, wer den Spieler Nr. 3 abschlägt, es wechselt immer der „ältere" Häscher aus.
Bemerkung: Ständige Aufmerksamkeit und schnelles Reagieren aller Spieler sind erforderlich. Der Häscher muß im Auge behalten werden, und alle anderen Spieler sind geschickt zu umlaufen, wobei das Hakenschlagen oft blitzschnell erfolgen muß. Zu Beginn der Stunde gespielt, ist die Erwärmung aller Schüler in kürzester Zeit erreicht.

Schlagzeck

Bei diesem Haschespiel ist der Fänger von vornherein gekennzeichnet. Er muß nämlich mit einem Turnschuh (oder einer Lederpritsche — leichtes Schlaggerät) einen Läufer abschlagen. Danach kann er den Schuh in das Spielfeld schleudern, der dann von dem neuen Fänger erst geholt werden muß.

Fleckhaschen (Doktorhasche, Humpelzeck, Englisch-Haschen, Der lustige Schlag)

Auch beim Fleckhaschen ist der Fänger von vornherein gekennzeichnet, denn er muß mit einer Hand so lange an die Stelle seines Körpers, die beim Haschen berührt wurde, fassen und weiterlaufen, bis durch ihn ein anderer Läufer gehascht wurde.
Der besondere Reiz besteht darin, den Läufer möglichst an den Beinen zu berühren, so daß er als neuer Häscher dann in der Laufbewegung behindert ist (Abb. 41).

Abb. 41 Fleckhaschen

Abb. 42 Elefantenhaschen

Elefantenhaschen (Langnase fängt!)

Das Elefantenhaschen ist ebenfalls eine sehr heitere Form, bei der der Häscher durch die vorgeschriebene Armhaltung, wie es Abbildung 42 zeigt, wiederum im natürlichen Lauf behindert ist. Nur so darf er den Läufern nacheilen und sie abschlagen.

Schattenzeck

Hierbei brauchen wir Sonnenschein, denn der Fänger muß auf den Schatten eines Läufers treten, um abgelöst zu werden. Man kann dem Fänger auch einen Stock in die Hand geben, mit dem er den Schatten berühren muß.
Bemerkung: Bei dieser Form ist es ratsam, nochmals auf ehrliches Spielen hinzuweisen, denn in der Regel muß der „Abschlag" ja vom Häscher verkündet werden.

Verfolgung

Die Spielgruppe wird in Paare aufgeteilt. Ein Spieler jedes Paares versucht, seinem Partner immer an den Fersen zu bleiben, der andere dagegen ist bestrebt, mindestens einen Abstand von 3 m zu erreichen, indem er Haken schlägt und Richtungswechsel vortäuscht. Wer schafft es, 30 bis 60 Sekunden seinen Partner ganz dicht zu *verfolgen?* Dann werden die Rollen gewechselt und eine ausreichende Pause eingelegt.

Dreibeinzeck (Dreibeinjagd)

Alle Spieler sind paarweise an den inneren Beinen (oberhalb der Fußknöchel) zusammengebunden (Spielbänder), mit einem Arm umfassen sie die Schulter des Partners. Dieser „Dreibeinlauf" zwingt die Spieler, sich gegenseitig im Schritt anzupassen. Wenn die Fänger ein Paar abgeschlagen haben, muß dieses die Rolle des Haschens übernehmen.

Gruppenhaschen

Die Spieler bilden Gruppen von zwei, drei oder vier Läufern hintereinander, die sich an den Händen oder an den Schultern halten oder die Arme um die Hüfte des Vordermannes legen. Ein Häscher verfolgt die Gruppen und versucht, den letzten Läufer einer Gruppe abzuschlagen, der dann das Fangen übernehmen muß. Der bisherige Häscher reiht sich vorn in die Gruppe ein.
Bemerkung: Um das Spiel noch intensiver zu gestalten, sollten zwei oder drei Spieler ha-

schen. Eine Weiterführung dieses Spiels ist „Glucke und Geier".

Schlangenzeck

Spielerzahl: 10 bis 15
Der Häscher zieht ein Seil von 4 bis 5 m Länge hinter sich her und darf nur abschlagen, wenn er das Seil in der Hand hält. Die Läufer können dem Häscher nach Belieben das Fangen erschweren, indem sie das Seil ergreifen oder darauf treten. Wird ein Läufer abgeschlagen, so muß er das Seil nehmen, und das Spiel wird fortgesetzt.

Fangt die Schlange! (Tritt auf das Seil!)

Spielerzahl: 8 bis 10; sobald mehr als 10 Spieler beteiligt sind, erhält noch ein zweiter ein Seil
Alle Spieler außer einem sind die Häscher. Dieser eine zieht ein Seil von 3 bis 4 m Länge mit Schlangenbewegungen hinter sich her. Die Häscher verfolgen ihn, sie müssen das Seil ergreifen oder darauf treten (Abb. 43). Wer das Seil erwischt, wird neuer Läufer.

Sperrzeck

Spielerzahl: 8 bis 10
Die Grundform des Haschens wird dadurch erschwert, daß ein Spieler den Fänger durch Versperren des Weges mit ausgebreiteten Armen behindert. Gelingt es dem Häscher dennoch, einen Läufer abzuschlagen, so wird der Sperrspieler Fänger, während der Abgeschlagene nun die Rolle des Sperrens erhält.
Besondere Anwendungsmöglichkeit: Diese Hascheform schult einmal das Fintieren und zum anderen das Sperren, so daß sie besonders zur Vorbereitung der Manndeckung in den Sportspielen geeignet ist. Sperrzeck ist jedoch für Häscher und Sperrspieler eine sehr anstrengende Form. Gelingt es dem Häscher nicht, einen Läufer abzuschlagen, so muß ausgewechselt werden. Im Leistungssport angewandt, kann man dem Sperrspieler insofern die Aufgabe erschweren, daß er nur mit angelegten Armen dem Häscher den Weg versperren darf.

Hindernishaschen

Hier gibt es verschiedene Formen:
— In der Halle stehen Kästen, Böcke, Turn-

Abb. 43 Fangt die Schlange!

bänke, Hürden und anderes mehr unregelmäßig verteilt. Die Geräte sollen
a) nur umlaufen
b) umlaufen und überwunden
werden. Ansonsten gelten die Spielregeln der Grundform des Haschens.
— Auf dem Spielfeld sind Keulen oder Bälle unregelmäßig verteilt. Neben dem einfachen Abschlag gilt auch der Läufer als abgeschlagen, der eine Keule umwirft oder einen Ball so berührt, daß er fortrollt.

Wie spät ist es, Herr Fuchs?

Spielerzahl: 10 bis 15
Der schlaue Fuchs geht durch das Spielfeld. Alle Spieler folgen ihm und fragen: „Wie spät ist es, Herr Fuchs?" Der Fuchs antwortet mehrmals mit einer beliebigen Uhrzeit. Auf erneutes Fragen ruft er jedoch plötzlich: „Frühstückszeit!" Das ist das Signal für die Spieler, schnell davonzulaufen; denn der Fuchs versucht, so viele wie möglich von ihnen zu haschen. Die Läufer haben keine Freimalstätten und müssen so lange flüchten, bis es „zwölf Uhr geschlagen" hat. Dazu klatscht der Spielleiter in die Hände oder schlägt auf das Tamburin und zählt bis zwölf. Nun wird die Anzahl der gefangenen Läufer zusammengezählt. Für den neuen Spielverlauf wird ein anderer Fuchs bestimmt. Welcher Fuchs fängt die meisten Spieler?

Fang das Band! (Schwanz ab!)

Alle Spieler haben lose auf dem Rücken ein buntes Band (Spielband) oder Tuch hängen; es kann zum Beispiel in den Bund der Turnhose gesteckt werden. Jedes Kind ist nun bestrebt, den anderen Spielern das Band wegzunehmen, das eigene aber zu behüten. Alle Spieler sind also Läufer und Häscher zugleich. Wer sein Band verloren hat, kauert sich nieder.
Zwei Sieger werden ermittelt: Wer konnte bis zum Schluß sein Band behüten? Wer hat die meisten Bänder erobert?
Als Mannschaftsspiel ist es auf Seite 192 beschrieben.

Saalausräumen (Haschen mit Ausscheiden)

Die Grundform des Haschens bleibt erhalten, nur beteiligt sich der Fänger nach dem Abschlag eines Läufers nicht weiter am Spiel, sondern kauert sich nieder oder nimmt den Türkensitz ein. Dadurch werden die Läufer immer weniger, sie müssen gewandt die „kauernden Hindernisse" umlaufen. Wenn bis auf den letzten Spieler, der Sieger ist, alle anderen in Ruhestellung sind, ist das Spiel beendet. Beachte: Der Häscher Nr. 1 kauert sich nach dem Abschlag eines Spielers nicht nieder, sondern wird als Läufer in das Spiel geschickt.
Abwandlungen:
a) Die ausscheidenden Spieler nehmen die Bankstellung ein. Dann ist auch das Überspringen der Hindernisse erlaubt.
b) Der Fänger wird während des gesamten Spielgeschehens nicht abgelöst, sondern die abgeschlagenen Spieler kauern sich nieder. Hier sollen nicht mehr als zehn bis fünfzehn Spieler beteiligt sein. Bei einer größeren Spielergruppe müssen dann zwei oder drei Häscher bestimmt werden. Diese Abwandlung erlaubt einen Wettbewerb der einzelnen Fänger oder der Fängergruppen. Wer nach einem oder mehreren Durchgängen die kürzeste Zeit brauchte, um alle Läufer abzuschlagen, ist Sieger.
c) Die Spieler werden in zwei gleich starke Parteien eingeteilt; beide halten sich in ihrem eigenen Feld auf. In jedes Feld kommt ein

Fänger der gegnerischen Mannschaft. Wer von beiden zuerst alle Spieler abgeschlagen hat, erhält einen Punkt für seine Partei. Dann werden zwei neue Häscher bestimmt, und das Spiel beginnt von vorn. Nach zwei oder mehreren Spielen gewinnt die Partei mit der höchsten Punktzahl.
Bemerkung: Fast alle vorangegangenen Haschespiele lassen sich mit Ausscheiden der abgeschlagenen Läufer spielen; doch sollte man diese Spielweise im Interesse der Intensität nicht so sehr in den Vordergrund stellen.

Wer hascht am schnellsten?

Zwei bis vier Häscher stehen untereinander im Wettbewerb. Wer hat zuerst zwanzig Abschläge erteilt? Jeder Abschlag ist laut zu zählen. Die abgeschlagenen Spieler lösen also den Häscher nicht ab und scheiden auch nicht aus!

Haschen mit Helfern

Der Spielverlauf entspricht dem einfachen Haschen. Neu ist, daß die abgeschlagenen Spieler zu Helfern des Häschers werden. Sie dürfen aber nicht abschlagen, sondern können einen Spieler festhalten, bis der Häscher erscheint, um ihn abzuschlagen. Der festgehaltene Spieler versucht natürlich, inzwischen zu entkommen. Der Läufer, der sich bis zuletzt hält, hat gewonnen.
Der Häscher kann auch mit einer Pritsche oder mit einem geknoteten Tuch ausgerüstet sein, um einen „derben" Schlag auszuteilen.
Bemerkung: Zum einfachen Laufen kommt hier noch das Raufen hinzu. Dieses Spiel ist deshalb noch für Jungen bis zur achten Klasse geeignet. Man muß nur darauf achten, daß die Raufereien nicht ausarten.

Paarhaschen (Räuberzeck)

Hat der Fänger einen Spieler abgeschlagen, dann geben sich beide die Hände und fangen als Paar weiter, bis ein dritter und vierter Spieler gefangen wurde. Sobald eine Kette von vier Spielern besteht, teilt sich die Gruppe wieder zu Paaren. Das geht so lange, bis nur noch ein Spieler übrigbleibt. Das Paar darf nicht die Hände lösen; läuft eine Dreiergruppe, haben nur die äußeren Spieler Schlagrecht. Das Fangen kann dem Paar erschwert werden, indem es sich einhaken muß.

Kettenhaschen

Sobald der Häscher einen Spieler gefangen hat, fassen sich beide an den Händen und fangen zusammen. Alle weiterhin abgeschlagenen Spieler reihen sich ein. Jetzt haben nur noch die äußeren Spieler Schlagrecht, und der Abschlag gilt auch nur, wenn die Kette nicht reißt. Das Spiel wird so lange fortgesetzt, bis alle Spieler in einer Kette vereinigt sind. Der letzte Läufer hat gewonnen.
Bemerkung: Man kann auch gestatten, daß die Läufer durch die Kette schlüpfen. Bei einer großen Spielerzahl läßt man die Kette auf acht bis zehn Spieler anwachsen und bildet dann eine zweite oder gar dritte Kette von Fängern.
Als gefangen kann auch gelten, wenn es der Kette gelingt, sich zum Kreis zu schließen, so daß der Läufer umringt ist.

Das geteilte Paar

In zwei abgegrenzten Spielfeldecken steht je ein Spieler (Abb. 44). Beide laufen in das Spielfeld und versuchen, sich zu vereinigen. Die übrigen Spieler verhindern das durch

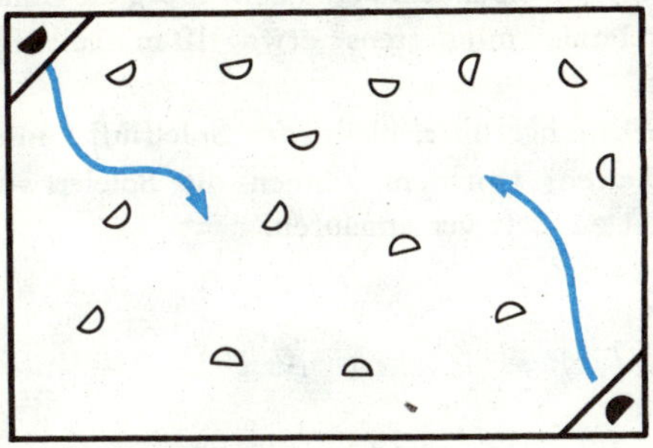

Abb. 44 Das geteilte Paar

Sperren (aber keine Kette bilden). Gelingt den beiden Spielern die Vereinigung, so werden sie zu Fängern. Schlagen sie als Paar (!) zwei Spieler ab, so gehen diese in die Spielfeldecke, und das Spiel beginnt von neuem.
Dauert die Vereinigung zu lange, wird nach gewisser Zeit ein neues Paar bestimmt.

Steh! — Lauf! (Verzaubern, Versteinern, Zauberzeck)

Ein Viertel (oder ein Drittel) der Spielergruppe ist Fänger. Sie bleibt auch während eines Spielvorganges Fänger und ist durch Spielbänder gekennzeichnet. Die von den Häschern mit dem Ruf: „Steh!" abgeschlagenen Spieler gehen in die Kauerstellung. Sie können aber durch Handschlag und den Ruf: „Lauf!" von den noch frei umherlaufenden Spielern erlöst werden und wieder mitspielen. So kommt es zu einem fortwährenden Wechsel des Abschlagens und Erlösens. Das Spiel ist beendet, wenn sich sämtliche Läufer in der Kauerstellung befinden oder wenn es wegen Ermüdung aller nicht schon vorher abgebrochen werden muß.
Bemerkung: Bei einigen bisher beschriebenen Haschespielen mußte ein abgeschlagener Spieler für die Dauer des Spielverlaufs ausscheiden. Im Gegensatz dazu scheidet er jetzt nur für eine begrenzte Zeit aus, denn er kann erlöst werden und ist somit nicht zur Untätigkeit verurteilt. Diese Form beschäftigt also alle Spieler und eignet sich deshalb gut zur schnellen Erwärmung bei der Einleitung oder zur Belebung einer Stunde.
Abwandlung:
a) Läuft das Spiel unter dem Namen „Verzaubern", „Versteinern", „Zauberzeck", so bildet die Häschergruppe die Zauberer, die den abgeschlagenen Spielern eine bestimmte Stellung oder Haltung vorschreiben (Liegestütz, Standwaage u. a. m.), aus der sie erst durch einen Befreiungsschlag der Mitspieler erlöst werden.
b) Wenn wir die Klasse in zwei gleich starke Gruppen teilen, können wir ein *Parteifangspiel mit Erlösen* spielen. Welche Partei braucht die kürzeste Zeit zum Abschlagen aller Spieler?

Freies Verfolgungsrennen

Spielerzahl: 4 in einer Gruppe
Spieler A, B, C und D befinden sich in einem markierten Spielfeld. Auf ein Signal hin jagt A den Spieler B, B jagt C, C verfolgt D und D den Spieler A. Alle Spieler können kreuz und quer laufen. Jeder hat sich also seinen Vordermann zu merken und auf seinen Häscher zu achten. Der Läufer, der zuerst seinen Mann abschlägt, ist Sieger. Die Sieger aus jeder Gruppe können zu weiteren Rennen zusammengestellt werden.
Bemerkung: Mehr als zwei Vier-Mann-Gruppen sollte man nicht auf einmal laufen lassen. Damit ist bereits ausgesprochen, daß sich das Spiel nicht sonderlich gut für die Unterrichtsstunde eignet. Es ist wertvoll für kleine Spielergruppen im Kindertraining und auch im Leistungssport, da die beteiligten Spieler sich sehr intensiv und dabei aufmerksam und umsichtig bewegen müssen.

2.4.1.2. Haschespiele mit Freimalen

In den Haschespielen mit Freimalen wird dem Häscher die „Arbeit“ dadurch erschwert, daß sich die Läufer vor dem Abschlag folgendermaßen retten können:

— Die bedrohten Läufer retten sich in ein vorher festgelegtes und markiertes Feld (z. B. Spielfeldecken, Kreidekreise, im Spielfeld verteilte Turnmatten).

— Die Läufer können nicht mehr abgeschlagen werden, sobald sie bestimmte, vorher benannte Materialien oder Gegenstände berühren (z. B. Holz, Eisen, Steine) oder sobald sie sich auf ebenfalls vorher benannten Geräten oder Bäumen befinden beziehungsweise daran hängen.

— Die Läufer sind frei, wenn sie vorher ausgemachte Stellungen und Haltungen einnehmen beziehungsweise bestimmte Übungen ausführen.

Es hängt zunächst von den Spielern selbst ab, ob diese Spiele mit Freimalen reizvoll verlaufen oder nicht. Sind sie verwegen, locken sie den Häscher und suchen das Freimal nur bei „höchster Gefahr“ auf, so werden diese Formen immer freudvoll sein. Doch gibt es Drückeberger, so sind folgende Spielregeln zu empfehlen:

a) Es darf nur ein Spieler im (am) Freimal sein. Rettet sich ein Läufer in ein schon besetztes Freimal, so muß der erste den Platz verlassen.

b) Auf den Ruf des Spielleiters oder auch des Fängers „Eins, zwei, drei, das Mal macht frei!“ müssen alle Spieler sofort ihr Freimal aufgeben. Wer es nicht tut, löst den Häscher ab.

c) Entfernt sich der Häscher zum Beispiel fünf Schritte vom Freimal, so muß der Läufer das Freimal verlassen.

d) Sind als Freimale bestimmte Haltungen oder Stellungen festgelegt worden, so darf ein Läufer sich erst wieder erneut in Sicherheit bringen, nachdem er nach Aufgabe eines Freimals mindestens etwa 10 m gelaufen ist.

So durchgeführt, bleibt der Spielfluß immer erhalten; trotzdem können die Spieler von Zeit zu Zeit verschnaufen.

Einfaches Haschen mit Freimal (Ruhemal)

Wir spielen die Grundform des Haschens, doch an einer Ecke des begrenzten Spielfeldes ist ein Freimal markiert, in dem sich die Läufer ausruhen und nicht abgeschlagen werden dürfen. Es können auch verschiedene kleine Freimale in das Spielfeld gezeichnet werden.

Andere Formen des Freimals sind Bälle („Der Ball rettet“) und Gymnastikreifen, die unregelmäßig im Spielfeld verteilt liegen. Um sich vor dem Abschlag des Fängers zu retten, kann — aber aus dem Laufen — ein Ball oder Reifen aufgehoben werden. Sobald der Häscher fort ist, muß das Gerät niedergelegt werden. Das Aufnehmen des Balles aus dem Lauf ist gleichzeitig eine gute Vorübung für das gleiche Element in den Sportspielen (Handball, Basketball, Rugby).

Eisenzeck (Eisenmännchen)

In diesem Haschespiel ist ein Spieler frei, sobald er in einem begrenzten Spielfeld Metall- oder Eisenteile (Türklinken, Reckpfosten, Hofgitter) mit der Hand oder dem Fuß berührt. Je nach den Gegebenheiten können verschiedene Gegenstände als Freimal bestimmt werden: Metall, Holz, Stein, bestimmte Geräte und anderes mehr.

Bemerkung: Sehr lustig wird diese Form, wenn der Läufer beim Berühren des bestimmten Gegenstandes pfeifen muß und der Häscher versucht, ihn zum Lachen zu bringen. Wer lacht oder gefangen wird, muß ablösen.

Kauerzeck (Hockzeck, Huckezeck)

Um sich vor dem Abschlag des Fängers zu retten, kauern sich die Läufer nieder. Das Niederhocken hat aus dem Lauf zu erfolgen!

Abwandlungen: Im übertragenen Sinne können auch die verschiedensten Aufgaben und Körperhaltungen Freimale bilden:

a) Hasenzeck — Niederkauern und die Hände an die Ohren als Löffel halten.

b) Kobolzzeck — Die Spieler müssen Kobolz schießen (eine Rolle vorwärts ausführen) und sind dann in Kauerstellung frei.

c) Storchzeck — Stehen auf einem Bein.

d) Stand auf einem Bein und mit der einen Hand die Nase, mit der anderen den erhobenen Fuß halten.

e) Stand auf einem Bein und mit dem entgegengesetzten Arm unter dem angezogenen anderen Bein hindurch die Nase erfassen.

f) Schwingen in den Handstand. Sobald die Füße den Boden verlassen haben, ist der Spieler frei. (In der Regel muß hier der Spieler sein Freimal bald aufgeben.)

g) Rückenlage, die Arme und Füße dürfen den Boden nicht berühren.

h) Der Häscher bestimmt selbst Stellungen, die vor dem Abschlag schützen.

Kletterzeck (Hochhasche, Hängezeck)

Die Spieler sind vor dem Abschlag des Fängers frei, wenn sie auf ein Gerät, einen Zaun, einen Baum oder ähnliches klettern. Auch durch das Hängen an bestimmten Gegenständen (Ast, Sprossenwand u. a.) kann sich ein Spieler vor dem Abschlag retten. Doch sollten hier die eingangs erwähnten Spielregeln über die Aufgabe des Freimals beachtet werden.

Bemerkung: Diese Spielform ist besonders lustig und gewinnt an Reiz, wenn die Läufer am Fänger, der einem Spieler auflauert, nahe vorbeilaufen oder ihn umkreisen, um ihn zur Verfolgung zu locken.

Inselzeck (Helferzeck)

Auf den Boden gelegte Matten bilden Freimale. Der Häscher hat jedoch einen Helfer. Rettet sich ein Läufer auf ein Freimal, so kann ihn der Helfer hinunterstoßen, darf ihn aber nicht so lange festhalten, bis der Häscher kommt. Ist ein Spieler abgeschlagen, so wird er Helfer, der alte Helfer wird Häscher und der alte Häscher gesellt sich zu den Läufern. Bei einem fleißigen Helfer läßt auch diese Form keinen langen Aufenthalt im Freimal zu.

Haschen mit Plumpsack

Zu Beginn des Spiels bekommt ein Läufer einen Plumpsack, er wird vom Häscher verfolgt. Um sich vor dem Abschlag zu retten, wirft er den Plumpsack einem anderen Läufer zu, der damit schnell fort muß, weil der Häscher immer dem Plumpsackträger nachläuft. Ist ein Läufer mit dem Plumpsack in der Hand nicht mindestens drei Schritte gelaufen, bevor er ihn weitergibt, oder wird er abgeschlagen, so muß er fangen. Statt des Plumpsacks kann auch ein Ball verwandt werden.

Fang den Häscher!

Ein Häscher verfolgt einen Läufer. Die anderen Spieler verteilen sich beliebig auf dem Spielfeld. Der verfolgte Läufer rettet sich dadurch, daß er einen anderen Spieler berührt. Dieser flieht aber nicht (wie das bei dem Haschen mit Plumpsack der Fall ist), sondern wird zum Häscher und verfolgt nun den ersten Häscher, der sich wiederum auf die gleiche Art retten kann.

Hilfezeck (Bruder hilf!)

Der vom Fänger verfolgte Spieler ruft: „Hilfe!", worauf ihn ein Läufer retten kann, wenn er ihm die Hand reicht, denn als Paar sind beide vor dem Abschlag frei. Wenn der Fänger fort ist, beteiligt sich jeder wieder einzeln *ohne Verzögerung* am Spielgeschehen, um das Spiel nicht reizlos werden zu lassen.

Abwandlungen: Ein verfolgter Läufer kann sich befreien:

a) indem er einem Spieler im Huckepack aufsitzt (es darf aber immer nur einen Reiter geben!);

b) indem er sich mit einem anderen Spieler Rücken an Rücken stellt;

c) indem er sich mit einem anderen Spieler auf den Boden setzt und sie beide ihre Fußsohlen gegeneinanderhalten (bei gemischten Gruppen kann gefordert werden, daß ein „freies Paar" nur von einem Jungen und einem Mädchen gebildet wird);

d) indem er einen anderen an den Beinen packt. Derjenige, der gehalten wird, ist nicht eher frei, bis er auch jemanden in gleicher Weise festhält; entweder den, der ihn festhält, oder einen anderen. Der festgehaltene Spieler kann ausbrechen.

Besondere Anwendungsmöglichkeiten: Alle Hilfezeckformen sind besonders freudvoll am Strand und im Wasser, wobei die unter d) angeführte Form für Rugbyspieler angewandt und ausgebaut werden kann.

Abb. 45 Schneidezeck

Schneidezeck (Kreuzzeck, Rettungshasche)

Spielerzahl: 15 bis 20

Spielfeld: Nicht zu groß, da der Fänger immer einen neuen ausgeruhten Spieler verfolgen muß

Alle können dem vom Fänger verfolgten Spieler zu Hilfe eilen, indem sie den Laufweg zwischen den beiden kreuzen (Abb. 45). Der Fänger muß dann den Läufer haschen, der seinen Weg kreuzte. Während er nun diesen verfolgt, läuft wiederum ein anderer dazwischen, bis es ihm endlich gelingt, jemanden abzuschlagen.

Besondere Anwendungsmöglichkeit: Diese Hascheform ist für alle Sportspiele anzuwenden, da sie das blitzschnelle Richtungsändern schult. Besonders wertvoll ist sie für das Eishockeyspiel.

Zaunzeck

Für dieses Spiel sind ein niedriger Zaun, Bänke, Hürden, ein gespanntes Seil, Hecken oder Barrieren, Gräben oder kleine Bäche erforderlich, Hindernisse also, über die die Spieler hinwegspringen können. Bei Beginn des Spiels steht der Häscher auf der einen Seite des Hindernisses, die Läufer stehen auf der anderen. Häscher und Läufer dürfen nach Belieben über das Hindernis springen. Der Häscher kann aber nur dann einen Spieler abschlagen, wenn beide auf derselben Seite des Hindernisses sind. Er darf also nicht darüber hinweggreifen oder jemanden abschlagen, der gerade das Hindernis überwindet. Die Spieler sind demzufolge immer dann im Freimal, wenn sie sich auf der dem Häscher gegenüberliegenden Seite befinden.

Bemerkung: Der Häscher sollte die Läufer täuschen, indem er ab und zu beim Verfolgen eines Spielers zum Seitenwechsel ansetzt, dann aber den Sprung nicht ausführt, um im gleichen Feld einen Spieler abzuschlagen.

Abwandlung: Es werden solche Hindernisse gewählt, die nicht übersprungen, sondern überklettert werden müssen, wie zum Beispiel die verschiedenen größeren Turngeräte.

2.4.2. Haschespiele mit festgelegter Ordnung

Die in dieser Gruppe zusammengefaßten Spiele sind zu Beginn und zum Teil auch während des Spielverlaufs an feste und sich immer wiederholende Aufstellungsformen gebunden. Entweder sind bestimmte Laufziele angegeben, die es, ohne gefangen zu werden, zu erreichen gilt (Haschespiele mit Zurücklaufen zum Ausgangspunkt oder geradem Weglaufen, Haschespiele mit Seiten- oder Platzwechsel), oder der Laufweg, auf dem ein Partner beziehungsweise eine ganze Gruppe gefangen werden muß, ergibt sich aus einer Kreis- oder Reihenaufstellung (Haschespiele in Kreis- oder Reihenaufstellung).

Der geordnete Rahmen, der durch die Formen der Aufstellung und des Verlaufs immer erhalten bleibt, schränkt aber in keiner Weise die Bewegungsfreiheit der Spieler ein. Wie bei den Haschespielen in freier Aufstellung können auch hier die verschiedensten Ausgangsstellungen und Fortbewegungsarten verwandt werden.

Die Spielfreude bleibt bei den Spielen dieser Gruppe ebenfalls erhalten, Wagnis und Spannung sind bei etlichen Formen sogar noch erhöht..

Für die Erziehung zur Ordnung, zu diszipliniertem und ehrlichem Verhalten sind die Spiele dieser Gruppe selbst bei großer Spielerzahl sehr geeignet. Das muß aber auch mit der Hilfe der Spielkollektive ausgenutzt werden. Das Spiel wird erst angepfiffen, wenn sich alle in der gewünschten Aufstellung befinden. Unkameradschaftliches Verhalten von Spielern, die bei Spielen in Kreis- oder Reihenaufstellung Häscher oder Läufer absichtlich regelwidrig behindern, muß entsprechend geahndet werden. Ebenso unterhält man sich mit dem Kollektiv über jene, die nie zugeben wollen, daß sie noch vor Erreichen einer Grenzlinie abgeschlagen wurden.

2.4.2.1. Haschespiele mit Zurücklaufen zum Ausgangspunkt oder mit geradem Weglaufen

Der *Spielgedanke* ist für die Spiele dieser Gruppe ziemlich einheitlich. Die Läufer wagen sich dicht oder weniger dicht an den zunächst untätigen Häscher heran. Hier liegt der besondere Reiz des Spiels, auch schon für die Jüngsten. Der Häscher beginnt plötzlich, entweder nach Belieben, nach einem bekannten Reim oder einem bestimmten Stichwort, mit dem Fangen. Alle Spieler fliehen, möglichst auf dem kürzesten Wege, hinter eine Grenzlinie oder in ein Freimal.

Der Wechsel von Spannung und Entspannung ist hier sehr ausgeprägt, da die Spieler nach einem kurzen, schnellen Lauf erst wieder zur nächsten „Runde“ zusammenkommen müssen.

Motorisch wertvoll ist der schnelle Start der Spieler, der oft mit einer Wendung oder Drehung verbunden ist. Selbst bei größeren Spielerzahlen kann die Spielintensität hoch sein, da jeder Läufer schnell starten muß, weil er ja nicht weiß, wem sich der Häscher zuwendet.

Spielmöglichkeiten:

a) Der gefangene Spieler löst den Häscher ab.

b) Alle abgeschlagenen Spieler werden ebenfalls Häscher, und das Spiel wird so lange fortgesetzt, bis ein Läufer als Sieger übrigbleibt.

c) Es werden zwei oder drei Häscher eingeteilt, von denen jeder für einen Abschlag einen Punkt erhält. Sieger ist der, der nach mehreren Wiederholungen des Spiels die meisten Punkte erzielt hat.

Zwerge und Riese (Schlafender Riese)

Spielerzahl: 15 bis 30

Spielfeld: 10 m × 15 m bis 15 m × 20 m

An einer Schmalseite des rechteckigen Spielfeldes sind die beiden Ecken als Freimale abgegrenzt. Hier wohnen die Zwerge. Hinter der gegenüberliegenden Seite liegt der Riese auf der Lauer. Zu Spielbeginn laufen die Zwerge frei im „Wald“ (Spielfeld) umher und wagen sich immer dichter an den Riesen heran. Auf den Ruf des Spielleiters: „Der Riese kommt!“ eilt dieser den flüchtenden Zwergen hinterher. Wer dabei vor den Freimalen abgeschlagen wird, muß im nächsten Spiel dem Riesen fangen helfen. Es siegt der Zwerg, der sich am längsten im Spielfeld hält.

Abwandlung: Man kann im Spielfeld unregelmäßig angeordnet auch mehrere Freimale schaffen (aufgezeichnete Kreise, Reifen), die aber immer nur einer bestimmten Anzahl von Zwergen Zuflucht geben. Wenn die Anzahl der Zwerge nach und nach immer geringer wird, dürfen eben nur noch ein oder zwei in ein Freimal flüchten.

Das Meer und die Fische

Spielerzahl: 15 bis 30

Spielfeld: 12 m × 20 m bis 20 m × 20 m

Die Spieler werden auf die vier abgegrenzten Ecken des Spielfeldes verteilt. Jede Gruppe erhält einen Fischnamen. Der Häscher geht im Spielfeld (Meer) umher und fordert alle Fischgruppen nacheinander auf, in das Meer zu kommen: „Das Meer ruft die Heringe!“ usw., worauf diese in dem Spielfeld herumlaufen. Mit der Ankündigung „Das Meer ist ruhig!“ geht der Häscher auf Zehenspitzen, und alle Fische machen es sogleich nach. Sagt er: „Das Meer ist voller Wellen!“, ahmen es alle durch Hüpfen und Springen nach. Auf die Worte: „Das Meer ist stürmisch!“ galoppieren alle wild durcheinander und schwingen mit den Armen. Erfolgt aber der Ruf: „Die Ebbe kommt!“, so laufen alle schnell in ihre Ecken, und der Häscher versucht, recht viele Fische dabei zu fangen (Abb. 46).

Spielmöglichkeiten:

a) Ein gefangener Spieler löst den Häscher ab.

b) Alle abgeschlagenen Spieler werden ebenfalls Häscher, und das Spiel wird so oft wiederholt, bis von jeder Gruppe ein Fisch als Sieger übrigbleibt.

c) Es befinden sich zwei Häscher in der Mitte, von denen jeder für einen Abschlag einen Pluspunkt erhält. Sieger ist der, der nach mehrmaligem Durchspielen die meisten Punkte erzielt hat.

Der Zauberer (Der Zaubermeister)

Spielerzahl: 15 bis 20

Spielfeld: 12 m × 20 m bis 20 m × 20 m

In der Mitte des Spielfeldes steht der Zauberer, er hält einen Zauberstab in der Hand. Wenn er seinen Arm hebt, sind alle Spieler in seinem Bann und kommen aus ihren Freimalen (Ecken) heraus, um sich im Mittelfeld frei zu bewegen. Der Zauberer macht bei erhobenem Arm verschiedene Bewegungen vor, zum Beispiel: Niederhocken, Hüpfen, Laufen seitwärts. Die Bewegungen müssen von allen sogleich ausgeführt werden. Wenn er aber seinen Stab hinwirft, sind die Spieler erlöst und flüchten in ihre Male. Der Zauberer versucht jedoch, so viele wie möglich zu fangen. Die Gefangenen werden seine Helfer, oder einer von ihnen muß den Zauberer ablösen.

Mitternacht

Spielerzahl: 15 bis 30

Spielfeld: 12 m × 20 bis 25 m oder 20 m × 20 m

Der Häscher steht hinter einer Grundlinie des Spielfeldes, die anderen Spieler befinden sich auf der gegenüberliegenden Seite. Sie nähern sich dem Häscher nach und nach, soweit sie es wagen, und fragen dabei: „Wie spät ist es?" Der Häscher kann mit den verschiedensten Uhrzeiten antworten; sagt er aber nach wie-

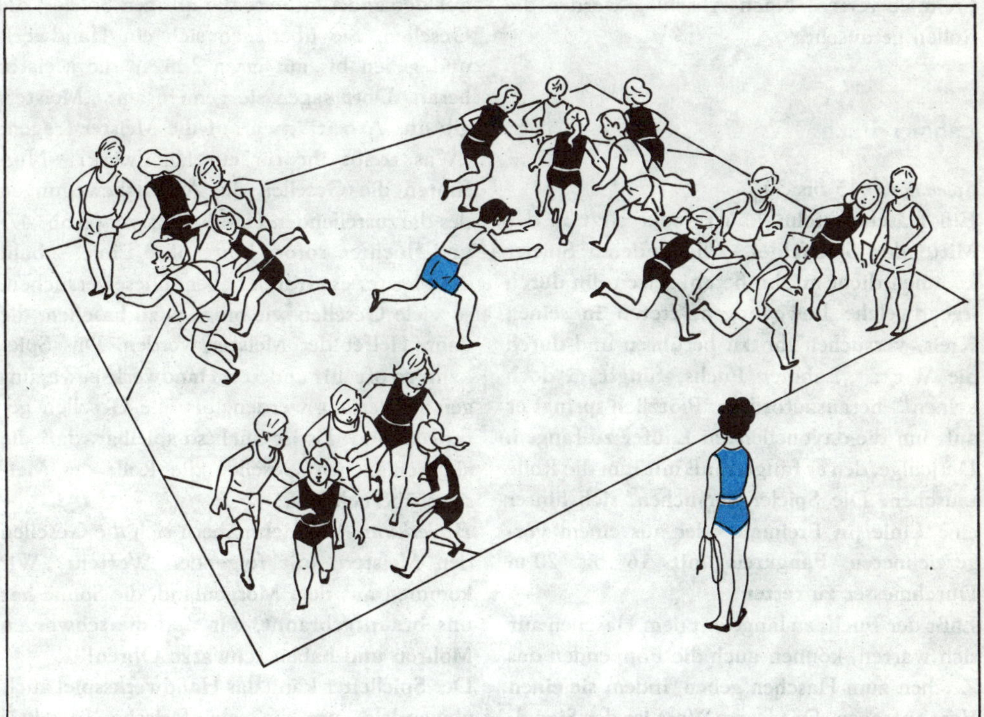

Abb. 46 Das Meer und die Fische

derholtem Fragen plötzlich: „Mitternacht", so ist es das Signal für die Läufer, schnell davonzueilen und sich hinter ihrer Freimallinie in Sicherheit zu bringen, denn der Häscher stürmt bei dieser Antwort los, um einen Spieler zu fangen. Der Gefangene löst den Häscher ab.

Abwandlungen:

a) Der Häscher steht nicht lauernd hinter einer Linie, sondern geht durch das Spielfeld, verfolgt von allen anderen Spielern, die dann auf das Signal hinter die Freimallinie flüchten.

b) In der Mitte des quadratischen Spielfeldes, dessen Ecken als Freimale abgegrenzt sind, ist ein kleines Viereck aufgezeichnet, in dem sich zwei oder auch drei Häscher befinden; die davoneilenden Läufer können sich in die Freimale retten. Nach Abschlag werden die Rollen getauscht.

Lahmer Fuchs

Spielerzahl: 15 bis 30

Ein Häscher steht, kauert oder sitzt in der Mitte des Spielfeldes. Alle anderen Spieler kommen dicht an ihn heran, reizen ihn durch irgendwelche Bewegungen, treten in seinen Kreis, versuchen ihn zu berühren und durch die Worte „Lahmer Fuchs, fängst ja doch keinen!" herauszufordern. Plötzlich springt er auf, um die davoneilenden Läufer zu fangen. Derjenige, den er fängt, muß mit ihm die Rolle tauschen. Die Spieler versuchen, sich hinter eine Linie, in Freimale oder aus einem vorgezeichneten Fangkreis mit 16 bis 20 m Durchmesser zu retten.

Läßt der Fuchs zu lange mit dem Haschen auf sich warten, können auch die Foppenden das Zeichen zum Haschen geben, indem sie einen Vers aufsagen. Das letzte Wort ist das Signal: „Komm heraus aus deinem Loch, hast du Mut, so fang uns doch!".

Abwandlungen:

a) Jeder abgeschlagene Spieler wird ebenfalls Häscher, die Läufer werden also immer weniger.

b) Die Sicherheitslinie oder das Freimal fällt fort, jede Jagd dauert so lange, bis ein Spieler abgeschlagen wurde. Der Abgeschlagene muß dann die Rolle des Fängers übernehmen.

Handwerksspiel (Meister, gib uns Arbeit!, Wir kommen aus dem Morgenland!)

Spielerzahl: 10 bis 25

Spielfeld: 12 m × 20 bis 25 m

An der einen Seite des Spielfeldes stehen vier oder fünf Spieler, die Meister, ihnen gegenüber auf der anderen Seite die übrigen Spieler, die Gesellen. Sie überlegen sich ein Handwerk und gehen bis auf etwa 2 m an die Meister heran. Dort sagen sie gemeinsam: „Meister, gib uns Arbeit!", worauf die Meister fragen: „Was treibt ihr für ein Handwerk?" Nun führen die Gesellen die Arbeitsbewegungen des darzustellenden Handwerks vor (Abb. 47) und flüchten sofort hinter ihre Linie, sobald die Meister es erraten haben. Diese versuchen, so viele Gesellen wie möglich zu haschen, die dann Helfer der Meister werden. Das Spiel kann so oft mit anderen Handwerksbewegungen wiederholt werden, bis alle Gesellen gefangen sind. Es ist auch so spielbar, daß die abgeschlagenen Gesellen die Rolle des Meisters übernehmen.

Bemerkung: Vielfach nähern sich die Gesellen den Meistern mit folgenden Worten: „Wir kommen aus dem Morgenland, die Sonne hat uns braun gebrannt, wir sind die schwarzen Mohren und haben schwarze Ohren!"

Der Spielleiter kann das Handwerksspiel auch abwandeln, um die schöpferische Tätigkeit der Kinder zu unterstützen und anzuregen, indem er aus verschiedenen Bereichen der

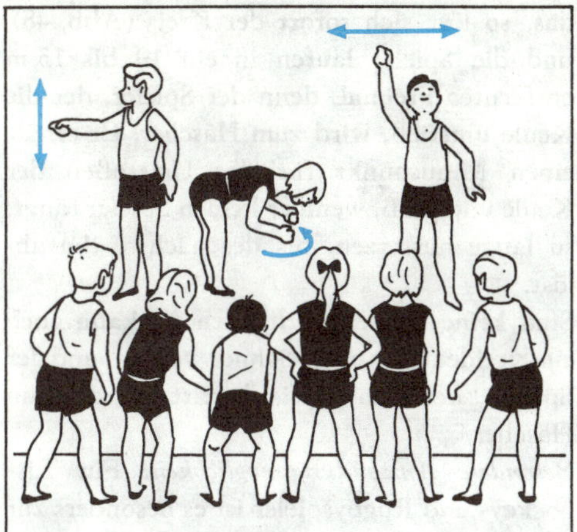

Abb. 47 Meister, gib uns Arbeit!

kindlichen Vorstellungswelt Themen wählt; zum Beispiel das Darstellen von verschiedenen Tierbewegungen oder Verkehrsmitteln. Man wählt auch Themen, die nicht unbedingt mit Darstellungen verbunden sein müssen. So können sich die Läufer zum Beispiel einen Blumennamen geben, der von den Fängern — dem Wind — erraten werden muß. Das Spiel heißt dann „Blumen und Wind".

Rette sich, wer kann! (Der Kessel platzt!)

Spielerzahl: 15 bis 30
Spielfeld: 12 m × 20 bis 25 m
An einer Schmalseite des Spielfeldes sitzt der Häscher. Alle anderen Spieler sitzen mit etwa 5 m Abstand vor ihm. Der Häscher erzählt ihnen eine kurze abenteuerliche Geschichte. In dieser muß der Ruf vorkommen: „Rette sich, wer kann!", worauf die Spieler in das Freimal flüchten. Der Gefangene muß die nächste Geschichte erzählen.
Zum Beispiel: Es war an einem schönen Tag. Unsere Gruppe wanderte durch den Wald. Wir übten, uns mit Karte und Kompaß zurechtzufinden. Auf einmal hörten wir einen Wolf heulen, alle waren erschrocken, horchten aber doch gespannt darauf. Plötzlich kreuzte ein Rudel den Weg. Da rief unser Gruppenleiter: „Rette sich, wer kann!"
Bemerkung: Die Geschichte kann uns auch an einen Ort oder auf ein Fahrzeug führen, wo sich ein Dampfkessel befindet. Bei dem Ruf „Der Kessel platzt!" stürzen alle Spieler davon. Es können auch ortsübliche Redewendungen gewählt werden, die das Signal zum Fortlaufen geben.
Man sollte den Spielenden schon in einer vorhergegangenen Sportstunde die Aufgabe stellen, sich eine entsprechende Kurzgeschichte zu überlegen.

Der Bär ist los!

Spielerzahl: 15 bis 30
In der Mitte der Turnhalle befindet sich der Bär. Alle anderen Spieler stehen etwa 3 m von ihm entfernt. Auf den Ruf des Spielleiters: „Der Bär ist los, jeder rette sich auf eine Sprossenwand!" flüchten alle Spieler zu dem angegebenen Freimal, da sie der Bär verfolgt. Die abgeschlagenen Spieler werden ebenfalls Bären. Im nächsten Spiel wird ein anderes Gerät als Freimal genannt.
Abwandlung: Die abgeschlagenen Spieler werden zu Helfern des Bären, dürfen aber selbst nicht abschlagen. Sie können die Davoneilenden festhalten, bis der Bär zum Abschlag herbeieilt. Natürlich versuchen die Spieler, sich zu befreien. Hier kommt zu dem Laufen noch eine Rauferei hinzu.
Bemerkung: Es ist zu beachten, daß bei einer großen Spielerzahl zu Beginn des Spiels solche Geräte als Freimal genannt werden, auf denen viele Spieler Platz finden.
Im Freien gespielt, wählt man markante Stellen im Gelände oder steckt Freimale mit Fähnchen ab.

Klein, groß — Hände los!

Spielerzahl: 15 bis 20
Spielfeld: 12 m × 20 m bis 20 m × 20 m
In der Mitte des Spielfeldes steht der Häscher. Alle anderen Spieler bilden um ihn herum mit Handfassung einen Innenstirnkreis. Sie sprechen gemeinsam: „Klein, groß — Hände los! — Bück dich! — Fang mich!“, was sie jeweils mit Bewegungen unterstützen. Bei „klein“ kauern sie sich alle nieder, bei „groß“ gehen sie in den Zehenstand mit erhobenen Armen, lassen also die Hände los. Auf „bück dich!“ kauert sich der Mittelspieler nieder, und bei „fang mich!“ verfolgt er die in die Freimale flüchtenden Spieler. Wer gefangen wird, löst den Häscher ab.

Ringender Kreis mit Haschen

Spielerzahl: 8 bis 12
Die Spieler fassen sich an den Händen und bilden einen Kreis. In der Mitte des Kreises stehen einige Keulen. Durch Ziehen und Schieben versuchen die Spieler zu erreichen, daß jemand eine Keule umwirft. Geschieht das, so löst sich sofort der Kreis (Abb. 48), und die Spieler laufen in ein 10 bis 15 m entferntes Freimal, denn der Spieler, der die Keule umstieß, wird zum Häscher. Er erhält einen Minuspunkt für das Umstoßen der Keule und muß, wenn er keinen Spieler fängt, so lange aussetzen, bis der nächste ihn ablöst.

Abb. 48 Ringender Kreis mit Haschen

Sind keine Keulen vorhanden, so kann auch ein Kreidekreis aufgezeichnet werden, und der Spieler, der den Kreis betritt, wird dann Häscher.
Besondere Anwendungsmöglichkeit: Für Eishockey- und Rugbyspieler ist es besonders zur Schulung des blitzartigen Umschaltens von einer unmittelbaren Auseinandersetzung mit einem Gegner auf Start und Sprint zu empfehlen.

Gänsedieb (1)

Spielerzahl: 16 bis 20
Spielfeld: 12 m × 20 m bis 20 m × 20 m
Die Spieler (ungerade Spielerzahl) bilden einen Innenstirnkreis mit Handfassung und hüpfen nach einem Liede einen lustigen Gänsereigen.
In der Mitte des Kreises steht der Gänsedieb. Auf seinen plötzlichen Ruf „Halt!“ lösen die Spieler die Hände und laufen schnell nach allen Richtungen fort. Dabei müssen sie sich paarweise zusammenfinden, um vor dem Fangen des Diebes sicher zu sein. Der übrigbleibende Spieler aber wird von dem Gänsedieb verfolgt und übernimmt nach Abschlag dessen Rolle.
Abwandlungen:
a) Der übrigbleibende Spieler darf sich einem Paar anschließen, worauf der dritte frei wird und fortlaufen muß. Diese Rettungsmöglichkeit ist aber nur drei Spielern erlaubt. Wer abgeschlagen wird, löst ab.
b) Der übrigbleibende Spieler kann sich ret-

ten, indem er sich einem Paar anschließt, der überzählige dritte wird nun Fänger. So wechseln die Rollen laufend (wie wir es in dem Spiel „Der dritte schlägt!" finden), bis ein Spieler gefangen wird, der dann im folgenden Durchgang den Dieb spielt.

Starthasche

Fünf oder sechs Spieler gehören zu einer Gruppe. Sie stehen in Hochstartstellung an einer Startlinie mit den Händen auf dem Rücken. Einer der Spieler geht hinter den Läufern entlang und legt unauffällig bei einem Spieler einen kleinen Gegenstand in die Hand. Dieser Spieler soll versuchen, die 30 bis 40 m lange Laufstrecke zu durcheilen, ohne von den anderen Spielern abgeschlagen zu werden. Er kann sofort starten, darf aber auch warten, um dann plötzlich loszulaufen. Für einen erfolgreichen Lauf erhält er einen Punkt.

Noch intensiver ist folgende *Abwandlung: Auf den Vordermann aufpassen.* Die Spieler stehen hinter einer Startlinie in Linie zu zwei Gliedern mit etwa 1 m Abstand. Jedes Paar spielt für sich. Der Vordermann versucht plötzlich, bis zur gegenüberliegenden Grenzlinie (20 bis 30 m entfernt) zu gelangen, ohne von seinem Hintermann abgeschlagen zu werden. Bei Abschlag wechseln die Rollen. Jeder Lauf ohne Abschlag zählt für den Läufer (Vordermann) einen Punkt. Nur dieser kann Punkte erwerben.

Urbär (Bärenschlag)

Spielerzahl: 10 bis 30

Spielfeld: Eine große begrenzte Fläche von etwa 25 m × 25 m. In einer Ecke wird ein Mal, die Bärenhöhle, abgegrenzt, in dem alle Spieler Platz haben müssen.

Spieleraufstellung: Die Spieler verteilen sich frei im Feld; ein Spieler, der Urbär, ist im Mal.

Der Urbär begibt sich mit zusammengelegten Händen in das Spielfeld, um in dieser Haltung einen oder mehrere Läufer abzuschlagen. Gelingt ihm das, dann werden er und der Abgeschlagene mit Schlägen in das Bärenmal zurückgetrieben (Abb. 49). Hier haben sich die Fänger neues Schlagrecht geholt und laufen als Paar zum Fangen aus. Nach jedem neuen Abschlag laufen die Bären und der Geschlagene wieder in das Mal zurück, mit Schlägen von den anderen verfolgt. Jeder neu Gefangene reiht sich in die Kette ein, von der immer nur die beiden Äußeren Schlagrecht haben.

Es gelten außerdem noch folgende Spielregeln:

a) Wer den flüchtenden Bären den Weg ins Mal absichtlich versperrt, wer ins Bärenmal oder über die Spielfeldgrenze läuft, wird ebenfalls Bär.

b) Gelingt es den frei herumlaufenden Spielern, die Ketten von vorn zu sprengen, oder lassen die Bären von selbst los, so müssen die Bären alle ins Mal fliehen.

c) Ist die Bärenkette länger als sechs bis acht Spieler, darf eine zweite gebildet werden. (Das sollte man von der Gewandtheit der Spieler abhängig machen.) Wenn eine Kette einen Spieler fängt, so wird nur diese ins Mal zurückgetrieben, doch darf die andere in dieser Zeit nicht fangen.

Abwandlungen: Etwas „wilder" wird das Spiel, wenn die flüchtenden Bären einen Verfolger erhaschen und mitschleppen können, der sich aber wehren darf und dem auch andere zu Hilfe kommen dürfen. Wenn der Mitgeschleppte das Bärenmal mit einem Fuß betritt, ist er gefangen.

Bei geringer Spielerzahl: Es laufen immer nur zwei Bären mit Handfassung zum Fangen aus. Für den neu Gefangenen wechselt der „älteste

Abb. 49 Urbär

Bär“ aus. Der andere Bär aber und der Gefangene werden mit Schlägen zurückgetrieben.

Fuchs aus dem Loch! (Hinkepinke)

Spielerzahl: 10 bis 15
Spielfeld: 10 m × 15 m
Dieses Spiel gleicht dem Spiel „Urbär“, aber das Spielfeld muß entschieden kleiner sein, da der Fuchs auf einem Bein hüpft. (Es empfiehlt sich, im Klassenverband auf zwei Feldern zu spielen.)
Der Fuchs befindet sich im Mal, während alle anderen Spieler, die wie der Fuchs einen Plumpsack haben, sich beliebig im Spielfeld verteilen. Auf den Ruf „Fuchs aus dem Loch!“ hüpft dieser auf einem Bein in das Spielfeld, um einen Spieler mit dem Plumpsack abzuschlagen (als Erleichterung auch abzuwerfen). Dabei darf der Fuchs zwar das Sprungbein wechseln, aber nicht mit beiden Füßen den Boden berühren. Zum kurzen Verschnaufen kann er in sein Fuchsloch zurückhüpfen. Alle anderen Spieler fliehen hüpfend oder im Vierfüßlerlauf vor dem Abschlag. Sobald ein Spieler gefangen ist, wird er mit Plumpsackschlägen als neuer Fuchs in das Loch getrieben, und ein neues Spiel beginnt. Das Übertreten der Spielfeldgrenze, um dem Fangen zu entgehen, gilt als Abschlag.

Holland — Seeland (Fischzug)

Spielerzahl: 20 bis 30

Spielfeld und Spielverlauf wie im Spiel „Urbär“

Aus dem Mal stechen zwei Fischer in See, ein Holländer und ein Seeländer. Alle anderen Spieler — die „Fische“ — laufen frei im Spielfeld umher. Der abgeschlagene „Fisch“ gilt aber erst dann als gefangen, wenn er von den beiden Fischern ins Mal geschleppt wurde. Hier wartet er, bis ein zweiter Gefangener dazukommt, dann laufen zwei Paare gleichzeitig aus. Alle Paare dürfen jeweils nur einen Spieler fangen und sich auf den Ruf „Holland in Not!“ gegenseitig unterstützen, besonders dann, wenn ein „starker Fisch“ von einem Paar nicht bewältigt wird.

Bemerkung: Dieses Spiel leitet schon zu den Kraft- und Gewandtheitsspielen über und sollte auf Rasenplätzen gespielt werden.

Der Vogelhändler (Vögel verkaufen)

Spielerzahl: 10 bis 15 oder 20 bis 30

Spielfeld: 10 m × 10 m, in einer Ecke ein kleines Freimal

Die Spieler stehen nebeneinander hinter einer Linie. Der Vogelhändler gibt jedem leise einen Vogelnamen (Star, Kuckuck, Bachstelze u. a.) und bleibt dann in der Mitte der Reihe stehen. Nun nähert sich aus seinem Mal kommend der Vogelkäufer und fragt: „Ich will einen Vogel kaufen, hast du eine Amsel?“ Er nennt so lange Vogelnamen, bis er einen richtigen erraten hat und der Händler mit „Ja“ antwortet. Darauf fragt der Käufer schnell: „Wieviel kostet er?“ und zählt das geforderte Geld (durch Handschläge andeutend, aber nicht mehr als 15!) dem Vogelhändler in die Hand. Mit der Namensnennung flüchtet der betreffende Vogel bis zur gegenüberliegenden Linie und wieder in seine Lücke zurück. Nach der Bezahlung versucht der Käufer, ihn zu fangen. Gelingt es ihm, so muß der Vogel mit in das Freimal kommen, andernfalls bleibt er beim Vogelhändler und bekommt einen anderen Namen.

Sobald der Käufer drei Vögel im Mal hat, wird er ausgewechselt.

Zusatzregel: Ein gefangener Vogel kann erlöst werden, wenn ein schneller Läufer ihn an die Hand nimmt und so auf seinen Platz zurückbringt. Werden sie aber vorher vom Käufer abgeschlagen, so sind beide gefangen.

Bei einer großen Spielerzahl erhalten mehrere Spieler den gleichen Vogelnamen, und der Käufer bekommt einen Helfer, der einen Vogel wohl fangen, aber nicht abschlagen darf. Er muß versuchen, ihn festzuhalten, bis der Käufer zum Abschlag herbeieilt.

Durch den Kreis

Spielerzahl: 10 bis 15

Ein Häscher steht neben einem Kreis von etwa 2 bis 3 m Durchmesser. Die anderen Spieler stellen sich hinter einer Linie in etwa 10 m Entfernung auf. Auf ein Signal hin läuft ein Spieler von der Linie aus ins Spielfeld, wohin er will. Er wird aber von dem Häscher verfolgt. Der Läufer hat die Aufgabe, unabgeschlagen auf seinen Platz zurückzukehren. Er muß jedoch vorher den Kreis berührt haben. Gelingt ihm das, so wird er Häscher. Wird er aber abgeschlagen, so muß er hinter die Linie zurück.

Es kann auch in der Form gespielt werden, daß beim Abschlagen die Rollen getauscht werden. Während sich der erste Häscher hinter der Grundlinie einreiht, läuft der nächste Spieler schon los.

Bemerkung: Da es schwierig ist, unabgeschlagen zurückzukehren, weil schnelles und fintenreiches Laufen notwendig ist, eignet sich diese Form für das Training in den Sportspielen zum Üben des Freilaufens und Deckens. Hier ist es ratsam, in Fünfergruppen zu spielen.

Holt die Beute!

Spielerzahl: 15 bis 30
Spielfeld: 20 m × 20 m
Die Spieler stehen hinter einer Grundlinie. Im Mittelfeld befinden sich zwei Häscher. Auf der entgegengesetzten Seite liegen so viele Bälle (Keulen, Staffelstäbe, Spielbänder oder Steine), wie Läufer an der Zahl sind. Die Bälle sollen einzeln erbeutet werden. Die beiden Fänger sind dabei gewandt zu umlaufen. Ein abgeschlagener Spieler muß hinter die Grundlinie, um sich neues Laufrecht zu holen. Erfolgte der Abschlag beim Rücklauf, so muß der Ball erst zurückgebracht werden, bevor der Spieler außen an der Seitenlinie entlang hinter seine Linie läuft. Ein Spielvorgang ist beendet, wenn alle Bälle herübergeholt sind und in einem kleinen Mal liegen. Dann bestimmt man zwei neue Fänger. Es gewinnt das Fängerpaar, bei dem die Läufer die längste Zeit zum Erobern der Bälle brauchten.
Bei einer großen Spielerzahl kann man Spielfeld, Geräte- und Fängerzahl vergrößern oder auch zwei bis drei Spielgruppen bilden. Jede Gruppe hat dann etwa drei Minuten Zeit. Es gewinnt die Gruppe, die die meisten Bälle holte.
Abwandlung: Um das Herauslaufen der weniger geübten Spieler zu gewährleisten, läßt man zu viert abzählen. Es laufen nach Aufruf des Spielleiters alle Spieler mit der gleichen Zahl, sie bilden eine Gruppe. Hinter den Bällen ist ein Freimal, dort darf niemand abgeschlagen werden. Wer aber den Ball berührt hat, muß laufen. Wird im Freimal zu lange gewartet, zählt man bis drei, worauf das Mal entweder zu verlassen ist oder der Spieler als abgeschlagen gilt. Erst wenn alle Spieler mit der jeweils aufgerufenen Nummer wieder das Spielfeld verlassen haben, wird die nächste Zahl aufgerufen. Die Gruppe mit den meisten erbeuteten Gegenständen hat gewonnen.

2.4.2.2 Haschespiele mit Seiten- oder Platzwechsel

Der Spielgedanke besteht darin, die Seiten eines Spielfeldes oder bestimmte Plätze zu wechseln beziehungsweise einen bewachten Raum zu durchqueren, ohne vom Häscher abgeschlagen zu werden.
Die Spiele werden besonders lebhaft, und die Aufgabe für die Läufer wird schwieriger, wenn mehrere Häscher das Seitenwechseln zu verhindern suchen. Gewandtes Ausweichen, plötzliche Richtungsänderungen, Tempowechsel, ja auch Täuschungsbewegungen werden dabei spielend geschult.
Auf die Erziehung zur Ehrlichkeit muß hier besonders Wert gelegt werden. Wer abgeschlagen wurde, sei es auch durch die geringste Berührung von seiten des Häschers, die oft gar nicht bemerkt worden ist, streitet nicht, sondern spielt sofort in der ihm zugedachten Rolle weiter.
Durch Festlegen der Fortbewegungsart für Häscher und Läufer, Erschweren der Fangweise und Überwinden oder Umlaufen von Geräten können die Spiele noch interessanter gestaltet werden. Wenn anstelle des Laufens die verschiedenen Sprungarten gefordert werden, eignen sich fast alle Spielformen für die leichtathletische Sprungkraftschulung.
Die Spielfeldgröße muß dem Alter und der Klassenstärke entsprechen. Selbst in kleinen Hallen sind alle Spielformen auf Grund der Variationsmöglichkeiten durchführbar (siehe Zusammenstellung der wesentlichsten Abwandlungsmöglichkeiten, Abb. 9). Die meisten Spiele machen auch auf Schlittschuhen sehr viel Freude.

Schwarzer Mann (Wer fürchtet sich...?)

Spielerzahl: 10 bis 40
Spielfeld: 10 m × 20 m bis 20 m × 30 m
Der „schwarze Mann" steht auf der einen Schmalseite des rechteckigen Spielfeldes, die anderen Spieler befinden sich auf der gegenüberliegenden Seite. Auf den Ruf: „Wer fürchtet sich vorm Schwarzen Mann?" antworten die Spieler: „Niemand!" und laufen zur anderen Spielfeldseite, dem entgegenkommenden „Schwarzen Mann" gewandt ausweichend. Dieser versucht, während seines Laufs auf die gegenüberliegende Seite recht viele Spieler abzuschlagen, die im nächsten Spiel mit fangen helfen. Als gefangen gilt auch, wer die Spielfeldgrenzen übertritt. Sieger ist der Spieler, der den „Schwarzen Männern" bis zuletzt entgeht. Die Helfer des Schwarzen Mannes sind deutlich zu kennzeichnen (Lauf mit erhobenem Arm, hochgerollte Ärmel, Spielbänder). Erschwert wird diese Grundform, wenn den Spielern und dem Schwarzen Mann nur das Laufen nach vorn und ein Ausweichen seitwärts — nicht aber ein Umkehren — gestattet werden. Die Anzahl der Häscher nimmt sehr schnell zu, so daß ein Spielvorgang relativ kurz ist.
Weitere Spielmöglichkeiten:
a) Die abgeschlagenen Spieler bilden mit dem Schwarzen Mann eine Kette, wobei aber nur die äußeren Schlagrecht haben. Die Kette kann durchschlüpft werden.
b) Die abgeschlagenen Spieler haben als Helfer des Schwarzen Mannes kein Schlagrecht. Sie dürfen die Hinüberlaufenden nur versuchen festzuhalten, bis der Schwarze Mann zum Abschlag herbeieilt (vgl. Inselzeck [Helferzeck]).
c) Bei gut entwickelten, kräftigen Spielern läßt sich jeder Schwarze Mann von seinen Gefangenen hinter die Linie tragen.
d) Auch wenn die abgeschlagenen Spieler nicht zu Helfern des Schwarzen Mannes werden, sind mehrere Spielweisen möglich:
— Man bestimmt zu Spielbeginn zwei oder drei Häscher, die jeweils von den gefangenen Spielern abgelöst werden.
— Zwei oder drei Schwarze Männer sind im Spielfeld. Sie nennen laut nach jedem Spielvorgang die Anzahl der erreichten Abschläge und zählen sie jeder für sich zusammen. Sieger ist der Schwarze Mann, der nach mehreren Läufen die meisten Punkte hat;
— oder es werden nach etwa drei Minuten drei neue Schwarze Männer bestimmt. Es siegt die *Gruppe* mit den meisten Punkten (hierbei wird derEhrgeiz des einzelnen einem Gruppensieg untergeordnet).
— Bei dieser Abwandlung erfolgt eine Punktwertung für die Läufer. Jeder Seitenwechsel ohne Abschlag bringt einen Punkt ein, wobei die Spieler gewinnen, die nach geraumer Zeit die meisten Punkte sammelten. Um den Punktgewinn reizvoll zu gestalten, müssen viele Läufer abgeschlagen werden können. Dazu muß den Schwarzen Männern das Fangen erleichtert werden, indem das Spielfeld nicht breiter als 10 m ist oder die Läufer unter erschwerender Fortbewegungsform von einer Seite zur anderen wechseln.
e) Es kann natürlich den Schwarzen Männern auch das Fangen erschwert werden, indem sie einbeinig hüpfen müssen; zum Haschen nur nach vorn laufen, während die anderen auch umkehren dürfen; indem sie jeder einen großen Ball unter den Arm nehmen müssen und so nur eine Hand zum Fangen frei haben; indem ein Abschlag erst nach drei laut zu zählenden Schlägen gültig ist.
Fast alle Abwandlungen lassen sich mit Veränderung der Fortbewegungsart spielen, wobei das Feld auch zu Paaren überquert werden kann.
f) Das Spiel gewinnt an Spannung, wenn zwei hintereinander liegende Felder, jeweils von zwei oder drei Schwarzen Männern bewacht,

durchlaufen werden müssen. Dazu wählen wir das Feld 30 bis 40 m lang und teilen es durch eine Mittellinie.

Methodische Bemerkung: Bei älteren *Spielern* kann das Frage- und Antwortspiel fortfallen. Das Spiel beginnt auf Zeichen des Spielleiters. Alle Abwandlungen müssen stets die Spielfeldgröße berücksichtigen, die unter anderem auch davon abhängig ist, ob den Schwarzen Männern oder den Läufern Vorteile verschafft werden sollen.

Der Grundgedanke, die Seiten durch gewandtes Ausweichen vor dem Abschlag des Fängers zu wechseln, taucht in den folgenden Spielen immer wieder auf (Alle meine Gänschen, kommt nach Haus! — Bauer, treib die Schafe aus! — Monatshaschen — Die Jagd). Diese Spiele sind im Grunde genommen nur Abarten des „Schwarzen Mannes".

Alle meine Gänschen, kommt nach Haus!

Ein Spieler — der Hütejunge — steht an der einen Schmalseite des Spielfeldes, gegenüber befinden sich die anderen, die Gänse. Der böse Wolf lauert in der Mitte des Spielfeldes. Auf den Ruf des Hütejungen: „Alle meine Gänschen, kommt nach Haus!" versuchen die Gänse und der Hütejunge, ohne Abschlag die Seiten zu wechseln. Alle vom Wolf gehaschten Spieler werden zu Wölfen und machen sich als solche kenntlich. Der abgeschlagene Hütejunge wird ebenfalls Wolf. Ein anderer Spieler tritt an seine Stelle.

Auch hier ist ein Durchgang — wie beim „Schwarzen Mann" — schnell beendet.

Bauer, treib die Schafe aus!

Auf den Ruf des sich in der Mitte des Spielfeldes befindenden Wolfes: „Bauer, treib die Schafe aus!" muß der Bauer mit seiner Herde auf die andere Seite des Feldes wechseln. Dabei versucht der Wolf, ein Schaf zu fangen, woran ihn der Bauer mit ausgebreiteten Armen hindert, ohne den Wolf jedoch zu berühren. Gelingt dem Wolf dennoch ein Abschlag, so werden die Rollen vertauscht. Das Schaf wird Wolf, der Wolf wird Bauer, und der Bauer geht zu den Schafen. Das Übertreten der Spielfeldgrenze bedeutet Abschlag.

Anmerkung: Wenn sich Spieler absichtlich fangen lassen, um die Rolle des Wolfes zu übernehmen, so kann der Spielleiter die Rollen neu verteilen. Wer zum Beispiel zuerst auf der gegenüberliegenden Seite ist, darf Wolf sein.

Gänsedieb (2)

Hinter einer Schmalseite des Spielfeldes stellen sich die Spieler zu Fünfergruppen mit lockerer Hüft- oder Schulterfassung auf, sie sollen als Gruppen die Seiten wechseln. Dabei lauert ihnen der Gänsedieb auf. Er kann aber die Gänsegruppe nur von der Seite her angreifen, denn die Leitgans — der erste Spieler der Gruppe — ist unverletzbar. So wird sie bei einem Angriff stets versuchen, in Front zu dem Gänsedieb zu stehen und ähnlich wie bei „Glucke und Geier" ihre Schützlinge bewachen. Außerdem ist noch ein Gänsehirt da, der dem Dieb mit ausgebreiteten Armen das Fangen erschwert. Hat der Gänsedieb drei Gänse gefangen, dann werden er und der Hirt ausgetauscht.

Methodische Bemerkung: Dieses Spiel ist besonders dann freudebetont, wenn Gänsehirt und Gänsedieb sehr bewegliche und reaktionsschnelle Spieler sind.

Bei mehr als vier Gänsegruppen werden zwei Gänsediebe und ebenfalls zwei Hirten eingesetzt.

Monatshaschen

Die Spieler stehen auf der einen Schmalseite des Rechteckes. Der Fänger befindet sich in der Mitte des Spielfeldes. Er ruft einen Monatsnamen, worauf alle Spieler, die in diesem Monat geboren sind, auf die gegenüberliegende Seite zu wechseln haben. Wer abgeschlagen wird, löst den Fänger ab. Hier ist eine hohe Spielerzahl möglich, da nur immer ein Teil der Spieler läuft.

Die Jagd

Dieses Spiel verläuft genauso wie das Monatshaschen, nur werden jetzt die Spieler in Tiergruppen eingeteilt (Hasen, Vögel, Elefanten), die vom Häscher aufgerufen werden und die Seite wechseln müssen. Es kann auch so gespielt werden, daß sich die Kinder wie die Tiere, deren Namen sie haben, bewegen. Allerdings muß sich dann auch der Häscher den Bewegungen anpassen.
Während beim Monatshaschen die Anzahl der Läufer dem Zufall überlassen ist, kann sie in diesem Spiel bestimmt werden.

Seitenwechsel mit Fangen

Spielerzahl: 10 bis 40
Spielfeld: 10 m × 12 m bis 15 m × 20 m
Die Spieler stehen an einer Schmalseite des Spielfeldes, in dem sich zwei oder drei Häscher befinden. Die Aufgabe der Läufer ist es, ohne Abschlag auf die gegenüberliegende Seite und wieder zurück ins Auslaufmal zu wechseln. Wem es gelingt, der erhält einen Punkt. Nach einer vorher bestimmten Zeit sind die Läufer, die die meisten Punkte haben, Sieger. Die Abgeschlagenen können auch mit Minuspunkten bedacht werden, wobei der Läufer mit der höchsten Punktzahl der Verlierer ist.
Günstig ist der Lauf mit Anschlag an eine Wand als Wendemal. Das schafft die Voraussetzung zum ehrlichen Spiel und erleichtert die Kontrolle. Hin- und Rücklaufweg berechnen!
Hier sind die vielfältigsten Variationen möglich, siehe „Schwarzer Mann“, Seite 169f.
Spezielle Anwendungsmöglichkeit: Im Training für die Sportspiele dient der Seitenwechsel mit Fangen der Ausdauerschulung und dem Fintieren. Man zeichnet mehrere Felder (etwa 8 m × 30 m) nebeneinander auf, wählt die Gruppen zahlenmäßig nicht stark und stellt demzufolge nur einen Häscher in die Mitte. Auf Pfiff beginnen alle Spieler mit dem Seitenwechsel und Rückkehr ins Auslaufmal, den dann jeder Spieler nach eigenem Ermessen so oft wie möglich durchführen kann, um Punkte zu sammeln. Gewonnen hat nach einer vorher festgelegten Zeit der Spieler mit den meisten Punkten. Nicht die Häscher vergessen auszuwechseln!

Brückemann
(Brückenwacht, Chinesische Mauer, Grabensprung, Wassermann)

Spielerzahl: 10 bis 25
Spielfeld: 10 m × 20 m, in der Mitte eine 2 bis 3 m breite Gasse
Spieleraufstellung: Nebeneinander auf einer Grundlinie, der Brückemann steht in der Gasse (auf der Brücke)
Auf ein Zeichen des Spielleiters wechseln die Läufer auf die andere Spielfeldseite, wobei sie die bewachte Brücke überqueren müssen. Dabei kann der Brückemann getäuscht werden. Er darf zum Fangen wohl auf der Brücke hin- und herlaufen, doch darf er sie nicht verlassen. Die Gruppe kann auch geteilt und die Brücke dann von beiden Seiten überlaufen werden (Wassermann).

Es sind nun wieder die verschiedensten Spielarten möglich:

a) Die vom Brückemann abgeschlagenen Spieler müssen

— den Brückemann *ablösen.* Bei dieser Spielweise sind meist von vornherein zwei oder drei Wächter auf der Brücke notwendig;

— *bewachen helfen.* Hier wird das Spiel so lange fortgesetzt, bis nur noch wenige Spieler als Sieger übrigbleiben. Die Helfer können einmal mitfangen, dann ist ein Spielvorgang sehr schnell beendet, oder sie haben kein Schlagrecht und versuchen, die Hinüberlaufenden nur festzuhalten, bis der Brückemann zum Abschlag kommt. Sie können auch alle eine Kette bilden, wobei nur die äußeren Schlagrecht haben. Die Kette kann dann von den Spielern durchschlüpft werden. Bei dieser Form ist ein Verlängern der Brücke auf etwa 15 m — das richtet sich nach der Spielstärke der Gruppe — erforderlich;

— ihre *Abschläge zählen.* Sieger ist derjenige, der nach einer bestimmten Anzahl von Durchgängen (oder nach zwei Minuten) die wenigsten Schläge erhalten hat. Hierbei darf die Brücke nicht zu lang sein, um das Hinüberlaufen zu erschweren, oder es müssen mehrere Wächter die Brücke bewachen.

b) Die Brückemänner erhalten für jeden Abschlag einen Pluspunkt. Sieger ist derjenige, der nach einer bestimmten Anzahl von Läufen am erfolgreichsten war.

Abwandlungen:

a) Es können Vorteile, aber auch Nachteile sowohl für die Brückemänner als auch für die Hinüberlaufenden geschaffen werden. Das Fangen ist erleichtert, sobald die Läufer im Hüpfen oder Vierfüßlergang hinübereilen. Das Fangen ist erschwert, wenn die Brückemänner auf einem Bein hüpfen, einen Ball unter dem Arm oder auch einen Spieler im Huckepack tragen. Diese verschiedenen Formen lassen sich wiederum untereinander koppeln, wobei aber immer die Spielfeldgröße,

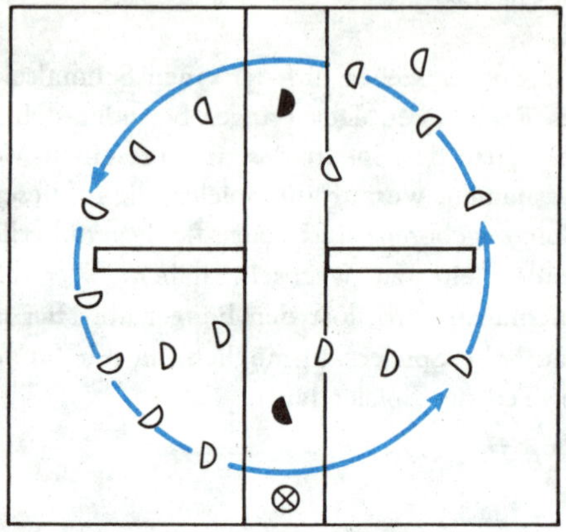

Abb. 50 Brückemann mit Geräten

die Anzahl der Spieler und ihre Bewegungsart voneinander abhängig sind.

b) Die Gasse ist nur 1 bis 2 m breit — je nach Leistungsstand — und muß mit einem Schrittsprung überwunden werden. Das Überspringen von Gräben im Gelände macht das Spiel besonders reizvoll!

c) Die Brückemänner befinden sich auf in der Gasse stehenden Geräten und versuchen, die darunter hinwegkriechenden oder hinüberspringenden Spieler abzuschlagen.

d) Man legt zwei oder drei Brücken hintereinander an, die überquert werden müssen. Das erste Brückenfeld wird mit drei Wächtern, das zweite mit zwei und das dritte Feld mit einem Wächter besetzt.

e) Eine lange Brücke wird in der Mitte quergeteilt, entweder durch Turnbänke, einen Schwebebalken oder durch zwei mit einer Schnur verbundene Sprungständer. Die Spieler laufen nicht nur von der einen Spielfeldseite zur anderen, sondern ständig im Kreis herum (Abb. 50). Dadurch wird es möglich, mit dreißig bis vierzig Teilnehmern gemeinsam zu spielen und gleichzeitig eine kleine Ausdauerschulung durchzuführen.

Der Sieger kann wieder auf verschiedene Art

und Weise ermittelt werden: Welchem Brückemann gelingen zuerst zehn Abschläge? Welcher Läufer kommt zuerst fünf- bis zehnmal hintereinander unabgeschlagen über die Brücken? Wem gelingen nach einer bestimmten Zeit die meisten abschlagfreien Läufe, wem die meisten Abschläge?

Forderung: Jeder Spieler zählt ehrlich seine Läufe beziehungsweise die Abschläge.

Spezielle Anwendungsmöglichkeiten: „Brückemann" kann beim Rugbytraining sehr gut zur Schulung des Fassens verwandt werden. Statt abzuschlagen, müssen die Brückenwächter nach Rugbyart die Spieler zu fassen versuchen. Durch den Wettkampfgedanken wird diese Mutanforderung leicht erfüllt.

Im Eishockeytraining verwandt, müssen die Brückemänner statt des Abschlages blockieren, rempeln und checken ohne Benutzung der Arme. Wir schulen dabei den Körpereinsatz, wie er im Eishockeyspiel erforderlich ist.

Im Fußballtraining muß die vergrößerte Brücke mit dem Ball am Fuß überwunden werden. Auch hier kann das Überqueren von zwei und drei Zonen zur Schulung des Täuschens und der Gewandtheit erfolgen.

Eckenlauf mit Haschen (Von Eck zu Eck)

Spielerzahl: 20 bis 24

Spielfeld: 15 m × 15 m. Jede Schulturnhalle — auch wenn eine kurze und eine lange Strecke zu laufen sind — kann als Spielfeld genommen werden.

Auf ein Zeichen des Spielleiters laufen die in jeder Ecke befindlichen Spieler (fünf oder sechs) von ihrer markierten Ecke in einer vorher bestimmten Richtung zur nächsten (zur zweiten, zur dritten, auf den eigenen Platz zurück). Die sich in der Mitte des Feldes befindenden Spieler sind die Fänger. Es gewinnt,

— wer von den Fängern in mehreren Durchgängen die meisten Schläge austeilt;

— wer von den Läufern innerhalb einer bestimmten Zeit keinen Schlag bekommt;

— das Fängerpaar mit den meisten Punkten.

Die verschiedenartigsten Fortbewegungsformen können angewandt werden.

Abwandlung: Jede Mannschaft hat einen Kapitän (kennzeichnen!), der gefangen werden soll, aber von seiner Mannschaft durch Sperren verteidigt wird. Nach seinem Abschlag scheidet die Gruppe aus. Welche Mannschaft bleibt als letzte im Spiel?

Fuchsjagd (Hase im Nest, Hase im Kohl)

Spielerzahl: 30 bis 40

Die Spieler bilden zu dritt oder zu viert kleine Kreise beliebig im Spielfeld. Jeder Kreis stellt einen „Fuchsbau" dar, der von einem Fuchs bewohnt ist. Ein überzähliger Fuchs wird von einem „Jäger" gejagt. Sobald der Fuchs, um dem Gefangenwerden zu entgehen, in einen Bau flieht, muß der sich dort aufhaltende Fuchs sofort hinaus, um sich einen anderen Unterschlupf zu suchen. Dabei wird er von dem Jäger verfolgt.

Der Fuchs muß das Haschen übernehmen, wenn er abgeschlagen wird. Der Jäger darf den flüchtenden Fuchs nur außerhalb des Baues abschlagen, während der den Bau verlassende Fuchs dagegen gleich abgeschlagen werden kann.

Verläßt ein Fuchs zu voreilig seinen Bau, so darf auch der Jäger hineinspringen. Der „voreilige Fuchs" wird dann Jäger.

Hinweis: Der vertriebene Fuchs kann in den eben verlassenen Bau erst wieder einschlüpfen, wenn er wenigstens einen anderen Fuchsbau umlaufen hat.

Das Spiel wird sehr lebhaft, wenn es zwei oder drei Füchse mehr als Fuchsbauten gibt und auch mehrere Jäger laufen. Man darf nicht vergessen, die Füchse auszuwechseln!

Abwandlungen: Das Retten in den Fuchsbau kann dem Eifer und der Gewandtheit der Kinder entsprechend angepaßt werden:

a) Die Spieler stehen mit Handfassung, die Füchse müssen darunter hinwegschlüpfen, um in den Fuchsbau zu kommen.

b) Die Spieler sitzen mit lockerer Handfassung, die Füchse müssen darüber hinweghüpfen (Abb. 51).

c) Die Spieler stehen, der sich rettende Fuchs muß über die locker gefaßten Hände springen, wobei er sich flüchtig auf die Schultern der im Kreis Stehenden stützen darf. Der fliehende Fuchs kann seinen Platz beliebig verlassen.

Bemerkung: Ist die Spielgruppe klein, können Keulen aufgestellt oder Kreise mit 1 m Durchmesser aufgezeichnet werden, die den Fuchsbau kennzeichnen.

Sind die Fuchsbauten nicht zu weit voneinander entfernt, kann der Fuchs sich im Vierfüßlerlauf, der Jäger auf einem Bein hüpfend bewegen.

Nennen wir das Spiel „Hase im Kohl", dann flüchten die Hasen vor einem sie verfolgenden Fuchs.

Plätze wechseln

Spielerzahl: 15 bis 20

Spielfeld: Kreis mit etwa 10 m Durchmesser

In der Mitte des Kreises steht ein Häscher. Jeder Kreisspieler hat eine Nummer. Der Spielleiter ruft zwei Zahlen auf, worauf diese beiden Spieler die Plätze wechseln müssen. Während des Wechselns versucht der Häscher, einen Spieler zu fangen, der ihn dann ablöst.

Es können auch drei und vier Nummern aufgerufen werden.

Platzwechseln zu zweit

Spielerzahl: 15 bis 20

Spielfeld: 8 m × 15 m

Der Fänger steht in der Mitte des rechteckigen Spielfeldes. Die anderen Spieler befinden sich — in zwei Gruppen aufgeteilt — jeweils hinter den Schmalseiten des Feldes. Der Häscher ruft den Namen eines Spielers auf, dieser wiederum den Namen eines Spielers von der gegenüberliegenden Seite. Beide müssen

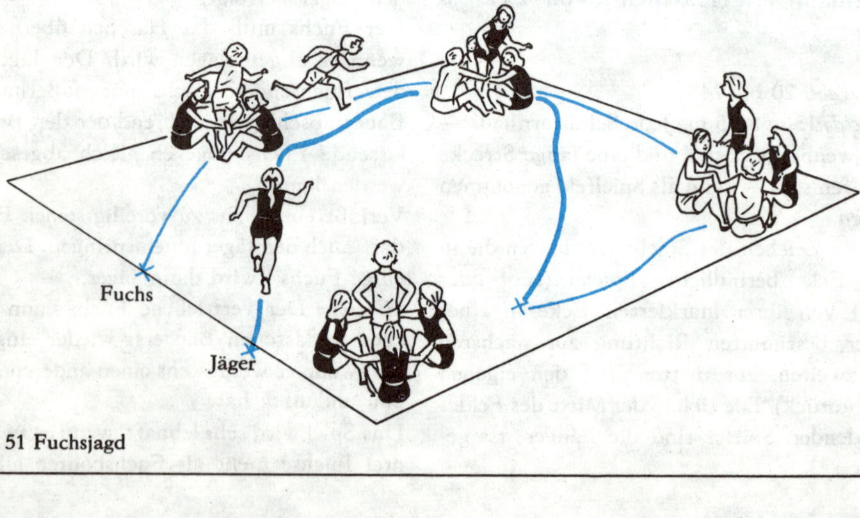

Abb. 51 Fuchsjagd

nun ihre Plätze wechseln. Der Fänger versucht, einen abzuschlagen, der ihn dann ablöst.

2.4.2.3. Haschespiele in Kreis- oder Reihenaufstellung

Der Spielgedanke eines Teils der in diese Gruppe eingeordneten Spiele besteht darin, daß der Häscher einen Läufer zu fangen versucht, der im allgemeinen von den Spielern des Kreises oder der Reihe unterstützt wird. In einer weiteren Anzahl von Spielen kann sich der Läufer durch Ablösung, Vereinigung mit einem anderen Spieler oder rechtzeitige Rückkehr zum Ausgangspunkt retten.
Der Verlauf ist bei allen Spielen an die Kreis- oder Reihenaufstellung gebunden, so daß trotz lebhaften Spiels ein guter Überblick möglich und die Leitung nicht schwierig ist.
Das Charakteristische der Spiele dieser Gruppe besteht darin, daß sich immer nur wenige Spieler, die Läufer und Häscher, intensiv bewegen, der größte Teil der Spielgruppe zeitweilig aber wenig oder gar nicht beansprucht wird. Deshalb können aus dieser Gruppe auch Spiele gewählt werden, wenn es darauf ankommt, der Klasse oder Sportgruppe eine „aktive Erholung" zu gewähren. Es werden keine besonderen motorischen Anforderungen gestellt, von einigen plötzlichen Richtungsänderungen und den damit verbundenen Brems- und schnellen Antrittsbewegungen abgesehen. Einige Formen dienen in hohem Maße der Entwicklung des Reaktionsvermögens (z. B. Irrgarten, Drittenabschlagen mit Variationen, Der dritte schlägt!, Jeder fängt den Vordermann!).
Bei der methodischen Gestaltung sollte man unter anderem folgende Punkte berücksichtigen:
Läufer und Häscher sollen sich intensiv bewegen, dann aber bald gegen zwei oder mehrere andere Spieler ausgetauscht werden. Wenn es erforderlich ist, müssen für die Läufer oder für erfolglose Häscher Erleichterungen durch Veränderungen der Kreis- oder Reihenaufstellung und durch Sonderrechte geschaffen werden, die gleichzeitig zu belebenden Änderungen der Spielsituation führen können. Bei verschiedenen Arten von „Verfolgungsrennen" ist notfalls die Rundenzahl zu beschränken. Später, als Trainingsform zur Schulung der Schnelligkeitsausdauer ausgeführt, dürfen die Spieler stärker belastet werden.
Bei etlichen Formen läßt sich das Laufen wiederum durch andere Fortbewegungsarten ersetzen (Hüpfen, Vierfüßlerlauf), so daß diese Spiele auch auf kleinerer Fläche gespielt werden können.

Katze und Maus

Spielerzahl: 15 bis 30
Die Spieler stehen mit Handfassung im Innenstirnkreis. In der Mitte des Kreises steht die „Maus", außerhalb lauert die „Katze". Die Maus flieht, von der Katze verfolgt, bald

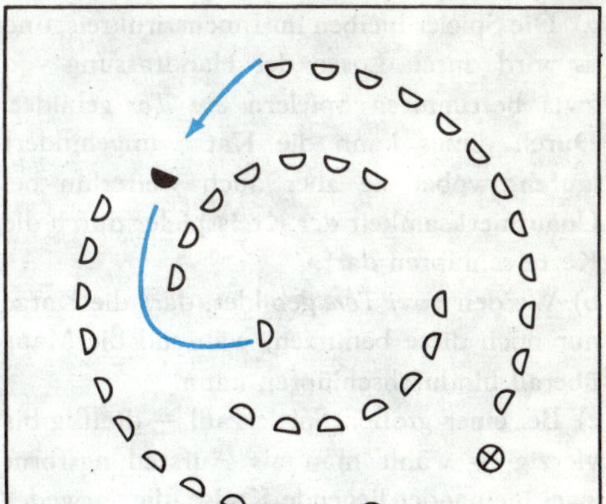

Abb. 52 Katze und Maus

innerhalb, bald außerhalb des Kreises. Dabei sind die Kreisspieler der Maus behilflich, indem sie ihr durch Heben der Arme das Aus- und Einschlüpfen erleichtern, während sie der Katze dieses durch Senken der Arme und Schließen der Zwischenräume verwehren. Gelingt es der Katze doch, durch die Kreiskette zu schlüpfen und dabei die Maus zu berühren, wird ein neues Paar bestimmt.

Fängt die Katze die Maus nach einer gewissen Zeit nicht, zählen die Kreisspieler langsam bis zehn, dann werden, wenn die Maus bis dahin immer noch nicht abgeschlagen ist, ebenfalls zwei neue Spieler bestimmt.

Um das Spiel in Gang zu bringen, sind unter anderem folgende Wechselgespräche zwischen Katze und Maus üblich:

—Katze: „Maus, Maus, komm heraus, sonst kratz' ich dir die Augen aus!"
Maus: „Ich will nicht, ich mag nicht!"
Katze: „Dann hol' ich dich!"

—Katze: „Maus, Maus, komm heraus, ich geb' dir ein bißchen Zucker!"
Maus: „Ich will nicht, ich mag nicht!"
Katze: „Maus, Maus, komm heraus, ich geb' dir ein bißchen Speck!"
Maus: „Dann fang' mich lieber weg!"

Abwandlungen:

a) Die Spieler bleiben im Innenstirnkreis, und es wird durch Lösen der Handfassung von zwei bestimmten Spielern *ein Tor* gebildet. Durch dieses kann die Katze ungehindert laufen, wobei sie aber auch weiterhin bei Unaufmerksamkeit der Kreisspieler durch die Kette schlüpfen darf.

b) Werden *zwei Tore* gebildet, darf die Katze nur noch diese benutzen, während die Maus überall hindurchschlüpfen kann.

c) Bei einer großen Spielerzahl — dreißig bis vierzig — wählt man als Aufstellungsform zwei ineinander liegende Kreise, die entweder zwei oder vier sich gegenüberliegende Tore haben (Abb. 52).

d) Die Spieler stehen im *geschlossenen* Innenstirnkreis in Seitgrätschstellung mit leicht vorgebeugtem Oberkörper. Maus und Katze können durch die gegrätschten Beine kriechen oder über die locker gefaßten Hände springen. Es gibt keine Tore!

e) Wenn sich die Kreisspieler in einer Richtung bewegen oder diese sogar noch auf ein Zeichen wechseln, ergeben sich ständig andere Situationen für Katze und Maus, und das Spiel gewinnt an Reiz. In dieser Form ist das Spiel vom dritten Schuljahr an freudvoller.

f) Noch mehr Leben kommt in das Spiel, wenn man die Anzahl der Mäuse und Katzen verändert:

In der Aufstellung der unter a) angeführten Form kann man mit zwei Mäusen und einer Katze spielen lassen, wenn auch der Katze überall ein ungehindertes Durchschlüpfen erlaubt ist. Entweder wird ein Durchgang beendet, wenn eine Maus gefangen ist, oder erst durch das Fangen beider Mäuse.

Methodische Bemerkungen: Wählen wir zwei Katzen und eine Maus, dann sind die Aufstellungsformen mit Toren zu bevorzugen, um den Katzen das Fangen zu erschweren. Spielen zwei und mehr Mäuse und ebenso viele Katzen, so darf jede Katze nur eine bestimmte Maus (oder auch jede beliebige Maus) fangen. Bei dieser Form die Mäuse kennzeichnen! Bei einer großen Spielerzahl sind auch fünf Mäuse und eine Katze möglich. Sobald aber eine Maus gefangen ist, werden alle Spieler ausgewechselt.

Der Lauf kann bei gewandtem Verhalten der Kreisspieler für Katze und Maus anstrengend sein, weil dann die Maus schwierig zu fangen ist. Daher sollte man von einem Rollenwechsel beider Spieler absehen und ein neues Paar wählen. Außerdem ist das eine Möglichkeit, recht viele Kinder am Laufen zu beteiligen.

Um eine langsame Katze beim Fangen zu unterstützen, ruft der Spielleiter: „Arme hoch!", worauf Maus und Katze freie Laufwege haben.

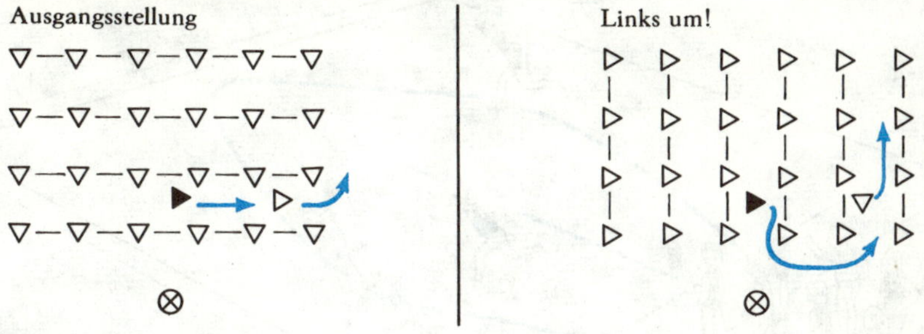

Abb. 53 Irrgarten

Alle schon als Katze oder Maus gelaufenen Spieler reihen sich nacheinander an einer Stelle des Kreises ein. Dadurch behält der Spielleiter bei größeren Gruppen den Überblick, um stets neue Spieler zum Laufen zu bestimmen.
Das folgende Spiel hat den gleichen Spielgedanken, doch muß der Häscher jetzt genau den Weg des Läufers einschlagen.

Fuchs und Wolf (Fuchs heraus!)

Spielerzahl: 15 bis 30
Die Spieler bilden einen Innenstirnkreis und fassen sich an den Händen. Im Kreis steht ein Läufer — der Fuchs —, und außerhalb des Kreises wartet der Fänger — der Wolf. Auf ein Zeichen jagt der Fuchs davon, während der Wolf, immer der *Fuchsspur folgend*, diesen zu fangen trachtet. Wenn der Fuchs berührt wird, werden zwei andere Spieler bestimmt.
Nach folgendem Wortwechsel zwischen Wolf und Fuchs kann mit dem Fangen begonnen werden:
Wolf: „Fuchs, was tust du in meinem Garten?"
Fuchs: „Ich muß auf meinen Bruder warten."
Wolf: „Warte, Fuchs, gleich bist du mein!"
Fuchs: „Dann mußt du aber geschwinde sein!"

Abwandlung: Die Spieler zweier konzentrischer Innenstirnkreise bewegen sich in entgegengesetzter Richtung, wobei der Fuchs von einem Kreis zum anderen flüchten kann.

Irrgarten (Katze und Maus in Gassenaufstellung)

Spielerzahl: 20 bis 40
Spieleraufstellung: Blockaufstellung mit doppeltem Armabstand zur Seite und nach hinten. Je vier bis sechs Spieler stehen in einer Linie mit Handfassung.
In den so entstandenen Gassen versucht die „Katze", eine „Maus" zu fangen. Das Durchschlüpfen oder Durchkriechen der in Linien stehenden Spieler ist für beide nicht erlaubt. Dafür werden aber die Laufwege auf ein Zeichen des Spielleiters oft gewechselt, indem alle Spieler eine Vierteldrehung nach der vorher bekanntgegebenen Richtung ausführen und sich wieder an den Händen fassen (Abb. 53). Katze und Maus kommen dadurch in ständig andere Situationen. Die Katze darf zum Abschlag nicht über die Kette langen. Dauert das Fangen nur eine kurze Zeit, können nach Abschlag der Maus die Rollen getauscht werden. Sonst aber ist es ratsam, Katze und Maus gegen andere Spieler auszuwechseln.

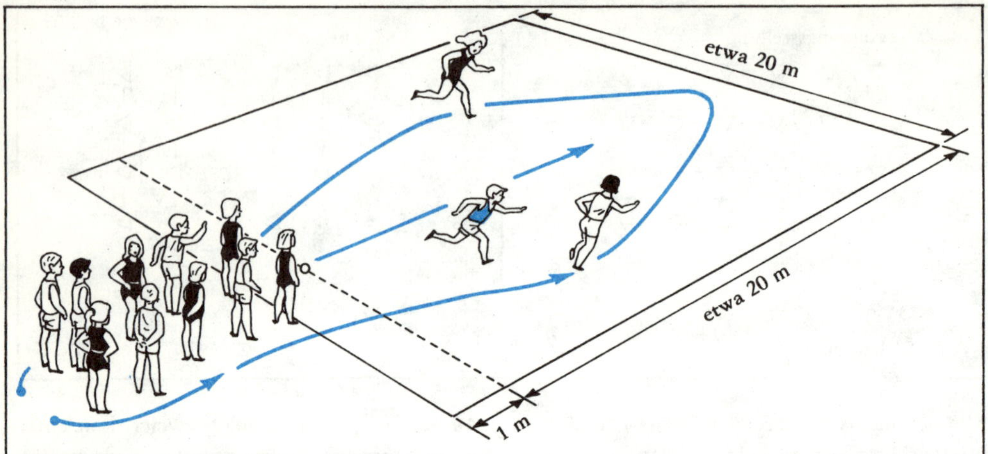

Abb. 54 Eins, zwei, drei, letztes Paar vorbei!

Abwandlungen:

a) Die Aufforderung zur Richtungsänderung der anderen Spieler kann auch die Maus geben, indem sie in bedrohlicher Lage „Hilfe!" ruft. Bei dieser Spielform gibt es recht lustige Momente, da sich die Maus sehr oft in noch heiklere Situationen begibt und unmittelbar von der Katze gefangen werden kann. Nachteil: Eine „kluge Maus" stellt sich taktisch richtig auf, ruft „Hilfe!" und braucht vor der Katze nicht mehr fortzulaufen, wodurch jedoch das Spiel „erlahmt". Der Spielleiter kann durch den Ruf „Arme hoch!" eingreifen (s. Methodische Bemerkungen).

b) Bei einem großen Irrgarten werden zwei Mäuse und eine Katze bestimmt.

c) Befinden sich die Spieler im Strecksitz, schwenken sie mit den Beinen in die neue Richtung, so daß sie immer das Gesäß des Vordermannes berühren. (Anzuwenden für Erwachsene, besonders für Berufsgruppen mit vorwiegend stehender Tätigkeit.)

Methodische Bemerkungen: Für die Acht- bis Zehnjährigen ist Irrgarten ein geeignetes Spiel, um die Aufmerksamkeit und die Reaktionsfähigkeit zu schulen, und eine gute Möglichkeit, die eingeführten Wendungen rechts und links in spielerischer Form zu festigen. Die Drehungen erfolgen auf das Ausführungskommando „um!".

Der Spielleiter kann durch den Zuruf die schwächeren Spieler unterstützen, indem er entweder die Maus vor zu schnellem Fang schützt oder umgekehrt die Maus der Katze zutreibt. Wenn das Haschen zu „lahm" ist, ruft er: „Arme hoch!", worauf beide ohne Behinderung laufen können. Das schafft einen blitzschnellen Situationswechsel. Beim Ruf „Arme ab!" wird dann wieder in Gassen gelaufen.

Eins, zwei drei, letztes Paar vorbei! (Böckchen, Böckchen, schiele nicht!)

Spielerzahl: 9 bis 17

Die Spieler bilden zwei Reihen, indem sie paarweise mit oder ohne Handfassung dicht nebeneinander stehen. Das erste Paar befindet sich an der Grundlinie. Ein Häscher — etwa 1 m vor dem ersten Paar auf einer Mallinie stehend — ruft, ohne sich umzusehen: „Eins, zwei, drei, letztes Paar vorbei!" Er führt dabei die Arme aus der Seithalte über den Kopf, um bei dem Wort „vorbei!" kräftig in die Hände zu klatschen. Daraufhin läuft das letzte Paar getrennt an beiden Seiten vorbei nach vorn, um sich innerhalb des Spielfeldes vor dem Häscher zu vereinigen, der zum Fangen ablaufen darf, sobald ein Läufer die Mallinie überschritten hat (Abb. 54). Gelingt dies dem Läuferpaar, so ist es frei und stellt sich vor die Spieler. Wird aber ein Läufer gefangen, so muß er haschen.

Man kann auch die Läuferpaare oder die gesamte Spielgruppe rufen lassen: „Böckchen, Böckchen, schiele nicht!", worauf der Häscher (Böckchen) antwortet: „Eins, zwei, drei!" und bei „drei" mit erhobenen Händen einen Handklapp ausführt, der das Signal zum Laufen gibt.

Abwandlungen:

a) Es steht ein Häscherpaar auf der Mallinie.

b) Bei einer großen Spielgruppe sollte die Viererreihe angewandt werden; es heißt dann: „Eins, zwei, drei, die letzten vier vorbei!" Hierbei laufen zwei Spieler links und zwei Spieler rechts ohne Handfassung an der Reihe entlang nach vorn. Der Häscher hat so lange Schlagrecht, bis alle vier wieder vereinigt sind.

Schlangen-Hasche

Spielerzahl: 12 bis 20

Zwei gleich starke Gruppen haben je ein 4 bis 5 m langes Seil. Dieses erfassen die Spieler, die über die ganze Länge verteilt stehen, mit der linken (rechten) Hand. Auf ein Zeichen des Spielleiters setzen sich die mit etwas Abstand voneinander stehenden „Schlangen" in Bewegung, von denen jeweils der erste Spieler jeder Gruppe versucht, den Schlußmann der anderen abzuschlagen. Wer das zuerst schafft, ist Sieger.

Kopf und Schwanz (Der Biß in den Schwanz, Teufelsschwanz)

Spielerzahl: 10 bis 20

Spieleraufstellung: Reihe; die Spieler umfassen die Hüfte ihres Vordermannes

Der erste Spieler der Reihe ist der „Kopf". Er muß den „Schwanz", den letzten Spieler der Schlange, zu fangen versuchen, wobei alle die Schlängelbewegungen mitmachen und sich gut aneinander festhalten müssen, damit die Kette nicht reißt. Gelingt es dem ersten Spieler, den letzten zu greifen, so ordnen sich beide in der Mitte der Reihe ein, und das Spiel beginnt von neuem.

Wenn dem „Kopf" aber kein Abschlag gelingt, so tritt sein Hintermann an seine Stelle, und er selbst wird unmittelbar Vordermann des „Schwanzes". Man kann den „Schwanz" zur Belohnung auch den „Kopf" spielen lassen.

Glucke und Geier (Henne und Habicht)

Spielerzahl: 6 bis 15

Die Spieler stehen in Reihe, umfassen die Hüfte des Vordermannes, die Hände werden vor dem Körper zusammengelegt, damit die Reihe nicht so schnell reißt. Der erste Spieler der Reihe ist die „Glucke". Er breitet schützend seine Arme aus, um den vor ihm stehenden Spieler, den „Geier", am Fangen eines der „Kücken" zu hindern (Abb. 55). Der Geier versucht, durch schnelle Wendungen an der Glucke vorbeizukommen, um ein Kücken zu haschen. Den Abwehrbewegungen der Glucke müssen die Kücken folgen, so daß sich die ganze Reihe bewegt. Glucke und Geier dürfen sich gegenseitig nicht anfassen und festhalten. Sobald ein Kücken abgeschlagen ist oder die Kette reißt, schließt sich der Geier am Ende der Reihe an, die Glucke übernimmt

die Rolle des Geiers, und der bisherige zweite in der Reihe wird Glucke.
Methodische Bemerkungen: Man wähle zu Beginn des Spiels einen gewandten Spieler als Geier!
Das Spiel ist durch die ständige Bewegung für den Geier und für die Glucke recht anstrengend, so daß man diese Spieler bei erfolglosem Geier bald auswechselt. Dabei sollten Geier und Glucke mit Spielern aus der Mitte der Reihe ausgetauscht werden, weil diese am wenigsten beansprucht sind.
Diesem Spiel sehr ähnlich sind Gruppenhaschen und Speerzeck.

Abb. 55 Glucke und Geier

Die neidischen Hennen

Spielerzahl: 12 bis 20
Dieses Spiel ist eine Abart von „Glucke und Geier". Hier steht aber statt des Raubvogels eine zweite Henne mit ihren Kücken der anderen gegenüber. Die neidischen Hennen versuchen, sich gegenseitig Kücken durch Abschlag zu rauben, wobei sie jeweils nur eines der letzten abschlagen dürfen. Wenn das ohne Zerreißen der Kette gelingt, wechselt das gefangene Kücken in die andere Reihe über. Es gewinnt die Henne, die nach einer bestimmten Spielzeit die meisten Kücken hinter sich hat.

Windmühle

Spielerzahl: 13 bis 17
Auf jeder Seite eines neutralen Spielers steht eine Gruppe von sechs bis acht Spielern mit fester Handfassung in Linie eng nebeneinander — beide Gruppen mit entgegengesetzter Blickrichtung. Auf ein Zeichen laufen beide Gruppen vorwärts, der neutrale Spieler dreht sich dabei auf der Stelle. Ziel jedes äußeren Läufers ist es, den äußeren Spieler oder irgendeinen anderen der gegnerischen Mannschaft abzuschlagen. Dadurch erzielt er für seine Mannschaft einen Punkt. Nach jedem Lauf werden die äußeren Spieler ausgewechselt.

Drittenabschlagen (Drei Mann hoch)

Spielerzahl: 20 bis 30
Spieleraufstellung: Doppelter Innenstirnkreis, die einzelnen Paare haben etwa 2 m Abstand voneinander
Ein Läufer und ein Fänger jagen um den Kreis. Der Verfolgte kann sich in Sicherheit bringen, wenn er sich vor ein beliebiges Paar stellt. Der letzte Spieler dieser Reihe muß

schnell reagieren und fortlaufen, um nicht als überzähliger dritter abgeschlagen zu werden. Gelingt dem Fänger der Abschlag, bevor der Läufer vor einem Paar steht, so erfolgt Rollentausch.

Abwandlungen:

a) Es sind verschiedene Aufstellungsformen und Stellungen der Partner zueinander möglich.

— Die Spieler stehen paarweise hintereinander. Da der Läufer sich bisher immer vor das Paar stellte, richtete sich die volle Aufmerksamkeit nur auf die kreisäußeren Spieler. Das läßt sich ändern, sobald nach dem Erfassen des Spielgedankens das Davor- und Dahinterstellen in beliebigem Wechsel erlaubt ist.

— Die Spieler stehen paarweise nebeneinander, das Gesicht zur Kreismitte oder in Laufrichtung (Abb. 56).

Diese beiden Spielformen erfreuen besonders durch ihren lebendigen Charakter. Den Läufern ist das Anstellen von vornherein an der rechten und linken Seite gestattet; alle Spieler müssen deshalb ständig auf der Hut sein. Es muß darauf geachtet werden, daß die Paare auch im höchsten Spieleifer dicht zusammenstehen.

— Die Spieler stehen paarweise mit Handfassung, das Gesicht zueinander. *Körbchen* nennt man diese Abwandlung des Drittenabschlagens. Der Läufer muß unter den Armen hinweg in das Körbchen flüchten und einem Partner die Hände reichen. Der dann hinter ihm stehende Spieler muß schnell fortlaufen.

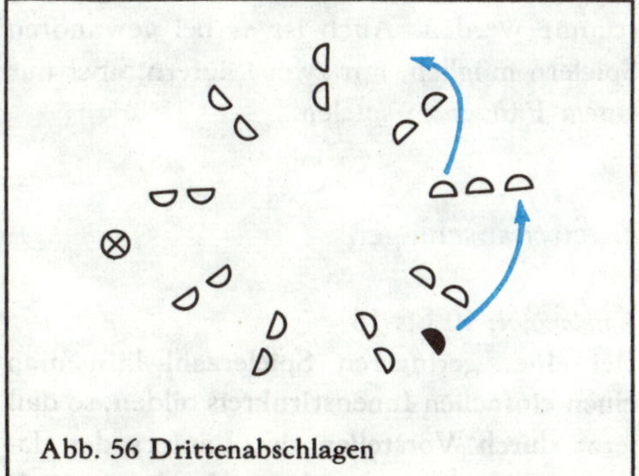

Abb. 56 Drittenabschlagen

Der Reiz bei dieser Spielart liegt besonders darin, daß sich der Läufer zwischen die Partner stellt und nicht gleich zu erkennen gibt, welchem er die Hände reicht. Erst nach dem Herannahen des Fängers kehrt er durch eine plötzliche Wendung einem Spieler den Rücken zu oder läuft nach einer kurzen Täuschung weiter. Der Läufer darf in dem Körbchen nicht abgeschlagen werden.

b) Außer den verschiedenen Aufstellungsformen können noch zusätzlich die Ausgangsstellung und die Bewegungsaufgaben verändert werden.

— Die Spieler sitzen neben- oder zueinander.

— Die Spieler liegen nebeneinander in Bauchlage (Abb. 57). „Aufgepaßt!" nennen wir diese Form, da die Übersicht durch das Liegen der Teilnehmer noch erschwert ist. Diese Form ist für jung und alt auf dem Rasen und am Sandstrand besonders freudvoll. Für Erwachsene gewinnt es noch mehr an Reiz, wenn wir es als „Der dritte schlägt!" spielen (siehe übernächstes Spiel).

— Durch die gegrätschten Beine der Kreisspieler muß hindurchgekrochen werden. Gelingt es dem Fänger aber, dem sich Rettenden einen Schlag auf das Gesäß zu geben, dann war dessen Bemühen umsonst. Er muß zurück und haschen. Der hintere Spieler darf erst fortlaufen, wenn der Läufer schon durch seine Beine gekrochen ist.

— Freistellen durch Bocksprung über die hintereinander stehenden Kreisspieler. Hierzu eignet sich besonders die Aufstellung, wie sie Abbildung 58 zeigt, jedoch müssen die Partner weiter auseinander stehen. Voraussetzung für diese Form ist, daß die Spieler gewandt sind und das Bockspringen beherrschen.

Abb. 57 Drittenabschlagen in Bauchlage

— Wenn die Spieler nebeneinander stehen, können sie auch die äußeren Hände in die Hüfte stützen. Der sich rettende Läufer hakt sich bei einem von beiden ein, der andere Spieler muß laufen. Diese Form kann so variiert werden, daß die Paare sich gegen das Einhaken wehren, indem sie den Läufer mit dem Arm wegdrücken, ohne aber die Grundstellung aufzugeben. Mehr als zweimal darf einem Läufer das Anstellen nicht verwehrt werden.

Methodische Bemerkungen: Der „dritte" soll nie lange um den Kreis laufen, für einen schnellen Wechsel muß man sorgen. Beim Einführen dieses Spiels lasse man den Läufer sich sofort vor das nächste oder übernächste Paar stellen, um das langweilige Herumjagen zu vermeiden. Gewandte Läufer können sich auch gleich wieder vor das Paar stellen, wo sie als dritter Spieler fortmußten.

Bei einer größeren Anzahl von Spielern können zwei Läufer und zwei Fänger bestimmt werden. Auch ist es bei gewandten Spielern möglich, mit zwei Läufern, aber nur einem Fänger zu spielen.

Zweitenabschlagen

Spielerzahl: 10 bis 16

Bei einer geringeren Spielerzahl läßt man einen einfachen Innenstirnkreis bilden, so daß jetzt durch Vorstellen des Läufers der dahinterstehende zweite fortlaufen muß. Viele

Abwandlungen des Drittenabschlagens sind auch hier möglich.

Der Dritte schlägt!

Dieses Spiel ist ebenfalls eine Abart des Drittenabschlagens; doch läuft jetzt der überzählige dritte Spieler nicht davon, sondern wird zum Fänger (Abb. 58). Hierbei wechseln die Rollen des Fängers und Läufers nicht nur durch Abschlag, sondern auch ständig dadurch, daß sich der Läufer vor ein Paar stellt.
Läßt man einen einfachen Innenstirnkreis bilden, dann wird der zweite zum Fänger.
Alle angeführten Abwandlungen des Drittenabschlagens eignen sich für diese Spielart ebenfalls. Jugendliche und Erwachsene bevorzugen diese Form.

Jeder fängt den Vordermann!

Spielerzahl: 8 bis 30
Spieleraufstellung: Innenstirnkreis
Entsprechend der Größe der Spielgruppe wird zu zweit, zu dritt, zu viert oder zu fünft abgezählt, so daß mindestens vier Kreisspieler die gleiche Nummer haben. Ruft der Spielleiter eine Zahl auf, laufen alle mit dieser Nummer versehenen Spieler um den Kreis (Richtung vorher angeben!), wobei jeder versucht, seinen Vordermann zu fangen (Abb. 59). Sobald dies einem Spieler gelingt, erhält er einen Punkt; alle Läufer gehen wieder auf ihre Plätze zurück, und eine andere Zahl wird aufgerufen. Sind alle Spieler mehrere Male gelaufen, wird derjenige zum Sieger ernannt, der die meisten Punkte sammeln konnte. Bei der Kreisaufstellung muß beim Start auf gleiche Abstände zwischen den Läufern geachtet werden.
Abwandlungen:
a) Aufmerksamkeit und Reaktionsschnelligkeit werden erhöht, wenn die Spieler auf einen kräftigen Pfiff hin in die entgegengesetzte Richtung laufen müssen. Durch den Wechsel ändert sich blitzschnell die Situation.
b) Man kann das Spiel auch durch Veränderung der Fortbewegungsart variieren (Hüpfen, Vierfüßlerlauf u. a. m.) oder durch das Laufen zu zweit (entweder mit Handfassung der Partner oder Huckepacktragen).

Abb. 58 Der dritte schlägt!

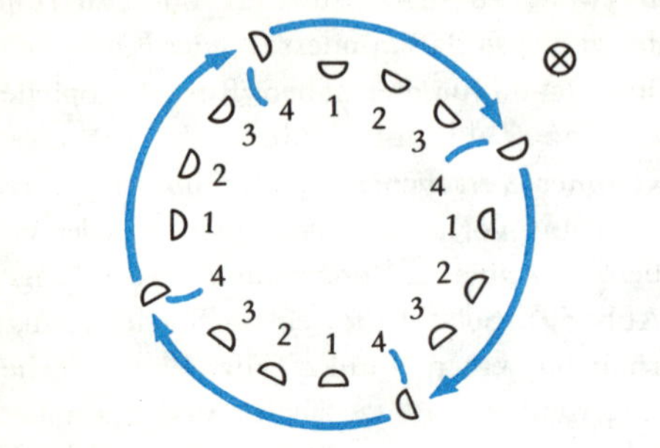

Abb. 59 Jeder fängt den Vordermann!

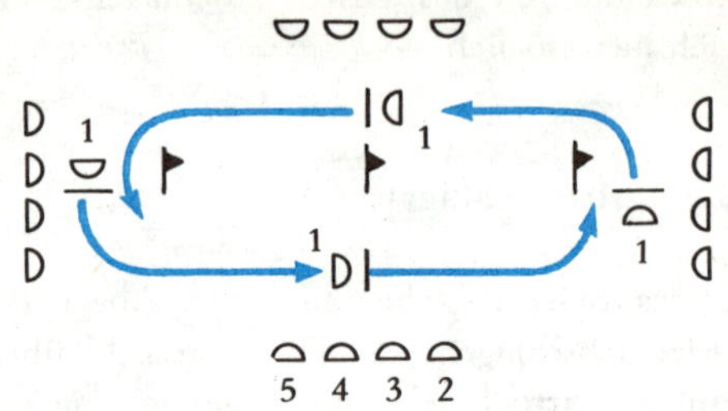

Abb. 60 Jeder fängt den Vordermann! (Variation)

Hierbei müssen die Laufwege verkürzt werden.

c) Abwandlung der Laufwege:
Lauf auf gerader Bahn. Auf einer 15 bis 20 m geraden Strecke werden drei Fahnen aufgestellt, wobei an den zwei äußeren je eine und an der mittleren zwei Startlinien zu markieren sind. Die Spieler der einzelnen Gruppen sitzen jeweils nebeneinander etwa 2 m von der Laufbahn entfernt an ihren Startlinien (Abb. 60). An den Startlinien selbst stehen die Läufer mit der genannten Zahl, von denen jeder auf das Signal hin versucht, seinen Vordermann zu fangen.

Wertungsmöglichkeiten:
— Wer seinen Vordermann abgeschlagen hat, erhält einen Punkt.
— Wenn alle Spieler jeweils mit gleicher Nummer einmal gelaufen sind, starten die einzelnen Sieger zum Verfolgungslauf, um den Endsieger zu ermitteln.
— Die von einer Startlinie laufenden Spieler bilden eine Mannschaft. Für jeden Abschlag, den einer ihrer Läufer erzielt, erhält sie einen Pluspunkt. Gewonnen hat nach mehreren Läufen die Mannschaft mit den meisten Punkten.

Die Läufe können auch um ein Drei- oder Viereck herum erfolgen. Die Sieger kann man in der gleichen Form ermitteln wie beim Lauf auf gerader Bahn.

Besondere Anwendungsmöglichkeit: Bei entsprechender Gestaltung schult dieses Spiel sehr gut die allgemeine Ausdauer, die Schnelligkeitsausdauer und die Reaktionsschnelligkeit. Im Eishockeytraining gewinnt es durch das Übersetzen (gleichmäßiges Übersetzen in der Rundbahn) zusätzlich an Wert.

Ausscheidungsrennen (Kreiswettlauf)

Spielerzahl: 12 bis 32
Spieleraufstellung: Innenstirnkreis
Die Spieler zählen zu zweit, zu dritt oder zu viert ab, so daß immer sechs bis acht Spieler die gleiche Nummer haben. Die Spieler mit der Nr. 1 treten aus dem Kreis heraus und beginnen auf Pfiff das Verfolgungsrennen, wobei jeder versucht, seinen Vordermann zu fangen. Wer abgeschlagen wird, verläßt sofort die Laufbahn. Das geht so lange, bis drei oder vier Spieler ausgeschieden sind. Dann bestreiten die Spieler mit der nächsten Nummer das Verfolgungsrennen.
Will man mit Wertung spielen, bilden alle Spieler mit der gleichen Zahl eine Mannschaft, die für jeden nicht abgeschlagenen Läufer einen Punkt erhält. Welche Mannschaft hat die meisten Punkte?

Abwandlungen:
a) Nicht Einzelläufer bestreiten das Rennen,

sondern Gruppen von zwei oder drei Spielern, die sich an den Händen halten oder an ein zusammengelegtes Sprungseil fassen. Der erste Läufer jeder Gruppe versucht, den letzten der vor ihm laufenden Gruppe abzuschlagen; die Gruppe muß dann ausscheiden. Reißt die Kette oder weicht sie vom Kurs ab, so scheidet die Gruppe ebenfalls aus.
Diese Form ist besonders bei einer sehr großen Spielerzahl zu empfehlen.
b) Die Läufer müssen auf Pfiff des Spielleiters ihre Richtung plötzlich ändern.
c) Das Ausscheidungsrennen ist auch in Form von Sackhüpfen möglich. Die Laufbahn muß verhältnismäßig kurz sein. Um recht viel Abschlagmöglichkeiten zu geben, sollte die Teilnehmerzahl hier ebenfalls groß sein.
d) Die Spieler bilden Mannschaften. Der erste jeder Mannschaft beginnt den Verfolgungslauf, darf aber nicht mehr als eine Runde laufen. Hat er seinen Platz wieder erreicht, startet auf Abschlag der nächste und so fort. Wird aber ein Spieler unterwegs abgeschlagen, so muß die ganze Mannschaft ausscheiden. Das Spiel wird so lange fortgesetzt, bis nur noch eine Mannschaft als Sieger übrigbleibt. Es können kleine Bälle oder Staffelstäbe übergeben werden. Zu bevorzugen ist die in Abbildung 60 gezeigte Aufstellungsform.
Diese Abwandlung des Ausscheidungsrennens steht in enger Verbindung mit den Staffeln im Kreis (Rundstaffeln).
Bemerkung: Um das Ausscheiden der Spieler zu vermeiden, kann jeder erzielte Abschlag einen Punkt für die Mannschaft bringen. Welche Mannschaft hat nach mehreren Läufen die meisten Punkte?

Verfolgungs-Bockspringen

Spielerzahl: 12 bis 16
Die Spieler stehen in Bockstellung im Flankenkreis, jede Kreishälfte bildet eine Mannschaft. Der Abstand von Spieler zu Spieler beträgt etwa 2 bis 3 m. Der letzte Spieler jeder Mannschaft startet auf ein Zeichen des Spielleiters zum Bockspringen über die anderen Spieler, auch über die der gegnerischen Mannschaft. Jeder versucht, den anderen einzuholen. Ist der Spieler wieder an seinem Platz angelangt, so schickt er den vor ihm stehenden Mannschaftskameraden auf die „Reise". Das Spiel wird so lange fortgesetzt, bis der Gegner eingeholt ist, oder es siegt die Mannschaft, deren Spieler zuerst wieder auf seinem Platz ist.
Methodische Bemerkungen: Es ist darauf zu achten, daß die „Böcke nicht höher werden", wenn die Spieler der gegnerischen Mannschaft über sie hinwegspringen.
In der Unterstufe können die Spieler auch die Bankstellung oder Bauchlage einnehmen, die Hindernisse sind dann zu überspringen. Der Kreis kann ebenfalls in drei und vier Mannschaften eingeteilt werden.

Die Katze kommt!

Spielerzahl: 16 bis 30
Die Spieler gehen oder laufen im Flankenkreis vorwärts. Die Spielerzahl muß ungerade sein. Ein Spieler — die Katze — lauert in einem „Versteck" (z. B. auf einem Gerät sitzend). Wenn der Spielleiter (oder auch die Katze selbst) ruft: „Die Katze kommt!", springt sie aus ihrem Versteck hervor, während sich zu gleicher Zeit die Kreisspieler schnell zu Paaren aufstellen. Der übriggebliebene Spieler — die Maus — wird nun von der Katze gefangen. Die Paare sind der Maus oder auch der Katze behilflich, indem sie sich, je nachdem, entweder der Katze oder der Maus in den Weg stellen und ihr so das Fangen beziehungsweise das Fliehen erschweren. Die gefangene Maus wird Katze. In jedem Durchgang müssen sich andere Partner zusammenfinden.

Jäger, Spatz und Mücke

Spielerzahl: 16 bis 20
Spieleraufstellung: Innenstirnkreis mit oder ohne Handfassung
Dieses Laufspiel ist dem Spiel „Jeder fängt den Vordermann!" sehr ähnlich und findet seine Weiterführung in dem Haschespiel „Freies Verfolgungsrennen".
Es werden drei Spieler bestimmt, ein Jäger, ein Spatz und eine Mücke, von denen jeder seinen Vordermann fangen und dabei selbst auf der Hut sein muß, nicht abgeschlagen zu werden.
Zu Spielbeginn haben die drei Fänger gleiche Abstände voneinander. Sie können kreuz und quer durch den Kreis und auch rundherum laufen. Dabei hat der Jäger den Spatzen zu schießen, der Spatz die Mücke zu fressen und diese wiederum den Jäger zu stechen. Wer seinen Vordermann zuerst fängt, hat gewonnen, und es werden drei neue Spieler bestimmt.
Methodische Bemerkungen: Um die Übersicht über die schon gelaufenen Spieler nicht zu verlieren und bei der Auswahl keinen doppelt zu benennen, sollten sich die schon Gelaufenen immer an einer Stelle des Kreises nach einer Richtung hin anreihen. Das dann notwendige Nachrücken der Spieler im Kreis nehmen wir dafür in Kauf.

Keulenwächter (Keulen stehlen)

Spielerzahl: 15 bis 20
Der Häscher steht als Keulenwächter in einem markierten Kreis von ungefähr 6 bis 7 m Durchmesser. Im Kreis stehen unregelmäßig, aber mehr zur Mitte hin, etwa zehn Keulen (man kann auch Bälle benutzen). Die Spieler befinden sich außerhalb des Kreises, laufen hinein, necken den Keulenwächter und versuchen, die Keulen zu erobern, ohne von ihm abgeschlagen zu werden. Es dürfen aber nicht mehr als vier Spieler im Kreis sein. Wer abgeschlagen wird, muß die Keule wieder an demselben Ort aufstellen und sich einen Minuspunkt merken, der ihm angerechnet wird. Sind alle Keulen erobert worden, beginnt der nächste Durchgang, wobei ein neuer Keulenwächter in die Mitte geschickt wird. Es gewinnt der Keulenwächter, der die meisten Spieler abschlägt.
Wenn nach Zeit gespielt wird, gewinnt der Keulenwächter, der nach Ablauf der Spielzeit noch die meisten Keulen im Kreis stehen hat.
Methodische Bemerkungen: Bei dem „Bewegungshunger" der Kinder müssen die jeweils Foppenden genau bestimmt werden. Man läßt am besten zu vieren abzählen, und es necken nur die Spieler mit der aufgerufenen Nummer. Die Foppenden werden ständig gewechselt, bis alle Keulen erobert wurden.

Hasen im Garten

Spielerzahl: 15 bis 20
Der Häscher steht in einem Kreis von 10 bis 15 m Durchmesser. Die anderen Spieler, die Hasen, stehen zu vieren abgezählt ringsherum. Der Spielleiter ruft eine bestimmte Zahl auf, und alle Spieler mit dieser Nummer necken den Häscher, indem sie in den Kreis hinein- und wieder hinauslaufen, bis eine andere Zahl aufgerufen wird. Der Häscher versucht, innerhalb des „Gartens" einen Hasen zu fangen, mit dem er dann die Rolle tauscht. Jeder Hase muß sich aber bemühen, stets an seinen Ausgangspunkt zurückzulaufen.
Wertungsmöglichkeiten:
— Für jeden Abschlag erhält der Häscher einen Punkt. Nach einer bestimmten Zeit wird ein anderer Häscher eingesetzt. Wer hat die meisten Punkte?
— Das Punktezählen erfolgt in den Lauf-

gruppen. Für jeden Abschlag gibt es einen Minuspunkt. Es gewinnt die Gruppe mit den wenigsten Punkten.
Abwandlungen: Der Häscher steht oder sitzt auf einem Kasten, Bock oder einem anderen Gerät, so daß sich die Hasen noch weiter an ihn heranwagen.
Es kann auch ein Häscherpaar bestimmt werden, das nur „zusammengekettet" fangen darf.

Kreisfangen (Rettender Kreis)

Spielerzahl: 6 bis 10
Die Spieler bilden mit gefaßten Händen einen Innenstirnkreis. Es werden ein Läufer und ein Häscher bestimmt. Der Läufer jagt diesmal nicht frei herum, sondern reiht sich durch Handfassung in den Kreis ein, während sich der Häscher ihm gegenüber außerhalb des Kreises aufstellt. Sobald der Häscher außen um den Kreis herumläuft, bewegen sich die Kreisspieler in der gleichen Richtung, um den Läufer vor dem Abschlag zu schützen. Alle Spieler sind also ständig in Bewegung. Den erfolglosen Häscher auswechseln!
Methodische Bemerkung: Kreisfangen eignet sich vorzüglich für die Einleitung einer Stunde zur schnellen Erwärmung, wenn sofort ein eifriger Häscher eingesetzt wird.

Fangen im Seil

Spielerzahl: 12 bis 20
Die Spieler stehen im Innenstirnkreis und halten ein verknotetes Langtau straff in beiden Händen (notfalls kann auch ein Gymnastikring für Gruppenübungen von 2 bis 3 m Durchmesser genommen werden). Der Häscher befindet sich anfangs in der Mitte des Kreises, um dann zu einem am Seil stehenden Spieler zu laufen. Dieser kann aber dem Abschlag entgehen, wenn er das Seil blitzschnell für eine kurze Zeit losläßt. Inzwischen muß sich der Häscher einem anderen Spieler — nicht aber dem Nachbarn! — zuwenden. Abgelöst wird der Fänger nicht nur, wenn ein Spieler abgeschlagen ist, sondern auch, wenn das Seil den Boden berührt.

2.4.3 Mannschafts-Fangspiele

Der Name dieser Gruppe kennzeichnet bereits die Art der Spiele. Gegenüber den bisher beschriebenen Haschespielen, bei denen ein, zwei oder auch drei Häscher die übrigen Spieler verfolgten, stehen sich jetzt zwei Mannschaften gegenüber, die sich gegenseitig abzuschlagen und eventuell auch aufzulösen versuchen. Die abgeschlagenen Spieler werden jedoch nicht zu Helfern der gegnerischen Mannschaft.
Die Mannschafts-Fangspiele lassen sich ihrem Spielgeschehen nach — von der alleinstehenden Form „Fischfang" abgesehen — deutlich in drei kleine Untergruppen teilen:
a) Spiele, bei denen die Mannschaften auf ein bestimmtes Signal des Spielleiters hin fortlaufen beziehungsweise fangen (Kreis gegen Kreis, Blumen und Wind, Schwarz-Weiß).
b) Spiele, bei denen die eine Mannschaft Gegenstände zu erobern oder Mitspieler zu befreien versucht, ohne vom Gegner abgeschlagen zu werden (Fangt das Band!, Bauer und Fuchs, Diebschlagen, Ballrauben, Befreiungsspiel).
c) Spiele, bei denen Spieler einer Mannschaft die der anderen herauslocken (Foppen und Fangen, Nummernbarlauf, Barlauf).
Außer bei dem Spiel „Fangt das Band!" versuchen die Läufer stets, sich hinter eine Linie zu retten.
Die Spiele dieser Gruppe sind in verschiedener Hinsicht recht wertvoll: Starts und Sprints dienen der Laufschulung. Besonders in den

ersten drei Formen kann ein hohes Laufpensum bewältigt werden, wobei durch das ruhige Zurückkehren der Spieler zum Ausgangspunkt die notwendigen Pausen gegeben sind. Schnelles Zufassen ist bei den Spielen mit Beuteeroberung notwendig. Der Wächter darf sich durch fintierende Bewegungen nicht täuschen lassen. Bei fast allen Formen wird das Reaktionsvermögen entwickelt. „Fangt das Band!", „Nummernbarlauf" und „Barlauf" verlangen besondere Aufmerksamkeit und Umsicht.

Methodische Hinweise: Auf die Erziehung zur Ehrlichkeit muß vor allem in den Spielen der ersten Untergruppe hingearbeitet werden, wo zum Fangen die gesamte Mannschaft ausläuft und der Spielleiter nicht alle Abschläge beobachten kann. Die gefangenen Spieler sollen ohne Aufforderung den Abschlag angeben (Arm hochheben beim Zusammenzählen der Punkte). Haben die Spieler beider Mannschaften Spielbänder im Hosenbund stecken, die statt des Abschlages erobert werden müssen, so ist die Entscheidung einfacher.

Beim Zurückkehren der Mannschaften an den Ausgangsort fordern wir schnelles Wiederaufstellen.

Die Laufstrecke soll kurz sein, dafür laufen die Spieler häufiger.

Bei den Formen mit Erbeuten eines Gegenstandes und Herauslocken eines Gegners, bei denen ja nur wenige Spieler gleichzeitig beteiligt sind, muß für einen schnellen, reibungslosen Ablauf ohne Unterbrechungen gesorgt werden. Andererseits wird den „ruhenden" Spielern ein genaues Beobachten des Spielverlaufs ermöglicht, was für die schwierigeren Spiele auch wertvoll ist.

Den einzelnen Spielen entsprechend sind folgende Wertungsmöglichkeiten anwendbar:

— Für jeden Abschlag erhält die Mannschaft einen Punkt. Die Mannschaft mit der höchsten Punktzahl innerhalb einer bestimmten Spielzeit hat gewonnen.

— Die abgeschlagenen Spieler müssen ins Gefangenenmal oder hinter die Linie der erfolgreichen Häscher, können aber befreit werden. Das Ziel besteht darin, alle Gegner abzuschlagen.

— Die gefangenen Spieler müssen ausscheiden, wovon wir aber in der Regel keinen Gebrauch machen sollten.

Kreis gegen Kreis

Spielerzahl: 20 bis 35

Spielfeld: 25 m × 25 m

Es werden zwei gleich starke Mannschaften gebildet. Sie stellen sich in der Mitte des Spielfeldes zu zwei konzentrischen Kreisen mit etwa 1 m Abstand voneinander auf (Abb. 61). Die Kreise bewegen sich in entgegengesetzter Richtung. Auf ein Signal des Spielleiters versuchen die Spieler des äußeren Kreises, sich hinter die Spielfeldgrenzen zu retten, um dem Abschlag der Häscher — das sind die Spieler des Innenkreises — zu entgehen. Danach werden die Rollen der beiden Mannschaften gewechselt.

Verschiedene Spielweisen sind möglich:

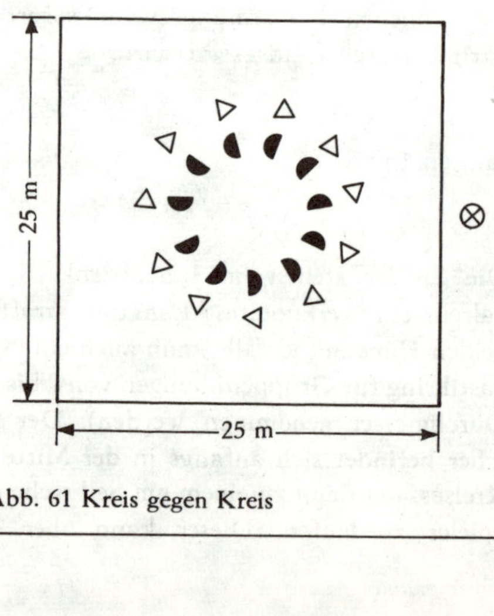

Abb. 61 Kreis gegen Kreis

a) Für jeden abgeschlagenen Spieler gibt es einen Pluspunkt. Welche Mannschaft hat nach mehreren Durchgängen die meisten Punkte?
b) Welcher Mannschaft gelingt es zuerst, zwei Drittel der gegnerischen Partei abzuschlagen oder sie sogar aufzulösen?
Methodische Bemerkungen:
— Das Gehen oder Laufen kann durch Tamburinschläge oder Musikbegleitung rhythmisch unterstützt werden. Damit kommen wir zu einer günstigen Verbindung von rhythmischer Schulung und freudvollem Spiel. Das Unterbrechen der Musik oder der Tamburinschläge leitet das Fortlaufen und Fangen ein.
— Die Spieler können auch singend im Kreis herumgehen. Das Liedende oder ein Zeichen des Spielleiters sind dann das Signal zum Fortlaufen und Fangen.

„Kreis gegen Kreis" und das folgende Spiel „Blumen und Wind" haben gegenüber dem dritten Spiel dieser Gruppe, „Schwarz-Weiß", die Erleichterung, daß beide Mannschaften von vornherein ihre Aufgabe als Fänger und Läufer kennen.

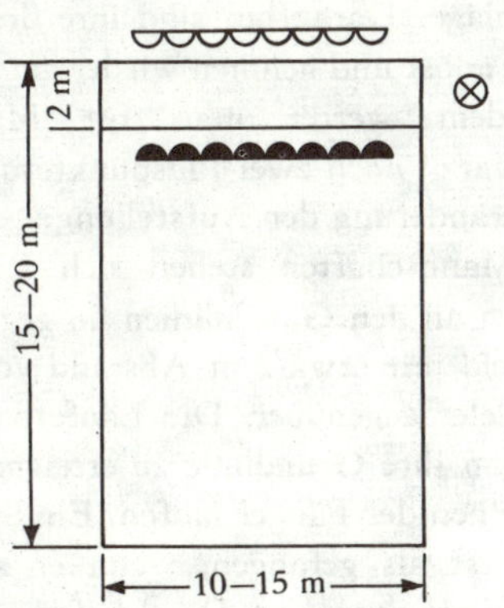

Abb. 62 Blumen und Wind

Blumen und Wind

Spielerzahl: 20 bis 30
Spielfeld: 10 bis 15 m × 15 bis 20 m, an einer Grundlinie eine 2 m breite Gasse
Die Fangpartei — der Wind — steht hinter der Grundlinie des Spielfeldes, auf der anderen Seite der Gasse steht die Laufpartei — die Blumen — (Abb. 62). Sie fordern den Wind auf zu erraten, welchen Blumennamen sie sich gegeben haben. Bei richtiger Antwort laufen die Blumen fort, und der Wind versucht, sie zu fangen, bevor sie die gegenüberliegende Grundlinie erreicht haben. Alle Abschläge zählen für die Fangpartei als Pluspunkte. Nun werden die Rollen gewechselt. Beide Mannschaften nehmen wieder an der Gasse Aufstellung. Es gewinnt die Mannschaft, die nach mehreren Durchgängen die meisten Punkte erreicht.

Schwarz-Weiß (Tag und Nacht)

Spielerzahl: 10 bis 36
Spielfeld: 15 bis 20 m × 30 m mit genügendem Auslauf hinter den Grundlinien; in der Mitte des Spielfeldes eine 2 bis 3 m breite Gasse
Spielgerät: Papp- oder Holzscheibe
Zwei Mannschaften, „Schwarz" und „Weiß", stehen sich an den Gassenlinien gegenüber. Der Spielleiter wirft die Holzscheibe, die auf der einen Seite schwarz, auf der anderen weiß gekennzeichnet ist, in die Gasse. Fällt die weiße Seite nach oben, wird Mannschaft „Weiß" zur Fangpartei und läuft der davoneilenden Mannschaft „Schwarz" nach, die sich hinter ihrer Grundlinie in Sicherheit zu bringen versucht (Abb. 63). Jeder Fänger darf dabei jeden beliebigen Läufer verfolgen und auch mehrere in einem Spieldurchgang abschlagen. Wer vor dem Erreichen der Grundlinie abgeschlagen wird oder die seitliche Spielfeldgrenze übertritt, gilt als gefangen.

Jeder Abschlag bringt für die Fänger einen Pluspunkt ein. Sieger ist die Mannschaft, die nach mehreren Durchgängen die höchste Punktzahl erreichte.

Bei diesem Spiel ergeben sich mannigfaltige *Variationsmöglichkeiten:*

a) Veränderung der Ausgangsstellung:
Hockstand, Kniestand, Schneidersitz und anderes mehr.

Wenn die Spieler eine Ausgangsstellung mit dem Rücken zur Gasse einnehmen, sollte sie nur knapp 2 m breit sein, um den Läufern durch die erforderliche Drehung der Fänger nicht so viel Vorsprung zu geben. Außerdem muß die nach dem Wurf der Scheibe sichtbare Farbe vom Spielleiter laut genannt werden.

b) Veränderung der Fortbewegungsart:
Erschwerende Bedingungen, wie das Hüpfen auf einem Bein, Schlußhüpfen oder Vierfüßlerlauf, werden notwendig, wenn nur kleine Spielfelder vorhanden sind.

c) Veränderung der Wertung:

— Beim Hochwerfen der Scheibe kommt es oft vor, daß die Anzahl der Fangläufe jeder Mannschaft, und damit die Möglichkeit, Punkte zu sammeln, unterschiedlich ist. Wir können dennoch zu einer realen Wertung kommen, wenn am Schluß die erreichte Punktzahl jeder Mannschaft durch die Anzahl ihrer Fangläufe geteilt wird.

— Wer abgeschlagen ist, muß ausscheiden und sich an der Seitenlinie des Gegners — dem Spielleiter gegenüber — aufstellen. Die Mannschaft gewinnt, die zuerst fünf bis acht Spieler des Gegners gefangen hat, um die ausgeschiedenen nicht so lange müßig stehen zu lassen.

— Besser jedoch ist das zeitweilige Ausscheiden, wenn Schwarz-Weiß mit Erlösen gespielt wird. Dabei ergibt sich eine Wertung, in der das Ausscheiden mit dem Punktgewinn verbunden wird. Mannschaft „Weiß“ hat zum Beispiel drei Spieler der Mannschaft „Schwarz“ gefangen, die nun am Spielfeldrand stehen. Beim nächsten Lauf gelingen der Mannschaft „Schwarz“ als Fangpartei fünf Abschläge. Daraufhin sind ihre drei Gefangenen erlöst und nehmen wieder am Spiel teil; außerdem wertet man für Mannschaft „Schwarz“ noch zwei Pluspunkte usw.

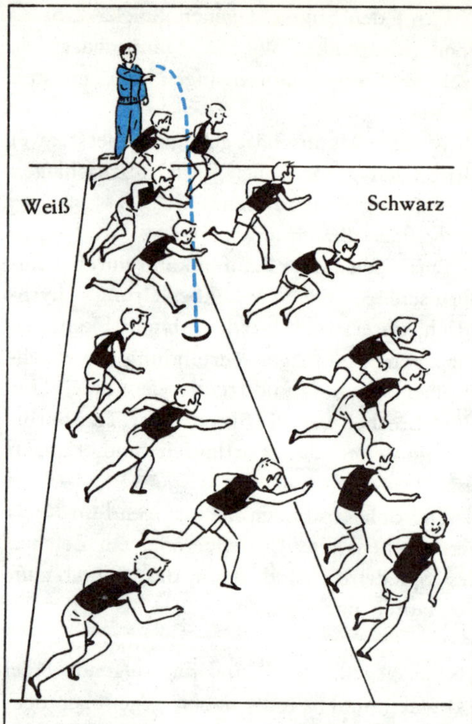

Abb. 63 Schwarz — Weiß

d) Veränderung der Aufstellung:
Die Mannschaften stehen sich Rücken an Rücken an den Gassenlinien im gegnerischen Spielfeld mit etwa 3 m Abstand von Spieler zu Spieler gegenüber. Die Läuferpartei muß nun, um ihre Grundlinie zu erreichen, durch die Reihen der Fänger laufen. Ein Spieler gilt aber erst als gefangen, wenn er zwei Abschläge erhalten hat. Die Läufer nicht festhalten! Stehen die Spieler seitlich, also in Reihe, zur Gasse, werden die Startmöglich-

keiten für beide Mannschaften gleich günstig. Diese Aufstellung wird sogar erforderlich, wenn wir Schwarz-Weiß als Skispiel wählen.

e) Veränderung der Abschlagart:
In die Gasse werden so viele Hohlbälle gelegt, wie Spieler einer Mannschaft an der Zahl sind. Die Fangpartei ergreift die Bälle und versucht, ohne nachzulaufen, die Davoneilenden abzuwerfen. Jeder Treffer zählt einen Pluspunkt. Wird ein Spieler von zwei Bällen getroffen, so ergibt das zwei Punkte für die Wurfpartei. Man achte von Anfang an auf das schnelle Zurückbringen der Bälle!

Bemerkungen: Anstelle einer Scheibe kann auch ein Würfel verwandt werden. Entweder hat er drei schwarze und drei weiße Seiten, oder er wird mit zwei schwarzen, zwei weißen und zwei neutralen Seiten versehen. Bei den neutralen Farben bleiben die Spieler beider Mannschaften stehen.

Der Spielleiter kann, nachdem sich beide Mannschaften vorher für das Symbol oder die Zahl entschieden haben, auch an seinem Standort eine Münze hochwerfen und danach entsprechend die Farbe der Fangpartei rufen.

Die Verwendung der Scheibe, des Würfels oder der Münze ist vor allen Dingen bei älteren Spielern ratsam, um von vornherein nicht den Eindruck entstehen zu lassen, der Spielleiter sei parteiisch, oder, wenn nach einer bestimmten Anzahl von Läufen bei Punktgleichheit eine Entscheidung herbeigeführt werden soll.

Bei jüngeren Spielern dagegen kann der Spielleiter die fangende Partei anfangs lediglich durch Zuruf bestimmen. Dadurch ist es ihm möglich, „Glücksserien" einer Mannschaft auszuschalten, das Punktergebnis günstig zu beeinflussen, um dadurch das gesamte Spielgeschehen für beide Mannschaften freudvoll zu gestalten.

Es ist auch möglich, eine kurze Geschichte zu erzählen, in der die Wörter „schwarz" und „weiß" oder „Tag" und „Nacht" in bunter Reihenfolge vorkommen und das Signal zum Fangen und Laufen geben.

Das Spiel „Schwarz-Weiß" ist sehr lebhaft. Will man außer der Schulung des Reaktionsvermögens den Lauf noch stärker betonen, so vergrößert man im Freien das Spielfeld.

Bei acht- bis zehnjährigen Spielern reicht eine Gassenbreite von knapp 2 m aus.

Spezielle Anwendungsmöglichkeit: Für alle Sportspiele ist das Fangspiel „Schwarz-Weiß" eine gute Reaktionsschulung. Es wird außerdem eine Übung zur Konzentration, wenn nach einer gewissen Anzahl von Durchgängen die Mannschaftsbezeichnungen gewechselt werden. Zusätzlich kann man durch eine bestimmte Streckenlänge des Fangraumes den Lauf und damit die Schulung bestimmter konditioneller Fähigkeiten betonen. Die Veränderung der Abschlagart durch Werfen oder Stoßen eines Balles zeigt auch die besondere Verwendbarkeit des Spiels für Handball und Fußball zur Schulung der Zielgenauigkeit.

Beim Rugbyspiel werden die Läufer nicht abgeschlagen, sondern gefaßt. Dazu ist ein genügend großer seitlicher Abstand der Spieler voneinander erforderlich (etwa 4 m), um Zusammenstöße zu vermeiden. Beim Eishockey kann „Schwarz-Weiß" neben der Entwicklung der bereits erwähnten Eigenschaften auch dem schnellen Stoppen auf engem Raum dienen (z. B. zwischen Torlinie und Bande).

Fischfang

Spielerzahl: 16 bis 30
Spielfeld: 15 bis 20 m × 20 m

Zwei Mannschaften stehen sich an den Grundlinien des Spielfeldes gegenüber. Alle Spieler der Mannschaft A (die Fische) versuchen, auf die gegenüberliegende Seite zu

gelangen. Gleichzeitig verläßt die Mannschaft B (die Fischer) ihre Grundlinie. Diese Spieler fassen sich an den Händen und bilden ein Fangnetz; sie trachten danach, so viel Fische wie möglich zu fangen, das heißt einzukesseln. Die Läufer dürfen nicht das Netz durchbrechen oder hindurchschlüpfen, sondern nur an den Seiten, die breit genug sein müssen, vorbeilaufen. Jeder abgeschlagene Spieler bringt einen Pluspunkt für die Häscher ein.
Nach jedem Fang werden die Rollen gewechselt. Die Mannschaft, die nach mehreren „Fischzügen" die meisten Abschläge erzielte, hat gewonnen.

Fangt das Band! (Schwanz ab!)

Spielerzahl: 20 bis 30
Spielfeld: 30 m × 30 m
Aus der Spielgruppe werden zwei gleich starke Mannschaften gebildet, die sich frei im Feld bewegen. Beide Mannschaften unterscheiden sich durch rote und blaue Spielbänder oder Tücher, die sie gut sichtbar auf dem Rücken in den Hosenbund stecken. Die Spieler der einen Mannschaft versuchen, die Bänder oder Tücher der anderen zu erobern und umgekehrt, wobei jeder Spieler aber auch auf sein eigenes Band achten muß. Wer sein Band verliert, es mit der Hand schützt oder die Spielfeldgrenzen übertritt, scheidet aus. Sieger ist die Mannschaft, die in einer vorher festgelegten Zeit die meisten Bänder erobert hat, oder von der zum Schluß noch Bandträger im Spielfeld sind.
Abwandlungen:
a) Man kann das erbeutete Spielband ebenfalls in den Hosenbund stecken lassen. Wird es von einem Läufer der Gegenmannschaft zurückerobert, so kann dieser es einem ausgeschiedenen Spieler seiner Partei zuwerfen, der dann wieder am Spiel teilnehmen darf. Durch den ständigen Wechsel des Ausscheidens und Erlösens wird das Spielgeschehen lebendiger.
b) Steht nur ein kleiner Spielplatz zur Verfügung, erschwert man die Fortbewegung.
c) Die Spieler können auch von zu Hause eine Schnur mitbringen, die sie sich um den Bauch binden. Das eine Ende, an dem ein Stück weiche Pappe (Heftdeckel o. ä.) befestigt ist, wird wie eine Schleppe hinterhergezogen. Es geht nun darum, auf die Schleppen der gegnerischen Spieler zu treten, sie dadurch zu erobern, um recht viele Punkte zu sammeln.

Bauer und Fuchs

Spielerzahl: 16 bis 30
Spielfeld: 15 m × 20 bis 30 m, Spielfeldseiten eventuell durch Mittellinie getrennt
Spielgeräte: 3 Keulen oder Stabpyramide
Die gleich starken Mannschaften nehmen an den gegenüberliegenden Schmalseiten des Spielfeldes Aufstellung und zählen durch. Von der Mittellinie entfernt — etwa 2 m der einen Mannschaft, den Bauern, näher — steht der von ihnen bewachte „Gänsestall" (drei Keulen oder die Stabpyramide) (Abb. 64). Der Spielleiter ruft eine Nummer auf, worauf die beiden betreffenden Spieler starten. Während der Fuchs den Gänsestall einzureißen versucht, um sich dann schnell hinter seiner Mallinie in Sicherheit zu bringen, trachtet der Bauer danach, dieses durch einen vorherigen Abschlag zu verhindern. Der Verlierer muß als Gefangener mit hinter die gegnerische Linie.
Es gewinnt die Mannschaft, die zuerst eine bestimmte Anzahl von Gefangenen hat oder der es gelang, die Gegner vollständig aufzulösen.
Bemerkung: Am Gänsestall gilt es für den Fuchs, durch täuschende Bewegungen den Bauern zu überlisten, der seinerseits auf der

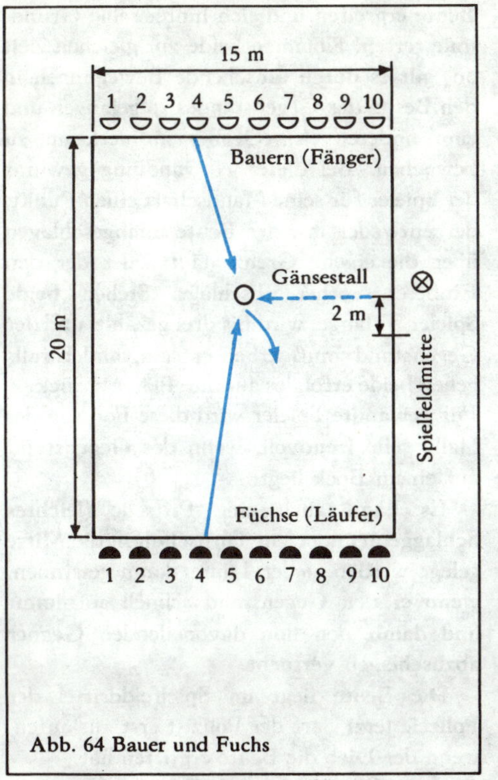

Abb. 64 Bauer und Fuchs

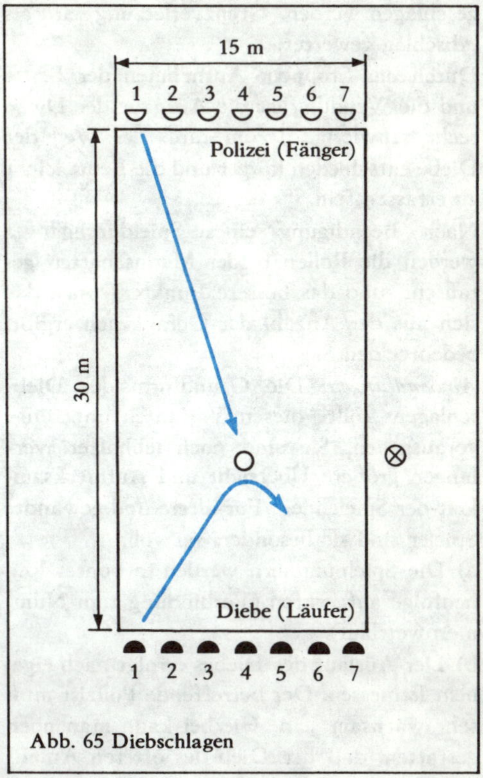

Abb. 65 Diebschlagen

Hut sein muß, um sich nicht irreführen zu lassen. Schulung des Reaktionsvermögens und der Antrittsschnelligkeit sind die besonderen Werte dieses Spiels.

Ein Spieler steht bereit, um den Gänsestall schnell wieder aufbauen zu können. Bei großer Spielerzahl zwei Gänseställe aufbauen und dementsprechend auch zwei Nummern aufrufen (intensiveres Spielen!).

Diebschlagen (Zwei Hunde und ein Knochen, Polizei und Diebe)

Spielerzahl: 14 bis 20
Spielfeld: 15 m × 30 bis 40 m
Spielgerät: Ein leicht wegzunehmender Gegenstand: Keule, Fähnchen, Turnschuh

Die beiden Mannschaften stehen sich an den Schmalseiten des Spielfeldes gegenüber. Die Spieler der einen Mannschaft sind die Diebe oder Läufer und die der anderen die Polizisten oder Fänger. Sie haben innerhalb ihrer Mannschaften mit laufenden Nummern durchgezählt. Zwischen ihnen, ein Drittel des Weges von den Dieben und zwei Drittel von den Polizisten entfernt, wird ein Beutegegenstand hingelegt (Abb. 65). Auf ein Zeichen des Spielleiters laufen der erste Dieb und der erste Fänger los; der Dieb muß versuchen, den Gegenstand zu erbeuten und damit hinter seine Grundlinie zu flüchten. Gelingt dem Fänger dabei der Abschlag — und das ist dabei meistens der Fall —, so ist der Dieb ein Gefangener, andernfalls ist es umgekehrt. Der Dieb darf erst nach Ergreifen der Beute abgeschlagen werden. Grenzverletzung wird als Abschlag gewertet.

Durch das Stoppen, Aufnehmen der Beute und die Wendung ist die Aufgabe der Diebe recht schwierig, darum muß der Weg der Diebe entschieden kürzer und die Beute leicht zu erfassen sein.

Nach Beendigung eines Spieldurchganges werden die Rollen beider Mannschaften getauscht, und das bessere Punktergebnis, das sich aus der Anzahl der Gefangenen ergibt, bedeutet den Sieg.

Abwandlungen: Die Grundform des Diebschlagens sollte diesen Varianten unbedingt vorausgehen. Sie sind noch lebhafter, verlangen größere Übersicht und Aufmerksamkeit der Spielenden. Für ältere und gewandte Spieler sind sie besonders reizvoll.

a) Die Spielnummern werden in bunter Reihenfolge aufgerufen (Verbindung zum Nummernwettlauf).

b) Der Auslauf des Diebes erfolgt nach eigenem Ermessen. Der betreffende Polizist muß sehr wachsam sein. Hierbei kann man noch gestatten, daß der Dieb des öfteren Anlauf nehmen darf; dann muß aber der Polizist ebensooft hinter seine Mallinie zurück, wie der Dieb zurückgeht.

c) Die Beute liegt in der Mitte des Spielfeldes:

— Die verschiedenen Arten des Auslaufens (in fester Reihenfolge auf Zeichen des Spielleiters, Nummernaufruf in beliebiger Reihenfolge, nach eigenem Ermessen der Diebe) sind auch hier anwendbar. Kommen beide Spieler gleichzeitig am Beutegegenstand an, dann muß der Polizist alle Bewegungen des Diebes nachmachen (vgl. Spiegelbild).

— Diebe und Polizisten werden vorher nicht bestimmt. Der Spielleiter ruft eine Nummer auf, worauf die betreffenden Spieler beider Mannschaften loslaufen. Nun entscheidet es sich, wer der Dieb ist: Konnte ein Läufer einen Vorsprung erreichen, so wird er die Beute ergreifen und sich hinter seine Grundlinie retten. Kommen beide zur gleichen Zeit an, gilt es durch täuschende Bewegungen in den Besitz des Gegenstandes zu gelangen und zum anderen den Gegner aufmerksam zu bewachen. Bei dieser Abwandlung gewinnt der Spieler für seine Mannschaft einen Punkt, der entweder mit der Beute unabgeschlagen über die eigene Grenze läuft oder der den Eroberer vorher abschlägt. Stehen beide Spieler zu lange, wird bis drei gezählt, und der Gegenstand muß erbeutet sein, andernfalls gehen beide erfolglos auf ihre Plätze zurück.

Für gewandte Spieler wird diese Form in der Halle sehr freudvoll, wenn der Gegenstand auf einem Bock liegt.

— Es kann auch eine Pritsche (leichtes Schlaggerät) oder ein Turnschuh in die Mitte gelegt werden. Jeder Läufer kann gewinnen, wenn er den Gegenstand schnell aufnimmt und damit den nun davoneilenden Gegner abzuschlagen versucht.

— Die Beute liegt im Spielfelddrittel der Polizei. Jetzt darf der Polizist erst auslaufen, wenn der Dieb die Beute ergriffen hat.

Methodische Bemerkungen: Das Spiel gewinnt an Wert, wenn man kurze und schnelle Laufleistungen fordert und häufiges Laufen ermöglicht.

Bei einer großen Spielerzahl muß man mehrere Gruppen bilden und dementsprechend mehrere Beutegegenstände aufstellen lassen, so daß jeweils zwei oder mehrere Paare laufen. Spielfeld verbreitern!

Ballrauben (Keulenrauben)

Spielerzahl: 12 bis 20

Spielfeld: 15 m × 20 bis 30 m

Das Spielfeld ist durch eine Mittellinie getrennt; in jeder Hälfte befindet sich eine Mannschaft. In den Ecken an der Grundlinie jedes Feldes sind zwei Kästen markiert

(Abb. 66), in denen je vier Bälle liegen (Keulen stehen). Aufgabe jeder Partei ist es, die eigenen Bälle zu behüten und die des Gegners einzeln zu erobern. Wer dabei aber abgeschlagen wird, muß zu den Bällen in den Kasten und kann erst durch den erfolgreichen Lauf eines Mannschaftskameraden wieder befreit werden, wenn dieser bei gleichzeitigem Schlag „Erlöst!" ruft. Ist ein Spieler unabgeschlagen bis zum Kasten vorgedrungen, so ist der Rückweg für ihn frei. Das Spiel wird so lange fortgesetzt, bis eine Mannschaft alle Bälle erobert hat oder bis sich alle Spieler einer Mannschaft als Gefangene in den Kästen der anderen befinden. Nach Zeit gespielt, gewinnt die Mannschaft, die am Ende des Spiels die meisten Bälle besitzt. Übertreten der gegnerischen Spielfeldgrenzen, um dem Abschlag zu

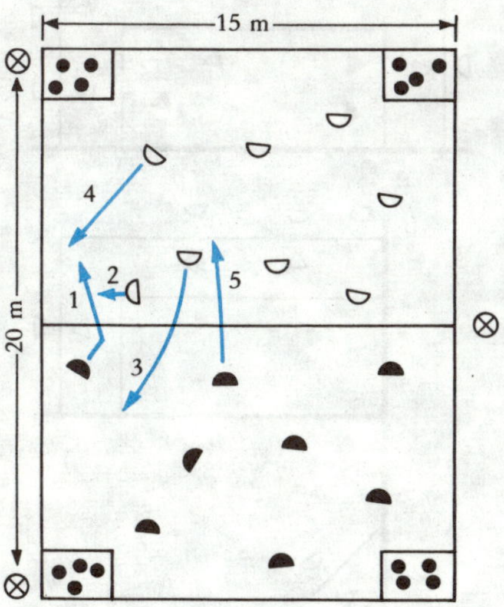

Abb. 66 Ballrauben

entgehen, gilt als Gefangennahme, der Spieler muß in den Kasten.

Bemerkungen: Fintieren, Ausweichen, Stoppen und schnelles Antreten sind gut zu schulen. Schwieriger wird das Spiel, wenn die Spieler auch nach dem Ballraub abgeschlagen werden dürfen.

Bei älteren Jungen und Erwachsenen kann man das Spiel dadurch steigern, daß die Spieler nicht nur abgeschlagen, sondern auch festgehalten werden müssen.

Zur Entwicklung der Schnelligkeitsausdauer empfiehlt es sich, auch auf einem großen Feld zu spielen. Mittellinie und Strafräume eines Fußballfeldes können als Markierungen benutzt werden.

Befreiungsspiel[24]

Spielerzahl: 20 bis 40

Spielfeld: 8 m × 8 m bis 20 m × 20 m, je nach Teilnehmerzahl

Die Spieler werden in drei Gruppen aufgeteilt. Eine Gruppe befindet sich im Gefangenenmal. Die Gefangenen werden von einer zweiten Gruppe, den Wärtern, bewacht. Eine dritte Gruppe, außerhalb des Begrenzungsstreifens, versucht, die Gefangenen durch Abschlag zu befreien (Abb. 67).

Spielregeln:

— Die Gefangenen dürfen ihren Befreiern bis zum Begrenzungsstreifen entgegenlaufen.

— Durch Handschlag eines Befreiers wird der Gefangene frei. Beide dürfen ungehindert abziehen.

— Die Wärter dürfen sich nur auf ihrem Begrenzungsstreifen bewegen. Sie versuchen ihrerseits, die Befreier abzuschlagen.

— Ein vom Wärter abgeschlagener Befreier scheidet aus.

24. Mitgeteilt von Müller, B., Köthen, in „Körpererziehung", Heft 8/9/1964, S. 450f.

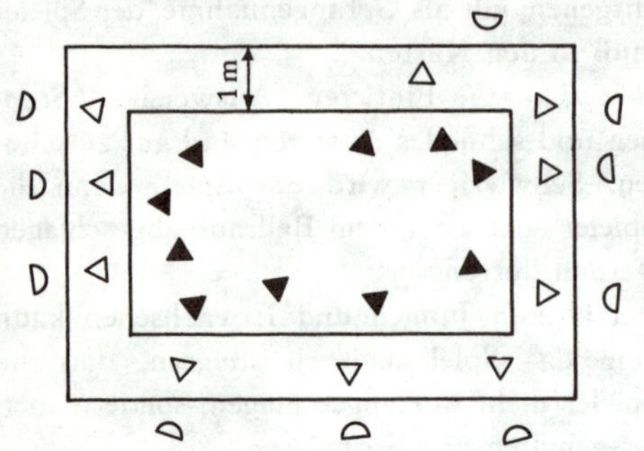

Abb. 67 Befreiung

Methodische Bemerkungen: Die Anzahl der Wärter muß entsprechend der Feldgröße festgelegt werden. Ist die Spieleranzahl gering, soll die Schwierigkeit gesteigert werden, oder läßt es der Spielraum nicht anders zu, so können auch die in der Abbildung 68 a bis c dargestellten Spielfelder angelegt werden.

Foppen und Fangen (Schlaglaufen, Der dritte schlägt!)

Spielerzahl: 16 bis 20
Spielfeld: 10 bis 15 m × 20 bis 30 m
Der Spielgedanke beim Foppen und Fangen besteht darin, daß zwei Mannschaften abwechselnd einen oder mehrere Spieler zum Gegner schicken, ihn foppen und zum Nachlaufen zwingen, dann aber versuchen, sich unabgeschlagen hinter die eigene Grenzlinie zu retten, um so den nachlaufenden Häscher als Gefangenen einzuholen.
Die Mannschaften stehen in Linien an den Schmalseiten des Spielfeldes (Abb. 69) und sind durchlaufend numeriert. Das Los entscheidet, welche Mannschaft zuerst den Spieler Nr. 1 zum Gegner schickt, um ihn zu foppen und zu fangen. Die Spieler der Gegenpartei strecken eine Hand nach vorn, während sie die andere auf den Rücken legen müssen, um einen vorzeitigen Gegenschlag zu verhindern. Der Foppende hat unter lautem Zählen drei Schläge auszuführen, die er beliebig verteilen kann. Er versucht, seine Gegner zu täuschen, indem er vor der Ausführung des dritten Schlages hier und da fintiert, um dann mit dem Ruf „Drei!“ plötzlich zuzuschlagen und schnell auf seinen Platz zurückzulaufen. Dabei verfolgt ihn der zuletzt geschlagene Spieler, um ihn zu haschen. Erreicht der Fopper vor dem Abschlag seine Grenzlinie, so muß der Verfolger sich als Gefangener hinter ihn stellen, andernfalls ist es umgekehrt. Nun läuft der Spieler Nr. 1 der Gegenmannschaft zum Foppen aus; so geht es abwechselnd immer in der bestimmten Reihenfolge. Wenn ein Spieler, der einen Gefangenen hatte, selbst gefangen wird, so ist sein Gefangener frei und reiht sich zum Mitspielen wieder in seine

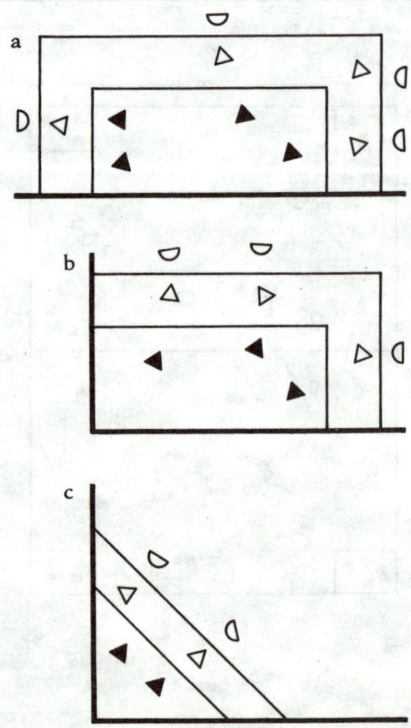

Abb. 68 Befreiung

Mannschaft ein. Wer beim Fliehen die seitliche Grenze überschreitet, gilt als gefangen. Das Spiel gewinnt die Mannschaft, die:
— das beste Punktergebnis hat, nachdem alle Spieler einmal gelaufen sind. Hierbei gibt es für jeden Gefangenen einen Punkt;
— in einer vorher festgelegten Spielzeit die meisten Gefangenen hat;
— die gegnerische Mannschaft bis auf drei Spieler gefangengenommen hat;
— alle Gegenspieler gefangen hat. Hierbei bleibt das abwechselnde Auslaufen der Mannschaften wohl erhalten, doch die Reihenfolge der Foppenden ist beliebig. Diese Spielform wird zu einem Kampf und Triumph der Laufschnellen, die dann oft mehrere Gefangene hinter sich haben.

Abwandlungen:
a) Die Mannschaften schicken ihre Spieler nicht abwechselnd zum Foppen, sondern es läuft immer die Mannschaft aus, die den letzten Vorteil errang (oder zuletzt das Nachsehen hatte).
b) Parallel zur Grenzlinie ist in etwa 1 m Entfernung eine zweite Linie, die Fopplinie, gezogen. Auf diese muß der Foppende mit dem Fuß direkt *vor* den Gefoppten treten.

Methodische Bemerkungen: Bei größerer Spielerzahl werden zwei nebeneinanderliegende Spielfelder aufgezeichnet. Ist das nicht möglich, so werden etwa vier Fopper gleichzeitig ausgeschickt. Jeder von ihnen darf nur bei den fünf ihm gegenüberstehenden Spielern seine drei Schläge anbringen. Achte aber auf

Abb. 69 Foppen und Fangen

eine genügend lange Grundlinie (ausreichende Breite des Spielfeldes), um beim Überlaufen Zusammenstöße zu vermeiden! Der Schiedsrichter muß besonders aufmerksam sein, da das Spiel jetzt schwieriger zu übersehen ist. Zur fehlerfreien Entscheidung ist auch hier ein Spielband im Hosenbund angebracht, das es zu erobern gilt. In geeignetem Gelände wird ein Graben oder ein gefällter Baum übersprungen.

Nummernbarlauf

Vorbemerkung: Das Barlaufspiel erfordert Schnelligkeit, Umsicht und Entschlossenheit, um den Sieg der eigenen Mannschaft zu erringen. Dabei kommt es auf die kollektive Leistung an, da jeder Spieler bald Angreifer ist, bald einen Mitspieler zu verteidigen hat. Um aber mit Erfolg spielen zu können, bedarf das Barlaufspiel einer sehr gründlichen und langen Vorbereitung. Die meisten Haschespiele, bei denen Gefangene durch Abschlag gemacht werden, kann man als gewisse Vorübungen bezeichnen; und als direkte Vorformen sind allgemein üblich „Diebschlagen", „Foppen und Fangen".

Nach den bereits erwähnten Vorformen, die mehrmals gespielt werden müssen, um die Spielenden schon mit einigen Regeln vertraut zu machen, gibt es noch eine vereinfachte Form des Barlaufspiels, in der bereits das wechselnde Schlagrecht unter beschränkten Bedingungen des Fangens charakteristisch ist, den *Nummernbarlauf.*

Spielerzahl: 12 bis 20

Spielfeld: 20 m × 30 m, in der hinteren rechten Ecke jeder Spielfeldhälfte befindet sich ein 3 m × 1 m großes Gefangenenmal, das durch eine Fahne kenntlich ist (vgl. Abb. 70)

Die beiden Mannschaften, die sich hinter den Grundlinien ihres Spielfeldes gegenüberstehen, haben durchgezählt. Anknüpfend an „Foppen und Fangen" schickt die durch das Los bestimmte Mannschaft ihren Spieler Nr. 1 zum Locken zu dem ersten Spieler der gegnerischen Mannschaft aus. Nach erfolgtem Schlag auf die vorgestreckte Hand eilt der Herausforderer hinter seine Grundlinie zurück. Dabei verfolgt ihn der Gefoppte und versucht, ihn zu haschen. Doch nun eilt zur Verteidigung der zweite der fordernden Mannschaft heraus und bedroht den gefoppten Spieler Nr. 1; zu dessen Hilfe läuft jedoch sein Mannschaftskamerad Nr. 2, der entweder den Herausforderer Nr. 2 abschlagen kann oder ihn zum Rückzug zwingt.

Damit hätten wir die wichtigste Spielregel eingeführt: *Wer später ausläuft als sein Gegenspieler, hat Schlagrecht!*

So wechselt das Herausfordern, Angreifen und Verteidigen hin und her, bis das Spiel durch die Gefangennahme eines Spielers, durch Übertreten der Seitenlinie (gilt als Abschlag!) oder Erlösen eines Gefangenen unterbrochen wird. Beim nächsten Spieldurchgang beginnt die andere Partei mit dem Locken.

Der Schläger ruft, sobald er den vor ihm ausgelaufenen Gegner abgeschlagen hat, laut: „Halt!" Daraufhin erfolgt eine kurze Spielunterbrechung. Während alle Spieler hinter ihre Grundlinien zurück müssen, stellt sich der Gefangene in das gegnerische Gefangenenmal. Hier darf er zum Erlösen durch seine Mannschaftskameraden den Arm weit nach vorn strecken. Mit dem Befreiungsschlag muß „Erlöst!" gerufen werden. Zwar können zwei oder drei Gefangene in einem Mal eine Kette bilden, wobei nur der letzte im Gefangenenmal zu stehen braucht, doch müssen die Spieler einzeln erlöst werden!

Das Spiel ist beendet, wenn eine Mannschaft mehr als drei Gefangene im Mal hat.

Abwandlung: Man kann auch ohne Gefangene spielen, wodurch alle Spieler ständig aktiv im Spiel bleiben. Dann wird das Spiel durch

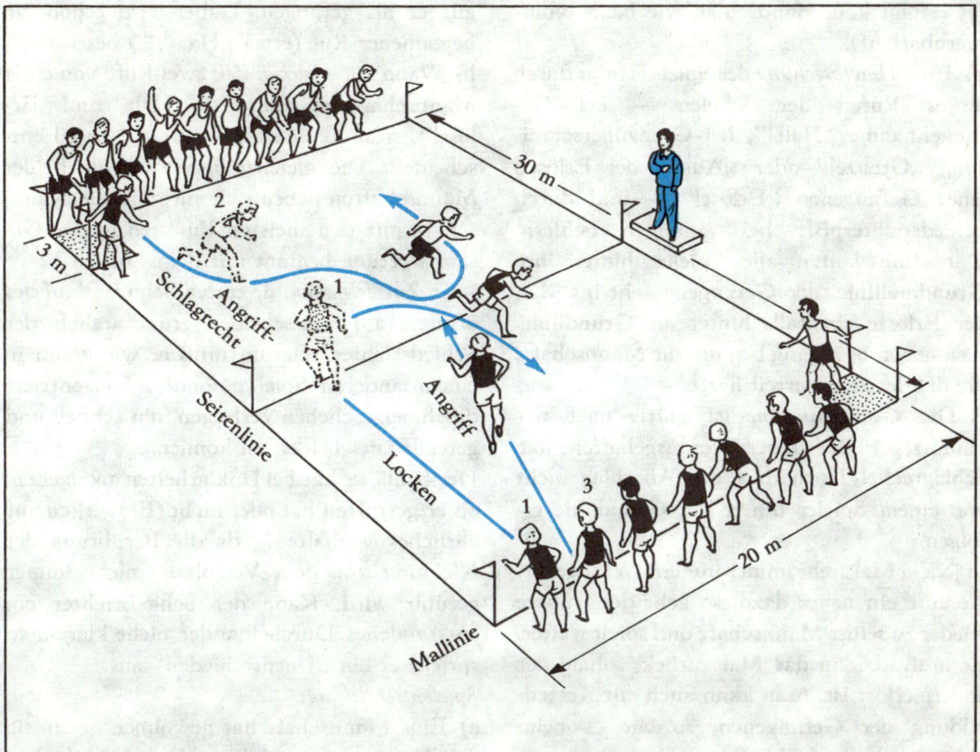

Abb. 70 Barlauf

Punktwertung entschieden. Für jeden Abschlag erhält die Mannschaft einen Pluspunkt.

Barlauf

Spielerzahl: 20 bis 35
Spielfeld: 20 bis 25 m × 25 bis 30 m, in jeder hinteren rechten Spielfeldhälfte befindet sich ein 3 m × 1 m großes Gefangenenmal
Bei der Erklärung des Barlaufspiels wird die Kenntnis des Nummernbarlaufspiels als direktes Vorspiel vorausgesetzt.
Die beiden deutlich gekennzeichneten Mannschaften versuchen, sich gegenseitig ins Spielfeld zu locken, um Spieler gefangenzunehmen. Dabei kann wohl jeder Spieler beliebig (neu gegenüber dem Nummernbarlauf) ins Feld laufen, doch hat er nur solchen Gegnern gegenüber Schlagrecht, die früher ausgelaufen sind als er (Abb. 70). Deshalb hat jeder darauf zu achten, daß er nur solche Gegner verfolgt, die vor ihm ins Feld gelaufen sind, und zum anderen muß er sich hüten, von einem später ausgelaufenen Gegner selbst abgeschlagen zu werden. Um dieses zu verhindern, wird der schon längere Zeit nach vergeblichem Angriff im Feld laufende Spieler zur Grundlinie zurückeilen, um mit neuem Schlagrecht ins Spielgeschehen einzugreifen.
Bemerkungen zum weiteren Spielverlauf:
a) Zu *Spielbeginn* läuft ein Spieler der herausfordernden Mannschaft ins Spielfeld, wodurch er einen Gegner zum Auslaufen lockt

(es erfolgt kein Handschlag wie beim Nummernbarlauf).

b) Eine *Unterbrechung* des Spiels erfolgt durch lautes Rufen der Spieler — bei Gefangennahme „Halt!“, bei Grenzüberschreitung „Grenze!“ oder „Aus!“, bei Erlösen eines Gefangenen „Erlöst!“ — und durch Schiedsrichterpfiff bei sonstigen Fehlern. Daraufhin laufen alle Spieler hinter ihre Grundmallinie, der Gefangene geht ins Mal, der Erlöste ebenfalls hinter die Grundlinie. Den neuen Spielgang beginnt die Mannschaft, die den letzten Vorteil hatte.

c) Die *Gefangennahme* ist gültig nach der Hauptregel: Der zuletzt Herausgelaufene hat Schlagrecht! Doch darf der Abschlag nicht von einem Spieler hinter der Grundlinie erfolgen.

In jedem Mal steht immer nur ein Gefangener. Kommt ein neuer dazu, so geht der frühere wieder zu seiner Mannschaft und spielt weiter. Er muß aber in das Mal zurück, sobald der andere erlöst ist. Man kann auch mit Kettenbildung der Gefangenen, so wie es beim Nummernbarlauf üblich ist, spielen lassen.

d) Das *Erlösen* geschieht durch den Handschlag eines Mannschaftskameraden. Der Gefangene darf dazu die Hand so weit wie möglich seinem Befreier entgegenstrecken, muß aber mit einem Fuß im Mal bleiben.

e) Wer die *Seitengrenzen überschreitet*, gilt als gefangen. Dies entscheidet der Schiedsrichter mit Hilfe seiner Linienrichter. Wenn keine Helfer zur Verfügung stehen, darf auch die Gegenmannschaft „Grenze“ rufen.

f) Ein *Durchlaufen* des Spielfeldes von der eigenen über die gegnerische Mallinie, ohne abgeschlagen zu werden, ist erlaubt. Der Betreffende ruft mit erhobenem Arm „Durchlauf!“, und ohne Spielunterbrechung begibt er sich außerhalb des Spielfeldes zur eigenen Mannschaft zurück.

g) Versucht sich ein Spieler durch *falschen* oder *voreiligen Ruf* Vorteile zu verschaffen, so gilt er als gefangen. Dabei wird schon ein begonnener Ruf (etwa „Ha...!“) bestraft.

h) Wenn zur *gleichen Zeit* zwei Rufe von einer Mannschaft ertönen (z. B. „Halt“ und „Erlöst“), so muß sie sich für einen Vorteil entscheiden. Die gleichzeitigen Vorteile beider Mannschaften heben sich auf, und die Mannschaft mit den meisten Punkten in der Gesamtwertung beginnt mit dem Locken.

i) In *Zweifelsfällen*, sie treten beim Barlauf des öfteren auf, entscheidet grundsätzlich der Schiedsrichter. Darum muß er wie kaum in einem anderen Spiel besonders konzentriert das Spielgeschehen verfolgen, um schnell und gerecht entscheiden zu können.

Der Schläger hat bei Unklarheiten anzugeben, ob er getroffen hat oder nicht (Einwirken auf ehrliches Verhalten!), da die Berührung der Kleidung von dem Verfolgten nicht immer gefühlt wird. Kann der Schiedsrichter ein entstandenes Durcheinander nicht klären, so spricht er ein „Unentschieden“ aus.

Spielentscheidung:

a) Eine Mannschaft hat gewonnen, wenn sie drei Gefangene im Mal hat. Dabei werden die erlösten Spieler nicht mitgezählt.

b) Wird mit Punktwertung gespielt, bemißt man die Spielzeit auf zweimal 15 Minuten.

Zwei Punkte erhält eine Mannschaft:

— für jeden Vorteil im Gegnerfeld (Gefangennahme, Erlösen eines Gefangenen, Durchlaufen);

— für jeden Fehler des Gegners im Eigenfeld (Grenzüberschreitung, Falschruf).

Einen Punkt erhält eine Mannschaft:

— für jeden Vorteil im Eigenfeld (Gefangennahme);

— für jeden Fehler des Gegners im Gegnerfeld (Grenzüberschreitung, Falschruf).

Wenn ein Angreifer wegen eines Schlagerfolges und der Schiedsrichter wegen Grenzüberschreitung gleichzeitig rufen, so werden die für jede Spielunterbrechung zu vergebenden Punkte dabei verrechnet.

3 Ballspiele

Ballspiele gehören zu den freudvollsten Körperübungen. Die vielgestaltigen Formen, von den spielerischen Ballgewöhnungsübungen der Kleinkinder über die große Auswahl Kleiner Spiele im frühen Schulalter bis hin zu den großen Sportspielen der Jugendlichen und Erwachsenen, sind der körperlich-sportlichen Grundausbildung dienlich und unterstützen die Entwicklung von Charaktereigenschaften und Verhaltensweisen.

Neben der Beherrschung des eigenen Körpers im Lauf oder Sprung muß jetzt noch ein Ball so gehandhabt werden, daß ein Spielfluß zustande kommt und der Spielgedanke verwirklicht werden kann. Erste Voraussetzungen sind das Ballempfinden, die in ihrer Grundstruktur richtigen Fang- und Wurfbewegungen sowie das räumlich und zeitlich richtige Verhalten zum Ball. Das schnelle Wechseln der Situationen hinsichtlich der Ortsveränderungen des Balles und der Spieler schafft Bedingungen, um die Reaktionsfähigkeit und die Gewandtheit zu entwickeln. Ziel- und Treffsicherheit beim Werfen und Stoßen, Ausweich-, Abwehr- und Bremsbewegungen werden gefordert. In zahlreichen Spielen muß man sich auf den aktiven Gegner einstellen, der in den Grenzen der Spielregeln die Bewegungsabsicht zu stören versucht. Die Konzentration des Spielers auf den ständig wandernden Ball und gegebenenfalls auf die Maßnahmen des Gegenspielers, das Beobachten der Positionen und Handlungen der Mitspieler, das Erfassen der Wurf- oder Schußziele verbessern das zentrale und periphere Sehen und verlangen ein ausgeprägtes Bewegungsempfinden beim Bewegungsvollzug.

In den Parteiballspielen wird neben dem motorisch zweckmäßigsten gleichzeitig das taktisch richtige Handeln entwickelt und so ein Beitrag zur geistigen Erziehung und zur Vorbereitung der Sportspiele geleistet.

Aus all diesen Merkmalen und Leistungsanforderungen ergibt sich die Notwendigkeit einer zweckmäßigen Spielfolge, die in unserer Systematik berücksichtigt worden ist.

Systematik

3.1. Ballspiele zur Schulung der Wurf- und Fangsicherheit
3.1.1. Ballschule und heitere Ballgewöhnung
3.1.2. Wettbewerbe mit Würfen innerhalb einer Partei
3.1.3. Ballspiele mit Würfen an eine Gegenpartei
3.2. Ballspiele mit Abfangen
3.3. Ballspiele zur Schulung der Treffsicherheit und des Ausweichens
3.3.1. Ballspiele mit Treffen von Gegenständen
3.3.1.1. Zielspiele ohne Wächter
3.3.1.2. Zielspiele mit Wächter
3.3.2. Ballspiele mit Abwerfen von Gegnern
3.3.3. Jägerballspiele (Hasen und Jäger)
3.3.4. Schlagball-Vorbereitungsspiele
3.4. Grenz- und Torballspiele
3.4.1. Spiele mit Trennung vom Gegner
3.4.2. Spiele mit direktem Kampf mit dem Gegner (kleine Sportspiele, Turnierspiele)

Ballspiele zur Schulung der Wurf- und Fangsicherheit bilden notwendigerweise die erste große Gruppe. Die schon im Vorschulalter einsetzende Ballschule und andere heitere Ballgewöhnungsübungen leiten sie ein. Wettbewerbe mit Würfen innerhalb einer Mannschaft schließen sich an und entwickeln ein genaues Zuspiel bei schnellem Handeln

(Wettwanderballformen ohne und mit Lauf).
Die Fortsetzung vereinigt die Ballspiele mit Würfen an eine gegnerische Mannschaft, bei denen neben sicherem Fangen noch Aufstellungsfehler bei Gegnern erkannt und durch genaues Werfen ausgenutzt werden müssen.
Die zweite Gruppe enthält die Ballspiele mit Abfangen. Durch zielsicheres, reaktionsschnelles Bewegen müssen die vom Gegner kommenden Bälle abgefangen werden.
Ballspiele zur Schulung der Treffsicherheit und des Ausweichens bilden die leistungsmäßig nächsthöhere dritte Gruppe. Dabei ist eine Unterteilung in Ballspiele mit Treffen von unbeweglichen Zielen (Gegenständen) und in solche mit Abwerfen von meist ausweichenden Gegnern erforderlich.
Bei den Ballspielen mit Treffen von Gegenständen sind die Ziele zunächst unbewacht; in der nächsten Gruppe greift ein Wächter ein.
Die vierte Gruppe umfaßt die Grenz- und Torballspiele, jene im Spielgedanken und in den Leistungsanforderungen den Sportspielen schon sehr ähnlichen Formen. Vom Spielcharakter her lassen sie sich leicht in Spiele mit Trennung vom Gegner und in Spiele mit direktem Kampf mit dem Gegner unterteilen. Letztere können wir auch als „kleine Sportspiele" bezeichnen, die sich gut für Turniere bei den unterschiedlichsten Gelegenheiten eignen. Sie bereiten unmittelbar die großen Sportspiele vor.

3.1. Ballspiele zur Schulung der Wurf- und Fangsicherheit

3.1.1. Ballschule und heitere Ballgewöhnung

Unter Ballschule und heiterer Ballgewöhnung sollen hier Spielformen verstanden werden, die das sichere Fangen und genaue Werfen vorbereiten helfen. Beide Elemente sind die Grundlage jedes Spielflusses. Man könnte diese Formen auch Ballgewöhnungsübungen nennen, bei denen das notwendige Ballempfinden, das „Gefühl" für den erforderlichen Krafteinsatz und die richtige Einstellung zu den Eigenschaften des Balles erreicht werden.
Wie oft erlebt man, daß die einfachsten Ballspiele nicht recht in Gang kommen, ständig unterbrochen werden, von den Spielenden keine Freude daran empfunden wird und so die pädagogische und biologische Wirkung ausbleibt.
Die Kinder haben beim Schuleintritt die unterschiedlichsten Voraussetzungen für die Ballspiele. Es ist deshalb oft notwendig, den eigentlichen Ballspielen vorausgehend, einige Übungen durchzuführen, um erforderliche Grundfertigkeiten zu entwickeln. Natürlich darf diese Ballschule nicht zu einem eintönigen Üben werden. Die Freude am Ballspiel muß auch hier bereits entwickelt werden. Das läßt sich durch die verschiedenen Aufgabenstellungen erreichen. Nachdem das einfache Weitergeben des Balles von Spieler zu Spieler und das Werfen über kürzeste Entfernungen geübt wurde, können die Schwierigkeiten gesteigert werden, indem die Wurfarten vorgeschrieben, eine größere Wurfweite verlangt oder die Bälle in ihrer Größe und ihrem Gewicht gewechselt werden. Es kann zum Beispiel mit Tennisbällen, Wurfbällen, kleineren und größeren Hohl- und Vollbällen geübt werden.
Kleine Erfolgserlebnisse sowie eine einfache Punktwertung spornen die Kinder zu freudvollem Mitüben an.
Zu den von uns angeführten Beispielen der Ballschule sei darauf hingewiesen, daß nicht alle diese Formen betrieben werden müssen. Für die Auswahl der Übungen sind das Alter der Kinder und ihre Spielfertigkeiten entscheidend. Der Zielstellung, den Voraussetzungen bei den Kindern und der Übungsform

entsprechend sind dann auch die Bälle auszuwählen.

Bälle einsammeln (Haltet den Korb voll! Die Sammler)

Spielerzahl: Beliebig
Spielgeräte: Kastenteil oder Korb, 20 bis 30 kleine Bälle
In die Mitte der Halle oder des Spielplatzes wird ein Kastenteil gestellt, das mit Bällen (Gymnastik-, Wurfbällen, auch Bälle verschiedener Größe) gefüllt ist. Der Spielleiter oder ein gewandter Spieler wirft die Bälle nacheinander in alle Richtungen des Spielfeldes und versucht, den Kasten zu leeren. Alle anderen Spieler verhindern das, indem sie die Bälle schnell wieder einsammeln und versuchen, den Kasten immer voll zu halten (Abb. 71). Wer wird Sieger?
Methodische Bemerkung: Dieses Laufen und Bücken nach den Bällen ist eine heitere Form der Ballgewöhnung für drei- bis achtjährige Kinder. Wird mit kleinen Bällen gespielt, so kann der „Austeiler" auch einen Ballkorb tragen und ständig den Platz wechseln.

Allerlei Wurf- und Fangübungen

Hochwerfen und Fangen

Nach Möglichkeit bekommt jedes Kind einen Ball. Zuerst wird das Hochwerfen und Auffangen des Balles geübt. Der Spielleiter achtet zunächst auf nicht zu hohes Werfen, besonders aber auf die weiche Fangbewegung, das Entgegenstrecken und elastische Nachgeben der Arme sowie auf das Abfedern in den Knien. Dann werden die ersten Aufgaben gestellt: Wer schafft es dreimal, fünfmal, zehnmal usw., ohne den Ball fallen zu lassen? Dabei zählen alle Kinder laut ihre Fänge mit und beginnen wieder von vorn, sobald sie den Ball fallen gelassen haben.
Später wird die Aufgabe lauten: Wer kann am höchsten werfen und den Ball wieder auffangen? Wer wirft und fängt den Ball mit einer Hand? (Links und rechts üben lassen.) Weiterhin können Sonderaufgaben gestellt werden: Vor dem Fangen in die Hände klatschen, sich einmal herumdrehen, im Gehen und Laufen werfen und fangen und anderes mehr.
In Kreisen mit je fünf bis acht Spielern wird

Abb. 71 Bälle einsammeln

das Hochwerfen und Fangen des Balles in wechselnder Folge der Spieler geübt. Spieler Nr. 1 geht in die Kreismitte und wirft den Ball in die Luft, um sofort wieder auf seinen Platz zu laufen. Inzwischen ist Nr. 2 zur Mitte geeilt, fängt den Ball und wirft ihn erneut hoch usw. Auf gerades Hochwerfen des Balles achten!

Ballprellen

Das Prellen des Balles gegen den Boden beginnen wir mit beiden Händen. Mit zunehmender Sicherheit wird dann auch das Prellen links und rechts einzeln geübt, um es anschließend im Gehen und später sogar um Hindernisse herum zu versuchen.

Gegen eine Wand werfen und fangen

Diese Spielform sollte mit den Kindern in der Sportstunde weniger geübt werden; besser ist es, ihnen die verschiedenen Möglichkeiten zu zeigen. Dann können sie am Nachmittag zu Hause üben. Im Sportunterricht kann dann und wann eine Leistungskontrolle durchgeführt werden. Sie erstreckt sich von einfachen Würfen bis zu kleinen Bewegungskünsten.
Einige Übungsformen:
Beidhändiges Werfen und Fangen;
rechts werfen — rechts fangen, das gleiche links;
rechts werfen — links fangen und umgekehrt;
ein- oder mehrmaliges Händeklatschen vor dem Fangen;
eine Drehung vor dem Fangen;
mehrmaliges Prellen des Balles mit der Handfläche, der Faust oder dem Unterarm gegen die Wand (wer schafft es zehnmal?);
mit dem Rücken zur Wand den Ball beid- oder einhändig über den Kopf werfen, sich umdrehen und den Ball fangen;
das gleiche, aber den Ball durch die gegrätschten Beine werfen.
Die Ballbeherrschung kann auch durch allerlei „Kunststückchen" erreicht werden, wodurch sich gleichzeitig die allgemeine Gewandtheit und Geschicklichkeit schulen lassen. Hierher gehören:
das Werfen des Balles unter einem erhobenen Bein hindurch, den Ball durch die gegrätschten Beine nach hinten-oben werfen und wieder auffangen;
den Ball mit einer Hand hinter dem Rücken herumwerfen;
vor einem Wurf Kreisen des Balles um den Rumpf herum und anderes mehr.
Später üben wir auch in Gruppen. Ein Kind wirft den Ball gegen die Wand, die anderen versuchen, ihn zu fangen.
Methodische Bemerkungen: Der Abstand der Kinder von der Wand beträgt in der Regel etwa 1 bis 2 m, er kann aber auch nach und nach vergrößert werden, wenn besondere Schulungsabsichten vorliegen.
Bei älteren Spielern ist das Pritschen des Balles an die Wand eine gute Vorübung für das Volleyballspiel.
Mit zunehmender Ballsicherheit kann bei allen Übungsformen anstelle des Spiels an die Wand das Zuspiel an einen Partner erfolgen.

Wanderball

Spielerzahl: Beliebig, mehrere kleine Gruppen bilden
Spieleraufstellung: In Linien, Reihen oder Gassen, in Stirn- oder Flankenkreisen
Spielgeräte: Hohlbälle verschiedener Größe oder kleine Medizinbälle
Wanderball gehört noch zur Ballschule. Es kommt lediglich darauf an, den Ball von Spieler zu Spieler weiterzugeben oder ihn bei

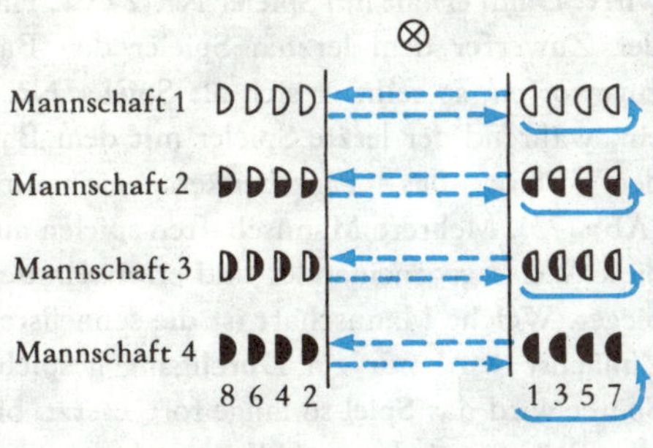

Abb. 72 Wanderball in Reihenaufstellung

größerem Abstand dem nächsten Spieler auf die vorgeschriebene Art zuzuwerfen. Die sehr zahlreichen Aufstellungsformen und Wurfarten schulen das Werfen und Fangen. Im Vordergrund steht die *gute* Wurf- und Fangbewegung, noch nicht die Schnelligkeit der Ausführung, die dann in den Wettwanderballformen gefordert wird.

Zahlreiche Möglichkeiten bieten sich an:

a) Weitergeben und -werfen in Reihenaufstellung: Der Ball wandert seitlich am Körper vorbei zum Hintermann (Hüftbeweglichkeit), über die Köpfe vor und zurück; den Ball durch die gegrätschten Beine rollen; durch die gegrätschten Beine dem Hintermann zuwerfen; abwechselnd über den Kopf und durch die gegrätschten Beine geben oder werfen; verschiedene Formen im Sitzen und Knien.

b) Wanderball in Gassenaufstellung (Zick-Zack-Kurs) bei Verwendung verschiedener Wurfarten.

c) Weitergeben des Balles nach links und rechts in Linienaufstellung; Hakenwürfe seitlich über den Kopf.

d) Wanderball im Stirn- oder Flankenkreis unter Anwendung der bei a) und c) angegebenen Formen.

e) Wanderball bei guter Ausführung als Wettbewerb:

— In Kreisaufstellung

Es werden zwei oder auch mehr Kreise gebildet. Alle Kinder spielen zu gleicher Zeit Der Ball wird in jedem Kreis von Spieler zu Spieler geworfen. Der Abstand der Spieler voneinander richtet sich nach dem Platz und dem erlangten Fertigkeitsgrad. Welchem Kreis gelingt es, sich den Ball, ohne ihn fallen zu lassen, eine bestimmte Zeit zuzuwerfen? Es kann auch mit zwei Bällen gespielt werden.

— In Reihenaufstellung

Jeweils zwei Reihen stehen sich in einem Abstand von etwa fünf bis sechs Schritten gegenüber. Sie bilden zusammen eine Mannschaft (Abb. 72) und werfen den Ball hin und her. Spieler Nr. 1 wirft zu Nr. 2 auf der gegenüberliegenden Seite und stellt sich sofort hinter den letzten Spieler seiner Reihe, Spieler Nr. 2 wirft zu Nr. 3 zurück, der inzwischen aufgerückt ist, und stellt sich ebenfalls hinter den letzten Spieler seiner Reihe usw. Welche Mannschaft erzielt zwei, drei oder auch vier Durchgänge, ohne den Ball fallen zu lassen? Die Linie, bis zu der die Spieler immer wieder vorrücken, muß deutlich markiert sein. Das Spiel benötigt wenig Platz. Bei kleinen Mannschaften sind die Spieler laufend in Bewegung.

Bemerkung: Wanderball als einfache Form der Wurf- und Fangschulung kann schon im Vorschulalter gespielt werden, in der Unterstufe wird das Spiel zur Vorbereitung der Wettwanderballspiele fortgesetzt.

Klassenball (Ballschule, Fangschule)

Vier bis acht Kinder stehen auf einer Linie. Fünf oder sechs Schritte vor ihnen steht ein Spieler (anfangs der Spielleiter oder ein gewandter Schüler) und wirft den anderen der Reihe nach den Ball zu, die ihn sofort zurückwerfen. Wer den Ball gefangen hat, darf einen Schritt zurücktreten und ist somit eine „Klasse aufgestiegen". Wer erreicht als erster

die höchste Klasse? Wer den Ball fallen läßt, bleibt auf seinem Platz stehen. Läßt der Zuspieler den Ball fallen, so löst ihn der Spieler der höchsten Klasse ab.
Fangart und Sonderaufgaben können vom Zuwerfer festgelegt werden. Sind die Kinder geschickt genug, so kann auch mit zwei sich kreuzenden Bällen gespielt werden.
Abwandlung: Es wird ein Zuspielwettbewerb in Paaren durchgeführt. Jedes Paar spielt sich den Ball aus 3 m Entfernung zu. Wird der Ball gefangen, darf der Fänger den Zwischenraum um einen Schritt vergrößern. Welches Paar hat nach zehn Würfen jedes Spielers den größten Zwischenraum erreicht?
Bemerkung: Bei den verschiedenen Formen der Fangschule ist es ratsam, die Bälle oft zu wechseln, um bei den Kindern das „Ballgefühl" für große und kleine, leichte und schwere Bälle zu entwickeln. Bei diesen Spielformen ist es außerdem angebracht, die Leistungen der Spieler durch Punktwertung zu belohnen.

Ablöseball

Fünf oder sechs Spieler stehen auf einer Linie, sechs bis acht Schritte vor ihnen steht der Zuwerfer (Einschenker). Dieser spielt den Ball zu Spieler Nr. 1, der ihn sofort zurückwirft. Dann erhält ihn Spieler Nr. 2 usw. Hat der Zuwerfer dem letzten Spieler den Ball zugeworfen, so reiht er sich als Spieler Nr. 1 ein, während der letzte Spieler mit dem Ball den Platz des Einschenkers einnimmt (Abb. 73). Mehrere Mannschaften spielen auf diese Weise gegeneinander und ermitteln den Sieger. Welche Mannschaft ist die schnellste? Zunächst wird nur ein Durchgang gespielt. Später wird das Spiel so lange fortgesetzt, bis alle Spieler wieder auf ihrem alten Platz stehen.
Abwandlungen:
a) Jedem Spieler wird der Ball vom Einschenker dreimal zugeworfen, nach dem dritten Fangen läuft er nach vorn und löst den Zuspieler ab, der sich als letzter Spieler einreiht.
b) Die Mannschaften bilden Reihen. Etwa 1 bis 2 m davor stehen (hinter einer Linie) die Zuspieler. Sie werfen den Ball jeweils zum Spieler Nr. 1 ihrer Mannschaft, der ihn zurückwirft (Abb. 74) und sich sofort hinhockt oder -setzt. So wechselt der Ball hin und her, bis außer dem letzten Spieler alle niederhokken. Der letzte läuft mit dem Ball nach vorn, ruft: „Auf!" und löst den Einschenker ab, der sich als erster Spieler einreiht. Dabei müssen alle anderen nach hinten rücken. Der gleiche Spielvorgang wiederholt sich so lange, bis die alte Aufstellung wieder eingenommen ist.

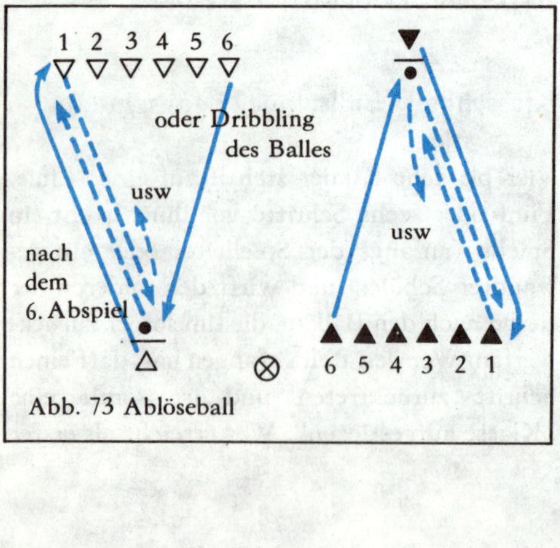

Abb. 73 Ablöseball

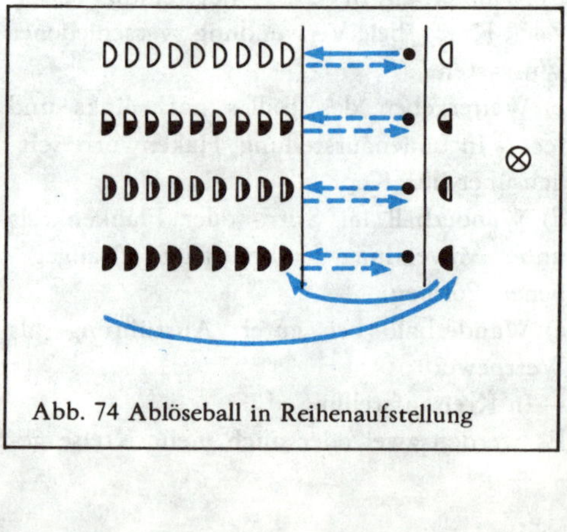
Abb. 74 Ablöseball in Reihenaufstellung

Anstelle des Niederhockens können sich die Spieler auch hinten anreihen. Dann muß der Abstand des Einschenkers erweitert werden. Soll hierbei die Intensität noch erhöht werden, wird hinter jeder Reihe ein Mal in etwa 6 bis 10 m Entfernung aufgestellt, das umlaufen werden muß. Diese Form ist besonders bei einer größeren Spielerzahl zu empfehlen.

c) Ablöseball kann auch in gleicher Weise in Kreisaufstellung gespielt werden. Hierbei steht der Zuwerfer in der Mitte des Kreises. Der Kreis, der zuerst wieder seine Ausgangsstellung eingenommen hat oder als erster mit einer bestimmten Anzahl von Durchgängen fertig ist, hat gewonnen.

d) Eine schwierigere Form des Ablöseballs ist *Doppelball*, ein Spiel in Kreisaufstellung. Etwa acht bis zehn Spieler bilden einen Innenstirnkreis mit 1 bis 2 m Abstand zwischen den Spielern. In der Mitte des Kreises steht der Zuspieler mit zwei Bällen. Er wirft dem Spieler Nr. 1 den ersten Ball zu und danach gleich dem Spieler Nr. 2 den zweiten (Abb. 75). Inzwischen erhält er den ersten Ball von Spieler Nr. 1 zurück, den er sofort an Nr. 3 weiterleitet. So geht die Runde herum bis zum letzten Spieler des Kreises. Dieser fängt beide Bälle und wechselt mit dem Mittelspieler den Platz. Der neue Mittelspieler beginnt das Zuspiel bei dem abgelösten Spieler. Werden mehrere Kreise gebildet, ist die

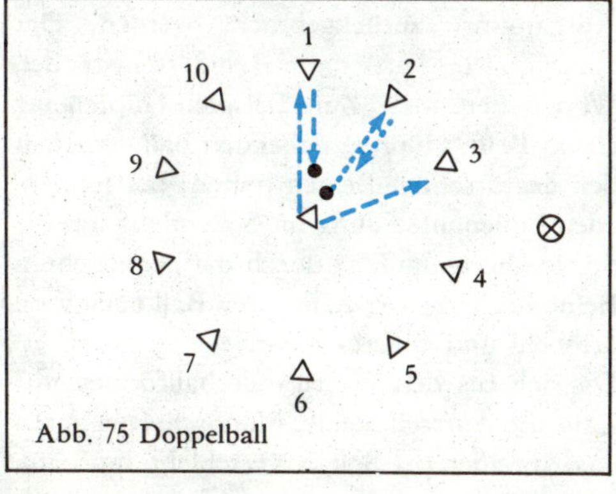

Abb. 75 Doppelball

Mannschaft Sieger, deren Spieler alle der Reihe nach in der Mitte waren und deren erster Mittelspieler wieder beide Bälle hat. Führt man Doppelball nicht als Mannschaftsvergleich durch, sondern als „Prüfung" des Mittelspielers (Zuwerfers), so besteht das Ziel darin, den Mittelspieler durch schnelles, scharfes, aber genaues Zuspielen möglichst schnell abzulösen. Diese Form eignet sich deshalb erst für ältere und geübte Spieler; sie wird auch gern im Training für verschiedene Sportspiele zur Schulung des Reaktionsvermögens und der Konzentration angewandt. Es ist aber darauf zu achten, daß das Spiel langsam begonnen wird, um mit zunehmender Sicherheit das Tempo zu steigern.

Methodische Bemerkungen: Alle Formen des Ablöseballs sollten in möglichst kleinen Gruppen gespielt werden, um alle Spieler recht rege zu beteiligen.

Die Einführung des Spiels ist in bezug auf die Ablösung des Einschenkers nach jedem Durchgang etwas schwierig. Deshalb empfiehlt sich anfangs ein Durchspielen ohne Wertung. Ausgehend vom beidhändigen Schockwurf von unten (Wurfform des Kleinkindes) können später alle Wurfarten geschult werden.

Als Vorbereitungsformen für die Technik in den Sportspielen lassen sich auch die Zuspielarten im Handball- und Basketballspiel, die Stoßformen und das Kopfballspiel im Fußballspiel verwenden. Das Volleyballzuspiel ist erst möglich, wenn die Spieler schon genügend Fertigkeiten besitzen, um den Spielfluß aufrechterhalten zu können.

Mit zunehmender Ballbeherrschung wird beim Ablösen des Zuwerfers gefordert, den Ball nach vorn zu dribbeln (gleichzeitig Schulung der Ballführung), anstatt mit dem Ball in den Händen zu laufen.

Klatschball

Spielerzahl: Beliebig, viele kleine Gruppen bilden
Spieleraufstellung: Halbkreis oder Kreis
Spielgeräte: Hohlbälle (anfangs größere, später kleinere Bälle)
Die Spieler bilden einen Halbkreis. Davor steht ein Spieler, der ihnen den Ball nacheinander zuwirft. Vor dem Ballfangen müssen die Mitspieler jedoch in die Hände klatschen. Durch täuschende Bewegungen darf der Zuspieler die Fänger necken, um dann überraschend den Ball zuzuwerfen.
Wer den Ball fängt und vorher nicht geklatscht hat, wer klatscht, ohne daß der Ball geworfen wurde, oder wer den Ball fallen läßt, erhält einen Minuspunkt.
Bei Kreisaufstellung steht der Zuspieler in der Mitte.
Abwandlungen:
a) Die Reihenfolge des Zuspielens ist nicht vorgeschrieben, es kann kreuz und quer geworfen werden. Alle Mitspieler müssen den Zuwerfer genau beobachten.
b) Die Fänger müssen vor oder noch während des Fangens dem Zuwerfer eine Frage beantworten, einen Satz vollenden oder eine kleine Rechenaufgabe lösen. Etwa so: Die Hauptstadt Bulgariens ist? — Sofia. Markkleeberg liegt bei? — Leipzig. 9 + 8 ist? — 17. Diese Form verlangt das Mitdenken der Spieler und ist eine schöne Konzentrationsübung.
Methodische Bemerkung: Klatschball schult in spielerischer Form das Reaktionsvermögen und damit die Bewegungsschnelligkeit, es erzieht zu genauem Beobachten. Die Übungsintensität ist allerdings sehr gering, so daß möglichst viele Halbkreise oder Kreise mit nur wenigen Spielern gebildet werden sollten. Nach Vorspielen durch den Spielleiter anfangs gewandte und aufgeweckte Schüler in die Mitte stellen! Je geringer der Abstand vom Zuwerfer zu den Fängern ist, desto größer muß die Reaktionsschnelligkeit sein; deshalb zu Beginn die Entfernung mindestens auf vier bis fünf Schritte festlegen.

3.1.2. Wettbewerbe mit Würfen innerhalb einer Partei

Stand bei den verschiedenen Formen der Ballschule das sichere und richtige Fangen und Werfen im Vordergrund, so kommt bei den Wettbewerben und Würfen innerhalb einer Partei noch die Schnelligkeit der Ausführung hinzu. Durch die Aufnahme des Wettkampfgedankens werden die Formen lebhafter, sie stellen an die Aufmerksamkeit noch größere Anforderungen. Die Fertigkeiten werden zu fließenden Bewegungskombinationen verbunden und dabei spielend geschult.
Wir unterscheiden in dieser Gruppe zwei charakteristische Spielarten von Wettwanderballformen:
a) *Einfacher Wettwanderball.* Bei diesen Spielen wandert nur der Ball, während die Spieler ihren Platz nicht verlassen. Die Spiele verlaufen deshalb relativ ruhig und ohne körperliche Anstrengungen.
b) *Wettwanderball mit Lauf.* Hierbei muß der Ball, nachdem er die Mannschaft durchwandert hat, in einer vorgeschriebenen Weise (Tragen, Rollen, Dribbeln u. a. m.) zum Ausgangsort zurückgebracht werden. Der mannigfaltig variierbare Lauf steigert den Wert dieser Spiele. Zum Beispiel: Hüpfen auf einem Bein; Hüpfen, dabei den Ball zwischen den gegrätschten Beinen halten; bei Reihen- oder Linienaufstellung im Slalomlauf um die Spieler herumlaufen; durch die gegrätschten Beine nach vorn kriechen; den Ball nach vorn dribbeln und anderes mehr.
Da sich bei den Wettwanderballformen mit Lauf die Aufstellung der Mannschaften durch das Anreihen der Spieler verschiebt, muß von

vornherein der erforderliche Platz einberechnet werden. Bei Platzmangel muß nach jedem Anreihen eines Spielers das Nachrücken der Mannschaft nach hinten erfolgen. Das gibt jedoch sehr viel Unruhe bei der Aufstellung und ist auch bei einer Reihe von Formen nicht möglich.

Beide Spielarten können in den verschiedensten Aufstellungsformen durchgeführt werden: in Stirn- und Flankenkreisen, in Linien, Reihen oder Gassen. Auch bei ungünstigen Raumverhältnissen lassen sich die Spiele deshalb noch wirksam gestalten. Bei zweckmäßiger Anordnung im Raum ist selbst bei mehreren spielenden Gruppen der Überblick gewährleistet. Zahlreiche Formen sind durch entsprechende Abwandlungen auch ausgezeichnet zur Vorbereitung von Sportspielen zu verwenden.

Einfacher Wettwanderball

Spielerzahl: Beliebig, 8 bis 10 Spieler in einer Gruppe

Spieleraufstellung: Stirnkreise und Flankenkreise, Gassen, Linien oder Reihen

Spielgeräte: Hohl- und Vollbälle verschiedener Größe

Aufstellung in Stirnkreisen: Es werden mehrere Kreise mit jeweils acht bis zehn Spielern gebildet, deren Größe sich nach dem vorhandenen Platz und nach dem Fertigkeitsgrad der Spieler richtet.

Jeder Kreis hat einen Ball, der auf ein Zeichen des Spielleiters links- oder rechtsherum von Spieler zu Spieler wandert. Gewonnen hat der Kreis, bei dem sich der Ball zuerst wieder am Ausgangsort befindet, wo er mit dem Ruf „Fertig!" hochgehalten werden muß. Spannender wird das Spiel, wenn der Ball zwei-, drei- oder viermal den Kreis durchwandert. Dann soll jede Runde von dem Ausgangsspieler laut angesagt werden.

Folgende Spielregeln sind zu beachten:
— Beim Zuspiel keinen Spieler auslassen!
— Die vorgeschriebene Wurfart einhalten!
— Wird der Ball fallen gelassen, so muß er durch den Spieler, der ihn fallen ließ, von seinem Platz im Kreis aus weitergespielt werden.

Abwandlungen:

a) Veränderung der Zuspielart: Schockwurf, Schlagwurf rechts oder links, Druckwurf (Basketball), Hakenwurf seitlich über den Kopf (Basketball), indirektes Zuspielen (Zuprellen), Weiterrollen, Innenseitstoß mit dem Fuß, Volleyball-Zuspiel.

b) Einschalten von Sonderaufgaben vor dem Weitergeben des Balles: Einmaliges Aufprellen des Balles, Drehung des Spielers und anderes.

c) Mit zwei und mehr Bällen spielen (Abb. 76). „Fertig!" darf erst dann gerufen werden, wenn alle Bälle beim Ausgangsspieler sind. Wertvoll ist hierbei, mit verschiedenen Bällen zu spielen, zum Beispiel: Medizinbälle oder Hohlbälle unterschiedlicher Größe, beide Ballsorten zusammen oder auch ein Medizinball, ein Hohlball, ein Wurfball, um das „Bewegungsgefühl" der Spieler zu verbessern. Die Spieler müssen sich in ihren Fang- und Wurfbewegungen immer dem neuen Ball anpassen. Diese Form ist sehr freudvoll.

d) Der Ball muß ohne Spielunterbrechung zum Ausgangsspieler hin- und in der entgegengesetzten Richtung zurückwandern. Auch beim Spiel mit mehreren Bällen ist das möglich, doch müssen vor Beginn der Rückwanderung erst alle Bälle am Ziel sein.

e) Spielen nach Zeit: Welcher Kreis erzielt in ein oder zwei Minuten die meisten Ballwechsel? Jede Weitergabe wird laut mitgezählt.

f) Auf ein Signal hin muß der Innenstirnkreis sofort in einen Außenstirnkreis verwandelt werden und umgekehrt.

g) Veränderung der Ausgangsstellung: im

Abb. 76 Einfacher Wettwanderball mit drei Bällen

Sitzen oder in der Bauchlage den Ball weitergeben.

Spezielle Anwendungsmöglichkeit: Mit einem Basketball gespielt, kann Wettwanderball gut zur Schulung des schnellen Abspiels im Basketballspiel, zum Beispiel zur Entwicklung des schnellen Spiels um die Zone herum, verwandt werden.

Aufstellung in Flankenkreisen: Auch bei der Aufstellung in Flankenkreisen bieten sich etliche Variationsmöglichkeiten:

a) Je nach dem Abstand der Spieler wird der Ball über den Kopf nach hinten gegeben oder geworfen.

b) Der Ball wird durch die gegrätschten Beine gegeben, gerollt oder geworfen.

c) Abwechselnd den Ball einmal durch die gegrätschten Beine reichen und einmal nach hinten über den Kopf geben, so daß er eine Wellenlinie beschreibt (vgl. Abb. 82).

d) Der Ball wird durch eine Drehung des Oberkörpers innen oder außen im Kreis entlang zurückgegeben (geworfen). Er kann auch abwechselnd einmal innen, einmal außen weitergegeben werden (Slalomweg des Balles).

e) Die Formen a) und d) können ebenfalls im Sitzen ausgeführt werden. Alle Formen sind auch mit mehreren Bällen möglich.

Gassenaufstellung: Jede Mannschaft steht in Gassenform (auf Lücke). Der Ball wandert nun im Zickzackkurs hinüber und herüber (Abb. 77). Hier gelten alle Variationsmöglichkeiten wie wir sie beim Wettwanderball im Stirnkreis angeführt haben. Die in den Sportspielen vorkommenden Wurf- beziehungsweise Stoßarten können jetzt noch besser angewandt werden.

Aufstellung in Linien oder Reihen: Selbstverständlich sind auch diese Aufstellungsformen möglich. Die Abwandlungsarten des einfachen Wettwanderballs in Kreisaufstellung können hier ebenfalls fast alle verwandt werden.

In der Regel jedoch wird die Linien- oder Reihenaufstellung mit dem Lauf verbunden. Wird dennoch ohne Lauf gespielt, so muß die gesamte Linie oder Reihe vor der Rückwanderung des Balles kehrtmachen (am besten auf Zuruf des letzten Spielers), um den Ball ohne Unterbrechung wieder zurückwandern zu lassen, was auch auf eine andere Art und Weise geschehen kann. Zum Beispiel: Hinweg — den Ball im Wechsel an der linken und rechten

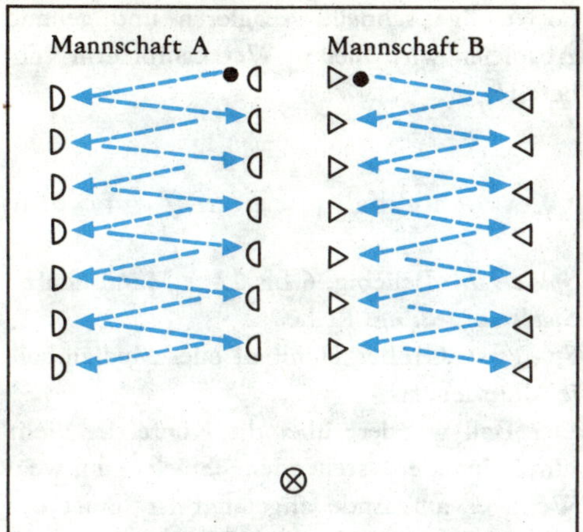

Abb. 77 Wettwanderball in Gassenaufstellung

Abb. 78 Balljagd

Körperseite vorbei weitergeben (Schlangenlinie); Rückweg — den Ball von Spieler zu Spieler über den Kopf geben.
Es sind auch mehrere Durchgänge möglich, wobei für jeden Durchgang eine neue Form der Weitergabe des Balles angeordnet wird.

Balljagd

Spielerzahl: 12 bis 24
Spieleraufstellung: Kreis oder Gasse
Spielgeräte: 2 Hohl- oder Vollbälle
Balljagd ist eine Wettwanderballform, bei der zwei gegnerische Mannschaften gemeinsam einen Kreis (oder eine Gasse) mit etwa 2 bis 3 m Abstand von Spieler zu Spieler bilden. Innerhalb jeder Mannschaft wandert ein Ball im Kreis herum mit dem Ziel, durch schnelles Zuspielen den Ball des Gegners zu überholen.
Es wird zu zweien abgezählt. Die Spieler mit der Nr. 1 bilden die eine, die mit der Nr. 2 die andere Mannschaft. Jede Partei erhält einen Ball; beide Bälle befinden sich zu Beginn bei zwei sich gegenüberstehenden Spielern der verschiedenen Mannschaften. Auf das Zeichen des Spielleiters werden sie in der gleichen Richtung herumgegeben (Abb. 78). Eine Mannschaft hat gewonnen, wenn sie den Ball des Gegners überholt hat.
Auf folgende Spielregeln ist hinzuweisen:
— Beim Zuwerfen keinen Spieler auslassen!
— Das Zuspiel der Gegner nicht stören!
— Wird der Ball fallen gelassen, so muß das Zuspiel von jener Stelle fortgesetzt werden.
Abwandlungen durch veränderte Aufstellungsformen:
a) Bei großer Spielerzahl empfiehlt sich die Aufstellung im Doppelsternkreis (Abb. 79); etwaige Störversuche des Gegners sind so von vornherein ausgeschlossen.
b) Auch in Gassenaufstellung ist der Spielverlauf der gleiche. Auf zwei Besonderheiten ist aber dabei zu achten:
Die Mannschaft A beginnt mit dem Zuspiel an einem Ende der Gasse, die Mannschaft B dagegen in der Mitte (Abb. 80). Der letzte Spieler jeder Mannschaft läuft mit dem Ball außen an der Gasse entlang nach vorn und spielt ihn sofort wieder ab. Mit dieser Spielform schaffen wir den Übergang zu den Wettwanderballspielen mit Lauf. Sie hat den Vorteil, daß sie durch den Lauf der Ballträger

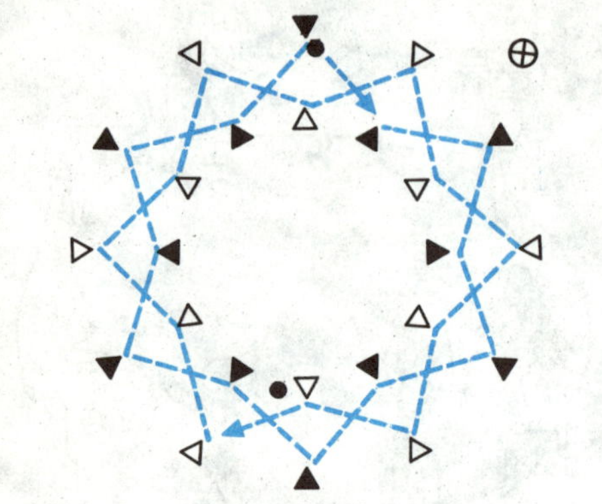

Abb. 79 Balljagd im Doppelsternkreis

lebhafter wird. Es ist vorher zu überprüfen, ob der Spielplatz ausreicht; das Verschieben der Aufstellung durch das stetige Anreihen der Spieler hat also Nachteile. Meist werden dabei auch die Zwischenräume verändert, und es entsteht Unruhe.

Methodische Bemerkung: Der Abstand der Spieler richtet sich nach ihrer Wurffertigkeit und nach dem vorhanden Platz. Verschiedene Wurfarten können angewandt werden, auch das Zuprellen als indirektes Zuspiel im Basketballspiel. Der Spielleiter kann durch ein Signal auch einen überraschenden Richtungswechsel anordnen. Das in den Sportspielen so notwendige schnelle Reagieren und genaue Abspielen wird hier in Wettkampfform vorbereitet.

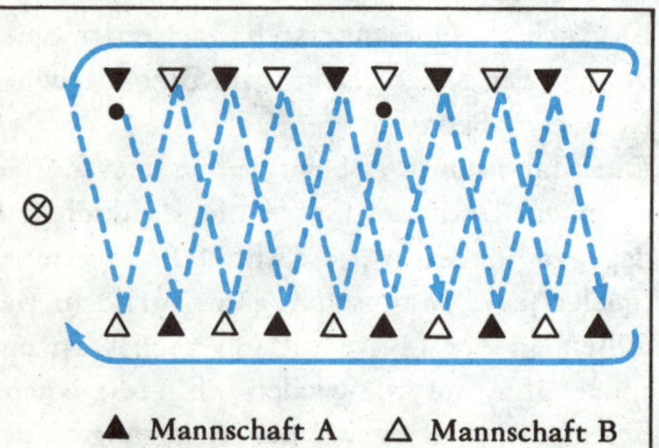

Abb. 80 Balljagd in Gassenaufstellung

Wettwanderball mit Lauf (Grundform)

Spielerzahl: Beliebig, 6 bis 12 je Mannschaft
Spieleraufstellung: Reihe
Spielgerät: Großer Hohlball oder Medizinball je Mannschaft

Der Ball wandert über die Köpfe der dicht hintereinander stehenden Spieler hinweg. Wenn er am Ende angelangt ist, läuft der letzte Spieler nach vorn (Abb. 81), stellt sich vor die Reihe und gibt den Ball erneut durch. Sieger ist die Gruppe, deren Anfangsspieler als erster mit dem Ball in den Händen wieder vor der Reihe steht.

Abwandlungen: Aufstellung in enger Reihe

a) Der Ball wird durch die gegrätschten Beine nach hinten gerollt.

b) Der Ball wandert über die Köpfe. Der letzte Spieler nimmt den Ball auf, kriecht mit ihm durch die gegrätschten Beine (anstatt an der Gruppe entlang nach vorn zu laufen) und stellt sich vor die Reihe, um den Ball erneut über den Kopf nach hinten zu geben.

Aufstellung in geöffneter Reihe (von Spieler zu Spieler etwa 1 bis 2 m Abstand)

a) Der Ball wandert über die Köpfe. Wenn er geworfen wird, sollte den Kindern der zweckmäßige, geradlinige Wurf zum Hintermann gezeigt und ihnen der Zeitverlust bei Würfen in hohem Bogen („Bogenlampen") bewußtgemacht werden.

b) Der Ball wandert zwischen den gegrätschten Beinen zum Hintermann.

c) Die beiden vorangegangenen Formen lassen sich gut miteinander verbinden. Der erste Spieler der Reihe gibt den Ball jeweils über den Kopf, der zweite durch die gegrätschten Beine (Abb. 82). Der nach vorn gelaufene Spieler beginnt immer mit der Weitergabe des

Abb. 81 Wettwanderball mit Lauf (Grundform)

Balles über den Kopf, so daß bei jedem Balldurchgang die Form der Weitergabe für die einzelnen Spieler wechselt (einmal über den Kopf, das andere Mal durch die Beine).

d) Ein Ball wandert abwechselnd links und rechts in Form einer Schlangenlinie durch die Reihen.

e) Nachdem der Ball auf die vorgeschriebene Art und Weise zum letzten Spieler gewandert ist, läuft er im Slalomlauf durch die Reihe nach vorn. Es können auch noch andere bewegungsschulende Formen zur Vorbereitung der Sportspiele angewandt werden.

Die Welle

Spielerzahl: 6 bis 10 in einer Mannschaft

Spieleraufstellung: Strecksitz hintereinander, Abstand von Spieler zu Spieler etwa 1 m

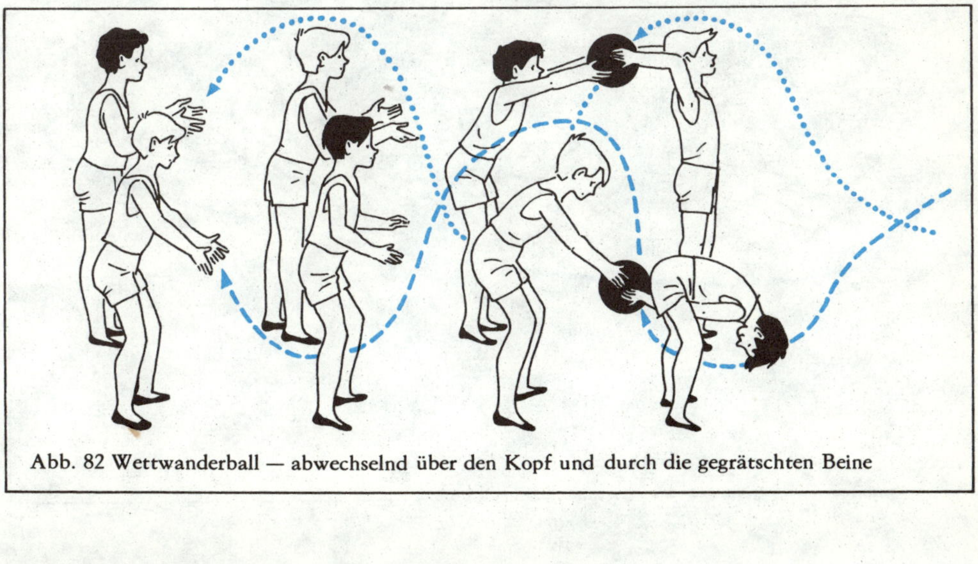

Abb. 82 Wettwanderball — abwechselnd über den Kopf und durch die gegrätschten Beine

Spielgerät: Großer Hohlball oder Vollball je Mannschaft

Der erste Spieler jeder Reihe hat einen Ball zwischen die Füße geklemmt, den er durch eine halbe Rolle rückwärts nach hinten reicht. Der nächste Spieler übernimmt den Ball mit den Füßen und gibt ihn in gleicher Weise weiter (Abb. 83). Der letzte läuft an der Reihe entlang nach vorn, und das Durchgeben des Balles beginnt von neuem. Sieger ist die Mannschaft, die zuerst wieder in ihrer alten Reihenfolge sitzt.

Methodische Bemerkung: Zur Einführung empfiehlt sich jedoch als leichtere Form das Zurückgeben des Balles mit den Händen durch tiefes Senken des Oberkörpers nach hinten. Es ist darauf zu achten, daß sowohl zu Beginn zwischen den Spielern als auch beim Anreihen der vorlaufenden Spieler genügend Abstand gehalten wird, um eine fließende Ballübernahme zu ermöglichen.

Tunnelball (Der Tunnel, Tunnelstaffel)

Spielerzahl: Beliebig, 8 bis 12 in einer Mannschaft

Spielgeräte: Je Mannschaft ein Hohl- oder Medizinball

Die Spieler jeder Mannschaft begeben sich aus der Aufstellung in Linie in den Liegestütz vorlings und bilden so einen Tunnel. Der erste und der letzte Spieler stehen. Nachdem der vorn stehende Spieler auf das Zeichen des

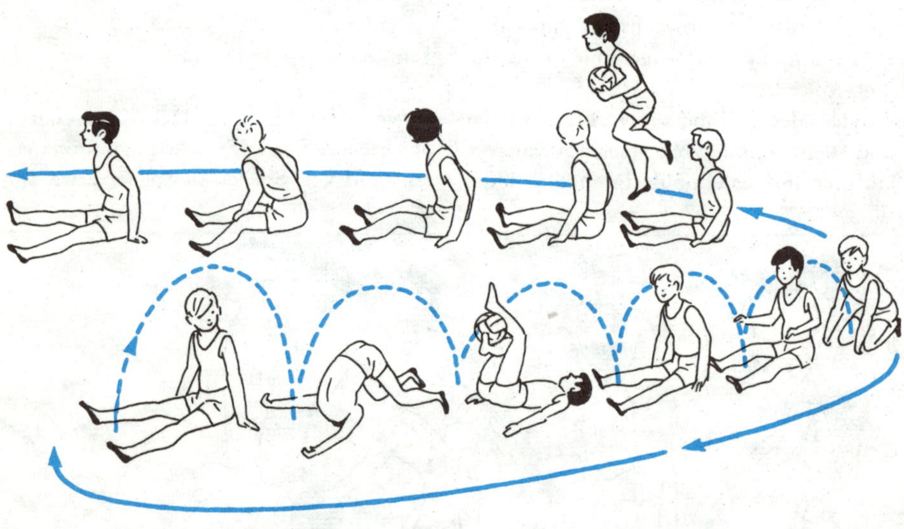

Abb. 83 Die Welle

Abb. 84 Tunnelball

Spielleiters den Ball durch den Tunnel hindurchgerollt hat, schließt er sich sofort, dort, wo er steht, dem Tunnel an; alle Spieler nehmen, sobald der Ball unter ihnen durch ist, die Bauchlage ein. Der letzte Spieler hebt den durchgerollten Ball auf und läuft mit ihm hinter den Spielern nach vorn, um ihn ebenfalls durch den Tunnel zu schicken, wo der letzte bereits auf den Ball wartet. Das wiederholt sich so lange, bis die alte Reihenfolge wieder hergestellt ist. Welche Mannschaft befindet sich zuerst in der anfänglichen Aufstellung?

Abwandlungen:

a) Wird mit einem Hohlball gespielt, so muß der Ball vom letzten Spieler nach vorn gedribbelt werden (Hand-, Basket-, Fußballspiel).

b) Die Spieler bilden den Tunnel, indem sie den Liegestütz rücklings einnehmen.

c) Zwischen den Spielern bleibt ein Abstand von etwa 1 bis 2 m. Der nach vorn laufende Spieler läuft nicht an der Seite des Tunnels vorbei, sondern springt über die jetzt in der Bauchlage befindlichen Spieler hinweg. Vorn angekommen, ruft er sofort „auf!“ und rollt den Ball durch den Tunnel (Abb. 84). Bei dieser Form ist darauf zu achten, daß die Abstände gwahrt werden. Der Spielplatz muß recht groß sein, da sich der Tunnel weit nach vorn verschiebt.

Methodische Bemerkung: Tunnelball ist geeignet, um in spielerischer Form die Stützkraft entwickeln zu helfen. Erlauben wir bei den jüngeren Kindern noch den Winkelliegestütz, so sollte bei den älteren Spielern auf einen ordentlichen Liegestütz hingewiesen werden.

Wogende Reihe (Reißverschluß)

Spielerzahl: Beliebig, 10 bis 12 in jeder Mannschaft

Spielgeräte: Hohl- oder Medizinbälle

Der Spielverlauf ist ähnlich wie beim „Tunnelball“, nur daß sich jetzt alle Spieler eng nebeneinander im Strecksitz befinden. Ruft der erste Spieler der Mannschaft „hoch!“, so rollen die anderen mit annähernd gestreckten Beinen rückwärts, bis die Fußspitzen hinter dem Kopf den Boden berühren. Der Ball wird dicht an der Mannschaft entlang bis zum letzten Spieler gerollt, der ihn auf eine vorher festgelegte Art und Weise nach vorn bringt.

Unterdessen nehmen die übrigen Spieler wieder den Strecksitz ein, um auf „hoch!“ erneut nach hinten zu rollen.

Abwandlung: Bei großer Spielerzahl lassen wir zwei „engverzahnte“, sich gegenübersitzende Spielerreihen je Mannschaft bilden. Diese Form nennt man dann *„Reißverschluß“* (Abb. 85).

Methodische Bemerkung: Diese Spielform ist eine schöne Bauchmuskelübung. Sie eignet sich auch gut für den Sport mit Frauengruppen.

Werfer und Läufer

Spielerzahl: 6 bis 8 in jeder Mannschaft
Spieleraufstellung: Gasse oder Reihe
Spielgeräte: Hohl- oder Vollbälle
Auch in der Gassenaufstellung lassen sich eine Reihe von Wettwanderballformen im Lauf durchführen. Zahlreiche Möglichkeiten können aus den bisher beschriebenen Formen abgeleitet werden. Zusätzlich wollen wir noch eine sehr wertvolle Form beschreiben und dieses Spiel „Werfer und Läufer“ nennen: Sechs bis acht Werfer stehen sich in Gassenaufstellung auf Lücke gegenüber. Spieler Nr. 1 hat den Ball und wirft ihn auf das Signal des Spielleiters zu Spieler Nr. 2 hinüber, der zu Nr. 3 usw. Ist der Ball beim letzten der Werfermannschaft angelangt, wird er sofort auf die gleiche Weise zurückgespielt. Mit dem ersten Wurf des Spielers Nr. 1 zu Nr. 2 startet aber gleichzeitig Spieler Nr. 1 der Läufermannschaft, die hinter einer Startlinie in Reihe steht, und umläuft so schnell er kann die Gasse, um sich bei seiner Mannschaft hinten wieder anzureihen (Abb. 86). Sobald er auf dem Rückweg die Startlinie kreuzt, läuft Spieler Nr. 2 usw. In der Gasse wandert der Ball inzwischen hin und her, dabei werden die *Zuspiele laut gezählt!* Wenn der letzte Läufer wieder ordnungsgemäß am Schluß der Reihe steht, ist der Durchgang beendet. Nun tauschen die Werfer und Läufer ihre Rollen, und das Spiel beginnt von neuem. Welche Mannschaft hat die meisten Zuspiele erzielt?

Methodische Hinweise: Je kleiner die Mannschaften sind, desto intensiver ist das Spiel. Außer dem Zählen der Ballwechsel kann auch die benötigte Zeit der Läufermannschaft gestoppt werden, um gegebenenfalls die Leistungen der Mannschaften noch genauer zu bestimmen. Die Wurfarten lassen sich hier

Abb. 85 Reißverschluß

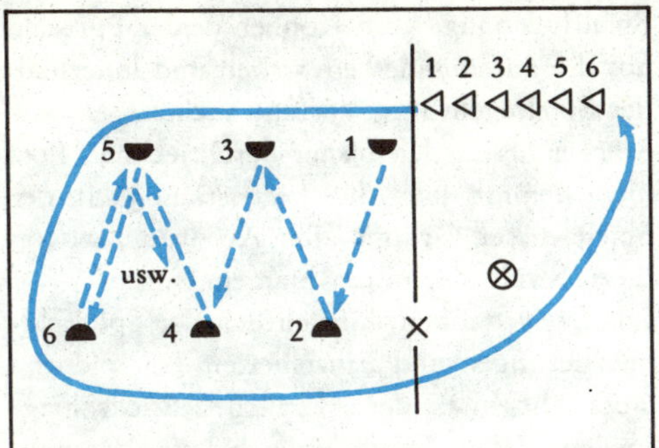

Abb. 86 Werfer und Läufer

ebenfalls variieren, wonach sich dann der Abstand der Spieler in der Gasse richtet.
Da mit dieser Spielform sowohl das Sprinten als auch das direkte schnelle Abspiel geschult werden kann, eignet sie sich gut für die Trainingsgestaltung.
Abwandlung: Zwei Kreise spielen Wettwanderball. Nachdem der erste Spieler jedes Kreises den Ball weitergegeben hat, läuft er einmal um den Kreis herum. Erst wenn er seinen Platz wieder eingenommen hat, darf der Ball weitergespielt werden.

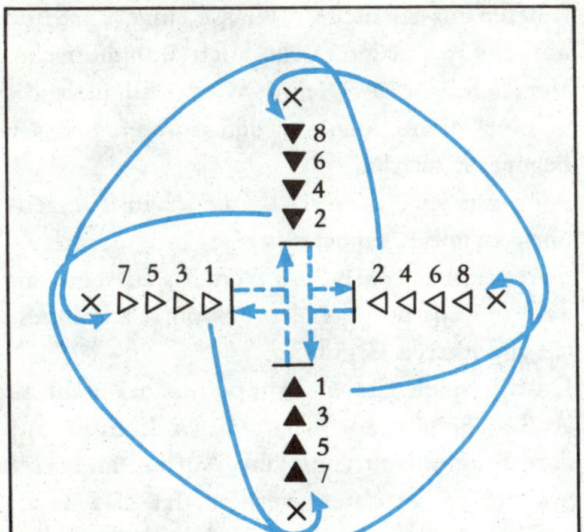

Abb. 87 Kreuzball

Kreuzball

Spielerzahl: Beliebig, 8 bis 10 in jeder Mannschaft
Spieleraufstellung: Reihen in Kreuzform
Spielgeräte: 2 Hohl- oder Medizinbälle
Vier Reihen nehmen in Kreuzform Aufstellung. Die beiden sich jeweils in einem Abstand von 3 bis 4 m gegenüberstehenden Reihen bilden zusammen eine Mannschaft. Hinter dem letzten Spieler jeder Reihe befindet sich ein Laufmal (Keule, Sprungständer). Das Spiel beginnt, indem Spieler Nr. 1 jeder Mannschaft seinem gegenüberstehenden Mitspieler Nr. 2 den Ball zuwirft und dann sofort um zwei Laufmale herum (Abb. 87) zur gegenüberliegenden Seite läuft und sich hinten anreiht. Inzwischen hat auch Spieler Nr. 2 zu Nr. 3 geworfen und ist ebenfalls um zwei Laufmale herum zur anderen Seite gelaufen usw. Sieger ist die Mannschaft, die zuerst mit ihrer gegenüberliegenden Hälfte den Platz getauscht hat.
Man kann das Spiel auch erst beenden, wenn jeder Spieler wieder auf seinem alten Platz steht, so daß er also zweimal geworfen hat und einmal um das ganze Kreuz herumgelaufen ist.

Das Rad

Spielerzahl: Beliebig
Spielgeräte: Hohlbälle
Die Mannschaften stehen in leicht geöffneten Reihen sternförmig oder wie die Speichen eines Rades angeordnet. Die Anzahl der Mannschaften richtet sich nach der Gruppenstärke. Jede Mannschaft sollte nicht mehr als sechs Spieler zählen, um das Rad nicht zu groß werden zu lassen. Hinter jeder Reihe steht ein Laufmal. Der erste Spieler jeder Mannschaft hat einen Ball, der von innen („Radmitte") nach außen wandert (weiter-

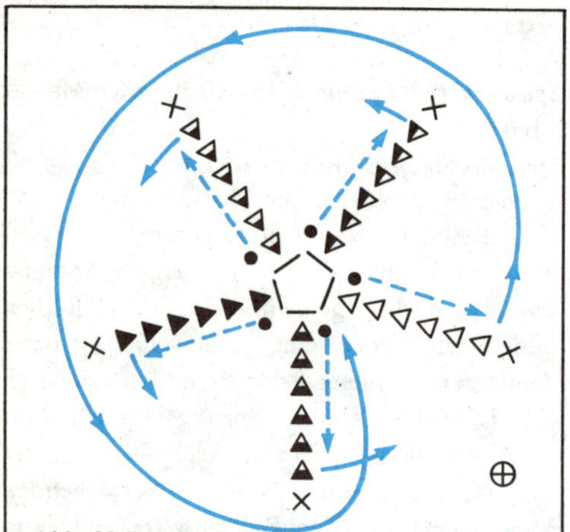

Abb. 88 Das Rad

geben, rollen, passen, werfen). Sobald der letzte Spieler jeder Mannschaft den Ball erhält, läuft er mit ihm hinter den Laufmalen um das ganze Rad (Abb. 88) und reiht sich bei seiner Mannschaft vorn wieder an. Den Ball darf er erst an den nächsten Läufer abspielen, nachdem er eine entsprechende Markierung überlaufen hat (sonst würde schon von weitem geworfen werden). Die Spieler in der Reihe sind inzwischen alle um einen Platz zurückgegangen. Es siegt die Mannschaft, die zuerst wieder ihre alte Aufstellung eingenommen hat.

3.1.3 Ballspiele mit Würfen an eine Gegenpartei

Während bei den Wettbewerben mit Würfen *innerhalb* einer Partei Wurfgenauigkeit, Fangsicherheit und Bewegungsschnelligkeit für den Sieg einer Mannschaft den Ausschlag gaben, so kommen bei den Ballspielen mit Würfen an eine Gegenpartei noch die bessere Wurf- oder Schlagtechnik, die klügere Raumausnutzung und das genauere Beobachten hinzu.

Die „Güte" eines Spiels wird nicht mehr von einer Partei allein bestimmt, sondern der Spielfluß hängt vom Können beider Parteien ab, die aufeinander einwirken und innerhalb der Spielregeln ihre Vorteile suchen.

Stärker als in den bisher beschriebenen Formen kommt hier die Eigenständigkeit der Spiele dieser Gruppe zum Ausdruck, wovon ihre überall bekannten Namen zeugen.

Im Spielgedanken, hinsichtlich der Spielfeldmarkierungen und Einzelheiten des Spielverlaufs, ähneln sie den sportlichen Rückschlagspielen (Faustball, Volleyball, Federball, Tennis u. a.) und bereiten auch in taktischer Beziehung in den Grundzügen auf diese Spiele vor.

Fragt man nach den Bildungszielen, so steht weniger die Entwicklung der konditionellen Fähigkeiten im Vordergrund (von „Ball über die Schnur" mit schweren Medizinbällen abgesehen), als vielmehr die Bewegungsschulung, die Erziehung zu konzentriertem Spiel und genauem Beobachten. Das Werfen des Balles, das Schlagen mit der Faust oder der flachen Hand und das Stoßen mit dem Kopf oder dem Fuß nach bestimmten Spielregeln entwickeln die koordinativen Fähigkeiten und auch schon bestimmte Fertigkeiten aus den Sportspielen.

Im allgemeinen sind es Spiele, die von der fünften bis zur achten Klasse eingeführt und ausgebaut werden (siehe auch alphabetisches Verzeichnis der Spiele). Mit „Ball über die Schnur" kann schon in den unteren Klassen begonnen werden.

All diese Spielformen haben auch im Freizeit- und Erholungssport ihren Platz (Spielturniere), einige Varianten eignen sich sogar als Trainingsmittel im Leistungssport, zumindest für die aktive Erholung.

Da die Spiele dieser Gruppe nur bei nicht zu großer Spielerzahl wirksam sind, muß auf gute Raumausnutzung zum Aufbau mehrerer Spielfelder geachtet werden. Ist das nicht möglich, wird die Hälfte der Klasse oder Sportgruppe mit anderen Übungen beschäf-

tigt, um nach einer gewissen Zeit zu wechseln.
Alle Spiele lassen sich nach Zeit (z. B. zweimal fünf Minuten) oder bis zu einer vorher festgesetzten Punktzahl spielen. Zwischendurch sollte Seitenwechsel vorgenommen werden, um Raum- oder Feldnachteile auszugleichen. Es muß auch darauf geachtet werden, daß Vorder- und Hinterspieler ihre Plätze wechseln, zumal die leistungsstarken Spieler sich meist auf die vorderen Positionen drängen.

Bälle weg

Spielerzahl: 10 bis 15 Spieler je Mannschaft
Spielfeld: 10 bis 15 m × 20 bis 30 m, durch Turnbänke geteilt oder durch ein Tau markiert
Spielgeräte: 10 bis 20 kleine Hohlbälle
Beide Mannschaften erhalten die gleiche Anzahl Bälle. Auf Anpfiff wirft jede Mannschaft die Bälle ins gegnerische Spielfeld, auch die, die von der Gegenmannschaft herübergeworfen wurden. Auf Abpfiff nach 2 bis 3 Minuten Spielzeit werden in jedem Feld die Bälle gezählt. Sieger ist die Mannschaft, die die wenigsten Bälle hat.
Punktgewinn durch erschwerte Zusatzaufgaben:
— für das Fangen des Balles;
— für das Treffen eines Gegenspielers.
Methodische Bemerkungen: Im Freien gespielt rollen die Bälle weiter und das Laufpensum wird größer! Bei einer großen Spielerzahl sollten Ballholer eingeteilt werden (Wechsel nicht vergessen!).
„Bälle weg" eignet sich als Wettkampf auf Klassenstufenebene, an Pioniernachmittagen oder auch im Hort. Es bereitet in seiner einfachen aber, ähnlichen Spielweise auch das spätere Lehrplanspiel „Ball über die Schnur" sinnvoll vor.

Ball über die Schnur (Leine)

Spielerzahl: 6 bis 12 Spieler in jeder Mannschaft
Spielfeld: 6 bis 10 m × 12 bis 20 m, das Spielfeld ist durch eine 1,80 bis 2 m hohe, straffgespannte Schnur geteilt. Jeweils 1 m von der Mittellinie entfernt verläuft beidseitig die Abwurflinie.
Spielgeräte: Hohl- oder Vollbälle
Nachdem die anwerfende Mannschaft bestimmt oder ermittelt worden ist, wirft sie den Ball so über die Schnur in das gegnerische Feld, daß das Fangen den Gegnern Schwierigkeiten bereitet. Es wird also versucht, den Ball auf den Boden zu werfen, um dadurch Pluspunkte zu sammeln. Dabei darf die Abwurflinie aber nicht überschritten werden. Hat der Gegner den Ball gefangen, setzt er in gleicher Weise das Spiel fort. Es kann von der Fangstelle aus geworfen, aber auch bis zur Abwurflinie vorgelaufen werden.
Um den Sieger zu ermitteln, kann nach Zeit gespielt werden, zum Beispiel zweimal fünf oder zehn Minuten, oder es siegt die Mannschaft, die zuerst eine vorher festgelegte Punktzahl, zum Beispiel 20 Punkte, erreicht hat.
Der Gegenmannschaft wird ein Pluspunkt angerechnet, wenn die eigene Mannschaft
— den Ball auf den Boden fallen läßt;
— den Ball unter der Schnur hindurchwirft, beim Wurf die Schnur oder Haltevorrichtung berührt;
— die Abwurflinie beim Wurf übertritt;
— den Ball ins „Aus" des Gegners wirft (die Linien zählen zum Spielfeld);
— den ins „Aus" fliegenden Ball vorher berührt;
— beim Fangen des Balles die Spielfeldgrenzen überschreitet und
— wenn ein Spieler den Ball zurückwirft, der ihn nicht vorher gefangen hat (es gibt also kein Zuspiel innerhalb der Mannschaft, da sonst

die Spielstärkeren das Spiel an sich reißen würden).

Als Fehler wird nicht gerechnet, wenn an einem Ballfang zwei oder auch drei Spieler beteiligt sind. Der, der den Ball zuletzt sicher fing, wirft ihn über die Schnur zurück.

Methodische Bemerkungen:

a) Um die Grundform zu erfassen, darf zunächst nur mit einem Ball gespielt werden, selbst wenn das Spiel dadurch noch nicht sehr lebhaft wird, besonders bei großer Teilnehmerzahl. Die angeführten Varianten ermöglichen dann später eine intensivere Spielgestaltung.

b) Kann die Schnur nicht an der Wand oder an feststehenden Geräten angebracht werden, so sind — um Unfälle zu vermeiden — Sprungständer so zu beschweren, daß sie beim Wurf gegen die Leine nicht umfallen.

c) Zuweilen sollten die Spieler angewiesen werden, mit im Hinterfeld gefangenen Bällen nach vorn zu laufen, um einmal die Wucht des Wurfes zu erhöhen und zum anderen Verständnis für das Stellungsspiel zu entwickeln; denn sobald ein Spieler nach vorn kommt, muß ein Vorderspieler zurück, um den hinteren Raum zu decken.

Abwandlungen:

a) Spiel mit zwei und mehr Bällen

Freud- und wertvoller wird das Spiel, wenn zwei oder auch mehr Bälle verwandt werden (erhöhte Anforderungen an Aufmerksamkeit und Beweglichkeit). Dann müssen aber unbedingt zwei Punktrichter eingesetzt werden

Abb. 89 Ball über die Schnur

(Abb. 89), von denen jeder die Punkte einer Mannschaft zählt. Anfangs sollte man nicht gestatten, zwei Bälle auf einen Spieler zu werfen. Geschieht es versehentlich, wird der fallen gelassene Ball nicht als Pluspunkt für den Gegner gewertet. Mit zunehmender Spielfertigkeit jedoch kann man diese Regel aufheben. Das „Bällehamstern" ist zu unterbinden. Eine Abhilfe bildet das Zählen bis drei; ist dann der gefangene Ball nicht zurückgeworfen worden, wird dem Gegner ein Pluspunkt angerechnet.

b) Als eine weitere Variante des Spiels mit mehreren Bällen sei folgende Form empfohlen: Es wird mit vier bis sechs Bällen gespielt. Die Fangregel ist aufgehoben, das heißt, der Ball darf auf die Erde fallen, jedoch nicht über die Spielfeldgrenzen geworfen werden. Sieger ist die Partei, der es gelingt, für einen Moment des Spiels keinen Ball im eigenen Feld zu haben. Jetzt entwickelt sich ein äußerst schneller Ballwechsel, das Spiel gewinnt an Intensität und damit an körperlichem Wert.

c) Spiel ohne Abwurflinie

Das Spiel wird dadurch noch reizvoller, da jetzt dicht an der Mittellinie hochgesprungen und der Wurf noch genauer und schärfer plaziert werden kann. Mit einem oder auch mehreren großen Medizinbällen gespielt, beansprucht diese Form besonders stark den ganzen Körper. Sie eignet sich deshalb nur für ältere Spieler sowie Jugendliche und kann im Training vieler Sportarten gut verwandt werden.

d) Ball über den Graben

Anstelle der Schnur kann zwischen den Spielfeldern auch ein 4 bis 8 m breites Mittelfeld (Graben) markiert werden, das überspielt werden muß. Abwurflinien sind nicht erforderlich. Alle anderen Regeln gelten sinngemäß.

Befindet man sich auf einer Wanderung oder hat zum Beispiel in einem Spielpark keine Leine bei der Hand, so kann auch über einen natürlichen Graben oder über einen Weg gespielt werden.

e) Ball über die Schnur im Sitzen

Bei kleinem Spielraum, niedriger Deckenhöhe, tiefen Fenstern kann Ball über die Schnur auch sehr gut im Sitzen gespielt werden. Drei bis sechs Spieler auf jeder Seite genügen schon. Die Größe der Spielfelder ist der Teilnehmerzahl anzupassen, jeder Ball muß erreicht werden können. Die Leinenhöhe richtet sich nach der Größe der Spieler (1 bis 1,30 m). Ist das Befestigen der Schnur in der erforderlichen Höhe zu umständlich, genügen mitunter auch zwei aufeinandergestellte Langbänke. Im Freien läßt sich selbst ein Wall oder eine Hecke verwenden. Diese Form kann sogar sehr spaßig werden, da das Spielfeld im Sitzen nicht vollkommen überschaubar ist.

Eine Abwurflinie ist bei dieser Form nicht notwendig. In Abänderung der im übrigen geltenden Spielregeln der Grundform ist hier das Zuspiel innerhalb der Mannschaft gestattet, jedoch darf der Ball dabei nicht auf den Boden fallen (Pluspunkt für den Gegner). Nach jedem Durchgang sollten die Spieler ihre Plätze wechseln. Wird im Sitzen mit schweren Medizinbällen gespielt, so eignet sich diese Form gut für die Kräftigung des Oberkörpers.

f) Kopfball über die Schnur

Zum Kopfball über die Schnur verwenden wir am besten einen Volleyball, bei Erwachsenen auch einen leichten Fußball, und begrenzen das Feld bei einer Zahl von sechs Spielern auf jeder Seite auf etwa 4 m × 8 m. Das Spiel ist aber zu schwierig, um es im normalen Sportunterricht erfolgreich zu nutzen. Es eignet sich deshalb besser für das Training von Fußball-Schülermannschaften und wird auch hier nicht auf Anhieb gelingen.

Folgender methodischer Weg ist zu empfehlen:

— Es wird Ball über die Schnur gespielt (Grundform). Wer will, darf den Ball, ohne ihn vorher zu fangen, durch einen Kopfstoß ins gegnerische Feld befördern. Die Mannschaft erhält dafür einen Extrapluspunkt, da das Köpfen immer mit einem Risiko verbunden ist.

— Der Ball wird nur noch mit dem Kopf über die Schnur gestoßen. Innerhalb des Feldes aber kann man sich selbst oder einem Mitspieler den Ball auch mit dem Fuß vorlegen. Außerdem darf der Ball zweimal auf den Erdboden tippen, erst das dritte Mal ist es ein Fehler und wird dem Gegner als Pluspunkt angerechnet.

— Der Ball darf nicht mehr auf die Erde fallen, kann aber mit dem Kopf, Oberschenkel oder Fuß zugespielt werden. Die dritte Ballberührung muß jedoch der Kopfstoß über die Leine sein.

— Jeder Spieler darf den Ball zweimal mit dem Kopf berühren, bevor er ihn weiterspielt. Die Ballberührung mit Oberschenkel und Fuß fällt fort.

— Jeder Spieler darf nur noch ein Kopfballzuspiel ausführen; der dritte Stoß muß über die Leine erfolgen.

Prellball

Spielerzahl: 3 bis 5 Spieler in einer Mannschaft

Spielfeld: Etwa 6 m × 12 m, geteilt durch eine 30 bis 40 cm hohe Schnur oder umgedrehte Turnbank

Spielgerät: Faustball oder auch Gymnastik- oder Volleyball

Spielzeit: Zweimal 10 Minuten oder nach Punkten

Beim Prellball soll der Ball mit der Faust über eine Schnur oder Turnbank hinweg in das Spielfeld des Gegners geschlagen werden, muß aber vorher noch im eigenen Feld aufprallen. Nachdem der Ball im gegnerischen Spielfeld aufgesprungen ist, schlägt ihn der Gegner in gleicher Weise zurück (Abb. 90). Jede Mannschaft hat die Möglichkeit, den Ball zweimal in ihrem Feld zu spielen (zu prellen), um den günstigsten Angriffsschlag vorzubereiten. Jedoch darf kein Spieler zweimal hintereinander schlagen.

Beim Aufschlag, den jeder Spieler von einem beliebigen Platz aus vornehmen kann, wird der Ball mit der einen Hand in Hüfthöhe gehalten und mit der anderen schräg gegen den Boden geprellt, so daß er in das gegnerische Feld fliegt. Den Aufschlag führt stets die Mannschaft aus, die einen Fehler beging.

Bei Halbzeit werden Spielfeld und Aufschlag gewechselt.

Der Gegner erhält einen Pluspunkt, wenn die eigene Mannschaft folgende Fehler begeht:

— der Ball direkt in das gegnerische Feld geschlagen wird, das heißt ohne Aufprall im eigenen Spielfeld;

— der Ball oder Spieler die Leine oder Turnbank berührt, beziehungsweise der Ball unter der Leine hindurchfliegt;

— der Ball zwischen zwei Prellschlägen mehr als einmal den Boden berührt;

— ein Spieler zweimal hintereinander schlägt;

— der hinübergeschlagene Ball außerhalb der Spielfeldgrenzen aufprallt;

— mehr als drei Prellschläge hintereinander von der Mannschaft ausgeführt werden;

— der Ball den Körper berührt (diese Regel erst bei gut spielenden Mannschaften einführen).

Springt der Ball nach dem Aufschlag im Feld über die eigene Spielfeldgrenze hinaus, so darf ein Spieler das Feld verlassen, um ihn regelgemäß zurückzuschlagen.

Man kann auch anordnen, daß stets drei verschiedene Spieler einer Mannschaft den Ball prellen müssen. Das Schlagen mit der flachen Hand ist ebenfalls statthaft.

Methodische Bemerkungen: Wird das Spiel beherrscht, kann Prellball sehr viel Freude

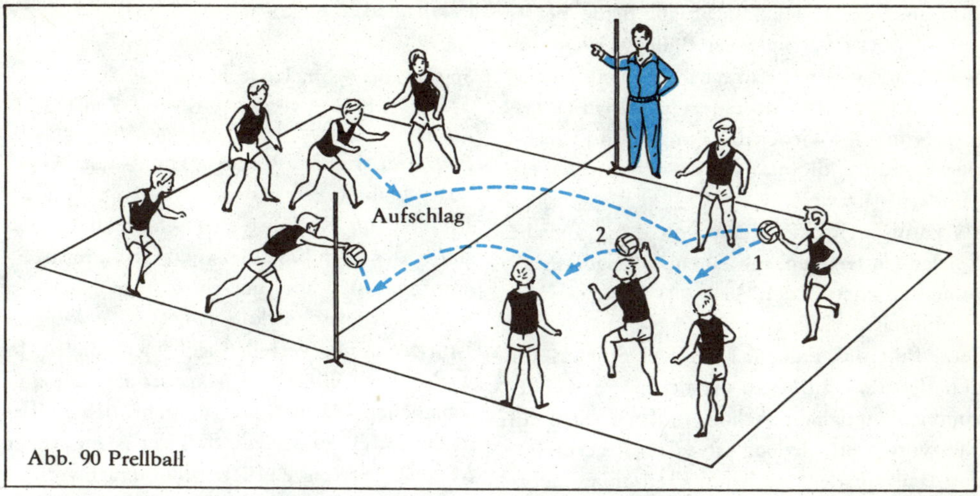

Abb. 90 Prellball

bereiten. Es eignet sich jedoch nur für Mannschaften mit höchstens sechs Spielern. Sehr beliebt ist die Turnierform. Die Technik des Prellballspiels wird von Kindern nicht sogleich erfaßt. Schwierigkeiten bereitet ihnen beim Schlag zum Gegner das vorherige Aufprellen des Balles im eigenen Feld. Ebenso gelingt noch nicht die Vorausnahme eines hoch oder flach geprellten Balles, um sich im Verhalten darauf einzustellen. Schließlich entwickelt sich auch erst nach und nach das Verständnis für die Ausnutzung der Drei-Schlag-Regel, um den Ball wirkungsvoll zum Gegner zu schlagen. Deshalb kann Prellball im allgemeinen nicht auf „Anhieb" gespielt werden, sondern ist stufenweise einzuführen. Folgender Weg ist möglich:

a) Prellwurf und Fangen (Wurfprellball)

Die etwa 6 bis 8 m langen Spielfeldhälften sind durch ein Mittelfeld von 1 m Breite getrennt. Dieses Mittelfeld dient als Prellzone und darf nicht betreten werden. In jeder Spielfeldhälfte befinden sich etwa acht bis zehn Spieler. Der Ball soll mit einem Prellwurf (noch keinem Prellschlag) in die Zone geworfen werden, so daß er in das gegnerische Feld fliegt, wo er gefangen werden muß. Allein diese Vorübung läßt sich zu einer selbständigen Spielweise ausbauen. Wird der Ball nicht gefangen und fällt auf den Boden, gibt es einen Pluspunkt für die Gegenpartei. Die von den Hinterspielern gefangenen Bälle können nach vorn geworfen werden, die Hinterspieler dürfen aber auch vorlaufen und selbst den Prellwurf ausführen.

Entsprechend der Aufstellung des Gegners kann der Prellwurf variiert werden als hoher Prellball, als flacher und scharfer Rutschball.[25]

b) Fangen und Prellen (Fangprellball)

— Zehn bis fünfzehn Spieler bilden einen Kreis von etwa 10 m Durchmesser. Nachdem der Spielleiter den Aufschlag erläutert und gezeigt hat, prellt ein Spieler den Ball einem anderen auf der gegenüberliegenden Seite zu. Der fängt ihn und prellt ihn zu einem dritten Spieler usw. Es ist darauf zu achten, daß alle Teilnehmer angespielt werden. So wird der Prellschlag zunächst als Aufschlag geübt.

— In die Mitte des rechteckigen Spielplatzes werden zwei umgekippte Turnbänke gestellt

25. Vgl. Schoßig, C.: Zwei lebhafte kleine Spiele. In „Körpererziehung", Heft 7/1959, S. 371 f.

und die Spieler gleichmäßig auf beide Felder verteilt. Alle verfügbaren Bälle werden verwandt, um gleichzeitig recht viele Teilnehmer, möglichst in Gruppen eingeteilt, üben zu lassen. Nun wird wieder das Fangen und Prellen durchgeführt, diesmal jedoch schon über ein Hindernis hinweg.

Es kann auch eine Gasse von 2 bis 3 m die Spielenden trennen, um einen kräftigen Prellschlag zu entwickeln.

c) Zuprellen ohne Fangen

Jetzt fällt das Fangen fort. Der Spieler, auf den der Ball zufliegt, versucht, ihn weiterzuprellen, möglichst schon, indem er sich ein Ziel vornimmt. Jedoch ist es noch gestattet, den Ball vor dem nächsten Prellschlag mehrmals springen zu lassen; denn das einmalige Berühren des Bodens ist die letzte schwierige Stufe.

Man kann das Zuprellen in verschiedenen Aufstellungen spielen;

— in Kreis- oder freier Aufstellung

— im rechteckigen Spielfeld über Leine oder Bank.

d) Prellball mit vereinfachter Spielweise

Wir versuchen Prellball nach den Regeln zu spielen, gestatten jedoch, daß der Ball zwischen den einzelnen Prellschlägen noch mehrmals aufspringen darf. Mit zweimaligem Aufspringen wird man recht lange spielen müssen.

e) Schließlich wird die Endstufe des Spiels angestrebt, wie sie in den Spielregeln angegeben ist. Dabei werden die Feinheiten der Technik erläutert (flaches und hohes Prellen) und taktische Hinweise gegeben (Plazierung des Balles, Aufstellung der Spieler). Bei geübten Spielern kann man auch gestatten, daß der vom Gegner kommende Ball direkt angenommen wird, ohne ihn vorher im Feld aufspringen zu lassen. Das erhöht das Spieltempo.

Prellball im Kreis

Spielerzahl: 4 Spieler je Kreis

Spielfeld: Kreise von jeweils etwa 2 m Durchmesser

Spielgerät: Faust-, Volley-, Hand- oder Gymnastikball

Prellball im Kreis ist eine sehr lebhafte Variante der oben beschriebenen Grundform. Sie empfiehlt sich aber nur für geübte, gewandte und reaktionsschnelle Spieler..

Um den Kreis verteilen sich vier Spieler. Jeweils zwei bilden eine Mannschaft. Die aufschlagende Mannschaft versucht, den Ball so in den Kreis zu prellen, daß der gegnerischen Mannschaft das Zurückprellen erschwert ist (Abb. 91). Es wird also in die Richtung geschlagen, in der sich der Gegner im Moment nicht befindet oder in der er den Ball wahrscheinlich nicht erreichen wird. Der Aufschlag wird jeweils von der Mannschaft ausgeführt, die einen Fehler beging.

Die Gegenmannschaft erhält einen Pluspunkt, wenn die andere Mannschaft folgende Fehler begeht:

— der Ball nicht in den Kreis zurückgeprellt wird;

— der Ball mehr als einmal außerhalb des Kreises aufspringt;

— der Gegner absichtlich am Schlagen behindert wird;

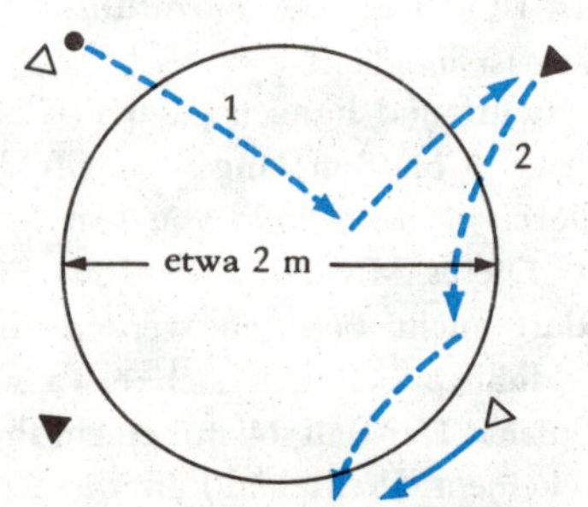

Abb. 91 Prellball im Kreis

— die Spieler zweimal hintereinander schlagen.
Wurde ein Spieler unabsichtlich behindert, zum Beispiel beim Lauf zum Ball, so führt er ohne Punktgewinn einen neuen Aufschlag aus. Man spielt bis zu einer vorher bestimmten Punktzahl oder nach Zeit. Die schwierigere Form besteht darin, daß der Ball sofort beim Herausspringen aus dem Kreis wieder hineingeprellt werden muß, ohne den Boden außerhalb des Kreises zu berühren. Zur Schulung der Gewandtheit und Ausdauer ist diese Form anzuraten.
Noch schwieriger wird das Spiel mit einem Tennisball, wobei dann mit der offenen Hand geschlagen werden muß.
Methodische Bemerkung: Selbst wenn nur vier Spieler zu einem Kreis gehören, lassen sich doch eine große Anzahl Spieler intensiv beschäftigen. Platz für mehrere solcher Kreise, die schnell auf dem Boden aufgezeichnet sind, ist auch in kleineren Hallen vorhanden. Stehen sich nur zwei Spieler gegenüber, so sollte der Durchmesser des Kreises nicht mehr als 1 m betragen; es kann auch ein Gymnastikreifen verwandt werden.

Fußballtennis

Spielerzahl: 3 bis 5 Spieler in einer Mannschaft
Spielfeld: Etwa 10 m × 20 m, durch eine 0,50 bis 1 m hohe Leine in zwei Felder geteilt. Es können auch zwei aufeinandergestellte Turnbänke, ein Schwebebalken sowie ein Volleyball-, Tennis- oder Federballnetz verwandt werden.
Spielgerät: Fußball oder Gummiball
Die Spieler verteilen sich in ihrem Feld so, daß sie den gesamten Raum „beherrschen“ (bei fünf Spielern am besten drei Vorderspieler, wobei der mittlere etwas weiter hinten steht, und zwei Hinterspieler). Sie versuchen, den Ball mit dem Fuß oder mit dem Kopf ins gegnerische Feld zu schlagen, möglichst so, daß dem Gegner der Rückschlag erschwert wird.
Der Ball kann — bevor er zum Gegner gegeben wird — von drei Spielern geschlagen werden, darf aber zwischen den Schlägen zweier Spieler nicht mehr als einmal den Boden berühren. Es kann auch gestattet werden, daß der Ball mehrmals hintereinander von einem Spieler berührt wird (jonglieren mit Kopf oder Fuß zur besseren Ballkontrolle für das Weiterspielen). Der Ball darf dabei jedoch nicht auf den Boden fallen. Gestattet ist weiterhin das direkte Annehmen oder Zurückschlagen eines vom Gegner kommenden Balles. Der Aufschlag mit dem Fuß erfolgt anfangs aus dem Feld heraus. Mit zunehmender Geschicklichkeit kann aus einem Aufgaberaum hinter der Grundlinie aufgeschlagen werden. Den Aufschlag führt die Mannschaft aus, die einen Fehler gemacht hat. Schnur-, Bank- oder Netzberührung durch Ball oder Spieler gilt als Fehler. Ebenso werden dem Gegner für Handspiel, Ausschlagen des Balles, mehrmaliges Aufspringen des Balles zwischen den Schlägen zweier Spieler und für einen fehlerhaften Aufschlag der anderen Mannschaft jeweils ein Pluspunkt angerechnet. Einen Pluspunkt gibt es selbstverständlich auch dann, wenn bei der anderen Mannschaft mehr als dreimal der Ball abgespielt wurde.
Methodische Bemerkungen: Das Spiel ist außerordentlich bewegungsschulend und wird gern gespielt. Das für das Fußballspiel notwendige „Ballgefühl“, die Gewandtheit und die Geschicklichkeit werden entwickelt. Für Anfänger ist es jedoch nicht einfach, da sie die Stöße mit dem Vollspann und dem Kopf noch nicht beherrschen. Deshalb empfiehlt es sich, anfangs zweimaliges Aufspringen des Balles zwischen den Schlägen zweier Spieler zu gestatten.

Ringtennis

Spielerzahl: 2 bis 6 auf jeder Seite
Spielfeld: Entsprechend der Spielerzahl 4 bis 6 m × 10 bis 20 m, geteilt durch eine etwa 2 m hohe Leine oder ein Netz. Von der Mittellinie 1 m entfernt werden die Abwurflinien markiert.
Spielgerät: Tennisring
Der Spielgedanke ist der gleiche wie der beim Spiel „Ball über die Schnur" (S. 221 f.). Auch die dort angegebenen Spielregeln gelten sinngemäß. Der Tennisring wird ein- oder beidhändig gefangen, oder man läßt ihn auf den ausgestreckten Arm rutschen. Als Erschwerung kann gelten, daß auch dann ein Pluspunkt für die andere Partei gewertet wird, wenn der Ring beim Fangen den übrigen Körper berührt.
Methodische Bemerkung: Das Spiel eignet sich auf Grund seiner geringen Anforderungen weniger für den Sportunterricht. Es wird dagegen gern für die sportliche Freizeitgestaltung, selbst von älteren Menschen, verwandt (am Strand, auf den Spielwiesen).

3.2. Ballspiele mit Abfangen

Die Spiele dieser Gruppe verlangen große Einsatzfreudigkeit, Wendigkeit und Umsicht. Es geht darum, unter Einhaltung bestimmter Spielregeln einem Gegner den Ball wegzufangen (Erziehung zu fairem Verhalten beim Kampf um den Ball). In den ersten beiden platzgebundenen Formen, „Neckball" und „Tigerball", bewegen sich allerdings nur wenige Spieler mit ganzkörperlichem Einsatz. Durch sinnvolle Abwandlungen lassen sich die Anforderungen jedoch leicht steigern. „Neckball" und „Tigerball" können dann auch später noch, ja sogar im Erwachsenensport, wirkungsvoll verwandt werden.
Mit „Schnappball" zu zweit oder zu dritt beginnen die anstrengenderen Formen, die dann in den Varianten des „Parteiballs" das Zusammenspielen für die großen Sportspiele schulen.
In motorischer Hinsicht verlangen die Spiele Körperbeherrschung auf engem Raum, schnelles sowie genaues Fangen und Zuspielen, reaktionsschnelles Richtungsändern und Sprünge nach dem Ball.
Die Grundlagen der Spieltaktik für die großen Sportspiele können mit den Parteiballspielen durch regelmäßiges Spielen allmählich eingeführt werden. Dazu gehören: Das Laufen ohne Ball, um sich einem Mitspieler zum Zuspiel anzubieten (Freilaufen); durch Tempo- und Richtungswechseln einen Verfolger (Deckungsspieler) abstreifen; durch gute Aufstellung im Feld einen bestimmten Spielraum beherrschen (Raumdeckung); einen Gegenspieler am Fangen und Werfen behindern (Manndeckung).
Bei intensiver Ausführung sind Parteiballspiele für das Herz-Kreislauf-System sehr kräftigend, ja bei verschiedenen Formen muß bei Kindern sogar Maß gehalten werden.
Auf Grund der mannigfachen Schulungsmöglichkeiten in bewegungsmäßiger, taktischer und konditionsfördernder Hinsicht finden die verschiedensten Formen des Parteiballspiels in allen Sportspielen beim Training von Kindern, Jugendlichen und Erwachsenen Verwendung. Vor dem Wettkampf angewandt, dienen sie der Erwärmung und Einstimmung der Spieler in kürzester Zeit.

Neckball

Spielerzahl: Etwa 10 bis 15 Spieler je Kreis
Spielgerät: Hohlball oder kleiner Medizinball
Der Ball wandert blitzschnell von Spieler zu Spieler im Innenstirnkreis herum, niemand darf ausgelassen werden. Außen um den Kreis herum jagt ein Spieler und versucht, den Ball

zu berühren. Er darf geneckt werden, indem die Kreisspieler die Wurfrichtung ändern und durch täuschende Bewegungen dem Häscher das Fangen erschweren. Hat er den Ball berührt, so wird er von dem Spieler abgelöst, der den Ball zuletzt weitergab oder ihn in den Händen hielt.

Abwandlungen: Durch Veränderungen der Aufstellungsform — Sitzen, Knien, Bauchlage und Winkelliegestütz im Außenstirnkreis, Grätschstellung im Flankenkreis — und der Art der Ballweitergabe — Weiterreichen, Werfen, Rollen, Zuprellen, Passen mit dem Fuß und anderes — kann Neckball mannigfaltig abgewandelt werden.

Man beginnt am besten in enger Aufstellung mit einfachem Weitergeben des Balles und vergrößert dann für die jeweils gewünschte Variante die Abstände zwischen den Spielern auf etwa 2 bis 3 m. Das folgende Spiel ist dem Neckball sehr ähnlich, es gewinnt aber durch die Abgabe des Balles an einen beliebigen Spieler noch mehr an Reiz.

Tigerball

Spielerzahl: 10 bis 15
Spieleraufstellung: Innenstirnkreis
Spielgerät: Hohl- oder kleiner Medizinball
Der Ball kann kreuz und quer durch den Kreis gespielt werden. Im Kreis befindet sich ein Spieler — der Tiger. Er versucht, den Ball zu berühren oder zu fangen (Abb. 92), je nach-

Abb. 92 Tigerball

dem, was festgelegt worden ist. Fängt oder berührt der Tiger den Ball, so löst ihn der Spieler ab, der den Ball warf oder der offensichtlich die Annahme verpaßte. Um ein „Ballgewühl" zu vermeiden, dürfen die Kreisspieler zum Holen des Balles ihren Platz verlassen, der Tiger seinen „Käfig" (Kreis) aber nicht.

Abwandlungen: Ähnlich wie bei Neckball gibt es auch hier zahlreiche Abwandlungsmöglichkeiten. Die wirkungsvollsten seien angeführt:

a) Im Kreis bewegen sich zwei, bei größeren Kreisen auch drei Tiger. Die Anzahl der Bälle kann ebenfalls erhöht werden.

b) Die Kreisspieler befinden sich in Bauchlage, der Tiger muß dann im Vierfüßlergang den Ball zu fangen versuchen. Diese Form, das Wegwerfen, -stoßen oder -rollen eines Medizinballes in Bauchlage, hilft mit, Haltungsschwächen (Sitzbuckel) vorzubeugen.

c) In einem größeren Kreis wird mit mehreren Bällen gespielt. Der Tiger legt gefangene Bälle in die Mitte. Sie dürfen von den Kreisspielern jedoch wieder „fortgeschossen" werden. Diese Form nach Zeit spielen lassen! Welcher Tiger besitzt in der vorher festgelegten Zeit die meisten Bälle? Oder: Welcher Tiger konnte die meisten Bälle fangen?

d) Tigerball auf Geräten

Alle Kreisspieler sitzen oder stehen auf Geräten (Kästen, Böcke, Pferde, Barren), die kreisförmig angeordnet sind. Die Höhe der Geräte hängt von der Altersstufe ab. Fängt oder berührt der Tiger den Ball, oder fällt er beim Zuspielen auf den Boden, so müssen alle Spieler ihre Plätze wechseln. Der ehemalige Tiger versucht dabei, ebenfalls einen Platz zu bekommen. Vorher muß festgelegt werden, wie viele Spieler ein Gerät besetzen dürfen (z. B. auf dem Barren drei Spieler, auf dem Kasten zwei, auf dem Pferd drei, auf dem Bock einer). Wer keinen Platz erwischt, wird neuer Tiger.

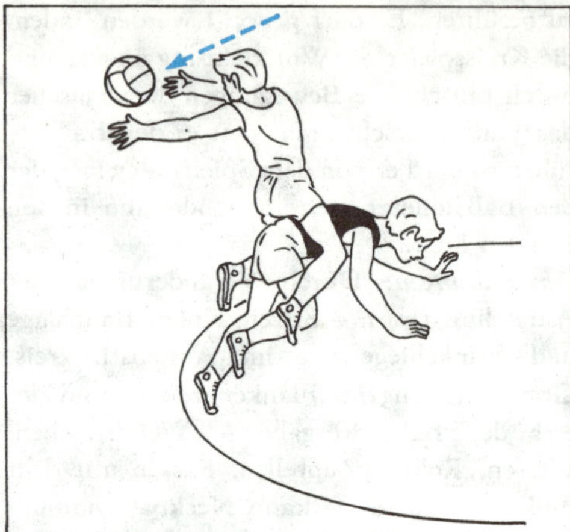

Abb. 93 Reitertigerball

e) Fußtigerball

Die Kreisspieler müssen sich den Ball jetzt zupassen und sind gezwungen, ihn schnell anzunehmen und weiterzugeben oder auch direkt weiterzuleiten, wobei sie das Ziel vorausnehmen und genau stoßen müssen. Auch das Fintieren läßt sich bei diesem Spiel sehr schön üben. Fußtigerball wird gern gespielt.

f) Reitertigerball

Alle Spieler werden zu Paaren, als Pferd und Reiter, nach annähernd gleicher Konstitution zusammengestellt. Die „Pferde" stehen in fester Schrittstellung, neigen den Oberkörper vor und stützen die Hände auf das vordere Knie. Die Reiter sitzen im Grätschsitz auf dem Rücken und spielen sich den Ball zu. Die Pferde können dem Tiger helfen, indem sie durch Bocken und plötzliches Bewegen den Reitern das Fangen erschweren (Abb. 93). Wird der Ball vom Tiger weggefangen oder vom Reiter fallen gelassen, so tauschen sämtliche Pferde und Reiter ihre Rollen. Der Reiter, der den Ball zuletzt berührte, wechselt mit dem Tiger seinen Platz. Treten durch das Ablösen übermäßige Größenunterschiede zwischen Pferd und Reiter auf, muß der Spielleiter Spieler austauschen.

Reitertigerball sollte besser auf Rasenplätzen anstatt in der Halle gespielt werden. Die Spielform eignet sich auch gut im knie- bis hüfthohen Wasser, wobei dann aber entsprechend der Größe des Kreises zwei und drei Mittelspieler einzusetzen sind.

Methodische Bemerkungen: Tigerball ist dann sehr lebhaft, wenn der Tiger sich eifrig springend und jagend um den Ball bemüht. Bei Kindern ist das meist ohne Aufforderung der Fall. Gelingt trotz eifrigen Bemühens dennoch das Berühren oder Fangen des Balles nicht, so muß der Tiger abgelöst oder das Spiel abgewandelt werden. Man erschwert — ohne aber die Bewegungsfreiheit des Tigers einzuengen — die Ballabgabe der Kreisspieler (im Sitzen, im Knien). Das sollte auch bei Erwachsenen im Freizeit- und Erholungssport beachtet werden.

Bei älteren Spielern kann auch statt des Fangens und Werfens das Volleyballzuspiel gefordert werden.

Schnappball

Spielerzahl: Beliebig

Spielgeräte: Hohlbälle, für je 2 oder 3 Spieler einen Ball

Der Spielgedanke liegt im Namen. Es geht darum, einem oder mehreren Gegenspielern den Ball wegzuschnappen. Die Schnappballspiele sind eine direkte Vorübung für die Kampfspiele, in denen die Manndeckung gefordert wird.

a) Schnappball zu zweit

Die Spieler finden sich paarweise zusammen. Der eine spielt mit dem Ball, wirft ihn hoch und prellt ihn auf den Boden, der zweite versucht, den Ball wegzuschnappen. Gelingt das, so werden die Rollen gewechselt. Das Laufen mit dem Ball in den Händen ist nicht gestattet.

Später kann man das freie Spiel mit dem Ball zweckvoller (in Vorbereitung der Sportspiele) gestalten. Der Ball darf nur noch mit einer Hand geprellt beziehungsweise muß beim Lauf gedribbelt werden. Der ballbesitzende Spieler soll sich dabei drehen und wenden, er gewöhnt sich so schon an die Körperdeckung des Balles. Auf diese Weise können wir die Ballführung für das Handball- und Basketballspiel schulen helfen. Außerdem kann auch schon auf das Fintieren hingewiesen werden: Schritt nach links andeuten, aber nach rechts ausführen; Tempowechsel; plötzliches Stoppen und Wiederantreten.

b) Schnappball zu dritt

Zwei Spieler werfen sich den Ball zu, und der dritte versucht zu fangen. Außer dem üblichen Rollentausch nach dem Ballschnappen kann auch in einer vorher festgelegten Reihenfolge gewechselt werden.

Beim Schnappball zwei gegen einen hat der Fänger schon eine recht schwere Aufgabe zu lösen. Dauert ein Spielvorgang zu lange, muß der Spielleiter von sich aus den Rollentausch anordnen oder hier bereits Bewegungsbeschränkungen für die Ballbesitzer vornehmen (kein Laufen mit dem Ball, keine Bodenberührung des Balles, Festlegen der Wurfart).

Parteiball (Kombinationsball)

Spielerzahl: 2 bis 8 in einer Partei

Spielgerät: Hohlball

Parteiball ist die Fortsetzung der einfachen Schnappballformen. Jetzt spielen zwei zahlenmäßig gleich starke Mannschaften gegeneinander, wobei sich der Reiz des Spieles gegenüber dem Schnappball noch erhöht. Jede Partei versucht, sich recht lange den Ball zuzuwerfen. Die Gegenpartei ist bestrebt, das zu verhindern, um ihrerseits die größte Anzahl von Zuspielen zu erreichen. Jeder Ballfang zählt einen Punkt. Die Mannschaft mit

Punktmehrheit innerhalb einer festgelegten Zeit hat gewonnen oder jene, die eine bestimmte Punktzahl als erste erreicht. Zwei Punktezähler sind erforderlich.

Das Spiel wird zunächst ohne jede räumliche Beschränkung gespielt. Von vornherein gewöhnen wir aber die Spieler an eine faire und uneigennützige Spielweise, wie wir sie uns in den Sportspielen wünschen. Dazu legen wir fest:

— Der Gegner darf nicht festgehalten oder gestoßen werden;

— der Ball darf dem Gegner nur von vorn aus den Händen „genommen" werden, ohne dabei den Körper zu berühren;

— mit dem Ball in der Hand dürfen nicht mehr als zwei (!) Schritte gelaufen werden (stoppen und abspielen oder dribbeln);

— der Ball darf nicht länger als drei Sekunden in den Händen gehalten werden.

Läßt man Parteiball in einem abgegrenzten Feld spielen (etwa fünf gegen fünf in der Hälfte eines Basketballfeldes), so gilt auch das Überlaufen der Spielfeldlinien als Regelverstoß.

Methodische Bemerkungen: Der Spielgedanke, nämlich recht viele Punkte durch Fangen des Balles zu erzielen, zwingt die Spieler der ballbesitzenden Mannschaft zum Freilaufen („Spiel ohne Ball") und zum schnellen und genauen Abspielen, die Gegenspieler entsprechend zur Deckung. Bei Spielbeginn sollte sich deshalb jeder Spieler seinen Gegenspieler merken.

Das Spielfeld kann nach und nach verkleinert werden, um die Spieler zur Körperbeherrschung zu erziehen, die Feinmotorik zu entwickeln und das genaue Beobachten und reaktionsschnelle Erkennen von Zuspiellücken zu schulen.

Parteiball ist eine sehr intensive Spielform.

Parteiball über die Schnur

Spielerzahl: 12 bis 24

Spielfeld: Etwa 10 m × 20 m

Spielgerät: Hohlball

Das Spielfeld ist durch eine 2 m hohe Leine in zwei Felder geteilt. In jedem Feld befindet sich die Hälfte der Spieler beider Parteien (etwa fünf gegen fünf in einem Feld) (Abb. 94). Nun wird nach den bekannten Regeln Parteiball gespielt. Punkte können bei diesem Spiel aber nur erzielt werden, wenn der Ball über die Leine einem Mitspieler in der anderen Hälfte zugespielt wird und der den Ball fängt. Natürlich ist auch das Zuwerfen innerhalb einer Spielfeldhälfte erlaubt, um die beste Zuspielmöglichkeit zur anderen Seite zu suchen; doch werden dafür keine Punkte angerechnet.

Auch die Spieler der anderen Feldhälfte, in der sich der Ball vorübergehend nicht befindet, müssen ständig in Bewegung sein, um sich freizulaufen. Die Spieler der gegnerischen Mannschaft versuchen, durch eine gute Deckung möglichst schnell den Ball abzufangen, um selbst Punkte zu sammeln.

Wird der Ball, ohne daß er vom Gegner berührt wurde, über die Spielfeldgrenzen hinausgeworfen, berührt er die Leine oder fliegt er unten hindurch, so muß er der Gegenpartei übergeben werden. Es gewinnt die Partei, die

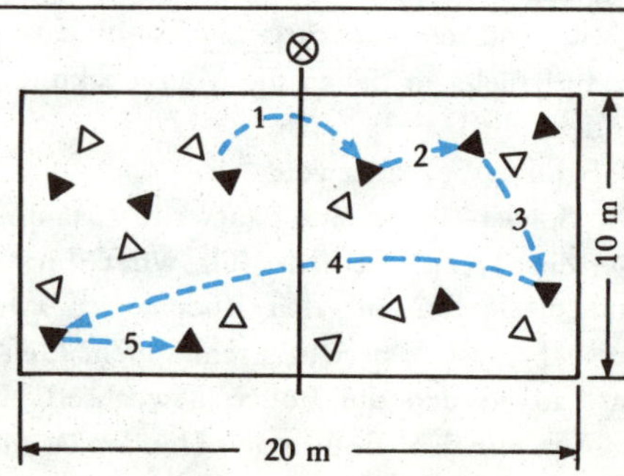

Abb. 94 Parteiball über die Schnur

zuerst in einer vorher bestimmten Zeit die meisten Punkte sammeln konnte oder die zuerst die geforderte Punktzahl erreichte.

Parteiball über ein gegnerisches Feld (Endball)

Spielerzahl: 12 bis 20
Das Spielfeld ist aus der Abbildung 95 zu ersehen. Der Ball wird vom Spielleiter auf der Mittellinie zwischen zwei gegnerischen Spielern hochgeworfen. Wer ihn erobert, erwirbt seiner Mannschaft den Anwurf.
Die Spieler in den Feldern A und B (am besten je fünf bis sieben) versuchen, ihren Mitspielern in den gegenüberliegenden Endfeldern C und D (in der Regel je drei) den Ball zuzuwerfen. Fängt ihn ein Endspieler, so zählt das für seine Mannschaft einen Punkt. Die Spieler im gegnerischen Mittelfeld wollen das durch Blocken, gute Raumdeckung und Abfangen des Balles verhindern, um selbst ihren Endspielern den Ball zuzuwerfen.
Entweder kann der Ball, nachdem er im Endfeld gefangen wurde, wieder zu den eigenen Spielern ins Mittelfeld zurückgeworfen werden, und das Spiel geht weiter, oder es kann aber auch ein erneuter Hochwurf an der Mittellinie oder die Ballübergabe an den Gegner erfolgen.

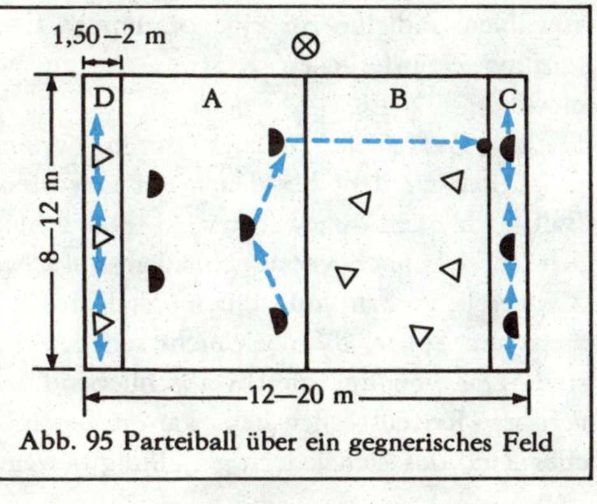

Abb. 95 Parteiball über ein gegnerisches Feld

Die Partei, die in einer bestimmten Zeit die meisten Punkte erzielte oder zuerst eine festgelegte Punktzahl erreicht hat, ist Sieger.
Folgende Spielregeln sind zu beachten:
— Mit dem Ball in der Hand darf nicht gelaufen werden;
— der Ball darf nicht länger als drei Sekunden in der Hand gehalten werden (schnelles Abspiel!);
— übertritt ein Spieler die Grenzlinien, so muß der Ball dem Gegner übergeben werden; ein im Endfeld gefangener Ball gilt in dem Falle nicht;
— wird der Ball über die Seiten- oder Endlinien hinausgeworfen, so erhält ihn die Partei, die ihn nicht zuletzt berührte.
Methodische Bemerkungen: Gegenüber den anderen Parteiballspielen fehlt hier die unmittelbare gegnerische Einwirkung. Es wird dafür mehr eine Art Raum- oder Zonendekkung entwickelt.
Es ist darauf zu achten, daß die Endfelder keineswegs breiter als angegeben markiert werden, da es sonst den Mittelfeldspielern leichtfallen würde, durch hohe, steile Würfe (Kerzen) den Ball ihren Endspielern zuzuspielen.

Parteiball von Feld zu Feld

Spielerzahl: 24
Spielfeld: 8 bis 10 m × 12 bis 15 m
Spielgerät: Hohlball
Das Spielfeld ist in sechs gleiche Felder eingeteilt (Abb. 96). In jedem Feld befinden sich zwei Spieler von jeder Partei. Die anwerfende Partei versucht, den Ball durch Zuspiel vom Feld 1 durch alle Felder hindurch wieder in das Ausgangsfeld wandern zu lassen. Gelingt das, so hat sie einen Punkt gewonnen, und die Gegenpartei beginnt dann das gleiche Spiel. Wird der Ball aber vom Gegner abgefangen, so wirft dieser ihn in das erste Feld zurück und

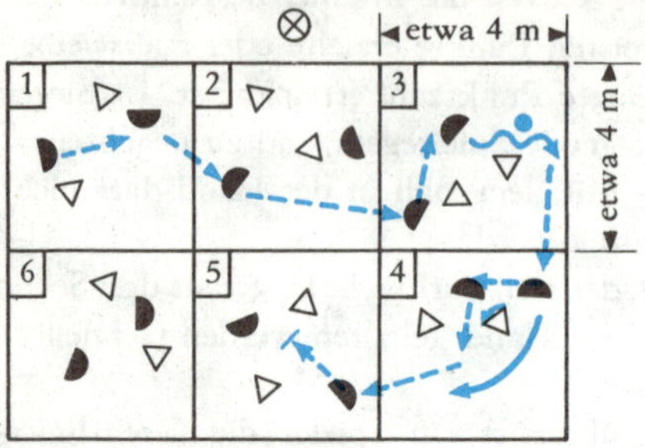

Abb. 96 Parteiball von Feld zu Feld

versucht seinerseits nun den „Rundgang". Welche Partei hat nach einer festgesetzten Spielzeit die meisten Punkte erreicht?

Wird der Ball über die Spielfeldgrenzen hinausgeworfen, so muß er in das Ausgangsfeld zurück und gehört der Gegenpartei. Im übrigen wird nach den Parteiballregeln gespielt. (Keine Körperbehinderung, kein Laufen mit dem Ball! Das Dribbling kann man gestatten.) Mehrmaliges Zuspielen innerhalb eines Feldes bis zum Freistellen eines Mitspielers im nächsten Feld ist statthaft.

Abwandlung: Eine reizvolle Abwandlung des Spiels besteht darin, daß beim Abfangen des Balles durch den Gegner dieser sofort weiterspielen kann, also den Ball nicht erst in das Ausgangsfeld zurückwerfen muß. Die ballbesitzende Mannschaft wird dann besonders aufmerksam und sicher spielen, vor allem, wenn sie den Ball bis in die letzten Felder gebracht hat. Das Spiel wird dadurch lebhafter und hat weniger Unterbrechungen.

Methodische Bemerkungen:

— Bei der Einführung des Parteiballspiels von Feld zu Feld kann man anfangs auf eine festgelegte Zuspielrichtung verzichten. Es kann dann in beliebiger Richtung zu einem angrenzenden Feld geworfen werden (z. B. von Feld 1 zu Feld 2, von 2 zu 5, von 5 zu 3). Sieger ist die Partei, die zuerst zwanzig Fangpunkte sammelte.

— Bei sechs Feldern müssen die Spieler der Felder 4, 5 und 6 bei dem eingangs beschriebenen Spielverlauf mitunter recht lange warten, bis sie mitspielen können, besonders dann, wenn der Ball anfangs oft abgefangen wird. Hier kann man sich helfen, indem abwechselnd in Feld 1 und 6 mit einem neuen Durchgang begonnen wird. Außerdem kann auch schon mit drei Feldern gespielt werden. Die Mannschaft hat einen Punkt gewonnen, wenn der Ball den zweiten Spieler im dritten Feld erreicht hat.

3.3. Ballspiele zur Schulung der Treffsicherheit und des Ausweichens

Die Ballspiele zur Schulung der Treffsicherheit und des Ausweichens haben wir in zwei Gruppen eingeteilt, wodurch auch schon die Schwierigkeitssteigerung deutlich erkennbar wird. Spiele, bei denen feststehende Ziele getroffen werden sollen, müssen denen mit beweglichen Zielen vorausgehen.

3.3.1. Ballspiele mit Treffen von Gegenständen

Durch Werfen auf unbewegliche Ziele lernen die Kinder zunächst, die Entfernung richtig einzuschätzen, die geeignete Wurfart auszuwählen und den für eine bestimmte Entfernung erforderlichen Krafteinsatz zu bemessen.

Diese „Treffspiele" müssen durch Formen eingeleitet werden, bei denen der geworfene Ball noch nicht abgewehrt wird. Dabei handelt es sich nach vorausgehenden einfachen Zielwettbewerben auf alle möglichen Ziele meist um Spiele, die noch nicht sehr lebhaft sind. Das von uns hierbei abschließend angeführte Reifenstechen hat zwar ein bewegliches Ziel, das sich jedoch geradlinig bewegt,

groß ist und deshalb leicht getroffen werden kann. Es stellt somit eine Schwierigkeitssteigerung dar.
Daran schließen sich die Spiele an, bei denen ein Wächter oder auch mehrere das Umwerfen der Ziele zu verhindern suchen. Diese Formen sind schon lebhafter.
Die Gruppe der Ballspiele mit Treffen von Gegenständen wird durch recht lebendige Formen mit Mannschaftscharakter abgeschlossen. Hier können wieder direkte Verbindungen zu den Sportspielen gezogen werden.
Wichtig ist bei allen Spielen dieser Gruppe, daß nicht zu große Mannschaften gebildet werden, um intensiv üben zu können. Alle möglichen Wurfgeräte und verschiedenartige Bälle sind zu verwenden. Zielbahnen, Gassen, Kreise und Felder müssen stets so angelegt werden, daß keine gegenseitige Behinderung der Gruppen erfolgt. Mauern, Wände, umgekippte Turnbänke können als „Ballfang" dienen. Sie ersetzen allzu viele Ballholer.
Bei einem Teil der Keulenspiele sind die Kinder auf eventuell wegspringende Keulen hinzuweisen, die leicht die Schienbeine der Wächter treffen können. Das gilt vor allem dort, wo mit mehreren Bällen gespielt wird und die Aufmerksamkeit geteilt ist. Deshalb müssen alle umsichtig und aufmerksam das Spielgeschehen beobachten.
Wir haben unter Verwendung der in der Spielliteratur üblichen und in der Spielpraxis gebräuchlichen Bezeichnungen versucht, den verschiedenen Varianten der Keulenspiele auch eigene Namen zu geben.

3.3.1.1. Zielspiele ohne Wächter

Einfache Zielwettbewerbe

Spielerzahl: Beliebig
Spielgeräte: Verschiedenartige Bälle
Auf die Bedeutung von Zielübungen für die Sportspiele haben wir eingangs schon hingewiesen. In den Kleinen Spielen kann diesbezüglich bereits sehr viel geleistet werden. Ihre Berechtigung haben die Zielübungen hier aber nur dann, wenn es gelingt, sie als freudvolle Spielformen und vielgestaltige Wettbewerbe durchzuführen. Aus der Fülle der Möglichkeiten seien nur einige herausgegriffen. Es liegt beim Spielleiter, diese Formen interessant zu gestalten, das heißt „Leben" in sie hineinzutragen, sie bei den jüngeren Kindern eventuell mit einer lustigen Aufgabe zu verbinden oder den Reiz der Übungen durch altersmäßig angebrachte Leistungsvergleiche zu erhalten.

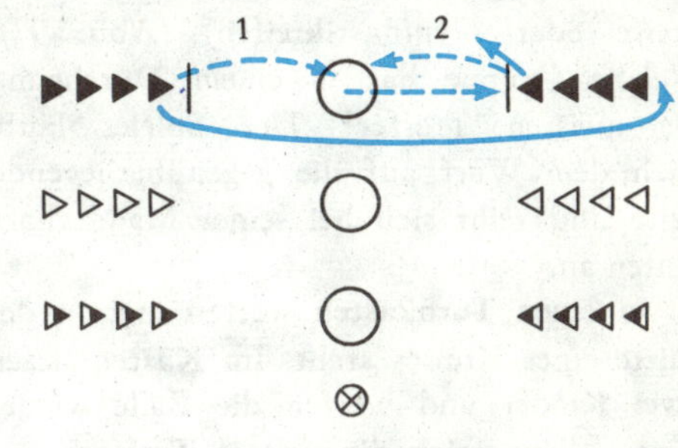

Abb. 97 Zielwerfen in einen Kreis

Möglichkeiten in der Halle:
a) Wer trifft das (vorher bezeichnete) „Fenster" der Gitterleiter? Zum Beispiel als Gruppenwettbewerb durchgeführt: Die Spieler werfen innerhalb der Gruppe nacheinander. Haben es alle geschafft, wird das nächsthöhere Fenster als Ziel genommen; dann das dritte. Welche Gruppe hat zuerst durch alle drei Fenster geworfen? Mit sehr geringen Entfernungen beginnen lassen.
b) Andere Ziele: Durch einen hochgehaltenen Reifen werfen; ein bestimmtes Gerät treffen; über den in die Turnringe gelegten Stab hinweg werfen; eine an einem Sprungständer hängende Pappscheibe treffen und anderes mehr.

c) Zielwerfen oder -rollen in Kreise (Kreidekreise oder Gymnastikreifen) (Abb. 97). Welche Gruppe hat in einem Durchgang die meisten Treffer? Der Spieler läuft nach dem Wurf auf die gegenüberliegende Seite und reiht sich bei seiner Mannschaft hinten an.

d) In einen Turnkasten werfen, der in der Mitte eines Kreises steht. Im Kasten sitzen zwei Kinder und werfen die Bälle wieder hinaus. Wer erzielt die meisten Treffer?

Möglichkeiten im Freien:

a) Die Torlatte (Pfosten), einen Baum, einen großen Stein oder andere Gegenstände treffen.

b) Einen Ball in eine kleine Sandgrube rollen oder werfen.

c) Am See oder Meeresstrand Bälle in ein Boot (in die Strandburg) werfen.

d) Mit runden Sperrholzscheiben (Durchmesser 15 bis 20 cm) nach Zielen werfen (Markierungen am Boden, Kiste, Eimer u. a.).

e) Zielstoßen eines Hohlballes mit dem Fuß in einen Kreis (zur Schulung der Zuspielgenauigkeit im Fußballspiel). Der Ball darf nicht in den Kreis rollen, sondern muß aufprallen.

f) Büchsen, Kegel oder andere Gegenstände mit Tennis- oder Wurfbällen von etwa 2 m hohen Pfosten schießen.

Methodische Bemerkungen:

— Die Auswahl der Wurfgeräte ist nicht gering. Abhängig vom Alter und vom Entwicklungsstand der Kinder, von der Zielstellung (z. B. Treffen auf größere Entfernung), aber auch von den gegebenen Möglichkeiten können große und kleine Hohlbälle, Tennisbälle, Wurfbälle, Schneebälle, Steine, Kastanien, Tannenzapfen und anderes verwandt werden. Beim Wurf mit Steinen oder anderen harten Gegenständen muß auf die Sicherheit der Übenden geachtet werden. Man läßt am besten erst die ganze Gruppe werfen und sammelt dann die Wurfgeräte ein. Gegenüberstellung der Spieler kommt hierbei natürlich nicht in Frage. Sonst sind die bekannten Aufstellungsformen möglich, wie Kreise, Linien, Gassen, einfache und sich gegenüberstehende Reihen.

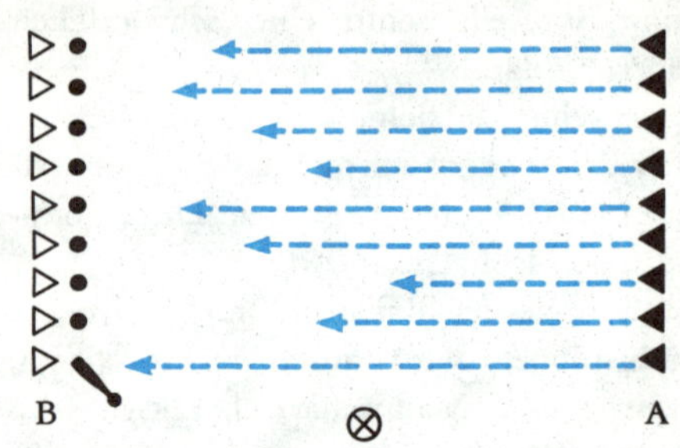

Abb. 98 Keulen umwerfen (eine Keulenreihe)

— Die Gruppen sind zahlenmäßig möglichst klein zu halten, um größte Intensität des Übens zu erreichen.

— Der Abstand der Übenden von den Zielen läßt sich nach wenigen Probewürfen festlegen und auf das Leistungsvermögen abstimmen.

— Zielübungen können als Einzelwettbewerbe oder auch als Mannschaftsvergleiche durchgeführt werden.

Keulen umwerfen

Spielerzahl: Beliebig

Spielgeräte: Keulen, Gummibälle oder Wurfbälle

Erste Form: Eine 5 bis 6 m breite Gasse trennt zwei Gruppen von Spielern (Abb. 98). Jeder Spieler der Gruppe A versucht, die ihm gegenüberstehende Keule umzuwerfen, die nicht geschützt werden darf. Der hinter der Keule stehende Spieler der Gruppe B stellt die Keule wieder auf und wirft den Ball zurück. Wer erzielt bei zehn Würfen die meisten Treffer? Danach wechseln die Gruppen die Rollen. Die Ergebnisse in jeder Gruppe zu-

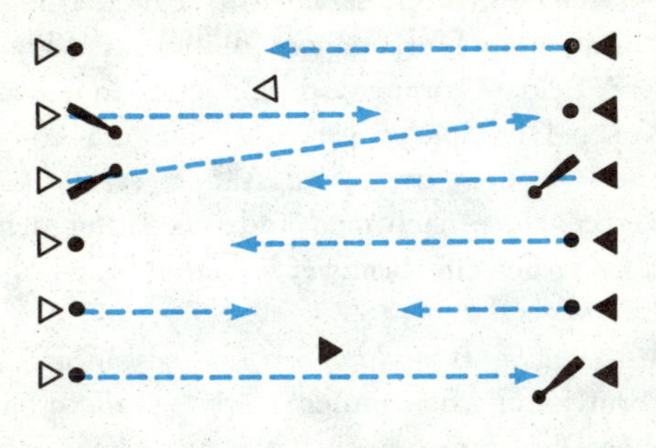

Abb. 99 Keulen umwerfen (zwei Keulenreihen)

sammengezählt, gestatten auch einen Mannschaftsvergleich.

Zweite Form: Vor den Spielern beider Gruppen steht je eine Keulenreihe (Abb. 99). Die Gruppen versuchen, die Keulen der gegnerischen Mannschaft so schnell wie möglich umzuwerfen. Dazu hat jeder Spieler einen Ball. Die eigene Keule darf in keiner Weise vor dem Umfallen geschützt werden. Beide Gruppen können einen Ballholer in die Mitte schicken, um stets mit Bällen versorgt zu sein. Er darf aber das Zielwerfen nicht behindern.

Hat ein Spieler eine gegenüberliegende Keule umgeworfen, dann darf er sich einem anderen Ziel zuwenden. Gewonnen hat die Mannschaft, die zuerst die Keulen des Gegners umgeworfen hat.

Kegeln

Spielerzahl: Beliebig, 4 bis 6 kleine Mannschaften bilden

Spielgeräte: Gymnastikbälle oder Handbälle, Keulen

Drei, fünf oder neun Keulen werden als Ziele etwa 15 m vor der Abwurflinie aufgestellt (Abb. 100). Die Keulen sollen wie beim Kegeln umgerollt werden. Wer gekegelt hat, schließt sich seiner Mannschaft hinten an. Hinter jeder Keulengruppe stehen zwei Spieler, einer wirft den Ball zurück, der andere baut die umgeworfenen Keulen wieder auf. Jede umgeworfene Keule zählt einen Punkt.

Nach einer bestimmten Anzahl von Durchgängen werden die Einzel- und Mannschaftsergebnisse verglichen.

Von Zeit zu Zeit müssen Ballholer und Keulenwärter abgelöst werden.

Zielball (Treffball)

Spielerzahl: 10 bis 20

Spielgeräte: Keulen und Gymnastikbälle, Handbälle oder Wurfbälle

In die Mitte eines Spielfeldes wird eine Turnbank gestellt, auf der sechs bis zehn Keulen stehen. Hinter den beiden Grundlinien des Spielfeldes stehen die Mannschaften und ver-

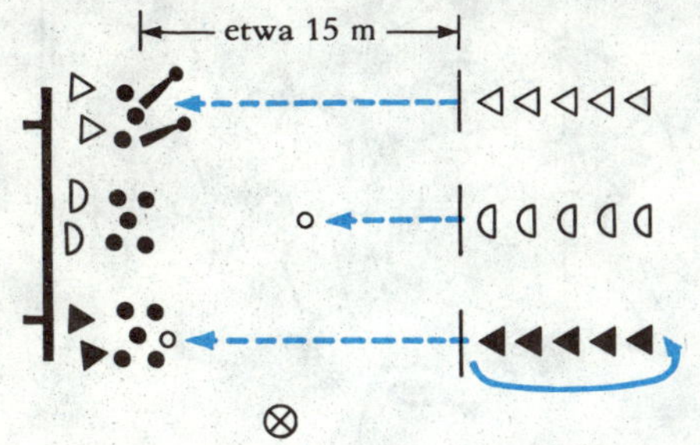

Abb. 100 Kegeln

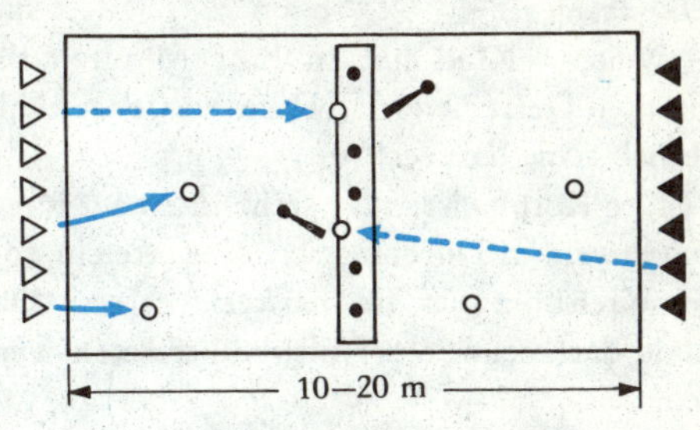

Abb. 101 Zielball

suchen, die Keulen umzuwerfen (Abb. 101). Es sollen so viel Bälle wie möglich ins Spiel gebracht werden. Sieger ist die Mannschaft, bei der die wenigsten Keulen im Feld liegen.

Beim Werfen darf niemand die Abwurflinie übertreten, wohl aber dürfen alle Bälle aus dem eigenen Spielfeld herausgeholt werden.

Bei einer größeren Spielerzahl werden zwei Turnbänke mit entsprechend mehr Keulen aufgestellt.

Die Länge des Spielfeldes richtet sich nach dem Alter der Spielenden und der Größe der verwandten Bälle.

Ball in den Korb

Spielerzahl: Beliebig, 8 bis 10 Spieler in einer Gruppe

Spielgeräte: Jeder Spieler einen Hohlball, mehrere Korbballständer

Auf dem Spielfeld verteilen wir Sprungständer, an denen im oberen Teil ein Korb befestigt ist. Um jeden Sprungständer gruppieren sich etwa zehn Kinder. Jedes Kind hat einen Ball und versucht, ihn in den Korb zu werfen (Abb. 102).

Anfangs verbinden wir mit diesem freien Zielwerfen und Aufsammeln der Bälle keine Regeln. Jedes Kind soll selbst herausfinden, von wo es am besten werfen kann. Später wird in fogender Weise vorgegangen:

Einzelvergleich

— Welches Kind hat in fünf Minuten die meisten Treffer erzielt? Hinweis: Jeder zählt ehrlich seine Treffer!

— Der Korbballständer steht in einem Kreis von etwa 4 m Durchmesser. Wer erreicht von der Kreislinie aus die meisten Treffer? Die Linie darf beim Wurf nicht übertreten werden!

Mannschaftsvergleich

— Welche Gruppe erzielt zuerst 20 Punkte? Die Treffer sind jeweils laut zu zählen!

— Welche Gruppe erzielt in einem oder auch in mehreren Durchgängen die meisten Treffer? Beide Gruppen spielen jetzt an einem Korb. Die Spieler verteilen sich um einen Kreis, in dem der Sprungständer steht, und werfen einer nach dem anderen. Unter dem Korb stehen ein oder zwei Spieler, die die Bälle zurückwerfen.

Methodische Bemerkungen: In der einfachen Form kann „Ball in den Korb" — allerdings ohne Wertung — auch schon mit Fünf- oder Sechsjährigen gespielt werden, wenn die Korbhöhe dem Alter der Kinder entspricht. Diese Zielwettbewerbe sind eine erste spielerische Vorbereitung auf das Korb- und Basketballspiel.

Abb. 102 Ball in den Korb

Ballvertreiben

Spielerzahl: 10 bis 20
Spielfeld: Etwa 10 m × 20 m
Spielgeräte: 1 Hohlball und mehrere Gymnastikbälle

Hinter der Grundlinie (Abwurflinie) jeder Spielfeldseite steht eine Mannschaft. Jeder Spieler hat einen Gymnastikball in den Händen. Auf der Mittellinie des Spielfeldes liegt ein großer Hohlball (Basketball), der durch gut gezielte Würfe über die gegnerische Torlinie getrieben werden soll, die etwa 1 bis 2 m vor der Abwurflinie markiert ist (Abb. 103). Die Abwurflinie darf nicht überschritten werden. Jede Mannschaft schickt in ihre Spielfeldhälfte einen Ballholer, der seine Spieler, so schnell er kann, mit Bällen versorgt. Den Würfen des Gegners auf den Ball darf er dabei aber nicht im Wege stehen. Alle über die Seiten- und Grundlinien fliegenden Bälle werden von den Spielern selbst sofort zurückgeholt. Welcher Mannschaft gelingt es, den Ball über die Torlinie des Gegners zu treiben? Dafür erhält sie einen Punkt, und das Spiel beginnt von vorn.

Statt der genannten Abwurflinie lassen sich auch umgelegte Turnbänke verwenden, gegen die der Zielball getrieben werden muß. Nun kann weder übergetreten noch der bedrohlich nahe Zielball von einem Spieler regelwidrig gestoppt werden.

Abwandlung: Ballvertreiben kann auch in Kreisaufstellung gespielt werden. Ein Kreis

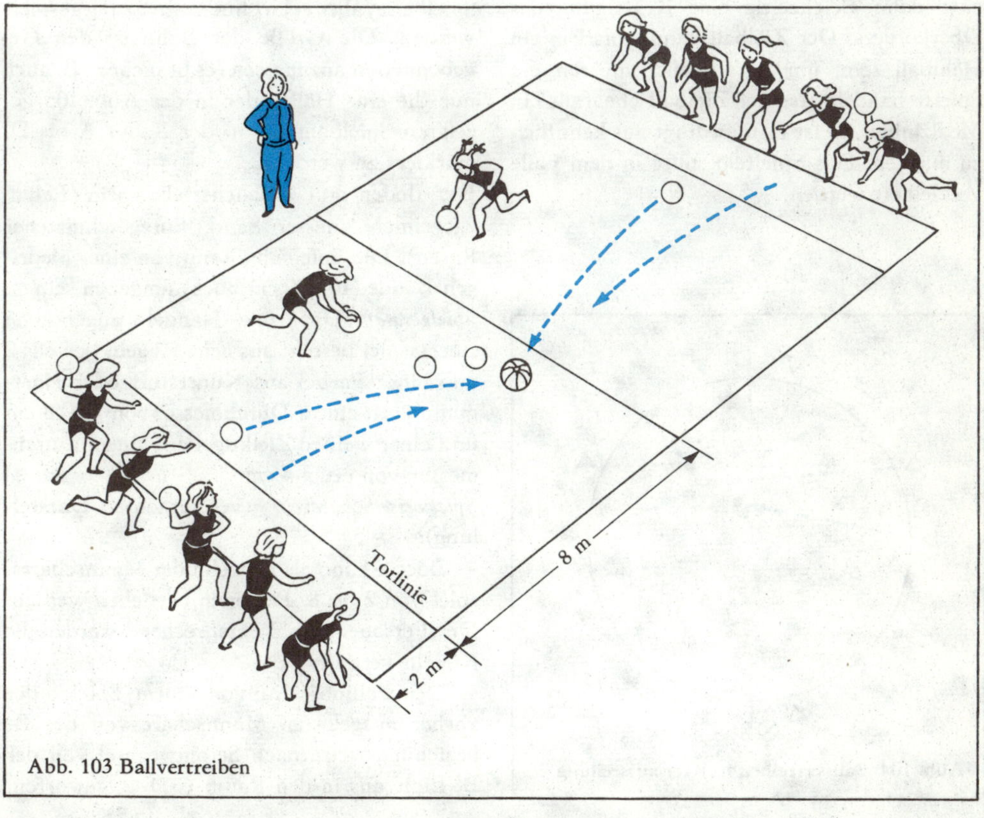

Abb. 103 Ballvertreiben

von etwa 10 m Durchmesser wird durch eine Linie in zwei Hälften geteilt. Die gegnerischen Mannschaften stehen sich nun in Halbkreisaufstellung gegenüber und versuchen, den in der Mitte liegenden Ball über die Kreislinie des Gegners zu treiben (Abb. 104). Die Kreislinie darf beim Wurf nicht übertreten werden. Ballholer erübrigen sich hier. Nach hinten fliegende Bälle werden sofort von den Kreisspielern herbeigeholt.

Methodische Bemerkungen: Das Spiel wird sehr lebhaft und macht viel Freude. Um den Spielfluß zu erhalten, muß darauf geachtet werden, daß die Bälle bei einer Mannschaft nicht gehortet werden, bis der Gegner ohne Ball ist, um ihn dann zu schlagen.

Bei älteren Schülern und Erwachsenen kann man auch Medizinbälle verwenden. Man erzielt dann gleichzeitig eine Kräftigung des Oberkörpers. Der Zielball kann trotzdem ein Hohlball sein, um so schneller müssen die Spieler handeln. Ist der Zielball ebenfalls ein Medizinball, so ist er unbedingt gut kenntlich zu machen. Das Spielfeld sollte in dem Falle verkleinert werden.

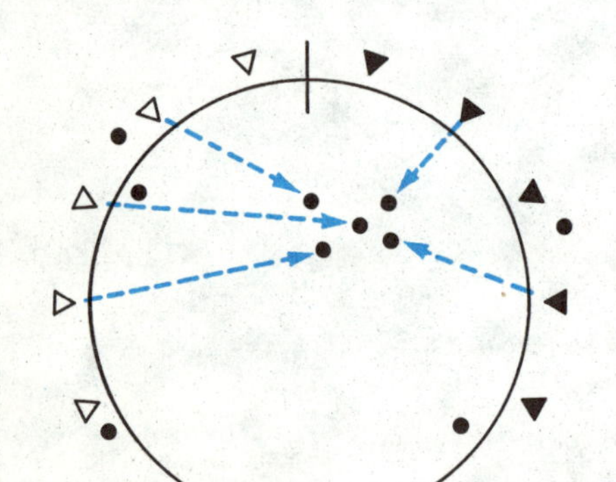

Abb. 104 Ballvertreiben in Kreisaufstellung

Boccia

Da das gesellige, Freude und Entspannung verschaffende Nationalspiel der Italiener infolge der einfachen spieltechnischen Voraussetzungen sich als Freizeitspiel auch bei uns zunehmender Beliebtheit erfreut, soll es entsprechend der Zielstellung dieses Buches in vereinfachter Form beschrieben werden.

Spielgedanke: Die Bocciakugeln sind so nach der zuvor ins Spielfeld gebrachten Zielkugel (Pallino) zu werfen, daß sie möglichst dicht neben diese zu liegen kommen. Die Gegenpartei ist bemüht, das durch ihre Würfe zu verhindern. Einen Durchgang hat jeweils die Partei gewonnen, welche die naheste Kugel am Pallino hat.

Spielfeld (Abb. 105): Boccia kann auf einer Spielbahn, aber auch ohne Begrenzung gespielt werden. Die Größe der Bahn ist den Gegebenheiten anzupassen (es braucht z. B. auch nur die eine Hälfte der in der Abb. 105 gezeigten Spielbahn, d. h. der Raum A bis D, markiert zu werden).

Der Boden muß möglichst eben sein (Lehm, Ziegelmehl, nasser Sand, kurzgeschnittener Rasen). Die Spielbahn kann von einer niedrigen Bande (10—20 cm hoch) umgeben sein.

Spielgeräte: Das im Handel angebotene Bocciaspiel besteht aus acht Kugeln (jeweils 2 von einer Farbe) aus Kunststoff oder Hartgummi mit einem Durchmesser von 7 bis 8 cm und einer weißen Zielkugel mit einem Durchmesser von etwa 4 cm.

Spielweise/Spielregeln (vereinfachte Darstellung):

— Boccia kann als Einzel- oder Mannschaftsspiel von 2 bis 8 Personen betrieben werden. Der Personenanzahl entsprechend werden die Kugeln verteilt.

— Der Pallino wird von einem Spieler der vorher ausgelosten Mannschaft von der B- beziehungsweise nach Seitenwechsel von der B'-Linie aus in den Raum C-D-C' geworfen.

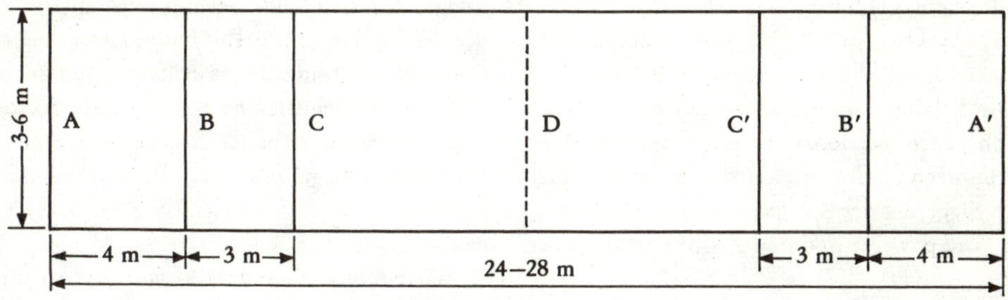

A = Abwurflinie
B = Einwurflinie für den Zielball (Pallino) bei Spielbeginn
C—D = Raum, in den der Zielball geworfen werden muß

Abb. 105 Boccia

(Gelingt das nicht, erhält die andere Mannschaft das Wurfrecht.)
— Die Wurfkugeln müssen von der Abwurflinie nach der Zielkugel geworfen (nach Vereinbarung auch gerollt) werden; dabei werfen die Spieler der Mannschaften abwechselnd.
— Die gegnerischen Kugeln und auch die Zielkugel dürfen weggeschossen werden, um die eigenen Kugeln günstiger zu plazieren. Kugeln, die über die Spielfeldgrenzen hinausrollen, werden nicht in die Wertung einbezogen. Wird der Pallino aus dem Spielfeld getrieben, erhält die betreffende Mannschaft einen Minuspunkt; die Zielkugel wird dann von der Gegenmannschaft neu eingeworfen.
— Für jede Kugel, die näher am Pallino liegt als eine des Gegners, erhält die Mannschaft einen Punkt. Bei gleicher Entfernung der Wurfkugeln zur Zielkugel erhält die Mannschaft einen Punkt, deren zweite Kugel dem Pallino am nächsten liegt.
— Beim Boccia ohne Spielfeldbegrenzung wird lediglich eine Abwurflinie festgelegt. Richtung und Wurfweite der Zielkugel liegen hier im Ermessen des einwerfenden Spielers beziehungsweise müssen sich nach der vorhandenen Spielfläche richten.
— Sieger ist die Mannschaft, die als erste die vorher festgelegte Punktzahl erreicht hat.

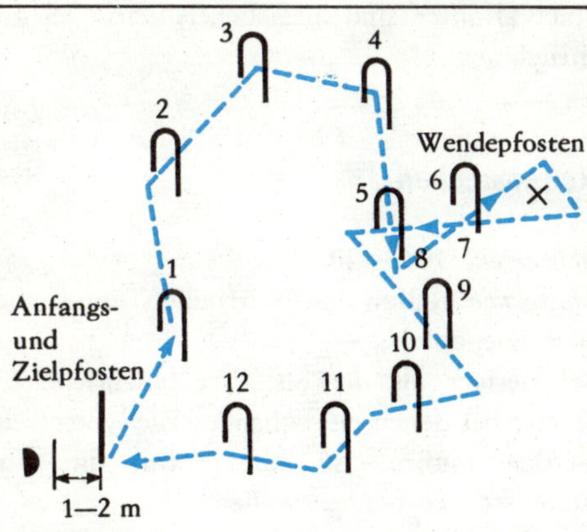

Abb. 106 Krocket mit einfacher Verteilung der Tore

Krocket

Das historisch schon sehr alte Kugeltreibspiel Krocket ist durch seine nur geringen Leistungsanforderungen für jung und alt geeignet. Als feinmotorisches Zielspiel verlangt

es zwar eine geschickte Schlägerführung, doch ist die Schlagtechnik bald erlernt.
Spielgedanke: Mit Schlägern (langgestielte Holzhämmer) soll eine Kugel mit möglichst wenig Schlägen über einen abgesteckten Kurs durch Tore getrieben werden, die in einer bestimmten Schwierigkeitsform angeordnet sind. Sieger ist der Spieler, dessen Kugel zuerst alle Tore passiert und den Zielpfosten berührt hat.
Spielfeld: Es sollte möglichst ein ebener, 20 m mal 40 m großer Rasenplatz sein, auf dem die Tore in beliebiger Form und auch mit kleinen Schwierigkeiten versehen angeordnet werden können (Rundkurs, Zickzackkurs, Abb. 106).
Spielgeräte: 2 Holzpflöcke (Anfangs- bzw. Zielpfosten und Wendepfosten) von 40 cm Länge; 8 bis 12 flexible Torbügel (Draht oder Plaste) von 60 bis 80 cm Länge, die sich in den Boden stecken lassen; vier 80 bis 100 cm lange Krocketschläger mit einem zylindrischen Kopf aus Hartholz von 7 bis 8 cm Durchmesser und 12 bis 15 cm Länge; 4 Kugeln von unterschiedlicher Farbe aus Kunststoff oder Hartgummi mit einem Durchmesser von 7 bis 9 cm (die Ausrüstung ist im Handel erhältlich).
Spielweise/Spielregeln (vereinfachte Darstellung):
— Der auf der Ausgangslinie (1 bis 2 m vor dem Anfangspfosten) liegende Ball muß gegen den Anfangspfosten geschlagen werden; erst dann beginnt das Spiel durch die Tore, deren Reihenfolge vorgeschrieben ist. Wird der Pfosten verfehlt, muß der Ball auf die Ausgangslinie zurückgelegt werden und der nächste Spieler ist an der Reihe.
— Hat die Kugel eines Spielers ein Tor passiert, so darf er einen weiteren Schlag ausführen, durchspielt er mit einem Schlag sogar zwei Tore, so erhält er zwei Freischläge.
— Trifft man den Ball des Gegners, so erhält man zwei Freischläge, von denen der erste zum Krockieren verwendet werden muß. Das Krockieren geschieht in folgender Weise: Die eigene Kugel wird so neben die gegnerische gelegt, daß sich beide berühren. Man tritt mit der Fußspitze (auch Fußballen) fest auf die eigene Kugel und schlägt kräftig gegen sie, um dadurch die gegnerische Kugel in eine für den Gegenspieler ungünstige Richtung zu treiben. Die eigene Kugel muß liegenbleiben; andernfalls muß sie auf ihren Platz zurückgelegt werden.
— Wird mit Wendepfosten gespielt, so muß die Kugel diesen erst berühren, bevor die Tore auf dem Weg zum Zielpfosten durchspielt werden.
— Die Kugel darf nicht geschoben werden; geschieht das dennoch, so ist sie auf den Ausgangspunkt zurückzulegen; das Spiel wird dann vom nächsten Spieler fortgesetzt.
— Wurde am Tor vorbeigeschlagen, so darf beim nächsten Schlag das Tor auch von hinten durchspielt werden; die Kugel muß dann jedoch nochmals das Tor von vorn passieren.
— Wird mit Spielfeldbegrenzungen gespielt und eine Kugel rollt ins Aus, so wird sie 1 m vom Auspunkt entfernt im Spielfeld niedergelegt.
Krocket kann als Einzel- oder auch als Mannschaftsspiel betrieben werden. Weitere Einzelheiten, ergänzende Spielregeln und Spielvarianten sind speziellen Anleitungen zu entnehmen.[26]

Reifenstechen

Spielerzahl: 10 bis 20
Spielgeräte: Reifen und Wurfbälle, Tennisbälle oder Kienäpfel
Schwieriger als die bis jetzt beschriebenen Spiele, bei denen ein ruhendes Ziel getroffen werden mußte, ist eine Form, die wir Reifenstechen nennen wollen:
Vor drei Gruppen von Spielern, die in Reihen

26. Vgl. Bartel, W.: Freizeitspiele. A. a. O., S. 9ff.

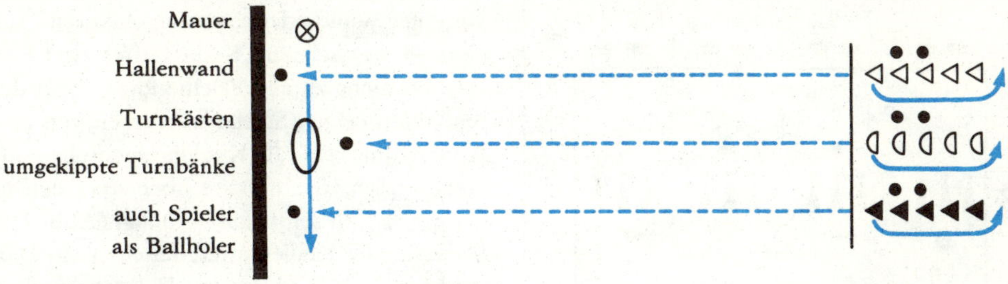

Abb. 107 Reifenstechen mit Bällen

hinter einer Linie stehen, wird in einer Entfernung von etwa 4 bis 10 m ein Reifen vorbeigerollt (Abb. 107). Die ersten Spieler jeder Mannschaft versuchen, mit ihrem „Wurfgeschoß" durch den Reifen zu werfen. Sie können gleichzeitig, aber auch nacheinander werfen, müssen aber geworfen haben, bevor der Reifen eine bestimmte Markierung überrollt hat. Wird von einem Spieler der Reifen so getroffen, daß er umfällt, was als Treffer zählen kann, so wird für die anderen Spieler, wenn sie noch nicht geworfen haben, ein zweiter Reifen gerollt. Nach dem Wurf reiht sich jeder bei seiner Mannschaft hinten an. Welche Mannschaft hat nach einem Durchgang die meisten Treffer erzielt? Wenn genügend Platz vorhanden ist, sollten die Gruppen in Linie stehen.

Abwandlung: Eine schöne Abwandlung dieses Spiels, für ältere Jungen im Gelände geeignet, ist folgende Form:

Ein Reifen (auch eine zum Reifen gebogene Weidenrute) wird einen Hang hinuntergerollt. Auf der einen Seite verteilen sich die Jungen am Hang und werfen aus einer Entfernung von 5 bis 6 m Kienäpfel oder angespitzte Stöcke (Speere) oder Gerten durch den Reifen (Abb. 108).

Methodische Bemerkungen: Zuerst darf die Entfernung bis zum rollenden Reifen nicht größer als 4 bis 5 m sein. Entfernung und Tempo des rollenden Reifens müssen sich nach der Treffsicherheit der Werfer richten. Man läßt die Spieler am besten vor einer Wand oder Mauer werfen, um große Laufereien nach den Bällen zu vermeiden. Diese Übung schult sehr

Abb. 108 Reifenstechen mit Gerte

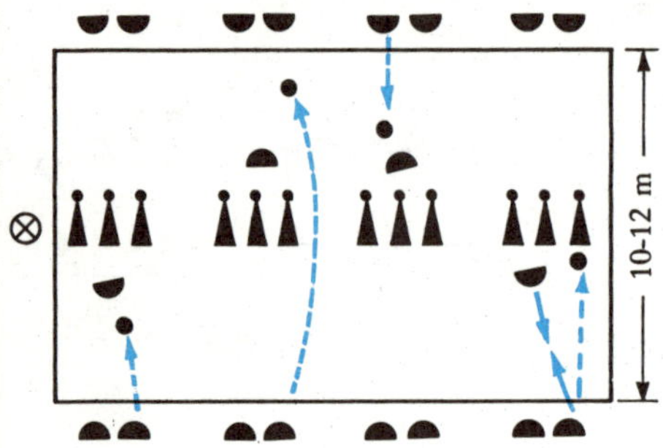

Abb. 109 Keulen bewachen

gut die Vorausnahme einer fremden Bewegung und die zeitliche Abstimmung der eigenen Wurfbewegung.

3.3.1.2. Zielspiele mit Wächter

Keulen bewachen

Spielerzahl: 5 je Gruppe
Spielgeräte: Keulen und Gymnastik- oder Wurfbälle
Die Aufstellung der Spieler ist aus der Abbildung 109 zu ersehen. Jede Gruppe hat einen Ball. Die Spieler hinter den Abwurflinien versuchen, eine der drei Keulen umzuwerfen, die jedoch ein Wächter verteidigt. Der, dem es gelingt, eine Keule umzuwerfen, löst den Keulenwächter ab.
Die Keulen nicht zu dicht aufstellen!

Bau auf! (Fangender Keulenhüter)

Spielerzahl: 6 bis 10
Spielfeld: 12 m × 15 m
Spielgeräte: 2 Keulen, kleine Hohlbälle
Im hinteren Teil des Spielfeldes — möglichst vor einer Wand oder einer umgekippten Turnbank — bewacht ein Keulenhüter zwei Keulen, die nicht zu eng beieinander stehen dürfen. Die übrigen Spieler versuchen von einer Abwurflinie aus, die Keulen umzurollen oder umzuwerfen. Sie müssen aber stets den geworfenen Ball selbst zurückholen (Abb. 110). Dabei ist der Keulenhüter, der eifrig alle Bälle mit der Hand oder dem Fuß abzuwehren versucht, ohne sie zu fangen, bestrebt, einen Spieler innerhalb des Feldes abzuschlagen. Gelingt das noch vor der Abwurflinie, so löst ihn der gefangene Spieler ab. Der Abschlag gilt aber nur, solange die Keulen stehen. Fällt eine Keule um, ruft der Werfer sofort: „Bau auf!“, und der Keulenwächter muß vom Fangen ablassen.
Bemerkung: Wenn kein Ballfang vorhanden ist, gilt das Feld hinter der Grundlinie des Keulenhüters als Freimal. Die Werfer müssen aber beim Holen ihrer Bälle auf dem Hin- und Rückweg durch das Feld des Keulenhüters.
Beachte! Die Spieler sollen erkennen lernen, wann sich der günstigste Augenblick zum Zurückholen der Bälle ergibt (beim Aufstellen der Keulen, bei Fangversuchen).

Steinbock abschießen

Spielerzahl: 10 bis 15
Der Spielgedanke entspricht dem des Spiels „Bau auf!“. „Steinbock abschießen“ läßt sich sehr gut im Gelände spielen, zum Beispiel auf Wanderungen. Von einem „Felsen“ 8 bis 10 m entfernt (im Freien Findlinge, in der Halle Kasten, Bock, Dreibeinbock aus Turnstäben) wird eine Abwurflinie markiert, an der die Spieler nebeneinander stehen. Auf dem „Felsen“ steht ein „Steinbock“ (Büchse, Ball, Keule o. ä.) (Abb. 111). Jeder Spieler hat ein Wurfgerat (Tennis- oder Wurfball, Handball oder Gymnastikball; im Gelände Kienäpfel

oder Tannenzapfen), mit dem er den „Steinbock“ vom „Felsen“ schießen soll. In der Nähe des Felsens steht aber ein Wächter, der jeden, der sein Wurfgerät zurückholen will, abzuschlagen versucht.

Die Spieler werfen der Reihe nach ihren Ball zum Felsen. Der Spieler, der geworfen hat, kann sein Wurfgeschoß zurückholen, wann er will. Wenn er aber wieder mit dem Wurf an der Reihe ist, muß er im Besitz seines Balles sein, sonst gilt er als abgeschlagen und muß mit dem Wächter die Rolle tauschen. Ist der Steinbock getroffen worden, muß ihn der Wächter erst wieder auf den Felsen stellen, bevor er mit dem Haschen beginnen darf. Der Spieler, der den Steinbock getroffen hat, darf nicht abgeschlagen werden.

Abwandlungen:

a) Um den Felsen ist ein Kreis von etwa 6 bis 7 m Durchmesser gezogen; ein Werfer darf nur innerhalb dieses Kreises abgeschlagen werden.

b) Es kann auch so gespielt werden, daß alle gleichzeitig ihre Bälle werfen und dann hinterherlaufen müssen, um sie zu holen, unabhängig davon, ob der Steinbock getroffen wurde oder nicht.

c) Die Werfer stehen in einem großen Kreis um den Felsen herum und werfen ihren Ball der Reihe nach auf den Steinbock. Beim Zurückholen der Bälle muß auf den alten Platz zurückgelaufen werden. Der Wächter hat auch hier nur innerhalb des Kreises Schlagrecht.

Abb. 110 Bau auf!

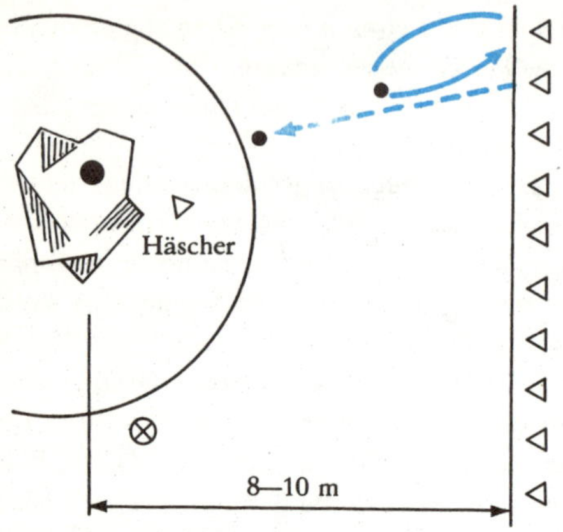

Abb. 111 Steinbock abschießen

Keulenball im Kreis

Spielerzahl: 10 bis 16
Spielgeräte: 1 Hohlball, Keulen
Die Spieler zweier Mannschaften bilden einen Kreis, entweder so, daß die Parteien sich in Halbkreisaufstellung gegenüberstehen (Abb. 112) oder in abwechselnder Folge (Abb. 113). Durch schnelles Zuspielen des Balles innerhalb der Partei und durch Täuschungsbewegungen versuchen sie, die Keulen des Gegners umzuwerfen, wobei sie gleichzeitig ihre eigenen Keulen zu bewachen haben und den Ball abfangen müssen. Die Keule, die umgeworfen wurde oder durch eigenes Verschulden umfiel, wird aus dem Spielfeld genommen, am besten in ein bereitgestelltes Kastenteil gelegt. Der besitzlose Spieler darf aber weiterhin am Spiel teilnehmen. Man kann ihm jedoch das Abwurfrecht entziehen, so daß er nur noch Zuspieler ist.
Die Mannschaft, deren Keulen zuerst umgeworfen wurden, hat verloren. Das Spiel kann auch als Kampf jeder gegen jeden durchgeführt werden, wobei der Spieler gewinnt, der als letzter im Besitz seiner Keule ist.

Keulenball in zwei Feldern

Spielerzahl: 8 bis 16
Spielfeld: Etwa 14 m × 18 m
Spielgeräte: Keulen, Hohlball
Beim Keulenball in zwei Feldern befindet sich in jeder Spielfeldhälfte eine Mannschaft (Abb. 114). Hinter den Grundlinien des Spielfeldes sind in einem Keulenraum fünf oder sechs Keulen aufgestellt, die der Gegner umwerfen soll. Durch eine zweckmäßige Verteilung in ihrem Feld versuchen die Spieler, das zu verhindern, indem sie den Ball abfangen, um dann selbst die gegnerischen Keulen anzugreifen. Ohne Ball ist das Laufen in der eigenen Spielfeldhälfte gestattet.
Wird nach Zeit gespielt, so hat die Partei mit

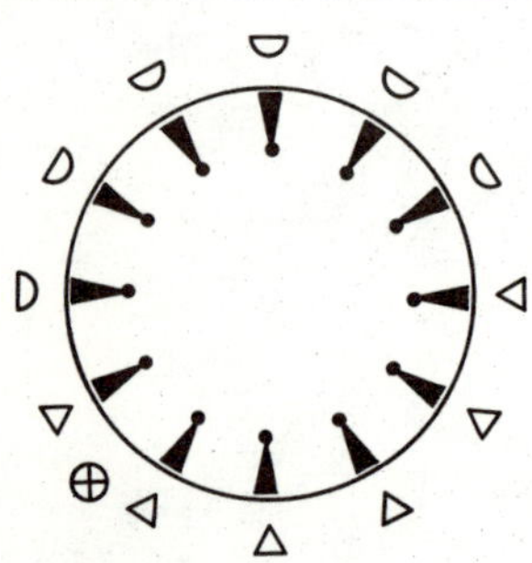

Abb. 112 Keulenball im Kreis

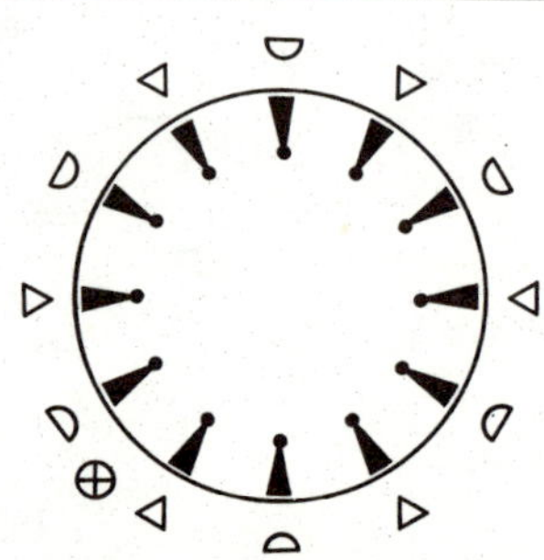

Abb. 113 Keulenball im Kreis

den meisten Treffern gewonnen; im anderen Fall gewinnt die Mannschaft, die zuerst alle Keulen des Gegners umgeworfen hat.
Bei entsprechenden Spielfertigkeiten kann auch ein zweiter Ball hinzugenommen werden, wodurch das Spiel noch lebhafter wird.
Abwandlung: Sollen mehr Spieler teilnehmen, so vergrößert man das Spielfeld um einige Meter in der Länge und Breite und besetzt beide Feldhälften mit einer bestimmten Anzahl von Spielern beider Mannschaften (Abb. 115), die jedoch nicht in das andere Feld hinüberwechseln dürfen. Diese Form wird nur mit einem Ball gespielt.
Mit dem Ball darf nicht gelaufen werden. Auch kein Dribbling gestatten! Durch Freilaufen und schnelles Zuspielen sollen die günstigsten Wurfgelegenheiten geschaffen werden, ohne dabei die Deckung der eigenen Keulen zu vergessen. Die Mannschaften müssen sich deutlich voneinander unterscheiden.

Burgball (Bockball, Kastenball)

Spielerzahl: 12 bis 15 je Kreis
Spieleraufstellung: Innenstirnkreis, 1,50 bis 2 m Abstand der Spieler voneinander
Spielgeräte: Hohlball; eine Burg: 3 Gymnastikstäbe als Pyramide zusammengebunden

In der Mitte eines Kreises wird eine Burg aufgestellt (Abb. 116). Die Spieler, im Innenstirnkreis stehend, werfen sich einen Hohlball kreuz und quer zu und versuchen, die von einem Spieler bewachte Burg umzuwerfen. Der Burgwächter verhindert das durch Hand- oder Fußabwehr.
Die Kreislinie darf beim Wurf nicht übertreten werden. Wer die Burg umschießt, löst den Wächter ab. Wirft der Wächter versehentlich selbst die Burg um, so wird er von einem Spieler abgelöst, den der Spielleiter bestimmt.
Abwandlungen: Zahlreiche Abwandlungen sind möglich und haben zum Teil dem Spiel auch verschiedene Namen gegeben. Die schönsten und brauchbarsten Formen wollen wir anführen:
a) Die Burg wird durch drei bis fünf Keulen gebildet. Sie gilt erst als zerstört, wenn alle Keulen umgeworfen worden sind. Man kann dem Burgwächter auch gestatten, während des Spiels zwei Keulen wieder aufzustellen.
b) Auf einem Bock liegt ein Medizinball, der hinuntergeworfen werden muß (Bockball).
c) Der Ball muß in einen offenen Kasten hineingeworfen werden (Kastenball).
d) Es ist auch möglich, mit zwei Bällen und zwei Wächtern zu spielen.
e) Die Burg wird durch Fußspiel zum Einsturz gebracht. Hierbei empfiehlt sich eine

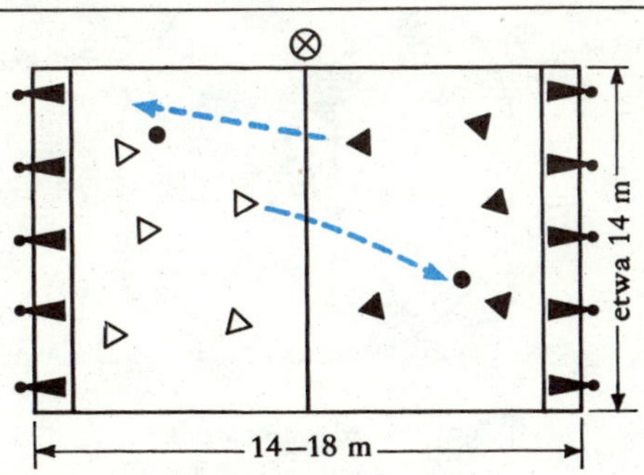

Abb. 114 Keulenball in zwei Feldern

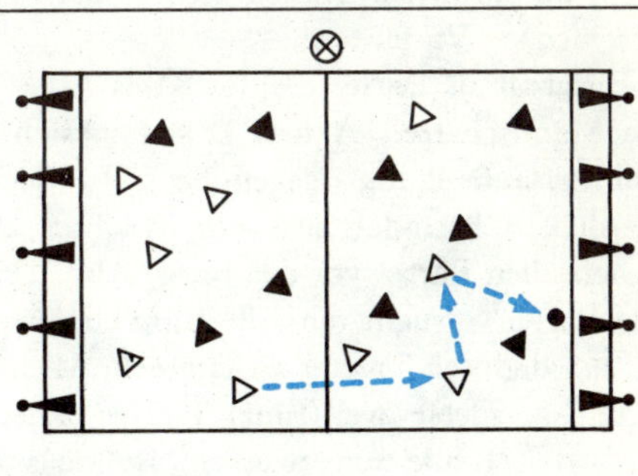

Abb. 115 Keulenball in zwei Feldern

Abb. 116 Burgball

Burg aus Gymnastikstäben oder Keulen. Schnelles Passen und gutes Täuschen sind erforderlich.

f) Die Burg braucht nicht eingeworfen, sondern lediglich durch indirekte Würfe berührt zu werden (Aufpreller, Aufsetzer). Hierbei steht in der Mitte am besten ein Kasten oder ein Bock.

g) Man kann bei mehreren Burgwächtern den Sieger ermitteln, indem die Zeit der Burgverteidigung jedes einzelnen festgestellt wird. Wem gelingt es, die Burg am längsten zu verteidigen? Das spornt an.

Burgball läßt sich auch als Mannschaftsvergleich durchführen. Hierzu gibt es ebenfalls verschiedene Varianten:

a) Burgball als Parteispiel im Kreis

Die Mannschaften A und B stehen sich in Halbkreisaufstellung gegenüber. In jeder Kreishälfte befindet sich ein Wächter der gegnerischen Partei vor der Burg (Abb. 117). Jede Partei versucht nun, die Burg einzuwerfen, um dadurch Treffer zu sammeln. Welche Partei hat zuerst drei (fünf) Treffer erzielt? Wird eine Keule umgeworfen, ist sie vom Keulenwächter sofort wieder aufzustellen. Jede umgeworfene Keule zählt einen Punkt. Fallen bei einem Treffer zwei Keulen um, so ergibt das eben zwei Pluspunkte. Es ist darauf zu achten, daß jede Partei stets nur einen Ball hat.

b) Kreis gegen Kreis

Bei dieser Form gibt es zwei Burgballkreise, beide stehen miteinander im Wettbewerb. Jeder Kreis stellt für den anderen den Burgwächter. Welche Kreisspieler haben die Burg zuerst eingeworfen?

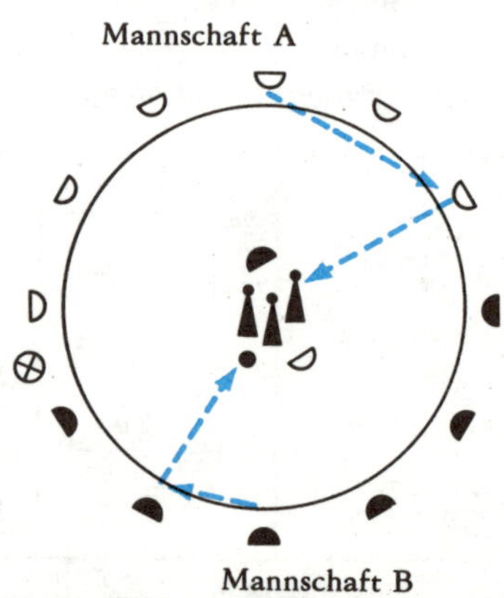

Abb. 117 Burgball als Parteispiel im Kreis

Wenn mit Punktwertung gespielt wird, stehen in der Kreismitte wieder drei Keulen; jede umgeworfene Keule zählt einen Pluspunkt für die Kreisspieler. Während des Keulenaufstellens ruht das Spiel. Welcher Kreis erzielt in zwei Minuten die meisten Punkte?

c) Burgball als Parteispiel im Feld (vgl. hierzu auch 3.4.2. „Spiele mit direktem Kampf mit dem Gegner").

Spielt man Burgball, Bockball oder Kastenball als Parteispiel im Feld, so ändert sich der gesamte Spielcharakter. Zum genauen Werfen kommen jetzt noch die Anforderungen des Parteiballspiels hinzu, also geschicktes Zusammenspiel und die Abwehr der Gegner. Die Spiele gleichen so dem Handball-, Korbball- oder Basketballspiel und können auch durch deren Spielregeln näher bestimmt werden.

Zwei Mannschaften von etwa fünf bis sieben Spielern spielen in einem Feld von etwa 10 m × 20 m gegeneinander. Lassen es die Raumverhältnisse zu, kann das Spielfeld natürlich vergrößert werden, um dann auch die Mannschaften zu verstärken. An jedem Spielfeldende steht eine Burg in einem Kreis von etwa 3 m Durchmesser, um den möglichst herumgespielt werden soll. Die Burg wird durch einen Wächter im Kreis bewacht, man kann aber auch ohne Burgwächter spielen lassen.

3.3.2. Ballspiele mit Abwerfen von Gegnern

Bei den Ballspielen mit Abwerfen von Gegnern wird die Steigerung der Leistungsanforderungen von Spiel zu Spiel recht deutlich, so daß auch methodisch die Reihenfolge im allgemeinen eingehalten werden sollte.

Die Spiele sind so angeordnet, daß das Abwerfen infolge der sich zunächst gar nicht oder nur in geringem Maße bewegenden Ziele einfach ist (Stando, Reiterball mit Abwurf, Kreiswurfball). In den dann folgenden Formen dürfen sich die gehetzten Spieler frei bewegen, jedoch in einem verhältnismäßig kleinen Raum, so daß das Treffen auch noch nicht allzu schwierig ist (Abwurf in der Gasse, Hetzball, Drei-Felder-Ball, Zweifelderball). Die Jägerballspiele und Schlagball-Vorbereitungsspiele stellen dagegen schon höhere Anforderungen, weil die Läufer in einem größeren Feld ausweichen können und die Abwerfer diese erst einkreisen müssen, was bei den vorher genannten Spielen durch die Aufstellung der Abwerfer von vornherein gegeben ist.

Die Spiele dieser Gruppe sind alle sehr lebhaft und von hohem bewegungsschulendem Wert. Schnelles und genaues Zuwerfen werden in den meisten Spielen gefordert.

Die durch den Abwurf bedrohten Läufer üben das gewandte Ausweichen am Ort oder im schnellen Lauf. In den meisten Formen bewirkt ein kurzer andauernder Lauf die gewünschte Belastung, ohne infolge der durch den Spielcharakter auftretenden Pausen bei Kindern eine Überlastung befürchten zu müssen.

Die Werte der Jägerballspiele und des Schlagballspiels haben wir an Ort und Stelle ausführlich besprochen.

Bei fast allen Spielen kann die gesamte Klasse zu gleicher Zeit und in ausreichendem Maße beschäftigt werden, oder es wird durch eine raumsparende Aufteilung des vorhandenen Platzes in mehreren Gruppen gleichzeitig gespielt.

Stando (Stehball, Standball)

Spielerzahl: 8 bis 15
Spielgerät: Leder-, Gummi- oder Wurfball
Die Spieler zählen durch, jeder einzelne merkt sich seine Nummer. Alle gruppieren sich um den Spieler, dem der Ball zur Spieleröffnung

übergeben wurde. Dieser wirft ihn hoch und ruft dabei eine Nummer auf. (Es kann auch der Name eines Mitspielers gerufen werden.) Alle Spieler laufen jetzt auseinander bis auf den, der aufgerufen wurde. Dieser muß sich schnell um den Ball bemühen. Hat er ihn gefangen oder erlaufen, ruft er sofort: „Stando!“, „Stehen!“ oder „Halt!“, worauf alle Davoneilenden augenblicklich stehenbleiben müssen (Abb. 118). Nun muß der Ballbesitzer versuchen, einen der Spieler abzuwerfen. Gelingt ihm das, so wirft der getroffene Spieler den Ball im nächsten Spieldurchgang in die Höhe, wozu sich alle wieder vorher um ihn herum versammeln. Trifft der Werfer aber nicht, so muß er den Ball selbst holen und es noch einmal versuchen.

Spielt man mit Wertung, so erhält der Getroffene oder bei Fehlwurf der Werfer einen Minuspunkt. Gewonnen haben die Spieler mit den wenigsten Minuspunkten.

Wir achten auf drei Spielregeln:

— Der Aufgerufene darf nicht früher „Stand“ oder „Stando!“ rufen, als bis er den Ball fest in den Händen hat.

— Die Davoneilenden dürfen nach dem Stando-Ruf ihren Platz nicht mehr verändern.

Abb. 118 Stando

(Achte auf die Spieler, die im Rücken des Werfers stehen, während sich dieser sein „Ziel“ aussucht.)

— Beim Abwerfen dürfen die „Zielscheiben“ nur mit dem Kopf ausweichen (kleine Mutschulung).

Abwandlungen: Von den zahlreichen möglichen Abwandlungen und kleineren Änderungen der Spielweise wollen wir die gebräuchlichsten nennen:

a) Wird der Ball von dem aufgerufenen Spieler aus der Luft gefangen, kann er ihn sofort wieder hochwerfen und dabei eine neue Nummer aufrufen.

b) Der Spieler, der abgeworfen werden soll, darf fest auf der Stelle stehend dem Wurf ausweichen (Niederhocken, Seitbeugen des Rumpfes). Dem Werfer ist es gestattet, Täuschungsbewegungen auszuführen.

c) Der Ball wird zu Spielbeginn nicht hochgeworfen, sondern liegt in der Mitte eines Kreises von 3 bis 4 m Durchmesser, um den sich alle Spieler versammeln. Beim Aufruf der Nummer eilt der betreffende Spieler zum Ball, hebt ihn auf und ruft „Stando!“. Nennt hierbei der Spielleiter die Nummer, so kann er es einrichten, daß alle Spieler einmal zum Werfer werden.

d) Das Spiel verläuft wie „Ringender Kreis mit Haschen“ (S. 164). Der Spieler, der in den Kreis tritt, in dem der Ball liegt, wird hierbei nicht zum Häscher, sondern zum Werfer.

Die Formen c) und d) haben den Vorteil, daß der Ball nicht wie in der Grundform hochgeworfen wird, wobei der Hochwerfer ihn mitunter absichtlich sehr schräg und oft nicht sofort erreichbar fortwirft.

e) Die Spieler bilden vor einer Wand (Mauer) einen Halbkreis. Der Ball wird gegen die Wand geworfen und dabei die Nummer des Spielers aufgerufen.

f) Nach dem Zielwurf kann das Spiel fortgesetzt werden, ohne daß alle Spieler zum Ausgangspunkt zurücklaufen müssen:

— Jeder beliebige Spieler darf nach dem Zielwurf den Ball aufheben und erneut „Stando!" rufen. Bemüht sich also ein Spieler um den Ball, suchen alle anderen sofort das Weite.
— Der für den Abwurf bestimmte Spieler darf den Ball fangen und nach erfolgreichem Fang „Stando!" rufen, um dann selbst jemanden abzuwerfen.

Reiterball mit Abwurf

Spielerzahl: 10 bis 20
Spieleraufstellung: Zu Paaren im Innenstirnkreis
Spielgerät: Gummi- oder Lederball
Je zwei Jungen von annähernd gleichem Körperbau sind „Pferd" und „Reiter". Die Pferde stehen bei weit vorgebeugtem Oberkörper in fester Schrittstellung und stützen die Hände auf das vordere Knie. Die auf dem „Pferderücken" sitzenden Reiter spielen sich den Ball im Innenstirnkreis kreuz und quer zu. Läßt ein Reiter den Ball fallen, müssen alle sofort absitzen und davonlaufen, während ein Pferd den Ball ergreift und „Halt!" ruft, worauf alle Reiter stehenbleiben müssen. Der Ballbesitzer versucht nun, einen Reiter abzuwerfen. Trifft er, müssen Reiter und Pferde die Rollen tauschen, andernfalls wird in gleicher Weise weitergespielt.
Methodische Bemerkungen: Es ist darauf zu achten, daß die fortlaufenden Reiter den Ball nicht fortstoßen und die Pferde die Reiter nicht festhalten. Stoßen die Reiter den Ball dennoch fort, so erfolgt sofort Rollentausch.
Bei älteren Spielern kann man den Pferden, ohne daß sie ihren Platz verlassen, auch das Bocken gestatten, um den Reitern das Ballfangen zu erschweren. Auf weichem Rasen, am Sandstrand oder im Wasser können die Reiter auf den Schultern der „Pferde" sitzen.

Kreiswurfball (Kreisball)

Spielerzahl: 8 bis 20
Spieleraufstellung: Geöffneter Innenstirnkreis, etwa 1 m Abstand der Spieler voneinander
Spielgerät: Hohlball
Beim Kreiswurfball werden die Spiele „Stando!" und „Hetzball" miteinander verbunden. Es beginnt mit Hetzball. Hinzu kommt, daß jeder Kreisspieler, der beim Abwerfen danebentrifft, ebenfalls in den Kreis muß. Wird ein Spieler im Kreis abgeworfen, so laufen alle anderen, sowohl die bisher im Kreis Gejagten als auch die Außenspieler, auseinander. Der getroffene Mittelspieler bemüht sich schnell um den Ball, ruft „Stando!" und versucht, den am nächsten Stehenden abzuwerfen. Gelingt der Zielwurf, so muß der Getroffene in den Kreis, geht der Wurf daneben, so wird das Spiel mit dem „alten" Mittelspieler fortgesetzt. Sieger sind die Spieler, die in einer bestimmten Spielzeit nicht in den Kreis brauchten.
Abwandlung: Es kann auch so gespielt werden, daß die bereits im Kreis befindlichen Spieler zu Helfern des Abgeworfenen werden, schnell den Ball aufnehmen, „Stando!" rufen und entweder dem Getroffenen den Ball zuspielen oder von ihrer Stelle aus selbst einen Kreisspieler abzuwerfen versuchen.

Abwurf in der Gasse

Spielerzahl: 20 bis 30
Spieleraufstellung: Gasse, Abstand der gegenüberstehenden Spieler etwa 10 m
Spielgeräte: Hohlbälle
Die Spieler einer Mannschaft bilden eine Gasse. Mit zwei oder auch mehreren Hohlbällen versuchen sie, die durch die Gasse laufenden Spieler der Gegenmannschaft abzuwerfen. Jeder Lauf durch die Gasse ohne Treffer zählt für den Läufer einen Pluspunkt.

Wer hindurchgelaufen ist, läuft an der Seite der Gasse zurück und startet erneut. Die Anzahl der Läufe wird vorher festgelegt. Nach Ablauf der Spielzeit wechseln die Mannschaften ihre Aufgaben. Es siegt die Mannschaft mit der höheren Punktzahl.

Hetzball (Abwurfball, Treffball, Zielball)

Spielerzahl: 8 bis 20
Spieleraufstellung: Geöffneter Innenstirnkreis mit etwa 1 m Abstand der Spieler
Spielgerät: Hohlball
Im Kreis befindet sich ein Spieler, der von den Kreisspielern abgeworfen werden soll. Durch schnelles Zuspielen des Balles jagen sie ihn im Kreis hin und her, um ihn zu treffen. Der, dem das gelingt, wechselt mit dem Abgeworfenen den Platz.
Weitere Spielmöglichkeiten:
a) Im Kreis befinden sich zwei, drei oder vier Spieler, die abgeworfen werden sollen. Sieger ist derjenige, der zuletzt abgeworfen wird. Die Abgeworfenen reihen sich in den Kreis ein.
b) Es siegt der gehetzte Spieler, zu dessen Abschuß die meisten Würfe erforderlich waren.
c) Spielt man mit mehreren Kreisen, ermittelt man den Spieler, der sich am längsten im Kreis gehalten hat.
d) Der gejagte Spieler im Kreis darf den Ball mit den Händen, Fäusten oder Armen abwehren. Nur wenn der Ball den übrigen Körper trifft, zählt er als abgeworfen und wird abgelöst.
e) Als Treffer zählt nur, wenn der Ball die Beine unterhalb der Knie berührt. Diese Form empfiehlt sich besonders bei geübten Sportlern, die schon scharf werfen. Gleichzeitig bedeutet sie für die Werfer eine Schwierigkeitssteigerung im Zielwurf.
f) Soll der Treffer durch einen Fußstoß angebracht werden, sollte man nur das Zielen nach den Beinen gestatten.
Im Fußballtraining der Jungen kann man weiterhin folgende Abwandlung benutzen: Der Mittelspieler darf durch Annehmen beziehungsweise Stoppen des Balles Pluspunkte erwerben. Er muß den Ball jedoch unter Kontrolle behalten, das heißt, der Ball darf nicht weiter als etwa 1 m fortrollen oder -fliegen. Beim Spielen nach Zeit sollte der Pluspunkt in eine Zeitgutschrift umgewertet werden. Der Spielleiter entscheidet über den gültigen Stoppball.
g) Der Mittelspieler hat Fangrecht und versucht, dadurch recht viele Pluspunkte zu erwerben.
h) Im Kreis wird zur Deckung des Mittelspielers eine Barrikade aufgebaut (Kasten, Bock).
i) Die Spieler sind in Gruppen zu je fünf Spielern eingeteilt. Durch Hüftfassung bilden die Spieler einer Gruppe eine enge, aber bewegliche Reihe (zur Aufstellung vgl. „Glucke und Geier“, S. 179). Die Spieler der anderen Gruppe bilden um die Reihe einen einfachen Innenstirnkreis und versuchen, den letzten Spieler der Reihe abzuwerfen. Nur der erste Spieler der Reihe darf den Ball fangen oder abwehren. Gelingt ein Abwurf, so muß der letzte Spieler der Reihe sich vorn anreihen. Sind alle Spieler der Reihe abgeworfen worden, kommt die nächste Gruppe in den Kreis. Welche Gruppe behauptet sich am längsten?
k) Hetzball als Parteispiel
— in Kreisaufstellung
Auch als Mannschaftsvergleich kann Hetzball gespielt werden. Die Spieler werden in zwei Gruppen geteilt, die sich in Halbkreisaufstellung gegenüberstehen (Abb. 119). Jede Gruppe versucht, den parteilosen Mittelspieler als erste abzuwerfen beziehungsweise fünfmal zu treffen; oder man spielt nach Zeit und zählt die Treffer.

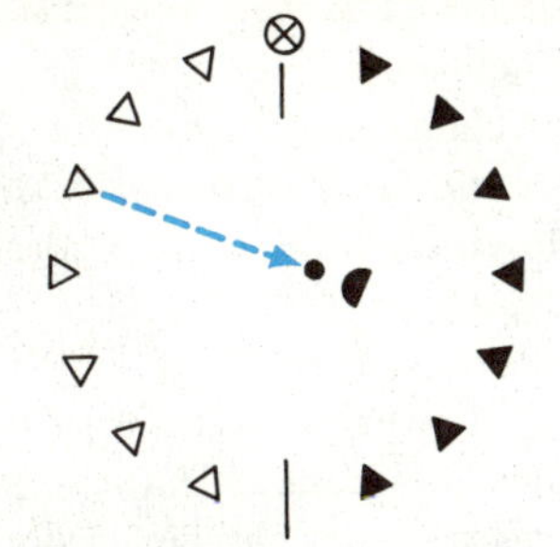

Abb. 119 Hetzball als Parteispiel in Kreisaufstellung

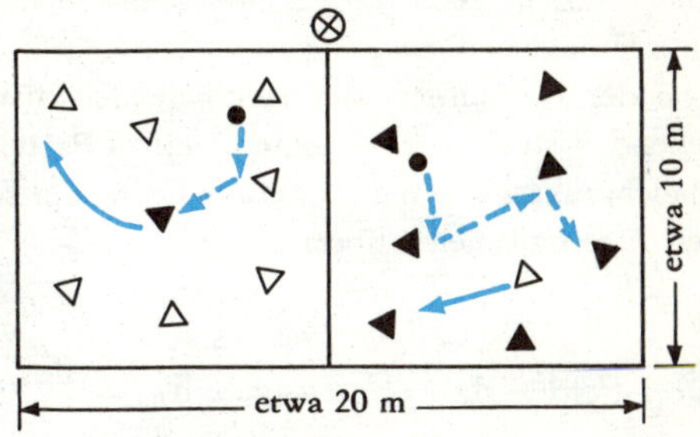

Abb. 120 Hetzball als Parteispiel in zwei Feldern

— in zwei Feldern
Spielerzahl: 12 bis 20
Spielfeld: Etwa 10 m × 20 m
Spielgeräte: 2 Hohlbälle
In jeder Spielfeldhälfte befindet sich eine Partei von sechs bis zehn Spielern, die auf ihrem einmal eingenommenen Platz stehenbleiben müssen, und ein Gegner aus dem Nachbarfeld, der gejagt und abgeworfen werden soll (Abb. 120). Welche Partei hat ihren Gegner zuerst abgeworfen und sich dadurch einen Punkt erworben? Der getroffene Spieler gesellt sich zu seiner Partei, von der nun ein anderer ins gegnerische Spielfeld geht. Man kann mehrere Durchgänge spielen lassen, um den Sieger zu ermitteln.
— in zwei Kreisen
Bei großer Spielerzahl eignet sich am besten Parteihetzball in zwei Kreisen, wobei jede Partei die Hälfte ihrer Spieler in den einen Kreis als Läufer schickt, während sich die andere Hälfte um den zweiten Kreis als Abwerfer aufstellt (Abb. 121). In beiden Kreisen beginnen die Abwerfer mit der Hetzjagd. Wer von den Spielern innerhalb der Kreise abgeworfen wurde, gesellt sich zur anderen Hälfte seiner Partei und hilft beim Abwerfen. In welchem Kreis sind zuerst alle Spieler abgeworfen worden? Im nächsten Spieldurchgang wechseln die Spieler beider Parteien ihre Rollen.
Methodische Bemerkungen: Gegenüber den anderen Hetzballparteispielen hat die letzte Form k) den Vorteil, daß alle Spieler intensiver beschäftigt sind. Das Abwerfen dauert in der Regel nicht allzulange, so daß durch den

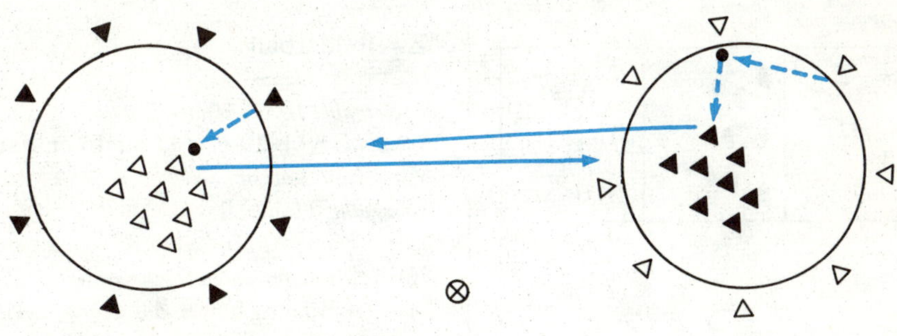

Abb. 121 Hetzball als Parteispiel in zwei Kreisen

Rollentausch auch die andere Hälfte der Spieler bald in Bewegung ist.

Von der Grundform des Hetzballspiels ausgehend, sind die Formen mit Parteispielcharakter schon eine weitere Stufe, um zu den Jägerballspielen überzuleiten.

Drei-Felder-Ball (Festungsball)

Spielerzahl: 15 bis 36

Spielfeld: 8 bis 10 m × 15 bis 24 m, je nach Spielerzahl

Spielgerät: Hohlball

Das Spielfeld wird in drei gleich große Felder und die Spielgruppe in drei gleich starke Parteien aufgeteilt. In jedem Feld befindet sich eine Partei (Abb. 122), die bemüht ist, viele Spieler des Gegners abzuwerfen. Dabei wird der Ball von Feld zu Feld geworfen, das Fangen ist erlaubt. Die Parteien in den beiden Außenfeldern versuchen, die Spieler in der Mittelzone abzuwerfen, während die Mittelspieler nach beiden Seiten angreifen und sich zugleich verteidigen.

Das Spiel kann auf folgende Arten entschieden werden:

a) durch Ausscheiden

— Verloren hat die Mannschaft, die völlig aufgelöst wurde.

— Wie lange behauptet sich eine Mannschaft im Mittelfeld? (Die Zeit möglichst mit der Stoppuhr nehmen.)

— Nach Ablauf von drei bis fünf Minuten entscheidet die noch vorhandene Spielerzahl in den einzelnen Feldern die Rangfolge des Spieldurchganges.

b) durch Punktwertung

Für jeden Abwurf erhält die erfolgreiche Partei einen Pluspunkt. Um ein gerechtes Endergebnis zu ermitteln, sind jedoch jedesmal drei Durchgänge erforderlich, so daß jede Partei einmal die schwierigere Mittelposition innehatte. Dann werden die Ergebnisse der einzelnen Durchgänge zusammengezählt, um den Sieger festzustellen.

Wenn nicht mit drei Durchgängen gespielt werden soll, kann man für die Spieler im Mittelfeld Vergünstigungen schaffen:

— das Mittelfeld vergrößern, oder

— bei Spielen nach Zeit und mit Ausscheiden muß jeder Mittelfeldspieler zweimal abgeworfen sein, oder

— wir verändern die Punktwertung. Für jeden getroffenen Mittelfeldspieler gibt es einen, für jeden Außenfeldspieler zwei Pluspunkte.

Abwandlung: Drei-Felder-Ball läßt sich auch mit nur zwei Mannschaften spielen, indem die eine sich teilt und die äußeren Zonen besetzt, während die andere das Mittelfeld behauptet.

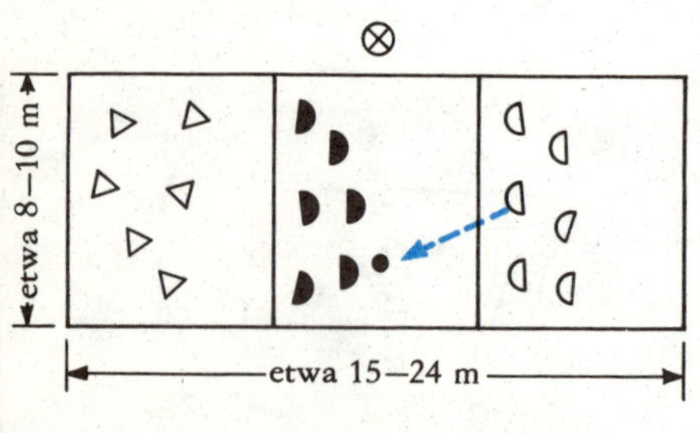

Abb. 122 Drei-Felder-Ball

Zweifelderball

Spielerzahl: 10 bis 30

Spielfeld: 8 bis 10 m × 12 bis 16 m, durch eine Mittellinie geteilt

Spielgerät: Hohlball

Jede Mannschaft verteilt sich in ihrer Spielfeldhälfte und schickt einen Außenspieler (Strohmann) hinter die gegenüberliegende Grundlinie, der jedoch kein Abwurfrecht hat. Die Mannschaften versuchen, durch Abwerfen ihrer Gegner deren Feld zu leeren. Die getroffenen Spieler müssen das Spielfeld verlassen und sich — mit Abwurfrecht — hinter die gegenüberliegende Grundlinie begeben, während der erste Außenspieler zur Mannschaft ins Feld wechselt. So kann der Gegner von beiden Seiten angegriffen werden. Durch schnelles Zuwerfen zwischen Feldspielern und Außenspielern wird die Gegenmannschaft so lange hin und her gejagt, bis sich eine günstige Abwurfgelegenheit ergibt. Der Gegner jedoch versucht, den Ball abzufangen, um selbst Treffer zu erzielen. Später kann man auch dem ersten Außenspieler das Abwurfrecht erteilen und bei großen Gruppen gleich zwei oder drei Außenspieler einsetzen, wodurch das Spiel von vornherein lebhafter wird.

Folgende *Spielregeln* sind zu beachten:

— Nur direkte Treffer gelten. „Erdbälle", also Treffer, bei denen der Ball vorher den Boden berührte, gelten nicht als Abwürfe.

— Werden bei einem Abwurf eventuell zwei Spieler getroffen, so verläßt nur der zuerst getroffene das Spielfeld. Wird der Ball aber nach einem Treffer, ohne daß er den Boden berührte, von einem Gegenspieler aufgefangen, so gilt der Abwurf nicht.

— Das Übertreten der Spielfeldbegrenzungen, um dem Abwurf zu entgehen, gilt als Treffer.

— Wenn ein ballbesitzender Spieler die Spielfeldgrenze übertritt, muß er den Ball an die Gegenpartei abgeben. Ein erzielter Treffer zählt selbstverständlich nicht, wenn beim Abwurf übergetreten wurde.

— Ein Ball darf nicht aus dem gegnerischen Spielfeld genommen werden.

— Fliegt der Ball über die seitlichen Spielfeldbegrenzungen, so gehört er der Mannschaft, die ihn nicht zuletzt berührte. Er wird dann von dieser (vom Spielfeld aus) wieder ins Spiel gebracht.

Der Sieger kann auf folgende Weise ermittelt werden:

— Es gewinnt die Mannschaft, die zuerst das gegnerische Feld geleert hat, oder

— die nach einer festgelegten Spielzeit noch die meisten Spieler im Feld hat.

— Wird nach Punkten gespielt, so hat die Mannschaft gewonnen, die in einer bestimmten Spielzeit die meisten Treffer erzielte oder

— die geforderten 20 Treffer zuerst anbringen konnte.

Bei dem Spiel mit Punktwertung verlassen die getroffenen Spieler nicht ihr Spielfeld, es werden drei oder vier Außenspieler eingesetzt (Auswechseln!).

Abwandlungen:

a) Der Ball darf aus der gegnerischen Spielfeldhälfte genommen werden, ohne sie jedoch dabei zu betreten. Jetzt muß etwas gewagt werden! Es entwickelt sich ein Wetteifer um den an der Grenzlinie erreichbaren Ball. Dadurch wird das Spiel sehr lebhaft.

b) Zweifelderball mit Erlösen

Gelingt einem Außenspieler ein Treffer, so ist er erlöst und darf wieder ins Feld. Bei ausgeglichenen und gewandten Spielern dauert diese Spielweise recht lange und kann meistens nicht bis zum Auflösen einer Partei gespielt werden. Hier gewinnt die Partei, die nach der angesetzten Spielzeit noch die größte Anzahl Spieler im Feld hat.

c) Die abgeworfenen Spieler dürfen sich auch an die Seitenlinien des gegnerischen Feldes stellen, so daß der Angriff von vier Seiten erfolgen kann. Diese Variante erhöht wesentlich das Spieltempo und eignet sich besonders für eine größere Spielerzahl. Spielt sich die ballbesitzende Mannschaft schnell und nach allen Seiten den Ball zu, so werden von den Bedrängten erhöhte Aufmerksamkeit, Schnelligkeit und Gewandtheit gefordert. Auch hier kann neben der Grundform mit Erlösen gespielt werden.

d) Das Spiel beginnt mit nur zwei oder drei Spielern in den beiden Spielfeldhälften. Die übrigen verteilen sich um das Feld des Gegners herum. Gelingt einem Spieler ein Treffer, darf der Schütze in sein Feld überwechseln. Er unterstützt seine Mitspieler bei dem Bemühen, den außenstehenden Spielern den Ball zuzuspielen. Gewonnen hat die Mannschaft, die als erste vollzählig im Feld ist.

e) Zweifelderball mit Hindernissen

Eine sehr freudvolle Abwandlung ergibt sich, wenn in jedes Spielfeld ein Kasten gestellt wird, der den Spielern Deckung gewährt. Wird zusätzlich noch von allen Seiten geworfen (Abb. 123), so dient Zweifelderball mit Hindernissen ausgezeichnet der Gewandtheitsschulung.

Methodische Bemerkungen: Soll mit zahlenmäßig sehr kleinen Mannschaften Zweifelderball gespielt werden, so kann man auch die Regel einführen, daß ein Spieler erst zwei- oder dreimal abgeworfen werden muß, bevor er das Spielfeld zu verlassen hat. Hierbei zählt jeder seine Treffer selbst; die Spieler werden zur Ehrlichkeit aufgefordert.

Das Spiel, besonders in abgewandelter Form sehr freudvoll, entwickelt die Gewandtheit, verbessert die Reaktionsfähigkeit und schult auch das Fangen scharfer Bälle. Man muß sich nur gegen eine Übertreibung, gegen eine übermäßige Verwendung des Spiels besonders im Sportunterricht wenden, wobei andere wertvolle Spiele vernachlässigt werden, weil nur Zweifelderball, von den Schülern meist gern gespielt, bekannt ist und keine methodischen

Abb. 123 Zweifelderball mit Hindernissen

Schwierigkeiten bereitet oder große Voraussetzungen erfordert. Mit anderen Worten: Zweifelderball darf nicht zu einer „bequemen Angelegenheit“ für den Spielleiter werden, über die er seine Bildungs- und Erziehungsaufgaben vergißt.

Zweifelderball im Kreis

Spielerzahl: Zwei Mannschaften mit je 10 bis 15 Spielern
Spielfeld: Kreis, 15 bis 20 Schritte Durchmesser
Spielgerät: 1 Hohlball

Eine Mannschaft bezieht den Kreis, die andere stellt sich außerhalb davon auf. Keine Mannschaft darf den Raum der anderen betreten. Die außerhalb des Kreises stehende Mannschaft spielt sich den Ball so zu, daß sie im geeigneten Moment einen Kreisspieler abwerfen kann. Gelingt das, so laufen die Werfer weg, um nicht durch einen der Kreisspieler abgeworfen zu werden, da diese nun das Abwurfrecht haben. Wird ein davonlaufender Spieler getroffen, so erhält die im Kreis stehende Mannschaft einen Punkt, und die Rollen (Plätze) werden getauscht. Wurde aber kein Ausreißer getroffen, wird weitergespielt. Nur die Partei im Kreis kann also Punkte erzielen. Nach jedem mißlungenen Versuch bekommt die außerhalb des Kreises spielende Partei den Ball und führt das Spiel weiter. Gefangene Bälle zählen nicht als Treffer, der Fänger kann aber sofort einen Außenspieler abwerfen.

Treffersammeln (Wer trifft am meisten?, Jeder gegen jeden)

Spielerzahl: 10 bis 40
Spielfeld: Mindestgröße 10 m × 10 m
Spielgerät: Hohlball

Von den unter diesem Namen bekannten Spielen wollen wir nur jene Formen beschreiben, bei denen im Interesse der Übungsintensität aller Spieler keine Spielbeschränkung oder gar ein Ausscheiden notwendig wird.

Alle Spieler verteilen sich im Spielfeld. Jeder kann jeden abwerfen. Das Spiel wird eröffnet, indem der Spielleiter den Ball in das Feld wirft, wo ihn der nächststehende Spieler ergreift und mit dem Abwerfen beginnt. Wer als zweiter den Ball bekommt, setzt das Abwerfen fort usw. Das Fangen des Balles und das Laufen mit dem Ball sind nicht erlaubt. Jeder Spieler zählt selbst seine Treffer. Wer nach einer festgelegten Spielzeit die meisten Treffer erzielt hat, ist Sieger.

Abwandlungen:

a) Die Spieler dürfen den Ball fangen. Gelingt ihnen das, zählt der Wurf nicht als Treffer.

b) Als gültiges Fangen wird nur gewertet, wenn der Ball frei aus der Luft gefangen wird, das heißt den übrigen Körper nicht berührt. Diese Form kann aber erst mit älteren Schülern gespielt werden. Das freie Fangen ist die Voraussetzung für einen sich schnell anschließenden Wurf.

c) Ein Spieler darf so lange hintereinander abwerfen, wie er trifft. Erst nach einem Fehlwurf wechselt der Ball seinen Besitzer. Es kann mit oder ohne Fangen des Balles gespielt werden. Das Tippen oder Dribbling mit dem Ball wird gestattet. Auch hierbei siegt der Spieler mit den meisten Treffern.

Methodische Bemerkungen: Da sich bei diesem Spiel jeder schnell um den fehlgeworfenen Ball bemüht, kann es auch gut im Freien gespielt werden, ohne daß das Fortrollen des Balles und die damit verbundene Spielunterbrechung übermäßig stört. Dennoch sollte man einen zweiten Ball zur Hand haben, um gegebenenfalls unerwünschte Pausen zu verhindern.

Startball

Spielerzahl: 5 bis 40
Spielfeld: Lauffeld von 20 bis 30 m Länge
Spielgeräte: 1 Handball, Tennis- oder Wurfball
Alle Spieler stellen sich an einer Startlinie auf. Ihnen gegenüber steht ein Werfer an der Ziellinie. In der Mitte des Spielfeldes liegt ein Ball. Nach dem Startsignal versuchen alle Läufer, die gegenüberliegende Ziellinie zu erreichen, ohne vorher vom Werfer mit dem Ball getroffen zu werden, denn dieser ist mit dem Startsignal zur Mitte gelaufen, um den Ball aufzunehmen. Der getroffene Spieler oder auch der, der beim Überqueren des Lauffeldes den Ball berührt, wird im nächsten Lauf Werfer.
Abwandlungen:
a) Je nach Stärke der Spielgruppe werden mehrere Bälle und Werfer eingesetzt.
b) An beiden Seiten des Lauffeldes befindet sich eine Mannschaft. Es stehen sich immer zwei Spieler gegenüber. Jedes Paar hat einen Ball. Die Spieler der einen Seite sind zunächst die Werfer. Die Rollen innerhalb der Paare wechseln aber, sobald der Werfer seinen Läufer getroffen hat. Jeder Lauf ohne Treffer ergibt einen Pluspunkt. Der Werfer muß also versuchen, seinen Gegner möglichst schnell zu treffen, um wieder Läufer zu werden. Es siegt die Mannschaft mit der höchsten Punktzahl.

Abwehrspiel[27]

Spielerzahl: 20 bis 30
Spieleraufstellung: Die Spieler sitzen in Gruppen zu dritt unregelmäßig auf dem Spielfeld verteilt

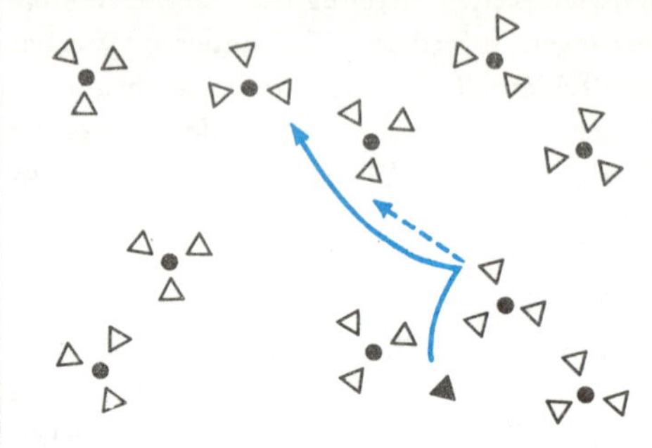
Abb. 124 Abwehrspiel

Spielgeräte: Tennis- oder Wurfbälle entsprechend der Gruppenanzahl
Jeweils drei Spieler sitzen in einem Kreis, die Hände auf dem Rücken haltend. In der Mitte vor ihnen liegt ein Tennis- oder Wurfball (Abb. 124). Ein Spieler läuft zwischen den Kreisen umher, schlägt einem Kreisspieler auf die Schulter und deutet damit das Eindringen an. Dadurch wird der eigentliche Spielvorgang ausgelöst. Der Abschläger läuft davon, während ihn der Abgeschlagene mit dem blitzschnell aufgenommenen Ball abzuwerfen versucht. Bei einem Fehlwurf wird das Abschlagen an anderer Stelle in gleicher Weise wiederholt. Bei einem gelungenen Abwurf werden die Rollen gewechselt.
Spielregeln:
— Der Abgeschlagene kann in beliebiger Haltung werfen (sofort im Sitz oder im Stand), darf aber nicht hinterherlaufen.
— Bei einem Fehlwurf geht das Spiel unverzüglich weiter. Der Werfer holt den Ball.
— Um einen Treffer zu vermeiden, darf der Abschläger nicht hinter einer Gruppe Schutz suchen.
Abwandlungen:
a) Jeder Mitspieler hat einen Ball vor sich. Der Abgeschlagene ruft sofort „Alarm“, und alle Spieler der Gruppe versuchen, den davonlaufenden Abschläger abzuwerfen.
b) Mehrere Abschläger sind unterwegs.

27. Mitgeteilt von Müller, B., Köthen, in „Körpererziehung“, Heft 8/9/1964, S. 448f.

c) Die Spieler stehen nicht in Kreisen, sondern einzeln verteilt. Mehrere Abschläger sind unterwegs.
d) Ein wendiger Abschläger kann mehrere Spieler nacheinander antippen.

3.3.3. Jägerballspiele (Hasen und Jäger)

Der Spielgedanke der Jägerballspiele besteht darin, daß ein oder mehrere Jäger die in einem abgegrenzten Feld herumlaufenden Hasen einkesseln und mit einem Ball „abzuschießen" versuchen.
Die verschiedenen sehr lebhaften Formen teilen wir zunächst in zwei Gruppen ein:
Einfacher Jägerball und
Jägerball als Mannschaftsspiel.
Jägerballspiele sind eine Steigerung der Hetzballformen. Während aber bei den Hetzballspielen die Werfer stets auf ihrem Platz stehenbleiben müssen, sind die Jägerballspiele durch ständigen Situationswechsel gekennzeichnet.

Die Werte der Jägerballspiele

Jägerballspiele sind mit Recht beliebte und wertvolle Spielformen. Werden die Spielweisen mit Ausscheiden vermieden, so sind ständig alle Spieler in Bewegung. Kurz andauernde Läufe mit plötzlichen Richtungsänderungen, Sprüngen und Ausweichbewegungen wechseln mit einer momentanen Entspannung. Erst wenn die Jägerpartei in der Überzahl ist, schwinden die Laufpausen der Hasen, doch ist dann das Spiel sehr schnell beendet. Für fast alle Sportspiele verwendet man Jägerball gern als Vorbereitungsspiel, werden doch das schnelle Zuspielen des Balles, das sichere Fangen und genaue Werfen, aber auch das zweckmäßige Laufen ohne Ball hervorragend geschult. Dem Schlagballspiel sollte es ebenfalls als „Vorschule" vorangeschickt werden, da sich, mit dem Wurfball gespielt, bei den Jägern und Hasen die Fertigkeiten entwickeln lassen, die das Schlagballspiel verlangt: Die Jäger (beim Schlagballspiel die Feldpartei) üben das schnelle Zuwerfen des Balles, das Einkreisen des Gegners, das Zuspiel an einen anderen Jäger, der in der günstigsten Wurfposition steht, den Zielwurf und auch Wurftäuschungen. Sie versuchen das Einkreisen der Hasen zur Mitte hin, um den Ball möglichst nicht ins „Aus" zu werfen.
Die Hasen (beim Schlagballspiel die Schlagpartei) üben sich im gewandten Ausweichen vor dem Ball durch Hakenschlagen, Sprünge, Tempowechsel und Abstoppen des Laufs, durch reaktionsschnelles Ducken und durch schnelle Meidbewegungen des Rumpfes. Mutige und gewandte Spieler helfen ihren bedrohten Mitspielern, indem sie sich den Jägern zum Abwurf „anbieten", um dann auszuweichen.
So dient Jägerball sowohl der allgemeinen Bewegungsschulung als auch einer speziellen Fertigkeitsentwicklung.

Einfacher Jägerball

Spielerzahl: 6 bis 20
Spielfeld: 15 m × 15 m
Spielgerät: Hohlball (möglichst Handball, später auch Wurfball)
Aus der Gruppe wird ein Spieler zum „Jäger" erklärt und als solcher kenntlich gemacht (Spielband), alle anderen sind die „Hasen". Der Jäger versucht, die frei im Spielfeld herumlaufenden Hasen „abzuschießen". Jeder getroffene Hase wird Jäger und macht sich ebenfalls kenntlich. Der letzte frei herumlaufende Hase ist Sieger und darf das nächste Spiel als Jäger eröffnen.
Für diese Grundform merken wir uns folgende *Spielregeln:*

— Der erste Jäger darf mit dem Ball in der Hand laufen. Sobald aber zwei oder mehr Jäger im Spiel sind, dürfen sie nur noch drei Schritte mit dem Ball laufen, sie müssen sich den Ball zuspielen und dabei die Hasen einkesseln.

— Tritt ein Hase über die Spielfeldgrenzen, so gilt er als abgeworfen.

Wird das Spiel beherrscht, so können wir folgende erschwerende Spielregel einführen: Der Abwurf eines Hasen darf nur nach dem Fangen des Balles erfolgen, also nicht, nachdem er vom Boden aufgehoben wurde.

Abwandlungen:

a) Nur ein Spieler ist Hase, während alle anderen Jäger sind und den Hasen einzukreisen versuchen, so wie es sich in der Endphase der Grundform ergibt. Hat ein Jäger den Hasen getroffen, wird der „Schütze" zum Hasen, und das Spiel geht ohne Unterbrechung weiter.

b) Die einfache Form des Jägerballs kann auch so abgewandelt werden, daß sich alle Hasen in einem Kreis von etwa 8 m Durchmesser oder in einem quadratischen oder rechteckigen Feld befinden. Nur der Jäger steht außerhalb des Kreises oder Feldes, jagt herum und versucht, einen Hasen „abzuschießen". Er darf den Kreis zum Abwerfen nicht betreten, wohl aber, um den Ball herauszuholen. Wer getroffen wird, verläßt den Kreis und hilft dem Jäger.

Das Spiel gleicht zum Schluß dem „Hetzball", da die Jäger, gleichmäßig um den Kreis verteilt, die Hasen hin und her hetzen, ohne selbst noch laufen zu müssen.

Jägerball in einem Feld (Mannschaftsspiel)

Vorbemerkungen: Beim Jägerball als Mannschaftsspiel stehen sich von Anfang an zwei gleich starke Parteien als Hasen und Jäger gegenüber. Die Hasen wechseln aber nicht wie beim einfachen Jägerball nach und nach zu den Jägern über, sondern es wird nach Zeit- und Punktwertung gespielt, wobei die abgeworfenen Hasen in ihrer Mannschaft verbleiben. Es kann auch mit Ausscheiden der Hasen gespielt werden, um nach einem Rollenwechsel festzustellen, welche Jägerpartei ihre Hasen in der kürzesten Zeit abzuschießen vermochte. Dieser Form ziehen wir jedoch die Spielweisen vor, bei denen ständig alle Hasen im Spiel bleiben.

Spielerzahl: 5 bis 15 in jeder Mannschaft

Spielfeld: Etwa 20 m × 20 m

Spielgerät: Hohlball, später Wurfball

Die gleich starken Mannschaften befinden sich in einem deutlich sichtbar begrenzten Spielfeld (Abb. 125). Die Jägerpartei versucht, durch Zuspielen und Einkesseln der Hasen diese möglichst oft abzuwerfen, um dadurch Punkte zu sammeln, während sich die Hasen ihrerseits bemühen, durch Kurvenlaufen, plötzliches Stoppen, schnelles Antreten, Ducken und Springen den Würfen zu entgehen.

Dabei gilt es, folgende *Spielregeln* zu beachten:

a) Es dürfen nur drei Schritte mit dem Ball gelaufen werden.

b) Grenzverletzung durch die Hasen wird als Treffer gewertet und zählt somit als Pluspunkt für die Jäger.

c) Ein Spieler kann mehrmals hintereinander abgeworfen werden.

d) Später kann als erschwerende Regel noch eingeführt werden, daß der Abwurf eines Hasen nur gilt, wenn der Ball von dem Jäger gefangen wurde.

Folgende Spielweisen sind möglich:

— Spielen nach Zeit:

Die Jäger versuchen, in zwei Minuten möglichst viele Treffer anzubringen. Nach Ablauf der Zeit tauschen sie mit den Hasen die Rolle. Sieger ist die Mannschaft, welche die meisten Treffer erzielte.

Es kann auch die Zeit gestoppt werden, die die Mannschaft zur Erringung von 20 Punkten benötigte. Die Mannschaft mit der kürzesten Zeit hat gewonnen.

— Mit Punktwertung für Jäger und Hasen: Hier können Jäger und Hasen Punkte sammeln. Den Jägern bringt jeder Treffer einen Punkt ein, die Hasen erhalten nach jedem Fehlwurf der Jäger einen Punkt. Welche Mannschaft hat zuerst 15 oder 20 Punkte erzielt? Im nächsten Spiel tauschen die Mannschaften ihre Rollen.

Abwandlung: Jägerball mit Wurfverlust

Diese Form stellt besonders an das Reaktionsvermögen der Spieler hohe Anforderungen, da die Aufgaben der Mannschaften wechseln. Sobald die Jäger einen Fehler gemacht haben, werden sie Hasen und umgekehrt. Es wird nach Zeit gespielt, zum Beispiel fünf Minuten.

Fehler sind:

— ein Fehlwurf; später kommen dazu:

— das Fallenlassen des Balles beim Zuspielen;

— das Übertreten der Spielfeldgrenzen;

— das Abwerfen eines Hasen, ohne vorher den Ball gefangen zu haben.

Welche Mannschaft erzielt unter diesen erschwerten Bedingungen in der angesetzten Spielzeit die meisten Punkte?

Hinweis: Durch Aufstellen von ein oder zwei Hindernissen im Spielfeld (Kästen, Böcke), die den Hasen Schutz vor dem Abwurf gewähren, können die Jägerballspiele noch ab-

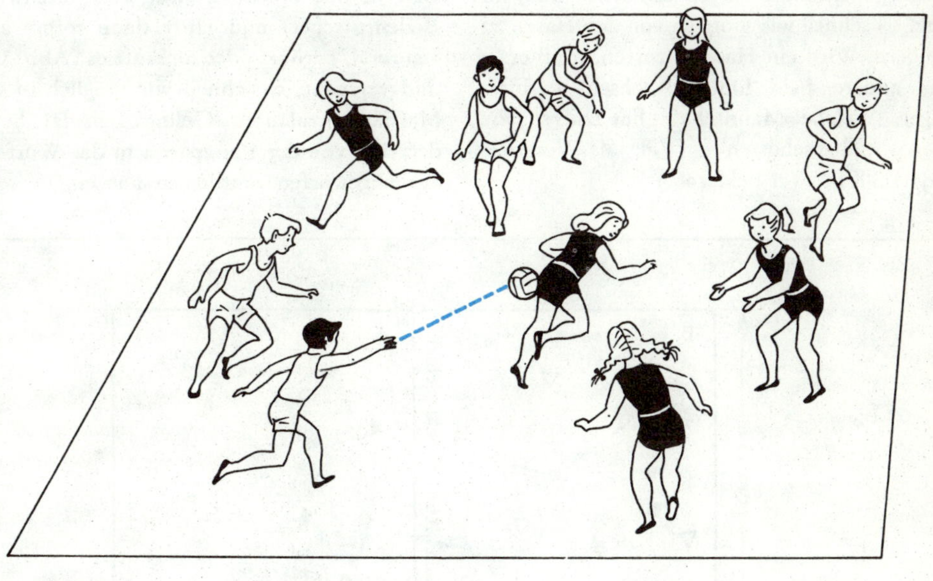

Abb. 125 Jägerball in einem Feld

wechslungsreicher und freudvoller für die Mannschaften gestaltet werden.

Jägerball mit Feldwechsel (Mannschaftsspiel)

Siehe auch Vorbemerkungen zum vorangegangenen Spiel.
Spielerzahl: 6 bis 16 in jeder Mannschaft
Spielfeld: Etwa 15 m × 30 m, in der Mitte durch eine Linie geteilt
Spielgerät: Hohlball, später Wurfball
In jeder Feldhälfte befindet sich die gleiche Anzahl Hasen und Jäger, die unterschiedlich zu kennzeichnen sind (Abb. 126). Die Hasen des Spielfeldes A bilden jedoch mit den Jägern des Feldes B zusammen eine Mannschaft, genauso, wie die Hasen des Spielfeldes B und die Jäger des Feldes A eine Mannschaft sind. Beide Jägermannschaften versuchen nun, ihr Feld so schnell wie möglich von den Hasen zu säubern. Wird ein Hase getroffen, muß er in das andere Feld hinüberwechseln und ist Jäger. Welche Mannschaft hat zuerst alle Hasen „abgeschossen"? (Vgl. als Vorstufe „Hetzball in zwei Feldern".)

3.3.4. Schlagball-Vorbereitungsspiele

Laufball

Spielerzahl: 10 bis 30
Spielfeld: 10 bis 20 m × 20 bis 50 m
Spieleraufstellung: Die Wurfpartei steht in Linie im Wurfmal, die Fangpartei verteilt sich taktisch günstig im Spielfeld
Spielgeräte: Wurfball oder Tennisball, auch Handball ist möglich; 2 Stangen, Sprungständer oder Fähnchen als Laufmale
Beim Laufball werden zunächst einfache Fertigkeiten für das Schlagballspiel geschult: in der Wurfpartei das Laufen in der richtigen Reihenfolge zum Laufmal und das schnelle Rückkehren; in der Fangpartei das Fangen des Balles und das schnelle Zurückwerfen ins Wurfmal.
Der erste Spieler der Wurfpartei wirft den Ball in das Spielfeld (Weitwurf, Steilwurf, Bodenrutscher) und läuft dann sofort zum Laufmal, berührt oder umläuft es (Abb. 127) und versucht, so schnell wie möglich in sein Mal zurückzulaufen. Gelingt ihm das, bevor der Ball von der Fangpartei in das Wurfmal zurückgeworfen wurde, so hat er für seine

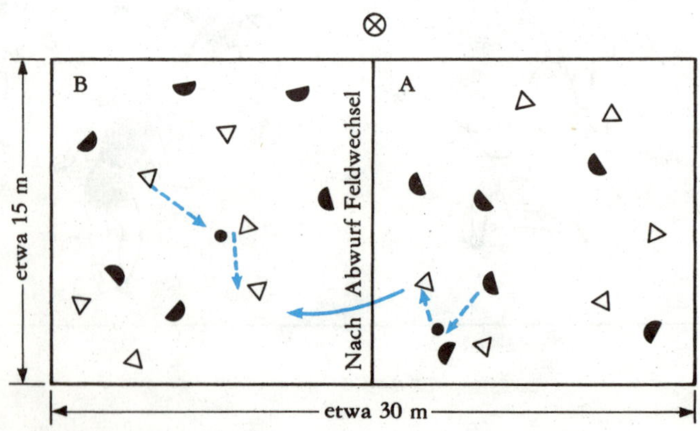

Abb. 126 Jägerball mit Feldwechsel

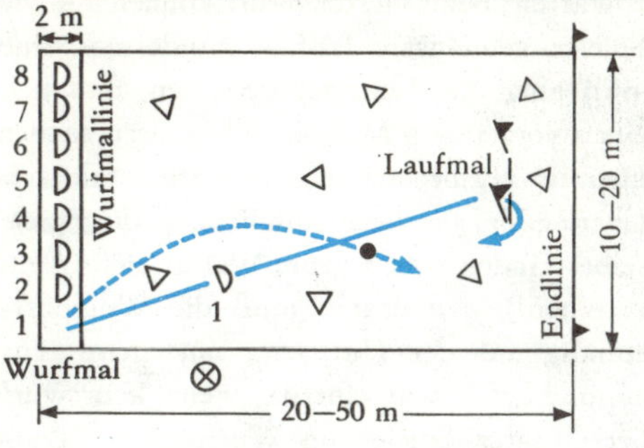

Abb. 127 Laufball

Mannschaft zwei Punkte erzielt. Dann folgt der nächste Spieler der Wurfpartei usw. Die Fangpartei aber bemüht sich, das Punktesammeln der Wurfpartei zu verhindern, indem sie den Ball sehr schnell ins Wurfmal wirft, um ihn „totzumachen". Der Läufer muß dann auf die Stelle zurück, wo er sich befand, als das Spiel durch einen Pfiff unterbrochen wurde, und er darf seinen Lauf erst bei dem nächsten Wurf seiner Partei fortsetzen. Für jeden einmal unterbrochenen Lauf gibt es nur einen Punkt.

Sind alle Spieler der Wurfpartei durch, so erfolgt Felder- und Rollentausch. Welche Partei erzielt in ihrem Durchgang als Wurfpartei die meisten Punkte?

Ein über die Spielfeldgrenzen hinausgeworfener Ball ist ungültig und wird als Minuspunkt angerechnet. Der Läufer kann erst beim Wurf des nächsten Spielers starten. Läßt die Feldpartei den Ball aber hinausrollen, so ist der Wurf gültig.

Methodische Bemerkungen: Ist der Spielgedanke erfaßt worden, führen wir auch bei Laufball schon die Wertung für die Fangpartei ein. Sie erhält für jeden gefangenen Ball einen Punkt.

Sollen später die Weitwerfer belohnt werden, zählt jeder Ball, der innerhalb des Raumes der gedachten verlängerten Seitenlinien auftrifft, einen Pluspunkt. Man kann außerdem festlegen, daß der Ball von der Feldpartei nur mit einer Hand gefangen werden darf.

Das Spiel eignet sich auch für die Halle. Es können dann zum Beispiel schwer zu fangende „Bodenrutscher" geworfen werden, oder es wird ein Handball verwandt.

Brennball

Spielerzahl: 16 bis 30

Spielfeld: 15 bis 20 m × 20 bis 50 m; etwa 4 m von der Wurfmallinie entfernt ist das Brennmal (entweder Sprungbrett oder Kreis von 1 m Durchmesser)

Spielgeräte: Wurfball, auch ein Handball ist möglich; 4 Eckfahnen oder Sprungständer

Brennball, sehr gut als eigenständiges Spiel geeignet, führt uns ebenfalls dem Schlagballspiel näher. Wieder gilt es für die Wurfpartei, den Ball in der vorher festgelegten Reihenfolge zu werfen und durch schnelles Laufen die Laufmale zu erreichen, während die Fangpartei durch gutes Fangen, sicheres und schnelles Zuspielen versucht, den Ball „totzumachen". Brennball kann die gesamte Gruppe über längere Zeit mit Begeisterung spielen.

An den vier Ecken des Lauffeldes stehen nach Möglichkeit recht fest im Boden, die Fahnen, die als Laufmale gelten. Die gleich starken Mannschaften übernehmen nach Losentscheid entweder die Aufgabe der Wurf- oder die der Fangpartei und stellen sich, wie bereits vom vorangegangenen Spiel „Laufball" bekannt, im Spielfeld auf. Spieler Nr. 1 der Wurfpartei beginnt nach einem möglichst weiten Wurf ins Feld seinen Lauf um das Spielfeld herum, entweder ohne Unterbrechung oder aber auch von Laufmal zu Laufmal. Inzwischen ist die Fangpartei bemüht, schnellstens ihrem Brennmalspieler, der in der Regel ein flinker Fänger ist, den Ball zuzuwerfen, der ihn mit dem lauten Ruf „Verbrannt!“ auf das Brennmal wirft und ihn dadurch „totmacht“. Wenn der Läufer sich in diesem Augenblick zwischen zwei Laufmalen befindet, ist er „verbrannt“, das heißt, er muß bis zum Malwechsel ausscheiden. Danach bekommt Spieler Nr. 2 den Ball usw. (Abb. 128). Alle Läufer, die sich bei einem ungültigen Wurf (Überfliegen der Spielfeldgrenzen) auf die „Runde“ begeben, müssen zu ihren Ablaufstellen zurück, und der Ball wird ins Wurfmal geworfen.

Dem „Laufball“ gegenüber kommt als neu zu lernende Regel hinzu, daß ein Spieler nicht unmittelbar nach seinem Wurf zu laufen braucht. Er muß sich lediglich an das erste Laufmal stellen. Bis zu drei Läufern ist es gestattet, hier einen günstigen Wurf abzuwarten; beim vierten Wurf können alle vier Spieler gemeinsam laufen, mindestens einer muß aber das Laufmal verlassen, um nicht einen vorzeitigen Malwechsel zu verursachen. Hieraus ergibt sich eine wichtige taktische Überlegung, die nach Möglichkeit die Spieler selber finden sollen (gute Werfer richtig einzureihen!). Außerdem muß die Wurfpartei ständig auf der Hut sein, um nicht „auszuhungern!“, was eintritt, wenn kein wurfberechtigter Spieler im Wurfmal ist. Dann findet Strafwechsel statt. Bei geübten Mannschaften kann der Strafwechsel auch schon bei ein bis drei „Verbrannten“ — je nach Vereinbarung — vollzogen werden. Regulär erfolgt ein Malwechsel nach einer festgelegten Spielzeit (2 × 10 min), wobei die höchste

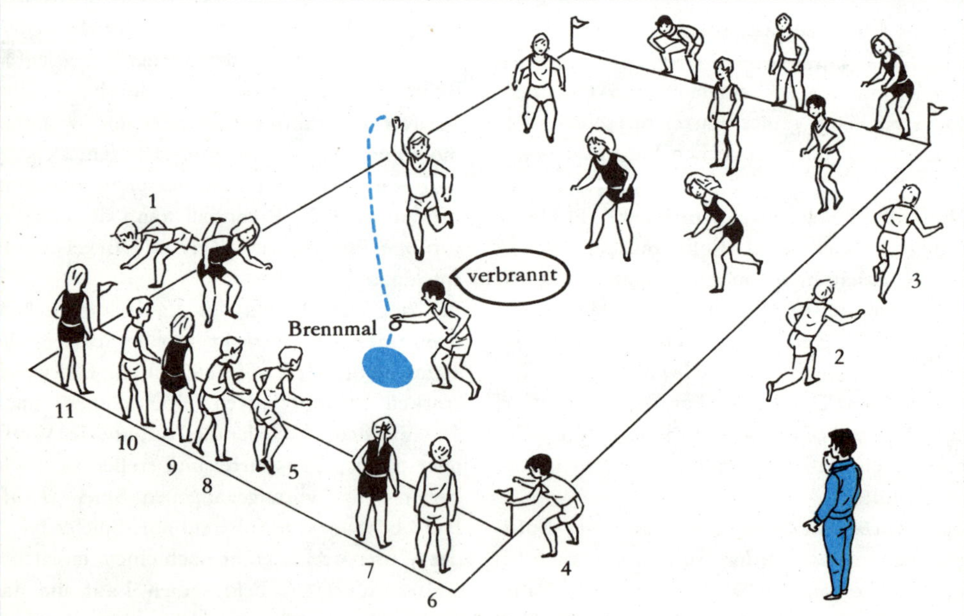

Abb. 128 Brennball

Punktzahl über den Sieg der Mannschaft entscheidet.
Punktwertung für die Wurfpartei:
1 Punkt: Umlaufen der Eckfahnen mit Unterbrechung;
2 Punkte: Umlaufen des Spielfeldes nach dem Wurf eines Mannschaftskameraden;
4 Punkte: Umlaufen des Spielfeldes nach dem eigenen Wurf oder dafür *Erlösen* eines verbrannten Mitspielers.
Punktwertung für die Fangpartei:
1 Punkt: Für jeden gültigen Fang;
für jeden über die Spielfeldgrenzen hinausgeworfenen Ball der Wurfpartei, wenn er vorher nicht das Spielfeld berührte;
kann für einen verbrannten Spieler der Wurfpartei gegeben werden, wenn wir das Ausscheiden unterbinden wollen.
Methodische Bemerkungen: Als direkte Hinleitung zum Schlagballspiel kann der Ball — wie bei allen Vorbereitungsspielen — mit der Schlagkelle oder dem Schlagholz ins Spiel gebracht werden. Hier hat jeder Spieler anfangs zwei oder drei Versuche.
Alle Spieler, die einen gültigen Lauf um das Feld beendet haben, sollten den Arm hochheben mit dem Ruf „Lauf!". Soweit es möglich ist, sollten die Spieler auch gleich von vornherein an die notwendigen Schiedsrichterzeichen gewöhnt werden.

Treffball

Spielerzahl: 10 bis 20
Spielgerät: Wurfball oder Hohlball
Treffball schult das Fangen des Balles, das Einkesseln des Läufers und das Ausweichen vor dem Abwurf. Später können wir es auch zum Üben des Malwechsels abändern. Wir knüpfen an die bereits in den Jägerballspielen erworbenen Fertigkeiten an.
Hinter der Wurfmallinie befindet sich die Wurfpartei, im Spielfeld verteilt die Fangpartei. Der erste Spieler der Wurfpartei wirft den Ball zweckmäßigerweise mit einer Kerze (Steilwurf) in das Spielfeld und versucht, es so schnell wie möglich zu durchqueren und nach Umlaufen einer Malstange zu seiner Mannschaft zurückzukehren, ohne abgeworfen zu werden (Abb. 129).

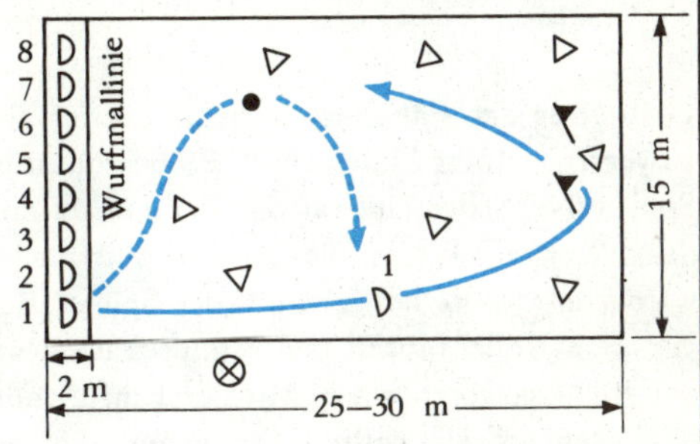

Abb. 129 Treffball

Die Fangpartei ist bemüht, den Ball zu fangen und sich schnell zuzuspielen, um den Läufer einzukesseln und abzuwerfen. Dabei dürfen die Spieler jedoch mit dem Ball nicht laufen und den Läufer auch nicht behindern.
Ist der erste Spieler im Wurfmal wieder angekommen oder geht er nach dem Abwurf außerhalb des Spielfeldes zu seiner Mannschaft zurück, so hat die Fangpartei den Ball sofort zur Wurfpartei zu spielen. Es wirft und läuft nun der zweite, der dritte usw., bis alle Spieler der Mannschaft an der Reihe waren (feste Reihenfolge!). Dann wechseln die Mannschaften die Rollen.
Jeder erfolgreiche Lauf bringt der Wurfpartei einen Punkt. Welche Mannschaft hat nach zwei Durchgängen die meisten Punkte?
Wirft ein Spieler der Wurfpartei den Ball über die Spielfeldgrenzen hinaus, so ist der Wurf ungültig, und die gegnerische Mannschaft erhält dafür einen Pluspunkt. Erst bei dem nächsten Wurf darf der Spieler mitlaufen.

Treffball zum Üben des Malwechselns nach Abwurf

Gelingt es der Fangpartei, einen Läufer abzuwerfen, erfolgt Malwechsel. Es beginnt nun Spieler Nr. 1 der ehemaligen Fangpartei mit dem Werfen. Wenn die „alte" Wurfpartei wieder an der Reihe ist, wirft der Spieler, der vor dem Rollentausch der Mannschaften an der Reihe gewesen wäre. Mit der Einführung des Malwechsels sollten die Mannschaften unterschiedlich gekennzeichnet sein. Später vervollständigen wir diese Spielregel und bauen sie für den Schulgebrauch auch nicht weiter aus: Nach erfolgreichem Abwurf läuft die Wurfpartei, die jetzt Fangpartei werden soll, ins Spielfeld, um den dort liegenden Ball sofort zu ergreifen. Ihr Ziel ist es, einen hinter die Wurfmallinie laufenden Spieler der Fangpartei, die sich jetzt das Wurfrecht erspielt hat, abzuwerfen. Gelingt das, erfolgt nochmals Malwechsel, so daß beide Parteien wieder ihre ursprüngliche Rolle innehaben.
Endgültig eingeführt ist die Malwechselregel, die bei den ersten Spielen meist ein großes Durcheinander bringt, aber erst, wenn der gegenseitige Abwurf der Mannschaften bis zum endgültigen Entscheid gestattet ist.

Handschlagball — Fußschlagball

Spielerzahl: Jede Mannschaft 8 bis 12 Spieler
Spielfeld: 15 bis 25 m × 55 bis 70 m
Spielgeräte: Wurfball, Handball oder Fußball; 2 Fahnenstangen als Laufmale
Hand- oder Fußschlagball ist auf der einen Seite unmittelbar das Vorbereitungsspiel für Schlagball, da es schon annähernd nach allen Schlagballregeln gespielt wird. Außer dem schwierigen Schlagen mit dem Schlagholz, das gesondert geübt werden muß (s. Schlagball, S. 269), erleben die Spieler schon den gesamten Verlauf des Schlagballspiels. Auf der anderen Seite ist es auch als selbständiges Spiel sehr reizvoll und fesselnd. Es wird vielfach als Ersatz für das Schlagballspiel ausgewählt, da das Üben des Schlagens mit dem Schlagholz, um gut beherrscht zu werden, in den Sportstunden zu zeitraubend ist. Um das Spiel stets in Fluß zu halten, wird deshalb das einfachere Werfen des Balles oder Schlagen mit dem Fuß verwandt.
Wie beim Schlagballspiel selbst kämpfen auch hier eine Wurfpartei (Laufpartei) und eine Fangpartei (Feldpartei) um das Wurf- und damit um das Laufrecht.
Die durch das Los bestimmte Wurfpartei besetzt das Wurfmal (Schlagmal) und versucht, durch weite Würfe oder Schläge Punkte zu erzielen und gleichzeitig zu erreichen, daß ihre Läufer nach dem Wurf ungefährdet zum Laufmal und wieder zurück ins Wurfmal können, womit sie sich erneut das Wurfrecht erworben haben. Die Fangpartei bemüht sich ihrerseits, den Ball durch zweckmäßige Aufstellung im Spielfeld zu fangen (Punktgewinn), einen Läufer einzukreisen und abzuwerfen, um den Malwechsel und damit das Wurf- und Laufrecht zu erkämpfen.
Entsprechend den Wurfleistungen der Spieler und dem verwandten Ball unterteilen wir das gesamte Spielfeld in drei verschieden große Felder, die für die Wertung wichtig sind (Abb. 130). Die in der Abbildung angegebenen Maße beziehen sich auf die Verwendung eines Wurfballes bei durchschnittlicher Wurfleistung. Wird mit einem Handball gespielt, müssen die Felder entsprechend verkürzt werden.
Der Nahraum sollte von allen Spielern überworfen werden können. Gelingt das nicht, so erhält die Gegenpartei einen Pluspunkt. An den Nahraum schließt sich der Mittelraum an, über den nur noch die guten Werfer in den Weitraum hineinwerfen werden und damit für ihre Mannschaft Punkte erzielen können. Ausschlaggebend dafür, ob es sich um einen

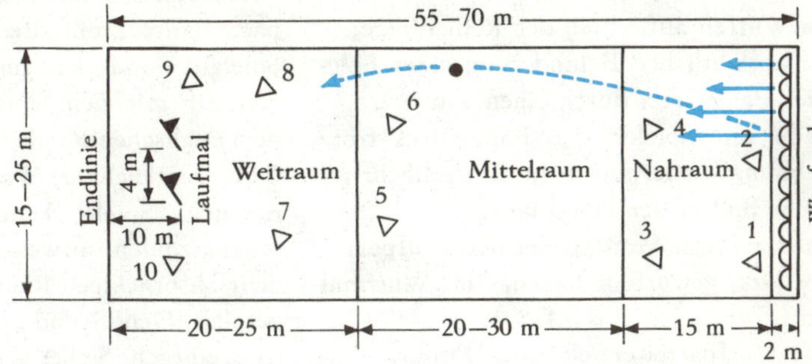

Abb. 130 Handschlagball — Fußschlagball

Nahwurf oder mittleren Wurf handelt, ist, daß der Ball in dem betreffenden Raum den Boden berührt oder dort gefangen wird. Ein Ball also, der beim Versuch, ihn zu fangen, berührt wird, danach aber in den Mittel- oder Weitraum fliegt, gilt also nicht als Nahwurf.

Die Verteilung der Spieler der Fangpartei im Feld kann etwa wie folgt vorgenommen werden: In der Nähe des Wurfmales stehen zwei Spieler, die die vom Laufmal zurückkommenden Spieler noch abwerfen können (1 und 2). Wiederum zwei Spieler befinden sich am Ende des Nahraumes, um schlechte Würfe nach Möglichkeit abzufangen und dadurch Punkte zu erzielen (3 und 4). Mit zwei weiteren Spielern wird der Mittelraum besetzt (5 und 6). Die übrigen verteilen sich, wie in der Abbildung 130 dargestellt, im Weitraum, fangen die weiten Bälle und versuchen, den Läufer schnell einzukreisen. Die Spieler sind natürlich nicht streng an ihren Platz gebunden, sie dürfen sich ohne Ball beliebig im Spielfeld bewegen, mit dem Ball aber nur drei Schritte.

In der Regel versucht jeder Spieler, nach seinem Wurf das Laufmal zu erreichen und unabgeworfen wieder ins Wurfmal zurückzukehren. Der Werfer braucht nach einem ungünstigen Wurf nicht sofort zu laufen. Ist jedoch ein vierter Werfer an der Reihe, so muß nach dem Wurf mindestens *ein* Läufer starten, da nicht mehr als drei im Wurfmal warten dürfen. Es braucht auch nur eine Strecke — zum Beispiel bis zum Laufmal — gelaufen zu werden, um für den Rücklauf einen günstigen Wurf durch einen Mitspieler abzuwarten.

Ein begonnener Lauf muß aber weitergeführt werden. Ein Zurück zur Ablaufstelle gibt es nicht! (Malwechsel!)

Die wichtigsten Spielregeln kurz zusammengefaßt:

a) Der Wurf ist ungültig:
— beim Übertreten des Wurfmales;
— wenn der Ball die Spielfeldgrenzen des Mittel- und Weitraumes überfliegt. Das Überspielen der seitlichen Begrenzung des Nahraumes durch die Wurfpartei bringt in jedem Fall der Fangpartei einen Pluspunkt ein.

b) Der Malwechsel erfolgt:
— bei einem gültigen Treffer eines Läufers;
— beim Übertreten der Spielfeldgrenzen (hierher gehört auch das unberechtigte Zurücklaufen ins Wurf- oder Laufmal);
— beim „Aushungern" der Wurfpartei (in Form eines abwurffreien Wechsels).

Eine Mannschaft ist ausgehungert, wenn es der Fangpartei gelingt, den Ball ins Wurfmal zu tragen oder zu werfen, und sich dort kein wurfberechtigter Spieler mehr befindet oder wenn der Wurf des letzten Spielers im Wurfmal als ungültig erklärt wurde.

c) Der Strafwechsel erfolgt:
— bei Würfen außerhalb der Reihenfolge;
— bei absichtlicher Behinderung eines Spielers der Fangpartei durch einen Läufer;
— wenn ein Spieler der Fangpartei trotz Ermahnung wiederholt mehr als drei Schritte mit dem Ball in der Hand läuft;
— wenn mehr als drei Spieler der Laufpartei, die bereits geworfen haben, im Wurfmal stehen.
d) Die Wurfpartei erzielt einen Punkt:
— durch einen Weitwurf;
— nach einem Lauf bis zum Laufmal und zurück.
e) Die Fangpartei erzielt einen Punkt:
— nach gültigem Fangen des Balles (bei Verwendung eines Schlagballes zählt nur das einhändige Fangen, beim Handball nur das freie Fangen ohne Körperberührung);
— wenn ein Spieler der Wurfpartei in den Nahraum wirft.
Anmerkung: Es ist ratsam, einige Minuten probeweise spielen zu lassen, nicht nur, um auf die Spielregeln hinzuweisen, sondern um auch die Größe des Spielfeldes mit den einzelnen Räumen zu überprüfen. Werfen zum Beispiel zu wenige Spieler über den Nahraum hinaus, so muß er verkürzt werden. Bei zu zahlreichen Weitwürfen ist der Mittelraum zu verlängern. Nur so bleibt der Leistungsanreiz erhalten.

Schlagball

Vorbemerkung: Das schwierige Schlagballspiel gehört nicht mehr zu den Kleinen Spielen, sondern in die Reihe der „kleinen Sportspiele“. Wir führen es aber als Krönung und Abschluß in dieser Gruppe (Ballspiele mit Abwerfen von Gegnern) an, um es nicht von den so notwendigen vorbereitenden Spielen zu trennen.
Schlagball ist ein sehr altes deutsches Ball- und Laufspiel, bei dem eine Schlag- und eine Feldpartei um das Schlagrecht kämpfen. Es hatte einst große Bedeutung im deutschen Spielgut und ist im Spielgedanken und -verlauf mit dem amerikanischen Baseball, dem englischen Kricket und dem rumänischen Oina vergleichbar. Während jedoch jene nationalen Spiele heute noch große Zuschauerzahlen aufweisen, wird Schlagball im deutschsprachigen Raum nur noch sehr wenig gespielt. Den Grund dafür zu suchen, ist nicht ganz einfach. Sicher aber haben die Entwicklung von „Schlagspezialisten“, die kaum ein Feldspiel aufkommen ließen, ein überspitztes Regelwerk und die Entwicklung der Sportspiele das Schlagballspiel fast zum „Erliegen“ gebracht. Dennoch ist es ein sehr wertvolles Spiel.
Allerdings gelingt das Schlagballspiel nicht auf Anhieb, es bedarf etlicher Vorbereitungsspiele zur Schulung der wesentlichsten Fertigkeiten und zum Erlernen der wichtigsten Regeln, um in der Gruppe ein freudvolles Spiel durchführen zu können. Worin bestehen die Grundwerte des Spiels?
Die Sprintfähigkeit entwickeln wir durch den Lauf zum Laufmal und zurück. Dabei werden durch Richtungsänderungen Brems- und Antrittsbewegungen, Reaktionsschnelligkeit und Beweglichkeit des Körpers gefördert, um dem Abwurf zu entgehen. Das Fangen des kleinen Balles wird geschult. Zum Schlagen braucht man Geschicklichkeit, Konzentrationsvermögen und Kraft, wobei das Hochwerfen des Balles und das Ausholen mit dem Schlagholz die Bewegungskoordination fördert. Im Feldspiel muß von Läufern und Fängern rasch und trotzdem überlegt gehandelt, müssen die schnell wechselnden Situationen erfaßt werden.
Für die methodische Entwicklung des Spiels lassen sich etliche selbständige Vorbereitungsspiele anführen, die wesentliche Fertigkeiten für das Schlagballspiel enthalten. So schulen wir das Einkreisen und Abwerfen eines Spie-

lers und dessen Ausweichen bereits beim Hetzball (S. 252), beim Zweifelderball mit Wurf von allen Seiten (S. 255), in den Jägerballspielen (S. 259 ff.), mit Treffball (S. 265) und mit Handschlagball oder Fußschlagball (S. 266). Das Auslaufen und Rücklaufen zum Schlagmal läßt sich mit Laufball und Brennball (S. 262 ff.) hinreichend vorbereiten, wobei wir durch die Abänderung des Treffballspiels zugleich auch den Malwechsel schulen können.

Schwieriger wird es jedoch mit dem Schlagen selbst, das durch einige Vorübungen entwikkelt werden muß. Wir führen nur den Schwungschlag (Weitschlag) ein, bei dem man den Ball schräg von unten trifft (Abb. 131). Man steht mit der linken Körperseite (Rechtshänder) zur Schlagrichtung. Der leicht gebeugte Arm mit dem Schlagholz, die Schulter und die Hüfte werden bei der Ausholbewegung zurückgeführt. Gleichzeitig wird der Schlagball angeworfen und dann das Schlagholz nach vorn geschwungen. Das ist nicht leicht. Zu hohes Anwerfen des Balles, eine zu schnelle Schlagbewegung, zu geringes Ausholen lassen den Schlag mißlingen.

Paarweise üben die Spieler folgendermaßen:

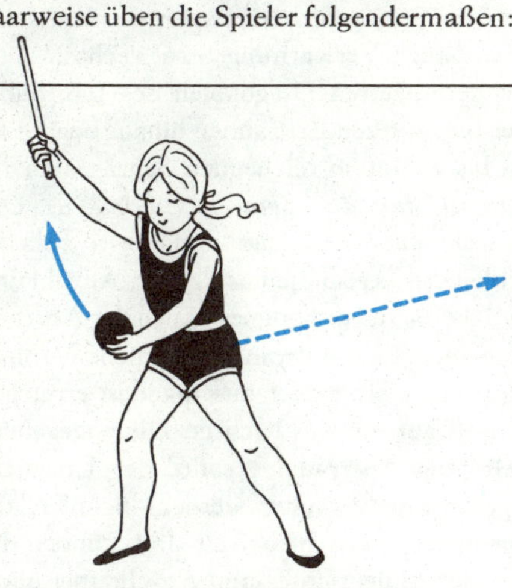

Abb. 131 Das Schlagen des Balles (Schwungschlag)

— Sie stehen sich mit (für diesen Zweck bereitgestellten) Gymnastikkeulen gegenüber und vergrößern nach und nach die Ausholbewegung und den Abstand zum Partner. (Auf Abstand der Paare voneinander achten!)

— Aus Zaunlatten werden „Kellen“ hergestellt. Die breite Schlagfläche läßt den Schlag gelingen, so daß auch das Spiel zuerst mit diesen oder ähnlichen Hölzern betrieben werden sollte.

— Wir wählen die kürzesten Schlaghölzer aus. (Manche Spielleiter empfehlen anfangs auch das Schlagen mit verkürztem Griff.) Geübte Spieler sollten später Schlaghölzer von 1,25 m Länge bekommen, damit sie mit voller Kraft schlagen können.

Wird das Schlagen einigermaßen beherrscht, so geht man zum Spiel über, dessen Verlauf und Regeln ja schon durch die vorbereitenden Spiele bekannt sind. Wir haben bei der nun folgenden Beschreibung des Schlagballspiels verschiedene Einzelheiten des in zahlreichen Spielbüchern veröffentlichten amtlichen Regelwerks weggelassen. Wo es erforderlich erschien, sind den Regeln einige Hinweise für das Schlagballspiel mit jüngeren Spielern und verschiedentlich auch Spielwinke hinzugefügt worden.

Der Spielgedanke und die Wertung

Beim Schlagballspiel stehen sich zwei Mannschaften mit je neun bis zwölf Spielern gegenüber. Beide Mannschaften kämpfen um das Schlagrecht. Die Schlagpartei (Schläger) verteidigt es, die Fangpartei (Fänger) bemüht sich, es zu erlangen, da die Aussichten des Punktgewinns für die Schlagpartei größer sind. Die Schlagpartei befindet sich im Schlagmal. Ihre Spieler versuchen, durch Weit- oder Steilschläge (Kerzen) und durch anschließende Läufe zum Laufmal und zu-

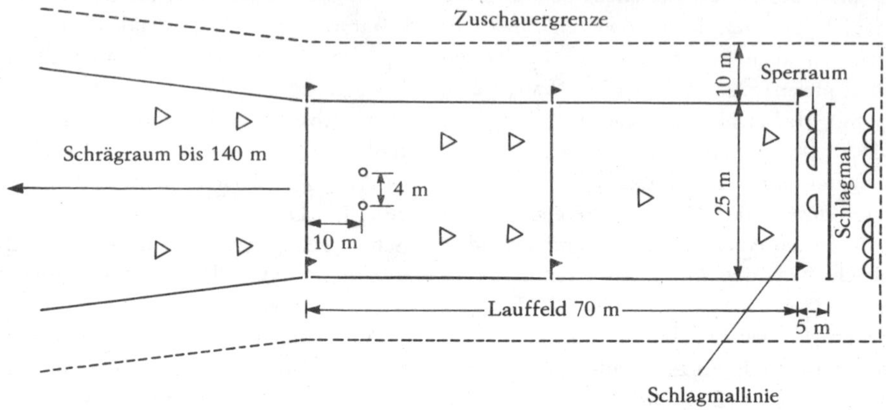

Abb. 132 Schlagball

rück erneut das Schlagrecht zu erwerben. Die Spieler der Fangpartei besetzen in taktisch kluger Aufstellung das Lauffeld und den Schrägraum (Abb. 132). Sie versuchen, den geschlagenen Ball zu fangen, spielen sich diesen zu und sind bemüht, den Läufer (Schläger) einzukreisen und abzuwerfen beziehungsweise ihn über die Spielfeldgrenzen hinauszutreiben oder den Ball so schnell wie möglich in das Schlagmal zu werfen, um die Schlagpartei auszuhungern.

Je ein Punkt wird erzielt:

— bei der Schlagpartei durch Weitschläge und erfolgreiche Läufe;

— bei der Fangpartei durch Fangen des Balles mit einer Hand und durch Abwerfen des Gegners. Die Mannschaft mit der höchsten Punktzahl gewinnt das Spiel.

Die Spielregeln

1. Das Spielfeld

Die Spielfeldbezeichnungen und Maße sind aus der Abbildung 132 zu ersehen. Dazu einige Erläuterungen:

Alle Grenzlinien gehören zum Spielfeld und müssen deutlich am Boden markiert werden. Stangen oder 1,50 m hohe Fähnchen bezeichnen die Ecken des Lauffeldes und die Mitte der Längsseiten. Die Laufmale bilden ebenfalls fest in den Boden getriebene Stangen.

Hinter der Schlagmallinie kann von jeder beliebigen Stelle aus geschlagen werden.

Im Sperraum halten sich die laufpflichtigen Spieler auf. Er darf von den übrigen Spielern vor dem Schlag nicht betreten werden, sonst erfolgt nach Verwarnung Strafwechsel.

Die verlängerten Diagonalen des Lauffeldes über die hinteren Eckfahnen hinaus begrenzen den bis zu 140 m reichenden Schrägraum.

Hinweise für das Spiel mit Schülern: Das Spielfeld kann in Länge und Breite beliebig verkleinert werden, je nach Alter, Anzahl und Fertigkeitsgrad der Spieler. Auch der Abstand der beiden Laufmalstangen ist nicht verbindlich. Stehen sie weiter auseinander, erreichen sie die Läufer etwas leichter. Die angegebene Breite des Sperraumes sollte der Übersicht wegen nicht verkürzt werden. Schüler, die vom Sportunterricht befreit sind, können das Amt der Linienrichter und Anschreiber übernehmen.

Die Verteilung der Fänger im Spielfeld ist

nicht vorgeschrieben. Die in der Abbildung 132 wiedergegebene Aufstellung hat sich jedoch bewährt. Die besten Spieler sollten die Vorder- und Malspieler sein. Sie müssen genau werfen und sicher fangen können.

2. Die Spielgeräte

a) Der Schlagball

Der möglichst nicht hell gefärbte Schlagball wiegt 70 bis 85 g und hat einen Umfang von 19 bis 21 cm.

b) Das Schlagholz

Das Schlagholz ist ein runder, ungeleimter Stab mit einer Länge bis zu 1,25 m; er darf am Schlagende bis zu 3 cm stark sein. Der Schaft des Schlagholzes verjüngt sich zum Griffende hin.

Hinweise: Ein Spielball und ein Ersatzball genügen. Drei oder vier in der Länge unterschiedliche Schlaghölzer sind ebenfalls ausreichend. Für Schüler empfiehlt sich die Herstellung einfacher Schlagkellen mit einer 5 bis 10 cm breiten Fläche am unteren Ende.

3. Die Mannschaften

a) Zahl der Spieler

Neun bis zwölf Spieler bilden eine Mannschaft. Ein Wettspiel muß mindestens mit neun Spielern begonnen werden. Die Mannschaften dürfen sich bis zur Halbzeit auf zwölf Spieler ergänzen. Das Auswechseln von Spielern ist nicht gestattet.

b) Die Spielkleidung

Einheitliche Kleidung innerhalb jeder Mannschaft und deutliche Unterscheidung vom Gegner sind erforderlich. Im Wettkampf muß jeder Spieler eine gut sichtbare Nummer tragen.

Hinweise: Bei Übungsspielen brauchen wir uns nicht an die gegebene Spielerzahl zu halten. Bei zu starken Mannschaften ist jedoch das Spiel erschwert (Überblick, untätige Spieler). Zur Unterscheidung verwenden wir Spielbänder, verschiedenfarbige Sporthemden oder mit Nummern versehene Spielwesten. Das Auswechseln von Spielern wird notwendig.

4. Die Spielzeit

a) Das Losen

Das Schlagrecht wird vor Beginn des Spiels zwischen den Mannschaftskapitänen ausgelost. Dann begeben sich die Schläger (Läufer) in das Schlagmal, die Fänger verteilen sich im Lauffeld und Schrägraum. Das Spiel wird durch einen Pfiff eröffnet.

b) Die Spieldauer

Ein Wettspiel dauert 60 Minuten. Durch Unterbrechung verlorene Zeit muß nachgespielt werden. Extra angesetzte Pausen sind beim Schlagball auf Grund des ständigen und günstigen Wechsels von konzentrierter Anspannung und entspannender Erholungsphase (z. B. nach einem Lauf) nicht nötig.

c) Die Entscheidung

Ist das Spiel nach Ablauf der regulären Spielzeit nicht entschieden, so wird es nach einer Pause von 10 Minuten um 20 Minuten verlängert. Die Mannschaft, die zu Beginn des Spiels das Feld besetzte, wird jetzt Schlagpartei. Zusammensetzung der Mannschaft und Reihenfolge der Schläger dürfen nicht geändert werden. Ist das Spiel auch nach Ablauf dieser Zeit nicht entschieden, so muß es neu angesetzt werden.

5. Der Schlag

a) Das Schlagrecht

Das Schlagen erfolgt in einer vorher festgelegten Reihenfolge, die nicht geändert werden darf (sonst Strafwechsel). Jeder Spieler hat bei einem Durchgang stets nur einen Schlag, den er ein- oder beidseitig ausführen kann. Ein Spieler, der mit dem Schlag an der Reihe ist, sich aber nicht im Schlagmal befindet, wird ausgelassen und kann erst im nächsten Durchgang wieder schlagen.

b) Das Schlagrecht nach Wiedergewinnen des Schlagmales

Gewinnt eine Mannschaft den Schlag zurück, so wird mit dem Schlagen dort fortgesetzt, wo die Reihenfolge durch Malwechsel unterbrochen wurde (dabei gilt die Regel 5a). Erneute

Schlagberechtigung wird durch einen gültigen Lauf erreicht und wenn die Mannschaft den Schlag nach einem Malwechsel wieder gewinnt.

c) Das Behindern des Schlägers

Wird ein Schläger von einem Mannschaftskameraden beim Schlag behindert, so darf er nicht ein zweites Mal schlagen.

d) Der Ball im Spiel

Sobald der Ball vom Schlagholz getroffen wird, ist er im Spiel und gehört der Fangpartei. Er darf dann von den Spielern der Schlagpartei weder mit dem Schlagholz noch mit dem Körper berührt werden.

e) Gültiger Schlag

Ein Schlag ist gültig, wenn der Ball innerhalb des Lauffeldes oder des Schrägraumes zu Boden fällt oder von einem Fänger berührt wird, der mit beiden Füßen im Lauffeld oder Schrägraum steht. Jeder geschlagene Ball, der von den Fängern nicht berührt wird und ins Schlagmal zurückspringt oder -rollt, ist gültig. Die Läufer aber unterliegen der Haltregel.

f) Weitschlag

Ein Schlag, bei dem der Ball im Schrägraum landet oder von einem dort stehenden Fänger berührt wird, gilt als Weitschlag und zählt einen Punkt für die Schlagpartei. Weitschlag liegt auch vor, wenn der Ball im Schrägraum zu Boden fällt, nachdem ihn ein Fänger, im Lauffeld stehend, berührt hat.

g) Ungültiger Schlag

Ein Schlag ist ungültig, wenn:

der Schläger beim Schlag (Moment des Balltreffens) nicht mit beiden Füßen im Schlagmal steht;

dem Schläger das Schlagholz aus der Hand fliegt oder es ihm beim Schlagen zerbricht (im letzten Falle wird der Schlag wiederholt, ein gefangener Ball zählt dann nicht);

der Ball im Schlagmal zu Boden fällt oder hier einen Spieler oder Gegenstand berührt;

ein Spieler außerhalb der festgesetzten Reihenfolge schlägt;

der Ball vor den Mittelfahnen die Seitengrenzen überrollt, ohne vorher einen Fänger berührt zu haben;

der Ball außerhalb des Lauffeldes und des Schrägraumes zu Boden fällt oder von einem dort stehenden Fänger berührt wird.

Ein ungültiger Schlag wird vom Schiedsrichter durch einen Pfiff mitgeteilt. Ein nach einem ungültigen Schlag durch die Feldpartei gefangener Ball zählt einen Punkt! Der Schläger eines ungültigen Schlages muß sich das Schlagrecht erst wieder durch einen Lauf erwerben, er unterliegt also der Laufpflicht.

h) Ball aus dem Spiel

Durch einen Pfiff erklärt der Schiedsrichter den Ball für außerhalb des Spiels („tot"). Das geschieht in folgenden Fällen:

1. nach einem ungültigen Schlag, sobald die Fangmöglichkeit beendet ist;
2. nach einem gültigen Schlag, wenn der Ball, von den Fängern gespielt, die Schlagmallinie oder deren Verlängerung überflogen oder überrollt hat;
3. nach einem Treffer, wenn der Ball ins Schlagmal fliegt;
4. wenn der Ball nach einem kurzen Schlag dicht vor dem Schlagmal oder nach einem Treffer im Schlagmal liegenbleibt und dann kein Läufer startet und kein Fänger den Ball spielen will;
5. wenn mit dem Ball in der Hand wiederholt gelaufen wird;
6. bei Spielverschleppung, wenn sich zum Beispiel die Fänger kurz vor Spielschluß den Ball im Feld zuspielen, um das Ergebnis zu halten.

Der für „tot" erklärte Ball gehört den Schlägern und muß von den Fängern sofort ins Schlagmal geworfen werden. Die Schläger dürfen den „toten" Ball auch im Lauffeld berühren.

Hinweise: Wie einleitend erwähnt, spielen wir nach Möglichkeit mit breiteren Schlaghölzern (Schlagkellen), um das Spiel gelingen zu lassen. Bei Verwendung normaler Schlaghölzer sollte man jedem Schläger nach einem Fehlschlag einen zweiten Versuch zubilligen. Wird allerdings der Ball beim ersten Schlag berührt, so gilt er.

6. Der Lauf

a) Gültiger Lauf

Als gültiger Lauf wird gewertet, wenn ein Läufer die Strecke bis zum Laufmal (Berühren eines Laufmales) und zurück ins Schlagmal ohne oder mit Unterbrechung durchlaufen hat, ohne daß ein Malwechsel erfolgt ist. Bei absichtlicher Behinderung des Läufers durch einen Fänger kehrt der Läufer abwurffrei ins Schlagmal zurück — aber nur nach Schiedsrichterentscheidung.

b) Der Beginn des Laufs

Mit dem Lauf darf erst begonnen werden, beziehungsweise er kann erst fortgesetzt werden, wenn der Ball im Spiel ist, also nur nach gültigen Schlägen.

Der Lauf gilt als begonnen, sobald der Läufer mit beiden Füßen die Schlagmallinie übertreten hat; der Spieler darf erst nach Berühren eines Laufmales ins Schlagmal zurückkehren. Rückkehr ins Schlagmal nach unvollendetem Lauf wird als Grenzüberschreitung gewertet. (Zur Erleichterung kann allerdings auch das Umkehren ins Schlagmal gestattet werden.)

Nach einem ungültigen Schlag müssen die Spieler, die bereits den Lauf begonnen hatten, an die Stelle zurück, an der sie sich vor dem Schlag befanden. Vorzeitiges Ablaufen wird mit Wiederholung des Laufs bestraft. Der Läufer muß dann nach dem nächsten Halt zum letzten Standort zurückkehren. Wird er jedoch bei dem ungültigen Lauf abgeworfen, so ist der Treffer gültig.

c) Die Laufpflicht

Mehr als fünf laufpflichtige Schläger dürfen sich nicht im Schlagmal aufhalten. Nach dem sechsten Schlag muß also mindestens ein Läufer starten, sonst gilt die Schlagpartei als „ausgehungert" (Regel 9, Der Malwechsel).

d) Unterbrechung des Laufs

Der Lauf muß in folgenden Fällen unterbrochen werden:

1. wenn der Ball aus dem Spiel ist (Regel 5 h);
2. wenn das Spiel durch Pfiff oder „Halt" unterbrochen wird. Spieler, die dennoch weiterlaufen, müssen auf den Platz zurück, wo sie sich bei Spielunterbrechung befanden. Erst auf Pfiff des Schiedsrichters oder sobald der „Ball im Spiel" ist (Regel 5 d), kann ein unterbrochener Lauf fortgesetzt werden. Durch Unterbrechungen wird ein Lauf nicht ungültig, wohl aber durch einen Malwechsel.

e) Ende des Laufs

Ein Lauf zählt erst als beendet, wenn sich der Spieler mit den Füßen am Boden, oder nach einem Sprung auch in der Luft, hinter der Schlagmallinie befindet.

f) Grenzüberschreitung

Überschreitet ein Läufer mit einem ganzen Fuß die Hintergrenze oder die Seitenlinie des Lauffeldes oder kehrt er nach einem begonnenen unvollendeten Lauf ins Schlagmal zurück, so ruft der Linienrichter „Grenze!", und es erfolgt Malwechsel. Das Schlagrecht kann jedoch durch Abwurf eines ins Schlagmal laufenden Fängers wiedergewonnen werden. Wenn im Augenblick der Grenzüberschreitung ein Spieler der bisherigen Fangpartei (jetzt Schlagpartei) den Ball in der Hand hat oder er wird ihm zugespielt, so legt er ihn auf den Boden.

g) Das Mitnehmen des Schlagholzes ist nicht gestattet.

Hinweise: Beim Lauf ständig auf das gewandte Ausweichen hinweisen (vor-, zurück-, hochspringen, ducken, aber niemals soll sich der Spieler hinwerfen). Dem Ball stets die Schmalseite des Körpers zuwenden. Gewandte Spieler entgehen schon durch plötzliches Kreuzhohlmachen oder Baucheinziehen dem Abwurf. Der Läufer soll sich möglichst nicht in die Spielfeldecken und über die Grenzen drängen lassen. Andererseits kann man die Werfer durch geschicktes Laufen dazu verleiten, nach außen abzuwerfen, um Zeit zum Laufen zu gewinnen. Am taktisch klügsten ist es, wenn mehrere Spieler zur gleichen Zeit laufen, um beide Spielfeldseiten zu benutzen und die Aufmerksamkeit des Gegners zu teilen. Zur Lauftaktik ist noch zu sagen, daß der Angriff möglichst vom Schlag- und Laufmal gleichzeitig ausgehen sollte, was der Fangpartei die Konzentration erschwert.

7. *Der Treffer*

a) Das Abwerfen im Spielfeld

Jeder Läufer, der sich im Lauffeld befindet und nicht ein Laufmal berührt, darf von einem Fänger abgeworfen werden. Dabei kann der Werfer auch außerhalb des Lauffeldes stehen. Für einen gültigen Treffer erhält die Fangpartei einen Pluspunkt und wird außerdem durch den Malwechsel zur Schlagpartei.

b) Gültige Treffer

Jeder Treffer, bei dem der Ball *unmittelbar* aus der Hand des Fängers den Läufer trifft, ist gültig. Es gelten also auch Tipp- oder Tupftreffer, bei denen der Fänger mit dem Ball in der Hand den Läufer berührt.

c) Das Laufen mit dem Ball

Das Laufen mit dem Ball ist nicht gestattet. Jedoch soll der Schiedsrichter nur bei wiederholtem Vorgehen gegen diese Regel, also bei der deutlich erkennbaren Absicht, einen Vorteil zu erlangen, das Spiel abpfeifen. Der Treffer eines Spielers, der mit dem Ball gelaufen ist, zählt nicht, und das Spiel geht weiter. Wird allerdings nach dem letzten Schlag der Schlagpartei mit dem Ball gelaufen, um ihn ins Schlagmal zu schaffen („Aushungern"), so darf der Ball nicht „totgepfiffen" werden.

d) Das Weiterspielen nach einem Treffer (vereinfachte Spielweise)

Nach einem Treffer ist der Ball nicht „aus dem Spiel", auch dann nicht, wenn er nach dem Abwurf eines Spielers unmittelbar ins Schlagmal rollt oder fliegt. Der Ball darf nur von den neuen Fängern (also von den Spielern der Partei, deren Spieler abgeworfen wurde) weitergespielt werden, während die neuen Schläger so lange ins Schlagmal oder an die Laufmale laufen können, bis der Ball „aus dem Spiel" ist. Dabei ist zu beachten:

1. Die neuen Fänger ergreifen sofort den Ball und versuchen, die jetzt davoneilenden Läufer (!) abzuwerfen. Das Zuspielen im Schlagmal ist jedoch nicht gestattet, der Ball ist dann „tot".

2. Springt der Ball beim Hinausspielen aus dem Schlagmal vom Boden, von einem Gegenstand oder von einem Fänger ab und zurück ins Schlagmal, so ist er „tot".

Anmerkungen: Beim Üben des Einkreisens und Abwerfens ist auch auf die Zweckmäßigkeit der Scheinwürfe hinzuweisen, um den Gegner aus dem Laufrhythmus zu bringen. Möglichst nur nach vorn und nach der Spielfeldmitte abwerfen; den Spielern an einem Beispiel den Zeitverlust durch nach außen geworfene Bälle bewußtmachen!

Das Weiterspielen nach einem Treffer, der zwei- bis dreimal hintereinander erfolgende Rollentausch der Mannschaften ohne Spielunterbrechung verwirrt die jungen Schlagballspieler oft noch. Deshalb sollte vor Einführung des Schlagballspiels mehrmals Treffball (S. 265) und Treffball zur Übung des Malwechselns nach Abwurf (S. 266) gespielt werden.

8. *Das Fangen des Balles*

Für das freie Fangen des Balles mit einer Hand, sowohl nach einem gültigen als auch nach einem ungültigen Schlag, bekommt die Fangpartei einen Punkt. Dabei kann der Fänger innerhalb oder außerhalb des Spielfeldes stehen. Das Fangen ist jedoch nur gültig, wenn der Ball vorher nicht den Boden, einen

Gegenstand, einen anderen Körperteil oder Mitspieler berührt hat. Das Nachfangen zählt ebenfalls nicht. Die Behinderung eines Fängers ist nicht gestattet. Der Ball gilt sonst als gefangen.

Anmerkung: Beim Spiel mit Anfängern belohnen wir auch das Fangen mit zwei Händen durch einen Punkt. Fangen mit einer Hand zählt hier sogar zwei Punkte. Die Fänger müssen zur „Raumbeherrschung" erzogen und an das „Platzhalten" gewöhnt werden.

9. Der Malwechsel

a) Der Gewinn des Schlagmals

Das Schlagmal kann von der Fangpartei auf folgende Weise gewonnen werden:
durch den gültigen Abwurf eines Läufers;
wenn ein Läufer die Spielfeldgrenzen überschreitet;
wenn ein Spieler der Schlagpartei den im Spiel befindlichen Ball mit einem Körperteil oder dem Schlagholz berührt;
durch „Aushungern" der Schlagpartei;
wenn ein Strafwechsel angeordnet wird.

In den ersten drei Fällen kann das Schlagmal von den bisherigen Läufern durch erneutes Abwerfen zurückgewonnen werden. In den letzten beiden Fällen erfolgt der Malwechsel abwurffrei. Durch Malwechsel unterbrochene Läufe zählen nicht. Wird nach einem Malwechsel bei Treffer oder Grenzüberschreitung der Ball von den neuen Schlägern versehentlich aufgenommen, so verlieren sie das Schlagrecht, können es aber durch erneutes Abwerfen wiedergewinnen.

Das gleiche trifft auch zu, wenn die neuen Schläger den ins Schlagmal gelangten Ball berühren, ehe er „tot" ist.

b) Das „Aushungern"

Bringen die Fänger durch Tragen oder Werfen den Ball in das Schlagmal, in dem sich kein schlagberechtigter Gegner befindet, so ist die Schlagpartei „ausgehungert", und es erfolgt ein abwurffreier Wechsel. Die Schläger sind auch „ausgehungert", wenn sich im Schlagmal mehr als fünf laufpflichtige Schläger befinden und der sechste einen ungültigen Schlag ausführt.

Anmerkung: Bei Anfängern spielen wir auch bei Treffer und Grenzüberschreitung nur mit abwurffreiem Malwechsel, um das Spiel einfacher zu gestalten.

c) Der Strafwechsel

Ein Strafwechsel wird in folgenden Fällen angeordnet:
— beim Schlagen außerhalb der festgelegten Reihenfolge;
— bei absichtlicher Behinderung eines Fängers durch einen Läufer, zum Beispiel wenn der Fänger von einem Läufer absichtlich durch Stoßen, Anrennen oder Abdrängen am Ballfang, Einkreisen oder Abwerfen gehindert wird;
wenn ein Schläger den im Spiel befindlichen Ball absichtlich mit irgendeinem Körperteil oder dem Schlagholz wegstößt;
wenn ein Läufer den zum „Aushungern" ins Schlagmal geworfenen Ball vor dem Male auffängt oder aufhält, um den abwurffreien Wechsel zu verhindern;
wenn die Läufer am Laufmal stehend das Zuspiel der Fänger stören (dazwischengreifen);
— wenn sich nach Verwarnung die laufpflichtigen Schläger nicht im Sperraum aufhalten und die übrigen Schläger den Sperraum vor dem Abschlag betreten.

10. Abseits

Steht beim Malwechsel ein bisheriger Fänger außerhalb des Lauffeldes, so ist er abseits. Ein abseitsstehender Spieler kann nicht abgeworfen werden, darf aber auch nicht durch Berühren des Balles in das Spiel eingreifen, sonst erfolgt wiederum Malwechsel. Er soll ohne Rücksicht auf die „Haltregel" auf kürzestem Wege zur Lauffeldgrenze vorgehen und beim nächsten gültigen Schlag das Lauffeld betreten. Andernfalls erfolgt wegen Grenzüberschreitung Malwechsel.

11. Unterbrechen des Spiels
Der Schiedsrichter kann das Spiel in folgenden Fällen unterbrechen:
a) bei Verlust des Balles;
b) bei Unklarheiten in der Reihenfolge des Schlagens oder Laufens oder anderer Regeln;
c) wenn ein Laufmal zerbricht;
d) wenn Unfälle, Störungen durch Spieler, Zuschauer oder Witterungsverhältnisse das Weiterspielen verbieten.
Bei Wiederaufnahme des Spiels ist der alte Spielstand herzustellen. Ist das nicht möglich, so soll der Schiedsrichter den Stand des Spiels vor dem letzten Schlag herstellen und den Schlag noch einmal ausführen lassen. Bei Verschleppen des Spiels (s. Regel 5 h) kann der Schiedsrichter den Ball für „tot" erklären und in das Schlagmal werfen lassen.
12. Spielrichter
a) Schiedsrichter
Vor dem Spiel überprüft er das Spielfeld (Laufmale, Grenzfahnen), die Schlaghölzer und Schlagbälle. Er wacht über die Einhaltung der Spielregeln. Während des Spiels befindet sich der Schiedsrichter an einer Ecke des Lauffeldes in der Nähe der Schlagmallinie, aber außerhalb des Spielfeldes. Ein erhöhter Standort des Schiedsrichters ist zu empfehlen. Die Punkte ruft er den Anschreibern zu.
b) Linienrichter
Der erste Linienrichter steht dem Schiedsrichter gegenüber an der Schlagmallinie. Er achtet vor allem auf die richtige Reihenfolge der Schläger und die richtige Zahl der angegebenen Läufe.
Die beiden anderen Linienrichter bewegen sich an den Seitenlinien des Spielfeldes etwa auf der Höhe des Laufmales. Sie beobachten Grenzüberschreitungen, Gültigkeit der Schläge, Fänge, Weitschläge, Treffer, Platz der Läufer bei „Halt" und abseitsstehende Spieler.
c) Jede Mannschaft stellt einen Anschreiber, der in der Nähe des Schiedsrichters am Schlagmal steht. Während der eine nach dem Zuruf des Schiedsrichters für beide Mannschaften die Punkte anschreibt, überprüft sie der andere. Beim Anschreiben können folgende Zeichen verwandt werden:
Gültiger Lauf = /
Gültiger Weitschlag = $\wedge$
Gültiger Treffer = ×
Gültiger Fang = O
d) Das Anzeigen der Spielvorgänge
Durch den Schiedsrichter:
— Beginn, Schluß und Unterbrechung des Spiels = dreifacher Pfiff
— Jeder Malwechsel = doppelter Pfiff
— Ungültiger Schlag, „Halt!" bei Spielverschleppung (dazu Ruf: „Ball ins Mal!"), Ball aus dem Spiel (letzteres auch durch den Ruf „Halt!") = einfacher Pfiff
— Fang, Weitschlag = entsprechender Ruf
Durch die Linienrichter:
— Weitschlag = senkrechtes Heben der Fahne
— Fang = waagerechtes Heben der Fahne (auch Ruf „Fang!")
— Schiefer Ball = Abwinken mit der Fahne
— Malwechsel = Armkreisen mit der Fahne
— Vorletzter Schläger = entsprechender Ruf
Die Läufer heben bei einem gültigen Lauf den Arm hoch mit dem Ruf „Lauf!".

3.4. Grenz- und Torballspiele

In den Spielen dieser Gruppe sind schon gewisse Züge der Sportspiele sehr deutlich enthalten. Es geht darum, einen Ball über eine bestimmte Grenze oder durch ein Tor zu treiben. Dabei werden spezielle Fertigkeiten für die Sportspiele geschult (genaues Stoßen des Balles, Fintieren, Kombinieren u. a.).
Dem Charakter der Spiele dieser Gruppe entsprechend, empfiehlt sich eine Untertei-

lung in Spiele mit Trennung vom Gegner und Spiele mit direktem Kampf mit dem Gegner (kleine Sportspiele, Turnierspiele).

3.4.1. Spiele mit Trennung vom Gegner

Bei den hier beschriebenen Formen sind die Spieler noch an einen bestimmten Platz oder an eine Spielfeldhälfte gebunden, so daß eine direkte Auseinandersetzung mit dem Gegner nicht erfolgt und auch keine Laufleistungen verlangt werden. Die Spiele können deshalb nur durch Wurfgenauigkeit, Wurfschärfe beziehungsweise weite, reaktionsschnelle Abwehr oder sicheres Fangen des Balles entschieden werden.
Nach Möglichkeit sollten kleine Mannschaften gebildet werden, um alle Spieler aktiv am Spiel teilhaben zu lassen und das Spiel fließend und freudvoll zu gestalten. Raummäßig ist das bei einigen Formen ohne weiteres möglich (Kreistorball, Kreisfußball, Bank-Torball, Treibball). Anderenfalls teilt man die Klasse oder Gruppe in drei oder vier Mannschaften ein, wobei die pausierenden Spieler als Kampfrichter und Ballholer eingesetzt werden oder auch Beobachtungsaufgaben erhalten.

Kreistorball (Kreishandball)

Spielerzahl: 8 bis 10
Spielgerät: Hohlball
Die Spieler stehen mit gegrätschten Beinen im Kreis. Ein Spieler befindet sich in der Mitte des Kreises und versucht, den Ball durch eines der so gebildeten Tore hindurchzuwerfen. Sind die Kreisspieler reaktionsschnell genug, verhindern sie das, indem sie zur Abwehr in die Grundstellung springen, so daß der Ball an den Beinen abprallt. Der Werfer darf täuschen und in eine beliebige Richtung werfen. War er erfolgreich, so löst ihn der geschlagene „Torwart" ab.
Welcher Mittelspieler benötigt die wenigsten Würfe, um abgelöst zu werden?

Kreisfußball (Fußball im Kreis)

Spielerzahl: 10 bis 12 je Kreis
Spielgerät: Hohlball
Die Spieler bilden einen Innenstirnkreis mit etwa zwei Schritten Zwischenraum von Spieler zu Spieler. Das Tor wird beim Kreisfußball durch die gesamte Kreislinie dargestellt, die von einem in der Mitte stehenden überspielt werden soll. Die Spieler auf der Kreislinie versuchen, das zu verhindern, indem sie den Ball auf vorher festgelegte Weise aufhalten. Jeder Spieler verteidigt den Zwischenraum an seiner rechten Seite.
Anfangs gestatten wir das Fangen des Balles und die Abwehr mit dem gesamten Körper. Später soll der Ball nur noch wie beim Feldspiel im Fußball behandelt werden. Er darf nur bis in Schulterhöhe gestoßen werden.
Hat der Mittelspieler ein Tor erzielt, löst ihn der betreffende Kreisspieler ab.
Abwandlungen:
a) Es wird ohne Mittelspieler gespielt. Jeder ist „Torschütze" und „Torwart" zugleich. Für jedes eigene Tor erhält der „Torwart" einen Minuspunkt. Wer beendet das Spiel ohne Minuspunkte?
Man kann auch so werten, daß die Torschützen Pluspunkte bekommen, oder man wählt die kombinierte Zählweise, bei der die Pluspunkte mit den Minuspunkten verrechnet werden.
b) Soll ein Mannschaftsvergleich durchgeführt werden, so halbieren wir den Kreis durch eine deutliche Linie. Nun „kämpfen" die Spieler einer Kreishälfte gegen die der anderen. Der Ball gehört stets der Mannschaft, in deren Kreishälfte er sich nach einem

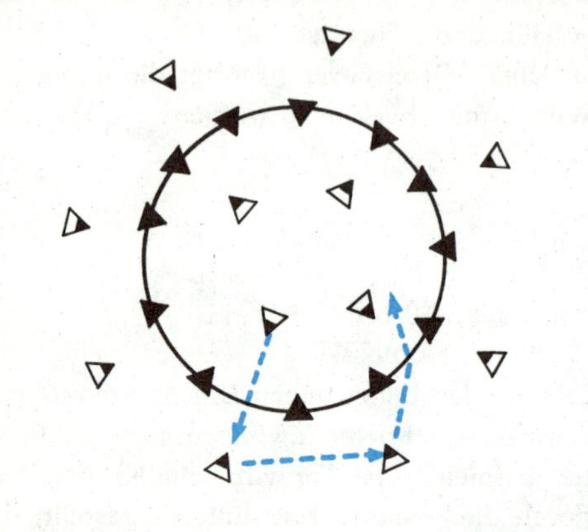

Abb. 133 Kreisfußball

Schuß befindet. Also Bälle sicher annehmen! Welche Mannschaft hat nach einer festgelegten Spielzeit die meisten Tore erzielt?

c) Es werden zwei Mannschaften gebildet. Die Spieler der einen verteilen sich auf der Linie eines Kreises (Abb. 133) und übernehmen die Abwehraufgaben. Einige Spieler der Gegenpartei stehen innerhalb, die übrigen außerhalb des Kreises. Sie versuchen, sich den Ball zwischen den Gegnern hindurch zuzuspielen. Passiert der Ball die Kreislinie, zählt es als Tor. Nach einer bestimmten Spielzeit werden die Rollen gewechselt.

Bank-Torball

Spielerzahl: 12 bis 16
Spielgeräte: Hohlbälle, Turnbänke
Vier Turnbänke stellen wir zu einem geschlossenen Quadrat zusammen. Auf jeder Bank knien oder hocken drei oder vier Spieler und rollen die Bälle an die gegnerischen Bänke, um dadurch Tore zu erzielen. Je nach der Gewandtheit der Spieler kann mit zwei bis vier Bällen gespielt werden.
Welche Gruppe erzielt die meisten Tore oder welche Bank erhielt die wenigsten Treffer? Bankrichter einteilen!
Bemerkung: Um mehrere Gruppen spielen zu lassen, reicht es in Ermangelung weiterer Turnbänke auch aus, ein Quadrat auf den Boden zu zeichnen, das wegen der leichteren Verteidigungsmöglichkeit größer sein muß als das Bankquadrat. Die Spieler hocken, knien oder sitzen dann hinter den Linien. Sie sind besonders auf ehrliches Spielen hinzuweisen, da der Spielleiter nicht alle Gruppen gleichzeitig übersehen kann.

Torball

Spielerzahl: 5 bis 7 in jeder Gruppe
Spielgeräte: Hohlball, Fähnchen
Durch zwei Fähnchen oder Stöcke wird ein Tor von etwa 3 bis 4 m Breite markiert und von einem Torwart behütet. Zu beiden Seiten des Tores postieren sich Gruppen von je zwei oder drei Spielern, die abwechselnd das Tor beschießen, so daß sich der Torwart also nach jedem Schuß in die andere Richtung drehen muß. Die Entfernung der Schützen vom Tor richtet sich nach ihren Fertigkeiten im Werfen oder Stoßen (etwa 8 bis 12 m). Nach etwa zwanzig Schüssen — zehn von jeder Seite — wird der Torwart ausgewechselt. Welcher Torwart war am erfolgreichsten?
Methodische Bemerkung: Durch die Anordnung der Spieler auf beiden Seiten des Tores verlieren wir keine Zeit durch das Ballholen.
Abwandlungen: Läßt sich die beschriebene Grundform noch im Sportunterricht im Freien durchführen, so sind die jetzt folgenden Abwandlungen nur beim Spiel in kleineren Sportgruppen oder für die Freizeitgestaltung — besonders am Strand — geeignet.
a) Zwei Spieler stehen sich — jeder in seinem Tor — gegenüber. Zwanzig Schüsse mit der Hand oder dem Fuß werden gewechselt. Wer war am erfolgreichsten?

Dann erfolgt Austausch der Gegner. Bei einer nicht zu großen Gruppe kann jeder gegen jeden spielen. Wer hat am Ende des kleinen Turniers das beste Punkt- und Torergebnis?
b) Der Abstand von Tor zu Tor wird verringert, notfalls auch das Tor vergrößert. Jetzt wird ein Kopfballduell ausgetragen. Der Ball darf nicht mit den Händen abgewehrt werden.

Ball unter die Schnur

Spielerzahl: 5 bis 8 in jeder Mannschaft
Spielfeld: Etwa 10 m × 20 m, . durch eine Mittellinie geteilt, die von einer 50 bis 60 cm hohen Schnur überspannt ist. Von der Mittellinie aus ist im Abstand von 1 m zu jeder Seite die Abwurflinie aufzuzeichnen.
Spielgeräte: Hohlbälle jeder Art, Vollbälle
Die Mannschaften stehen sich an den Grundlinien des Spielfeldes gegenüber. Es kommt darauf an, durch Rollen oder Werfen eines Balles unter der Schnur hindurch die Grundlinie des Gegners zu überspielen, um Pluspunkte für die eigene Mannschaft zu gewinnen. Bei Einführung des Spiels hat jede Mannschaft einen Ball. Auf Pfiff laufen die Ballbesitzer bis zur Abwurflinie vor und rollen oder werfen den Ball.
Spielregeln:
a) Pluspunkte gibt es, wenn:
— ein Ball die Grundlinie überrollt oder in Reichhöhe überfliegt;

Abb. 134 Ball unter die Schnur

— der Gegner mit dem Ball die Schnur berührt;
— der Gegner beim Wurf die Abwurflinie übertritt;
— ein *abgewehrter* Ball über die seitliche Begrenzung rollt oder springt.

b) Der Spieler, der den Ball geworfen hat, muß jeweils wieder zur Grundlinie zurück, um sich neues Wurfrecht zu holen.

c) Es kann bis zu einer bestimmten Punktzahl oder auch nach Zeit gespielt werden.

Abwandlungen:

a) Nicht nur mit zwei Bällen wird gespielt, sondern mit mehreren oder mit so vielen, wie Spieler in einer Mannschaft sind. Bei dieser Form ist es unbedingt erforderlich, zwei Schiedsrichter einzusetzen, von denen jeweils einer die Punkte einer Mannschaft zählt. Zwei Helfer achten auf die Fehler an der Leine und Abwurflinie.

Bei dieser Spielweise kommt es zu einem weit höheren Punktergebnis, sie ist auch bedeutend lebhafter und freudvoller.

b) Die Aufstellung kann dahingehend verändert werden, daß sich alle Spieler zweckentsprechend im Spielfeld verteilen (Abb. 134). Hier muß darauf geachtet werden, die vorderen und hinteren Spieler nach einer bestimmten Zeit miteinander auszuwechseln.

c) In jeder Spielfeldhälfte müssen zusätzlich drei oder vier aufgestellte Gymnastikkeulen bewacht werden. Fällt eine Keule durch Treffen des Balles oder Berühren durch den Wächter um, so ergibt das ebenfalls einen Pluspunkt für den Gegner. Rollt der Ball noch außerdem über die Grundlinie, so erhält er natürlich zwei Punkte.

d) Der Ball wird mit dem Fuß gespielt. Die Art und Weise der Abwehr wird vom Spielleiter vorher bekanntgegeben (vgl. Kreisfußball, S. 277).

e) Ziel ist nicht das Überwerfen der gegnerischen Grundlinie, sondern das Bemühen, immer weniger Bälle im eigenen Feld zu haben als der Gegner. Das Spiel wird nach 1 oder 2 Minuten entschieden.

Methodische Bemerkungen:

— In die Schnur eingeknotete farbige Stoffstreifen erhöhen ihre Sichtbarkeit.
— Es ist auch möglich, anstelle der Schnur zwei umgedrehte Turnbänke zu verwenden, deren zusammenstoßende Enden in der Mitte des Spielfeldes auf einem hochgestellten kleinen Turnkasten aufliegen. Die schräge Lage der Bänke beeinträchtigt den Spielverlauf keineswegs.
— Ball unter die Schnur zwingt die Schüler besonders zum Üben des Schockwurfes und des Schlagwurfes in Kniehöhe (Hallenhandball).

Leinenhandball (Netzhandball)

Spielerzahl: 5 bis 10 Spieler in einer Mannschaft
Spielfeld: 8 bis 15 m × 20 bis 30 m, geteilt durch eine 1,60 bis 2 m hohe Leine (abhängig von der Größe der Spieler); Abwurflinie 2 bis 3 m von der Mittellinie entfernt)
Spielgerät: Handball

Dem Spielcharakter nach gleicht Leinenhandball sehr dem vorher beschriebenen „Ball unter die Schnur", zeigt jedoch einen deutlichen Unterschied insofern, daß durch das Überwerfen der Leine vorwiegend der Kernwurf geübt wird.

Zwei sich gegenüberstehende Mannschaften verteilen sich beliebig in ihrem Feld und versuchen, über die Leine hinweg, den Ball in das gegnerische Tor zu werfen. Die ganze Breite des hinteren Spielfeldes bildet das Tor, das wir durch eine Leine in der Höhe auf 2 bis 2,50 m begrenzen (Abb. 135). Das Zuspielen innerhalb der Mannschaften ist gestattet. Ein erfolgreicher Wurf, bei dem die Abwurflinie übertreten wurde, ist ungültig. Welche

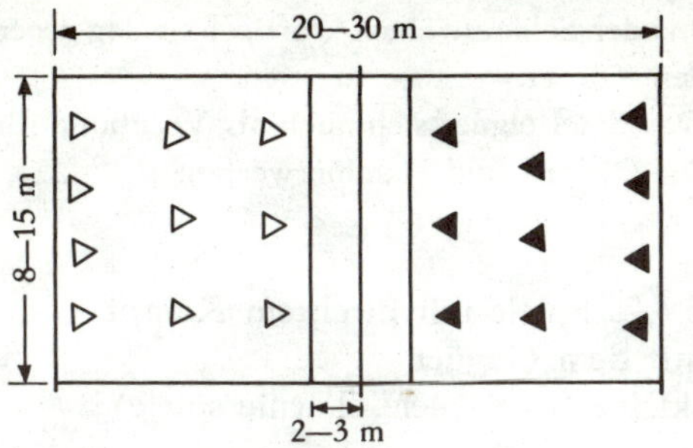

Abb. 135 Leinenhandball

Mannschaft erzielt in der festgelegten Zeit die meisten Tore?

Veränderung der Wertung: Um beim Fangen der Bälle einen größeren Anreiz zu schaffen, führen wir eine zusätzliche Wertung ein, womit wir auch gleichzeitig die Sicherheit im Fangen schulen. Jedes erzielte Tor zählt zwei, jeder bei der Abwehr fallen gelassene Ball einen Pluspunkt für die Gegenpartei.

Treibball (Grenzball)

Spielerzahl: 8 bis 20
Spielfeld: Etwa 10 bis 20 m × 80 bis 100 m
Spielgerät: Wurfball, Hohlball oder Medizinball

Sinn des Spiels ist es, den Ball über die hintere Grenze (Mallinie) der gegnerischen Spielfeldhälfte zu werfen, womit ein Spieldurchgang entschieden ist und mit einem Punkt bewertet wird.

Nachdem der Spielleiter oder das Los die anwerfende Mannschaft bestimmt hat, beginnt das Spiel mit einem Wurf etwa eine halbe Wurfweite von der Mittellinie entfernt. Dort, wo der Ball niederfällt, ist die Abwurfstelle für den Gegner. Die Mannschaften staffeln sich zweckmäßig in der Tiefe und Breite, um den geworfenen Ball aufzufangen. Gelingt das einem Spieler, so darf dieser von der Fangstelle aus drei Sprungschritte ausführen, um von dort zu werfen.

So wechselt der Ball hin und her, bis es einer Mannschaft gelingt, durch bessere Weitwürfe und Raumgewinn sowie durch gutes Fangen ihren Gegner so weit zurückzutreiben, daß ein Wurf *über* die Grenzlinie möglich ist. Der Ball muß dabei aber den *Boden berühren,* also nicht vom Gegner gefangen worden sein, um das Spiel zu gewinnen.

Fliegt der Ball über die seitliche Begrenzung hinaus, so liegt die Abwurfmarke für die Gegenmannschaft dort, wo er die Linie kreuzte.

Um *alle* Übenden zu beteiligen, numerieren wir die Spieler der Mannschaften, die dann auch in der festgelegten Reihenfolge werfen müssen. Wird der Ball jedoch gefangen, darf der Fänger unabhängig von der Reihenfolge die drei Sprungschritte ausführen und werfen.

Entweder entscheidet die Anzahl der in einer bestimmten Spielzeit erzielten Punkte, oder es wird bis zu einer festgelegten Punktzahl gespielt.

Wert und Anwendung: Treibball oder Grenzball ist insofern besonders wertvoll, als wir durch die Art des Balles auch den Übungswert des Spiels variieren können. Mit einem Schlagball betrieben, dient es der Weitwurfschulung und ist als Fangübung gleichzeitig eine Vorbereitung auf das Schlagballspiel. Die Spielfeldlänge ist entsprechend der Wurfleistung zu bemessen.

Hohlbälle gestatten ebenfalls den Kernwurf, aber auch andere Wurfarten und das Fangen oft steiler Bälle. Außerdem kann der Ball gefaustet oder mit dem Fuß gestoßen werden. Das ist nicht nur ein Training des Weitschlagens, sondern bei dem schmalen Feld gleichzeitig eine Übung zur Schulung des genauen Spiels, wie sie der Fußball- oder auch der Rugbyspieler benötigt.

Mit einem kleinen, mittleren oder großen

Medizinball gespielt, der entsprechend der Leistungsfähigkeit der Übenden ausgewählt wird, bewirken wir eine gute Entwicklung der Kraft. Das Stoßen des Balles links und rechts, der Schockwurf und der beidhändige Schlagwurf über den Kopf können angewandt werden. Mit einem kleinen Medizinball ist auch der Kernwurf möglich. Das Spielfeld muß jedoch wesentlich verkürzt werden.
Im Freizeitsport ist Treibball für Federballspieler eine freudvolle Form.

Schleuderball

Verwenden wir beim vorher beschriebenen Spiel einen Schleuderball, so läßt sich das einst sehr verbreitete Turnspiel gleichen Namens durchführen.
Da Schleuderball dem Spielgedanken nach ein Treibballspiel ist und auch im wesentlichen der dort beschriebenen Spielweise entspricht, brauchen wir nur noch auf den Ball und die durch ihn bestimmten Wurfarten hinzuweisen.
Der festgestopfte Lederball wiegt für Frauen und Jugendliche 1 kg und für Männer 1,5 kg. Zum Schleudern ist an ihm eine 28 cm lange und 2,5 cm breite Schlaufe befestigt. Die Schüler benutzen den leichteren Schleuderball.
Man unterscheidet vorwiegend zwei Arten des Schleuderns: den Drehwurf und den friesischen Wurf. Beim Drehwurf werden einige kreisförmige Anschwünge des Balles ausgeführt, wobei sich der Körper ähnlich wie beim Diskuswurf auf dem vorderen Bein dreht. Beim friesischen Wurf dagegen bewegt sich der Werfer mit einigen Übersetzschritten in Wurfrichtung, dreht sich also nicht, wobei der Ball zwei oder drei kreisförmige Vertikalschwünge neben dem Körper beschreibt.
Das Schleuderballspiel verlangt Gewandtheit beim Wurf und Mut beim Fangen des wuchtigen Balles, denn nicht selten bekommt man mit der Schlaufe einen kräftigen Schlag gegen den Körper.
Das Spiel eignet sich auch als Vorübung für das Diskus- und Hammerwerfen.

3.4.2. Spiele mit direktem Kampf mit dem Gegner (kleine Sportspiele, Turnierspiele)

Die in dieser Gruppe beschriebenen Formen sind durch ihre technischen und taktischen Anforderungen gewissermaßen „Miniaturausgaben" einer Reihe großer Sportspiele. Sie sind durch den betonten Kampfcharakter, durch die mehr oder weniger erlaubte Behinderung des Gegners und durch schnelle, kurze Läufe mit zahlreichen Richtungsänderungen, Bremsbewegungen und Starts gekennzeichnet. Der Anstrengungsgrad ist deshalb gegenüber der vorhergehenden Gruppe relativ hoch, gibt jedoch zu keinerlei Bedenken Anlaß, da wir die Spielzeit auf die körperlichen und leistungsmäßigen Voraussetzungen der Spielgruppe abstimmen können.
In technischer und taktischer Hinsicht (Ballbehandlung, Freilaufen, Raum- und Manndeckung, Kombinieren, Fintieren usw.) sind diese Spiele eine direkte Vorbereitung auf die Sportspiele. Teilweise deuten die Namen der kleinen Sportspiele schon ihre direkte Einordnung als Vorbereitungsspiel an, zum Beispiel Krebsfußball für Fußball, Raufball für Rugby, Kastenhandball für Handball, Ringhockey für Hockey, Korbball für Basketball, und die Spielweise unter Anwendung vereinfachter Spielregeln des betreffenden Sportspiels dient zu dessen Vorbereitung.
Aber auch in erzieherischer Hinsicht, vor allem bezüglich des kollektiven Verhaltens und der Haltung zum Gegner, haben wir in den kleinen Sportspielen ein reiches Betätigungsfeld. Auf der anderen Seite werden an

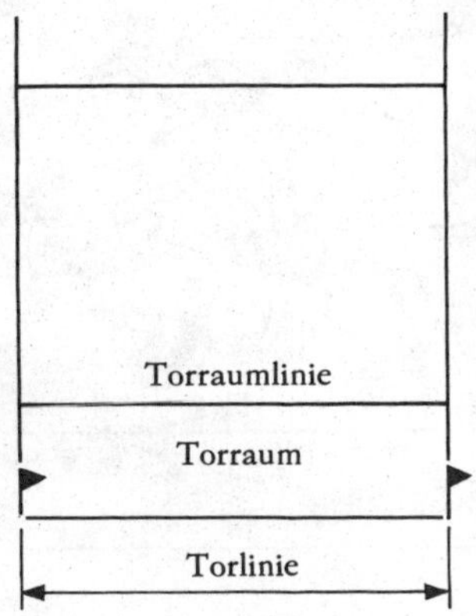

Abb. 136 Grundlinie als Tor

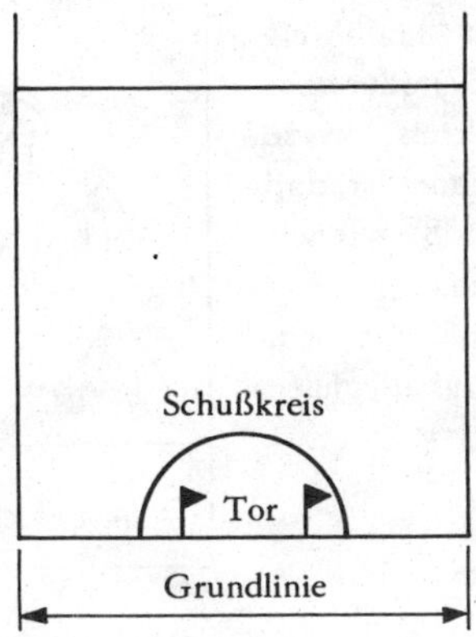

Abb. 137 Verkleinertes Tor mit Schußkreis

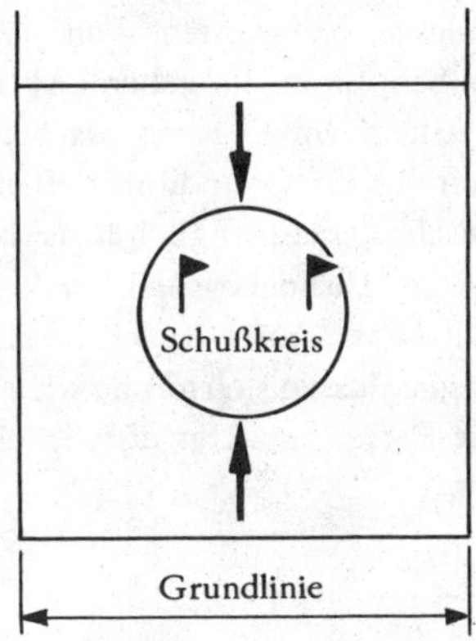

Abb. 138 Umspielen des Tores

den Spielleiter höhere Anforderungen hinsichtlich der Spielüberwachung gestellt, um unter den Bedingungen eines ausgeprägteren und verfeinerten Regelwerkes zu einer fairen Spielweise zu kommen, deren Früchte wir bei der Einführung von Sportspielen ganz bestimmt ernten. Eine wesentliche Voraussetzung zum disziplinierten Spielen ist hier die deutliche Markierung der Feldbegrenzungen und vor allen Dingen aber des Schußkreises.

Die Spielzeit bemessen wir auf etwa zweimal fünf bis zweimal sieben Minuten. Durch die vorher genau festgelegte Spielzeit, den Seitenwechsel in der Halbzeit, vorherige Einweisung der Linien- und Torrichter erleben die Spieler in verstärktem Maße die Wettkampfatmosphäre. Dadurch und auf Grund einer meist kleinen Spielfläche eignen sich die kleinen Sportspiele auch ausgezeichnet als Turnierspiele zur Ermittlung der klassenbesten Mannschaft bei Schulmeisterschaften oder Lagersportfesten. Eine gute Vorbereitung und ein reibungsloser Ablauf der Turniere, wobei Schüler mit eingeschaltet werden sollten, lösen Begeisterung aus, hinterlassen freudige Erlebnisse und spornen zu weiteren frohen Spielen an.

Die Mannschaften sollen ausgeglichen und nicht zu groß sein und über eine längere Zeit bestehenbleiben, um die Kollektivbildung zu fördern. Fünf bis sieben Spieler in einer Mannschaft bringen ein fließendes Spiel zustande. Eine deutliche Unterscheidung der Mannschaften ist notwendig.

Zur methodischen Arbeit bei den kleinen Sportspielen ist noch grundsätzlich zu sagen:

Wir beginnen bevorzugt mit den Spielen, bei denen die ganze Grundlinie zur Torlinie wird (Krebsfußball, Roll- und Raufball) (Abb. 136). Das ist für die Spieler eine große Erleichterung. Nach und nach werden die Torlinien verkürzt, bis wir schließlich 2 bis 3 m breite Tore markieren können, die eine größere Zielsicherheit erfordern und erhöhte taktische Anforderungen stellen. Nicht unerwähnt wollen wir lassen, daß die lange Torlinie auch ein Hilfsmittel bei einer großen Spielerzahl ist, um das Spiel offen zu gestalten (keine übermäßige Zusammenballung der Spieler).

Die Tore oder Schußziele bei den folgenden Spielen dieser Gruppe können auf zwei verschiedene Arten angeordnet werden. Ent-

weder stehen sie auf der Grundlinie des Spielfeldes und werden von einem Halbkreis als Schußkreis umgeben (Abb. 137) oder aber in einem vollen Kreis als Schußkreis, der so weit von der Grundlinie aufgezeichnet ist, daß ein Umspielen möglich ist (Abb. 138), wie wir es vom Eishockeyspiel her kennen.
Die Spiele mit direktem Kampf mit dem Gegner lassen sich gut aus den Burgballspielen mit Parteicharakter entwickeln.

Abb. 139 Krebsfußball

Krebsfußball (Sitzfußball)

Spielerzahl: 8 bis 16
Spielfeld: 8 bis 10 m × 12 bis 20 m, etwa 1 bis 2 m von jeder Torlinie entfernt wird die Torraumlinie gezogen
Spielgerät: Hohlball
Die Mannschaften verteilen sich beliebig in ihren Spielfeldhälften. Alle Spieler nehmen entweder den Liegestütz rücklings ein, um sich im Krebsgang fortzubewegen (Krebsfußball) (Abb. 139), oder sitzen und stützen beide Hände hinter dem Körper auf, um sich im Sitzen vorwärts zu stützeln (Sitzfußball). In dieser Haltung versuchen sie, den Ball mit dem Fuß zu spielen und über die gegnerische Torlinie zu treiben.
Krebsfußball wird in Anlehnung an die Fußballregeln gespielt:
a) Das Berühren des Balles mit der Hand oder das Lösen beider Hände vom Boden wird mit Freistoß bestraft. Das gilt auch für die Spieler im Torraum.
b) Das Spiel kann durch eine Mannschaft an der Mittellinie eröffnet werden, der Spielleiter kann den Ball auch an der Mittellinie entlang einrollen.
c) Im Torraum dürfen sich nur zwei bis vier Spieler aufhalten (Abb. 139) (auf die Spielerzahl abstimmen).
d) Beim Torschuß darf der Ball nicht über Kopfhöhe fliegen.

Veränderung des Spielfeldes:
— Zur leichteren Überwachung der Torschüsse kann in etwa 1 m Höhe über der Torlinie eine Schnur gespannt werden.
— Statt der Torlinie kann man auch ein regelrechtes Tor mit Schußkreis aufbauen (3 bis 4 m auseinander stehende Fähnchen oder Sprungständer mit einer 1 m hohen Leine), das dann durch einen oder zwei Torwarte behütet wird.
— Auf Grund des schwierigen und dadurch ungenauen Zuspiels geht der Ball oft ins Aus. Diese Spielunterbrechungen können eingeschränkt werden, wenn die Seitenlinien mit Banden versehen werden (auf die Seite gelegte Turnbänke). In geeigneten Hallen können es auch die Wände bis zu einer vorher bestimmten Höhe sein.
Anmerkung: Krebsfußball spielen wir weniger zur Fertigkeitsentwicklung als vielmehr zur Schulung konditioneller Fähigkeiten, denn das „Laufen“ im Sitzen oder im Liegestütz rücklings ist anstrengend. Deshalb sollte man den Spielern, die nicht direkt in das Spielgeschehen eingreifen, erlauben, sich vorübergehend im Sitzen auszuruhen. Das Spiel sollte bei Kindern und Untrainierten auch nicht länger als etwa zehn Minuten dauern.

Rollball (Bückeball)

Spielerzahl: 10 bis 16
Spielfeld: Bis 15 m × 30 m, etwa 2 bis 3 m von jeder Torlinie entfernt wird die Torraumlinie gezogen
Spielgerät: Kleiner Vollball oder weich aufgepumpter Hohlball
Rollball ist schon ein sehr kampfbetontes und anstrengendes Spiel. Zwei Mannschaften versuchen, durch Rollen des Balles (Rollball) oder durch kniehohes Zuwerfen (Bückeball) Tore zu erzielen. Das Tor ist anfangs die gesamte hintere Begrenzung jeder Spielfeldhälfte zwischen den Eckfahnen (Abb. 140). Je nach Breite des Spielfeldes und Stärke der Mannschaft wird es von einer bestimmten Anzahl von Spielern behütet, die beliebig ausgewechselt werden dürfen. Bei der Verteidigung des Tores darf sich jedoch nicht mehr als die vereinbarte Spielerzahl (zwei bis vier) im Torraum aufhalten. Wird ohne diese Regel gespielt, so ist oft das Tor von allen Spielern blockiert, worunter das offene Feldspiel leidet. Nach jedem Tor wird der Ball an der Mittellinie durch die geschlagene Mannschaft angerollt. Der Ballbesitzer darf nicht gestoßen oder gerempelt werden. Infolge des Laufens in gebückter Haltung ist das Spiel recht kraftraubend. Es sollte nicht länger als zweimal fünf Minuten gespielt werden.
Den Handballregeln entsprechend können folgende Spielregeln kurz zusammengefaßt werden:

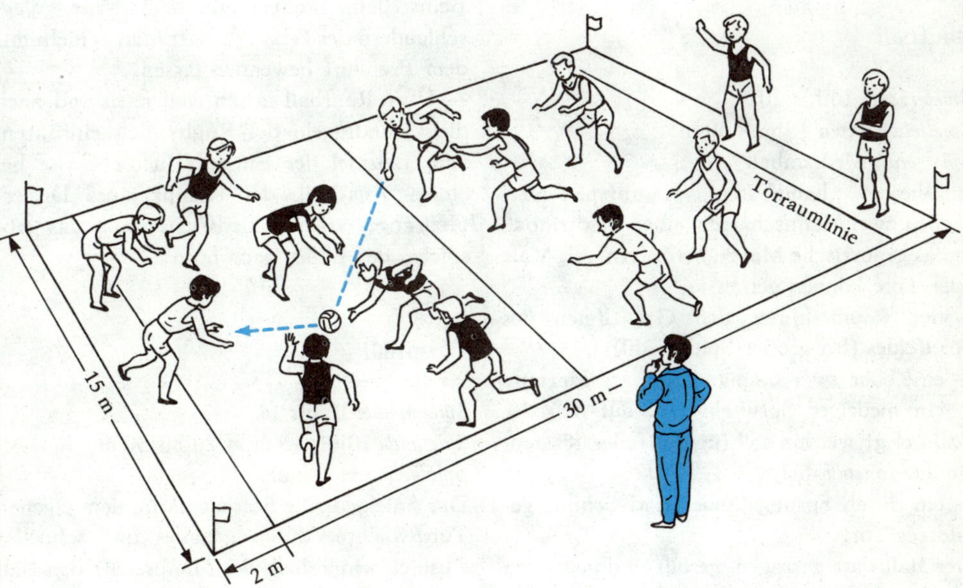

Abb. 140 Rollball

a) Ein Freiwurf erfolgt:
— bei unfairem Spiel;
— beim Stoßen des Balles mit dem Fuß;
— wenn mit dem Ball in den Händen mehr als drei Schritte gelaufen werden;
— wenn beim Schuß die Torraumlinie übertreten wird;
— beim Heben des Balles über Kniehöhe (streng einhalten!).
b) Ein 7-m-Wurf erfolgt, wenn sich zur Verteidigung des Tores mehr Spieler als vereinbart im Torraum befinden.
Abwandlung: Statt der gesamten Spielfeldbreite kann auch ein Tor von 4 bis 5 m Breite (Fahnen, Sprungständer) mit einer 40 bis 50 cm hohen Schnur als obere Begrenzung errichtet werden. Das Tor wird dann nur noch von einem Wächter behütet und von einem Schußkreis (4 bis 5 m) umgeben.

Raufball

Spielerzahl: 10 bis 20
Spielfeld: Etwa 15 m × 30 m
Spielgerät: Medizinball
In diesem „handfesten“ Kampfspiel versuchen zwei Mannschaften, einen Medizinball in das gegnerische Mal zu befördern. Als Male oder Tore können gelten:
— der Raum hinter den Grenzlinien des Spielfeldes (bei großer Spielerzahl);
— eine oder zwei aneinandergelegte Matten;
— ein niedriger Sprungkasten, auf den der Ball gelegt werden soll (kein offener Kasten, Verletzungsgefahr!);
— ein durch Sprungständer und Schnur gebildetes Tor.
Der Ball darf getragen, gerollt und geworfen werden. Das Stoßen mit dem Fuß sollte man erst nach mehrmaligem erfolgreichem Spielen erlauben. Den Ballbesitzer darf man blockieren, halten und umklammern; sobald er sich aber vom Ball trennt, muß man von ihm ablassen. Bei Spielbeginn und nach jedem Tor wird der Ball auf die Mittellinie gelegt. Die Mannschaften laufen auf Pfiff von ihrer Torlinie aus vor und versuchen, den Ball zu erobern.
Nach Überschreiten der Seitenlinien wird der Ball von der gegnerischen Mannschaft eingerollt. Regelverletzungen werden mit Freiwurf bestraft. Bei Freiwurf haben sich alle Spieler 3 m vom Ball zu entfernen, ebenso beim Schiedsrichterball (geringes Hochwerfen des Balles zwischen zwei gegnerischen Spielern), der zur Klärung unübersichtlicher Spielsituationen und bei sich anbahnendem Ringkampf von Gruppen vorgenommen wird.
Methodische Bemerkungen:
— Raufball verlangt ein konzentriertes Beobachten und konsequentes Durchgreifen des Spielleiters. Bei Roheiten, zum Beispiel Beinstellen, Stoßen mit dem Knie, Wegschleudern des Gegners, darf man es nicht mit dem Freiwurf bewenden lassen.
— Über Raufball lassen sich nach und nach die Grundregeln des Rugbyspiels einführen, zum Beispiel der Einwurf in die Gasse bei einem Aus-Ball, der Kampf eines Dreier-Gedränges statt Schiedsrichterball, das Abspielen des Balles nach hinten.

Turmball

Spielerzahl: 10 bis 14
Spielfeld: 10 bis 15 m × 20 bis 30 m
Spielgerät: Hohlball
Der Spielgedanke besteht darin, dem eigenen Turmwächter durch genaues und schnelles Zuspielen innerhalb der Mannschaft den Ball zuzuwerfen. Der Turmwächter steht auf einem Kasten in der hinteren gegnerischen Spielfeldhälfte (Abb. 141). Der Kasten kann etwa 3 m von der Grundlinie entfernt stehen, so daß er auch umlaufen werden kann. Am

Abb. 141 Turmball

besten spielt man mit sieben Spielern in einer Mannschaft: drei Stürmer, ein Verbinder (Mittelspieler), zwei Verteidiger, ein Turmwächter. Natürlich sind die Feldspieler dabei nicht an einen festen Platz gebunden, sondern bilden ein sehr bewegliches System, in dem jeder seine Hauptaufgabe kennt.

Für jeden erfolgreichen Ballfang des Turmwächters, der seinen Kasten nicht verlassen darf, erhält die Mannschaft einen Punkt. Danach wird der Ball, wie auch zu Beginn des Spiels nach Losentscheidung, an der Mittellinie von der geschlagenen Mannschaft angeworfen. Die Mannschaft, die nach zweimal sieben Minuten die meisten Punkte erzielt hat, ist Sieger.

Man spielt in Anlehnung an die Handballregeln, die wir unserer Übungsabsicht entsprechend verändern können:

— Nicht mehr als drei Schritte mit dem Ball in der Hand laufen;
— den Ball nicht länger als drei Sekunden in der Hand behalten;
— der Ball darf nur mit einer Hand gedribbelt werden;
— den Ball nicht mit dem Knie, Unterschenkel oder Fuß berühren;
— den Gegner nicht stoßen, festhalten oder rempeln;
— den Ball nicht aus den Händen des Gegners reißen (er darf aber beim Dribbling herausgespielt werden);
— beim Einwurf darf der Ball dem Turmwächter nicht direkt zugespielt werden. Nach

Abb. 142 Kastenhandball

einem Regelverstoß erfolgt ein Freiwurf oder Einwurf durch die Gegenmannschaft, wobei sich alle Spieler 3 m vom Werfer zu entfernen haben.

Abwandlung: Im Freien gespielt, wird anstelle des Kastens ein Kreis von etwa 2 m Durchmesser für den Turmwächter gezogen und vom gleichen Mittelpunkt aus ein zweiter Kreis von etwa 4 m Durchmesser, der als Schußkreis gilt.

Kastenhandball

Spielerzahl: 10 bis 14
Spielfeld: 20 m × 40 m
Spielgerät: Hohlball

In diesem kleinen Mannschaftsspiel stehen sich wiederum zwei Parteien von fünf bis sieben Spielern gegenüber. Das Ziel ist, den Ball durch ein Kastenteil zu werfen, das in der hinteren Spielfeldhälfte des Gegners in der Mitte eines Kreises von etwa 6 m Durchmesser als Tor aufgestellt ist (Abb. 142).

Um den Kreis kann herumgespielt und das Tor darf von hinten und vorn beschossen werden, was einen sehr beweglichen Torwart verlangt. Man spielt nach den Regeln (außer der letzten), die wir beim Turmball (S. 286) angegeben haben. Hinzu kommen dann noch folgende:

— Wird beim Torwurf der Kreis von einem Angriffsspieler betreten, erfolgt Abwurf durch den Torwart.

— Betritt ein Verteidigungsspieler zur Abwehr den Kreis, wird der angreifenden Mannschaft ein 5-m-Wurf zugesprochen.

Abwandlungen:

a) Natürlich kann das Spiel auch als Fußballspiel betrieben werden. Dann ist es nicht erforderlich, mit einem Schußkreis zu spielen.

— Zahlreiche Abwandlungen ergeben sich wie bei den Burgballspielen (vgl. S. 247) durch die Veränderung des Schußzieles.

Methodische Bemerkung: Da das Tor von beiden Seiten beschossen werden kann und selbst der beweglichste Torwart nicht immer abwehrbereit sein wird, muß auf die Notwendigkeit der konsequenten Deckung des Gegners hingewiesen werden. Wir können entsprechend dem taktischen Ausbildungsstand der Spieler die verschiedenen Formen der Deckungsarbeit schulen.

Ringhockey

Spielerzahl: 8 bis 16
Spielfeld: 8 bis 15 m × 20 bis 25 m
Spielgeräte: Tennisring, Gymnastikstäbe

Wie der Name des Spiels bereits aussagt, wird hier Hockey mit einem Ring gespielt. Jeder der vier bis acht Spieler (je Mannschaft) hat dazu einen Gymnastikstab, mit dem er den Ring am Boden entlangführen, einem Mitspieler zuschieben oder ihn auf das Tor schleudern kann. Das Spiel eignet sich dadurch nur für einen glatten Hallenboden.

Die etwa 2 m breiten und 1 m hohen Tore ordnen wir so in den Spielfeldhälften an, daß sie wie beim Eishockey umspielt, aber außerdem auch von beiden Seiten beschossen werden können. Jedes Tor befindet sich in der Mitte eines Schußkreises von 3 bis 5 m Durchmesser (Abb. 143).

Auf folgende vereinfachte Spielregeln des Hockeyspiels ist zu achten:

— Der Gegner darf nicht gestoßen oder gerempelt werden.
— Das Schlagen gegen den Stock eines Gegners ist nicht gestattet. Es ist jedoch erlaubt, mit dem eigenen Stock den des Gegners anzuheben (!), um den Gegner zum Beispiel bei der Ringführung vom Tennisring zu trennen.
— Betreten des Schußkreises durch einen Angriffsspieler ergibt für den Gegner Abschlag vom Tor.
— Betreten des Schußkreises durch einen

Abb. 143 Ringhockey

Verteidigungsspieler, um den Gegner am Schuß zu hindern, hat einen 4- oder 5-m-Strafabschlag zur Folge.

— Der Ring darf nicht von den Feldspielern mit dem Fuß gestoppt oder gestoßen werden. Dagegen ist es dem Torwart, der sich nicht hinlegen, wohl aber hinknien darf, gestattet, den Ring auch mit dem Fuß aufzuhalten.

Es ist ratsam, das Spiel zu unterbrechen und durch Bully wieder in Gang zu bringen, wenn mehr als zwei Spieler ihren Stab im Ring haben und nach den verschiedenen Seiten ziehen.

Bemerkung zum Spielfeld: Statt der Grenzlinien des Spielfeldes können wir auch auf die Seite gelegte Turnbänke benutzen, um den geschleuderten Ring aufzuhalten und so „mit Bande“ zu spielen. Dadurch schaltet man die häufigsten Spielunterbrechungen aus und bereichert das Spiel außerdem in taktischer Hinsicht.

Abwandlung: Ist kein Tennisring vorhanden, so kann auch ein Gymnastik-, Wurf- oder Tennisball verwandt werden, und wir führen dann ein einfaches *Stockballspiel* durch, das in seiner Wirkung noch intensiver sein kann, wenn statt der Gymnastikstäbe kurze Staffelstäbe benutzt werden.

Kreiskorbball

Spielerzahl: 10 bis 14
Spielfeld: Etwa 16 bis 20 m × 16 bis 20 m
Spielgerät: Fußball oder Basketball

In sehr kleinen Turnhallen oder dort, wo keine Basketballanlage vorhanden ist, kann Kreiskorbball gespielt werden. An einem Sprungständer wird etwa 2,50 m hoch ein Korb befestigt. Das Spielfeld selbst ist aus der Abbildung 144 ersichtlich.

Es spielen zwei deutlich gekennzeichnete Mannschaften von je fünf bis sieben Spielern gegeneinander. Zu Beginn des Spiels stehen

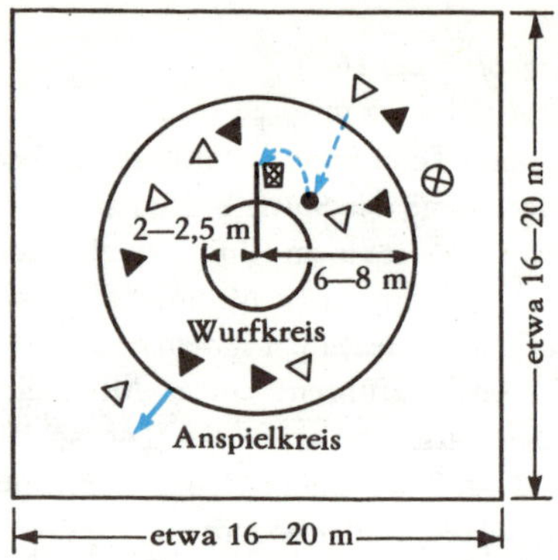

Abb. 144 Kreiskorbball

alle Spieler außerhalb des Anspielkreises, wo es durch Hochwurf des Balles zwischen zwei Spielern beginnt. Durch gutes Zuspielen versucht jede Mannschaft, zum Korbwurf zu gelangen, der aber außerhalb des Wurfkreises erfolgen muß. Sieger ist die Mannschaft, die nach zehn oder fünfzehn Minuten die meisten Körbe erzielte.

Folgende Spielregeln sind zu beachten:

— Der Gegner darf beim Kampf um den Ball nicht gedrängt, gestoßen, gehalten werden. Faustregel: Gegner nicht berühren! Sonst gibt es einen Freiwurf (unbehinderter Korbversuch) für die gefoulte Mannschaft vom Wurfkreis aus.

— Wird der Ball innerhalb des Wurfkreises von der verteidigenden Mannschaft abgefangen, muß sie ihn erst wieder vom Anspielkreis aus ins Spiel bringen, um selbst den Korb angreifen zu können.

— Nach erfolgreichem Korbwurf wird das Spiel durch einen Gegner von außen wieder eingeleitet.

— Beim Übertreten des Wurfkreises zählt ein erfolgreicher Korbwurf nicht. Der Ball muß ebenfalls wieder durch den Gegner von außen ins Spiel gebracht werden.

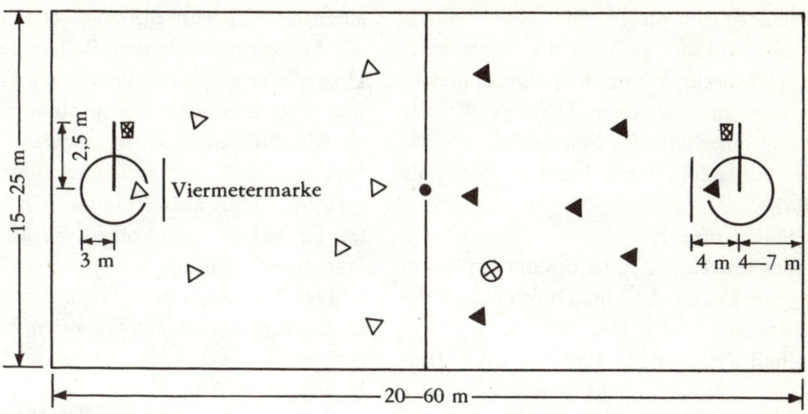

Abb. 145 Korbball

— Das Laufen mit dem Ball in den Händen ist nicht erlaubt.

Methodische Bemerkungen: Korbhöhe und Wurfkreisentfernung müssen dem Alter und auch dem Fertigkeitsgrad der Spielenden angepaßt werden. Gegebenenfalls erst einige Minuten probeweise spielen lassen. Wenn das Zielwerfen auf den Korb unter Verwendung der Basketball-Korbwurfarten demonstriert wird, kann Kreiskorbball eine gute Vorübung für das Basketballspiel sein.

Korbball

Vorbemerkung: Das wertvolle Basketballspiel ist im Lehrplan enthalten und wird nach einer erprobten Methodik ab Klasse 5 in zahlreichen Schulen mit gutem Erfolg gespielt. Deshalb brauchen wir das Korbballspiel nicht mehr so auszubauen, wie es in älteren Spielbüchern der Fall ist. Vorbereitungsspiele haben wir nur soweit angeführt, als sie auch gut als selbständige Formen verwandt werden können (Ball in den Korb und Kreiskorbball). Dagegen sollten Korbwurfübungen, Parteiballspiele mit Korb und andere von vornherein in ihrer Anlage (Bewegungsführung, Spielregeln) auf das Basketballspiel abgestimmt werden (Nachwuchsförderung).

Die angeführten Regeln sind nicht bindend. So kann die Mannschaftsstärke je nach den Raumverhältnissen geändert werden. Es ist möglich, die Ballführung wie beim Handballspiel zu erlauben. Das Spiel kann mit Auswechselspielern durchgeführt werden. Insgesamt aber ist eine Anpassung an das Basketballspiel ratsam, wodurch Korbball dann in verstärktem Maße als Vorbereitungsspiel für das international ausgetragene Basketballspiel benutzt werden kann.

Spielgedanke: Zwei Mannschaften versuchen, sich durch Zuspiel und Ballführung dem Korb der Gegenmannschaft zu nähern, den Hohlball in den Korb des Gegners zu werfen und den eigenen Korb vor Angriffen der Gegenmannschaft zu verteidigen. Die höhere Anzahl erzielter Körbe innerhalb einer festgelegten Spielzeit entscheidet über den Sieg der Mannschaft.

Spielregeln

1. Das Spielfeld

a) Es mißt im Freien maximal 25 m × 60 m und ist durch eine Mittellinie geteilt

(Abb. 145). In der Halle passen wir uns den Raumverhältnissen an.

b) Der Korbständer steht in der Mitte eines Kreises (Korbraum) von 6 m Durchmesser und etwa 7 m vor dem Mittelpunkt der Grundlinie innerhalb des Spielfeldes.

c) 4 m vor dem Korb befindet sich die 4-m-Marke.

2. Die Spielgeräte

a) Ständer mit Korb, Höhe des oberen Korbrandes vom Boden 2,50 m, Durchmesser des Korbes 45 cm.

b) Hohlball (Faustball, Fußball oder Basketball).

3. Die Mannschaft

Jede Mannschaft besteht aus sieben Spielern, sechs Feldspielern und einem Korbwächter im Korbraum. Die Feldspieler teilen wir am besten ein in drei Stürmer, einen Verbinder und zwei Verteidiger, die den Korbwächter unterstützen.

4. Die Spielzeit und Spieleröffnung

a) Das Spiel dauert zweimal fünfzehn oder zweimal zwanzig Minuten mit einer Pause von fünf bis zehn Minuten.

b) Das Recht der Seitenwahl wird ausgelost. Die Gegenmannschaft hat den Anwurf, der in der zweiten Halbzeit wechselt.

c) Der Anwurf erfolgt vom Mittelpunkt des Spielfeldes aus. Der Gegner muß dabei mindestens 3 m vom Ball entfernt sein. Kein Spieler darf vor dem Anwurf die Mittellinie überschreiten.

5. Die Ballbehandlung

a) Der Ball darf mit den Armen und den Händen, jedoch nicht mit der Faust geworfen, geschlagen und gestoßen werden.

b) Es ist nicht gestattet, mit dem Ball in der Hand mehr als drei Schritte zu laufen und ihn länger als drei Sekunden in der Hand zu halten.

c) Der Ball darf im Stand oder im Lauf nur einmal auf den Boden geprellt und muß dann abgespielt oder auf den Korb geworfen werden. Es ist falsch, den Ball zweimal hintereinander zu berühren, bevor er einen Spieler, ein Spielgerät oder den Boden berührt hat. Überspielen eines Gegners durch Hochwerfen und Wiederfangen ist also nicht gestattet.

d) Als Fußfehler wird gewertet, wenn der Ball mit dem Unterschenkel oder dem Fuß gestoppt oder weitergeleitet wird. Wird der Spieler jedoch angeworfen, so gibt es keine Spielunterbrechung.

6. Das Verhalten zum Gegner

a) Es ist gestattet, den Gegner mit angelegten Armen zu sperren.

b) Verboten ist,

dem Gegner den Ball aus der Hand zu schlagen oder zu reißen;

den Gegner zu umklammern oder ihn festzuhalten, ihn anzurennen, zu rempeln oder ihn in irgendeiner Weise körperlich zu behindern;

den Gegner absichtlich in den Korbraum zu schieben oder zu stoßen;

den Gegner absichtlich mit dem Ball anzuwerfen.

7. Der Korbraum — der Korbwächter — der Korbgewinn

a) Der Korbraum darf nur vom Korbwächter betreten werden. Die Korbraumlinie gehört zum Korbraum.

b) Der Korbwächter darf in beliebiger Weise den Ball abwehren, dabei aber Korb und Ständer nicht berühren. Im Korbraum darf er auch mit dem Ball laufen. Verzögert er absichtlich das Weiterspielen, so pfeift der Schiedsrichter; danach muß er in drei Sekunden abgeworfen haben. Mit dem Ball darf der Korbwächter den Korbraum nicht verlassen, läuft er ohne Ball hinaus, unterliegt er den Regeln der Feldspieler. Der Ball darf von ihm nicht in den Korbraum hereingeholt werden.

c) Der Ball darf nicht aus dem Korbraum herausgeholt werden. Rollt oder springt er jedoch heraus oder prallt er vom Korbständer ab, so bleibt er im Spiel.

d) Der Ball darf von der verteidigenden Mannschaft nicht absichtlich in den Korbraum gespielt werden (4-m-Wurf).

e) Nach jedem gültigen Korbwurf beginnt das Spiel durch Anwurf an der Mittellinie.

8. Der Einwurf — der Eckwurf — der Abwurf

a) Der Ball ist aus, wenn er außerhalb des Spielfeldes den Boden oder ein Gerät berührt, sich ein Spieler mit dem Ball in der Hand auf der Linie oder außerhalb des Spielfeldes befindet. Durch einen Spieler der Gegenmannschaft erfolgt aus dem Stand der Einwurf. Dazu wird der Ball mit beiden Händen über den Kopf geworfen Der Ball darf auch direkt auf den Korb geworfen werden. Behinderung ist beim Einwurf nicht gestattet.

b) Wird der Ball von der verteidigenden Mannschaft über die hintere Spielfeldgrenze gelenkt, so erfolgt für die angreifenden Spieler ein Eckwurf, der ebenfalls direkt zum Korbgewinn führen kann.

9. Der Freiwurf

a) Der Freiwurf erfolgt bei folgenden Fehlern:

Beim Anwurf (vgl. 4c), bei fehlerhafter Ballbehandlung (vgl. 5), beim regelwidrigen Verhalten zum Gegner (vgl. 6), bei Fehlern des Angreifers am Korbraum (vgl. 7), bei Fehlern des Korbwächters (vgl. 7b), bei absichtlichem Spielen des Balles in den eigenen Korbraum (vgl. 7d), bei Verletzung der Spielregel 10.

Bei regelwidriger Ballbehandlung und bei unfairem Verhalten zum Gegner wird der Freiwurf von der 4-m-Marke ausgeführt.

b) Mit jedem Freiwurf kann auch direkt ein Korb erzielt werden.

c) Freiwürfe nach Regelverletzungen in der Nähe des Korbraumes sind mindestens 3 m vom Korbraum entfernt auszuführen.

10. Die Ausführung von An-, Eck- und Freiwürfen

a) An-, Eck- und Freiwürfe müssen nach Anpfiff durch den Schiedsrichter innerhalb von drei Sekunden ausgeführt werden. Sie erfolgen nur aus dem Stand, ohne Lauf und Sprung. Das Heben der Füße, Stand auf einem Fuß, Vor- oder Rückstellen eines Beines sind gestattet.

b) Der den Wurf ausführende Spieler darf den Ball erst wieder spielen, wenn ihn ein anderer Spieler berührt hat. Prallt der Ball jedoch vom Ständer zurück, so darf der Werfer ihn erneut spielen.

c) Die Gegner müssen beim Wurf 3 m entfernt stehen.

d) Beim 4-m-Wurf darf der Korbwächter bis auf 2 m an den Werfer herantreten.

11. Der Schiedsrichterwurf

Wird das Spiel durch den Schiedsrichter bei unübersichtlichem „Gewühl" oder aus einem anderen Grunde unterbrochen, ohne daß der Ball das Spielfeld verlassen hat beziehungsweise in den Korbraum geworfen wurde, so eröffnet er das Spiel wieder durch Schiedsrichterball (senkrechtes Werfen des Balles auf den Boden an der Stelle der Unterbrechung). Alle Spieler müssen sich vorher 4 m vom Ball entfernen.

4 Kraft- und Gewandtheitsspiele

Systematik

Bei den Kraft- und Gewandtheitsspielen kommen wir mit einer Dreiteilung aus. In der ersten Gruppe lassen sich jene Formen zusammenfassen, die am besten als *Zieh- und Schiebekämpfe* zwischen zwei Spielern oder zwei Mannschaften zu bezeichnen sind.

Dabei kann man in der Untergruppe „Ruck und Zug" die Spiele erfassen, die beim Kräftevergleich nur das Ziehen fordern. Die zweite Untergruppe enthält jene Formen, die sowohl durch Ziehen als auch durch Schieben und Drängen gekennzeichnet sind.

Die *Gleichgewichtsspiele* bilden eine eigene Gruppe. Obwohl auch sie durch Zug, Druck oder Stoß entschieden werden, ist das Charakteristische hier die schmale Standfläche (Linie, Bank, Stehen auf einem Bein u. a.), die das Halten des Gleichgewichts erschwert.

Die Gruppe *Bunte Formen* ist von der Systematik her keine gute Lösung. Doch lassen sich die hierunter beschriebenen Spiele nicht recht einordnen oder weiter unterteilen, da fast jedes Spiel andere Bewegungsanforderungen stellt.

Allgemeine Hinweise

Spielgedanke: Der Spielgedanke unterscheidet sich bei allen Spielen der ersten beiden Gruppen nicht wesentlich voneinander. Es geht darum, einen Gegner oder eine gegnerische Mannschaft über eine bestimmte Begrenzung zu ziehen oder zu drängen, eine gegnerische Abwehr zu durchbrechen oder den Gegner aus dem Gleichgewicht zu bringen. Die dazu erforderlichen Fähigkeiten berechtigen uns, diese Spiele als *Kraft- und Gewandtheitsspiele* zu bezeichnen. Das gilt im wesentlichen auch für die Bunten Formen.

Motorik: Gegenüber den ausgesprochenen Geschicklichkeitsspielen wird bei diesem Kräftevergleichen der Einsatz des ganzen Körpers verlangt. Ziehen, Schieben und Drängen wechseln oft miteinander ab und verlangen eine große Wendigkeit sowie die Fähigkeit, sich schnell von den kräftigen Angriffsbewegungen auf Ausweich- und Bremsbewegungen umzustellen. Es wird dabei sowohl eine zügig als auch schnellkräftig arbeitende Muskulatur entwickelt. Neben dieser ausgezeichneten Bewegungs- und Kraftschulung dienen zahlreiche Spiele bei entsprechender Gestaltung auch der Ausdauerentwicklung (z. B. einzelne Schiebekämpfe — Hinaus aus dem Kreis! — Verdrängen). Sie sind deshalb bei der vielseitigen körperlichen Grundausbildung wie auch im Leistungssport durchaus angebracht.

Methodische Hinweise: Da durch die Spiele der Anstrengungsgrad dem Übenden zunächst gar nicht bewußt wird, ist die Übungsintensität oft höher als bei einfachen Kraft- und Ausdauerübungen.

Für *Mädchen und Frauen* ist ein Teil der in dieser Sammlung beschriebenen Spiele nicht geeignet. Ohne Bedenken können jedoch unter anderem folgende Spiele verwandt werden: Ziehkampf, Tauziehen, Ringender Kreis, Hockkampf, Umstoßen, Hinauf auf den Bock!, Die Mühle, Hüpfender Kreis und Rettungsdienst.

Bei der Zusammenstellung der Spielerpaare ist auf annähernd *gleiche körperliche Voraussetzungen* zu achten (bei Zieh- und Schiebekämpfen, Kampf um den Ball, Reiterkämpfen).

Eine Reihe von Spielen eignet sich nur auf *weichem Untergrund* (im Sand, auf weichem Rasen, auf einem Mattenbelag) und natürlich besonders gut im Wasser, um Verletzungen beim Raufen und Niederfallen zu vermeiden. Wird paarweise und in kleinen Gruppen gespielt, so muß die *räumliche Anordnung* in der Form getroffen werden, daß alle Spieler zu übersehen sind (Aufstellung entlang einer Linie oder in einem großen Kreis).

Gleichzeitiger Spielbeginn aller Paare oder Gruppen ist notwendig, wenn eine bestimmte Anzahl von Durchgängen festgelegt oder nach Zeit gespielt wird. Dadurch behält der Spielleiter den besseren Überblick, die Ordnung bleibt erhalten.

Einen großen Teil der Spiele kann man als Einzel- und als Mannschaftswettkämpfe durchführen. Bei *Einzelwettkämpfen* läßt sich durch ständig neues Zusammenstellen der Paare der „Kräftigste und Gewandteste" der Spielgruppe oder Klasse ermitteln.

Werden Kraft- und Gewandtheitsspiele als *Mannschaftsvergleiche* ausgetragen, so siegt die Partei, die nach einer bestimmten Zeit oder nach einer festgelegten Anzahl von Durchgängen die meisten Punkte für sich verbucht.

Das *Ausscheiden von Spielern* bei Fehlern im Spielverlauf sollte man im Interesse der Intensität auf ein Mindestmaß beschränken und dafür lieber die Punktwertung verwenden, um die Sieger zu ermitteln. Wird dennoch mit Ausscheiden gespielt, so ist es ratsam, die Ausgeschiedenen möglichst schnell einen neuen Spieldurchgang beginnen zu lassen. Das bietet sich bei diesen Formen mit zahlenmäßig geringer Spielerzahl besonders an. Mitunter kann allerdings den Ausgeschiedenen eine kleine Pause nicht schaden.

Schließlich sei noch darauf hingewiesen, daß viele Kraft- und Gewandtheitsspiele *auf kleinstem Raum* verwandt werden können und sich deshalb besonders in den Heimen der Pionier- und Kinderferienlager, bei schlechtem Wetter in den Zelten und für die Turnzimmer eignen. Weitere derartige Formen haben wir auch im Kapitel „Heimspiele" beschrieben.

4.1. Zieh- und Schiebekämpfe

4.1.1. Ruck und Zug

Ziehkampf (Ziehen über den Strich, Grenzkampf)

Es stehen sich jeweils zwei Spieler mit Handfassung rechts beziehungsweise links gegenüber. Sie sind nur durch eine Linie voneinander getrennt. Auf ein Zeichen versuchen sie, sich gegenseitig über die Linie hinwegzuziehen (Abb. 146). Wer mit beiden Füßen die Mittellinie überschreitet, hat verloren. Wer gewinnt die drei, vier oder fünf angesetzten Kämpfe? Als Mannschaftskampf durchgeführt, zählt jeder Einzelsieg einen Punkt für die betreffende Mannschaft.

Abwandlungen:

a) Die Spieler fassen sich an beiden Händen, und hinter jedem steht noch ein Helfer, der seine Arme um den Körper des Vordermannes legt und die Hände auf der Brust verschränkt.

Abb. 146 Ziehkampf

b) Auf beiden Seiten der Linie ist in einem Abstand von etwa 2 m eine weitere Linie aufgezeichnet. Die Spieler jeder Mannschaft versuchen nun, ihre Gegner mit Schwung auch noch über die zweite Linie zu ziehen. Die Mannschaft, die in einer festgesetzten Zeit (z. B. in einer Minute) die meisten Gegner hinter die zweite Linie bringt, gewinnt das Spiel.

c) Man kann diesen Ziehkampf auch im „Reiten" ausführen lassen. Beide „Pferde" oder „Kamele" befinden sich in Bankstellung, sie blicken in die entgegengesetzte Richtung. Der Ziehkampf ist gewonnen, wenn der gegnerische Reiter vom „Pferd" oder „Kamel" herunter über die Linie gezogen wurde. Sie haben ein zusammengebundenes Sprungseil zum Ziehen um ihre Brust gelegt (Abb. 147). Diese Variante eignet sich auch recht gut als Spielform zur Kurzweil oder als Heimspiel.

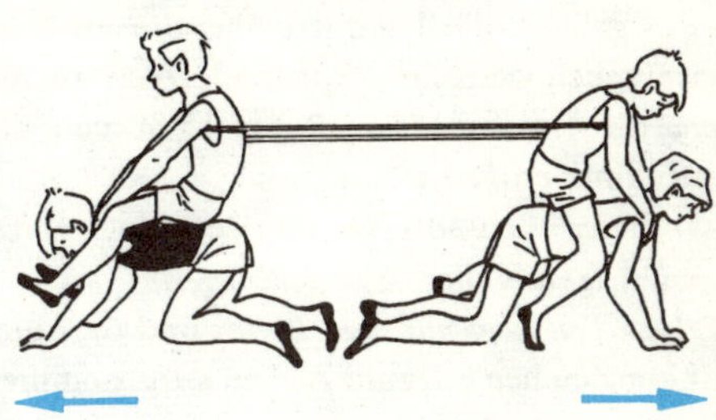

Abb. 147 Reiterziehkampf

Ziehkampf im Liegestütz

Zwei Spieler befinden sich im Liegestütz gegenüber. Sie reichen sich die rechte beziehungsweise linke Hand, strecken den Arm aus und versuchen nun, durch kräftiges Ziehen sich gegenseitig in die Bauchlage zu zwingen. Wer gewinnt die drei oder vier angesetzten Kämpfe?

Abwandlungen:

a) Schwieriger wird das Spiel, wenn sich die Gegner während des Ziehens nur mit einem Bein aufstützen dürfen. Wird mit dem rechten Arm gezogen, muß das linke Bein vom Boden abgehoben werden. Hierbei gilt es, neben kräftigem Ziehen auch noch das Gleichgewicht zu halten.

b) Die Spieler stützen beide Arme auf und versuchen, durch überraschendes kurzes Wegreißen eines Armes den Gegner zum Aufgeben des Liegestützes zu zwingen. Das ist eine sehr freudebetonte Spielform, bei der es darauf ankommt, den richtigen Moment des Angriffes zu erfassen. Täuschungsbewegungen sind gestattet.

Bemerkungen: Voraussetzung ist bei diesem kleinen Spiel, daß die Spieler genügend Kraft besitzen, um den Liegestütz auszuführen. Es eignet sich vorzüglich zur Schulung der Stützkraft.

Kampf um den Ball (Stabringen)

Zwei Spieler umfassen mit beiden Armen einen großen Medizinball (oder mit beiden Händen einen Stab) und versuchen, sich gegenseitig diesen zu entwinden.

Als Mannschaftskampf durchgeführt, siegt die Partei, welche in einer festgesetzten Zeit die meisten Bälle eroberte.

Tauziehen

Zwei gleich starke Mannschaften stehen sich in Reihe gegenüber und halten ein in der Mitte gekennzeichnetes Tau (durch Knoten oder Spielband), so daß ein etwa 2 m breiter Abstand zwischen den Mannschaften bleibt. Die Spieler jeder Gruppe stehen abwechselnd links und rechts vom Tau. Auf ein Signal hin beginnt das Ziehen. Sieger ist die Mannschaft, der es gelingt, die Taumitte über die auf jeder Seite gekennzeichnete Spielfeldgrenze zu ziehen, die jeweils etwa 10 bis 15 m von der Mittellinie entfernt ist.

Zu dieser Grundform gibt es eine ganze Anzahl freudvoller *Abwandlungen:*

a) *Das Tau liegt auf dem Boden* und darf erst auf ein Zeichen hin zum Ziehen aufgenommen werden.

b) *Veränderung der Ausgangsstellung:* Sitz-, Bauch- oder Rückenlage, Liegestütz vorlings oder rücklings und anderes mehr. Auf ein Zeichen springen die Spieler auf und beginnen mit dem Tauziehen.

c) *Tauziehen mit Wettlauf:* Beide Mannschaften stehen in gleicher Entfernung von den Tauenden hinter einer Linie, jeweils 15 bis 20 m vom Tauende entfernt. Auf ein Zeichen laufen sie zum Tau und beginnen sofort mit dem Ziehen, wenn der Schnellste die Markierungsmarke auf einer Tauseite erreicht hat. Für den Wettlauf kann auch die Fortbewegungsart geändert werden (Hüpfen, Vierfüßlerlauf).

d) *Nummerntauziehen:* Die Mannschaften zählen zu zweit, zu dritt oder zu viert ab. Wird

Abb. 148 Tauziehen im Viereck

eine Nummer aufgerufen, erfassen die betreffenden Spieler das Tau und ziehen.

e) *Tauziehen im Viereck oder im Kreis:* Vier Spieler erfassen mit einer Hand das an den Enden zusammengebundene Tau und ziehen es zu einem Viereck straff. Auf ein Signal hin beginnt das Ziehen, wobei jeder Spieler versucht, die in einem Abstand von 2 bis 3 m hinter ihm stehende Keule umzustoßen oder zu ergreifen (Abb. 148) oder auch einen Medizinball wegzustoßen. Der erfolgreiche Spieler erhält einen Pluspunkt. An jeder Ecke des Taues kann auch eine kleine Gruppe von zwei bis vier Spielern ziehen. Die Spieler halten sich

Abb. 149 „Tauziehen ohne Tau“

Abb. 150 Schiebekampf nach Rugbyart

dann an den Händen oder fassen sich um die Hüften (wie bei „Glucke und Geier“, S. 179).
Das gleiche läßt sich im Kreis mit sechs bis acht Spielern ausführen.
f) *„Tauziehen ohne Tau“:* Ist kein Tau vorhanden, so bilden die Spieler eine Kette, indem jeder seinen Vordermann um die Hüften faßt. Der erste Spieler jeder Mannschaft erfaßt sein Gegenüber mit einer Hand durch Unterarmgriff oder mit beiden Händen durch Flechtgriff. Die Mannschaften können auch durch einen quergehaltenen Stab (Staffel- oder Turnstab) verbunden sein (Abb. 149). Hierbei sollen nicht mehr als sechs Spieler in einer Mannschaft beteiligt sein. Wer die Fassung löst oder über die vorher bezeichnete Linie gezogen wird, hat verloren.

Kettenreißen

Fünfzehn bis zwanzig Spieler geben sich die Hand und bilden eine Kette (auch Hüftfassung ist möglich). Ein kräftiger Spieler befindet sich an der Spitze und läuft nun beliebig im Spielfeld umher, dabei Tempo und Richtung ständig wechselnd, um die Kette zum Reißen zu bringen.
Die beiden Spieler, zwischen denen die Kette reißt, scheiden aus. Schon bei vier oder sechs ausgeschiedenen Spielern wird eine neue Kette gebildet. Sobald beide Ketten zahlenmäßig gleich stark sind, kann das Spiel auch als Kampf „Kette gegen Kette“ fortgesetzt werden. Dabei können beide Ketten in breiter Front aufeinander zulaufen, um sich gegenseitig zu sprengen, sie können aber auch in Schlangenlinie versuchen, beim Gegner durchzubrechen. Wichtig ist, daß dabei die eigene Kette nicht reißt.

4.1.2 Ziehen — Schieben — Drängen

Schiebekämpfe

Schiebekämpfe sind ausgesprochene Kraftproben und lassen sich in den verschiedensten Formen durchführen.
a) *Schiebekampf im Stehen oder Sitzen:* Zwei Spieler stehen oder sitzen Rücken an Rücken in einer etwa 2 m breiten Gasse, die in der Mitte durch eine Linie geteilt ist. Jeder versucht, seinen Gegner über die Gassenlinie hinwegzuschieben. Es können auch kleine Kreise als Begrenzungen gewählt werden.
b) *Schiebekampf im Liegestütz oder in der Bankstellung vorlings:* Die Gegner legen eine Schulter gegeneinander. Das ist eine schöne Gedrängevorübung für das Rugbyspiel.
c) Im Stand mit vorgebeugtem Oberkörper Schulter gegen Schulter ein *Schiebekampf nach Rugbyart,* wobei die Hände nicht den Boden berühren sollten (Abb. 150). Es ist darauf zu achten, daß kein „Buckel“ gemacht, sondern der Rücken gestreckt wird. Die Beine sind in Schrittstellung, das hintere gut gestreckt, gegen den Boden gestemmt.
d) *Schiebekampf auf der Bank:* Zwei Spieler sitzen im Reitsitz Rücken an Rücken auf einer Turnbank und versuchen, sich gegenseitig hinunter- beziehungsweise über eine Markierung hinwegzuschieben. Arme und Beine werden stemmend eingesetzt.

c) *Mannschafts-Schiebekampf:*
— Kette gegen Kette: Untergehakt bilden die Mannschaften entlang der Mittellinie zwei Rücken an Rücken stehende Ketten, die versuchen, sich gegenseitig wegzuschieben oder die gegnerische Kette zu zerreißen.
— Kreis gegen Kreis: Zwischen zwei etwa 10 m auseinander liegenden Linien bilden zwei Mannschaften von etwa sechs bis acht Spielern durch feste Handfassung je einen Kreis. Die Kreise versuchen, sich gegenseitig über die gegenüberliegende Grenzlinie hinwegzuschieben. Die Kreise dürfen nicht geöffnet werden. Sind alle Spieler einer Mannschaft über die Linie gedrängt, so hat sie verloren.

Stangenschieben

An den Enden einer 2 bis 3 m langen und nicht zu dünnen Stange steht je ein Spieler. In der Mitte der Stange hält ein dritter Spieler eine weitere Stange senkrecht als Mal. Nun beginnt das Schieben. Jeder Kämpfer versucht, seinen Gegner fortzuschieben, um das Mal zu erreichen (Abb. 151). Dabei soll die Malstange, an der die Schiebestange angelegt wird, gleichzeitig als Führungsstange dienen.
Um das Spiel als Mannschaftskampf durchzuführen, verwendet man einen Balken von etwa 4 bis 5 m Länge und verfährt in gleicher Weise. Doch sollten an einer Seite nicht mehr als fünf Spieler schieben. Direkt hinter dem Balkenende darf kein Spieler stehen! Dieser Kräftevergleich ist bewegungsmäßig die entgegengesetzte Form zum Tauziehen.

Abb. 151 Stangenschieben

Durchbrochene Linie

Zwei Mannschaften stehen sich in einer Entfernung von etwa 15 m in Linien gegenüber. Die jeweils verteidigende Mannschaft bildet durch Handfassung eine Kette. Von der angreifenden Mannschaft versuchen die Spieler (nicht mehr als zwei gleichzeitig), die Kette zu durchbrechen. Gelingt das einem Spieler, so sind beide Spieler, zwischen denen er durchbrach, seine Gefangenen. Schafft er es innerhalb einer bestimmten Zeit nicht (die Zeit wird vom Spielleiter begrenzt), wird er selbst Gefangener. Nach einer gewissen Zeit wechseln Angreifer und Verteidiger ihre Rollen. Sieger wird die Mannschaft, die nach der festgelegten Zeit die meisten Gefangenen hat.

Hinaus aus dem Kreis!
(Wer bleibt im Kreis?, Kreis ausräumen)

In einem Kreis von etwa 3 m Durchmesser befinden sich vier bis zehn Spieler. Jeder Spieler versucht, die anderen hinauszudrängen (Abb. 152). Hat er einen hinausgeworfen, so wendet er sich einem neuen Gegner zu. Er kann auch ein kämpfendes Paar überraschen und beide hinausstoßen. Es ist also beim Kampf stets Aufmerksamkeit geboten. Wer mit einem Körperteil den Boden außerhalb des Kreises berührt, bekommt einen Minuspunkt oder scheidet aus.
Auch als Mannschaftskampf ist diese Form reizvoll. Die durch Spielbänder gekennzeich-

neten Mannschaften drängen sich gegenseitig hinaus. Sieger ist die Mannschaft, die zuletzt noch Spieler im Kreis hat.
Methodische Bemerkung: Auf Wanderungen kann dieses Spiel dem Gelände angepaßt werden, indem statt des Kreises eine kleine Mulde oder ein Berg benutzt wird.
Das Spiel führt zu regelrechten Ringkämpfen, deshalb sind die Bodenverhältnisse zu beachten. Jede Unfallquelle ist vorher zu beseitigen.

Hinein in den Kreis!

Diesmal gilt es nicht, wie im vorangegangenen Spiel, sich gegenseitig aus dem Kreis zu drängen, sondern es kommt darauf an, im Kampf jeder gegen jeden die Spieler in den Kreis hineinzuschieben. Jetzt ruhen sich diejenigen im Kreis aus, die mit beiden Füßen die Kreislinie überschritten haben.
Als Mannschaftskampf gespielt, siegt die Mannschaft, von der sich bis zuletzt noch Spieler außerhalb des Kreises behaupten.

Komm aus dem Kreis!

In einem Kreis von etwa 2 m Durchmesser steht ein Spieler. Außerhalb des Kreises befinden sich drei oder vier weitere Spieler, die versuchen, den im Kreis stehenden Spieler herauszuziehen oder herauszuschieben, ohne dabei den Kreis zu betreten. Gelingt das, so wird ausgewechselt. Wer behauptet am längsten den Platz im Kreis?

Kampf um die Insel (Kampf um die Burg)

Dieses Spiel ist eine Kombination zwischen „Hinaus aus dem Kreis!" und „Hinein in den Kreis!" und bedeutet gleichzeitig eine Steigerung.
In einem Kreis von etwa 3 bis 4 m Durchmesser, der Insel, befinden sich sechs bis acht Inselbewohner. Außerhalb des Kreises lauert die gleiche Anzahl Angreifer. Sie wollen die Inselbewohner verdrängen. Während die Angreifer die Verteidiger zu sich herausholen wollen, versuchen diese, die Angreifer zu sich heranzuziehen. Die Spieler gelten als gefangen

Abb. 152 Hinaus aus dem Kreis!

Abb. 153 Ausbrechen

und scheiden vorübergehend aus, wenn sie mit beiden Füßen die Kreislinie überschreiten. Welcher Gruppe gelingt es, die Gegenspieler völlig gefangenzunehmen oder in einer bestimmten Zeit die meisten zu fangen?

Abwandlung: Es werden mehrere kleine Inseln mit drei bis fünf Spielern besetzt. Die Inselbewohner wehren jetzt nur ab. Eine Insel ist erobert, wenn zwei von drei oder drei von fünf Angreifern auf der Insel sind (vgl. „Hinein in den Kreis").

Sprengen des Kreises

Die Spieler bilden einen dichten Innenstirnkreis und haken sich ein. Auf ein Signal des Spielleiters geht jeder rückwärts. Reißt die Kette, so erhalten beide „Kettenglieder" Strafpunkte oder scheiden aus.

Ausbrechen

Acht bis zehn Spieler bilden einen Kreis, indem sie sich fest an den Händen fassen oder sich einhaken. Ein oder zwei Spieler befinden sich im Kreis und sollen versuchen auszubrechen (Abb. 153). Nach erfolgreichem Kampf wird abgelöst.

Bei mehr als zehn Teilnehmern kann die Anzahl der Spieler, die im Kreis stehen, auch erhöht werden. Dann ist derjenige Sieger, der sich zuerst befreite. Sehr intensiv wird das Spiel, es eignet sich dann besonders für kräftige Jungen, wenn nur vier oder fünf Spieler in engster Umklammerung einen Spieler umzingeln.

Abwandlungen:

a) Man kann dem ausbrechenden Spieler die Arbeit erleichtern, indem man ihm einen Helfer gibt, der versucht, von außen die Kette einzureißen.

b) Befinden sich mehrere Spieler im Kreis, so kann auch angeordnet werden, daß der zuerst Ausgebrochene die noch gefangenen Spieler von außen unterstützt.

Methodische Bemerkung: Dieses kampfbetonte Spiel erfodert die besondere Aufmerksamkeit des Spielleiters, um Auswüchse zu unterbinden, besonders dann, wenn mehrere Gruppen gleichzeitig spielen.

Auch zur Auflockerung des Trainings, ja selbst als ungebundene Form der ganzkörperlichen Kraftschulung kann dieses Spiel verwandt werden. Hier ist es besonders als Mannschaftswettkampf angebracht, wobei jede Gruppe versucht, in kürzester Zeit auszubrechen.

Ringender Kreis (Deckelziehen)

Sechs bis zehn Spieler bilden einen Innenstirnkreis und fassen sich an den Händen. Bei kräftigen Spielern empfiehlt sich der Untergriff. In der Mitte des Kreises stehen fünf Keulen. Die Spieler versuchen nun, durch Ziehen, Schieben oder Drängen zu erreichen, daß ein Mitspieler die Keulen umwirft. Als Spielregeln gelten:

— Wer eine Keule umwirft, scheidet aus.

— Wer mit der rechten Hand die Kette zerreißt, scheidet ebenfalls aus. Dadurch wird von vornherein die Möglichkeit ausgeschaltet, durch Lösen der Handfassung keine Keulen umzuwerfen.

— Statt des Ausscheidens können auch Minuspunkte vergeben werden, um dann nach einer Anzahl von Durchgängen die Sieger zu ermitteln.

Abwandlungen:

a) Statt der Verwendung von Keulen wird ein Kreis von etwa 1 m Durchmesser aufgezeichnet, der nicht betreten werden darf (Deckelziehen). Als erleichternde Spielregel kann gelten, daß nur der ausscheidet, der mit beiden Beinen in den Kreis tritt.

b) Einfacher wird es, wenn man in die Mitte des Kreises noch einen zweiten von etwa 50 cm Durchmesser zeichnet, der sozusagen als Freimal gilt und dessen Betreten nicht bestraft wird.

c) Statt eines Kreises können auch zwei Medizinbälle übereinandergelegt werden.

d) Es kann auch mit umgekehrter Zielstellung gespielt werden. Der ringende Kreis befindet sich innerhalb der Markierung; die Spieler versuchen, sich durch Schieben und Drängen gegenseitig zum Übertreten der Kreislinie nach außen zu veranlassen. Als weitere sehr freudvolle Variante empfiehlt sich „Ringender Kreis mit Haschen“ (s. S. 164).

Methodische Bemerkungen:

— Je kleiner der Kreis durch die sich verringernde Spielerzahl wird, desto enger stellt man die Keulen.

— Dem Nachteil, daß die ausgeschiedenen Spieler untätig warten müssen, begegnet man dadurch, daß sie bei entsprechender Anzahl einen neuen Kreis bilden dürfen.

Indianertanz

Der Spielgedanke ist hierbei der gleiche wie im vorher beschriebenen Spiel. Doch ist jetzt schnelles Reagieren notwendig. Das Spiel ist auch weitaus intensiver.

Auf dem Boden ist ein Kreis aufgezeichnet, den die Spieler, die sich an den Händen fassen, gut umgrenzen können. In schnellem Tempo laufen sie um den Kreis herum. Auf ein plötzliches Signal des Spielleiters versucht jeder, seinen Nebenmann durch Ziehen oder Schieben in den Kreis zu drängen. Ein zweites Signal unterbricht den Kampf, und der Lauf beginnt von neuem.

Jedes Betreten des Kreises wird mit einem Minuspunkt bestraft. Sieger sind die Spieler, die nach einer festgesetzten Anzahl von Läufen die wenigsten Minuspunkte haben.

Wird das Spiel als Mannschaftskampf ausgetragen, stehen die Spieler beider Mannschaften abwechselnd nebeneinander.

Der stärkste Kreis

Es wird ein Kreis aufgezeichnet. In gleichen Abständen davon entfernt, bilden zahlenmäßig gleich starke Mannschaften vier Kreise, in denen sich die Spieler unterhaken. Auf ein Zeichen des Spielleiters versuchen alle Kreise, mit allen Spielern in den Mittelkreis zu gelangen, ohne den eigenen Kreis zu öffnen. Nun beginnt ein gegenseitiges Schieben und Drängen. Sieger ist die Mannschaft, die, ohne ihren Kreis zu lösen, als erste im Mittelkreis steht.

Beute bewachen

Die Gruppe wird in Verteidiger und Angreifer eingeteilt. Beide Parteien sind gleich stark. Die Verteidiger — etwa acht bis zehn Spieler — befinden sich in einem Kreis von etwa 5 bis 6 m Durchmesser, in dessen Mitte die Beute, ein Medizinball oder ein großer Hohlball, liegt, die es zu verteidigen gilt. Die Angreifer — zu Beginn des Spiels außerhalb des Kreises stehend — versuchen, diese Beute zu erobern und aus dem Kreis hinauszutragen. So entwickelt sich ein heftiger Gruppenringkampf. Gelingt die Eroberung, werden die Rollen gewechselt. Es hat die Mannschaft gewonnen, der es gelang, ihr Eigentum am längsten zu bewachen. Die Gruppen sind unbedingt unterschiedlich zu kennzeichnen.

Abwandlungen:

a) Die Verteidiger fassen sich fest an den Händen oder haken sich ein, dürfen dann aber ihre Arme nicht zur Verteidigung gebrauchen. Gelingt es einem Angreifer, in den Kreis einzudringen, so darf er den Ball nicht hinauswerfen, sondern muß ihn hinaustragen. Dadurch können die Abwehrspieler die Zeit der erfolgreichen Verteidigung noch verlängern.

b) Es können auch mehrere Bälle in den Kreis gelegt werden. Dann gewinnt die angreifende Partei, welche in einer vorher festgelegten Zeit die meisten Bälle eroberte.

Methodische Bemerkung: Um Unfälle zu verhüten, ist es ratsam, für dieses Spiel keine Keulen, Stäbe oder andere harte Gegenstände zu benutzen. Große Voll- oder Hohlbälle eignen sich am besten.

Verdrängen (Von Feld zu Feld)

Es werden, je nach der Anzahl der Spieler, Doppelfelder von gleicher Größe aufgezeichnet, bei zwanzig Spielern etwa vier. In den Feldern eins bis vier stehen je fünf Spieler, die sich im Kampf jeder gegen jeden in das benachbarte leere Feld zu drängen versuchen (Abb. 154). Wer den Boden des anderen Feldes berührt, hat verloren. Welcher von den fünf Spielern behauptet sich im Ausgangsfeld?

Abwandlung: Noch freudvoller wird folgende Abwandlung, die aber auch eine höhere Anforderung an Kraft und Ausdauer stellt:

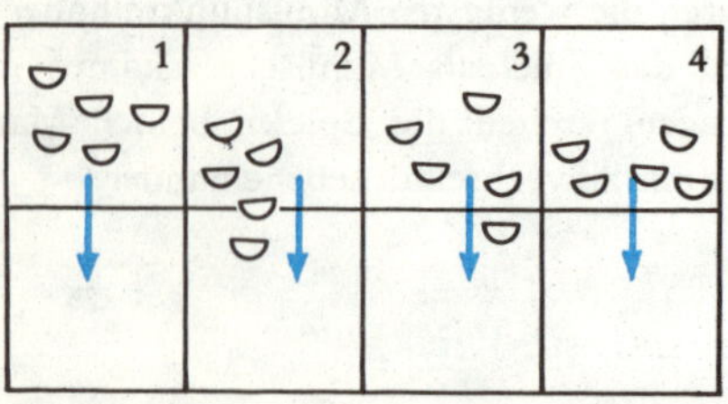

Abb. 154 Verdrängen

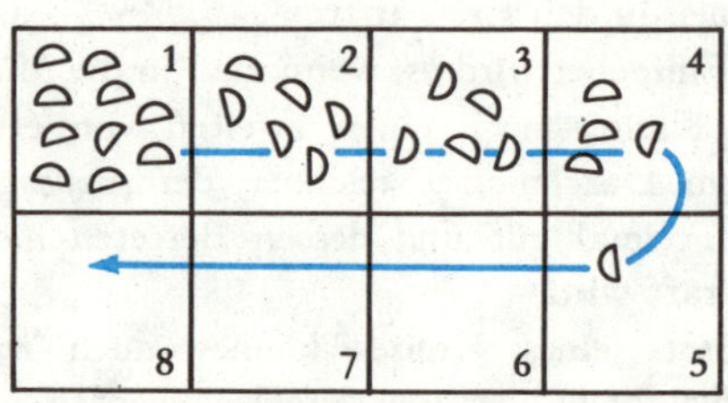

Abb. 155 Verdrängen (von Feld zu Feld)

Alle Spieler befinden sich zu Beginn des Spiels im Feld eins. Sie versuchen, sich gegenseitig in das zweite Feld zu schieben. Die dort hineingedrängten Spieler nehmen sofort wieder den Kampf auf, um sich gegenseitig in das Feld drei zu befördern (Abb. 155). So geht der Kampf weiter, bis die Felder nur noch von je einem Mann besetzt sind und die restlichen Spieler sich im letzten Feld sammeln. Die Reihenfolge der Sieger ist somit ermittelt.

Methodische Bemerkungen: Besonders die zweite Form kann auch gut zur Kraft- und Ausdauerschulung, zum Beispiel beim Rugby- und Eishockeytraining, verwandt werden, wo der Kampf Mann gegen Mann gefordert wird.

Da es bei diesem Spiel zu einer ganz „handfesten" Rauferei kommt, muß der Spielleiter sehr auf die sportlichen Grenzen und auf genaue Einhaltung der Spielregeln achten. „Verdrängen" sollte nur auf weichem Sandboden oder auf dem Rasen gespielt werden.

Foppen und Fangen (als Raufspiel)

Spielerzahl: 8 bis 20

Spielfeld: 10 bis 15 m × 20 bis 30 m, durch eine Mittellinie geteilt. Etwa 2 m hinter der Grundlinie wird eine weitere Linie gezogen. Dieser Raum dient als Gefangenenlager.

Zu Beginn des Spiels befinden sich die beiden unterschiedlich gekennzeichneten Mannschaften jeweils in ihrer Spielfeldhälfte. Sie lauern zunächst an der Mittellinie, foppen und necken sich und versuchen dann, die gegnerischen Spieler zu ergreifen, um sie in das eigene Mal zu schaffen. So entwickelt sich ein Ziehen, Schieben und Drängen, regelrechte Ringkämpfe werden ausgetragen. Die Spieler können sich gegenseitig zu Hilfe eilen, so daß oft Gruppenkämpfe entstehen. Wird eine bestimmte Spielzeit festgesetzt, zum Beispiel drei oder vier Minuten, so ist die Mannschaft Sieger, die in dieser Zeit die meisten Gefangenen eingebracht hat. Es kann auch so lange gespielt werden, bis eine Mannschaft völlig aufgelöst ist, was sich mehr für die älteren Jungen eignet.

Abwandlung: Ein Anreiz, noch mehr zu wagen, wird den Mannschaften dadurch gegeben, daß sie ihre gefangenen Mitspieler durch einen Schlag auf die Hand befreien können. Befreier und Erlöste haben dann freien Abzug bis in ihr eigenes Mal. Erst dann dürfen sie wieder in den Kampf eingreifen.

Methodische Bemerkungen: Der Spielleiter muß bei diesem kampfbetonten Spiel sehr auf eine faire Spielweise achten. Stoßen, Schlagen, Beinstellen oder andere Roheiten sind energisch zu unterbinden. Weicher Sandboden oder Rasen ist dem Hallenboden vorzuziehen.

4.2. Gleichgewichtsspiele

Grubenkampf

Ein Spieler steht mit dem rechten oder linken Fuß in einer kleine Grube (in einem kleinen Kreis oder auf einer Scheibe), die er nicht verlassen darf. Den anderen Fuß kann er setzen, wohin er will. Ein zweiter Spieler hüpft dauernd auf *einem Bein* um ihn herum und versucht, ihn durch Ziehen, Schieben, Stoßen oder Schleudern von seinem Platz zu verdrängen. Der Spieler in der Grube dagegen ist bemüht, den anderen zum Niedersetzen des gehobenen Beines zu bringen. Wer wird Sieger?

Hahnenkampf (Hinkekampf)

Zwei Spieler halten ihre Arme vor der Brust verschränkt und versuchen, auf einem Bein hüpfend sich gegenseitig aus dem Gleichgewicht zu bringen, so daß das zweite Bein

Abb. 156 Hahnenkampf

aufgesetzt wird (Abb. 156). Das kann durch kräftige Stöße, gewandtes Ausweichen und täuschende Bewegungen geschehen. Der Kampf ist beendet, sobald der zweite Fuß eines Spielers den Boden berührt. Das Wechseln des Beines kann gestattet werden.
Abwandlung: Statt den Gegner zum Niedersetzen des angehobenen Beines zu zwingen, kann der Kampf auch in einem kleinen begrenzten Feld stattfinden (etwa 3 m mal 3 m). Der Gegner soll dann gezwungen werden, das Feld zu verlassen.
Besonders kräftige und gewandte Jungen kann man auch gegen zwei Gegner gleichzeitig kämpfen lassen.

Hockkampf (Wer hockt am längsten?)

Zwei Spieler hocken sich gegenüber. Durch Schieben und Stoßen mit den nach vorn gehaltenen Handflächen versuchen sie, sich gegenseitig aus dem Gleichgewicht zu bringen. Dabei können sie hin und her hüpfen. Welchem Spieler gelingt es, in der Hocke zu verbleiben?
Als Mannschaftsspiel durchgeführt, behält man einen guten Überblick, wenn die Paare entlang einer Linie hocken und sich auf ein Zeichen hin bekämpfen. Sieger ist die Mannschaft, welche die meisten Gegner umgestoßen hat. Auf genügenden Abstand zwischen den Paaren achten!
Abwandlungen: Jeder Spieler hält vor der Brust einen Ball, mit dem gestoßen wird, oder jeder Spieler umfaßt mit den Händen seine Fußgelenke und stößt den Partner mit den Schultern.

Umstoßen

Zwei Spieler stehen sich in einem Abstand von etwa 1 m in Grundstellung gegenüber. Beide Handflächen halten sie in Schulterhöhe vor dem Körper und versuchen, sich gegenseitig durch Drücken und Stöße gegen die Handflächen aus dem Gleichgewicht zu bringen. Der übrige Körper darf nicht berührt werden. Die Spieler müssen ihre Fußstellung beibehalten, wohl aber können sie Fußspitze oder Ferse heben, um nach einem Stoß das Gleichgewicht zu erhalten. Täuschungsbewegungen sind gestattet. Wer zwingt seinen Gegner aus dem sicherem Stand? Auch diese Form läßt sich als Mannschaftskampf durchführen.

Steirisch Ringen (Älplerisch Ringen, Rangeln)

Zwei Spieler stehen sich gegenüber, reichen sich die rechte (linke) Hand und setzen die Außenseiten der rechten (linken) Füße aneinander. Der linke (rechte) Fuß wird zurückgestellt. Nun versucht jeder, den anderen durch Schieben, Ziehen oder auch Seitwärtsdrücken aus dem Gleichgewicht zu bringen. Wer die Stellung des Standbeines verändert, hat den Kampf verloren.
Schwieriger wird der Kampf, wenn das hin-

tere Bein ebenfalls seine Stellung nicht ändern darf. Die Spieler können auch die rechten (linken) Mittelfinger zur Gleichgewichtsprobe ineinander haken.

Kampf auf der Linie

Zwei Spieler stehen sich mit hintereinander gestellten Füßen so gegenüber, daß sich alle vier Füße genau in einer Linie befinden. Beide Spieler halten bei gebeugtem Arm eine Hand offen vor dem Körper. Jeder Spieler ist nun bemüht, durch Schlagen gegen die Hand des Gegners diesen aus dem Gleichgewicht zu bringen. Es ist gestattet, den Schlag auch nur vorzutäuschen beziehungsweise ihm auszuweichen, um dann selbst schnell zuzuschlagen. Die Erhaltung des Gleichgewichts ist dadurch zwar schwieriger, die Form für die Spieler aber noch freundvoller.

Stoß von der Bank

Spielgerät: Balken, Turnbank oder Baumstamm

Wie beim Spiel „Kampf auf der Linie" stehen sich auch hier zwei Spieler gegenüber, diesmal jedoch auf einer Bank. Beide Arme werden ausgestreckt und die Handflächen gegeneinander gelegt. Die Spieler versuchen, sich gegenseitig von der Bank zu drücken.

Abb. 157 Stoß von der Bank

Abwandlungen:

a) Es werden Schlagbewegungen nach der Hand des Gegners ausgeführt, wobei das Täuschen und Ausweichen gestattet ist.

b) Die Spieler halten die Arme wie beim Elefantenhaschen (S. 151) und versuchen so, sich von der Bank zu drücken.

c) Ein Spieler kreuzt die Arme vor der Brust und legt die Handrücken an seine Wangen (Abb. 157). Der zweite Spieler versucht, ihn durch einen mäßigen Schlag gegen eine Handfläche von der Bank zu stoßen. Dann wird gewechselt. Wer wird Sieger?

Sind keine Geräte vorhanden, können diese Formen auch in Grundstellung ausgeführt werden.

4.3. Bunte Formen

Steifer Mann (Toter Mann, Puppe)

Etwa zehn bis zwanzig Spieler sitzen mit angehockten Beinen eng nebeneinander im Innenstirnkreis und strecken die Arme aus. In der Kreismitte ist nur so viel Platz, daß ein Spieler stehen kann. Dieser spannt den Körper bei angelegten Armen vollkommen an, macht sich also ganz steif und läßt sich nach einer Seite fallen (Abb. 158). Die den Stirnkreis bildenden Spieler fangen den „Steifen Mann" auf, um ihn mit gestreckten Armen von sich zu stoßen und ihn so im Kreis herumwandern zu lassen. Wer den „Steifen Mann" fallen läßt, tauscht mit ihm den Platz.

Beinhakeln

Zwei Spieler liegen entgegengesetzt dicht nebeneinander rücklings auf einer Matte oder auf dem Rasen. Sie haken sich ein, ihre Hände

Abb. 158 Steifer Mann

legen sie auf die Brust (Abb. 159a). Der Spielleiter zählt eins und zwei und drei. Bei jeder Zahl heben beide Spieler ihr „inneres" Bein zum Schwungholen etwa senkrecht in die Höhe. Bei „drei" wird während des Rückschwunges das Bein des Gegners gehakelt und dieser durch schnellkräftigen Druck zu einer Rolle rückwärts gezwungen (Abb. 159b).
Sämtliche Paare können gleichzeitig üben. Dann wird untereinander ausgewechselt.
Bemerkung: Das Spiel eignet sich auch sehr gut für den Stundenausklang. Hierbei sitzen alle Teilnehmer im Kreis um die beiden Spieler. Der Sieger wird jedesmal von einem anderen Spieler zur Kraftprobe herausgefordert.

Füße weg!

Zwei oder auch drei Spieler fassen sich an den Händen und versuchen, sich gegenseitig auf die Füße zu treten. Durch gewandtes Ausweichen, Täuschen und schnelles Reagieren bemüht sich jeder, die meisten Pluspunkte oder die wenigsten Minuspunkte innerhalb einer bestimmten Zeit zu sammeln.

Hüpfender Kreis

Spielerzahl: 10 bis 15, ist die Zahl größer, dann mehrere Kreise oder doppelten Stirnkreis bilden .
Spielgerät: 5 bis 6 m lange Schnur, die am Ende durch eine Gummiblase, ein zusammengeknotetes Tuch oder ähnliches beschwert ist.
Die Spieler bilden einen weit geöffneten Innenstirnkreis. Der Spielleiter, später auch ein Spieler, steht in der Kreismitte und schwingt eine Schnur so, daß ihr belastetes Ende am Boden schleift. Sobald die Schnur kreist, treten die Spieler dichter zusammen; sie müssen jetzt hochhüpfen, damit die Schnur unter ihren Füßen kreisen kann (Abb. 160).

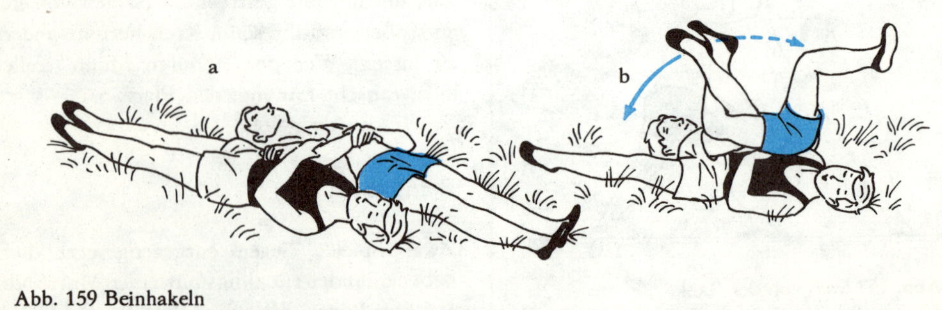

Abb. 159 Beinhakeln

Abb. 160 Hüpfender Kreis

Wer das Spiel unterbricht, indem er die Schnur aufhält, löst den Mittelspieler ab.

Abwandlungen:

a) Schwieriger, aber auch freudvoller gestaltet sich der Spielvorgang, wenn das Tempo der schwingenden Schnur und ihre Höhe oft wechseln.

b) Die Spieler laufen entgegengesetzt zur kreisenden Schnur, um sie zu überspringen.

c) Es können auch zwei, drei und vier Spieler dicht hintereinander stehen und eine Mannschaft bilden. Dann kommt es auf den gleichzeitigen Absprung an. Hierzu muß die Schnur am Drehpunkt recht tief gehalten werden.

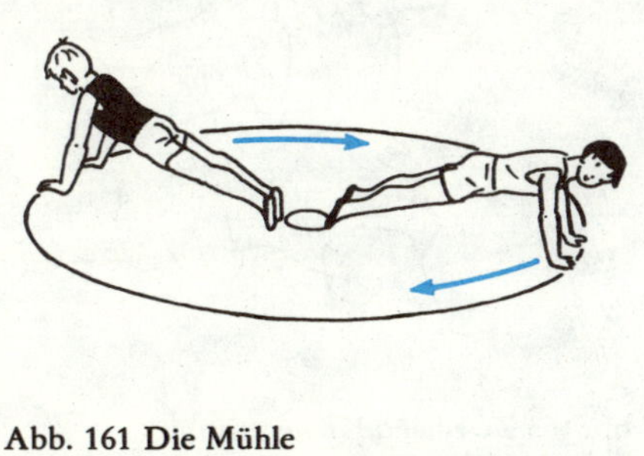
Abb. 161 Die Mühle

d) Die Schnur wird in Brust- oder Hüfthöhe geschwungen. Die Kreisspieler haben die Aufgabe, sich blitzschnell niederzuhocken. So wird aus dem hüpfenden ein „hockender Kreis".

Bemerkungen:

— Dieses freudvolle Spiel schult genaues Beobachten und richtige zeitliche Abstimmung der Hüpfbewegungen zur schnell kreisenden Schnur.

— Bei einem kleinen Kreis und sehr schnell geschwungener Schnur kann dieses Spiel sogar im Training der Schulung von Sprungkraft und Reaktionsfähigkeit dienen.

Die Mühle

Zwei Spieler begeben sich so in den Liegestütz vorlings, daß sie sich genau gegenüber befinden (Abb. 161) und ihre Fußsohlen annähernd aneinanderstoßen. Auf ein Zeichen beginnen die Spieler, in eine festgelegte Richtung zu stützeln; die Füße bleiben aber in dem markierten Kreis von etwa 30 bis 40 cm Durchmesser. Ziel jedes Spielers ist es, mit den Händen zuerst wieder an seinem Ausgangspunkt zu sein, der vorher durch einen Strich bezeichnet wird.

Abwandlungen:

a) Vier Spieler befinden sich sternförmig im Liegestütz. Auf ein Zeichen stützeln sie alle in eine bestimmte Richtung. Wer ist zuerst wieder an seinem Platz?

b) Jeder Spieler hat die Aufgabe, den anderen einzuholen und abzuschlagen.

c) Als Mannschaftsvergleich durchgeführt, werden entsprechend der Spielerzahl mehrere Mühlen zu zweit oder zu viert gebildet. Welche Mannschaft hat zuerst eine ganze Umdrehung beschrieben, so daß jeder Spieler wieder seinen Ausgangspunkt einnimmt?

d) Die Füße können auch auf einem niedrigen Bock liegen; die Spieler müssen dann eine

Runde um den Bock stützeln. Dabei können sich beide Spieler auch in entgegengesetzter Richtung bewegen, so daß sie übereinander hinwegsteigen müssen. Bei kräftigen Spielern kann auch ein Pferd verwendet werden.

Wechselwalze

Drei Spieler mit den Nummern 1, 2 und 3 liegen nebeneinander auf dem Bauch. Die Hände haben sie in Schulterhöhe aufgesetzt. Während Spieler 1 und 2 dicht nebeneinander liegen, ist zwischen den Spielern 2 und 3 ein Abstand von etwa drei Schritten. Die Walze beginnt zu rollen: Spieler Nr. 1 drückt sich mit den Händen und Füßen vom Boden ab und macht in Bauchlage einen flachen Sprung über Nr. 2 hinweg (Abb. 162), bleibt aber nicht liegen, sondern rollt schnell einmal um seine Längsachse an Nr. 3 heran. Spieler Nr. 3 springt nun in gleicher Weise über Nr. 1 hinweg, rollt ebenfalls seitwärts, so daß Nr. 2 mit dem Springen an der Reihe ist. Die Spieler versuchen, das Wechseltempo ständig zu steigern.
Es ist also immer zur Mitte hin zu springen und darauf zu achten, daß nach dem Sprung das Rollen nicht vergessen wird.

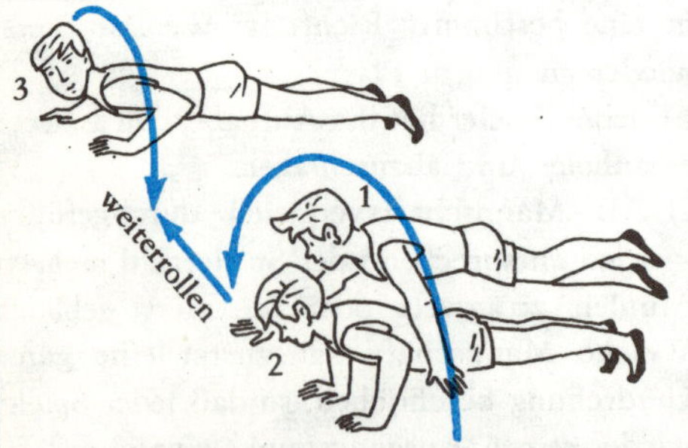

Abb. 162 Wechselwalze

Hinauf auf den Bock!

Jede Mannschaft sitzt um einen Bock herum, die Spieler sind durchlaufend numeriert. Auf ein Signal des Spielleiters versuchen nun alle Spieler mit der Nr. 1, sich so schnell wie möglich auf ihren Bock zu stellen. Wer schafft es als erster und bringt dafür seiner Mannschaft einen Punkt ein? Dann kommen Nr. 2, Nr. 3 usw. an die Reihe. Welche Mannschaft hat nach einem Durchgang die meisten Pluspunkte gesammelt?
Abwandlungen:
a) Die Ausgangsstellung wird verändert (Schneidersitz, Liegestütz, Bauchlage, Rükkenlage).
b) Das Spiel wird in Form des Nummernwettlaufs durchgeführt. Jetzt heißt es, besonders aufmerksam zu sein und schnell zu reagieren, da die Nummern nicht der Reihenfolge nach aufgerufen werden, sondern durcheinander.
c) Von welcher Mannschaft stehen zuerst zwei Spieler auf dem Bock? Dann werden die Anforderungen weiterhin gesteigert, indem drei und bei gewandten Spielern auch noch mehr den Bock erklimmen müssen. Die beteiligten Spieler dürfen sich gegenseitig helfen, um den Mannschaftssieg zu erringen. Nicht selten reißt kurz vor dem Erfolg der letzte Spieler alle anderen wieder herunter, so daß

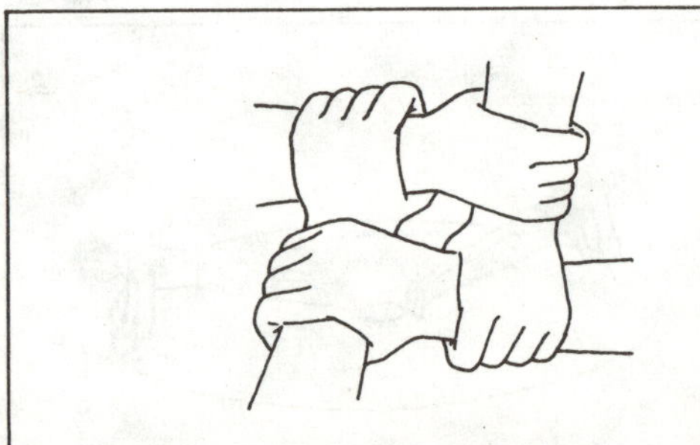

Abb. 163 Zweihand-Knotenfassung

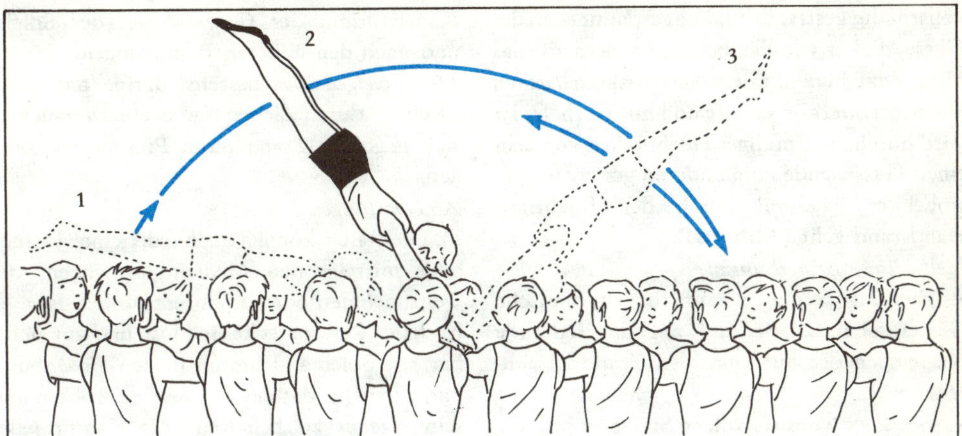

Abb. 164 Glockenschwengel

der Kampf erneut aufgenommen werden muß.

Methodische Bemerkung: Die Spieler sind beim Mannschaftskampf darauf hinzuweisen, daß sie sich beim Hinunterfallen beziehungsweise Hinunterspringen sofort voneinander lösen und durch eine Drehung vorwärts niederspringen. Bei größeren Spielgruppen oder Klassen können auch Kästen und Pferde verwandt werden. Dann müssen entsprechend mehr Spieler versuchen, schneller als die gegnerische Mannschaft auf dem Gerät zu stehen.

Fuchsprellen (Fliegender Fisch, Hechtwerfen)

Spielerzahl: 20 bis 30 (mindestens aber 7 oder 8 Paare)

Spieleraufstellung: Gasse mit Zweihand-Knotenfassung (Abb. 163)

Ein Spieler springt nach kurzem Anlauf mit Hechtsprung in die Gasse auf die von den Armen gebildete Brücke. Der Körper ist völlig gespannt. Die Spieler der Gasse fangen den „Fuchs" (Fliegenden Fisch) mit federnden Armbewegungen auf. Durch mehrmaliges Hochprellen wird er durch die Gasse getrieben. Diese Vorwärtsbewegung unterstützt der Fuchs, indem er sich während des Hochschleuderns an den Unterarmen der Spieler nach vorn zieht.

Am Ende der Gasse steht der Spielleiter zur Hilfeleistung. Er reicht dem Fuchs die Hände, der dann nach dreimaligem Hochprellen die Beine anhockt und auf eine Matte niederspringt.

Methodische Bemerkungen: Es ist darauf zu achten, daß die Paare den Fuchs mit gleichmäßigen Armbewegungen hochprellen, um zu verhindern, daß er sich dreht oder zur Seite fliegt. Das erreicht man durch eine gemeinsame rhythmische Sprechweise: Und hoch, und hoch...!

Dieses Spiel macht besonders im hüfttiefen Wasser sehr viel Freude.

Glockenschwengel

Dieses Spiel ist eine Steigerung des Fuchsprellens. Mindestens zehn bis zwölf Paare müssen die Gasse bilden. Ein Spieler liegt vollständig gestreckt und angespannt so in der Gasse, daß er von den beiden Spielern, die das Mittelpaar bilden, mit ausgestreckten Armen je einen Unterarm erfaßt und gut festhält. Er wird durch mehrmaliges Hochprellen von dem einen Gassenende zum anderen geschwungen, wobei er jedesmal durch den flüchtigen Handstand geht (Abb. 164).

Methodische Bemerkungen:

— Hier ist besonders auf die rhythmische Gemeinschaftsarbeit und auf das federnde Nachgeben der auffangenden Arme zu achten!

— Geeignet ist es für solche Spielgruppen, die über die entsprechenden körperlichen Voraussetzungen verfügen. Es ist im Wasser gespielt völlig ungefährlich.

— Dem „Glockenschwengel" kann ein noch besserer Halt gegeben werden, wenn als Drehpunkt ein stabiler Gymnastikstab von dem mittleren Paar der Gasse gehalten wird.

Reiterkampf

Reiterkämpfe werden von den zehn- bis vierzehnjährigen Jungen gern ausgeführt. Am zweckmäßigsten erweisen sich der Hukkepacksitz und der Schultersitz des Reiters. Die Sitzart wird jedoch vom Spielleiter festgelegt und richtet sich nach dem Alter, der Konstitution, der Gewandtheit der Spieler und nach den äußeren Bedingungen.

Der Spielgedanke besteht darin, daß zwei „Reiter" durch Ziehen und Stoßen versuchen, sich gegenseitig von ihren Pferden zu zwingen.

Abwandlungen:

a) Die Reiter können auch jeder einen kleinen oder mittelgroßen Medizinball tragen, der wegzunehmen oder hinunterzustoßen ist.

b) Jeder Reiter steckt sich lose und gut sichtbar ein Spielband hinten in den Hosenbund und versucht, das des Gegners zu erobern und sein eigenes zu behalten. Als Kampf jeder gegen jeden durchgeführt, entspricht es dem Haschespiel „Fang das Band!"

c) Alle Formen lassen sich auch als Mannschaftskampf durchführen, wobei sich die Reiter gegenseitig helfen dürfen. Welche Mannschaft hat zum Schluß des Kampfes noch die meisten unbesiegten Reiter?

Methodische Bemerkungen:

— Es ist stets darauf zu achten, daß die „Pferde" für ihre „Reiter" kräftig genug sind.

— Reiterkämpfe sollen nur auf weichem Sand- oder Rasenboden sowie auf einer großen Matte durchgeführt werden.

— Sehr freudebetont werden die Kämpfe im hüfttiefen Wasser, wo auch die Verletzungsgefahr am geringsten ist.

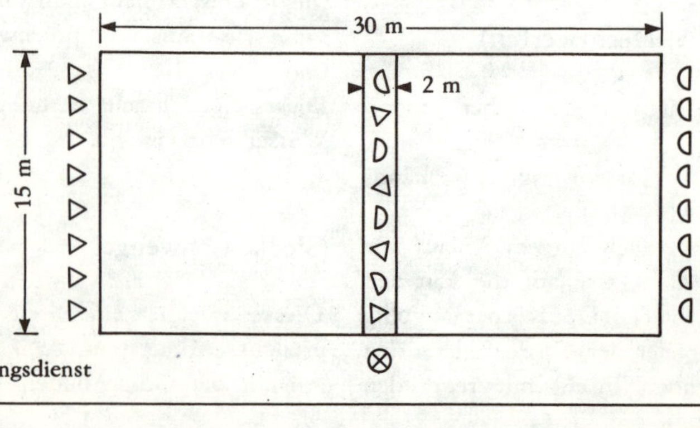

Abb. 165 Rettungsdienst

Rettungsdienst

Spielerzahl: 20 bis 30
Spielfeld: 15 m × 30 m, in der Mitte eine etwa 2 m breite Gasse
Bei diesem Spiel versuchen zwei gleich starke Mannschaften, ihre „Verunglückten" schnell in Sicherheit zu bringen. Beide Mannschaften stehen sich hinter den Schmalseiten des Spielfeldes gegenüber. Gut ein Drittel ihrer Spieler befindet sich als Verunglückte in der vorgezeichneten Gasse (Abb. 165). Auf ein Signal hin eilt der gesamte Rettungsdienst zu den Verunglückten. Zwei Spieler einer Rettungsmannschaft tragen jeweils einen Verunglückten hinter ihre Mallinie, laufen dann schnell zurück, um den nächsten zu holen oder auch den Schwächeren ihrer Mannschaft beim Tragen zu helfen. Die Mannschaft gewinnt, die zuerst ihre Verunglückten geborgen hat.
Methodische Bemerkungen:
— Schnelles Laufen und „Lastentragen" dienen der körperlichen Kräftigung. Dieses Spiel ist für jüngere Kinder und auch durchaus für Mädchen geeignet. Man kann dann den Rettungsdienst in Vierergruppen einteilen.
— Das Spiel ist erzieherisch wertvoll, wenn in angemessener Form der Gedanke der gegenseitigen Hilfe entwickelt wird. Auf eine Ernstsituation sollte hingewiesen werden.

5 Spiele zur Übung der Sinne (Beruhigende Spiele — Kurzweilspiele)

Systematik

5.1. Genaues Beobachten — Schnelles Handeln
5.2. Orientierung bei geschlossenen Augen

Die Überschrift dieses Kapitels haben wir in Anlehnung an GutsMuths gewählt. Sie erscheint uns zweckmäßig, weil die hier beschriebenen Spiele, die vorwiegend beruhigenden Charakter haben, in heiterer Art und Weise zur Übung der Sinne beitragen.
Die erste Gruppe umfaßt einige Spielformen, bei denen genaues Beobachten, schnelles Reagieren und Handeln gefordert werden.
Durch die Spiele der zweiten Gruppe werden Gehör-, Raum- sowie Gleichgewichtsempfinden geschult.
Die Spiele zur Übung der Sinne werden in der Literatur nicht umsonst auch als „Beruhigende Spiele", „Spiele zum Stundenausklang" oder als „Spiele zur Kurzweil" bezeichnet. Außer an Auge und Ohr stellen sie keine größeren Bewegungsanforderungen. Sie verlangen jedoch ein reaktionsschnelles Handeln. Diese Spiele sind weiterhin durch betonte Freude und Heiterkeit gekennzeichnet. Wir benötigen sie, um den Organismus nach anstrengender sportlicher Betätigung oder nach einer größeren Belastung im Training wieder zu beruhigen und um auch einen angemessenen Übergang beispielsweise zur nächsten Unterrichtsstunde zu schaffen. Zahlreiche Formen können ebenfalls als Heimspiele verwandt werden.
Während alle in der ersten Gruppe beschriebenen Spielformen durchweg ein Merkmal aufweisen, nämlich schnelles Reagieren beziehungweise Handeln, sind die einzelnen Spiele der zweiten Gruppe recht unterschiedlich. Die ersten drei werden lediglich durch Erraten eines Mitspielers entschieden, bei den nächsten gilt es, Gegenstände oder markierte Plätze zu suchen, während bei den restlichen Spielen dieser Gruppe — hier wird fast ausschließlich das Gehör beansprucht — Gegenstände zu bewachen oder Mitspieler zu finden sind. Die Gruppenbezeichnung ist nicht so wörtlich zu nehmen. Bei einigen Spielformen reicht es aus, wenn der „Blinde" sich lediglich von den Mitspielern abwendet, bei anderen genügt es, die Augen zu schließen oder die Hände vor die geschlossenen Augen zu halten, während bei einigen das Verbinden der Augen unumgänglich ist. Da sich diese Spiele aber eignen, um die Kinder zu ehrlichem Verhalten zu erziehen, sollte man des öfteren — dort, wo es angebracht ist — lediglich mit geschlossenen Augen (ohne Tuch) spielen lassen. Es ist darauf zu achten, daß die nicht unmittelbar am Spiel beteiligten Kinder die Suchenden nicht durch Geräusche unterstützen oder irreführen. Das ist unehrlich, deshalb sofort unterbinden! Außerdem gelingen einige Spiele (Anschleichen, Keulendieb, Durch den Zaun) bei stark knarrenden Hallenböden schlecht. Bei anderen Formen ist dieser Mangel dagegen eine Hilfe für den Suchenden (Blinde Brückenwacht, Blinde Kuh). Die Spiele sollten einerseits nicht in zu großen Gruppen durchgeführt werden, um allen eine rege Teilnahme zu ermöglichen und trotz ruhigen Spielens keine Langeweile entstehen zu lassen.
Andererseits ist es nach den „hohen Wogen" von Mannschaftskämpfen aller Art oft angebracht, die Gruppe durch ein *gemeinsames* beruhigendes Spiel wieder zusammenzuführen.

5.1 Genaues Beobachten — Schnelles Handeln

Schuhsuchen

Spielerzahl: 8 bis 14 je Kreis
Spielgerät: Turnschuh, kleiner Ball oder anderer Gegenstand
Die Spieler sitzen mit angehockten Beinen eng nebeneinander im Innenstirnkreis. Unter ihren Knien wandert ein Turnschuh (oder ein anderer Gegenstand) im Kreis herum. Ein Spieler, der sich außerhalb oder in der Mitte des Kreises bewegt, soll durch genaues Beobachten und schnelles Zupacken den Turnschuh finden. Er wird dann von dem Spieler abgelöst, bei dem er den Schuh fand.
Die Kreisspieler täuschen und narren den Suchenden und geben ihm gelegentlich auch mit dem Turnschuh einen Schlag aufs Gesäß, wenn er gerade in die entgegengesetzte Richtung guckt (Abb. 166).
Abwandlung: Die Spieler können auch hinter ihrem Rücken einen kurzen Stab wandern lassen (Stabwandern), der vom Kreisspieler zu fangen ist. Läßt jemand den Stab fallen, so muß er den Kreisspieler ablösen.

Abb. 166 Schuhsuchen

Steh auf!

Spielerzahl: 10 bis 15
Spielgeräte: Turnbänke
Die Spieler sitzen nebeneinander auf einer Turnbank (bei größerer Spielerzahl in Form einer Gasse), vor der ein Spieler auf und ab geht. Er soll versuchen, einen der sitzenden Spieler abzuschlagen. Das ist aber gar nicht so einfach, denn ein bedrohter Spieler kann schnell aufstehen und darf dann nicht abgeschlagen werden. Bei einem eifrigen Häscher sind alle Spieler ständig in Bewegung. Wenn die Spieler in Form einer Gasse sitzen, kann der Häscher nach beiden Seiten schlagen. Dann heißt es, noch aufmerksamer zu sein!

Bärennecken

Spielerzahl: 6 bis 8, mehrere Gruppen bilden
Auf einem niedrigen Kasten steht der „Bär", den die übrigen Spieler necken, indem sie ihn zu berühren versuchen. Der Bär teilt Schläge aus. Wenn er trifft, muß ihn der abgeschlagene Spieler ablösen. Der Bär kann auch auf einem Bock sitzen.

Das scheue Pferd

Ein Spieler nimmt einen anderen in den Huckepack. Alle anderen Mitspieler stehen in einem engen Kreis um Pferd und Reiter herum. Das Pferd bewegt sich im Kreis. Dabei versuchen die Kreisspieler, dem Reiter auf das Gesäß zu schlagen, ohne erkannt zu werden. Das Pferd muß sich nun schnell drehen und wenden, damit der Reiter feststellen kann, wer geschlagen hat. Gelingt das, so wird der ertappte Spieler Reiter, der Reiter wird zum Pferd und das bisherige Pferd reiht sich in den Kreis ein.

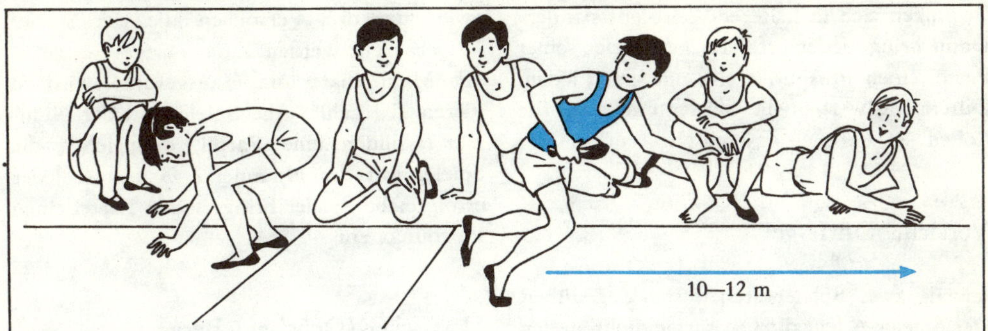

Abb. 167 Spiegelbild

Die Stange fällt

Spielerzahl: Etwa 10 bis 12 je Kreis
Spielgerät: Stange oder Speer
Die Spieler bilden einen Innenstirnkreis von etwa 5 bis 6 m Durchmesser. In der Mitte des Kreises befindet sich ein Spieler mit einer 2 bis 3 m langen Stange (Sprunglatte), die er senkrecht auf den Boden gestellt festhält. Plötzlich ruft er den Namen eines Kreisspielers oder auch eine Nummer, wenn abgezählt wurde, und läßt die Stange fallen. Der aufgerufene Spieler muß schnell zur Mitte laufen, um die Stange aufzufangen, bevor sie zu Boden gefallen ist. Dann übernimmt er die Rolle seines Vorgängers, der sich in den Kreis eingereiht hat. Fällt aber die Stange auf den Boden, so erhält der aufgerufene Spieler einen Minuspunkt.
Abwandlung: Statt einer Stange kann auch ein Ball benutzt werden, der hochgeworfen und von dem aufgerufenen Spieler aufgefangen werden muß, bevor er auf den Boden springt. Dabei ist darauf zu achten, daß der Ball wirklich senkrecht hochgeworfen wird und eine bestimmte Höhe, zum Beispiel 2 m über Kopfhöhe, erreicht, um gleiche Spielbedingungen zu schaffen.
Die Weiterführung dieses einfachen Spieles ist „Stando“ (S. 249).

Spiegelbild

Spielerzahl: 2 bis 30
Spielgerät: Ein leicht aufzunehmender Gegenstand (Turnschuh, Tuch)
Zwei Spieler, die wir mit A und B bezeichnen wollen, stehen sich an einer 1 m breiten Gasse gegenüber, in der ein Gegenstand liegt. Die übrigen Spieler sitzen oder liegen so weit entfernt, daß sie die beiden nicht behindern können. A hat die Aufgabe, den Gegenstand zu ergreifen und ihn hinter eine 10 bis 12 m entfernte Mallinie zu bringen, ohne daß er vorher von B abgeschlagen wird (Abb. 167). Vor dem Aufnehmen des Gegenstandes führt Spieler A irreleitende Bewegungen aus oder nimmt bestimmte Haltungen ein, die B — das Spiegelbild — genau nachmachen muß. Glaubt A, eine günstige Situation geschaffen zu haben, erfaßt er schnell den Gegenstand (Abb. 167) und läuft, verfolgt von B, davon. Gelingt es B, den Spieler A zu fangen, so hat er gewonnen, andernfalls ist es umgekehrt.
Bei einer kleinen Spielerzahl können die Rollen getauscht werden, sonst werden zwei andere Spieler benannt.
Soll „Spiegelbild“ als Mannschaftsspiel ausgetragen werden, ist das mit einer größeren Spielerzahl durchaus möglich, obwohl immer nur zwei Spieler beschäftigt sind, da die Zuschauenden durch die trickreichen Be-

wegungen sich in heiterer Weise entspannen. Dann bringt jeder erfolgreiche Spieler seiner Partei einen Pluspunkt ein, und nach jedem Durchgang werden die Spieler und auch die Rollen der Parteien gewechselt.

Vorsicht, Ohrfeige!

Jeweils zwei Spieler stehen sich gegenüber. Der Spieler A legt die Oberarme dicht an den Körper, während die Unterarme waagerecht und parallel nach vorn gehalten werden. Der Spieler B steht in gebückter Haltung vor ihm, er soll versuchen, den Kopf durch die zum Zuschlagen bereiten Hände zu führen, ohne getroffen zu werden. Dabei darf er mit dem Kopf täuschende Bewegungen ausführen. A reagiert meistens zu spät und muß die Hände stets wieder in die ursprüngliche Haltung bringen. Wenn es B gelingt, ungetroffen hindurchzukommen und sich wieder aufzurichten, werden die Rollen gewechselt. Trifft A, muß B sich erneut bücken und nochmals sein Glück versuchen. Die Unterarme dürfen zum Schlag nicht ausholen!
Abwandlungen: Das Spiel ist noch lustiger, wenn der Spieler B während seiner Versuche laut wie eine Henne gackern darf.
Spieler A kann auch auf der Bank (Stuhl) sitzen und B davor knien.

Aufgepaßt!

Die Gruppe bildet einen Innenstirnkreis, in dessen Mitte ein Bock steht. Um diesen laufen zwei bis vier Spieler herum. Auf einen plötzlichen Pfiff oder Handklapp des Spielleiters soll jeder versuchen, auf dem Bock in den Grätschsitz zu gelangen (oder auf dem Bock zu stehen). Wer zuerst sitzt, hat gewonnen. Der Sieger wechselt mit einem anderen aus dem Innenstirnkreis. Es können auch nach zwei oder drei Versuchen alle vier Spieler ausgetauscht werden.
Als Mannschaftskampf ausgeführt, wird zu vieren abgezählt. Alle Spieler mit der Nummer 1 bilden eine Partei, desgleichen die Spieler mit der Nummer 2, 3 und 4. Jeder erfolgreiche Spieler bringt seiner Partei einen Pluspunkt ein.

Umgucker (Ochs' am Berg, Eins, zwei, drei, vier...)

Spielerzahl: 6 bis 10
Spielfeld: 8 bis 10 m × 15 bis 20 m
Während ein Spieler, der Umgucker, mit dem Rücken zur Gruppe an dem einen Ende des Spielfeldes steht, versucht die Gruppe, vom anderen Ende her sich unbemerkt schrittweise an ihn heranzuschleichen. Das ist jedoch nicht einfach, da sich der Umgucker plötzlich und in unregelmäßigen Zeitabständen umdrehen kann und jeden, den er bei einer Bewegung erwischt, an die Ausgangslinie zurückschickt. Sieger ist der, der dem Umgucker einen leichten Schlag auf die Schulter geben kann oder ihm nach einer kurz bemessenen Zeit am nächsten ist. Er darf ihn ablösen.
Kinder spielen auch gern die Form, bei der der Umgucker die übrigen Spieler mit dem Spruch „Eins, zwei, drei, vier — wer kommt zu mir?" auffordert, sich ihm zu nähern. Nach diesem Spruch schaut er sich schnell um.

5.2. Orientierung bei geschlossenen Augen

Ballraten

Spielerzahl: 7 oder 9 in einer Gruppe
Spielgerät: Hohlball
Die Spieler bilden eine Gasse, das Gesicht einander zugewandt. Der Abstand zwischen

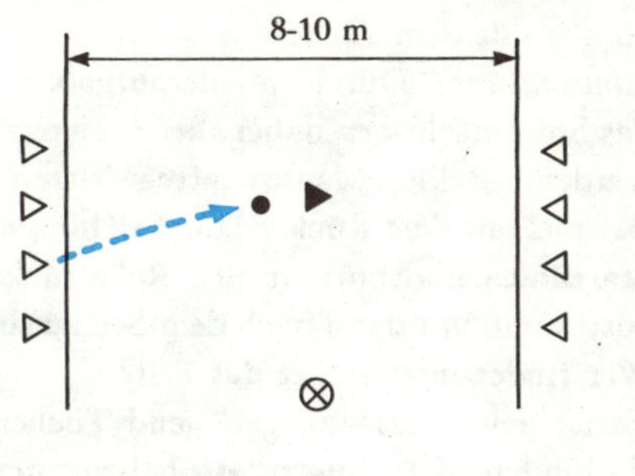

Abb. 168 Ballraten

ihnen beträgt etwa 8 bis 10 m. In der Mitte der Gasse steht ein Spieler, der der einen Hälfte der Gruppe den Rücken zuwendet. Einer dieser Spieler wirft mit dem Ball nach ihm (Abb. 168). Wird der Mittelspieler getroffen, dreht er sich schnell um und versucht, den Werfer zu erraten. Der Mittelspieler darf nur einmal raten und wird abgelöst, wenn er erfolgreich war oder der Spieler fehl warf. Beim nächsten Durchgang wird von der anderen Seite geworfen. Das Spiel wird lebendiger, wenn alle Spieler der Wurfseite durch täuschende Bewegungen den Ratenden ablenken und dadurch irreführen.

Bemerkungen: Die Gassenaufstellung verhindert das Fortrollen des Balles. Aus dem gleichen Grunde kann auch die Kreisaufstellung gewählt werden, wobei der Mittelspieler jedoch angewiesen wird, bis zum Balltreffen die Augen zu schließen. Die Kreisspieler dürfen sich den Ball vor dem Wurf zuspielen. Kann vor einer Mauer oder Wand gespielt werden, so bilden die Spieler nur eine einfache Linie oder einen Halbkreis.

Eins, zwei, drei — wer hat den Ball?

Spielerzahl: 4 bis 6 in einer Gruppe
Spielgerät: Wurf- oder Tennisball
Die Spieler stehen im Halbkreis oder in Linie und halten die Hände auf dem Rücken. Vor ihnen, aber mit dem Rücken zur Gruppe, steht mit etwa 5 m Abstand ein Spieler mit einem Ball. Auf den Spruch „Eins, zwei, drei — wer hat den Ball?“ wirft er ihn rückwärts über den Kopf den anderen Spielern zu. Einer von ihnen versteckt den Ball hinter seinem Rükken. Auf den Ruf der Spieler „Vier, fünf, sechs — wer hat ihn jetzt?“ dreht sich der Werfer um und versucht, den Ballbesitzer zu erraten. Dabei kann er den Spruch fortführen: „Sieben, acht, neun — du wirst es sein!“ Es ist nur ein Versuch gestattet. Zeigt er auf den richtigen Spieler, so muß dieser ihn ablösen. Die Spieler dürfen durch täuschende Bewegungen das Raten erschweren.

Bemerkungen: Wenn die Spieler eng zusammenstehen, kann auch mit einem Handball gespielt werden. Mehr als fünf Spieler sollten nicht im Halbkreis oder in Linie stehen.

Stimmenraten

Spielerzahl: 6 bis 8 in einer Gruppe
Die Spieler sitzen im Innenstirnkreis. In der Mitte befindet sich einer mit verbundenen Augen. Der Spielleiter zeigt auf einen im Kreis Sitzenden, der den Namen des Mittelspielers mit verstellter Stimme nennt. Der Mittelspieler soll darauf erraten, wer es war. Wird richtig geraten, erfolgt Ablösung. Sonst bleibt der bisherige Spieler in der Mitte. In einer größeren Gruppe wird das Stimmenraten recht schwierig, deshalb sollte man das Verstellen der Stimmen nicht gestatten.

Gegenstände suchen

Spielerzahl: 12 bis 15
Spielgeräte: Wurfbälle, Keulen
Alle Spieler sitzen im Kreis, in einer Gasse oder im Viereck. In dem so gebildeten

Spielfeld liegen ein oder mehrere Gegenstände, die zwei oder drei bestimmte Spieler mit geschlossenen Augen suchen sollen. Bei mehreren Gegenständen (z. B. sechs Wurfbällen) gewinnt der Spieler, der die meisten findet, bei der Suche nach einem Gegenstand der, der ihn zuerst in den Händen hält. Die Spieler sind auf Ehrlichkeit hinzuweisen. Das Spiel macht nur Freude, wenn sie beim Suchen wirklich nichts sehen können.

Verschiedene Spielweisen sind möglich:

a) Die Spieler dürfen sich vorher über die Lage der Gegenstände orientieren.

b) Die Spieler müssen an der Ablaufstelle eine Drehung oder eine Rolle vorwärts ausführen.

c) Die suchenden Spieler sitzen bereits mit geschlossenen Augen am Ausgangsort, wenn der Spielleiter die Keulen oder Gegenstände hörbar in das Spielfeld legt.

d) Den suchenden Spielern wird vorher ein bestimmtes Gerät oder im Freien ein Baum, Strauch oder Stein gezeigt. Wer dann mit verbundenen Augen zuerst am Ziel ist, hat gewonnen.

e) Als Mannschaftsspiel ausgeführt, erhält jede Partei für ihren erfolgreichen Sucher einen Punkt. Wenn alle Spieler einmal an der Reihe waren, entscheidet die höchste Punktzahl über den Sieg.

Erschwerende Abwandlung: Ein Spieler ist erst dann Sieger, wenn er den gefundenen Gegenstand in einem vorher bestimmten Mal (Kastenteil) ablegt.

Tauziehen bei geschlossenen Augen

Spielerzahl: 3 bis 5 auf jeder Seite
Spielgerät: Tau

Wie beim Tauziehen mit Wettlauf liegt das Seil zwischen zwei Mannschaften, die sich etwa acht bis zehn Schritte vom Tau entfernt hinter den Startlinien befinden. Auf ein Zeichen eilen sie mit geschlossenen Augen zum Tau, versuchen es zu finden, und beginnen mit dem Ziehen.

Abwandlung: Durch Sonderaufgaben kann das Spiel erschwert, dabei aber noch reizvoller werden. Beide Mannschaften sitzen zum Beispiel mit dem Rücken zum Seil hinter ihren Startlinien und müssen eine Rolle rückwärts ausführen, um dann nach dem Seil zu suchen. Wer findet jetzt sofort das Seil?

Es ist jedoch ratsam, genügend Tücher zum Verbinden der Augen zu haben, um das Mogeln auszuschließen.

Die Zuschauenden haben bei diesem Spiel ihre besondere Freude, da es oft zu sehr lustigen Situationen kommt.

Platzsuchen

Einige lustige Spielformen wollen wir unter dem Namen „Platzsuchen" zusammenfassen. Nach vorheriger Orientierung über die Ziele kommt es darauf an, mit geschlossenen oder verbundenen Augen eine gute Raumvorstellung zu beweisen und im Spielfeld markierte Plätze zu finden. Auch für die Zuschauenden ist ein solches Spiel sehr freudvoll. Die Suchenden selbst sind nach dem Öffnen der Augen oft über ihr mangelhaftes Orientierungsvermögen überrascht.

Alle genannten Formen lassen sich als Einzel- und als Mannschaftswettkampf austragen.

a) Einen Kreis oder eine Gasse erreichen

Alle Spieler sitzen oder liegen hinter einer Linie. Vor dieser werden in 12 bis 15 m Entfernung entweder ein größerer Kreis, mehrere kleine Kreise oder eine gut 1 m breite Gasse aufgezeichnet. Nachdem die Spieler die Entfernung abgeschätzt haben, sollen sie den Platz bei geschlossenen Augen erreichen. Wer meint, sein Ziel erreicht zu haben, setzt sich nieder und öffnet die Augen.

Bei drei oder vier Mannschaften startet auf das Signal des Spielleiters von jeder Mannschaft ein Spieler. Setzt er sich im Kreis oder in der Gasse nieder, erhält seine Mannschaft dafür einen Punkt. Erst wenn alle drei oder vier Spieler sitzen, wird gewertet; dann gehen sie zur Mannschaft zurück.

b) Gruppenwettbewerb mit zwei Zielmalen

Die Gruppen sitzen oder liegen sich mit 15 bis 20 m Abstand gegenüber. Innerhalb des Feldes sind zwei Male (Kreise, Vierecke) mit gleichem Abstand von jeder Grundlinie aufgezeichnet. Aus beiden Gruppen startet nun je ein Spieler und versucht, mit geschlossenen oder verbundenen Augen das gegenüberliegende, entferntere Mal zu erreichen. Wer glaubt, an seinem Ziel angekommen zu sein, setzt sich nieder (Abb. 169). Derjenige, der seinem Mal am nächsten sitzt, erhält einen Punkt für seine Mannschaft. Wer direkt im Mal sitzt, bringt seiner Gruppe zwei Punkte ein.

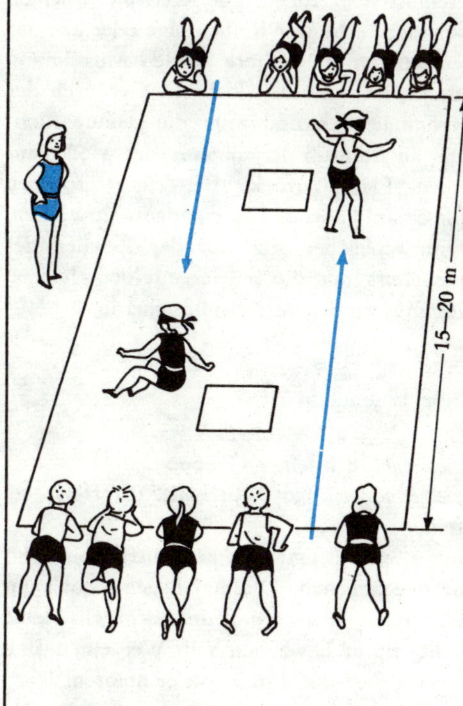

Abb. 169 Platzsuchen mit zwei Zielmalen

Bemerkungen: Oft treffen sich die suchenden Spieler, orientieren sich falsch aneinander, so daß es manchen Spaß gibt. Alle Versuche, dem eigenen Spieler Signale zur besseren Orientierung zu geben oder den gegnerischen Spieler fehlzuleiten, sind sofort zu unterbinden.

c) Kleine Bälle oder Geräte austragen

Alle Spieler haben einen Ball, eine Keule oder einen anderen kleinen Gegenstand, den sie bei geschlossenen oder verbundenen Augen in ihr Mannschaftsmal legen sollen. Jeder Gegenstand im Mal zählt für die Mannschaft einen Punkt. Läßt man die Gegenstände dort, wo sie niedergelegt wurden, liegen, so kann die Mannschaft anschließend ihr „Trefferbild" betrachten. Dazu ist es jedoch erforderlich, daß die auszutragenden Gegenstände der Mannschaften verschieden sind (Wurfbälle — Staffelstäbe — kleine Steine — Tücher). Es sind die in den beiden ersten Formen beschriebenen Spielweisen möglich. Reizvoll ist es aber auch, wenn jede Mannschaft eine bestimmte Anzahl von Gegenständen ins Mal tragen soll. Hierbei sind alle diejenigen, die danebengelegt werden, wieder zum Ausgangsort zurückzubringen. Welche Mannschaft braucht die wenigsten Versuche? Wenn der geringste Zeitaufwand über den Sieg einer Mannschaft entscheidet, dann läuft der nächste Spieler jeweils auf den Ruf des vorigen. Gerufen werden darf aber erst, sobald der Spieler seinen Gegenstand niedergelegt hat. Setzt man vorher eine bestimmte Zeit fest, zum Beispiel fünf Minuten, dann gewinnt die Mannschaft, die in dieser Zeit die meisten Gegenstände ins Mal bringt.

Abwandlungen: Alle Formen lassen sich durch Veränderung der Ausgangsstellung erschweren oder dadurch, daß vorher bestimmte Übungen ausgeführt werden müssen (Drehungen, Rolle vorwärts, Rolle rückwärts) oder auch die Fortbewegungsart (Vierfüßlerlauf) verändert wird.

Ballsuchen

Spielerzahl: 10 bis 20
Spielgerät: Ball
Zwei Mannschaften sitzen sich in einem großen Innenstirnkreis oder an den Grundlinien eines Spielfeldes gegenüber. In die Mitte des Kreises oder des Spielfeldes wird ein großer Hohlball gelegt. Von jeder Mannschaft läuft ein Spieler mit geschlossenen oder verbundenen Augen aus, um den Ball zu suchen. Wer den Ball fest im Arm hält, gewinnt seiner Mannschaft einen Punkt.
Folgende *Abwandlungen* sind möglich:
a) Die Spieler sollen, wenn sie glauben, den Ball gefunden zu haben, von oben mit der Hand auf den Ball schlagen. Jeder hat drei Schläge.
b) Die Spieler sollen versuchen, sich auf den Ball zu setzen.
c) Jeder Spieler soll den Ball, nachdem er ihn gefunden hat, seiner Mannschaft zuwerfen oder zustoßen, nur dann bekommt die Mannschaft den Punkt. Das ist besonders schwierig, wenn vorher Drehungen oder andere Sonderaufgaben verlangt wurden, die natürlich auch bei den übrigen Spielweisen möglich sind.

Such mich!

Spielerzahl: 10 bis 20
Spielfeld: Etwa 10 m × 10 m
Die Gruppe verteilt sich beliebig im Spielfeld. Einem Spieler werden die Augen verbunden. Er soll einen anderen finden und abschlagen. Die Spieler können aber niederhocken, mit dem Oberkörper ausweichen oder durch drei schleichende Schritte der Berührung entgehen. Jeder darf aber bei einem Häscher nur insgesamt drei Schritte ausführen, derer er sich also nur bei größter „Gefahr" bedient.
Wer abgeschlagen wird, löst den Sucher ab. Es kann auch so gespielt werden, daß mehrere Sucher nacheinander im Wettbewerb stehen. Dann gewinnt derjenige, der zum Beispiel in einer Minute die meisten Abschläge erzielen konnte.
Bei höherer Spielerzahl wird das Spielfeld vergrößert, und es werden zwei „Blinde" eingesetzt. Beide voran beschriebenen Spielweisen sind möglich.

Anschleichen

Die Gruppe sitzt im großen Innenstirnkreis. In der Mitte befindet sich ein Spieler mit geschlossenen Augen. Die Kreisspieler schleichen sich in bunter Reihenfolge oder auf das Zeichen des Spielleiters an den Mittelmann heran. Hört dieser jedoch ein Geräusch der Herannahenden und zeigt die genaue Richtung an, so muß derjenige Spieler wieder auf seinen Platz zurück. Bei einer größeren Spielerzahl kann zu fünfen abgezählt werden. Dann schleichen sich auf das Zeichen des Spielleiters nur die Spieler mit der gleichen Nummer an den Mittelspieler heran.

Bälle bewachen

Spielerzahl: 8 in einer Gruppe
Spielgeräte: Einige Wurfbälle (Staffelstäbe, Steine)
Dieses Spiel gleicht in seiner Ausführung dem vorangegangenen. Diesmal liegen jedoch um den Mittelspieler herum fünf oder sechs kleine Bälle, die er bewachen soll. Wer einen Ball erobert, darf den Mittelspieler ablösen.
Ferner ist folgende Spielweise möglich: Die Mittelspieler von verschiedenen genügend

weit auseinander liegenden Kreisen stehen untereinander im Wettbewerb. Nach etwa zwei Minuten gewinnt derjenige, dem die wenigsten Bälle fortgenommen wurden.

Blindes Ballrollen

Auf dem Fußboden werden mit Kreide zwei etwa 4 m breite und 10 m lange Gassen aufgezeichnet. Vor jeder Gasse steht eine Mannschaft. Die Aufgabe der Spieler ist es, nacheinander mit verbundenen Augen einen Ball durch die Gasse zu rollen (der Ball muß unmittelbar an der Hand bleiben). Gelingt das, ohne die Seitenlinien zu überschreiten, so erhält die Mannschaft für jeden Lauf einen Punkt. Welche Mannschaft erzielt die meisten Punkte?

Keulendieb

Spielerzahl: 8 bis 10
Spielgeräte: Keulen
Die Spieler sitzen in einem Innenstirnkreis von 12 m Durchmesser, neigen den Kopf nach vorn und halten die Augen geschlossen. Vor jedem Spieler steht eine Keule. In der Mitte befindet sich der „Dieb". Er schleicht sich leise an einen Keulenspieler heran, um eine Keule zu stehlen. Der Wächter hebt jedoch die Hand, wenn er den Keulendieb herankommen hört, worauf dieser sich einem anderen zuwenden muß. Gelingt es dem Keulendieb, einen Wächter zu bestehlen, so wird er von diesem abgelöst. Etwas einfacher ist es für den Dieb, wenn die Spieler einen Außenstirnkreis bilden und die Keulen hinter ihrem Rücken stehen. Hierbei wird das „Blinzeln" der Kreisspieler nach dem Dieb vollständig unterbunden.

Durch den Zaun

Spielerzahl: Beliebig
Die Spieler werden in zwei Parteien eingeteilt. Die Spieler der einen Partei stehen mit geschlossenen Augen und einem Schritt Zwischenraum voneinander in Linie und stellen den Zaun dar. Die Spieler der Gegenpartei, etwa 10 m von den anderen entfernt, bemühen sich, durch den Zaun zu schlüpfen, ohne abgeschlagen zu werden. Hören aber die „Zaunspieler" Geräusche und glauben, einen Gegenspieler erwischen zu können, so versuchen sie, ohne ihren Platz zu verlassen, ihn zu berühren. Jeder „Zaunspieler" hat jedoch nur zwei oder drei Schläge, je nach Festlegung.
Beim nächsten Durchgang werden die Rollen getauscht. Von welcher Partei sind die meisten Spieler unabgeschlagen durch den Zaun geschlüpft?

Blinde Brückenwacht

Der Spielgedanke ist der gleiche wie beim „Brückemann" (vgl. S. 171), nur daß sich hier „blinde" Wächter auf der Brücke befinden. Es ist ratsam, sofort mit zwei oder drei Brückenwächtern zu beginnen und die Brücke nicht zu breit zu bemessen, da es nicht einfach ist, die Hinüberwechselnden mit geschlossenen Augen zu fangen.

Platzwechseln mit blinder Kuh

Spielerzahl: 10 bis 20
Die Spieler sitzen im Innenstirnkreis und sind durchlaufend numeriert. In der Mitte befindet sich ein Spieler mit geschlossenen Augen, die „blinde Kuh". Sie nennt zwei Zahlen. Die betreffenden Spieler müssen nun innerhalb des Kreises die Plätze tauschen, während die

blinde Kuh einen zu fangen versucht. Sobald ein Spieler gefangen wurde, wird sie abgelöst. Gelingt es aber den beiden, die Plätze zu wechseln, so klatschen sie in die Hände, und der Mittelspieler muß neue Zahlen aufrufen.

Blinde Kuh

Dieses alte Gesellschaftsspiel macht besonders den Kleinen immer wieder Freude. In einem nicht zu großen Kreis oder durch Turnbänke abgegrenzten Feld versucht eine „blinde Kuh“ (Spieler mit verbundenen Augen), die frei herumlaufenden Spieler zu fangen, die sich durch Geräusche bemerkbar machen. Gelingt ihr ein Abschlag, so tauscht sie mit dem Gefangenen die Rolle.
Der blinden Kuh kann die Arbeit dadurch erleichtert werden, daß alle anderen Spieler sich nur in einer bestimmten Art fortbewegen dürfen (Vierfüßlerlauf, Rückwärtslauf, Hüpfen auf einem oder beiden Beinen).
Je nach der Spielerzahl können auch zwei, drei oder vier „blinde“ Spieler eingesetzt werden, dann ist jedoch das Spielfeld ebenfalls entsprechend zu bemessen, oder aber die Gruppe wird aufgeteilt, und man läßt in mehreren kleineren Spielfeldern mit je einer blinden Kuh spielen.

Jakob, wo bist du? (Jakob und Jakobinchen)

Die Spieler sitzen im Innenstirnkreis, zwei weitere (Jakob und Jakobinchen) befinden sich mit verbundenen Augen in der Mitte. Jakob sucht das Jakobinchen und ruft deshalb: „Jakobinchen, wo bist du?“, worauf dieses antwortet: „Hier!“ In die Richtung, aus der die Antwort kam, geht Jakob, doch Jakobinchen versucht zu entweichen. Sooft

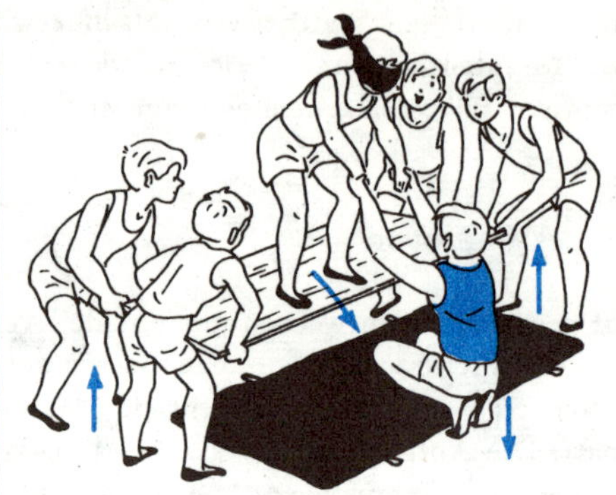

Abb. 170 Sprung ins Ungewisse

nun Jakob ruft, muß sich das Jakobinchen melden. Die Kreisspieler dürfen nicht antworten! Wird Jakobinchen gefunden, erfolgt Rollentausch, oder zwei andere Spieler gehen in die Mitte.
Abwandlungen:
a) Veränderung der Fortbewegungsart.
b) Man kann zur Belebung des Spiels auch ein Gerät (Kasten, Tisch) in die Kreismitte stellen. Durch das Hinaufklettern und Hindurchkriechen kommt es oft zu sehr spaßigen Situationen.
c) Jakob und Jakobinchen müssen sich, jeder auf einer Seite, an einer Turnbank festhalten. Jakobinchen, einen Plumpsack in der Hand, ruft Jakob und versucht, nachdem dieser sich gemeldet hat, ihn mit dem Plumpsack zu treffen. Doch Jakob hat inzwischen seinen Platz verlassen, ohne sich dabei von der Bank zu lösen.

Sprung ins Ungewisse

Vier kräftige Spieler heben das Oberteil eines Kastens an, auf dem ein Mitspieler mit verbundenen Augen steht. Auf ein Zeichen des

Spielleiters wird die Höhe durch Heben und Senken des Kastenteils ständig verändert, um dem Mitspieler das Orientierungsvermögen für die Höhe zu nehmen. Das wird noch verstärkt, indem ein Helfer ihm die Hand reicht und sich jeweils in entgegengesetzter Richtung zum Kasten bewegt (Abb. 170). Zum Schluß geht der Helfer fast in die Hocke, so daß der Kastendeckel selbst verhältnismäßig flach über dem Erdboden gehalten werden kann, der auf dem Kasten Stehende sich dennoch in „großer Höhe" glaubt. Der Spielleiter fordert ihn auf, herunterzuspringen. Das Springen geschieht meist zum Spaß der Zuschauer sehr vorsichtig in zögernder Haltung und führt oft zu „komischen Landungen".

Bemerkungen:

— Im Sommerferienlager kann man zur großen Freude aller den Spieler in eine Wanne mit Wasser springen lassen!

— Hält man dem auf dem Kasten stehenden Spieler ein Brett über den Kopf, gegen das er stößt, so glaubt er sich bereits unter der Zimmerdecke; der Absprung wird zum Spaß der Herumsitzenden noch zaghafter ausgeführt.

— Anstelle des Kastenteils läßt sich ein starkes Brett verwenden (Sprungbrett, zu Hause auch das Plättbrett).

— Das Spiel bereitet nur Freude, wenn es dem Springenden nicht bekannt ist. Deshalb müssen vorher einige Spieler, die das Spiel nicht kennen, aus dem Raum geschickt werden.

6 Kleine Spiele im Wasser

Systematik

Die Einteilung dieser Spiele als besonders freudvolle Formen für das Tummeln im Wasser ist insofern nicht schwierig, als wir Nichtschwimmer und Schwimmer zu unterscheiden haben.

Danach ergeben sich zwangsläufig die Gruppen 6.1. und 6.2. Die Gruppe 6.3. enthält eine Auswahl bisher wenig beachteter Spielformen, die wir vorwiegend mit Schwimmern durchführen.

Die weitere Untergliederung der Gruppen 6.1. und 6.2. unterscheidet sich nicht. Wir haben sie der Hauptgliederung des Buches angepaßt, da es sich ja in den meisten Fällen um eine Anwendung beziehungsweise Abwandlung bereits beschriebener Spiele handelt. Deshalb wurden diese Spiele nicht nochmals beschrieben, sondern (teilweise unter Seitenangabe) nur genannt. Wo erforderlich, sind spezielle Hinweise und Verhaltensweisen im Wasser vermerkt worden.

Die Verantwortung des Spielleiters bei Kleinen Spielen im Wasser

Hinweise zur Durchführung der Spiele haben wir den einzelnen Gruppen vorangestellt. Hier sei lediglich auf die gesteigerte Verantwortung des Spielleiters beim Spielen im Wasser hingewiesen, die sich besonders in freien Gewässern noch erhöht. Ohne dem Spielleiter oder Helfer einer Gruppe im Ferienlager Angst vor den Spielen im Wasser zu machen, muß er sich darüber im klaren sein: *Du bist für das Leben der Kinder verantwortlich! Versäumte Fürsorge- und Aufsichtspflichten können ernsthafte Folgen haben; aus Unkenntnis verschuldete Vergehen sprechen dich nicht frei! Sei gewissenhafter und konsequenter denn je!*

Jeder Spielleiter sollte vor der Durchführung von Spielen im Wasser folgende Punkte genau beachten:

a) Die Baderegeln zur Gesunderhaltung des Körpers![28]

b) Laß anfänglich nicht zu lange spielen, achte besonders darauf, daß sich alle Kinder bewegen und überwache ihr Befinden — blaue Lippen, Gänsehaut und Zittern sind Anzeichen für eine schon zu lange Badezeit.

c) Laß die Kinder nicht mit vollem Magen ins Wasser gehen!

d) Unterbinde streng das Verlassen oder Aufsuchen der Spielfläche ohne vorheriges Melden, das Markieren eines Ertrinkenden, das Tauchen eines Mitspielers, das Stoßen eines Mitspielers ins Wasser!

e) Setze gegebenenfalls zur Unterstützung der Aufsicht Helfer ein, am besten gewissenhafte Spieler, die eine Ausbildung im Wasserrettungsdienst erhalten haben!

f) *Spiele* in der Regel *nicht mit,* sondern behalte von einer günstigen, möglichst erhöhten Stelle aus den Überlick; achte auf Ordnung, Dis-

28. Vgl. Kleine Enzyklopädie „Körperkultur und Sport". VEB Bibliographisches Institut, Leipzig 1979. S. 589.

ziplin und Einhaltung der Spielregeln! Laß nur so viele Kinder spielen, wie du übersehen kannst! Mit einem Blick mußt du alle erfassen können. Bei einer großen Spielerzahl müssen die Kinder in Gruppen eingeteilt werden, die nacheinander ins Wasser gehen; bei Spielen (vorwiegend bei Tauchspielen), bei denen der Überblick erschwert ist, werden von vornherein nur kleine Gruppen ins Wasser geschickt.

g) Wird in freien Gewässern gespielt, so prüfe vorher die Badestelle (unebener Boden, morastiger Untergrund, Schlingpflanzen, Scherben), beseitige Unfallquellen und begrenze deutlich das Spielfeld! (Stöcke einsetzen, Pfähle in den Grund einrammen, Leinen spannen.)

h) Nimm Rücksicht auf andere Badegäste! Wähle nur solche Spiele aus, die in Anpassung an die Spielfläche im Wasser den allgemeinen Badebetrieb nicht stören!

Bei konsequenter Beachtung dieser Sicherheitsmaßnahmen kann mit ruhigem Gewissen gespielt werden.

6.1. Spiele im flachen Wasser (knie-, hüft- oder brusttiefes Wasser)

Der Anfängerunterricht im Schwimmen beginnt mit den Wassergewöhnungsübungen in spielerischer Form. Der Übende soll die Angst vor dem Wasser verlieren und sein Selbstvertrauen stärken. Dazu eignet sich auch eine Reihe von Kleinen Spielen, die die Lust und Freude am Tummeln im Wasser wecken. Selbst von Schwimmern werden sie im flachen Wasser noch gern gespielt, und zwar zur Entspannung und Erholung.

Die Auswahl der Spiele richtet sich nach der Bildungs- und Erziehungsabsicht des Spielleiters, nach dem Alter und Leistungsstand der Kinder oder nach der vorhandenen Wassertiefe sowie der Größe der Spielfläche. Die zu wählende Wassertiefe wird vom Spielgedanken und von der Fortbewegungsart bestimmt.

6.1.1. Laufspiele

Eine große Anzahl von Wettläufen, Staffeln und Haschespielen kann auch im nassen Element durchgeführt werden.

Massen- und Gruppenwettläufe machen im flachen Wasser und besonders an der See sehr viel Freude. Die Kinder laufen vom Tieferen ins Flache. Wer ist zuerst am Ufer? Bei gleichmäßig tiefem Wasser (ewa knietief) kann auch von Buhne zu Buhne gelaufen werden, oder eine gespannte Leine ist zu überspringen. Im Planschbecken wird die Ziellinie durch den Beckenrand ersetzt.

Der „Schubkarren-Wettlauf" und die „Wackelschlange" sind ebenfalls sehr freudvoll.. Außer den in der Abbildung 9 (S. 60 ff.) gezeigten Fortbewegungsformen sind im Wasser noch weitere anzuwenden, zum Beispiel „Dampfer": Alle Spieler stützeln sich im Liegestütz vorwärts, dabei werden die Beine wie beim Kraulschwimmen bewegt. Bei den Wettläufen können verschiedene Bewegungsaufgaben, je nach der Übungsabsicht, miteinander verbunden werden, zum Beispiel: Die Spieler stehen am Beckenrand, jedes Kind wirft einen Ball über die Begrenzung (Bahnmarkierung, lange Holzstange) und springt anschließend ins Wasser, um sich den Ball zurückzuholen.

Staffeln sind in den verschiedensten Abwandlungen möglich. Achte hier besonders auf kleine Spielgruppen (drei bis fünf Spieler in einer Staffel), damit sich alle Spieler genügend bewegen! Man braucht eine Staffel auch erst nach zweimaligem Durchgang zu beenden. Als Wendemale können neben einigen bereits angeführten (S. 129) noch folgende gelten:

— In den Boden fest eingerammte Stangen;

— schwimmende Gegenstände (Korkstücke; leere, verschlossene Flaschen; Wasserbälle), sie sind jeweils durch eine Schnur mit einem auf dem Grund liegenden Stein verbunden;
— befestigte Boote;
— Spieler, die nach jedem Durchgang auszuwechseln sind.

Haschespiele ohne Freimal gelingen fast ausnahmslos. Das Spiel „Fang das Band!" (S. 153) trägt hier den Namen „Entenjagd". Die Ente darf nicht festgehalten werden. Sie darf tauchen, die Fänger dagegen nicht.

Bei *Haschespielen mit Freimalen* (vgl. hierzu auch die Hinweise über Freimalbenutzung auf S. 156) können außerdem als Freimale gelten:
— Auf einem Bein stehen und das erhobene Bein aus dem Wasser heraushalten;
— bei einem Mitspieler zum Huckepack aufsitzen (bei Älteren auch zum Schultersitz);
— eine gekennzeichnete Stelle unmittelbar am Ufer oder Beckenrand;
— Sitz auf dem Beckenrand;
— Stehen auf der Beckentreppe oder -leiter;
— Liegestütz, den Kopf unter Wasser nehmen.

Aus den *anderen Gruppen der Haschespiele* sind im Wasser gut geeignet:
Das Meer und die Fische
Mitternacht
Klein, groß — Hände los!
Schwarzer Mann
Eckenlauf mit Haschen
Holland — Seeland
Seitenwechsel mit Fangen
Schwarz — Weiß
Fischfang

6.1.2. Ballspiele

Von den Ballspielen wählen wir für das Wasser solche aus, bei denen Hechtsprünge nach dem Ball oder Ausweichbewegungen durch Springen und Tauchen erforderlich sind. Solche Spiele können mitunter noch freudvoller als auf dem Lande sein. Vorwiegend werden sie in hüft- und brusttiefem Wasser gespielt.

Müde, matt, krank, tot!

Es ist ein volkstümliches Spiel, das zur Ballschule gehört und besonders im Wasser viel Freude bereitet. Vier bis sechs Spieler stehen im Kreis. Sie spielen sich den Ball in einer bestimmten Richtung oder auch kreuz und quer so zu, daß das Fangen schwierig ist. Bei dem ersten nicht gefangenen Ball wird der betreffende Spieler bestraft, indem er als „müde", beim zweiten als „matt", beim dritten als „krank" bezeichnet wird, bis er schließlich „tot" ist und ausscheiden muß. Das vorübergehende Ausscheiden ist durchaus anwendbar, da sich ein Spieler auch allein freudvoll im Wasser tummeln kann.

Wettwanderballformen: Grundform mit Kriechen durch die gegrätschten Beine in etwa knietiefem Wasser. Dabei kommt es des öfteren zum Eintauchen des Gesichtes. Die eintauchenden Spieler dürfen nicht festgehalten werden! Eine Gruppe soll nicht mehr als sechs bis acht Spieler umfassen. Anstelle des Medizinballes wird ein Tennisring oder Wasserball genommen.

Folgende Formen sind ebenfalls möglich:
Wogende Reihe (S. 217); der Ball kann bei diesem Spiele natürlich nicht nach hinten gerollt werden, er wird flach über das Wasser dicht an der Spielgruppe vorbei geworfen.
Tigerball (S. 229).
Reitertigerball (S. 230); bei entsprechendem Alter nehmen die Reiter Schultersitz ein. Das gibt viel Freude, wenn die „Pferde" ihre „Reiter" ins Wasser abwerfen.
Schnappball (S. 231) und seine Erweiterung zu den Parteiballformen (S. 231 ff.)

Reiterball mit Abwurf (S. 251); bei älteren Kindern Schultersitz der Reiter.
Hetzball (S. 252); dürfen die Gehetzten tauchen, muß der Kreis vergrößert werden.
Kreiswurfball (S. 251); eine Kombination von Hetzball und Stando.
Jägerballspiele (S. 260 ff.); das Tauchen wird gestattet.
Torball (S. 278).
Treibball (S. 281); am Ostseestrand zum Beispiel kann das Spielfeld durch zwei Buhnen begrenzt werden.
Raufball (S. 286); wird im Becken gespielt, so muß der Ball auf den gegenüberliegenden Beckenrand gelegt werden, um ein Tor zu erzielen. Im See oder am Meer wird das Tor durch zwei lange Stöcke markiert (8 bis 10 m breit), durch das der Ball getragen werden muß. Das Festhalten des Gegners ist erlaubt, solange er den Ball trägt.

Käscherball (Wasserball mit Schleuder)[29]

Dieses Mannschaftsspiel ähnelt dem kanadischen Lacrosse (Rasenspiel). Die Spieler beider Mannschaften sind mit einer Art Schläger (zusammengeschweißter und mit einem Griff versehener Drahtbügel) (Abb. 171) ausgerüstet. Der Ball ist etwas größer als die „Schlagfläche". Man spielt im hüfttiefen Wasser auf Tore. Der Ball wird mit dem Spielgerät getragen, zugespielt, dem Gegner weggenommen und auf das Tor geschleudert. Er darf aber nicht mit der Hand auf den Schläger gelegt, sondern muß mit diesem selbst erfaßt werden. Das Anhalten des fliegenden Balles mit der Hand oder dem Körper ist erlaubt. Körperliches Spiel (Rempeln, Stoßen usw.) sowie Schlagen auf das gegnerische Spielgerät sind nicht gestattet.

29. Mitgeteilt von Mai, M., Bernburg, in „Körpererziehung", Heft 11/1964, S. 571 ff.

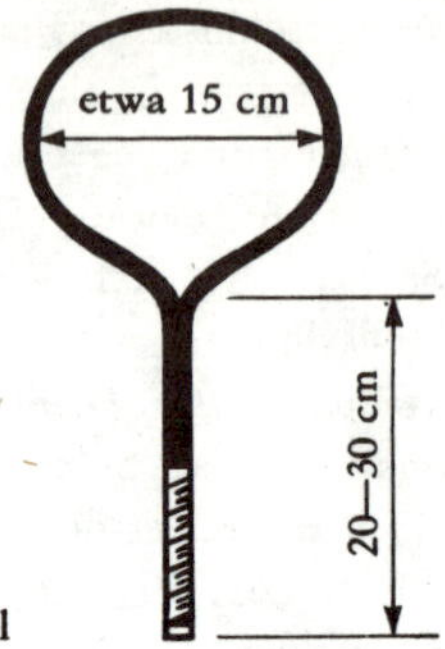

Abb. 171 Käscherball

6.1.3. Kraft- und Gewandtheitsspiele

Die Kraft- und Gewandtheitsspiele sind besonders für das Wasser geeignet, da bei vielen Formen die Verletzungsgefahr weitgehend beseitigt ist. Im Becken muß natürlich der genügende Abstand vom Beckenrand gewahrt werden. Ein Teil der Spiele erhält erst durch das nasse Element seinen besonderen Reiz. Außerdem macht hier selbst das Verlieren noch Spaß, wenn man nach dem Verlust des Gleichgewichts oder nach einem kräftigen Zug oder Stoß untertaucht.
Vorteilhaft ist auch, daß für die meisten Spiele relativ wenig Raum benötigt wird. Auf einige freudvolle Spiele sei hingewiesen:
Ziehkampf im Liegestütz (S. 299); es kann auch mit Wegschlagen der Arme des Gegners gespielt werden
Tauziehen, auch mit Abwandlungen (S. 299):
a) Das Tau liegt am Boden und muß von der Mannschaft erst aufgenommen werden (wird im brusttiefen Wasser gespielt, so heißt es, erst den Kopf unter Wasser stecken).
b) Tauziehen mit Wettlauf kann mitunter zu einem lustigen Suchen nach dem Tau werden, bevor der Kampf beginnt.
c) „Tauziehen ohne Tau";
d) Reiter-Tauziehen; die Reiter befinden sich im Schultersitz. Es sollte im hüft- bis brusttiefen Wasser gespielt werden.

Diese Abwandlung des Tauziehens kann weder in der Halle noch auf dem Rasen durchgeführt werden.
Mannschafts-Schiebekampf (S. 301);
Ausbrechen (S. 304); hier können auch Hechtsprünge nach außen versucht werden;
Hahnenkampf (S. 307);
Hockkampf (S. 308);
Umstoßen (S. 308);
Steirisch Ringen (S. 308);
Reiterkampf, vor allem mit Schultersitz (S. 314);
Fuchsprellen (S. 313) (Abb. 172); wird beim Spiel im Wasser auf den Auffänger verzichtet, so muß die Eintauchstelle tief genug sein (bei Ungeübten Brusttiefe); Fuchsprellen kann dann zu einem lustigen Figurenwerfen werden.

6.1.4. Tauchspiele

Die Tauchspiele sind für Ungeübte innerhalb der Kleinen Spiele im Wasser die schwierigste Gruppe. Haben die Übenden in den vorangegangenen Spielen im allgemeinen die Scheu vor dem Wasser überwunden, so gilt es jetzt, sich auch unter Wasser ohne Angst zu bewegen. In spielerischer Form wollen wir die Kinder, indem sie den Kopf unter Wasser nehmen, an das Tauchen heranführen. Deshalb: Zwinge die Übenden nicht zum Tauchen und dulde kein gegenseitiges Tauchen, sonst wird es zu einer qualvollen Angelegenheit, aber nicht zum Spiel. Achte von Anfang an auf das Öffnen der Augen unter Wasser (Orientierung) und beginne mit einfachsten Spielformen:

a) Alle Wassergewöhnungsübungen, bei denen der Kopf unter Wasser genommen werden muß, können als Wettbewerb durchgeführt werden, wenn wir zum Beispiel fragen: „Wer kann am längsten ins Wasser pusten? Wer hat das ganze Gesicht im Wasser? Wer hat zuerst den Kopf unter Wasser? Wer kann es dreimal schnell hintereinander? Wer kann es am längsten?"

b) In brusttiefem Wasser auf den Grund setzen und legen; Paket machen; unter Wasser in die Hocke gehen;

c) Hindernisläufe im Wasser mit Überspringen (Hechtsprünge) von Leinen oder Stangen;

d) Tauchen nach Gegenständen als Wettbewerb.

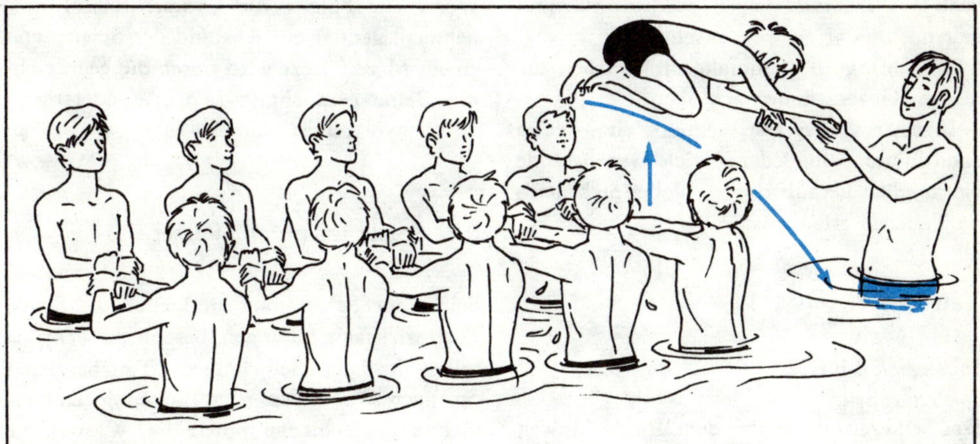

Abb. 172 Fuchsprellen

Abb. 173 Tauchender Kreis

Gruppenwettbewerbe:
— Zuerst wird nach einem einzelnen, nicht zu schweren Gegenstand getaucht. Jeder erfolgreiche Taucher bringt seiner Gruppe einen Punkt ein.
— Mit einmaligem Tauchen werden zwei oder drei Gegenstände (kleine Steine, Metall- oder Kunststoffteller) heraufgeholt, die anfangs nicht zu weit auseinander liegen dürfen.
Wertung: Jeder Gegenstand zählt einen Punkt. Bei geübten Tauchern gibt es nur dann einen Punkt, wenn die zwei oder drei Steine heraufgebracht werden.
Einzelwettbewerbe:
Zehn Gegenstände liegen auf dem Grund, aber noch nicht zu weit auseinander.
— Wer bringt bei einmaligem Tauchen die meisten Gegenstände nach oben?
— In einer vorher festgelegten Zeit — etwa eine Minute — soll jeder so viele Gegenstände wie möglich heraufbringen, wobei mehrmaliges Tauchen erlaubt ist.

Tauchender Kreis

Spielerzahl: 8 bis 12
Spielgerät: Seil
Das Seil kreist dicht über dem Wasser hinweg. Wenn es naht, heißt es, sofort mit dem Kopf unterzutauchen (Abb. 173), aber auch sofort wieder aufzutauchen, um den Überblick nicht zu verlieren! Bei Kindern das Seil nicht zu schnell kreisen lassen! An das Ende des Seiles kann eine Badekappe oder ein Wasserball gebunden werden.

Wandertauchen

Sehr beliebt ist das Wandertauchen. Die Spieler stehen mit etwa 2 m Abstand voneinander abwechselnd in Bock- und Grätschstellung. Die Aufgabe lautet: In wechselnder Folge Bockspringen und Tauchen.
Wenn alle Spieler die Grätschstellung einnehmen, genügt ein Abstand der Spieler von einem Meter. Jetzt wird durch die gegrätschten Beine getaucht (vgl. die Wanderstaffel „Stollenvortreiben“ auf S. 133).

6.2. Spiele im tiefen Wasser

Selbst für Schwimmer sind auch die Spiele noch wirksame Übungen, besonders, wenn sie mit schnellem Schwimmen, Tauchen und Springen verbunden sind. Leistungsschwimmer können lustige Spiele im Wasser zur aktiven Pausengestaltung im Training verwenden.

Ist vorher schon im allgemeinen auf die Baderegeln hingewiesen worden, so sind jetzt insbesondere noch folgende Punkte zu beachten:

a) Überzeuge dich gründlich von den guten Schwimmfertigkeiten deiner Spieler!

b) Spiele nur in dir bekanntem ungefährlichem Gewässer!

c) Prüfe, ob bei Sprüngen vom Ufer die Wassertiefe ausreicht oder ob unter der Wasseroberfläche Gefahren lauern (Pfähle, Baumstümpfe, gesunkene Boote)! Laß die Spieler nicht in unbekanntes Gewässer springen!

d) Halte die Spielgruppe zahlenmäßig nicht zu groß, wenn du als Erzieher allein bist (zehn bis fünfzehn Teilnehmer)! Notfalls muß die Hälfte der Spieler vorübergehend pausieren. Setze Helfer ein, die am Ufer den anderen Teil der Kinder beaufsichtigen!

e) Weise die Spieler auf die Gefahren hin, die sich ergeben, wenn sie ungeregelt dort ins Wasser springen, wo sich die übrigen Spieler tummeln!

f) Dulde keinen Unfug! (Zum Beispiel wegtauchen und sich verstecken, sich gegenseitig ins Wasser stoßen.)

g) Achte auf die strenge Einhaltung der Spielregeln!

6.2.1. Haschespiele und Staffeln

Von den zahlreichen Haschespielen, die auf den Seiten 147 bis 200 beschrieben sind, kann auch eine ganze Reihe im tiefen Wasser verwandt werden, wenn an die Stelle des Laufens das Schwimmen tritt. Es ist nicht nötig, die Spiele noch einmal anzuführen, sie sind schnell herausgefunden. Darüber hinaus seien einige neue Formen beschrieben.

Schwimmarten-Hasche

Begonnen wird bei diesem Haschespiel mit dem Brustschwimmen. Dann nennt der Spielleiter von Zeit zu Zeit eine andere Schwimmart, und alle Spieler dürfen sich sofort nur noch in der genannten Weise bewegen, der Häscher ebenfalls. Wer sich in einer ihm angenehmeren Schwimmart dem Abschlag entziehen will, wird Häscher. Der Abschlag des Häschers gilt nicht, wenn er unerlaubt die Schwimmart gewechselt hat. Tauchen ist nicht gestattet. Wird ohne Freimale gespielt, darf kein Spieler zum Beckenrand oder ans Ufer schwimmen.

Bei der Abwandlung können als Freimale gelten:

— die Beine bis zu den Knien aus dem Wasser halten;

— den Kopf unter Wasser stecken;

— die Füße in die Hände nehmen;

— eine Stelle am Beckenrand berühren.

Tauchhasche

Die Schwimmart ist nicht vorgeschrieben. Die Verfolgten können tauchen, um dem Abschlag zu entgehen. Es kann mit und ohne Verlassen des Wassers gespielt werden, aber alle müssen unmittelbar am Rand des Beckens (Ufer des Sees) bleiben. Sind dem Häscher zu viele Spieler draußen, so zählt er bis drei. Wer dann nicht ins Wasser springt, wird Häscher.

Spinne und Fliegen

Ein Schwimmer liegt in der Mitte der Spielfläche auf dem Rücken. Die anderen schwimmen um ihn herum und wagen sich so nahe wie möglich an ihn heran, möglichst so nahe, daß sie ihn necken können. Nach Belieben und ohne Warnung dreht sich der Häscher plötzlich herum, um die davonschwimmenden Spieler, die sich auf den Rand des Beckens oder an das Ufer retten wollen, abzuschlagen.

Schwimmstaffeln

Ähnlich wie bei den Laufspielen können auch im Wasser Staffeln durchgeführt werden. Sie sind zu bekannt, als daß sie beschrieben werden müßten. Hingewiesen sei nur auf Lagenstaffeln, Staffeln mit Ballführung, Transportschwimmen zu zweit oder zu dritt und lustige Staffeln (z. B. Schwimmen mit den Beinen voran, mit einem Ball zwischen den Beinen). Die Streckenlänge muß dem Können und der Bildungsabsicht angemessen sein. Es kann mit Handschlag im Wasser oder auch durch Startsprung abgelöst werden.

Hindernis-Schwimmstaffel

Dort, wo die Voraussetzungen gegeben sind, können Gewandtheit und Kraft fordernde Hindernisstaffeln durchgeführt werden. In Ferien- und Sportlagern läßt sich das leicht einrichten, wenn in der Nähe ein See ist. Hierzu ein Beispiel:
Startsprung — über einen Balken klettern oder gleiten — unter einem Boot hinwegtauchen — auf ein Floß oder einen flachen Kahn klettern — von dort ins Wasser springen und an der Seite der Hindernisbahn langsam zurückschwimmen. Mit dem Sprung vom Floß oder Kahn startet der nächste Spieler.

6.2.2. Ballspiele

Sollen Ballspiele im tiefen Wasser Freude machen, so sind schon gute Fertigkeiten im Schwimmen und darüber hinaus eine gewisse Kraftausdauerfähigkeit erforderlich.

Tigerball (S. 229) wird im Wasser sofort mit zwei oder auch drei Tigern gespielt.
Treibball (S. 281) kann im See gespielt werden, wenn nach beiden Seiten genügend Raum ist. Markierungen am Ufer werden als hintere Spielfeldgrenzen verwandt. Darauf achten, daß ehrlich gespielt und nicht mit dem Ball vor dem Wurf nach vorn geschwommen wird. Gelingt jedoch das Fangen aus der Luft, dürfen drei Armzüge wie beim Brustschwimmen ausgeführt werden.
Parteiball (S. 231) ist auch auf kleinem Raum möglich. Hierbei sollte man sich hinsichtlich des körperlichen Einsatzes den Wasserballregeln anpassen. Markiert man außerdem noch zwei Tore, so handelt es sich schon um ein regelrechtes kleines Sportspiel.

Strandgut

Wenn es sich auch um kein ausgesprochenes Ballspiel handelt, so sei es als freudvolle Form hier doch angeführt.
Alle Spieler stehen am Beckenrand oder am Ufer. Der Spielleiter wirft Holz, Korkstückchen oder Bälle in das Wasser. Auf ein Signal springen die Spieler in das Wasser, und jeder versucht, so viele Gegenstände wie möglich zu sammeln. Sieger ist derjenige, der die meisten vorweisen kann.
Abwandlungen:
a) Jeder Spieler hat am Beckenrand oder am Ufer des Sees einen bestimmten Platz durch einen kleinen Kreis markiert. Die in das Wasser geworfenen Gegenstände dürfen nur einzeln an Land gebracht und in den kleinen Kreis gelegt werden. Die Spieler müssen also, um zu siegen, mehrmals ins Wasser springen.
b) Auf jeder Seite des Beckens steht eine Mannschaft. Auf ein Zeichen springen alle Spieler in das Wasser und versuchen, möglichst viel Strandgut für ihre Mannschaft zu erwerben.

Kampf um den Wasserball

Ein großer Ball wird in das Wasser geworfen. Auf ein Zeichen springen alle Spieler in das Wasser. Jeder versucht, den Ball zu erbeuten und ihn an Land zu bringen oder die Beckenleiter zu erklimmen. Roheiten, auch das Tauchen eines anderen Spielers, sind vom Spielleiter sofort zu unterbinden. Es ist jedoch gestattet, einem Spieler den Ball wegzunehmen. Wer mit dem Ball im Arm an Land läuft oder die Beckenleiter erklimmt, ist Sieger.

6.2.3. Kraft- und Gewandtheitsspiele

Von diesen Spielen bleiben für das tiefe Wasser nur noch wenige übrig.
Tauziehen (S. 299) ist auch im tiefen Wasser möglich. Es ist eine gute Kraftprobe für Schwimmer. Die einzelnen Spieler jeder Mannschaft müssen hierbei jedoch weit genug voneinander entfernt sein, um sich nicht gegenseitig mit den Füßen zu stoßen.
Ausbrechen (S. 304) kann nur mit geübten Schwimmern gespielt werden. Die Spieler bilden durch Handfassung einen Kreis, der nicht gelöst werden darf. Ein Mittelspieler ist bemüht, hinauszugelangen. Schließen sich die Kreisspieler sehr eng zusammen, so kann er es durch Wegtauchen nach unten versuchen. Die Spieler dürfen nicht die Knie anziehen oder gar mit den Füßen stoßen.

Entern

Ein *glatter* Balken oder Baumstamm soll geentert werden. Wem gelingt es, als erster darauf zu sitzen? Die Spieler dürfen sich gegenseitig daran hindern. Nur in kleineren Gruppen von sechs bis acht Teilnehmern spielen lassen!
Sind Rettungsringe, Gummischläuche oder Luftmatratzen vorhanden, so können auch jeweils zwei oder drei Spieler um einen Platz kämpfen.

6.2.4. Tauchspiele

Tauchspiele sind körperlich anstrengende Formen und erhöhen insgesamt die Verantwortung des Spielleiters. Überzeuge dich deshalb vorher vom Gesundheitszustand deiner Spieler! Achte auf falschen Ehrgeiz, der zur Überanstrengung führen kann!
Die Tauchspiele innerhalb des volkstümlichen Schwimmens sind eine zweckvolle Vorbereitung auf die Anforderungen des Wasserrettungsdienstes.

Tellertauchen

a) Fünfzehn bis zwanzig Teller werden in das Wasser geworfen.
Auf ein Zeichen springt eine Gruppe von fünf oder sechs Spielern hinein. Wer hat nach einmaligem Tauchen die meisten Teller? (Gute Schwimmer müssen aus der Schwimmlage tauchen.)
b) Als Mannschaftsvergleich. Die Gruppe arbeitet zusammen und versucht, in möglichst kurzer Zeit alle Teller heraufzuholen. Wieviel Zeit benötigt sie? Welche Gruppe braucht die kürzeste Zeit?
c) Zwei Gruppen springen gleichzeitig ins Wasser. Welche Gruppe erobert die meisten Teller?
d) Es wird eine bestimmte Zeit festgesetzt (z. B. zwanzig Sekunden), in der eine Gruppe alle Teller heraufholen soll. Für jeden Teller bekommt sie einen Punkt und ebenfalls für jede Sekunde, die noch bis zur festgesetzten Zeit fehlt, wenn sie die Teller eher herausgeholt hat.

Münze suchen

Dieses Spiel kann nur in einem Becken mit verhältnismäßig klarem Boden und mit guten Schwimmern gespielt werden. Die Spieler bilden zwei Mannschaften. Der Spielleiter wirft eine größere Münze oder ein Metallplättchen in das Becken. Auf ein Zeichen springen zwei Spieler, von jeder Mannschaft einer, ins Wasser und suchen nach der Münze. Der Spieler, der sie findet, gewinnt für seine Mannschaft einen Punkt. Das Spiel wird so lange fortgesetzt, bis alle Spieler einmal getaucht sind. Die Mannschaft mit den meisten Punkten ist Sieger. Man kann die Tauchzeit begrenzen (z. B. auf dreißig Sekunden). Haben beide Spieler in dieser Zeit die Münze nicht gefunden, so taucht das nächste Paar.

Streckentauchen

Mit einem Startsprung oder aus dem Stand im Wasser beginnt der Wettbewerb mehrerer Spieler. Wer legt unter Wasser die weiteste Strecke zurück? Es kann aber auch eine bestimmte Streckenlänge vorgegeben werden; dann wird der schnellste Taucher ermittelt.

6.3. Spiele mit Booten

In unseren Pionier- und Schwimmlagern, auf Wanderfahrten und bei der Ferien- und Freizeitgestaltung sind schon ausreichend Boote vorhanden. Außer Wettrudern und Wellenreiten lassen sich mit ihnen auch einige heitere Spiele durchführen. Die Anzahl der Spieler in einer Gruppe, etwa zwei bis fünf, richtet sich nach der Größe des Bootes. Auch Luftmatratzen sind für einige Spielformen geeignet. Holzboote sollen wegen der möglichen Verletzungsgefahren im allgemeinen nicht verwandt werden. Die Spiele lassen sich zum Teil auch im flachen Wasser ausführen.

Bootwechsel

Zwei Schlauchboote liegen etwa 10 bis 15 m auseinander. In jedem Boot befinden sich vier Spieler. Auf ein Zeichen hin springen sie ins Wasser und laufen zum anderen Boot. Welche Mannschaft sitzt zuerst im anderen Boot?

Zieh- und Schiebekampf im Boot

In jedem Schlauchboot stehen (oder sitzen auf dem Rand) zwei bis vier Spieler. Die Schlauchboote nähern sich, und die Gegner versuchen, sich gegenseitig ins Wasser zu ziehen oder zu stoßen. Das Festhalten am Boot ist nicht gestattet. Welche Mannschaft behält zuletzt noch einen Spieler in ihrem Boot?

Abwandlung: Es können sich auch jeweils immer nur zwei Spieler in einem Boot befinden, die gegeneinander kämpfen. Nicht selten fallen beide gleichzeitig oder kurz nacheinander ins Wasser.

Bemerkung: Das Spiel gelingt besonders gut, wenn man Schlauchboote mit festem Boden umkippt und die Spieler sich auf die glatte Bodenfläche setzten.

Entern

Für dieses Spiel wird auf jeden Fall das umgekippte Schlauchboot benutzt, auf dem etwa drei oder vier Spieler sitzen. Die gleiche Anzahl schwimmt um das Boot herum und versucht, die anderen herunterzuziehen, um selbst auf das Boot zu klettern. Wer von den „Verteidigern" ins Wasser geworfen wurde, scheidet aus. Der Angreifer dagegen darf das

Boot erneut entern. Ist das Boot erobert worden, werden die Rollen getauscht. Welche Mannschaft brauchte zur Eroberung die geringste Zeit? In Ermangelung einer Uhr kann der Spielleiter zählen.
Bemerkung: Jede Roheit konsequent unterbinden (zum Beispiel nicht mit den Füßen stoßen oder beim Hinunterfallen nicht noch am Angreifer festklammern)! Auch das Festhalten an den Schnüren des Bootes ist nicht gestattet.

Fischerstechen

In jedem Schlauchboot steht ein Spieler mit einer sehr weich gepolsterten (!) Lanze von etwa 2 bis 3 m Länge. Er hat außerdem einen Ruderer, der das Boot zum Gegner steuert. Durch Schieben, kleine Stöße gegen Schulter und Oberarme, Abwehr- und Meidbewegungen versucht jeder Spieler, seinen Gegner aus dem Gleichgewicht zu bringen, damit er ins Wasser fällt (vgl. Heimspiele, Fischerstechen, S. 383).
Keine wuchtigen Stöße dulden, es kommt mehr auf die täuschenden Bewegungen an!
Bemerkung: Dieses Spiel sollte nur mit älteren Schülern oder Erwachsenen durchgeführt werden.

„Tauziehen“ in Booten

Dieses Spiel kann auch in zwei Holzbooten durchgeführt werden, die am Heck zusammengebunden sind. Die zahlenmäßige Stärke der Besatzung richtet sich nach der Größe der Boote. In Fahrtrichung jedes Bootes wird 10 m entfernt je eine Stange in den Boden gerammt. Auf ein Zeichen beginnen beide Mannschaften mit dem Paddeln oder Rudern. Welche Mannschaft passiert mit beiden Booten ihre Stange?
Werden Schlauchboote verwandt, so bindet man sie besser nicht zusammen (Ausreißen der Schnüre), sondern die im Heck des Bootes sitzenden Spieler reichen sich die Hände; sie müssen aber gut festhalten.

7 Kleine Spiele bei Schnee und Eis

Die winterliche Natur zwingt uns nicht zur Unterbrechung der Spiele im Freien. Auch bei Schnee und Eis bieten sich zahlreiche Möglichkeiten, mit den Kleinen Spielen die Körpererziehung zu bereichern, freudvoll und abwechslungsreich zu gestalten. Gleichzeitig setzen wir damit die im Kleinkindalter begonnene, systematisch betriebene Abhärtung des Organismus fort. Bei richtigem Verhalten kann selbst ein längerer Aufenthalt in der frischen Winterluft nicht schaden. Festes Schuhwerk und warme Bekleidung, die dennoch genügend Bewegungsfreiheit gewähren muß, sind notwendige Voraussetzungen.
Am wichtigsten ist es, darauf zu achten, daß alle Spieler viel in Bewegung sind, warme und trockene Füße haben und nach Möglichkeit nicht einem scharfen Wind ausgesetzt sind.
Zahlreiche, schon beschriebene Laufspiele, Kraft- und Gewandtheits-, ja auch Ballspiele lassen sich an der winterlichen Luft betreiben. Darüber hinaus schaffen Schnee und Eis noch eigene Spielformen, die wir in diesem Kapitel anführen wollen. Der Spielleiter muß die Spiele nach den natürlichen Gegebenheiten und örtlichen Bedingungen auswählen.
Die Spielerzahl kann bei fast allen Winterspielen sehr hoch sein, da wir uns im Freien den erforderlichen Spielplatz suchen und auch entsprechend viele Gruppen bilden können.

Systematik

In der ersten großen Gruppe ist das einzig notwendige „Spielgerät“ der Schnee. Er lädt ohne besondere Aufforderung Kinder und Erwachsene zum Laufen, Werfen und Bauen ein.
In der zweiten Gruppe wird der Schlitten in die Spiele einbezogen. Dem Gelände entsprechend unterscheiden wir Spiele in der Ebene und Spiele am Hang.
Mit den Skispielen, die wir ebenfalls nach dem Gelände unterteilen, beginnt schon eine schwierigere Gruppe.
Den Abschluß bilden die Spiele auf dem Eis, vorwiegend an das Schlittschuhlaufen gebunden, das bis zu einem bestimmten Grade gekonnt sein muß.

7.1. Spiele im Schnee

Wie vielfältig der Schnee für die körperliche Erziehung der Jüngsten ausgenutzt werden kann, ist hinreichend bekannt. Hier seien noch einige Spiele angeführt, die man vorwiegend mit jüngeren Schulkindern durchführen kann.

7.1.1. Laufspiele

Eine große Anzahl der im Kapitel Laufspiele (S. 115 bis 200) beschriebenen Hascheformen und Wettläufe läßt sich unverändert auch im Schnee anwenden.

Bei Staffel- und Nummernwettläufen, wo nur einzelne Spieler in Bewegung sind, gilt es, besonders kleine Gruppen zu bilden. Ist die Schneedecke nur dünn und wird auf verhältnismäßig kleinen Flächen gespielt, so ist das Spielfeld bald festgetreten, und die Rutschgefahr nimmt zu. Um Verletzungen zu vermeiden, wird nach einer bestimmten Zeit ein neues Spielfeld abgegrenzt.
Auch im hohen Schnee können Haschespiele sehr freudvoll sein. Läufer und Häscher purzeln durch den erschwerten Lauf in den Schnee, schnell ändern sich für Verfolger und Verfolgte die Chancen. Bei längerer Spielzeit wird ein gehöriges Maß an Kraftausdauerfähigkeit gefordert.
Liegt der Schnee zu hoch, so sind schnell Trampelpfade als Laufwege hergestellt, auf denen die Spiele durchgeführt werden. Hierzu einige Beispiele:

Hirschjagd

Spielerzahl: Beliebig
Dieses Haschespiel wird auf unregelmäßig verlaufenden Trampelpfaden gespielt, die mit vielen engen Windungen versehen sind. Abhängig von der Spielerzahl werden ein, zwei oder drei deutlich zu kennzeichnende Jäger eingesetzt, um die Hirsche zu verfolgen. Alle Spieler müssen in der Spur bleiben, dürfen jedoch den Weg abkürzen oder den Pfad wechseln, indem sie in eine dicht parallel verlaufende Spur hinübertreten oder Windungen überspringen.
Tritt der Hirsch außerhalb der Spuren in den Schnee, um sich dem Abschlag zu entziehen, so gilt er als gefangen, verläßt der Jäger die Spur, so ist der Abschlag ungültig.
Spielmöglichkeiten: Wie bei den Haschespielen üblich, kann mit Ablösung, mit Punkteverteilung für eine Häschergruppe oder so gespielt werden, daß die gefangenen Hirsche auch zu Jägern werden und dann ebenfalls die Hirsche verfolgen müssen.
Bemerkung: Je unterschiedlicher das Gelände und je unregelmäßiger die Trampelpfade, desto schöner das Spiel. Hügliges Gelände, Einbeziehung von Gräben, Sträuchern und Bäumen beleben das Spiel und machen es noch interessanter.

Spurhasche im Kreis

Spielerzahl: 10 bis 30
Wie in dem voran beschriebenen Spiel erfolgt auch hier das Haschen auf einer getretenen Spur. Sie hat die Form eines Rades, welches mit einer bestimmten Anzahl von Speichen versehen ist. Der Durchmesser des Rades beträgt etwa 10 bis 15 m. Häscher und Läufer dürfen sich nur auf den Pfaden bewegen. Ein Läufer, der in einen Speichenweg hineinläuft, muß ihn bis zur gegenüberliegenden Seite durchqueren beziehungsweise von der Mitte ab einer anderen Speiche folgen; zurücklaufen darf er nicht. Diese Bestimmung gilt jedoch nicht für den Häscher. Ist der Läufer abgeschlagen oder verläßt er die getretenen

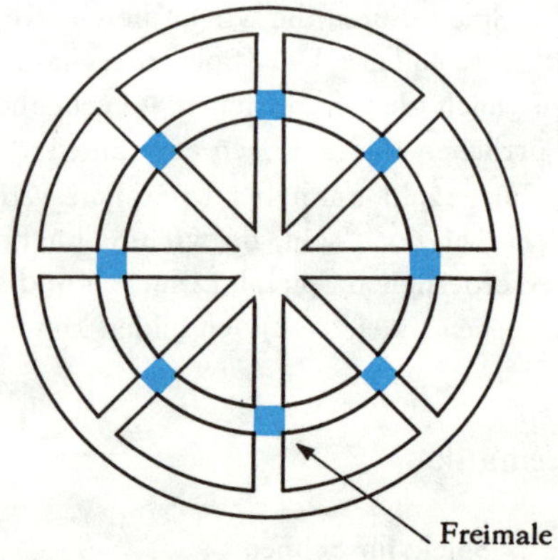

Abb. 174 Spurhasche im Kreis mit Freimalen

Wege, um sich dem Abschlag zu entziehen, so wird er zum Fänger.

Abwandlung: Die Grundform läßt sich schnell zu einem Spiel mit Freimalen abwandeln, wenn um das Rad in einem Abstand von 2 bis 3 m noch ein äußerer Ring gelegt wird und die Speichen bis zu diesem durchgezogen werden (Abb. 174). Die Schnittpunkte des inneren Rades mit den Speichen werden zu Freimalen erklärt, die jedoch immer nur von je einem Spieler besetzt sein dürfen. Es kann auch die Spielregel gelten, daß die Freimale für einen rettungssuchenden Verfolgten freigemacht werden müssen. Der Spielleiter hat darauf zu achten, daß sich die Läufer nicht zu lange in den Freimalen aufhalten (vgl. hierzu die einleitenden Bemerkungen zu den Haschespielen mit Freimalen).

Ringender Kreis mit Haschen

Spielerzahl: 5 bis 8

Die Spieler fassen sich an den Händen und bilden einen Kreis. In der Mitte wird ein Stock in den Schnee gesteckt oder eine Schneesäule gebaut. Durch Drängen und Schieben versuchen die Spieler zu erreichen, daß jemand den Stock oder die Schneefigur berührt. Geschieht das, so löst sich der Kreis sofort auf, und die Spieler laufen davon, denn derjenige, der den Stock berührte, wird zum Fänger (vgl. S. 164). Die Spieler dürfen jedoch nur in die Trampelpfade hineinlaufen, die strahlenförmig angeordnet sind und an deren Ende sich das rettende Freimal befindet (kreisförmige Erweiterung des Pfades). Es wird jeweils ein Pfad weniger angelegt als Spieler an der Zahl sind, und jedes Freimal darf nur von einem Spieler besetzt sein. Oft laufen zwei Spieler zu einem Pfad, wodurch sich spaßige Momente ergeben und dem Häscher das Fangen erleichtert wird. Gelingt dem Häscher der Abschlag vor dem Freimal, wird er abgelöst.

Abwandlung: Statt die Davoneilenden abzuschlagen, kann der Häscher auch mit Schneebällen, die auf der Schneesäule liegen, nach ihnen werfen.

Fähnchen auf die Burg

Spielerzahl: 10 bis 30

Spielgeräte: Kleine Papierfähnchen

Durch einen Trampelpfad, in den Stöcke oder Zweige gesteckt werden, wird ein kreisförmiges Spielfeld begrenzt (Durchmesser etwa 10 bis 15 m). In der Mitte steht die Burg — ein Schneehügel oder eine beliebige Schneefigur. Sie wird von einem Häscher bewacht. Alle anderen Spieler befinden sich außerhalb des Kreises; jeder hat ein Fähnchen, das er in die Burg zu stecken versucht, um dann unabgeschlagen wieder aus dem Spielfeld zu gelangen. Der Häscher bemüht sich, dabei möglichst viele Spieler abzuschlagen. Beim nächsten Durchgang wird ein anderer Häscher eingesetzt. Nach einer bestimmten Anzahl von Spielen stellt man fest, welcher Häscher die meisten Abschläge erzielte oder welche Läufer bei den Versuchen, das Fähnchen auf die Burg zu stecken, ohne Abschlag geblieben sind.

Methodische Bemerkung: Bei höherer Spielerzahl werden auf einem größeren Spielfeld drei oder vier Häscher eingesetzt. Dann müssen aber auch zwei oder drei Burgen errichtet werden, die nicht zu eng beieinander liegen, da sonst die Burgwächter einen unüberwindlichen Schutzkreis bilden würden.

7.1.2. Zielwerfen und Schneeballschlachten

Läßt sich der Schnee gut ballen, so braucht man Kinder und Erwachsene nicht erst zum Schneeballwerfen aufzufordern.

Weit- und Hochwerfen, Zielwerfen sowie Schneeballschlachten werden zu freudvollen Körperübungen.
Die Handschuhe zieht man beim Schneeballwerfen aus. Ist das Werfen beendet, so werden die Hände vor dem Überziehen der Handschuhe erst tüchtig aneinandergerieben. Bei sehr feuchtem Schnee ist darauf zu achten, daß nicht mit zu harten Schneebällen geworfen wird. Von vornherein sind die Kinder anzuhalten, nicht nach dem Kopf des Mitspielers zu zielen.

Zielwerfen mit Schneebällen

Ähnlich wie bei den Zielwettbewerben mit Bällen (S. 235) können alle möglichen Ziele ausgewählt werden. Ein Baum ist zu treffen oder zu überwerfen, desgleichen eine Schneefigur, ein Zaunpfahl oder das Fußballtor; ein alter Blecheimer soll getroffen oder gar umgeworfen werden; an einer Hauswand oder einem Bretterzaun wird ein Ziel markiert. Will man etwas mehr tun, so lassen sich auch schnell aus Holz Zielscheiben von etwa 1 m Durchmesser herstellen. Buntgemalte Ringe erleichtern das Zielen und die Wertung. Eine dreifach abgestufte Wertung von außen nach innen, etwa 10, 20 und 50 Punkte, ist hierbei ausreichend.
Die Einzel- und Mannschaftswertung ist möglich. Am besten übt man in Gruppen von fünf oder sechs Spielern, die je ein Ziel beschießen.

Duell

Die Spieler werden in Paare eingeteilt. Jedes Paar hat ein Duell mit Schneebällen auszutragen. Der Abstand von Spieler zu Spieler richtet sich nach dem Alter und der Wurffertigkeit (5 bis 15 m). Die Gegner formen vorher die festgesetzte Anzahl von Schneebällen (Hinweise auf die Härte der Bälle!). Es wird abwechselnd geworfen. Die Spieler müssen mit beiden Füßen fest auf ihrem Platz stehenbleiben, dürfen aber durch Abducken und Seitbeugen des Körpers den Schneebällen ausweichen. Wer seine Fußstellung ändert, gilt als getroffen.
Welcher der beiden Gegner kann die meisten Treffer anbringen? Dann werden die Spieler ausgewechselt: Sieger gegen Sieger und Unterlegene gegen Unterlegene, bis der Gesamtsieger und auch der Spieler mit den meisten Niederlagen ermittelt sind. Als Parteispiel durchgeführt, siegt die Partei mit der größten Anzahl der Einzelsiege.

Schneeballschlacht von Feld zu Feld

Spielfeld: 9 bis 14 m × 15 bis 20 m
Parallel zu den beiden Längsseiten des rechteckigen Spielfeldes, deren Länge sich nach der Spielerzahl richtet, sind mit 2 bis 3 m Abstand Linien gezogen, so daß sich zwei Zonen ergeben. In jeder Zone steht eine Partei (Abb. 175).

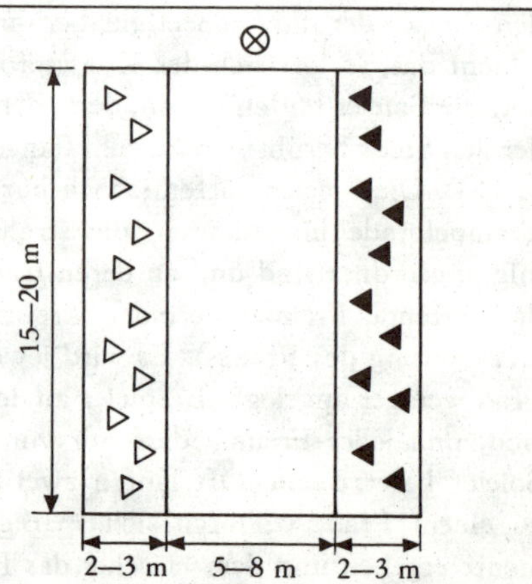

Abb. 175 Schneeballschlacht von Feld zu Feld

Die Spieler dürfen ihr Feld bei der Schneeballschlacht nicht verlassen, sonst gelten sie als getroffen.
Folgende Spielweisen sind möglich:
a) Jeder Spieler formt sich vorher zehn Schneebälle. Nach dem Kampf sagt jeder ehrlich an, wie oft er getroffen wurde. Auch ein Streifschuß zählt als Treffer. Die Partei, die die meisten Treffer erzielte, hat gewonnen.
b) Es wird nach Zeit gespielt (z. B. zweimal fünf Minuten). Jeder getroffene Spieler muß das Feld verlassen, nimmt aber insofern weiterhin am Spiel teil, als er für die verbliebenen Schützen seiner Mannschaft Schneebälle bereitlegt. Welche Partei hat nach Ablauf der Spielzeit die geringsten Verluste?

Schneeballschlacht (Angriff und Verteidigung)

Eine Partei von zehn bis zwanzig Spielern verteidigt eine Schneefestung, die von ebenso vielen Gegnern angegriffen werden soll. Die Schneefestung steht in einem Kreis von etwa 10 m Durchmesser. Um diesen Kreis herum stellen sich die Verteidiger, bereiten genügend „Abwehrgeschosse" vor und erwarten die Angreifer, die aus einer Entfernung von 40 bis 50 m anrücken.
Jeder Angreifer hat ein Fähnchen in der Hand, welches er nach Durchbrechen der Abwehrlinie in die Schneefestung stecken soll, möglichst ohne dabei von einem Schneeball getroffen zu werden. Jeder Angriffsspieler merkt sich die Treffer, die ihn erwischten. Die Verteidiger dürfen nicht in den Kreis treten, sie dürfen die Angreifer auch nicht festhalten, wohl aber so lange bewerfen, bis ihre Fähnchen auf der Festung stecken. Sind alle Fähnchen auf der Festung, so werden die Treffer zusammengezählt. Anschließend tauscht man die Rollen, und das Spiel beginnt von neuem.
Welche Partei konnte ihrem Gegner die meisten Treffer beibringen?
Abwandlungen: Die Verteidiger können auch vor einer Linie stehen, die 5 bis 6 m von der Schneefestung entfernt ist. Schwieriger wird die Aufgabe für die Angreifer, wenn sie einen Berg erstürmen müssen, was wiederum erleichtert werden kann, wenn er bewaldet ist. Im Gelände können die Angreifer alle natürlichen Deckungsmöglichkeiten ausnutzen, um mit wenigen Treffern das Ziel zu erreichen.

7.1.3. Formen und Bauen

Auch das Formen und Bauen von allerlei Schneefiguren dient, wie GutsMuths sagte, nicht bloß der Abhärtung, sondern auch der Entwicklung körperlicher Kräfte, „denn es verlangt Anstrengung, große Schneebälle zusammenzurollen und einen auf den anderen zu türmen, um eine Säule daraus zu bilden"[30].
Nimmt man noch die Freude der Kinder über die Gestaltung von Schneeskulpturen hinzu, so hat man die Werte dieser Spiele im Schnee gekennzeichnet.
Bei entsprechender Anleitung lassen sich die schwierigsten Figuren modellieren, angefangen von einer einfachen Säule über den Schneemann bis zu den Tieren.
Die beiden ersten angeführten Spielformen können auf Grund ihres Bewegungscharakters bei geeignetem Schnee auch im Sportunterricht verwandt werden. Das ist bei dem dritten Spiel dieser Gruppe nur bedingt möglich. Sehr viel Freude kann aber damit auf Winterwanderungen, am Spielnachmittag oder in Wintersportkursen ausgelöst werden.

30. GutsMuths, J. Chr. Fr.: A. a. O., S. 169.

Schneewalze

Alle Spieler stellen sich nebeneinander auf. Jeder formt sich einen großen Schneeball. Auf das Signal des Spielleiters walzt jeder seinen Schneeball durch den Schnee, um nach einer vorher festgelegten Zeit die größte Schneewalze vorweisen zu können und damit Sieger in diesem Wettbewerb zu sein. Man darf die Zeit nicht zu knapp bemessen (etwa fünf Minuten), denn erst das Rollen der genügend großen Walze wird zu einer wirklichen Körperübung.

Schneesäulen bauen

Aus dem „Schneewalzen-Wettbewerb" entwickeln wir die nächste spielerische Aufgabe. Jeweils fünf oder sechs Spieler bilden mit ihren Schneewalzen eine Gruppe. Die Aufgabe lautet: Welche Gruppe baut in zehn Minuten die höchste Säule?
Jetzt müssen die „Lawinen" in gemeinsamer Arbeit schnell zusammengetragen und aufeinandergetürmt werden, was gar nicht so leicht ist. Dann wird gewertet und die Siegergruppe ermittelt.
An dieses Spiel kann man ein Kraft- und Gewandtheitsspiel anschließen. Zehn bis fünfzehn Spieler bilden um eine Säule durch Handfassung einen Schutzkreis, einige andere werden bestimmt, diesen Kreis zu sprengen und die Säule umzustoßen. Wie lange brauchen sie dazu? Dann geht es zur nächsten Säule, wo einige andere Angreifer ausgewählt werden usw. Welche Angreifergruppe benötigte die geringste Zeit zum Umstoßen der Säulen?
Man kann auch mit großen festen Schneebällen ein Zielwerfen, ebenfalls in Wettbewerbsform, auf die Säulen durchführen lassen, um sie umzuwerfen.

Abb. 176 Schneeburg

Modellieren

Die Gruppen bestehen aus fünf bis zehn Spielern. Jede Gruppe muß eine Figur formen oder ein „Bauwerk" errichten (z. B. Schneeburg, Abb. 176, Pyramide, Leuchtturm, Brücke, Bär, Elefant, Abb. 177). Welche Gruppe hat in der angesetzten Zeit gemeinsamer Arbeit das schönste „Kunstwerk" geschaffen?
Der Spielleiter kann „Kolossalstatuen" verlangen, um eine genügende körperliche Anstrengung bei den einzelnen Gruppenmitgliedern zu bewirken.

Abb. 177 Schnee-Elefant

Werden die Schneefiguren bei Frost mit Wasser übersprengt, so kann für einige Tage ein schöner Schmuck auf dem Wintersportplatz geschaffen werden. Der Elefantenrüssel läßt sich sogar als Rutschbahn für die Kinder benutzen.
Die Bewertung des schönsten „Kunstwerkes“ erfolgt durch die Spieler selbst, mit Unterstützung des Spielleiters. Die vorher bekanntgegebenen Bewertungshinweise auf Ähnlichkeiten mit dem Motiv, Proportionen der Körpergliedmaßen, Aussagekraft und Originalität werden dabei berücksichtigt. Sind Schneeburgen gebaut worden, so können sie nach Fertigstellung und Bewertung auch von den Gruppen besetzt, verteidigt und angegriffen werden (Abb. 176).

7.2. Spiele mit dem Schlitten

Hier wollen wir nicht die Lehrweise des Rodelns behandeln, aber es erscheint uns erforderlich, auf einige Besonderheiten bei den spielerischen Übungsformen mit dem Schlitten hinzuweisen. Nach dem Gelände unterteilen wir sie in Spiele in der Ebene und Spiele am Hang.
Die Teilnehmerzahl ist unbegrenzt. Hat nicht jeder Spieler einen Schlitten, reicht es auch, wenn zwei oder drei zu einem gehören. Wir können die Spielformen als Einzel- und Mannschaftsvergleiche nach Punkten durchführen; das Ausscheidenlassen von Spielern wird nicht angewandt, damit alle in Bewegung bleiben.
Der Schnee auf der Rodelbahn wird vorher von allen Spielern mit Stampfschritten festgetreten, um bei dünner Schneedecke recht lange rodeln zu können oder bei hohem Schnee besser zu gleiten.
Für Spielformen in der Abfahrt eignet sich besonders ein Hang, der einen Auslauf oder einen kleinen Gegenhang hat. Am Hang ist mit größeren Gruppen eine gute und straffe Organisation erforderlich. Das Abfahren darf nicht in zu schneller Reihenfolge geschehen. Nach Stürzen ist die Bahn schnellstens freizumachen. Das Hinaufgehen erfolgt auf einer vorher festgelegten Seite.

7.2.1. Spiele in der Ebene

Für Spielformen mit dem Schlitten eignen sich zahlreiche Wettläufe und Staffeln (siehe S. 115 bis 136). Darüber hinaus lassen sich auch Platzsuchspiele (siehe S. 137 bis 146) verwenden, wenn sie entsprechend variiert und auf die Rodelbedingungen abgestimmt werden. Deshalb erfolgen hier nur noch einige Anregungen:

Schieben und Ziehen
Wer schiebt seinen Schlitten am weitesten? Wer schiebt seinen mit einem Partner besetzten Schlitten am weitesten (ohne und mit Anlauf)? Wer zieht seinen besetzten Schlitten am schnellsten (eine bestimmte Strecke vorgeben)?

„Rollerrodeln“
Ein Bein kniet auf dem Schlitten, mit dem anderen stößt sich der Spieler wie beim Rollerfahren ab.

Selbstfahrer
Bauchlage auf dem Schlitten und seitlicher Abstoß mit den Händen.

Pikschlittenfahren
Sitz auf dem Schlitten (auch mit dem Rücken zur Fahrtrichtung) und Abstoß mit einem oder mit zwei Stöcken (am besten Skistöcke).

Schlittenhindernisstaffel
Auf der Strecke sind ein, zwei und mehr Schlitten (wie beim Hürdenlauf) zu überspringen; es können auch zwei hintereinander stehende Schlitten übersprungen werden.

Schlitten besetzen

Alle Kinder befinden sich hinter einer Linie. Die Schlitten stehen ihnen in etwa 20 m Entfernung gegenüber. Zu jedem Schlitten gehören jeweils zwei Kinder. Auf ein Zeichen beginnt der Wettlauf der Paare. Wer von den beiden Spielern sitzt zuerst auf dem Schlitten? Der Verlierer muß den Sieger eine bestimmte Strecke ziehen. Dann folgt ein neuer Wettlauf. Wer hat nach einer festgesetzten Anzahl von Durchgängen die meisten Punkte erreicht?
Abwandlungen: Jeweils drei oder vier Spieler haben einen Schlitten; jetzt versuchen immer zwei Spieler, die Plätze zu erobern.
Wird ein Gruppenwettlauf durchgeführt, hat die Gruppe gewonnen, die zuerst auf ihrem Schlitten sitzt.

Polarhundrennen

Zwei bis vier „Hunde" werden vor die Schlitten gespannt, die auch gekoppelt werden können. In einer bestimmten Reihenfolge wechseln „Hunde" und „Eskimos" ihre Rollen, so daß nach einer festgesetzten Anzahl von Wettläufen jeder Spieler „Hund" und „Eskimo" gewesen ist.

Platzsuchspiele

Die in den Platzsuchspielen üblichen Markierungen wie Kreise, Reifen, Kastenteile usw. werden durch den Schlitten ersetzt, auf dem verschiedene Stellungen (Sitz, Kniestand, Stand, Bankstellung, Bauchlage) einzunehmen sind.
Besonders eignen sich: „Wechselt das Bäumelein" (S. 137), „Wer hat kein Haus?" (S. 139), „Omnibus" (S. 139), „Das Schiff geht unter" (S. 140).

7.2.2. Spiele am Hang

Die Spielformen am Hang sind eine Abwandlung des einfachen Rodelns mit bestimmten Aufgabenstellungen. Man kann auch hier Einzel- und Mannschaftsvergleiche nach Punkten durchführen; auch Staffeln lassen sich aus den einzelnen Formen entwickeln.

Rodeln mit Sonderaufgaben

Die Abfahrten können im Sitzen, im Liegen, einzeln, aber auch zu zweit oder mit mehreren Partnern erfolgen. Für das Abfahren können zum Beispiel folgende Wettbewerbsaufgaben gestellt werden:
Wer fährt am weitesten? Wer fährt am schnellsten? Wer kann während der Fahrt eine bestimmte Aufgabe erfüllen (z. B. Schneeballzielwerfen)?
Beispiele:
— Abfahren mit Wechseln der Stellungen (z. B. vom Sitz in die Bauchlage und wieder in den Sitz);
— Aufnehmen (Hinlegen) verschiedener neben der Bahn liegender Gegenstände (Mütze, Fähnchen usw.);
— Hochwerfen und Fangen eines Gegenstandes;
— Fangen eines zugeworfenen Gegenstandes;
— Abfahren von zwei Schlitten nebeneinander in einem Abstand von 3 bis 5 m mit gegenseitigem Zuwerfen und Auffangen von Schneebällen;
— Abwerfen des Fahrers auf dem anderen Schlitten;
— dem an der Bahn stehenden Schneemann im Vorüberfahren mit dem Stock den Hut vom Kopfe schlagen;
— Fahren durch ein oder mehrere Tore;
— Bremsen in einem bestimmten Bereich, später an einer festgelegten Stelle;

Abb. 178 Verkehrsspiel

— Fahren von mehreren Rechts- oder Linkskurven;
— Wettfahren in Staffelform: Wenn der erste Fahrer einen markierten Punkt auf der Strecke erreicht hat, startet der nächste.

Verkehrsspiel

Unten am Hang steht der „Volkspolizist“ und regelt den Verkehr (Abb. 178). Links- oder Rechtskurven werden von ihm unregelmäßig angezeigt. Er kann auch sehr spät erst die Richtung anordnen, was von den Fahrern erhöhte Aufmerksamkeit und schnelles Reaktionsvermögen verlangt. Spaßig wird es, wenn fünf bis zehn Fahrer in nur geringen Zeitabständen hintereinander starten und dann die erforderliche Verkehrsdisziplin wahren müssen. Eine Punktwertung ist möglich.

Rodelslalom

Mit Stöcken oder Zweigen werden mehrere Tore gesteckt, die durchfahren werden sollen. Nach dem Abfahrtskönnen der Teilnehmer wird die Strecke „schnell“ oder „langsam“ gesteckt.
Auf alle Fälle muß sie fließend zu durchfahren sein (Probefahrt!). Nach und nach können die Torkombinationen schwieriger werden. Wer durchfährt die Slalomstrecke am schnellsten? (Stoppuhr!)

Zubringerstaffel

Zwei oder drei kleine Mannschaften wetteifern miteinander. Sie stehen oben auf dem Hang nebeneinander und warten auf den „Zubringerbus“, der sie zum „Flugplatz“ bringen soll. Die Einfahrten zum Flugplatz sind am Ende der Rodelbahn durch Schneehaufen oder Stöcke markiert.
An den Einfahrten stehen die ersten jeder Mannschaft, die Zubringer. Auf das Startzeichen laufen sie mit dem Schlitten den Hang hinauf, der erste „Reisende“ jeder Mannschaft steigt „ein“, und beide fahren bergab zum „Flugplatz“. Unten angekommen, wird der Reisende nun zum Zubringer und holt den nächsten Spieler seiner Mannschaft ab usw. Welche Partei ist zuerst vollzählig auf dem Flugplatz?
Hinweis: Die Strecke nicht so lang wählen; ein kleiner, nicht zu „schneller“ Berg eignet sich gut.

Dauerrodeln

Zwei bis vier Fahrer gehören zu einer Gruppe und haben einen Schlitten. Die Anzahl der Gruppen ist beliebig. Auf das Zeichen des Spielleiters fahren alle den Hang hinunter. Während ein Fahrer jeder Gruppe wieder hochsteigt, um dann erneut abzufahren, pausieren die anderen am Auslauf, um dann anschließend hochzusteigen. Die Gruppe, welche in einer vorgegebenen Zeit (5, 10, 15 min)

die meisten Schlittenabfahrten erreicht, hat den Wettbewerb gewonnen.
Abwandlungen: Bei einer Gruppenstärke von vier Spielern sollte mit Doppelsitzern gefahren werden, so daß immer zwei Spieler am Auslauf pausieren und zwei hochsteigen.
Wenn alle Fahrer einer Gruppe gleichzeitig abfahren und auch alle wieder hochsteigen müssen, stellt diese Form hohe konditionelle Anforderungen, da für keinen Fahrer außer der Abfahrtszeit Pausen entstehen.

7.3. Skispiele

Das Erlernen des Skilaufs ist für die Wintersportgebiete unserer Heimat ein fester Bestandteil des Lehrplanes. Darüber hinaus erlernen aber auch Kinder und Erwachsene aus anderen Gegenden in ihrer Freizeit das Skilaufen. Hierbei können die Kleinen Spiele ihren Beitrag leisten: Einmal, um bei Anfängern in freudvoller Weise die Standsicherheit zu schulen und sie erste Bewegungserfahrungen mit dem noch ungewohnten Gerät sammeln zu lassen, zum anderen aber auch, um eine schnelle Einstimmung und Erwärmung zu erzielen und das Programm der Fortgeschrittenen aufzulockern oder die Anwendung des Erlernten zu überprüfen. Dabei muß wie überall neben der pädagogisch-methodischen Absicht die Spielfreude im Vordergrund stehen.
Der Begriff Skispiele[31] darf jedoch nicht zu eng gefaßt werden, er enthält nämlich auch die in Spiel- und Wettbewerbsformen eingekleideten Aufgaben, die im strengen Sinne keine Spiele sind. Mit Hilfe dieser Wettkampfformen wird aber der große Komplex der Gewöhnungs- und Gewandtheitsübungen bewältigt, der seiner Bedeutung entsprechend in Skikursen für Anfänger — ganz gleich, ob Kinder oder Erwachsene — einige Tage das Übungsprogramm bestimmt und auch später noch berücksichtigt wird.
Neben diesen in spielerischer Form durchgeführten Übungsaufgaben kommen vorwiegend die Laufspiele in Frage. Dazu sei bemerkt, daß sich zahlreiche Laufspiele bei Beachtung der veränderten Bedingungen (Schnee, Kälte, Bretter) auf Ski durchführen lassen. Das trifft auch für die Geländespiele zu. Von den Ballspielen empfehlen wir lediglich „Jägerball".
Für die Skispiele ergibt sich folgende Unterteilung:
— Spiele in der Ebene
— Spiele am Hang
— Geländespiele auf Ski

Methodische Bemerkungen:
Die *Auswahl des Geländes* ist bei den Skispielen von entscheidender Bedeutung. Sie richtet sich in erster Linie nach dem Können der Gruppe, aber auch nach den Spielaufgaben. Sind einige Spiele nur in bestimmtem Gelände durchführbar, lassen sich andere durch unterschiedliche Geländeformationen abwandeln und erneut fesselnd gestalten.
Bei den ersten Geh- und Gleitversuchen in spielerischer Form sollte möglichst ebenes Gelände bevorzugt werden (verschneiter Sportplatz), welches dann durch Aufstellen künstlicher Hindernisse (Skistöcke, Fähnchen) verändert wird. Später erhalten die gleichen Übungen auf einem Gelände mit kleinen Unebenheiten neue Reize. Die Einbeziehung einer Baumgruppe (später welliges Gelände) schafft weitere Abwechslungen und schwierigere Ausführungsbedingungen. Spielfelder, quer zum Hang begrenzt, ergeben wiederum andere Spielmomente, die Einbeziehung von Mulden belebt ein Haschespiel sehr stark.
Bei den Spiel- und Wettbewerbsformen zum Üben des passiven Gleitens (Abfahrt) suchen

31. Vgl. auch Reichert, F. u. a.: Skisport. Sportverlag, Berlin 1978, S. 144ff.

wir für unsere „Skihasen“ einen ganz flachen Hang, der einen freien und ebenen Auslauf hat und sie allmählich selbst zum Stehen kommen läßt. Gut geeignet ist später auch ein kleiner Gegenhang als Auslauf. Der Neigungsgrad wird dann nach und nach vergrößert; wir suchen auch nach Hängen mit wechselnder Bodenbeschaffenheit und lassen neue und erschwerte Übungen in der Fallinie und in der Schrägfahrt ausführen. Letzten Endes verfolgen wir dann nicht mehr nur das Ziel, mit den Gewöhnungs- und Gewandtheitsübungen die allgemeine Standsicherheit zu schulen, sondern helfen auch, einzelne Bewegungselemente direkt vorzubereiten (so entwickelt sich z. B. aus dem Beinheben bei der Abfahrt die Grobform für das Umtreten).

Als *Begrenzungen eines Spielfeldes,* Wendemale und andere Markierungen können Skistöcke, Papier- oder Stoffähnchen, notfalls Stöcke und Zweige dienen, da gezogene Linien im Schnee schlecht zu erkennen sind. Dagegen ist es aber zweckmäßig, nach Laufübungen in der Rundspur diese gleich als Spielfeldbegrenzung für ein anschließendes Haschespiel zu verwenden.

Die *Spielerzahl* ist. abgesehen von den Mannschaftsfang- und Geländespielen, möglichst niedrig zu halten, damit alle Teilnehmer ständig in Bewegung sind. Es empfiehlt sich eine Gruppenstärke von sechs bis acht Spielern. Auf der anderen Seite gilt es, das richtige Maß zu finden und wegen der starken Erwärmung die Laufspiele nicht zu lange auszudehnen. Man sollte gegebenenfalls auch vor dem Spielen die „wärmsten Hüllen“ ablegen lassen.

Bei der *Lehrweise* verwenden wir vorwiegend die Aufgabenstellung und das Vormachen und korrigieren allgemeine Fehler. Auf individuelle Fehlerkorrekturen wird weitgehend verzichtet, da wir uns vom obersten Gebot der Skispiele leiten lassen: Sammeln von Bewegungserfahrungen und Erwerben der Standsicherheit.

Mit zunehmender Sicherheit sollte durchaus nicht immer nur die schnelle Ausführung verlangt, sondern gleichzeitig auf die richtige Ausführung hingewiesen und bei der Bewertung berücksichtigt werden. Das beginnt bereits beim Vertrautmachen mit dem Gerät, zum Beispiel beim An- und Abschnallen der Ski oder beim Aufstellen der Skienden. Oft sind mehrere Wiederholungen einer Übung — besonders bei den schwierigeren Übungsaufgaben — erforderlich. Um dabei die Freude am Lernen zu erhalten und zu steigern, sind die vielfältigen Wettbewerbsformen gut durchdacht anzuwenden.

Alle in Spiel- und Wettbewerbsformen gekleideten Aufgaben lassen sich mit Einzel- oder Mannschaftswertung spielen. Das Ausscheidenlassen von Spielern ist zu vermeiden.

Bei allen Skispielen heißt es: Vorsicht mit den Stöcken! Bei Wettbewerben zur Gleichgewichtsschulung stellen wir die Stöcke meistens zur Seite; das empfiehlt sich auch bei einem großen Teil der Laufspiele. Nur dort, wo in einem sehr großen Feld einfache Haschespiele durchgeführt werden, erlauben wir den Abschlag mit dem Stock gegen den Stock oder das Skiende des Läufers. Der sonst übliche Abschlag am Körper ist nicht gestattet. Um Stürze zu vermeiden, darf beim Fangen nicht auf die Skienden getreten werden.

Schnee, Wald und Berge schaffen von vornherein gute Stimmung und Lernbereitschaft, die der Spielleiter durch richtige Anwendung und Ausnutzung der freude- und lustbetonten Spiele erhalten und erhöhen kann.

7.3.1. Spiele in der Ebene

Die Gewöhnungs- und Gewandtheitsübungen mit Wettbewerbscharakter nehmen einen großen Raum in dieser Gruppe ein. Fragestellungen, wie „Wer macht es richtig?“, „Wer kann es am besten?“, „Wer ist am schnellsten?“, „Wer kommt am weitesten?“, bestimmen den Wettkampfgedanken dieser Spielformen. Weiterhin lassen sich Wettläufe und Staffeln sowie Haschespiele, methodisch richtig aufbereitet, in der Ebene auf Ski spielen.

Gewöhnungs- und Gewandtheitsübungen am Ort

An- und Abschnallen der Ski (zwei- oder dreimal hintereinander); Umtreten am Ort, wobei einmal die Skispitzen, zum anderen die Skienden und die Skimitte der Drehpunkt sein können; neben die Ski setzen und schnell aufstehen; mit kleinen Hüpfern am Ort eine volle Drehung ausführen, später Hüpfen mit Viertel- und sogar halben Drehungen; Aufstellen eines Skiendes.

Gewöhnungs- und Gewandtheitsübungen in der Bewegung

Lauf- und Gleitübungen ohne Stöcke: Klein- und Großwerden während des Gehens (durch Stocktore erzwingen); abwechselnd kleine und große Schritte ausführen; nach mehreren schnellen Anlaufschritten gleiten; Lauf- und Gleitübungen mit Stöcken: Wettschieben (Doppelstockschub — ganz leicht abfallendes Gelände bevorzugen); Doppelstockschub zwischen zwei Markierungen, dann gleiten; an einer bestimmten Markierung einen kräftigen Doppelstockschub und gleiten lassen.

Veränderung des Laufweges durch Umlaufen eines Hindernisses, mehrerer Hindernisse (Slalom); Anlegen einer eigenen Spur; Wechsel in parallel verlaufende Spuren, ohne dabei eine zu zerstören.

Wettläufe und Staffeln

Auf Ski können auch Wettläufe und Staffeln verschiedenster Art ausgeführt werden.

Wettläufe (ohne Stöcke und bei genügend großem Abstand der Spieler voneinander auch mit Stöcken): Nach Erreichen einer bestimmten Markierung oder des Wendemals die Bretter abschnallen und zurücktragen; Ziellinie (Weg, Waldbegrenzung) mit möglichst wenig Schritten erreichen.

Staffeln mit Austragen und Einsammeln von Gegenständen oder Umlaufen von Hindernissen. Die Ablösung erfolgt bei Staffeln durch Handschlag (vgl. S. 127). Es empfiehlt sich besonders die Form, bei der der nächste Läufer seinen rechten Arm um einen Skistock hält. Beim Start steht der Läufer mit den Bindungen auf der gedachten Ablauflinie. Für Frühstarts und ungelöste oder fehlerhaft erfüllte Aufgaben werden Minuspunkte vergeben (Helfer einsetzen), die in die Wertung mit einzubeziehen sind.

Die *Rundlaufstaffeln* eignen sich gut zur Vorbereitung von Wettkämpfen im Skilanglauf. Die Spur sollte mehr die Form eines Rechteckes haben und nicht zu kurz angelegt sein. Hierbei lernen die Läufer, den Verfolgern auf das Kommando „Spur frei!“ den Weg frei zu machen und dem nächsten Läufer ihrer Staffel durch einen Schlag auf die Schulter das Laufrecht zu erteilen. Eine andere Aufgabe in der Rundspur kann sein: Wer braucht zum Durchlaufen die wenigsten Schritte?

Eine beliebte Form und zugleich Krönung dieser doch relativ einfachen Wettkämpfe ist der *Flachlandslalom*. Er kann als Wettlauf mit Einzel- oder Mannschaftswertung, aber auch als Staffel durchgeführt werden. Wir suchen uns ein abwechslungsreiches Gelände (Mulden, Wellen u. a. m.), in dem es auch möglich ist, zwei parallel verlaufende Übungsspuren anzulegen. Es gilt, auf dieser Strecke mehrere skiläuferische Übungen aneinandergereiht zu meistern. Dazu lassen sich fast alle erlernten Elemente der Laufschule verwenden, zum Beispiel der Diagonalschritt, das Umtreten, ein kleiner Anstieg, das Befahren von Mulden und Wellen, die Wende, der Doppelstockschub.

Haschespiele

Die meisten *Haschespiele in freier Aufstellung* (S. 149 bis 159) mit ihren vielen Abwand-

lungen und mit Freimalen lassen sich auch auf Ski sehr gut durchführen.
Von den *Haschespielen mit festgelegter Ordnung* sind jene möglich, bei denen die Spieler auch genügend Platz haben und sich mit den sperrigen Brettern — ohne gegenseitig darauf zu treten — bewegen können. Hier seien genannt:
Zwerge und Riese, Mitternacht, Lahmer Fuchs, Urbär, Holland — Seeland, Seitenwechsel mit Fangen, Schwarzer Mann — sobald die Spieler schon etwas Standsicherheit erworben haben, empfiehlt es sich, das rechteckige Spielfeld quer zu einem Hang mit geringem Gefälle zu begrenzen. Das Spiel gewinnt dadurch an Reiz, sowohl in läuferischer als auch in taktischer Hinsicht; Bauer, treib die Schafe aus!, Monatshaschen, Brückemann, Fuchsjagd (Hase im Nest) — kleine Spielgruppen bilden und die Nester mit je vier Fähnchen markieren; Jeder fängt den Vordermann!, Ausscheidungsrennen.
Auch *Mannschafts-Fangspiele* lassen sich durchführen:
Schwarz-Weiß — hier ist die Aufstellungsform dahingehend zu verändern, daß die Spieler entlang der Gasse in Reihe stehen, um gleiche Voraussetzungen beim Start zu schaffen und gegenseitige Behinderung auszuschalten. So kann der Start nach einer Vierteldrehung erfolgen, es kann auch eine Dreivierteldrehung verlangt werden, wenn vorher das Fächertreten oder Umspringen geübt wurde. Verschiedene Ausgangsstellungen sind möglich: Hockstand, Sitz auf den Ski, Winkelliegestütz (Erfassen der Skispitzen mit den Händen). Bei Schwarz-Weiß mit Abwurf verwenden wir Schneebälle oder zusammengezogene Handschuhe.
Fangt das Band! — ein Schal kann in den Hosenbund gesteckt werden.
Jägerballspiele
Jägerball mit seinen verschiedenen Abwandlungen und Formen ähnlichen Spielcharakters (z. B. Stando) läßt sich auch auf Ski spielen. Dabei verwenden wir Schneebälle, zusammengelegte Handschuhe (bei trockenem Schnee) oder einen ausgestopften Wachsbeutel als Wurfgerät.

7.3.2. Spiele am Hang

Auch bei der Abfahrtsschulung sind Gewöhnungs- und Gewandtheitsübungen erforderlich. Einmal schulen sie die Standsicherheit und Gewandtheit und zum anderen helfen sie — zielstrebig angewandt — einzelne Elemente der speziellen Technik zu entwickeln. Es sei noch einmal darauf hingewiesen, daß anfangs die Hangneigung nur ein Gleiten im Schrittempo zulassen darf, der Anfänger muß allmählich zum Stehen kommen. Zuerst übt man ohne Stöcke, später, wenn ein etwas steilerer Hang hinaufzusteigen ist, werden die Stöcke benutzt.
Gewöhnungs- und Gewandtheitsübungen in der Abfahrt:
Abfahren in Hockstellung; im Wechsel Hokken und Aufrichten während der Fahrt; Auslegen und Einsammeln von Gegenständen; in kleinen Gruppen von drei bis fünf Spielern mit Handfassung in Linie abfahren, später dabei Hocken und Aufrichten nach einer Melodie; Abfahren zu dritt mit Handfassung, dabei Vorschleudern des mittleren und Nachziehen der seitlichen Partner; Einbeinfahren zwischen zwei Markierungen; Einbeinfahren mit Handfassung als Gruppenwettkampf: Bei welcher Gruppe fällt keiner hin? Welche Gruppe fährt am weitesten? Drei Spieler machen eine lustige „Fünfbeinfahrt". Dazu reichen sich zwei die Hände, der dritte hängt seine Kniekehle darüber und hält sich an den Schultern der anderen fest. Durchfahren weitgesteckter Tore in der Hockstellung — später zwischen den Toren aufrichten, in die Hände klatschen, einen Gegenstand

(Handschuh, Schneeball) hochwerfen und wieder fangen.
Aufstellen von Paralleltoren: In die zweite Spur übertreten (anfangs mit mehreren Schritten, dann mit einem Schritt); zwei gleichzeitig abfahrende Spieler reichen sich zwischen den Toren die Hände, später werfen sie sich einen Handschuh zu.
Weitere erschwerende Bedingungen ergeben sich neben der wechselnden Hangneigung dadurch, daß Gegenstände zwischen die Beine geklemmt, bei paarweisem Abfahren und Zuwerfen von Schneebällen die Abstände vergrößert, die Gegenstände weiter von der Spur entfernt abgelegt werden.
Zielwurfwettbewerbe während der Fahrt sind ebenfalls sehr beliebt: Treffen eines bezeichneten Zieles, das zuerst rechtwinklig zur Spur etwa 5 bis 7 m entfernt steht. Später befindet es sich am Abfahrtsort, dann wird durch den Wurf nach hinten die Verwringung des Oberkörpers geübt. Als Ziele können Skistöcke, Mitspieler, Baumstämme und ähnliches dienen.
Spießrutenlaufen: Die Spieler bilden eine etwa 10 bis 16 m breite Gasse, die jeder einzeln zu durchfahren hat und dabei mit Schneebällen beworfen wird.
Spielerische Vorbereitung technischer Elemente: Jetzt suchen wir uns etwas „schnellere" Hänge aus.
Übungsbeispiele: Wechselseitiges Anheben der Skispitzen; nach dem Anheben der Skispitzen seitwärts drehen und aufsetzen, später dabei die Schrittbreite vergrößern (Vorübung zum Umtreten); Umtreten bergwärts. Aus welcher Gruppe schaffen es die meisten? Zwei Umtretschritte nach einer, dann zwei nach der anderen Seite; ein Schritt links, ein Schritt rechts (Vorübung zum Schlittschuhschritt).
Schneepflugwettbewerbe: Nach kurzer Abfahrt in mittlerem Tempo die Geschwindigkeit von einer markierten Stelle ab durch den Schneepflug bremsen. Wer braucht die kürzeste Strecke, um zum Stand zu kommen? Abwechselnd Schuß- und Pflugfahrt zwischen mehreren Toren; Wetteifern im Langsamfahren; Pflugfahrt in Stirnreihe (2, 4, 6 Spieler nebeneinander).
Wackelschlange: Die eng zusammengenommenen Skispitzen werden zwischen die auseinandergehaltenen Skienden des Vordermannes gestellt. Die Spieler (2 bis 10) fassen sich gegenseitig um die Hüften. Welche Schlange kommt bei gerader Fahrt wohlbehalten an? Welche umfährt zwei oder drei weitgesteckte Tore? Welche Wackelschlange reiht die meisten Bogen aneinander?

7.3.3. Geländespiele auf Ski

Die grundsätzlichen Bemerkungen zu den Geländespielen sind im Kapitel „Geländespiele" nachzulesen. Sie gelten auch für diese Art von Spielen im Winter. Zahlreiche Geländespiele lassen sich, sinnvoll abgewandelt, auf Ski durchführen. Es gilt hier, sich den veränderten Bedingungen anzupassen. Die Teilnehmer müssen in ständiger Bewegung sein (Erkältungsgefahr). Nur bei trockenem Schnee sind auch solche Spiele möglich, bei denen die Spieler sich für kurze (!) Zeit hinlegen müssen.
Die Geländebegrenzungen sind klar und übersichtlich festzulegen. Das Gelände muß dem Leistungsstand der Gruppe angemessen sein. Geländespiele auf Ski eignen sich vorwiegend für Fortgeschrittene, sie sollten eine Stunde bis eineinhalb Stunden nicht überschreiten. Als Wegmarkierungen sind Fähnchen, bunte Holzplättchen, Konfetti und gefärbte Sägespäne möglich. Bei allen Geländespielen auf Ski, die nicht in einem einigermaßen übersehbaren Feld gespielt werden, sollte sowohl mit der Spurlege- als auch mit der Spursuchgruppe je ein Spielleiter mitgehen. Von den im

Kapitel „Geländespiele" beschriebenen Spielen lassen sich verwenden:
Den Horchposten anschleichen, Verschollene suchen, Treibjagd, Diebe fangen, Grenzschutz, Schnitzeljagd.
Abwandlungen zur Schnitzeljagd: Hierbei muß der Fuchs (2 bis 4 Füchse) den Spursuchern läuferisch überlegen sein. Er trägt eine lange Zipfelmütze oder einen roten Schal im Hosenbund. Die Verfolgungszeit sollte, wenn es das Gelände zuläßt, auf fünf Minuten begrenzt werden, um das Verstecken nicht zu lange auszudehnen. Wollen wir vom Verstecken gänzlich absehen, ist folgendes möglich: Das Spielfeld ist durch markante Geländepunkte, wie Straßen, Wege, Schneisen, Kreuzungen, eindeutig begrenzt und allen Spielern bekannt. Der Fuchs läuft — natürlich seine Schnitzel streuend — etwa eine Stunde umher, er soll in dieser Zeit von den anderen gefangen werden. Das kann auf folgende Weise geschehen: a) die Zipfelmütze ist ohne Rauferei abzunehmen; b) der Fuchs ist mit Schneebällen (drei Treffer) abzuwerfen; c) der Fuchs ist von zwei oder drei verschiedenen Verfolgern abzuschlagen.
Bemerkung: Selbst bei Skisportlern — besonders im Nachwuchsbereich — sind Fuchsjagden sehr beliebt. Sie erstrecken sich dann über größere Geländeflächen, erziehen somit zur Ausdauer und schulen auch die Orientierung. Sie sollten in keinem abwechslungsreichen Trainingsplan fehlen, da sie die Herausbildung verschiedener koordinativer Fähigkeiten unterstützen und auch der Entwicklung der Kraftausdauerfähigkeit dienen.
Wir wollen abschließend noch drei vereinfachte Geländespiele auf Ski erwähnen:

Beute einbringen

Die Spieler bilden zwei oder mehr gleich starke Gruppen. Entsprechend der Anzahl der Gruppen werden verschiedenfarbige Gegenstände (Papierfähnchen, Holzplättchen) in einem begrenzten Geländeabschnitt verteilt. In einer vorher festgelegten Zeit gilt es, soviel Beute wie möglich — aber nur von der für die Mannschaft vorgesehenen Farbe — einzutreiben.
Abwandlungen: Jeder Beutegegenstand muß einzeln zu dem für die Mannschaft festgelegten Platz gebracht werden. Die Anzahl der Beutegegenstände wird vorher bekanntgegeben. Welche Mannschaft brauchte zum Auffinden aller die kürzeste Zeit?
Bemerkung: Die Vorbereitung ist etwas schwierig, da sie, unbemerkt von den Spielern, am besten bereits *vor* dem Spiel erfolgt sein muß.

Fähnchen erobern

Ein größerer Geländeabschnitt ist durch eine gedachte Mittellinie geteilt, die durch Sträucher, markante Bäume oder Skistöcke aber deutlich zu erfassen ist. Sie ist die Freimallinie. Im Spielfeld werden viele Fähnchen beliebig versteckt.
Die Spieler bilden zwei Mannschaften. Die eine hat die Aufgabe, möglichst schnell viele Fähnchen zu suchen und sie einzeln und sichtbar an die Freimallinie zu schaffen, während die andere danach trachtet, die Beutejäger abzuschlagen, um dadurch in den Besitz der Fähnchen zu kommen. Die Abgeschlagenen können erneut auf Fähnchensuche gehen. Nach einer vorher festgelegten Zeit werden die Rollen getauscht. Die größere Anzahl der eroberten Fähnchen entscheidet über den Sieg.
Abwandlungen: Statt des Abschlages erfolgt Abwurf mit einem Schneeball. Anstelle der Freimallinie werden mehrere kleine Freimale beliebig im Spielfeld markiert. Schließlich kann auch ein einziges Freimal existieren, das von einem Spieler bewacht sein darf.

Jäger und Hasen

Spielerzahl: 15 bis 20
Spielfeld: Geländeabschnitt von 25 m × 100 m
Die Spieler werden in zwei gleich starke Gruppen, in Jäger und Hasen, eingeteilt. Die Jäger stehen zu Beginn des Spiels an einer Längsseite des Spielfeldes, während die Hasen frei im Spielfeld herumlaufen. Die Jäger rücken nun in breiter Front langsam vor, um die Hasen abzuschlagen. Diese können sich jedoch in Sicherheit bringen, wenn sie das Freimal erreichen, welches zu Beginn die gesamte Ablauflinie der Jäger sein kann und später eingeengt wird. Nach dem Rollentausch siegt die Mannschaft, die die meisten Hasen abgeschlagen hat.
Abwandlungen:
a) Die Hasen haben um den Oberarm ein Bändchen (Wollfaden), das von den Jägern abgerissen werden muß.
b) Die Hasen haben um jeden Oberarm ein Bändchen; sie sind erst gefangen, wenn beide Bändchen verlorengegangen sind.
c) Ein Hase gilt erst als abgeschlagen, wenn er von dem Jäger drei Schläge erhalten hat.
d) Die Jäger können nur in der Vorwärtsbewegung die Hasen abschlagen, sie dürfen nicht zurücklaufen, um zu haschen. Diese Abwandlung läßt sich mit den ersten beiden Varianten kombinieren.
Bemerkung: Dieses Spiel ist besonders im lichten Hochwald reizvoll, weil sich die Hasen hinter den Bäumen verstecken können. Die Wendigkeit auf den Brettern muß aber dann schon recht gut sein, so daß das Umlaufen der Bäume keine Schwierigkeiten bereitet.

7.4. Spiele auf dem Eis

Das Eis- oder Schlittschuhlaufen ist schon an sich eine der biologisch wertvollsten und freudebetontesten Sportarten. Die bei einiger Technik leicht zu erreichende hohe Laufgeschwindigkeit, das Kurvenlaufen (Gleichgewichtsschulung), die Sprünge, Drehungen und allerlei „Kunststückchen" entwickeln vorzüglich die koordinativen Fähigkeiten. Schon bei einem Mindestmaß an Fertigkeiten lassen sich spielerische Übungen und Eisspiele durchführen, die die Wirkung des einfachen Eislaufens oft noch erhöhen.
Jeder Spielleiter kennt jedoch die große Verantwortung, wenn er mit seiner Gruppe auf das Eis von Flüssen oder Seen geht. Auf die notwendigen Sicherheitsmaßnahmen kann hier nicht im einzelnen eingegangen werden. Hingewiesen sei nur auf die vorherige Prüfung der Eisstärke (10 bis 12 cm sind in der Regel ausreichend), auf die deutlich sichtbare Abgrenzung der Lauffläche und auf das Bereitstellen der notwendigsten Rettungsgeräte (feste Stangen, Leiter, Leine, zwei Decken, Verbandszeug).
Lassen es die Temperaturen zu, sind besser Spritzeisbahnen anzulegen.
Wir achten stets darauf, daß alle Spieler tüchtig in Bewegung bleiben und verhindern eine Anhäufung mehrerer auf kleiner Eisfläche. Bei der Einteilung von Mannschaften berücksichtigen wir die Leistungsunterschiede im Schlittschuhlaufen. Sie lassen sich nach einem Probelauf schnell feststellen.
Den größten Teil der Spiele auf dem Eis bilden natürlich die Laufspiele. Darüber hinaus haben wir noch einige andere Formen angeführt, die aber keine besondere Unterteilung erfordern.

Gewöhnungs- und Gewandtheitsübungen

Der einfache, bewegungsmäßig richtige Vorwärts- und Rückwärtslauf kann auch von den meisten Spielleitern entwickelt werden. Haben die Spieler hierin eine genügende Sicherheit erworben, dann lassen sich zahlreiche

spielerische Gewandtheitsproben in Einzel- und Gruppenwettbewerben durchführen.
Hierzu einige Beispiele: Wer gleitet am weitesten auf einem Bein? Wer läuft mit den Händen auf dem Rücken am schnellsten (vorwärts, rückwärts)? Aus der Vorwärtsbewegung eine halbe Drehung zum Rückwärtsgleiten ausführen (auf beiden Beinen, auf einem Bein); in der Hocke fahren, dann ein Bein ausstrecken; ein kleines Hindernis überspringen (z. B. zwei Stöcke, die nach und nach weiter auseinander gelegt werden können); eine halbe Drehung im Sprung ausführen; einen kleinen Gegenstand im schnellen Lauf aufheben; ein Bein vor das andere setzen und anschließend eine Kurve laufen. Wer läuft auf einem Bein einen Kreis? Wer „zeichnet" eine Acht? Wer macht einen „Flieger" (im Vorwärtslauf, im Rückwärtslauf)?

Laufspiele auf dem Eis

Von den so zahlreichen Wettläufen und Haschespielen sind natürlich auch eine ganze Reihe auf dem Eis möglich. Wir wollen nur die wirksamsten Formen und, wo es angebracht ist, auch ihre besonderen Werte für den Eislauf nennen.
Massen- und Gruppenwettläufe (Schulung des schnellen, geraden Vorwärts- und Rückwärtslaufs).
Pendel-, Umkehr- und Rundlaufstaffeln (Stoppen, Bogen- und Kurvenlaufen). Bei den Eislaufstaffeln bilden wir nur sehr kleine Mannschaften von zwei bis vier Spielern, um keine großen Pausen entstehen zu lassen.
Haschen (Grundform). Besonders wertvoll für die Gewandtheitsschulung (Hüftbeweglichkeit) ist es, wenn alle Spieler rückwärts laufen müssen. Nur der Häscher läuft vorwärts, hat aber die Hände auf dem Rücken und muß seinen Abschlag mit dem Kopf anbringen.
Haschen zu zweit oder zu dritt — hier wirbelt alles tüchtig durcheinander. Das Ausweichen wird geschult.
Wer hascht am schnellsten? — die drei oder vier besten Läufer miteinander vergleichen.
Paarhaschen (Räuberzeck);
Kauerzeck (Hockzeck, Huckezeck) — wer in der Hocke umfällt, darf abgeschlagen werden.
Schneidezeck (Kreuzzeck, Rettungshasche) — der überraschende Richtungswechsel fordert vom Fänger scharfe Kurven ohne Tempoverlust.
Lahmer Fuchs — Starten und schnelles Antreten werden geübt.
Seitenwechsel mit Fangen;
Schwarzer Mann — Ausweichen — plötzliches Stoppen und Wiederantreten.
Jeder fängt den Vordermann! — die Spieler bilden einen sehr großen Kreis. Hier wird das Übersetzen geübt, deshalb ist auf den Wechsel der Laufrichtung zu achten.
Ausscheidungsrennen — wie bei „Jeder fängt den Vordermann!"
Schwarz-Weiß (Tag und Nacht) — Reaktionsschulung, schnelles Antreten; bei frontaler Stellung zur Gegenpartei „umspringen"; Gasse etwas breiter als normal begrenzen.
Als neue Spiele kommen hinzu:

Stockballstaffel

Spielgeräte: Alte Gummibälle und feste Stöcke
Jeder Spieler hat sich einen festen Stock von etwa 1 m Länge, der auch am Ende ähnlich dem Eishockeyschläger gebogen sein darf (ausgedienter Krückstock), und einen alten Gummiball mitgebracht. Es werden mehrere kleine Mannschaften von etwa vier Spielern gebildet. 30 bis 50 m vor jeder Mannschaft sind Wendemale markiert, um die der Ball mit dem Stock getrieben werden muß. Der jeweils folgende Spieler darf erst starten, wenn der zurückkehrende die Startlinie überlaufen hat.

Die Spieler werden bald merken, daß es ratsam ist, den Ball nicht zu weit vom Stock zu entfernen. Es können auf der Strecke auch Hindernisse aufgestellt werden, die zu umlaufen sind.

Stockball

Spielerzahl: 20 bis 40
Spielfeld: So groß wie möglich — etwa 80 m × 100 m
Spielgeräte: Feste, an einem Ende gebogene Stöcke, alter mittelgroßer Ball
Für das schwierige Eishockeyspiel fehlen den Spielern noch einige Voraussetzungen, mit der kleinen Scheibe fertig zu werden. Man behilft sich deshalb vorerst mit am Ende gebogenen Stöcken und einem nicht zu kleinen Ball (ausgestopfte alte Lederhülle, Vollball oder auch alter Gymnastikball). Der Ball soll durch das Tor des Gegners getrieben werden, welches anfangs von der gesamten Grundlinie gebildet wird und später auf 8 bis 12 m reduziert werden kann.
Das Spiel wird in der Mitte mit Bully eröffnet und auch im weiteren Verlauf von den vereinfachten Regeln des Eishockeyspiels bestimmt. Stoßen und Rempeln eines Gegners sind jedoch regelwidrig, ebenso das Versperren des Weges mit dem Stock oder gar das Werfen des Stockes nach dem Ball. Es ist auch nicht gestattet, mit dem Stock auf den des Gegners zu schlagen.
Zum Stockballspiel sei bemerkt, daß noch heute in Skandinavien und in der Sowjetunion ein Eishockeyspiel mit dem Ball gespielt wird, „Bandy" genannt.

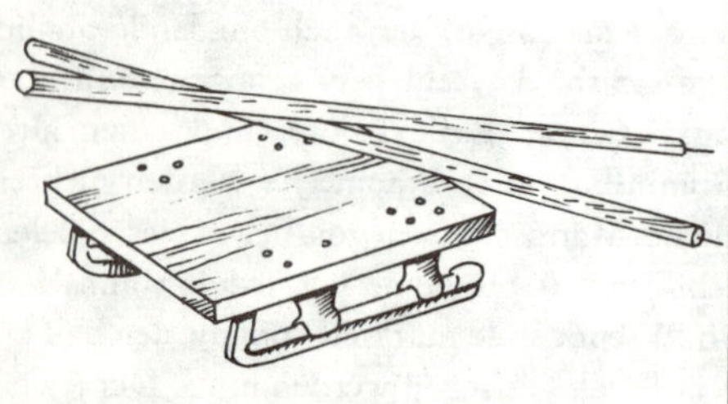

Abb. 179 Pikschlitten

Pikschlittenspiele

Die spielerische Abwandlung des Pikschlittenfahrens, einst eine Brauchform in nördlichen Seengebieten, wird auf glattem Eis sehr viel Freude machen.
Ein Pikschlitten ist schnell hergestellt. Unter ein einfaches Brett von etwa 30 cm × 40 cm Größe werden zwei ausgediente Schlittschuhe oder zwei Holzkufen mit Bandeisen geschraubt (Abb. 179). Als Piken verwendet man Skistöcke oder jeden beliebigen Stock, in den man an einem Ende einen Nagel hineintreibt. Es kann mit zwei Stökken, aber auch mit einem Stock abgestoßen werden.
Wettfahren im Sitzen, Knien oder Stehen; Staffeln, ja selbst Hasche- und Platzsuchspiele lassen sich durchführen. Gegenüber dem Schlittschuhlaufen werden hierbei die Arme stark beansprucht.

Eisschießen

Spielgeräte: Eisstöcke, ein Holzwürfel
Dem „Klootschießen" und „Bosseln" der Friesen und dem „Curling" der Schotten entspricht etwa das besonders in Österreich, der Schweiz und Bayern betriebene, aber auch bei uns bekannte „Eisschießen".
Als Kleines Spiel durchgeführt, brauchen wir dazu nicht die vorschriftsmäßigen Geräte (Abb. 180) und auch nicht die wettkampfmäßige Eisschießbahn und Bewertung. Von

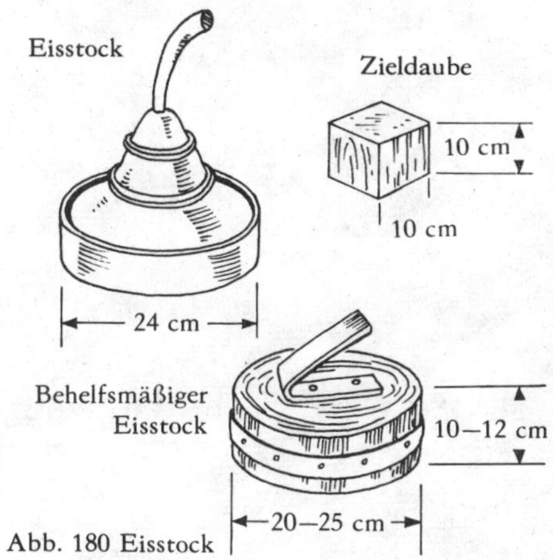

Abb. 180 Eisstock

einem Baumstamm mit etwa 20 bis 25 cm Durchmesser sägt man sich einige 10 bis 12 cm starke Scheiben ab (das werden die „Eisstöcke"), die auch noch mit einem Blechring versehen werden können. Oben wird ein Griff befestigt. Ein Holzwürfel von 10 cm Kantenlänge dient als „Zieldaube". Je nach Eisglätte, Gewicht der Eisstöcke und Können der Spieler bemessen wir die Entfernung der Zieldaube. (Beim wettkampfmäßigen Eisschießen ist die Bahn 42 m lang.)

Der Spielgedanke besteht darin, durch genaue Würfe — Schockwurf aus der Schrittstellung — drei oder vier Eisstöcke nahe an die Zieldaube heranzubringen und dabei möglichst die Eisstöcke des Gegners hinwegzuschieben.

Es wird nach Punkten gespielt. Derjenige, dem es gelingt, seinen Eisstock der Zieldaube am nächsten zu schlenzen, erhält drei Punkte, der zweitbeste zwei und der dritte einen Punkt. Welcher Spieler oder welche Mannschaft (aus drei oder vier Spielern bestehend) hat nach einer festgesetzten Anzahl von Durchgängen die meisten Punkte?

Genausoviel Freude macht auch einfaches Weitschießen mit den Eisstöcken.

139

8 Geländespiele

Wir wollen in diese Spielsammlung auch einige Geländespiele aufnehmen, die ohne größere Vorbereitungen auf Wanderungen, bei Klassenfahrten, in Pionier- und Kinderferienlagern durchgeführt werden können. Wenn Geländespiele ihrer Struktur nach auch nicht zu den Kleinen Spielen gehören, so haben wir in Anbetracht des weit gesteckten Betätigungsfeldes unserer Erzieher hier eine kleine Auswahl aufgenommen. Größere Lagerspiele und Spiele, bei denen vorwiegend touristische Übungen im Vordergrund stehen, können in diesem Rahmen nicht beschrieben werden. Hierzu gibt es spezielle Literatur.

Ideengehalt und Erziehungswerte

Geländespiele sind bei Jungen und auch Mädchen äußerst beliebt und für die kommunistische Erziehung unserer Jugend besonders wertvoll. Für die Entwicklung von Charaktereigenschaften und sozialistischen Verhaltensweisen sind sie infolge ihrer vielfältigen Anforderungen sehr geeignet.

Moralische Qualitäten wie hohes Verantwortungsbewußtsein, Pflichtgefühl, Kollektivität, bewußte Disziplin und anderes mehr lassen sich zielgerichtet stabilisieren.

Auch die im Sport so entscheidenden psychischen Wettkampfeigenschaften wie Selbstvertrauen, Härte und Willensausdauer, Selbständigkeit, Entscheidungsfähigkeit und Risikobereitschaft werden in den Geländespielen gefordert.

Von einem guten Geländespiel können wir aber vor allem erst dann sprechen, wenn sein Ideengehalt mit unseren Erziehungszielen übereinstimmt. Geländespiele, die die Unterdrückung zum Inhalt haben, in denen Eroberungskriege und Grenzverletzungen gepriesen und verherrlicht werden, gehören nicht in unser Spielgut. Unsere Geländespiele sind getragen von der Idee „Bereit zur Verteidigung der Heimat". In diesem Sinne lehnen wir auch den Kampf nicht ab, geben den Spielen entsprechende Namen, stimmen die Spielweise auf den fortschrittlichen Ideengehalt ab und wählen Formen aus, in denen sich die Kinder für eine gute Sache üben und kräftigen.

Nicht jede Spielform muß gleich mit einer großen Thematik verbunden sein. Oft wird auch hier mit dem Spielnamen nur die Haupttätigkeit des Spiels gekennzeichnet (z. B. Verstecken, Anschleichen).

Ist eine gute, auf die Altersstufen abgestimmte und alle Spieler begeisternde Spielidee gefunden, so läßt sich der Spielverlauf relativ leicht festlegen.

Als Anregungen für den Spielinhalt mögen dienen:

Jäger auf Großwildjagd — Indianerstämme verteidigen ihre Jagdgründe — Geschichtliche Ereignisse — Forscher unterwegs — Grenzverteidigung gegen Eindringlinge — Volkspolizei im Einsatz — Spione aufspüren — Kampf der Partisanen — Zeitgeschehnisse mit Parteinahme für eine gerechte Sache.

Werden die Geländespiele in solche oder ähnliche Themen eingekleidet, so wird das ganze Spielgeschehen lebendig, wird die Vorstellung der Kinder angeregt, erfassen sie leichter den Sinn einzelner Spielaufgaben.

Sie sind an der Spielgestaltung interessiert, teilen ihre Erfahrungen mit, äußern Bedenken und schmieden neue Pläne. Die Spielpartei wächst zu einem Kollektiv zusammen. Der einzelne Spieler begreift seine Verantwortung und erkennt dabei, daß er allein machtlos ist.

Bildungswerte

Die vorwiegend im Wald durchgeführten Geländespiele haben einen hervorragenden Einfluß auf die körperlich-sportliche Grundausbildung der Teilnehmer. Ausführliche Einzelheiten dürfen wir uns schenken. Es sei nur hingewiesen auf das Laufen auf weichem Boden (Kräftigung der Fußgelenke), auf das Kriechen unter Anpassung an das Gelände (geschmeidige Wirbelsäule), auf kurze und auch längere ausdauernde Läufe (Herz-Kreislaufsystem), auf das Klettern (Schulung der Kraft und Gewandtheit), Springen über Hindernisse (Sprungkraftschulung) und auf Ringkämpfe (Entwicklung von Kraft und Gewandtheit).

Hinzu kommen die spezifischen Aufgaben: Anschleichen unter guter Geländeausnutzung (Körperbeherrschung, Gewandtheit), richtiges Tarnen, Spurensuchen (aufmerksames Verhalten im Gelände), den Gegner beobachten (Beharrlichkeit, ruhiges Verhalten), eine Abwehrkette durchbrechen (selbständiges, entschlossenes Handeln), Gegenstände erobern (Umsicht, Findigkeit, taktisch kluges Verhalten), plötzlich auftauchende Hindernisse überwinden oder Gegner abwehren (Geistesgegenwart, Mut). Größere Geländespiele weisen noch weitere Vorzüge und Werte auf, wie Orientierung im unbekannten Gelände bei Nacht, Lösung einer Aufgabe in Zusammenarbeit mit anderen Parteien, die Verwendung von Booten und Flößen.

Für diese vielfältigen Bildungswerte sollten ruhig einmal ein Loch in der Hose, eine Schramme oder nasse Füße hingenommen werden.

Methodische Hinweise

Das Spiel. Wähle zunächst einfache Geländespiele aus, beziehungsweise gestalte sie einfach, ohne zu viele Einzelheiten von vornherein festzulegen, da sie das Spiel oft mißlingen lassen! Dehne das Spiel nicht zu lange aus! Komme bald auf den Kern der Sache (Angriff, Durchbruch, Eroberung)! Überzeuge dich davon, daß beide Parteien ihre Aufgabe verstanden haben!

Gelände und Spielfeldgrenzen. Es ist erforderlich, daß dem Spielleiter das Gelände genau bekannt ist. Er sollte es vorher abgehen, um die Eignung für dieses oder jenes Spiel zu überprüfen. Überzeuge dich, ob breitere Bäche oder Absperrungen oder auch sumpfige Flächen vorhanden sind! Wähle kein zu großes Gelände aus! Zum Beispiel führt ergebnisloses Suchen über lange Entfernungen bei einer Schnitzeljagd zur völligen Auflösung des Spiels ohne die erhoffte Spielfreude. Die Berührung mit dem Gegner muß bald hergestellt sein.

Als Spielfeldbegrenzungen wählen wir Wege, Straßen, Waldränder, Bahnlinien (nicht überqueren!), Telegraphenleitungen und andere markante Punkte im Gelände. Außerdem können Fähnchen gesteckt, Tücher oder Papier an Bäumen befestigt werden (nicht liegenlassen!).

Spielgeräte. Bei der Auswahl von Spielgeräten beschränken wir uns auf das Notwendigste. Zu den wichtigsten Materialien zählen: Wollfäden, Fähnchen, Seile oder Schnüre, Wimpel, eventuell Spielnummern, Säge- oder Hobelspäne, Papptäfelchen. Wichtig ist aber vor allem eine Sanitätstasche für die Erste Hilfe.

Einweisung der Spieler

— Erkläre deutlich den Spielgedanken sowie die Spielregeln und lasse die wichtigsten wiederholen!

— Beschreibe die Spielfeldgrenzen und gehe sie bei unbekanntem Gelände möglichst mit den Teilnehmern ab! Weise auf Besonderheiten im Gelände hin!

— Genaue Festlegung der Kampfart. Es können gefordert werden: Den Gegner über eine bestimmte Grenze ziehen — Abwerfen mit Tannenzapfen, Kienäpfeln (im Winter mit Schneebällen) — Abschlagen: Einen, zwei oder drei Schläge austeilen — ein kleines Tuch aus dem Gürtel ziehen — einen um den Arm gebundenen Wollfaden oder ein am Körper befestigtes Stück Pappe oder Papier abreißen — Ringkampf, bis der Rücken eines Jungen den Boden berührt.

— Gib die Signale für den Spielbeginn und das Spielende bekannt, die von den Parteien nicht benutzt werden dürfen!

— Vorherige Angabe des Sammelplatzes bei Spielschluß ist unbedingt erforderlich.

— Weise auf das unerlaubte Sichentfernen hin!

— Fordere die Spieler zu fairem Verhalten auf: Kein Verlassen des Spielfeldes, kein Verbergen des Wollfadens, Einhalten der Sperrzeit für die Verfolger, kein rohes Verhalten beim Kampf mit dem Gegner!

Leitung des Spiels. Befähige die Teilnehmer zur schöpferischen Mitgestaltung; ihre Phantasie ist anzuregen, ihre Vorschläge zur Lösung bestimmter Aufgaben sind im Gespräch zu prüfen.

Lenke unauffällig das Spiel. Bei der Aufgabenverteilung innerhalb der Parteien (Beobachter, Melder, Kundschafter, Sicherungsposten u. a.) greife nur ein, wenn keine Einigung erzielt wird und Streit entsteht.

Sei ein unparteiischer Schiedsrichter und begünstige bei der Kontrolle des Spielverlaufes keinen Spieler und keine Partei (z. B. Informationen über den Gegner, taktische Fehler)! Sorge dafür, daß bei der Wiederholung des Spiels mit umgekehrten Rollen die gleichen Bedingungen herrschen!

Beendigung des Spiels. Nach Ertönen des Sammelzeichens eilt alles zum festgelegten Platz. Der Spielleiter stellt die Vollzähligkeit fest und beginnt mit einer kurzen Auswertung des Spiels.

Zunächst wird der Sieger genau ermittelt, indem Abschläge, eroberte Wollfäden oder Beutegegenstände gezählt beziehungsweise Zeiten verglichen werden. Die Leistungen der unterlegenen Partei oder einzelner Spieler sollten ebenfalls gelobt werden.

Es wird festgestellt, weshalb dieses oder jenes im Spiel nicht gelang, weshalb bestimmte Aufgaben nicht gelöst wurden und ähnliches mehr, um daraus für das nächste Geländespiel zu lernen.

Regelverletzungen, unkameradschaftliches und feiges Verhalten oder besondere Vorkommnisse werden im Kollektiv besprochen. Aber auch über Erlebnisse und Beobachtungen in der Natur oder über ungewöhnliche Ereignisse tauschen wir uns aus, bilden die Schüler dabei und entwickeln ihre Urteilsfähigkeit. Ein Lied zum Abschluß, und die Gegner im Spiel wandern nach hartem Kampf froh vereint heimwärts.

Systematik

8.1. Anschleich-, Versteck- und Suchspiele
8.2. Spursuch- und Jagdspiele
8.3. Angriff, Durchbruch und Verteidigung

Bei der von uns aus methodischer Sicht gewählten Dreiteilung der Geländespiele wird die Steigerung der Anforderungen deutlich. Die Spiele der ersten Gruppe fordern und schulen vorwiegend Anpassung an das Gelände, Körperbeherrschung und genaues Beobachten.

Bei den Spielen der zweiten Gruppe kommt der Lauf in verstärktem Maße hinzu.

Die Spiele der dritten Gruppe schließlich verlangen außerdem geistiges Erfassen einer größeren Spielaufgabe, Findigkeit und Umsicht, Mut und Entschlossenheit.

Die von uns beschriebenen Formen sind nur Beispiele für viele. Sie können kombiniert,

ergänzt oder auch völlig abgewandelt werden, je nachdem, welche Spielidee zugrunde gelegt wird, wie sich das Gelände eignet und welche Voraussetzungen die Spieler mitbringen.
Eine Reihe von Spielen, besonders die Spursuch- und Jagdspiele, lassen sich auch gut im Schnee durchführen. Wir haben deshalb im Kapitel „Skispiele“ nur wenige Geländespiele aufgenommen.

8.1. Anschleich-, Versteck- und Suchspiele

Den Horchposten anschleichen

Spielerzahl: 10 bis 15
Spielgerät: Ein Tuch zum Verbinden der Augen
Wir wandern mit den Spielern ein Stück in den Wald hinein. Einem Spieler, dem Horchposten, werden die Augen verbunden. Um ihn herum stehen die übrigen Spieler, die sich jetzt nach allen Seiten etwa fünfzig Schritte vom Horchposten entfernen. Auf einen Pfiff des Spielleiters beginnt das Spiel. Alle Teilnehmer sollen sich an den Horchposten heranschleichen, ohne dabei ein Geräusch zu verursachen und von ihm bemerkt zu werden. Das ist bei dem raschelnden Laub und dem Knacken der trockenen Zweige nicht einfach. Vernimmt der Horchposten Geräusche, so zeigt er in die vermeintliche Richtung, und der Spieler muß fünf Schritte zurück. Sieger ist derjenige, der sich als erster dem Horchposten auf 3 m nähert oder nach Ablauf einer bestimmten Spielzeit diesem am nächsten gekommen ist.
Bemerkung: Es kann auch mit zwei Horchposten gespielt werden, die sich dann am besten Rücken an Rücken hinsetzen.
Der Spielleiter befindet sich beim Horchposten, um das Zurückschicken von Spielern zu überwachen.

Anschleichen und beobachten

Spielerzahl: 6 bis 20
Für dieses Spiel suchen wir uns ein Gelände, in dem Gräben, dichtes Buschwerk, stärkere Bäume, Farnkraut und anderes mehr das Anschleichen der Gruppe erleichtern.
Ein Spieler steht als Beobachter an einem bestimmten Platz. Alle anderen sollen sich aus einer festgelegten Entfernung ungesehen an den Beobachter heranschleichen. Wer dabei jedoch erkannt wird, wird aufgerufen und muß an den Ausgangspunkt zurück. Nach einer bestimmten Spielzeit (etwa zehn Minuten) erfolgt ein Pfiff, und alle Spieler stehen auf. Sieger ist derjenige, der sich am weitesten an den Beobachter herangeschlichen hat.
Der Spielleiter achtet darauf, daß die erkannten und aufgerufenen Spieler tatsächlich an ihren Ausgangspunkt zurückgehen.
Abwandlung: Der Spielleiter oder ein benannter Spieler geht langsam durch den Wald (möglichst dichtes Buschwerk). Die Spieler verfolgen ihn, müssen sich aber ständig verstecken. Der Spielleiter schaut sich unregelmäßig um, und denjenigen, den er erkennt, ruft er beim Namen und nennt sein Versteck. Diese Spieler dürfen ihn nicht weiter verfolgen. An einer geeigneten Stelle versteckt sich der Spielleiter, gibt ein Signal und alle versuchen, ihn zu finden. Wer entdeckt ihn zuerst?

Den Kuckuck (Pfeifer) suchen

Spielerzahl: 5 bis 15
Ein Spieler der Gruppe erhält den Auftrag, sich im Umkreis von etwa 150 bis 200 m zu verstecken. Er bekommt eine Pfeife mit, die sich im Ton deutlich von der des Spielleiters unterscheidet. Sobald er sein gut getarntes Versteck eingenommen hat, pfeift er zweimal hintereinander. Daraufhin beginnen die übri-

gen Spieler mit dem Suchen. Der Versteckte muß von Zeit zu Zeit erneut pfeifen, wobei er die Lautstärke ändern darf, er verharrt ganz ruhig, bis er gefunden wurde. Derjenige, der ihn entdeckte, darf sich im nächsten Spieldurchgang verstecken.
Ist keine Pfeife vorhanden, so ahmt der Versteckte den Ruf des Kuckucks nach.

Versteckspiel

Spielerzahl: 6 bis 12
Wir wählen für dieses Spiel ein Gelände mit vielfältigen Deckungsmöglichkeiten aus (Bäume, Hecken, große Steine, Gräben, Sandgruben). Das Spiel beginnt, indem der Sucher zunächst sein Gesicht einem Baum oder einem Zaun zuwendet oder sich auch vor einem großen Stein niederhockt (Anschlagstelle) und laut und langsam bis zwanzig zählt. Es kann auch ein Vers aufgesagt werden. Hat er die letzte Zahl oder das letzte Wort des Reimes gesprochen, so darf er mit dem Suchen beginnen. Inzwischen müssen sich alle Spieler in dem vorher begrenzten Spielfeld versteckt haben.
Hat der suchende Spieler einen Versteckten gefunden und erkannt, so läuft er zur Anschlagstelle zurück und berührt sie mit dem Ruf „Anschlag für ... (Name)!" Der Entdeckte jedoch versucht ebenfalls, und zwar vor dem Sucher, die Anschlagstelle zu erreichen. Gelingt ihm das, so ist er mit den Worten „Anschlag für mich!" frei, und der Sucher bemüht sich, die übrigen Spieler zu finden. Diese passen aber ihrerseits eine günstige Gelegenheit ab, um zur Anschlagstelle zu laufen und sich „freizuschlagen". Sind alle Spieler versammelt, so beginnt ein neues Spiel, in dem der Spieler zum Sucher wird, der zuerst abgeschlagen wurde. Blieb der Sucher erfolglos, so muß er ein zweites Mal die Aufgabe übernehmen.

Verschollene suchen

Spielerzahl: 20 bis 30
Als Parteispiel können wir folgende Form im Wald oder in einem Gelände mit vielfältigen Deckungsmöglichkeiten durchführen: Die Spieler der einen Partei, die Verschollenen, haben einige Minuten Zeit, um sich in einem abgegrenzten Spielfeld zu verstecken. Sie müssen sich gut tarnen, können in Sträucher kriechen oder auf Bäume klettern, damit sie von der anderen Partei nicht sofort gefunden werden. Nach der abgelaufenen Zeit zum Verstecken beginnt das Suchen auf ein Signal des Spielleiters. Sind alle Verschollenen gefunden worden, so wird die Zeit, die dazu benötigt wurde, festgestellt.
Dann wechseln die Parteien ihre Rollen. Sieger ist die Partei, die in der kürzesten Zeit alle Verschollenen entdeckt hat.
Bemerkung: Keinen zu großen Geländeabschnitt wählen. Für je fünfzehn Spieler in einer Partei genügt ein Spielfeld von etwa 100 m × 100 m. Natürlich richtet sich die Größe des Feldes auch nach dem Charakter des Geländes. Je dichter und unübersichtlicher das Gelände, desto kleiner das Spielfeld!
Es kann auch so gespielt werden, daß eine Partei in dem abgegrenzten Spielfeld 20 bis 30 Fähnchen versteckt, die von der anderen Partei in einer festgelegten Zeit gesucht werden müssen. Dann werden die Aufgaben gewechselt. Welche Mannschaft fand innerhalb der Suchzeit die meisten Fähnchen?

Schatzsucher

Zwei Mannschaften tauschen je einen Spieler aus, der in der anderen Mannschaft als Beobachter auftritt. Beide Mannschaften gehen nun einen Schatz „vergraben" (verbergen). Dann kehren sie zum Ausgangspunkt zurück. Die Beobachter begeben sich wieder in ihre

Partei und beschreiben das Versteck. Nun gehen beide Mannschaften nach der Beschreibung ihres Beobachters auf die Schatzsuche. Die Beobachter bleiben zurück. Welche Mannschaft findet zuerst einen Schatz?

Suchspiel mit Aufgaben

Es werden fünf bis zehn Zettel vorbereitet, auf denen Aufgaben genannt werden, die von einer Spielergruppe im Gelände ausgeführt werden können (z. B. Sammeln bestimmter Pflanzen, Blätter, Steine usw.; naturkundliches Erkennen; Entfernungsschätzen; Klettern; bestimmte Markierungen anbringen u. a. m.). Diese Zettel werden vom Spielleiter im Gelände versteckt. Eine Gruppe von Spielern geht nun auf die Suche, um die Zettel zu finden und die Aufgaben zu lösen. Nach einer bestimmten Zeit ertönt das Signal, und die Gruppe muß zum Ausgangspunkt zurück. Der Spielleiter und seine Helfer zählen die gefundenen Zettel, kontrollieren die Aufgaben und legen die Wertung fest. Dann werden die Zettel an den gleichen Stellen versteckt, und die zweite Gruppe, die bis jetzt anders beschäftigt wurde, geht auf die Suche. Welche Mannschaft löst in der vorgesehenen Zeit die Aufgaben am erfolgreichsten?
Abwandlung: Eine Schwierigkeitssteigerung besteht darin, daß die Zettel in einer festgelegten Reihenfolge gefunden werden müssen. Dazu wird das Versteck des nächsten Zettels auf dem vorausgehenden beschrieben.

8.2. Spursuch- und Jagdspiele

Treibjagd (Kesseltreiben)

Spielerzahl: 20 bis 40
In einem durch Wege, markierte Bäume oder Fähnchen begrenzten Spielfeld versteckt sich die eine Partei, das Wild. Um diesen markierten Geländeabschnitt herum verteilen sich die Spieler der zweiten Partei, die Jäger. Sie sind durch Armbinden gekennzeichnet. Auf ein Signal beginnen sie mit der Treibjagd und engen den Kessel konzentrisch ein. Die Jäger bemühen sich, das „hochwerdende Wild" abzuschlagen, welches jedoch versucht, die Jägerlinie zu durchbrechen, um aus dem Spielfeld hinauszulaufen. Derjenige, dem es gelingt, den abgegrenzten Geländeabschnitt unabgeschlagen zu verlassen, ist gerettet.
Ist alles Wild aufgebracht, so wird die Jagdbeute gezählt. Dann wechseln die Parteien ihre Rollen, und ein neuer Durchgang beginnt. Welche Partei konnte als Jäger die meisten „Abschüsse" erzielen?

Irrlicht (Glühwürmchen)

Spielerzahl: 10 bis 20
Spielgeräte: 2 oder 3 Taschenlampen
Bei diesem Abend- oder Nachtgeländespiel für ältere Teilnehmer schicken wir zwei oder drei Spieler (je nach Stärke der Gruppe) mit einer Taschenlampe in das gut bekannte Gelände. Sie können ihren Weg innerhalb des Spielgeländes nach Belieben wählen, müssen aber ab und zu ihre Lampen aufleuchten lassen. Nach etwa einer Minute folgen die übrigen Spieler, sie sollen die „Irrlichter" fangen. Werden diese in einer bestimmten Zeit nicht abgeschlagen, so haben sie das Spiel gewonnen.

Diebe fangen

Spielerzahl: 10 bis 20
Drei oder vier Diebe haben bestimmte, nicht zu leichte Gegenstände (größere Steine, Rundhölzer) entwendet und werden von der Polizei gesucht. Die Diebe haben einen gewissen

Vorsprung (auf die Länge des gesamten Spielfeldes abstimmen) und versuchen, ihre Beute zu einem bestimmten Ziel zu bringen. Gelingt es den Verfolgern nicht, sie vorher abzuschlagen, so haben die Diebe das Spiel gewonnen.

Es kann auch nach Zeit gespielt werden. Aufgabe der Polizei ist es dann, die Diebe in etwa fünfzehn Minuten einzufangen. Diese verstecken und tarnen sich mit ihrer Beute im begrenzten Gelände. Die Polizei ist erfolgreich, wenn sie mindestens zwei Drittel der Diebe fängt.

Schnitzeljagd (Fuchsjagd)

Spielerzahl: 10 bis 40

Spielgerät: Säge- oder feine Hobelspäne

Die beliebten Schnitzeljagden werden in größeren Geländeabschnitten gespielt und gehen über Wiesen, durch Heide, Feld und Wald (vgl. auch Abwandlungen zur Schnitzeljagd auf Ski, S. 359).

Zwei oder auch mehr Füchse legen mit ihren Schnitzeln eine Spur. Nach etwa zehn Minuten folgen die Jäger den Füchsen und versuchen, sie zu fangen (Abschlag mit der Hand, Wollfäden abreißen). Die Spielgruppe kann auch in zwei gleich starke Parteien, in Füchse und Jäger, aufgeteilt werden.

Folgende *Spielweisen* haben sich bewährt:

a) Wurden die Füchse in einer halben oder in einer Stunde nicht eingeholt und abgeschlagen, so haben sie gewonnen. Sie setzen sich nach dieser Zeit gut sichtbar nieder und erwarten die Verfolger.

b) Es wird von vornherein festgelegt, daß sich die Füchse nach einer halben Stunde zu verstecken haben. Dann markieren sie ein vorher verabredetes Zeichen (Kreis, Pfeil). Dieses bedeutet, daß sie sich in einem Umkreis von etwa hundert Schritten aufhalten. Hierbei gibt es zwei Wertungsmöglichkeiten:

— Sobald der erste Verfolger dieses Zeichen erreicht, müssen die Füchse in zehn Minuten gefangen sein, sonst haben die Jäger verloren. Die Zeit kontrolliert der Spielleiter, der sich an der Markierung oder aber bei der größten Anzahl der Spieler, den Jägern, befindet.

— Wir beabsichtigen von vornherein, zwei Schnitzeljagden durchzuführen. Dazu teilen wir die Spieler in zwei gleich starke Gruppen ein, von denen jede einmal Spurlege- und Jagdgruppe ist. Die von jeder Gruppe benötigte Verfolgungszeit wird miteinander verglichen. Es rechnet die Zeit vom Beginn des Versteckens bis zum Auffinden aller Füchse durch die Verfolgergruppe. Hierbei werden die Verfolger zu schnellem Tempo angehalten, weswegen sich diese Spielweise besonders für die Entwicklung der Schnelligkeitsausdauer eignet.

Der Spielleiter sollte hier in der Schnitzelgruppe sein, damit auch wirklich von den Füchsen die geforderten Regeln eingehalten werden (in bezug auf das Schnitzelstreuen, Umkreisweite des Versteckens, annähernd gleiche Bedingungen bei der Geländewahl).

Es siegt die Gruppe, die in kürzester Zeit, von dem Augenblick des Versteckens der Füchse bis zum Auffinden aller, die Schnitzeljagd für sich entscheiden konnte.

c) Die Füchse legen ihre Spur zu einem bestimmten Ziel, das ihnen der Spielleiter nennt und das ihnen aus anderen Wanderungen auch schon bekannt ist. Er selbst läuft aber mit den Jägern mit, um notfalls die Verfolgung etwas lenken zu können (bei zu großem Zeitverlust). Erreicht die Mehrzahl der Füchse unabgeschlagen das Ziel, so haben sie gewonnen.

Aber auch hier kann das Verstecken und Suchen angeschlossen werden. Das vorher festgelegte Ziel kann sogar der Ablaufort sein. Die Spur muß dann sehr geschickt gelegt werden. Es ist gut, wenn hierbei zwei Spielleiter — jeder bei einer Gruppe — mitgehen können.

Haben die Füchse ihren Schnitzelvorrat vorzeitig aufgebraucht, so markieren sie ein vorher festgelegtes Zeichen. Das Spiel wird dann so fortgesetzt, wie es bei der zweiten Spielweise beschrieben wurde.

Spielregeln:

— Die Füchse können auch täuschende und blinde Fährten legen, die nicht weiterführen. Diese dürfen aber nicht länger als fünfzig Schritte sein.

— Die Schnitzel müssen mindestens in einem Abstand von fünfzig Schritten gestreut werden. Größere Abstände sind nicht gestattet.

— Die Verfolger müssen die festgesetzte Sperrzeit einhalten.

— Beim Spiel mit gleich starken Parteien zählt jeder innerhalb der Fangzeit oder vor Erreichen des Zieles abgeschlagene Fuchs einen Punkt.

Bemerkungen: Säge- oder feine Hobelspäne werden benutzt, um das Gelände nicht mit Papierschnitzeln zu verschmutzen. Die Kinder sind auf ordentliches Verhalten im Gelände hinzuweisen: Nicht über bebaute Äcker laufen, kein Durchqueren von Einfriedungen gestatten, frisch aufgeforstetes Gelände (Schonungen) meiden!

8.3. Angriff, Durchbruch und Verteidigung

Kampf um die Fahnen

Spielerzahl: 2 Parteien mit jeweils 10 bis 20 Spielern

Spielfeld: Etwa 400 m × 100 bis 200 m

Spielgeräte: 10 bis 20 Fähnchen (in zwei verschiedenen Farben), Holzpflöcke

Auf jeder Seite eines Waldweges befindet sich eine Partei in einem abgegrenzten Spielfeld von etwa 200 m × 200 m. In diesem Gebiet verteilt jede Partei unregelmäßig ihre fünf bis zehn Fahnen (Wimpel, Fähnchen), die sich von denen des Gegners in der Farbe unterscheiden (Abb. 181). Jede Fahne steckt in einem durch Holzpflöcke (größere Stöcke) markierten Quadrat von etwa 4 m Seitenlänge und darf nur von einem Spieler bewacht werden. Ihre Wächter zurücklassend, begeben sich die übrigen Spieler jeder Partei in das gegnerische Feld, um dort Fahnen zu erobern. Wächter und Läufer jeder Partei dürfen sich im Spielverlauf natürlich abwechseln.

Spielregeln:

— Wer im gegnerischen Spielfeld abgeschlagen wird, gilt als gefangen und muß ins Gefangenenmal, das sich im hinteren Spielfeld jeder Partei befindet und ebenfalls nur von einem Spieler bewacht werden darf. Die Gefangenen können durch Handschlag befreit werden.

— Derjenige, dem es gelingt, ein feindliches Fahnenquadrat unabgeschlagen zu betreten, hat die Fahne erobert und bringt sie bei *freiem* Rückzug ins eigene Spielfeld, wo sie in das Beutemal zu stecken ist (vgl. Abb. 181).

— Fahneneroberer, Befreier und befreite Gefangene müssen erst ins eigene Spielfeld zurück, bevor sie sich wieder am Kampf beteiligen können.

— Die erbeuteten Fahnen können vom Gegner zurückerobert werden. Dabei aber hat der Eroberer keinen freien Rückzug, sondern er darf bis zum Grenzweg verfolgt und abgeschlagen werden. Die Farbe der Fahne zeigt den Verteidigern, daß es sich um eine zurückeroberte Fahne handelt.

— Es wird eine bestimmte Zeit gespielt (z. B. dreißig Minuten) oder so lange, bis sämtliche Fahnen einer Partei erobert wurden.

— Die Ermittlung des Siegers erfolgt dann folgendermaßen: Für jede eroberte Fahne gibt es zwei Punkte, für jeden dann noch gefangenen Spieler einen Punkt. Die Partei mit den meisten Punkten hat gewonnen.

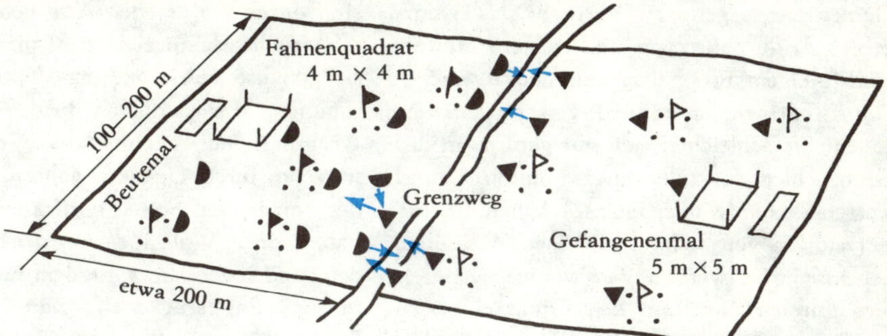

Abb. 181 Kampf um die Fahnen

Partisanen

Spielerzahl: 10 bis 20 in jeder Partei
Spielgeräte: Papierstreifen, Bindfaden
Feinde haben das Land überfallen. Partisanengruppen setzen sich zur Wehr. Eine Telefonleitung der Eindringlinge muß zerstört werden.
Die Telefonleitung wird durch eine Anzahl von Bäumen markiert, die entlang eines Weges stehen und um die Papierstreifen gebunden werden. Diese Leitung wird bewacht. Es müssen entschieden mehr Bäume markiert werden, als Wächter vorhanden sind.
Die Partisanen greifen einzeln oder in kleinen Gruppen an, schleichen sich heran, führen Scheinangriffe durch und versuchen, die Papierstreifen abzureißen, ohne von den Wächtern abgeschlagen zu werden. Gelingt ihnen das, so haben sie freien Rückzug. Wer abgeschlagen wird, muß in ein Gefangenenmal, das sich etwa 20 m hinter der Telefonleitung (Baumreihe) befindet. Die Gefangenen können durch Handschlag erlöst werden und haben dann mit ihren Befreiern ungehinderten Rückzug.
Nach einer bestimmten Spielzeit wechseln die Parteien ihre Rollen. Welcher Partisanengruppe gelang es, die meisten Papierstreifen abzureißen?
Wenn das Spiel beendet ist, werden alle Papierstreifen von den Bäumen entfernt und Papierfetzen aufgelesen.
Abwandlungen:
a) Noch lebhafter wird das Spiel, wenn die Partisanen ebenfalls Gefangene einbringen können, die natürlich auch wieder befreit werden dürfen. Man spielt dann mit Wollfäden, die abgerissen werden müssen. Bei dieser Variante müssen einige Wollfäden als Reserve vorhanden sein, damit sich die Spieler nach der eventuellen Befreiung wieder am Kampf beteiligen können.
b) Die Telefonleitung kann auch eine etwa 100 m lange Schnur sein, die im Gelände gut zu tarnen und versteckt anzubringen ist. Welche Partei findet in der kürzesten Zeit die Leitung?

Grenzschutz

Spielerzahl: 2 gleich starke Parteien von je 20 Spielern
Spielgeräte: Wollfäden, Papierstreifen, Bindfaden
Ein etwa 300 m langes und 100 m breites, möglichst mit dichtem Unterholz oder Gestrüpp versehenes Waldstück kennzeichnen wir durch Papierstreifen, die an Bäume gebunden werden. Eine Partei, die den Auftrag hat, die Grenze zu schützen, besetzt das

Gebiet. Die Gegenpartei versucht, das Grenzgebiet zu durchbrechen und sich im Hinterland in einem Freimal zu sammeln.
Die Eindringlinge können verschieden vorgehen: Sie schleichen sich gut getarnt in das Grenzgebiet ein oder sogar hindurch und werfen Kienäpfel oder Holzstückchen, um die Verteidiger von sich abzulenken. Auffällige Scheinangriffe werden von wenigen Angreifern durchgeführt, um den Grenzschutz zu verwirren. Mit einem schnellen Lauf versuchen sie, das Grenzgebiet zu durchqueren.
Die verteidigende Partei muß das ganze Gebiet deshalb zweckmäßig gestaffelt besetzen, um den Gegnern keine Lücke zum Durchschlüpfen zu lassen. Durch Abreißen der Wollfäden werden die Angreifer unschädlich gemacht; sie müssen sich dann in ein Gefangenenmal begeben, welches am hinteren Rand des Spielfeldes liegt.
Nach Spielschluß werden die Gefangenen gezählt. Wer sich bis dahin noch im Grenzgebiet befindet, der gilt ebenfalls als gefangen. Dann wechseln die Parteien ihre Rollen. Gewonnen hat die Partei, die die meisten Eindringlinge gefangennahm.
Abwandlung: Noch interessanter wird das Spiel, wenn die Gefangenen befreit werden dürfen (Handschlag). Erlöser und Befreite haben dann freien Abzug aus dem Grenzgebiet.

Vereinigung

Spielerzahl: 20 bis 40
Spielgeräte: Wollfäden, Pappstückchen
Zwei um die Einheit ihres Landes kämpfende Volksstämme sind von Kolonialtruppen getrennt worden. Die Volksstämme wollen sich wieder vereinigen, was die Eindringlinge zu verhindern suchen.
Die Kolonialtruppen besetzen einen großen Geländestreifen, der die „Stämme“ trennt, sie sind durch ein um den Arm gebundenes Taschentuch gekennzeichnet. Zahlenmäßig sind sie genauso stark wie die Volksstämme zusammen, die sich von beiden Seiten, die Deckungsmöglichkeiten des Geländes ausnutzend, ihren Gegnern nähern. Alle Spieler der von beiden Seiten anrückenden Parteien haben einen Wollfaden um den Arm gebunden, und jeder hat außerdem noch zwei einfarbige Pappstückchen, zum Beispiel die Spieler der einen Partei rote, die der anderen schwarze. Die um ihre Vereinigung kämpfenden Stämme versuchen nun, ohne durch die Kolonialtruppen ihren Wollfaden zu verlieren, sich einander zu nähern und eines ihrer farbigen Pappstückchen auszutauschen, so daß dann jeder ein rotes und ein schwarzes hat. Wer seinen Wollfaden verliert, der muß dem Gegner die farbigen Karten aushändigen und geht zum Sammelplatz.
Die Vereinigung ist gelungen, wenn nach einer bestimmten Spielzeit die Hälfte der Angehörigen des „gespaltenen“ Volkes ihre farbigen Karten austauschen konnte, ohne den Wollfaden verloren zu haben. Im nächsten Spiel werden die Rollen getauscht.
Das Spielfeld darf nicht zu klein bemessen sein, damit die um ihre Vereinigung kämpfenden Spieler auch Gelegenheit haben, nach ihren Partnern zu suchen, was jedoch nicht einfach ist, wenn schon einige ausgeschieden sind.

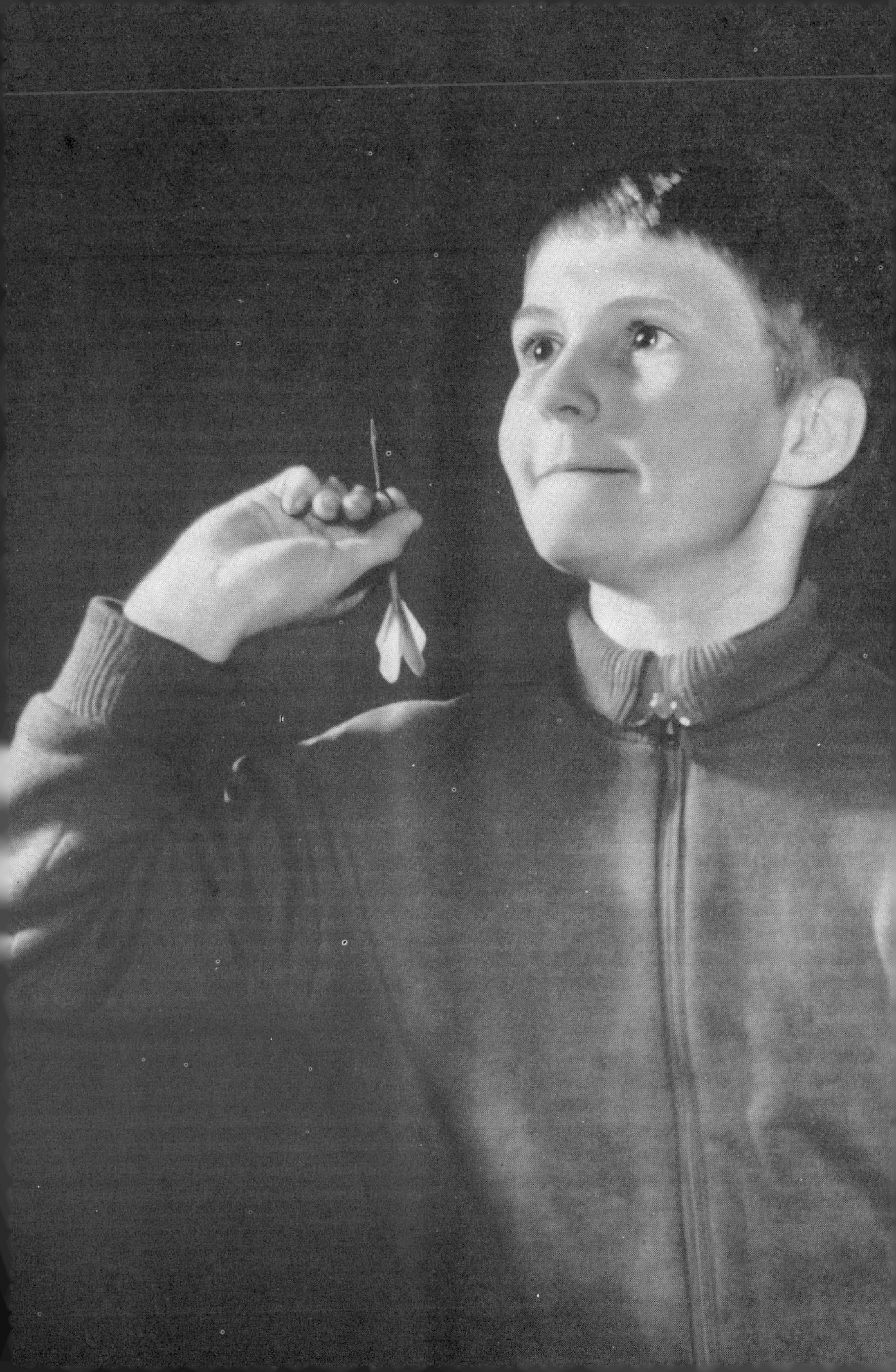

9 Heimspiele

Charakter der Heimspiele

Mit der Aufnahme von freudvollen Heimspielen in diese Spielsammlung, die der Gemeinschaftserziehung dienen und auch gewisse Bewegungsanforderungen enthalten, folgen wir dem Wunsch zahlreicher Lehrer und Pionierleiter, welche diese Formen für Gruppennachmittage in der Schule, für Ferienheime und Zeltlager, für Baudenabende im Winter und auf Wanderungen benötigen.
Dem Charakter dieses Handbuches entsprechend, mußte aus der Fülle der Heimspiele eine Auswahl getroffen werden. So gehören in diese Sammlung nicht die Spiele hinein, die ausschließlich durch Denken und Raten, allerlei Kniffe, „Zaubereien" und ähnliches gekennzeichnet sind. Nach dem Gesichtspunkt der körpererzieherischen Werte haben wir nur solche Spielformen aufgenommen, die, wenn mitunter auch nur in geringem Maße, so doch Kraftproben darstellen, schnelles Handeln verlangen, abgemessene Bewegungen, Gleichgewicht oder Zielgenauigkeit fordern und so die allgemeine Geschicklichkeit schulen. Bei den angeführten Spielformen mit geschlossenen Augen stehen der Spaß und die Freude im Vordergrund.
Vom Standpunkt der Systematik muß bemerkt werden, daß derartige Heimspiele sich ihrem Inhalt nach auch in andere Kapitel dieses Buches einordnen ließen. Dagegen sprachen jedoch zwei Gründe: Erstens eignen sich die hier beschriebenen Heimspiele nicht für den Sportunterricht und den Übungsbetrieb in der Sportgemeinschaft, und zweitens sollen dem Praktiker die für Heim- und Hüttenabende geeigneten Spielformen zusammengefaßt dargeboten werden, um ihm ein langes Suchen in anderen Kapiteln zu ersparen. Andererseits sind natürlich in den Kapiteln „Kraft- und Gewandtheitsspiele" und „Spiele zur Übung der Sinne" (beruhigende Spiele) zahlreiche Formen enthalten, die sich auch als Heimspiele eignen. Um diese nicht doppelt beschreiben zu müssen, haben wir sie deshalb in jeder Gruppe einleitend genannt, so daß man dort im jeweiligen Kapitel schnell nachschlagen kann.
Selbst einige an einen festen Ordnungsrahmen gebundene Laufspiele sind noch möglich (obgleich sie im engeren Sinne nicht als Heimspiele bezeichnet werden können), wenn die räumlichen Verhältnisse im Heim, im Turnzimmer oder in Betriebsräumen nicht gar zu beengt sind. Dabei wird man vor allem erschwerende Fortbewegungsarten anwenden (vgl. Abb. 9, S. 60ff.). Beispiele: Staffeln mit Geräten und Bällen (S. 134), Lustige Staffeln (S. 136), Der Plumpsack geht um! (S. 141), Einfache Partnersuchspiele (S. 144), Kreishüpfen (S. 143), Kreisfangen (Rettender Kreis) (S. 187).
Bei Singspielen, von denen ja der größte Teil auf kleinem Raum gespielt werden kann und die deshalb auch als Heimspiele möglich sind, haben wir auf eine nochmalige Angabe verzichtet.
Auch die Heimspiele haben wir nach bestimmten Gesichtspunkten geordnet. Folgende Einteilung hielten wir für angebracht:

9.1. Kraftproben
9.2. Geschicklichkeit und Gleichgewicht
9.3. Genaues Beobachten — Schnelles Handeln
9.4. Spielformen bei geschlossenen Augen

Hinweise zur Durchführung:
Die Heimspiele sollen vor allem zur Gemeinschaftserziehung beitragen. Das Erleb-

nis, die Erinnerung an schöne Stunden in froher Runde, das Gefühl der Gemeinsamkeit sind wichtiger als zum Beispiel der Kräftevergleich oder die größere Geschicklichkeit bei dieser oder jener Spielform.

Bei den Heimspielen sitzen die Spieler am besten alle in einem großen Kreis; jeder kann jeden und auch die Spielfläche gut sehen. In zahlreichen Formen sind nur einige Mittelspieler zur Belustigung der Zuschauenden beteiligt, in anderen spielen alle mit. Es können natürlich auch bei einer größeren Spielerzahl zum Teil zwei oder drei Gruppen gebildet werden, um mehrere Spieler an die Reihe kommen zu lassen. Bei den Kraft- und Geschicklichkeitsproben werden die siegreichen Spieler in der Regel von den Zuschauern herausgefordert. Bei den meist kurzen Spielvorgängen ist ein mehrmaliger Wechsel der Beteiligten möglich.

Bei etlichen Formen wird die Spielfreude aller durch eine kleine List oder Überraschung ausgelöst. Um solch ein Spiel dann einige Male durchführen zu können, müssen gleich mehrere Teilnehmer, denen das Spiel nicht bekannt ist, aus dem Raum geschickt werden. Aber nicht mehr als drei oder vier Spieler hinausschicken, damit diese nicht zu lange warten müssen.

Für diese oder jene Spielform sind besonders geeignete Spieler auszuwählen. Mitunter ist es ratsam, die sich allzu „klug“ und „kräftig“ dünkenden Spieler hineinzulegen.

Beim Zusammenstellen von Paaren zu kleinen Wettbewerben ist auf ein annähernd gleiches Kräfteverhältnis zu achten.

Auch Heim- oder Hüttenspiele wollen gut ausgewählt und vorbereitet sein. Die erforderlichen kleinen Spielgeräte müssen bereitgestellt und bestimmte Vorkehrungen getroffen werden.

Auf der anderen Seite sollten die während des Spielens geäußerten Wünsche der Gruppe nicht unberücksichtigt bleiben.

Keine Spielverderber dulden! Alle Teilnehmer durch geschickte Führung (für jeden etwas) zum freudigen Mitspielen bringen.

9.1. Kraftproben

Aus dem Kapitel Kraft- und Gewandtheitsspiele (S. 297 bis 315) lassen sich folgende Formen auf kleinem Raum ausführen; sie sind deshalb auch als Heimspiele geeignet:

Ziehkampf (Ziehen über den Strich, Grenzkampf),
Ziehkampf im Liegestütz,
Kampf um den Ball (Stabringen),
Tauziehen im Viereck oder Kreis,
„Tauziehen ohne Tau“ (mit kleinen Mannschaften),
Schiebekämpfe,
Ausbrechen (in einem kleinen Kreis gespielt),
Ringender Kreis (Deckelziehen), ebenfalls in einem kleinen Kreis gespielt.

Als neue Spiele kommen hinzu:

Faustschiebekampf

Diese wie auch die nächste Kraftprobe können wir an jedem Tisch durchführen. Jeweils zwei Spieler sitzen sich gegenüber. Sie legen ihre Fäuste in der Mitte des Tisches aneinander. Auf ein Signal hin versucht jeder, die Fäuste seines Gegenübers vom Tisch zu schieben. Wer es schafft, der sucht sich einen anderen Sieger.

Fingerhakeln

Wie beim vorhergehenden Spiel sitzen sich zwei Spieler gegenüber, hakeln nun aber ihren Mittelfinger der rechten oder linken Hand ein und versuchen, sich gegenseitig über den Tisch zu ziehen.

Kniedrücken

Spielgeräte: 2 Stühle
Jeweils zwei Jungen sitzen sich gegenüber. Einer von ihnen hält die Oberschenkel zusammen. Der andere nimmt diese mit seinen Knien in die Zange. Der „innere" Spieler versucht nun, die Knie nach außen zu drükken; der „äußere" stemmt mit aller Kraft dagegen. Wer wird innerhalb der festgesetzten Zeit Sieger? (Spielleiter zählt z. B. bis zehn.) Nach Rollentausch kann der Gewinner von einem anderen herausgefordert werden.

In die Knie zwingen

Zwei Spieler stellen sich mit dem Gesicht zueinander auf, heben die Arme hoch (Handflächen der Gegner aneinander) und flechten die Finger ihrer Hände ineinander. Nun versucht jeder, seinen Gegner zu besiegen, indem er ihm die Handgelenke nach hinten biegt, dann seine Arme beugt, um ihn in die Knie zu zwingen.

Ziehkampf (gefesselt)

Spielgeräte: Sprungseile oder Riemen
Zwei Jungen werden, Rücken an Rücken stehend, oberhalb der Brust und an den Oberschenkeln zusammengebunden, die Arme bleiben frei. Etwa 1 m vor jedem Spieler zieht man am Boden einen Kreidestrich, den jeder der beiden Jungen mit seinem „Rucksack" zu überschreiten versucht.

Genickziehen

Spielgerät: Ein langer Riemen
Zwei Spieler stehen sich in Bankstellung dicht gegenüber. Um den Nacken haben sie einen zusammengeschnallten Riemen gelegt. Etwa einen Schritt hinter jedem ist eine Linie markiert, über die es den Gegner hinwegzuziehen gilt. Die Hände müssen während des Ziehkampfes am Boden bleiben. Nacken steif machen!
Wird in Ermangelung eines Riemens ein zusammengeknotetes Seil benutzt, ist den beiden ein Handtuch in den Nacken zu legen, um ein Einschneiden des Seiles zu verhindern.

Münze schieben

Ein Spieler geht in den Liegestütz, darf aber seine Fußspitzen nicht über eine bestimmte Linie hinwegsetzen. Er stützelt vor und versucht dann, mit weit ausgestrecktem Arm eine Münze oder einen anderen kleinen Gegenstand auf den Boden zu legen, ohne dabei jedoch in die Bauchlage zu geraten. Nachdem er zurückgestützelt ist, versucht nun ein zweiter Spieler unter Einhaltung der genannten Spielregeln, den Gegenstand noch weiter zu schieben, dann ein dritter usw. Wer bringt ihn am weitesten? Wer mit dem Bauch den Boden berührte, der scheidet aus.
Die jeweiligen Teilnehmer sollten möglichst gleich groß sein, um kleinere Spieler nicht zu benachteiligen.

Armbeuge

Dies ist eine Kraft- und Geschicklichkeitsprobe zugleich, die aber nur für körperlich gut entwickelte Sportler auszuwählen ist. Ein Spieler begibt sich in den Liegestütz seitlings, den freien Arm an der Seite angelegt. Nun soll er den Stützarm beugen und mit dem Mund einen kleinen Gegenstand aufnehmen, ohne sich anderweitig dabei zu stützen. Der aufzuhebende Gegenstand liegt dicht neben der

Stützhand. Will es durchaus nicht gelingen, so kann man zunächst zur Erleichterung gestatten, daß die Beine gespreizt werden, um eine größere Unterstützungsfläche zu schaffen. Diese Spielform eignet sich nicht für Kinder.

Gewicht aufrollen

Zwei annähernd gleich große Spieler stehen nebeneinander und strecken die Arme waagerecht nach vorn aus. Sie halten jeder einen runden Stab (30 bis 40 cm lang), an dessen Mitte ein etwa 2 m langer Bindfaden befestigt ist. Am Ende des Bindfadens hängt ein Gewicht (beide Gewichte sind natürlich gleich schwer). Welcher Spieler hat den Bindfaden mit dem Gewicht zuerst aufgerollt? Die Arme bleiben stets in Vorhalte.
Soll die Aufgabe noch schwieriger gestaltet werden, so läßt man die Spieler auf eine Bank steigen.

9.2. Geschicklichkeit und Gleichgewicht

Vergleiche auch die Beispiele für lustige Staffeln (S. 136f.).
Aus dem Kapitel „Kraft- und Gewandtheitsspiele" eignen sich für diese Gruppe folgende auch als Heimspiele:
Grubenkampf,
Hahnenkampf (Hinkekampf),
Hockkampf (Wer hockt am längsten?),
Umstoßen,
Steirisch Ringen (Älplerisch Ringen, Rangeln),
Kampf auf der Linie,
Stoß von der Bank,
Steifer Mann (Toter Mann, Puppe),
Beinhakeln,
Füße weg!,
Wechselwalze.
Folgende neue Spiele fügen wir hinzu:

Schmaler Pfad

Spielerzahl: Jeweils 2, mehrere Paare spielen nacheinander
Zwei Spieler sollen auf einer Turnbank oder auf einem schmalen auf den Boden gezeichneten Kreidepfad aneinander vorbeigehen, ohne den Pfad zu verlassen. Wer den anderen behindert, der muß selbst achtgeben, nicht vom Wege abzuweichen!
Abwandlungen:
a) Jeder Spieler trägt ein volles Wasserglas, aus dem kein Wasser verschüttet werden darf.
b) Jeder Spieler hat eine brennende Kerze in der Hand und soll die des ausweichenden Gegenspielers ausblasen.

Kerze auspusten

Spielerzahl: Jeweils 2, mehrere Paare bilden
Spielgeräte: 2 Kerzen
Zwei Spieler hüpfen auf einem Bein umeinander herum. Jeder hat eine brennende Kerze in der Hand und soll die des Gegners auspusten. Auch als Reiterkampf läßt sich diese Form spielen, jedoch nur mit älteren Kindern und Erwachsenen.

Löffelduell

Spielerzahl: 1 bis 3 Paare spielen gleichzeitig
Spielgeräte: Je Paar 4 Eßlöffel, 2 Kartoffeln, 1 Gymnastikstab
Jeweils zwei Spieler sind durch einen Gymnastikstab (Besenstiel, kleine Bank) oder auch nur durch einen Kreidestrich voneinander getrennt. In der rechten Hand hat jeder einen leeren Löffel, in der linken Hand einen mit einer Kartoffel (Kalkei) darauf. Nun versuchen beide, sich mit dem leeren Löffel gegenseitig die Kartoffel wegzunehmen und die

eigene durch Ausweichbewegungen *vor* dem Körper zu schützen, ohne sich aber dabei abzuwenden!

Einfädeln

Spielgeräte: 1 Weinflasche, 1 Stopfnadel, 1 Faden
Ein Spieler sitzt auf einer umgelegten Flasche und versucht, eine Stopfnadel einzufädeln. Die Beine werden ausgestreckt und übereinandergelegt, so daß nur eine Ferse den Boden berührt. Statt des Einfädelns kann auch eine Kerze angezündet werden, wobei die Zuschauer das Zündholz zureichen.

Bleistift aufheben

Ein Spieler steht mit dem Rücken an der Wand. Die Fersen der geschlossenen Füße berühren die Wand. Zwischen seinen Fußspitzen liegt ein Bleistift, den er aufheben soll, ohne die Füße vom Platz zu bewegen.

Ecken abräumen

Spielgeräte: 2 Bänke, 1 Pfahl, 1 langer Stock, 4 kleine Gegenstände
Über zwei parallel gestellten Bänken liegt quer ein glatter Pfahl von etwa 1,50 m Länge. Auf diesem reitet in der Mitte ein Spieler mit einem Stock in der Hand. Seine Füße dürfen den Boden nicht berühren. Auf jedem Bankende liegt ein Gegenstand (Büchse, Holzklötzchen, Keule), den er *schwungvoll* hinunterschlagen soll.
Wer schlägt alle vier Gegenstände hinunter, ohne selbst hinunterzufallen oder die Füße aufstützen zu müssen.
Nach der Länge der Bänke richtet sich natürlich die Stocklänge.

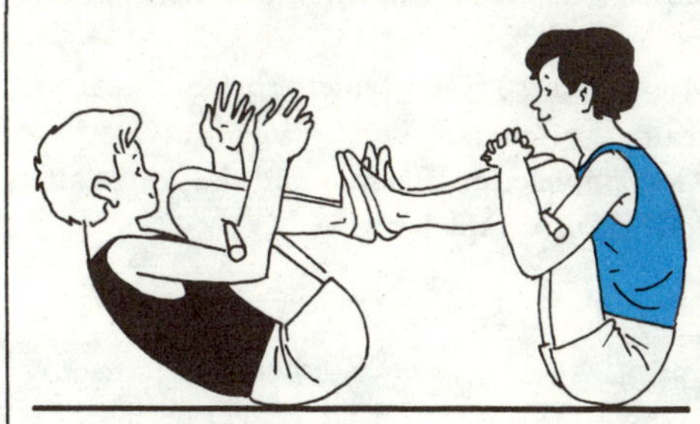

Abb. 182 Sohlenkampf

Sohlenkampf

Spielerzahl: 2, mehrere Paare spielen gleichzeitig
Spielgeräte: Je Paar 2 Gymnastikstäbe oder Schlaghölzer
Zwei Spieler setzen sich mit angehockten Beinen so gegenüber, daß sie ihre Fußballen aneinanderdrücken können. In den Kniekehlen hat jeder einen Gymnastikstab, unter den er die Arme hindurchschiebt und vorn mit geflochtenen Händen die Unterschenkel umfaßt (Abb. 182). Nach einem Startsignal versucht jeder der beiden Spieler, den anderen mit den Fußsohlen nach hinten zu drücken, so daß er das Gleichgewicht verliert und auf den Rücken rollt.

Fischerstechen (Turnierspiel)

Spielerzahl: 2, mehrere Paare spielen nacheinander
Spielgeräte: 2 Hocker, Lanzen, Kissen
In etwa 2 m Abstand stehen sich zwei Jungen auf Hockern (kleinen Turnkästen, Fußbänken) gegenüber. Jeder hat einen mit einem Kissen oder einer Decke umwickelten Schrubber (Besen) und versucht, seinen Gegner durch Stöße gegen Brust und Schulter aus dem „Sattel zu stechen" (Abb. 183). Wer

seinen Hocker verlassen muß, der hat verloren.
Mit diesem „Kampfspiel" beleben wir das uralte „Fischerstechen". (vgl. auch S. 341, Kleine Spiele im Wasser) und das mittelalterliche „Turnierspiel".

Pappdeckelrennen (Büchsen-Wettlauf)

Spielerzahl: 2 bis 12
Spielgeräte: 3 Pappdeckel für jeden Spieler
Dieses Rennen verlangt keine Laufschnelligkeit, sondern vielmehr Geschicklichkeit und gutes Gleichgewichtsempfinden (vgl. auch Zwei-Deckel-Lauf, S. 136). Mehrere Spieler sind mit jeweils drei Pappdeckeln ausgerüstet (10 bis 15 cm Durchmesser), auf denen sie eine kurze Strecke zurücklegen, ohne mit den Füßen den Boden zu berühren. Am Start stellen sie sich auf die zwei hinter der Startlinie liegenden Pappdeckel und legen den dritten so weit nach vorn, daß sie ihn mit einem Fuß gut erreichen können. Dann holen sie den frei gewordenen Deckel nach vorn, stellen den anderen Fuß darauf, um wiederum den letzten Deckel vorzulegen, usw. Wer schafft zuerst ohne Bodenberührung die vorgesehene Strecke?
Abwandlungen: Schwieriger, aber auch spaßiger wird das Spiel, wenn der Wettlauf auf Konservenbüchsen stattfindet (Abb. 184). Als Staffel abgewandelt, gehören zwei bis vier Spieler zu einer Mannschaft. Wer die Ziellinie mit beiden Füßen erreicht hat, der *trägt* die Pappdeckel oder Büchsen schnell zu seinem nächsten Mitspieler.

Kartoffelstaffel

Spielerzahl: 6 bis 15; als Mannschafts- und Einzelwettbewerb möglich
Spielgeräte: Eßlöffel, Kartoffeln
Je nach den Raumverhältnissen werden zwei und mehr Mannschaften von drei bis fünf Spielern gebildet. An jedem Wendemal liegen so viele Kartoffeln (Kalkeier), wie Spieler in einer Mannschaft sind. Der erste jeder Mannschaft läuft nun mit einem Löffel versehen zu den Kartoffeln, lädt ohne Zuhilfenahme der freien Hand eine Kartoffel auf, eilt schnell zurück, wirft die Kartoffel in den bereitgestellten Karton, um dem nächsten

Abb. 183 Fischerstechen

Abb. 184 Büchsen-Wettlauf

Spieler den Löffel zu übergeben und sich hinten anzureihen. Wer seine Kartoffel unterwegs verliert, darf sie ebenfalls nur mit dem Löffel aufheben. Welche Mannschaft hat zuerst alle Kartoffeln geholt?

Münzenstaffel

Zwei Mannschaften stehen oder sitzen sich gegenüber. Der erste Spieler jeder Mannschaft hat auf seinem Handrücken eine Münze liegen. Diese soll er ohne Zuhilfenahme der anderen Hand auf den Handrücken seines Nebenmannes legen. Der gibt sie genauso an den dritten Spieler weiter usf. Bei welcher Mannschaft ist die Münze zuerst hindurchgewandert? Fällt die Münze während des Übergebens hinunter, so muß sie erst wieder auf den Handrücken des Gebenden zurückgelegt werden.

Schrubberhockey

Spielerzahl: 2 bis 8
Spielgeräte: 2 Stühle, 2 Schrubber, 1 Aufwischtuch
Alle Spieler begrenzen mit ihren Stühlen oder Bänken ein rechteckiges Spielfeld. In diesem steht an den beiden Schmalseiten je ein Stuhl, das Tor.
Die gesamte Spielgruppe wird in zwei Parteien eingeteilt. Jede Partei erhält einen Namen und schickt einen Spieler in das Spielfeld. Sein Hockeystock ist ein Schrubber, der Ball ein Aufwischtuch. Mit Bully eröffnet der Schiedsrichter (er sollte eine Pfeife haben!) in der Mitte des Spielfeldes den Kampf, und schon werden die Spieler von ihren Parteien mit dem entsprechenden Mannschaftsnamen angefeuert. Zu heftiges körperliches Spiel ist zu unterbinden. Das Tuch darf nicht mit dem Fuß festgehalten werden. Es erzielt derjenige für seine Partei ein Tor, dem es gelingt, zuerst den „Ball" in das gegnerische Tor (zwischen die Stuhlbeine) zu schieben. Nach einem Tor kommen zwei neue Spieler in das Feld. Ist die Gruppe nicht zu groß, kann so lange gespielt werden, bis jeder einmal an der Reihe war. Andernfalls wird vorher eine Spielzeit festgelegt.
Abwandlung: Es werden zwei Mannschaften von drei oder vier Spielern gebildet, die sich in Linie an den Längsseiten des Spielfeldes gegenüberstehen und von einer Seite her durchzählen. In dieser breiten Gasse liegen zwei Schrubber. Der Schiedsrichter nennt eine Zahl, worauf die betreffenden Spieler je einen Schrubber ergreifen und versuchen, das in der Mitte des Spielfeldes liegende Tuch zu erwischen, um es in das gegnerische Tor zu befördern. Die Mannschaft mit den meisten Toren gewinnt.

Wurfpfeilspiel

Spielerzahl: 2 bis 8; als Einzel- und auch Mannschaftswettkampf möglich
Das Wurfspiel (Darts), in dem in England

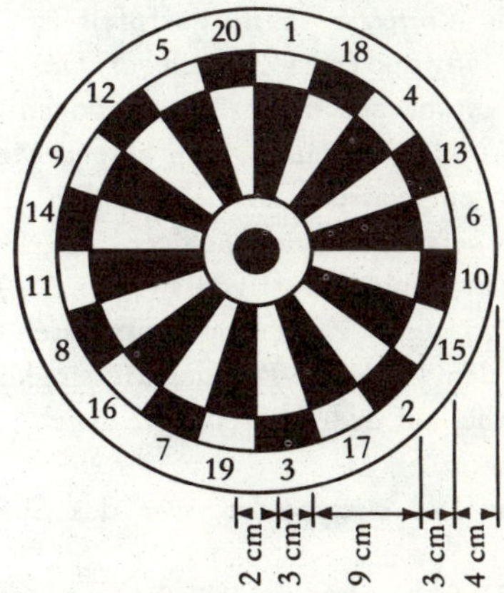

Abb. 185 Zielscheibe

sogar Meisterschaften ausgetragen werden, eignet sich hervorragend als Heimspiel. Es macht in seinen verschiedenen Abwandlungen viel Freude, und bei einiger Übung und Ausgeglichenheit der Spieler kann es sogar spannend sein. Das Wurfpfeilspiel schult außerdem die Wurfgeschicklichkeit und Bewegungsgenauigkeit bei einer kleinräumigen, doch zielsicheren, abgemessenen Armbewegung.

Die Spielgeräte sind:

— *Die Zielscheibe* (Abb. 185): Ihr Durchmesser beträgt etwa 40 cm. Sie ist im Handel erhältlich. Auch eine Scheibe aus *weichem* Holz ist verwendbar. Die Einteilung der Zielscheibe (hier vereinfacht wiedergegeben) zeigt Abbildung 185. Die einzelnen Felder werden am besten durch Drähte voneinander getrennt, sie sind abwechselnd schwarz und gelb bemalt. Ein Wurf ins Zentrum zählt 50 Punkte, in den Raum des kleinen Ringes um das Zentrum 25 Punkte, in einen der Sektoren jeweils die am Rande angegebene Punktzahl, und ein Wurf in den äußeren Ring zählt doppelt. Die Scheibe soll, vom Mittelpunkt gerechnet, 1,60 bis 1,70 m hoch hängen (bei Kindern entsprechend verändern). Die Wurfdistanz beträgt 2,50 bis 3 m. Die Abwurflinie wird deutlich markiert und darf nicht betreten oder übertreten werden.

— *Die Wurfpfeile:* Ein Wurfpfeil ist 14 bis 15 cm lang und etwa 25 g schwer. Der vordere Teil besteht aus einer 3,5 cm langen Stahlspitze und ist in einen 4 cm langen Messingkörper eingelassen, an dem hinten ein aus Plaste gefertigter vierflächiger Flügel von 6 bis 7 cm Länge befestigt ist (Abb. 186).

Daumen und Zeigefinger umfassen beim Wurf den vorderen Teil des Messingkörpers, der dabei auf dem Mittelfinger liegt.

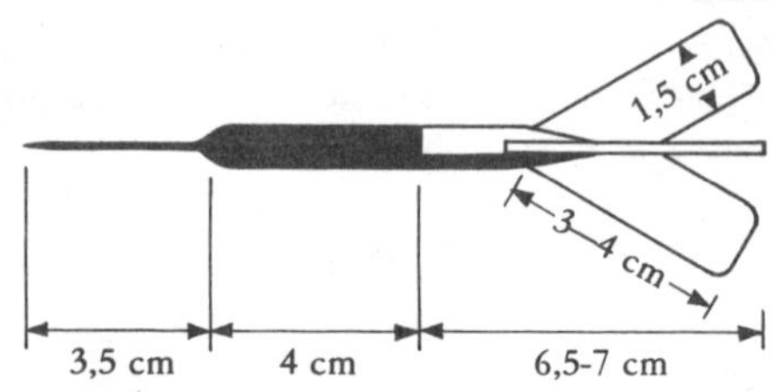

Abb. 186 Wurfpfeil

Spielregeln:

a) Das Los entscheidet, wer das Spiel beginnt.

b) Jeder Spieler hat drei Würfe hintereinander, deren Ergebnisse zusammengezählt werden.

c) Ein Pfeil, der von den Drähten abprallt, zählt als Wurf.

d) Ein Pfeil, der vor dem Auszählen der Punkte herausfällt, gilt als Wurf; die Punkte werden jedoch nicht gezählt.

e) Ein Wurf, der außerhalb des äußeren Ringes die Scheibe trifft, gilt als Wurf, zählt aber 0 Punkte.

f) Bei Mannschaftsvergleichen werden die Ergebnisse der Mannschaftsmitglieder zusammengezählt.

Spielweisen:

a) *Bis zu einer bestimmten Punktzahl spielen*

Das Ziel für den Einzelspieler oder die Mannschaft besteht darin, zuerst eine bestimmte Punktzahl zu erreichen, zum Beispiel 201, 301 oder auch noch mehr Punkte. Man kann ebenfalls so spielen, daß man mit 201 Punkten beginnt und dann jedes Wurfergebnis von dieser Zahl abzieht, bis man Null erreicht hat.

Bei geübten Spielern erschweren wir das Spiel folgendermaßen:

Das Addieren beziehungsweise Subtrahieren der Zahlen darf erst beginnen, nachdem der Spieler ein „Doppel“ geworfen hat. Als Doppel gilt ein Wurf zwischen den beiden Drähten des äußeren Ringes in irgendeiner Zahl. Das Spiel darf ebenfalls nur mit einem Doppel beendet werden, und zwar ist genau die vorher festgelegte Punktzahl beziehungsweise „Null“ zu erreichen. Fehlen dem Spieler zum Beispiel bis 301 noch 18 Punkte, so muß er eine Doppel-Neun (äußerer Ring) werfen, um Sieger zu sein. Ist er beim Spiel mit Subtrahieren auf eine ungerade Zahl gekommen, zum Beispiel 9, so muß er versuchen, eine 1 oder 3 zu werfen, um dann mit einer Doppel-Vier beziehungsweise Doppel-Drei abzuschließen.

Eine lustige Abwandlung ist das Werfen im Knien und im Liegen, wobei wir die Scheibe entsprechend tiefer hängen müssen.

b) *Zentrum gegen hohe Zahlen*

Ein Spieler (bzw. eine Mannschaft) muß das Zentrum (50) oder den inneren Ring (25) treffen. Der Wurf ins Zentrum zählt dabei 2, der in den inneren Ring 1 Punkt. Sein Gegner wirft auf hohe Zahlen. Sobald der erste Spieler durch seine Würfe ins Zentrum oder in den inneren Ring fünf Punkte erreicht hat, wird die Punktzahl seines Gegners zusammengezählt. Dann werden die Rollen gewechselt. Der Spieler mit der höheren Punktzahl gewinnt.

Man kann auch so werfen lassen, daß nur die in den drei Würfen über vierzig hinausgehenden Zahlen gewertet werden. Wird zum Beispiel einmal 6 und zweimal 19 geworfen, so zählen diese drei Würfe insgesamt nur 4 Punkte.

c) *Rund um die Uhr*

Das ist nur etwas für geübte Werfer. Der erste Spieler beginnt. Er muß mit einem seiner drei Würfe das Feld 1 treffen. Gelingt das, so spielt er weiter auf Feld 2, Feld 3 usw. Wenn er sein Ziel mit drei Würfen nicht erreicht, kommt der nächste an die Reihe.

Welcher Spieler hat zuerst alle zwanzig Felder getroffen und das Spiel mit einem 25er oder Zentrumswurf als erster abgeschlossen?

Für jedes Feld gibt es nur drei Würfe. Trifft ein Spieler zum Beispiel mit dem ersten Wurf seiner Dreierserie das gewünschte Feld, so hat er für das nächsthöhere Feld auch nur drei Würfe, nicht etwa fünf, das heißt, die nicht benötigten Würfe für das vorhergehende Feld werden nicht übernommen.

Hinweise: Da kein kräftiger Wurf erforderlich ist, sondern für die Zielgenauigkeit die günstigste Abwurfhaltung eingenommen werden muß, nimmt man hier am besten, entgegen der sonst bewegungsmäßig richtigen Haltung, das Bein der Wurfseite vor, wobei man auch näher an das Ziel gelangt.

9.3. Genaues Beobachten — Schnelles Handeln

Aus der gleichnamigen Gruppe der „Spiele zur Übung der Sinne“ (Beruhigende Spiele — Kurzweilspiele) können auch als Heimspiele folgende verwandt werden:

Schuhsuchen	Spiegelbild
Steh auf!	Vorsicht, Ohrfeige!
Bärennecken	Aufgepaßt!
Die Stange fällt	Umgucker

Als neue Spiele kommen hinzu:

Hornisse

Spielerzahl: 2, mehrere Paare bestimmen

Spielgerät: Für jedes Paar ein Lineal

Auf der flachen Hand des vorgestreckten Unterarmes eines Spielers liegt ein kleines Lineal (Trommelstock, Kochlöffel) so, daß es etwa zur Hälfte nach vorn über die Hand hinausragt. Ein zweiter Spieler kreist mit seiner Hand um das Lineal herum und summt dabei wie eine Hornisse. Plötzlich greift er nach dem Lineal und versucht, seinem Gegenüber auf die Hand zu schlagen. Gelingt der „Hornissenstich“, werden die Rollen beibehalten; wurde die Hand jedoch reaktionsschnell zurückgezogen, so werden die Rollen getauscht, ebenso, wenn der überlistete Spieler sein Lineal fallen läßt.

Man kann auch erst dem einen Spieler eine bestimmte Anzahl von Versuchen geben und dann wechseln. Wer brachte seinem Partner dann die meisten „Hornissenstiche“ bei?

Schnelles Greifen

Zwei Spieler stehen sich jeweils gegenüber. Der eine hat auf der vorgehaltenen flachen Hand einen Gegenstand liegen (Stein, ein Stück Holz u. a.). Der andere Spieler hält seine ebenfalls vorgestreckte Hand etwa 10 cm über die des Gegners, aber mit der Handfläche nach oben. Durch schnelles Drehen der Hand versucht er, dem anderen den Gegenstand von der Hand zu nehmen, ehe dieser die Hand schließen kann.

Finger weg!

Spielerzahl: 5 bis 8
Spielgerät: 1 Gymnastikreifen
Die Spieler bilden einen Kreis und lassen einen Gymnastikreifen (ein zusammengeknotetes Sprungseil oder auch einen Bindfaden) im Kreis herum durch die Hände gleiten. In der Mitte des Kreises steht ein Spieler mit einer kleinen Pritsche oder einem Turnschuh und versucht, den Kreisspielern dabei auf die Finger zu klopfen, die jedoch schnell die Hände wegziehen dürfen. Wer aber getroffen wird, der muß den Mittelspieler ablösen. Gewonnen hat derjenige, der den Kreis nicht aufzusuchen brauchte.

Schwarz-Weiß (am Tisch)

Spielerzahl: Beliebig
Zwei Mannschaften, Schwarz und Weiß, sitzen sich an einem langen schmalen Tisch gegenüber. Jeder Spieler schiebt seine Hände bis zur gegenüberliegenden Tischkante vor. Wird vom Spielleiter „Schwarz!“ gerufen, so versuchen die Spieler dieser Partei, ihrem Gegner schnell auf die Hände zu schlagen, noch bevor er sie weit genug zurückgezogen hat. Die Mannschaft, die nach mehreren Durchgängen die meisten Treffer hat, gewinnt.
Hinweis: Bei Schwarz-Weiß als Laufspiel (S. 189) sind Möglichkeiten angeführt worden, wie die „Schlagmannschaft“ unparteiisch bestimmt werden kann. Sie können auch hier angewandt werden.

Beute bewachen

Spielerzahl: 4 bis 6
Spielgeräte: Mehrere kleine Gegenstände
In einem Kreis von etwa 1,50 bis 2 m Durchmesser hütet ein Wächter bestimmte „Waren“ (kleine Bälle, Steine, Kartoffeln). Er darf aber die begehrten Gegenstände nicht unter sich „begraben“, sondern muß sie um sich herum verteilen. Einige Spieler hocken außerhalb des Kreises und versuchen, sich davon etwas zu nehmen, ohne abgeschlagen zu werden, solange sie sich mit einem Körperteil über dem Kreis befinden.
Wer erwischt wird, muß die Beute zurücklegen und ausscheiden. Nach einer vorher festgelegten Spielzeit von etwa ein oder zwei Minuten wird festgestellt, wieviel Stücke entwendet worden sind. Dann wird ein neuer Wächter bestimmt und das Ergebnis mit dem vorhergehenden verglichen.

Bärenführer

Spielerzahl: 5 bis 7
Spielgerät: Eine 3 m lange Leine
Ein Bärenführer hält seinen Bären an der Leine. Drei bis fünf frei herumlaufende Spieler versuchen, den sich im Vierfüßlergang

bewegenden Bären zu necken, indem sie ihn tüchtig mit der flachen Hand auf das Gesäß klopfen. Der Bärenführer will seinen Bären schützen und darf, ohne jedoch die Leine loszulassen, einen Spieler abschlagen. Gelingt ihm das, so wird der Abgeschlagene zum Bären, der „alte" Bär zum Bärenführer.

Mondfahrt

Spielerzahl: 10 bis 30
Es wird eine lange Stuhlreihe aufgestellt, und zwar in der Form, daß die Stühle aneinander oder abwechselnd gegeneinander stehen und die Stuhllehnen dabei eine Linie bilden. Ein Stuhl ist weniger als Mitspieler an der Zahl sind. Im Gänsemarsch wird nach Musik oder einem Lied um die Stuhlreihen marschiert (gelaufen, gehüpft), und bei Unterbrechen der Musik oder nach einem Zeichen des Spielleiters versucht jeder, sich auf einen Platz zu setzen. Der Übriggebliebene scheidet aus und nimmt einen Stuhl mit weg. So geht es weiter, bis von den letzten zwei Mondreisenden, die um einen Stuhl herumlaufen, der Sieger ermittelt ist.
Es ist auf ein flottes Gehen oder Laufen zu achten, keiner der Spieler darf sich vor einen Stuhl stellen oder nur von Stuhl zu Stuhl weitergehen!
Bei mehr als zwanzig Spielern werden anfangs zwei Stühle weniger hingestellt als Spieler sind, so daß immer gleich zwei bei einer Unterbrechung ausscheiden. Besser zwei oder drei Mondfahrten durchführen als eine langweilige.

Schlüsselspiel

Spielerzahl: 10 bis 30
Spielgerät: 1 Schlüsselbund
Die Spieler sitzen im großen Kreis. Der Mittelspieler geht mit einem Schlüsselbund in der Hand singend im Kreis herum. Er tippt einen Spieler an, der sich singend anschließen muß. Dieser faßt wiederum einen anderen an die Hand, bis eine längere Reihe entsteht. Unvermutet wird das Schlüsselbund fallen gelassen. Daraufhin versuchen alle, einen freien Platz zu erreichen. Derjenige, der dabei übrigbleibt, muß neu beginnen.

Stuhlrutschen

Spielerzahl: 10 bis 20
Es werden so viele Stühle zu einem Kreis zusammengestellt, wie Spieler an der Zahl sind. Außer einem sitzen alle und beginnen auf ein Zeichen des Spielleiters mit dem Rutschen von einem Stuhl zum anderen. Der im Kreis stehende Spieler soll versuchen, den jeweils freien Platz zu besetzen.

Zuzwinkern

Spielerzahl: 11 bis 19
Die Spieler stehen bis auf einen im doppelten Innenstirnkreis. Alle Außenstehenden haben ihre Hände auf dem Rücken. Ein Spieler hat keinen Vordermann. Er zwinkert einem Spieler des Innenkreises zu, der daraufhin versucht, seinem Hintermann fortzulaufen und den freien Platz einzunehmen. Merkt es der Hintermann jedoch rechtzeitig, so hält er seinen Vordermann an den Schultern fest; die Hände werden nach der „Gefahr" wieder auf den Rücken genommen. Der Zwinkerer muß sich dann an einen anderen Spieler wenden. Gelingt es aber, dem Hintermann zu entwischen, so versucht der jetzt allein Stehende, sich einen neuen Spieler heranzuwinkern.
Abwandlungen:
a) Der Hinterspieler darf nachlaufen. Berührt er seinen entwichenen Partner noch,

bevor der seinen neuen Platz eingenommen hat, muß dieser zurück.

b) Die Spieler des Innenkreises sitzen auf Stühlen, die des äußeren stehen dahinter. Ein Stuhl bleibt frei; der dahinter stehende Spieler beginnt mit dem Zuzwinkern.

c) Bei weniger Spielern wird kein Doppelkreis gebildet, sondern die Spieler sitzen auf Stühlen in einem einfachen Innenstirnkreis. Ein Stuhl bleibt frei. Der Spieler rechts neben dem jeweils freien Stuhl zwinkert sich einen Nachbarn heran, der wiederum von seinem rechten Nachbarn am Fortlaufen gehindert wird.

Zwei unter einer Decke

Spielerzahl: Mehrere Spieler nacheinander
Spielgeräte: 2 Decken, 1 Rührkelle
Einige Spieler, mit denen wir uns einen Spaß machen wollen und die das Spiel nicht kennen, werden hinausgeschickt. Die anderen sitzen im Kreis. Einer von ihnen hat eine Rührkelle. Zwei Spieler — einer von beiden kennt das Spiel, der zweite wird hereingeholt — werden, nachdem sie sich in der Kreismitte nebeneinander auf eine ausgebreitete Decke gelegt haben, mit einer zweiten Decke vollkommen zugedeckt. Der Spieler mit der Rührkelle versetzt einem der beiden einen leichten Schlag. Unmittelbar danach sollen sie sich aufrichten, um zu erraten, wer es war. Dann erhält derjenige, der das Spiel kennt, die Rührkelle, die er immer unter der Decke verstecken muß. Er versetzt damit seinem Nebenmann einen leichten Schlag. Beide Spieler schnellen nun wie von der Tarantel gestochen in die Höhe. Der Gefoppte darf einmal raten, wer ihn geschlagen hat. Die Zuschauenden können durch täuschende Bewegungen den „angeführten" Spieler zum falschen Raten verleiten. Der Kellenbesitzer muß sich ab und zu auch selbst schlagen und ebenfalls „bemüht sein", „richtig" zu raten, um seinen gefoppten Nachbarn nicht frühzeitig mißtrauisch zu machen. Wenn der Gefoppte dahinterkommt, gibt sein verdutztes Gesicht noch einmal Anlaß zum Lachen.

Wandernder Ring

Spielerzahl: 8 bis 10 in einer Gruppe
Spielgeräte: Eine 2 bis 3 m lange, zusammengeknotete Schnur, 1 Ring
Die Spieler sitzen oder stehen im Kreis und haben die Schnur in den Händen, auf der ein Ring hin und her geschoben wird. Der Ring muß jedoch so verdeckt durch die Hände wandern, daß der in der Kreismitte stehende Spieler ihn nicht erwischt. Derjenige, bei dem der Ring vermutet wird, muß die Hand öffnen. Hat er den Ring, so löst er den Mittelspieler ab. Genaues Beobachten ist erforderlich.
Bei Kindern vom Vorschulalter bis zum zweiten Schuljahr kann man dazu auch singen: „Ringlein, Ringlein, du mußt wandern von der einen Hand zur andern..."

Schinkenklopfen

Spielerzahl: 3 bis 10 in einer Gruppe
Ein Spieler bückt sich. Ein anderer hält ihm die Augen zu oder läßt ihn in eine Mütze hineinschauen. Die im Halbkreis um die beiden herum stehenden Spieler haben die Hände auf dem Rücken. Einer von ihnen schlägt dem „Bock" mit der flachen Hand auf das Gesäß. Der schnellt herum und soll den „Übeltäter" nennen, den er vielleicht noch an der Bewegung des Armes erkennt. Errät er ihn, so muß sich dieser im nächsten Durchgang klopfen lassen.

Zündholzstaffel

Spielerzahl: 6 bis 8 in einer Gruppe
Spielgeräte: Mehrere Zündholzschachteln (nach Anzahl der Gruppen)
Zwei oder drei Gruppen bilden je einen Kreis oder sitzen um je einen Tisch herum. Jeder erste Spieler hat eine Zündholzschachtel, in der mehrere Zündhölzer mit *abgebrochenem* Kopf enthalten sind. Nach dem Startzeichen nimmt er auf der einen Seite der Schachtel ein solches Zündholz heraus und steckt es auf der anderen Seite wieder hinein, schiebt die Schachtel zu und übergibt sie dem Nebenmann. Der tut das gleiche usw. In welcher Mannschaft ist die Schachtel zuerst ordnungsgemäß durchgewandert?
Hinweis: Sitzen die Spieler im großen Kreis, so wird zu zweit oder dritt abgezählt, wobei alle mit der Nr. 1, 2 und 3 jeweils zu einer Mannschaft gehören. Hier ist das genaue gegenseitige Beobachten der Gruppe untereinander besonders reizvoll.

Zündholzjagd

Spielerzahl: 8 bis 12 in einer Gruppe
Spielgeräte: 2 Zündholzschachteln
Die Spieler sitzen im Kreis und zählen zu zweien ab. Alle Spieler mit der Nr. 1 bilden eine, die mit der Nr. 2 die andere Gruppe. Bei zwei sich gegenübersitzenden Spielern beider Gruppen befindet sich je eine Zündholzschachtel, die auf das Zeichen in eine bestimmte Richtung und auf eine vorgeschriebene Art und Weise (s. Zündholzstaffel) herumgegeben wird. Es gilt, die Schachtel der anderen Gruppe zu überholen.
Bemerkungen: Bei größerer Spielerzahl muß zu dritt oder viert abgezählt werden. Man braucht dementsprechend auch drei oder vier Zündholzschachteln.
Man kann auch andere kleine Gegenstände auswählen und entsprechende Aufgaben stellen.

Reisebericht

Spielerzahl: Beliebig
Spielvorbereitung: Gut durchdachter Reisebericht
Die Spieler sitzen in froher Runde. Einer von ihnen gibt einen Reisebericht, an dem alle in folgender Weise teilhaben:
Der Berichterstatter teilt die Spieler in drei oder vier gleich starke Gruppen ein, von denen sich jede ein Wort (z. B. Rucksack, Brotbeutel, Fahrrad, Herberge) merken muß. Wird das Wort nun während der Erzählung genannt, so muß die betreffende Gruppe schnell aufstehen und sich gleich wieder hinsetzen; bei einem Städtenamen springen alle Spieler auf.
Am Geschick des Erzählers liegt es nun, ob er die Spieler tüchtig mitreisen läßt. Es gibt ein lustiges Auf und Nieder, wenn die Berichterstattung schnell erfolgt und die betreffenden Wörter in bunter Reihenfolge mit den verschiedensten Städtenamen wechseln.
Bemerkung: Anstelle des Aufstehens kann eine andere Bewegung ausgeführt werden, zum Beispiel hochspringen, eine Drehung ausführen, aufstehen und eine Kniebeuge machen, auf den Stuhl steigen.

Verbotene Übung

Der Spielleiter oder ein Spieler führt den Teilnehmern in schneller Folge bestimmte Übungen vor, die sie sofort wiederholen müssen (z. B. Strecksprung, Hocke, Grätschstand, Hüpfen auf einem oder zwei Beinen, Armkreisen u. a. m.). Eine, zwei oder auch drei vorher festgelegte Übungen dürfen nicht

nachgemacht werden. Sie werden aber vom Vorturner immer wieder eingestreut. Wer sich täuschen läßt und sie doch wiederholt, bekommt einen Minuspunkt.
Bemerkung: Anfangs das Spiel nur mit einer verbotenen Übung beginnen, dann die zweite oder auch dritte hinzunehmen.

9.4. Spielformen bei geschlossenen Augen

Eine Reihe von Spielformen bei geschlossenen Augen, die auch als Heimspiele verwandt werden können, haben wir im Kapitel „Spiele zur Übung der Sinne" (Beruhigende Spiele — Kurzweilspiele) beschrieben. Hierzu zählen:
Eins, zwei drei — wer hat den Ball?
Gegenstände suchen
Stimmenraten
Ballsuchen
Such mich!
Anschleichen
Bälle bewachen
Keulendieb
Blinde Kuh
Platzwechseln mit blinder Kuh
Jakob, wo bist du?
Sprung ins Ungewisse
Auch hier kommen neue Spiele hinzu:

Zwei suchen einen Schuh

Spielerzahl: Mehrere Paare nacheinander
Spielgerät: 1 weicher Gymnastikschuh
Die Spieler hocken sich zu einem Kreis nieder. In der Mitte befinden sich zwei mit verbundenen Augen. Sie sollen einen Schuh (oder einen anderen Gegenstand) suchen, der im Kreis liegt. Wer ihn findet, der darf den Partner so lange damit verdreschen, bis dieser sich aus dem Kreis gerettet hat. Dann wird ein neues Paar bestimmt.

Kissenschlacht

Spielerzahl: Mehrere Paare jeweils nacheinander
Spielgeräte: 2 Kissen
Wie im vorhergehenden Spiel sind wieder zwei Spieler mit verbundenen Augen im Kreise, der nicht zu klein sein darf. Jeder Spieler hat ein Kissen (eine zusammengeschnürte Wolldecke oder einen ähnlichen weichen Gegenstand). Beide sollen sich gegenseitig suchen und verdreschen. Wer kann die meisten Schläge anbringen? Nach einiger Zeit wird ein neues Paar bestimmt.

Ziellaufen

Spielgerät: Selbst angefertigte Zielscheibe mit mehreren Ringen
An der Wand wird eine Zielscheibe befestigt. Diese kann ein Bogen Papier sein mit zwei bis fünf aufgemalten Ringen, die eine Punktwertung ermöglichen. 5 bis 6 m davor steht der Zielläufer. Nachdem bei geöffneten Augen eine Zielvorausnahme erfolgt ist, muß das Ziel nun mit geschlossenen Augen und ausgestrecktem Arm angelaufen werden. Als Treffer wird die Stelle gewertet, auf die er mit dem Zeigefinger tippt. Welcher Spieler hat nach fünf Zielläufen die höchste Punktzahl? Auch ein Mannschaftswettbewerb ist möglich.
Hinweis: Das Ziellaufen wird erschwert, wenn vor dem Start eine (mehrere) Drehung um die Längsachse ausgeführt werden muß. Auch andere leichte Körperübungen, nach denen die Orientierung erschwert ist, sind möglich. Dann genügen aber 3 bis 4 m Entfernung!
Das Ziellaufen kann auch als „Lanzenstechen" mit eingelegter Lanze (Speer, Gerte) auf eine große Holz-Ringscheibe erfolgen. Dem Zielläufer stülpen wir eine Papphülse über den Kopf.

Flaschensteigen

Spielgeräte: 4 bis 6 Weinflaschen
Ein Spieler erhält die Aufgabe, mit verbundenen Augen durch einen „Wald" von Flaschen zu steigen, der vor ihm aufgebaut wird. Er soll dabei möglichst keine Flaschen umstoßen. Zunächst überzeugt er sich vom Standort der Flaschen, um seinen Weg festzulegen. Dann werden ihm die Augen verbunden. Zu gleicher Zeit nehmen einige Zuschauer ganz leise die Flaschen fort, und der „Waldläufer" müht sich zum Spaß der Zuschauer umsonst ab. Er balanciert vorsichtig über Flaschen, die nicht da sind, mitunter das Gleichgewicht verlierend und macht dabei eine komische Figur. Der Spielleiter begleitet ihn durch Hinweise und Warnrufe.
Es ist ratsam, den Spieler nach dem zweiten oder dritten Schritt ruhig eine Flasche berühren zu lassen, um eine echte Situation vorzutäuschen. Die größte Freude ist dann für alle das verblüffte Gesicht des „Flaschensteigers" nach der „erfolgreich gelösten Aufgabe".
Abwandlung: Die Spieler können auch auf Stühlen sitzend eine Gasse bilden und die Beine ausstrecken. Der Läufer soll, ohne jemanden zu berühren, das Hindernis passieren. Hat er begonnen, so werden leise die Beine zurückgezogen.

Wer reitet

Ein Spieler geht in die tiefe Bockstellung, ihm werden die Augen zugehalten. Einer von den übrigen Spielern setzt sich auf den Rücken des Bockes und fragt mit verstellter Stimme: „Wer reitet?" Errät dieser es bei einem Versuch oder bei zwei Versuchen, so wird der Reiter zum Bock, wenn nicht, bekommt der Bock vom Reiter obendrein noch einen tüchtigen Klaps.

Gepäckesel

Spielgeräte: Mehrere recht unterschiedliche Gegenstände
Ein Spieler wird mit verbundenen Augen im Raum herumgeführt. Man hält ihm nach und nach Gegenstände hin, die er mit einer Hand nur einmal berühren darf, um sie dann zu erraten. Kann er den Gegenstand mit der ersten Antwort nicht richtig bezeichnen, so muß er diesen mitnehmen. Möglicherweise wird er zum Spaß der Zuschauer nach und nach zu einem Gepäckesel.

Anhang

Zusammenstellung der Kleinen Spiele, die sich besonders für die vielseitige körperliche Grundausbildung eignen

Die vielseitige körperliche Grundausbildung ist eine wesentliche Forderung der Persönlichkeitsentwicklung durch den Sport. Sowohl in der Körpererziehung im Kindergarten, im Sportunterricht, im außerunterrichtlichen Sport, im Grundlagen- und Anschlußtraining, ja selbst im Bereich des Hochleistungstrainings verschiedener Sportarten muß deren sportpädagogischen Grundforderung Rechnung getragen werden. Die Mittel und Methoden hierfür sind vielgestaltig. Die Spiele, und hier vor allem die Kleinen Spiele mit ihrem freudebetonten Charakter, können bei zweckmäßiger und zielorientierter Gestaltung wesentlich zur Lösung dieser Aufgabe beitragen. Natürlich muß dabei auf den komplexen Charakter des Spiels als Mittel der vielseitigen körperlichen Grundausbildung hingewiesen werden. Das heißt, mit einer Spielform werden gleichzeitig mehrere konditionelle und koordinative Fähigkeiten sowie sportliche Fertigkeiten oder Verhaltenseigenschaften entwikkelt. Andererseits ist jedes Spiel der Entwicklung dieser oder jener Fähigkeit mehr oder weniger dienlich. Die Spiele sind deshalb differenziert zu betrachten und auch akzentuiert einzusetzen.

In diesem Sinne ist die folgende Zusammenstellung bestimmter Kleiner Spiele zu verstehen, mit der wir dem Leser lediglich die Auswahl erleichtern wollen, ohne dabei vollständig sein zu können.

Hinsichtlich der Gruppenbildung haben wir uns auf die wesentlichsten konditionellen und koordinativen Fähigkeiten beschränkt und sind uns dabei auch der Schwierigkeit ihrer Abgrenzung sowie der Zuordnung der Spiele bewußt. Dennoch meinen wir, mit der Auswahl der Spiele, die sich besonders für die unterstützende Entwicklung der Kraft- und Ausdauerfähigkeiten, der Schnelligkeit (verstanden als Beschleunigungsfähigkeit und Schnelligkeitsausdauer), der Reaktionsfähigkeit sowie der Gewandtheit und Geschicklichkeit eignen, praktische Anregungen gegeben zu haben.

Kraft- und Ausdauerfähigkeiten	*Schnelligkeit*	*Reaktionsfähigkeit*	*Gewandtheit/Geschicklichkeit*
	Laufspiele		
Tragestaffel (entsprechende Lasten wählen (S. 134) Ballhüpfen (S. 134) Hindernisstaffel (mit Tragen von Geräten) (S. 135) Steinstoßstaffel (S. 135) Haschen im Schubkarrefahren (S. 149) Haschen zu zweit oder zu dritt (S. 150) Verfolgung (S. 151) Sperrzeck (S. 152) Freies Verfolgungsrennen (S. 155) Jeder fängt den Vordermann! (S. 183) Verfolgungs-Bockspringen (S. 185)	Massenwettläufe (S. 115) Kosmonautenspiel (S. 116) Gruppenwettläufe (S. 118) Umkehrstaffeln (S. 128) Pendelstaffeln (S. 131) Haschen (Grundform) (S. 149) Haschen zu zweit oder zu dritt (S. 150) Wer hascht am schnellsten? (S. 154) Freies Verfolgungsrennen (S. 155) Besonders für Kinder: Zwerge und Riese (S. 160) Das Meer und die Fische (S. 160) Der Zauberer (S. 161) Mitternacht (S. 161) Lahmer Fuchs (S. 162) Der Bär ist los! (S. 163) Starthasche (S. 165) Plätze wechseln (S. 174) Drittenabschlagen (S. 180) Zweitenabschlagen (S. 182) Der dritte schlägt! (S. 183) Jeder fängt den Vordermann! (S. 183) Kreis gegen Kreis (S. 188) Schwarz-Weiß (S. 189) Ballrauben (Keulenrauben) (S. 194) Foppen und Fangen (S. 196)	Nummernwettläufe (S. 123) Einfache Partnersuchspiele (S. 144) Wer hat keinen Ball? (S. 139) Besonders für Kinder: Komm mit! – Lauf weg! (S. 141) Wie spät ist es, Herr Fuchs? (S. 153) Zwerge und Riese (S. 160) Das Meer und die Fische (S. 160) Der Zauberer (S. 161) Mitternacht (S. 161) Lahmer Fuchs (S. 162) Der Bär ist los! (S. 163) Schneidezeck (S. 158) Ringender Kreis mit Haschen (S. 164) Starthasche (Abwdlg.) (S. 165) Auf den Vordermann aufpassen (S. 165) Plätze wechseln (S. 174) Irrgarten (für Kinder) (S. 177) Drittenabschlagen (S. 180) Zweitenabschlagen (S. 182) Der dritte schlägt! (S. 183) Jeder fängt den Vordermann! (S. 183) Kreis gegen Kreis (S. 188) Schwarz-Weiß (S. 189) Foppen und Fangen (S. 196)	Platzwechsel – Seitenwechsel (mit Durchlaufen von Toren) (S. 119) Gruppenhindernislauf (S. 121) Hindernisstaffel (auch mit Tragen von Geräten) (S. 135) Staffelhasche (S. 129) Haschen zu zweit oder zu dritt (S. 150) Fang das Band! (S. 153) Sperrzeck (S. 152) Hindernishaschen (S. 152) Ringender Kreis mit Haschen (S. 164) Seitenwechsel mit Fangen (S. 171) Schwarzer Mann (S. 169) Brückemann (S. 171) Glucke und Geier (S. 179) Ballrauben (Keulenrauben) (S. 194)

Kraft- und Ausdauerfähigkeiten	*Schnelligkeit*	*Reaktionsfähigkeit*	*Gewandtheit/Geschicklichkeit*
		Ballspiele	
Das Rad (S. 219) Tigerball (S. 229) Parteiball (Kombinationsball, besonders mit Manndeckung) (S. 231) Hetzball (mit schnellem Zuspiel des Balles) (S. 252) Treibball (bei Verwendung eines Medizinballes) (S. 281) Krebsfußball (ohne Hinsetzen) (S. 284) Rollball (S. 285) Raufball (S. 286)	Werfer und Läufer (S. 218) Das Rad (S. 219) Laufball (S. 262) Brennball (S. 263) Treffball (S. 265) Handschlagball – Fußschlagball (S. 266) Schlagball (S. 268) Korbball (S. 291)	Klatschball (S. 210) Ball über die Schnur (besonders mit mehreren Bällen) (S. 221) Neckball (S. 228) Tigerball (S. 229) Burgball (S. 247) Kreiswurfball (S. 251) Hetzball (S. 252) Zweifelderball mit Hindernissen (S. 256) Jägerballspiele (S. 260) Kreistorball (S. 277) Kreisfußball (S. 277) Rollball (S. 285) Raufball (S. 286) Kastenhandball (S. 288) Ringhockey (S. 289) Kreiskorbball (S. 290) Korbball (S. 291)	Ball über die Schnur (S. 221) Prellball (S. 224) Prellball im Kreis (S. 226) Fußballtennis (S. 227) Tigerball (S. 229) Parteiball (Kombinationsball) (S. 231) Ball in den Korb (S. 238) Burgball (S. 247) Kreiswurfball (S. 251) Abwurf in der Gasse (S. 251) Hetzball (S. 252) Zweifelderball mit Hindernissen (S. 256) Abwehrspiel (S. 258) Jägerballspiele (S. 260) Treffball (S. 265) Handschlagball – Fußschlagball (S. 266) Schlagball (S. 268) Ball unter die Schnur (S. 279) Leinenhandball (S. 280) Schleuderball (S. 282) Krebsfußball (S. 284) Rollball (S. 285) Raufball (S. 286) Kastenhandball (S. 288) Ringhockey (S. 289) Kreiskorbball (S. 290) Korbball (S. 291)

Kraft- und Ausdauerfähigkeiten	*Schnelligkeit*	*Reaktionsfähigkeit*	*Gewandtheit/Geschicklichkeit*
Kraft- und Gewandtheitsspiele			
Ziehkampf (S. 298) Ziehkampf im Liegestütz (S. 299) Kampf um den Ball (S. 299) Tauziehen (S. 299) Schiebekämpfe (S. 301) Stangenschieben (S. 302) Durchbrochene Linie (S. 302) Hinaus aus dem Kreis! (S. 302) Ausbrechen (S. 304) Ringender Kreis (S. 305) Der stärkste Kreis (S. 305) Beute bewachen (S. 306) Verdrängen (S. 306) Steirisch Ringen (S. 308) Hüpfender Kreis (S. 310) Die Mühle (S. 311) Wechselwalze (S. 312) Reiterkampf (S. 314)		Indianertanz (S. 305)	Ausbrechen (S. 304) Ringender Kreis (S. 305) Indianertanz (S. 305) Beute bewachen (S. 306) Beinhakeln (S. 309) Hüpfender Kreis (S. 310) Hinauf auf den Bock! (S. 312) Reiterkampf (S. 314)
Spiele zur Übung der Sinne (Beruhigende Spiele)			
		Die Stange fällt (S. 319) Spiegelbild (S. 319) Vorsicht, Ohrfeige! (S. 320) Aufgepaßt! (S. 320)	
Kleine Spiele im Wasser			
Tauchhasche (S. 337) Hindernis-Schwimmstaffel (S. 338)		Spinne und Fliegen (S. 337)	Käscherball (S. 334) Schwimmarten-Hasche (S. 337)

Kraft- und Ausdauerfähigkeiten	*Schnelligkeit*	*Reaktionsfähigkeit*	*Gewandtheit/Geschicklichkeit*
Tauchen nach Gegenständen (S. 336) „Tauziehen" in Booten (S. 341)			Tauchhasche (S. 337) Hindernis-Schwimmstaffel (S. 338) Entern (S. 339)
	Kleine Spiele bei Schnee und Eis		
Polarhundrennen (S. 352) Wettläufe auf Ski (S. 356) Schnitzeljagd auf Ski (S. 359)	Wettläufe und Haschespiele auf Schlittschuhen (S. 361)		Haschespiele auf Ski (S. 356) Gewöhnungs- und Gewandtheitsübungen (beim Schlittschuhlauf) (S. 360) Haschespiele auf Schlittschuhen (S. 361)
	Geländespiele		
Schnitzeljagd (Fuchsjagd) (S. 373)	Versteckspiel (S. 371) Treibjagd (S. 372) Schnitzeljagd (Fuchsjagd) (S. 373)	Kampf um die Fahnen (S. 374) Partisanen (S. 375) Grenzschutz (S. 375)	Den Horchposten anschleichen (S. 370) Anschleichen und beobachten (S. 370) Kampf um die Fahnen (S. 374) Partisanen (S. 375) Grenzschutz (S. 375) Vereinigung (S. 376)
	Heimspiele (mit Bewegungscharakter)		
Faustschiebekampf (S. 380) Fingerhakeln (S. 380) In die Knie zwingen (S. 381) Genickziehen (S. 381) Armbeuge (S. 381) Gewicht aufrollen (S. 382)		Fischerstechen (S. 383) Hornisse (S. 387) Schnelles Greifen (S. 388) Finger weg! (S. 388) Beute bewachen (S. 388)	Schmaler Pfad (S. 382) Bleistift aufheben (S. 383) Ecken abräumen (S. 383) Münze schieben (S. 381) Fischerstechen (S. 383) Pappdeckelrennen (S. 384)

Beispiele zur Anwendung Kleiner Spiele für das Training in den Sportspielen[32]

Über die vielseitige körperliche Grundausbildung hinaus können die Kleinen Spiele auch bestimmte grundlegende und sportliche Fertigkeiten und taktische Verhaltensweisen für die Sportspiele vorbereiten oder weiterentwikkeln helfen. Darauf haben wir in der theoretischen Einführung und bei der Beschreibung der Spiele verschiedentlich hingewiesen.
Hier sollen die Beispiele, mit Hinweisen versehen, systematisch zusammengefaßt werden. Hinter jedem angegebenen Spiel steht die Seitenzahl, so daß die Beschreibung im entsprechenden Kapitel nachgelesen werden kann. Um bei der Anordnung der von uns genannten Spielformen Wiederholungen auszuschalten, mußten wir zwei Gruppen bilden:
a) Spiele zur Entwicklung allgemeiner technisch-taktischer Grundlagen für mehrere Sportspiele,
b) Spiele zur Entwicklung spezieller Fertigkeiten und Verhaltensweisen für die einzelnen Sportspiele.
Beide Gruppen müssen bei der Auswahl von Spielformen beachtet werden. Außerdem empfiehlt es sich, auch die Zusammenstellung der Kleinen Spiele für die vielseitige körperliche Grundausbildung zu berücksichtigen (S. 60 ff.). Es sei noch der Hinweis erlaubt, daß die von uns ausgewählten Kleinen Spiele, die angegebenen Fertigkeiten und Verhaltensweisen nicht im Selbstlauf schaffen. Man darf den funktionalen Bildungs- und Erziehungswert der Spiele nicht überschätzen. Bei zielorientiertem pädagogischem Einwirken, zweckmäßiger methodischer Gestaltung (Spielerzahl, Spielfeldgröße u. a. m.) und bewußter Mitarbeit der Spieler (Sinn und Ziel der Spielform, ihren Nutzen erläutern) eignen sie sich jedoch dafür ausgezeichnet.

32. Vgl. hierzu auch Mahlo, F.: Der Spielunterricht in der Schule — eine wichtige Grundlage für die Entwicklung des spieltaktischen Denkens und Verhaltens. In „Theorie und Praxis der Körperkultur", Heft 1/1960, S. 82 f.
Mahlo, F.: Das spieltaktische Handeln und Möglichkeiten seiner planvollen Ausbildung im Turnunterricht der Unterstufe. Dissertation, Berlin 1963.
Haufe, E./Lehmann, R.: Über die Verwendung der Kleinen Spiele und Wettkampfformen. In „Körpererziehung", Heft 3 und 4/1960, S. 131 ff. und S. 195 ff.

Spiele zur Entwicklung allgemeiner technisch-taktischer Grundlagen für mehrere Sportspiele

a) *Variables Laufen*: Starten und schnelles Stoppen — plötzliche Richtungsänderungen — Körperverlagerung — Seitschritte — Sprünge — Abstreifen eines Gegners.
Haschespiele, insbesondere:
Haschen zu zweit oder zu dritt (S. 150),
Verfolgung (S. 151),
Wer hascht am schnellsten? (S. 154),
Freies Verfolgungsrennen (S. 155),
Schneidezeck (S. 158),
Starthasche (S. 165),
Auf den Vordermann aufpassen (S. 165),
Seitenwechsel mit Fangen (S. 171),
Schwarzer Mann (S. 169),
Ballrauben (S. 194),
Barlauf (S. 199),
Ballspiele:
Jägerball (S. 260 ff.),
Treffball (Schlagball-Vorbereitungsspiel) (S. 265),
Handschlagball — Fußschlagball (S. 266),
Schlagball (S. 268).
b) *Fintieren der Laufrichtung durch Körperbewegungen*:
Die oben angeführten Haschespiele, außerdem:
Sperrzeck (S. 152),
Glucke und Geier (S. 179).
c) *Schnelle Bewegungsumstellung vom Vorlaufen auf das Zurücklaufen (vom Angriff auf die Abwehr)*:
Fang den Häscher! (S. 157),

Der dritte schlägt! (S. 183),
Barlauf (S. 199).
d) *Wurf-, Stoß- (Paß-), Zuspiel- und Fangschulung* (unter Berücksichtigung der richtigen Bewegungsausführung und Zuspielgenauigkeit):
Wanderball in Reihen-, Gassen- und Kreisaufstellung (S. 206),
Ablöseball (S. 208) (mit verschiedenen Wurfarten),
e) *Wurf-, Stoß- (Paß-), Zuspiel- und Fangschulung* (unter Berücksichtigung der schnellen Bewegungsausführung, eines mitunter scharfen und doch genauen Zuspiels):
Ablöseball (S. 208),
Einfacher Wettwanderball (S. 211),
Balljagd (S. 213),
Wettwanderballformen mit Lauf, insbesondere:
— Werfer und Läufer (S. 218),
— Kreuzball (S. 219),
— Das Rad (S. 219),
Hetzball (S. 252),
Leinenhandball (S. 280).
f) *Schulung der schnellen Ballführung*:
Umkehrstaffeln (Rücklaufstaffeln) (S. 128),
Pendelstaffeln (S. 131),
Wettwanderball mit Lauf (S. 214).
Auch sinnvoller Ausbau einer Hindernisstaffel (Überspringen eines Hindernisses, Ausweichen, Umlaufen).
Bemerkung: Um den Spielfluß zu gewährleisten und ein fehlerhaftes Aneignen der Technik trotz schneller Ausführung zu verhüten, muß die Technik der Ballführung bis zu einem bestimmten Grade von den Spielern beherrscht werden, bevor diese in Staffeln verwandt wird.
g) *Fintieren beim Ballwurf* (Zuspiel und Zielwurf):
Neckball (S. 228),
Tigerball, Fußtigerball (S. 229 f.),
Schnappball (S. 231),
Keulenball im Kreis (S. 246),
Burgball (S. 247),
Treffball (Schlagball-Vorbereitungsspiel) (S. 265).
h) *Freilaufen — Zusammenspiel (genaues Zuspielen) — Mann- und Raumdeckung — Vorbereitung der Kleinfeldtaktik*:
Parteiball (S. 231),
Parteiball über die Schnur (S. 232),
Parteiball von Feld zu Feld (S. 233),
Jägerball als Mannschaftsspiel (Schnelles Abspielen) (S. 260 ff.),
Treffball (Schlagball-Vorbereitungsspiel) (S. 265),
Handschlagball — Fußschlagball (S. 266),
Schlagball (S. 268),
Rollball (S. 285),
Turmball (S. 286),
Kastenhandball (S. 288),
Ringhockey (S. 289),
Kreiskorbball (S. 290),
Korbball (S. 291).

Spiele zur Entwicklung spezieller Fertigkeiten und Verhaltensweisen für die einzelnen Sportspiele

Handball

a) *Vorbereitung der Manndeckung*:
Sperrzeck (S. 152),
Parteiballspiele (S. 231 ff.).
b) *Schnelles Aufnehmen und genaues Werfen des Balles*:
Schwarz — Weiß (Variante mit Abwerfen der Spieler) (S. 191). Hierbei die Gasse erweitern!
c) *Vorübungen für genaue und kräftige Torwürfe*:
Einfache Zielwettbewerbe (S. 235),
Zielball (S. 237),
Ballvertreiben (S. 239),
Keulenball in zwei Feldern (S. 246),
Burgball (S. 247),
Torball (mit Festlegen der Wurfarten) (S. 278),
Ball unter die Schnur (Schlagwurf in Hüft-

und Kniehöhe) (S. 279),
Leinenhandball (S. 280),
Bückeball (Üben flacher Würfe unter Kniehöhe) (S. 285).

Basketball

a) *Körperbeherrschung im schnellen Lauf*:
Platzwechsel durch Tore (S. 119).
b) *Ballführen und Korbwurf als Wettbewerb*:
Umkehrstaffel (S. 128) mit Ballführung und Korbwurf. Der Läufer darf erst nach erfolgreichem Korbwurf zurücklaufen.
c) *Schnelles Zuspiel um die Zone herum*:
Einfacher Wettwanderball (im Innenstirnkreis) (S. 211),
Balljagd (S. 213).
d) *Entwicklung der Zielsicherheit und des Distanzempfindens beim Korbwurf*:
Ball in den Korb (S. 238) (Korbhöhe der Spielergröße anpassen,. nach und nach steigern; anfangs Entfernung nicht festlegen, dann vergrößern),
Kreiskorbball (S. 290),
Korbball (S. 291).

Volleyball

a) *Üben des Abrollens*
Abrollhasche (die Läufer können nicht abgeschlagen werden, wenn sie ordnungsgemäß nach hinten oder zur Seite abrollen; dabei wird gleichzeitig das obere Zuspiel vorbereitet).
b) *Üben des genauen Zuspiels*:
Wanderball in Wettbewerbsform (S. 206) (Welcher Kreis spielt sich den Ball am längsten ordnungsgemäß zu?; auf Zuspielfehler und Reihenfolge achten!),
Ablöseball (S. 208) (Veränderung der Entfernung beim Zuspiel durch Niederhocken der Spieler in Reihe),
Kreuzball (S. 219).
c) *Rechtzeitiges Heranlaufen an den Ball*:
Ball über die Schnur (S. 221) (mit einem Hohlball spielen lassen!),
Nummernaufrufen (die Spieler stehen im Kreis, jeder hat eine Nummer; der Ball wird von einem Spieler angespielt, der dabei eine Nummer ruft; der aufgerufene Spieler eilt schnell zum Ball, spielt ihn erneut hoch und ruft eine andere Nummer auf usw.; der Ball darf nicht auf die Erde fallen [Mindesthöhe des Zuspiels festlegen!]).
d) *Vorbereitung des Blockierens*:
Parteiball über ein gegnerisches Feld (S. 233) (den Werfer durch schnelle Blockbildung beim Wurf behindern).
e) *Vorbereitung der Spielweise im Volleyballspiel* (mit Kindern):
Prellball (S. 224) (Regelwerk dem Volleyballspiel angleichen: dreimaliges Aufprellen — Zuspielen — Positionswechsel der Spieler).

Fußball

a) *Verbesserung der Ballbehandlung* (Ballempfinden, Ballgeschicklichkeit):
Jonglierstaffel (kurze Laufstrecke festlegen; nur für geübte Spieler geeignet), Fußballtennis (S. 227) (auch zur Pausengestaltung oder als Form der aktiven Erholung).
b) *Vorübungen für Zielstöße und genaues Passen*:
Einfache Zielwettbewerbe (S. 235) (außerdem: Üben an einer mit Zielflächen versehenen Trainingswand; aus größerer Entfernung halbhoch in einen Kreis stoßen; Zielstöße durch kleine Tore, z. B. Hürden),
Zielball (S. 237),
Burgball (S. 247),
Kreisfußball (S. 277),
Torball (S. 278) (Art der Stöße festlegen, auch als Kopfballspiel durchführen lassen),
Pendelstaffeln (S. 131) mit Ballführung (Dribbling bis zur Mitte der Laufstrecke, dann

Passen zum gegenüberstehenden Spieler usw.).
c) *Schnelles und genaues Spielen des Balles*:
(Stoßen des Balles mit dem Fuß)
Ballvertreiben (S. 239),
Einfacher Wettwanderball (S. 211) (in verschiedenen Aufstellungsformen),
Doppelball (S. 209),
Schwarz — Weiß mit Abwerfen (S. 191) (Gasse verbreitern),
Fußtigerball (S. 230),
Burgball als Mannschaftskampf (vier gegen vier; ein Medizinball liegt in der Mitte eines Kreises von etwa 8 m Durchmesser; außerhalb dieses Kreises kämpfen zwei Mannschaften um den Ball und versuchen, den Medizinball abzuschießen; jeder Treffer zählt 1 Punkt),
Ball unter die Schnur (S. 279),
Jägerball (S. 260 ff.).
d) *Den Ball halbhoch über eine bestimmte Distanz spielen*:
Ball über den Graben (S. 223) (Ball über ein Mittelfeld auch als Parteiballspiel),
Turmball (S. 286).
e) *Verbesserung des Kopfballspiels*:
Ablöseball (S. 208) (beim Spiel mit Niederhocken der Spieler in Reihe ist beim Kopfstoß ein gut dosierter Krafteinsatz erforderlich),
Kopfball über die Schnur (S. 223),
Torball (S. 278) (als Kopfball ausgeführt),
Kopfballspiel (drei gegen drei als Wettkampf auf zwei Tore; der Ball darf nur mit dem Kopf zugespielt und auf das Tor gestoßen werden; fällt er auf die Erde, wird er an der Stelle durch Hochwurf wieder ins Spiel gebracht [nur für geübte Spieler]).
f) *Schulung der Ballführung*:
Umkehrstaffeln (Rücklaufstaffeln) (S. 128),
Pendelstaffeln (S. 131),
Rundlaufstaffeln (S. 130),
Hindernisstaffeln (z. B. Spieler in Bankstellung, den Ball unten hindurchschieben, über den Spieler hinwegspringen),
Nummernwettlauf mit Ball,
Einfacher Seitenwechsel mit Ball (S. 119) (dabei durch ein Tor laufen oder ein Hindernis überwinden),
Ballhasche (sechs oder sieben Spieler; jeder führt einen Ball; der Ball eines Spielers soll abgeschossen werden; durch ständigen Richtungswechsel und gute Körperdeckung versucht dieser, es zu verhindern; wer dennoch den Ball trifft, der löst den „Gejagten" ab).
g) *Üben des Fintierens mit Ball*:
Brückemann (S. 171) (die Brücke nicht zu schmal bemessen, besonders, wenn mit mehreren Brückenwächtern gespielt wird; es können auch zwei oder drei Brücken hintereinander überwunden werden),
Brückemann als Mannschaftsspiel (sechs gegen sechs; drei Brücken hintereinander; auf der ersten Brücke stehen drei, auf der zweiten zwei, auf der dritten Brücke steht nur noch ein Brückenwächter; wieviel Spieler der ballführenden Mannschaft überqueren alle Brücken, ohne den Ball zu verlieren? Dann wird gewechselt.),
Kreisfußball (S. 277) (Fintieren vor der Stoßrichtung).

Rugby

a) *Schnelle Bewegungsumstellung vom Schieben und Drängen auf Start und Sprint*:
Ringender Kreis mit Haschen (S. 164).
b) *Gewöhnung an das körperliche Spiel*:
Schiebekämpfe (S. 301),
Verdrängen (S. 306),
Raufball (S. 286) (auch auf kleinstem Feld, z. B. 5 m × 20 m mit fünf bis acht Spielern auf jeder Seite).
c) *Schulung des Fassens in spielerischer Form*:
(Nach Kenntnis der Technik in Spielform, möglichst auf weichem Rasen oder in der Sandgrube durchgeführt, werden die meist vorhandenen Hemmungen überwunden; statt des Abschlages entschlossenes Zupacken und Festhalten)

Brückemann (S. 171),
Schwarz — Weiß (S. 189),
Spiegelbild (S. 319).
d) *Üben der Fall- und Sprungtritte in Spielform*:
Treibball (Grenzball) (S. 281).

Eishockey

a) *Reaktionsschnelles Richtungsändern und gewandtes Ausweichen*:
Siehe Haschespiele im Kapitel „Spiele auf dem Eis" (S. 361).
b) *Vorwärts- und Rückwärtslauf*:
Umkehrstaffeln (Rücklaufstaffeln) (S. 128),
Pendelstaffeln (S. 131).
c) *Kurventechnik, schnelles Antreten und Übersetzen*:
Jeder fängt den Vordermann! (S. 183),
Ausscheidungsrennen (S. 184),
Drittenabschlagen (S. 180),
Komm mit! — Lauf weg! (S. 141).
Bei diesen Spielen den Kreis nicht zu klein wählen, möglichst viele Spieler laufen lassen. Für die aktive Erholung und Pausengestaltung.
d) *Verbesserung des Körpereinsatzes bei der Abwehr*:
Brückemann (S. 171),
Verdrängen (S. 306).
Statt des Abschlagens erfolgt das regelmäßige „Body-checking" (Hüft- und Schulterstöße); auch beim Sommertraining auf dem Rasen durchzuführen.

Alphabetisches Verzeichnis der Spiele

mit Angabe der Altersstufen, in denen sie bevorzugt verwandt werden

Name des Spiels	Lehrplanspiel	Seite	Vorschulalter	Schuljahr 1.	2.	3.	4.	5.	6.	7.—12.	Erwachsenensport
Ablöseball	1	208		■	■						
Abwehrspiel		258				■	■	■	■		
Abwurfball		252		■	■	■	■	■	■	■	■
Abwurf in der Gasse		251					■	■	■		
Ach, lieber Schuster du		98			■	■					
Alle meine Entchen		75	■	■							
Alle meine Gänschen, kommt nach Haus!		170		■	■						
Allerlei Wurf- und Fangübungen		205	■	■	■						
Älplerisch Ringen		308				■	■	■	■	■	■
Angriff und Verteidigung		349						■	■	■	■
Anschleichen		324			■	■	■				■
Anschleichen und beobachten		370				■	■	■	■	▮	
Armbeuge		381								▮	■
Auf den Vordermann aufpassen		165						■	■	■	■
Auf der Eisenbahn		86	■	■	■						
Aufgepaßt!		320					■	■	■		■
Ausbrechen	4	304			■	■	■	■	■	■	■
Ausscheidungsrennen		184					■	■	■	▮	■
Balldribbling		135						■	■	■	■
Bälle (Keulen) austragen		135				■	■	■	■	■	■

Name des Spiels	Lehrplanspiel	Seite	Vorschulalter	Schuljahr 1.	2.	3.	4.	5	6.	7.—12.	Erwachsenensport
Bälle bewachen		324			■	■	■				
Bälle einsammeln	1	205	■	■	■						
Bälle weg		221		■	■	■					
Ballhüpfen		134						■	■	■	■
Ball in den Korb		238		■	■	■	■				
Balljagd		213				■	■	■	■	■	■
Ballraten		320			■	■	■				
Ballrauben		194					■	■			
Ballschule		207	■	■							
Ballsuchen		324			■	■	■				
Ball über den Graben		223					■	■	■	■	■
Ball über die Schnur (Leine)	2-4	221			■	■	■	■	■	■	■
Ball unter die Schnur	4	279		■	■	■	■	■	■	■	■
Ballvertreiben	2	239		■	■	■	■	■	■		■
Bank-Torball		278					■	■	■		
Bärenführer		388		■	■	■	■				
Bärennecken		318		■	■	■					
Bärenschlag		165				■	■				
Barlauf		199							■		
Bau auf!		244				■	■	■			
Bauer, treib die Schafe aus!		170			■	■	■				
Bauer und Fuchs		192					■				
Befreiungsspiel		195			■	■	■	■			
Beinhakeln		309						■	■	■	■
Beute bewachen		306						■	■	■	
Beute bewachen (Heimspiel)		388				■	■	■	■		
Beute einbringen (Ski-Geländespiel)		359					■	■	■		

Name des Spiels	Lehrplanspiel	Seite	Vorschulalter	Schuljahr 1.	2.	3.	4.	5.	6.	7.—12.	Erwachsenensport
Bleistift aufheben		383						■	■	■	
Blinde Brückenwacht		325				■	■				
Blinde Kuh		326	■	■	■						
Blindes Ballrollen		325				■	■	■			
Blumen und Wind		189			■	■					
Boccia		240					■	■	■	■	■
Bockball	4	247			■	■	■	■	■	■	■
Böckchen, Böckchen, schiele nicht!		178		■	■						
Bootwechsel		340					■	■	■	■	
Brennball		263					■	■			
Brückemann		171		■	■	■	■				■
Brückenbauen		143					■	■			
Brückenwacht		171		■	■	■	■				■
Bruder, hilf!		158		■	■	■	■				
Büchsen-Wettlauf		384					■	■	■	■	■
Bückeball		285							■	■	■
Burgball	4	247			■	■	■	■	■	■	■
Chinesische Mauer		171		■	■	■	■				■
Das geteilte Paar		154			■	■	■				
Das Meer und die Fische		160		■	■						
Das Rad		219					■	■	■	■	■
Das scheue Pferd		318						■	■	■	■
Das Schiff geht unter		140		■	■	■	■				
Das Taubenhaus		76			■	■					
Dauerrodeln		353		■	■	■	■	■			

Name des Spiels	Lehrplanspiel	Seite	Vorschulalter	Schuljahr 1.	2.	3.	4.	5.	6.	7.—12.	Erwachsenensport
Deckelziehen	2	305		■	■	■	■	■	■	■	■
Den Horchposten anschleichen		370				■	■	■	■	▮	
Den Kuckuck (Pfeifer) suchen		370				■	■	■	■		
Den letzten beißen die Hunde!		139		■	■						
Der Ball rettet		156				■	■	■			
Der Bär ist los!		163		■	■	■					
Der Bibabutzemann		77	■	■	■						
Der Biß in den Schwanz		179				■	■				
Der dritte schlägt!		183				■	■	■			■
Der dritte schlägt!		196					■	■			
Der Kessel platzt!		163				■	■				
Der lustige Schlag		150				■	■				■
Der Plumpsack geht um!		141	■	■							
Der Sandmann ist da	1	93	■	■	■						
Der stärkste Kreis		305						■	■	■	■
Der Tunnel		216		■	■	■					■
Der Vogelhändler		167			■	■					
Der Zauberer (Der Zaubermeister)		161		■							
Diebe fangen		372						■	■	▮	
Dieb, o Dieb		108					■	■	■		
Diebschlagen		193					■	■			
Die Eisenbahn		87	■	■	■						
Die fleißigen Handwerker		79		■	■						
Die fleißigen Waschfrauen		81	■	■							
Die goldne Brücke		89	■	■	■						
Die Jagd		171		■	■						
Die Katze kommt!		185			■	■					

Name des Spiels	Lehrplanspiel	Seite	Vorschulalter	Schuljahr 1.	2.	3.	4.	5.	6.	7.—12.	Erwachsenensport
Die Mühle		311						■	■	■	■
Die neidischen Hennen		180				■	■				
Die Reise		138		■	■						
Die Sammler	1	205	■	■	■						
Die Stange fällt		319				■	■				
Die Welle		215					■	■	■		■
Die Ziehharmonika		102			■	■					
Die Zipfelmütz		82		■	■						
Doktorhasche		150				■	■				■
Doppelball		209							■	■	■
Dornröschen		83		■	■	■					
Dreiballauf		134					■	■	■	■	■
Dreibeinjagd (Dreibeinzeck)		151				■	■	■			
Drei-Felder-Ball		254					■	■	■	▮	
Drittenabschlagen (Drei Mann hoch)		180				■	■	■			■
Duell	4	348					■	■	■	▮	
Durchbrochene Linie		302				■	■	■			
Durch den Kreis		167						■	■	■	■
Durch den Zaun		325			■	■	■				
Du und ich, wir beide		108					■				
Ecken abräumen		383						■	■	■	■
Eckenlauf mit Haschen		173				■	■				
Einer fängt einen	3/4	150		■	■	■	■				■
Einfache Partnersuchspiele		144		■	■	■	■				
Einfacher Jägerball	2	259			■	■	■	■	■	■	■
Einfacher Wettwanderball	1	211		■	■						

Name des Spiels	Lehrplanspiel	Seite	Vorschulalter	Schuljahr 1.	2.	3.	4.	5.	6.	7.—12.	Erwachsenensport
Einfaches Haschen mit Freimal		156	■	■	■						
Einfache Zielwettbewerbe		235		■	■	■					
Einfädeln		383						■	■	■	■
Einkriegen (Grundform)	1/2	149	■	■	■	■					
Einreihen		146			■	■					
Eins, zwei, drei, ins faule Ei!		141	■	■							
Eins, zwei, drei, letztes Paar vorbei!		178		■	■						
Eins, zwei, drei, vier ...		320		■	■	■	■				
Eins, zwei, drei – wer hat den Ball?		321	■	■	■						
Eisenbahnspiele		86	■	■	■						
Eisenbahn von nah und fern		87	■	■	■						
Eisenzeck (Eisenmännchen)		156		■	■						
Eisschießen		362						■	■	■	■
Elefantenhaschen		151		■	■	■	■				
Endball		233						■	■		
Englisch-Haschen		150				■	■				■
Entern (Kraft- u. Gewandtheitsspiel im Wasser)		339						■	■	■	
Entern (Spiel mit Booten)		340								■	■
Es geht eine Zipfelmütz		82		■	■						
Es tanzt ein Bibabutzemann		77	■	■	■						
Fähnchen auf die Burg		347				■	■	■	■		
Fähnchen erobern		359						■	■	■	
Fang das Band!		153				■	■	■			
Fang den Häscher!		157				■	■				
Fangen (Grundform)	1/2	149	■	■	■	■					
Fangender Keulenhüter		244				■	■	■			

Name des Spiels	Lehrplanspiel	Seite	Vorschulalter	Schuljahr 1.	2.	3.	4.	5.	6.	7.—12.	Erwachsenensport
Fangen im Seil		187				■	■	■			
Fangschule		207	■	■							
Fangt das Band!		192				■	■	■			
Fangt die Schlange!		152	■	■	■						
Faustschiebekampf		380						■	■	■	■
Festungsball		254					■	■	■	▮	
Fingerhakeln		380								■	■
Finger weg!		388		■	■	■	■				
Fischerstechen (Spiel mit Booten)		341								■	■
Fischerstechen (Turnierspiel)		383							■	■	■
Fischfang		191		■	■	■					
Fischzug		167				■	■				
Flaschensteigen		393						■	■	■	■
Fleckhaschen		150				■	■				■
Fliegender Fisch		313								■	■
Foppen und Fangen		196					■	■			
Foppen und Fangen (Raufspiel)		307			■	■	■	■	■	▮	
Freies Verfolgungsrennen		155						■	■	■	■
Freunde suchen		146						■	■		
Froschzeck		149			■	■					
Fuchs aus dem Loch!		166				■	■				
Fuchs heraus!		177			■	■					
Fuchsjagd		173				■	■				
Fuchsjagd		373					■	■	■	■	■
Fuchsjagd (Ski-Geländespiel)		359						■	■	■	■
Fuchsprellen		313								■	■
Fuchs und Wolf		177			■	■					

Name des Spiels	Lehrplanspiel	Seite	Vorschulalter	Schuljahr 1.	2.	3.	4.	5.	6.	7.—12.	Erwachsenensport
Fußball im Kreis		277				■	■	■	■	■	■
Fußballtennis		227								▮	■
Füße weg!		310	■	■	■						
Fußschlagball		266						■	■	▮	
Fußtigerball		230							■	■	■
Gänsedieb (1)		164		■	■						
Gänsedieb (2)		170				■	■				
Gegenstände suchen		321				■	■				■
Gegenstände vertauschen		135				■	■	■	■	■	■
Genickziehen		381						■	■	▮	
Gepäckesel		393						■	■	■	■
Gewöhnungs- und Gewandtheitsübungen		360				■	■	■	■	▮	
Gewicht aufrollen		382					■	■	■	■	■
Glockenschwengel		313								■	■
Glucke und Geier		179			■	■	■				
Glühwürmchen		372								■	
Grabensprung		171		■	■	■	■				■
Gras mähen		134				■	■	■	■	■	■
Greifen (Grundform)	1/2	149	■	■	■	■					
Grenzball	4	281		■	■	■	■	■	■	■	■
Grenzkampf		298		■	■	■	■	■	■	■	■
Grenzschutz		375						■	■	■	
Gretel, Gretel, liebes Gretelein		105				■	■				
Grubenkampf		307					■	■	■		
Gruppenhaschen		151				■	■				
Gruppenwettläufe	1	118		■	■	■	■	■	■	■	■

Name des Spiels	Lehrplanspiel	Seite	Vorschulalter	Schuljahr 1.	2.	3.	4.	5.	6.	7.—12.	Erwachsenensport
Guten Abend, Herr Spielmann		99			■	■					
Hahnenkampf	4	307		■	■	■	■	■	■		
Haltet den Korb voll!	1	205	■	■	■						
Handschlagball		266					■	■	■	▮	
Handwerksspiel		162		■	■						
Hängezeck		157			■	■	■				
Hänsel und Gretel		85				■					
Häschen in der Grube		74	■	■							
Haschen (Grundform)	1/2	149	■	■	■	■					
Haschen mit Ausscheiden		153		■	■	■					
Haschen mit Helfern		154				■	■	■	■	▮	
Haschen mit Plumpsack		157					■	■			
Haschen zu zweit oder zu dritt		150		■	■	■	■				■
Haschespiele auf Ski		356						■	■	■	
Hase im Kohl (Hase im Nest)		173				■	■				
Hasen im Garten		186			■	■					
Hasen und Jäger	4	259					■	■	■	■	
Hasenzeck		157		■	■						
Hechtwerfen		313								■	■
Helferzeck		157					■	■			
Henne und Habicht		179			■	■	■				
Herr Spielmann		99			■	■					
Hetzball		252		■	■	■	■	■	■	■	■
Hetzball als Parteispiel		252					■	■	■	■	■
Hilfezeck		158		■	■	■	■				
Hinauf auf den Bock!		312					■	■	■	■	■

Name des Spiels	Lehrplanspiel	Seite	Vorschulalter	Schuljahr 1.	2.	3.	4.	5.	6.	7.—12.	Erwachsenensport
Hinaus aus dem Kreis!	3	302				■	■	■	■		■
Hindernishaschen		152				■	■	■	■		
Hindernis-Schwimmstaffel		338							■	■	■
Hindernisstaffel mit Ball		135						■	■	■	■
Hinein in den Kreis!		303				■	■	■	■	■	
Hinkekampf	4	307		■	■	■	■	■	■		
Hinkepinke		166				■	■				
Hinkezeck		149			■	■					
Hirschjagd		346		■	■	■	■				
Hochhasche		157			■	■	■				
Hockender Kreis		311					■	■	■		
Hockkampf		308				■	■	■			■
Hockzeck	4	157		■	■	■	■				
Holland – Seeland		167				■	■				
Holt die Beute!		168					■	■	■		
Hornisse		387				■	■	■	■	■	■
Huckezeck	4	157		■	■	■	■				
Humpelzeck		150				■	■				■
Hundehütte		145		■	■	■	■	■			
Hüpfender Kreis		310				■	■	■	■	■	■
Im Sommer		95	■	■							
Indianertanz		305						■	■	■	■
In die Knie zwingen		381								■	■
Inzelzeck		157					■	■			
Irrgarten		177				■	■				
Irrlicht		372								■	

Name des Spiels	Lehrplanspiel	Seite	Vorschulalter	Schuljahr 1.	2.	3.	4.	5.	6.	7.–12.	Erwachsenensport
Jägerball in einem Feld (Mannschaftsspiel)	3/4	260			■	■	■	■	■	■	■
Jägerball mit Feldwechsel (Mannschaftsspiel)	4	262						■	■	■	■
Jägerball mit Wurfverlust	4	261						■	■	■	■
Jäger, Spatz und Mücke		186					■	■	■		
Jäger und Hasen (Ski-Geländespiel)		360							■	■	■
Jakob, wo bist du? (Jakob und Jakobinchen)		326				■	■	■			■
Ja, so wickeln wir		97			■	■					
Jeder fängt den Vordermann!		183				■	■	■	■	■	■
Jeder gegen jeden		257					■	■	■		
Kämmerchen vermieten		138		■	■						
Kampf auf der Linie		309				■	■	■	■	■	■
Kampf um den Ball		299						■	■	▮	
Kampf um den Wasserball		339						■	■	■	■
Kampf um die Burg		303						■	■	■	
Kampf um die Fahnen		374						■	■	▮	
Kampf um die Insel		303						■	■	■	
Kartoffelstaffel		384				■	■	■	■	■	■
Karusselltanz		105				■	■				
Käscherball		334					■	■	■	■	■
Kastenball	4	247			■	■	■	■	■	■	■
Kastenhandball		288							■	▮	
Katze und Maus		175		■	■	■					
Katze und Maus in Gassenaufstellung		177				■	■				
Kauerzeck	4	157		■	■	■	■				
Kegeln		237			■	■	■				
Kerze auspusten		382								■	■

Name des Spiels	Lehrplanspiel	Seite	Vorschulalter	Schuljahr 1.	2.	3.	4.	5.	6.	7.—12.	Erwachsenensport
Kesseltreiben		372					■	■	■	▮	
Kettenhaschen	4	154			■	■	■				
Kettenreißen		301					■	■	■		
Keulen (Bälle) austragen		135				■	■	■	■	■	■
Keulenball im Kreis		246					■	■	■	▮	
Keulenball in zwei Feldern		246					■	■	■	▮	
Keulen bewachen		244				■	■				
Keulendieb		325			■	■	■				■
Keulenrauben		194					■	■			
Keulenwächter (Keulen stehlen)		186				■	■				
Keulen umwerfen		236			■	■					
Kiekebusch		109					■	■			
Kindertag		101		■	■	■					
Kissenschlacht		392						■	■	■	■
Klassenball		207	■	■							
Klatschball		210			■	■					
Kleiner Schelm		96				■					
Klein, groß – Hände los!		164		■	■						
Kletterzeck		157			■	■	■				
Kniedrücken		381						■	■	■	■
Kobolzzeck		157			■	■					
Kombinationsball		231						■	■	■	■
Kombinierte Nummernwettläufe		126			■	■					
Komm aus dem Kreis!		303						■	■	■	■
Komm mit! – Lauf weg!		141		■	■	■	■	■	■	■	■
Kommt, wir fassen unsre Hände		101		■	■	■					
Komm, wir wollen wandern		94	■	■	■						

Name des Spiels	Lehrplanspiel	Seite	Vorschulalter	Schuljahr 1.	2.	3.	4.	5.	6.	7.—12.	Erwachsenensport
Kopfball über die Schnur		223								■	■
Kopf und Schwanz		179				■	■				
Korbball		291								■	■
Kosmonautenspiel		116		■	■	■					
Krebsfußball	7	284								■	■
Kreis ausräumen	3	302				■	■	■	■		■
Kreisball		251				■	■	■	■		
Kreisfangen		187				■	■	■			
Kreisfußball		277				■	■	■	■	■	■
Kreis gegen Kreis		188			■	■					
Kreishüpfen		143					■	■	■		■
Kreiskorbball		290							■	▮	
Kreistorball (Kreishandball)		277						■	■	■	■
Kreis- und Viereckstaffeln		130			■	■	■	■	■	■	■
Kreiswettlauf		184					■	■	■	▮	■
Kreiswurfball		251				■	■	■	■		
Kreuzball		219						■	■	■	■
Kreuzungsverkehr		122		■	■						
Kreuzzeck		158					■	■	■		■
Krocket		241					■	■	■	■	■
Lahmer Fuchs		162	■	■	■						
Langnase fängt!		151		■	■	■	■				
Laufball		262					■	■	■		
Laufspiele auf dem Eis		361					■	■	■	■	■
Lebende Brücke		133						■	■	■	■
Leinenhandball		280							■	■	■

Name des Spiels	Lehrplanspiel	Seite	Vorschulalter	Schuljahr 1.	2.	3.	4.	5.	6.	7.—12.	Erwachsenensport
Liebe Schwester, tanz mit mir!		100			■	■					
Löffelduell		382								■	■
Lustige Staffeln		136				■	■	■	■		■
Lustiges Zeck		150			■	■					
Mannschafts-Schiebekampf		302						■	■	■	
Massenwettläufe	1	115	■	■	■						
Medizinbälle rollen		135			■	■	■	■	■	■	■
Medizinbälle tragen		134					■	■	■	■	■
Meister, gib uns Arbeit!		162		■	■						
Mit meinem Mädele		110					■				
Mitternacht		161			■	■	■				
Modellieren	4	350				■	■	■	■		
Monatshaschen		171		■							
Mondfahrt		389		■	■	■	■	■			■
Morgen wolln wir Schlitten fahren		92	■								
Müde, matt, krank, tot!		333	■	■	■	■	■				■
Münzenstaffel		385						■	■	■	■
Münze schieben		381								■	■
Münze suchen		340								■	■
Nachahmungszeck		149			■	■					
Nachlaufen (Grundform)	1/2	149	■	■	■	■					
Neckball		228			■	■	■				■
Netzhandball		280							■	■	■
Nummernbarlauf		198						■	■		
Nummerntauziehen		300				■	■	■	■		

Name des Spiels	Lehrplanspiel	Seite	Vorschulalter	Schuljahr 1.	2.	3.	4.	5.	6.	7.—12.	Erwachsenensport
Nummernwettläufe in Gruppen	2–4	123			■	■					
Nummernwettläufe in Gruppen als Verkehrsspiele		124		■	■						
Nummernwettläufe mit einzelnen Spielern	2–4	124				■	■				■
Ochs' am Berg		320		■	■	■	■				
Omnibus (Platzsuchspiel)		139		■	■						
Omnibus (Staffel)		134				■	■				
Paarhaschen	1–4	154		■	■						
Pappdeckelrennen		384					■	■	■	■	■
Parteiball		231						■	■	■	■
Parteiball über die Schnur		232							■	■	■
Parteiball über ein gegnerisches Feld		233						■	■		
Parteiball von Feld zu Feld	5	233						■	■	■	■
Partisanen		375					■	■	■	▮	
Pendelstaffeln	3	131		■	■	■	■	■	■	■	■
Pferd und Reiter		146					■	■	■		
Pikschlittenspiele		362					■	■	■	▮	
Plätze wechseln		174		■	■						
Platzsuchen		322			■	■	■				
Platzsuchspiele		352		■	■	■	■				
Platzwechsel	2–4	119			■	■	■	■	■	■	■
Platzwechseln mit blinder Kuh		325				■	■				
Platzwechseln zu zweit		174		■	■						
Platzwechselstaffel mit Ball		133					■	■	■	■	■
Platzwechselstaffeln		133					■	■	■		
Polarhundrennen		352				■	■	■	■		

Name des Spiels	Lehrplanspiel	Seite	Vorschulalter	Schuljahr 1.	2.	3.	4.	5.	6.	7.—12.	Erwachsenensport
Polizei und Diebe		193					■	■			
Prellball	7/8	224								■	■
Prellball im Kreis		226								■	■
Puppe		309					■	■	■	■	■
Rangeln		308				■	■	■	■	■	■
Räuberzeck	1	154		■	■						
Raufball	7/8	286						■	■	■	■
Raufball (im Wasser)		334		■	■	■	■	■	■	■	■
Reifenstechen		242						■	■	▮	
Reifentreiben		135		■	■	■	■				
Reisebericht		391								■	■
Reißverschluß		217			■	■	■	■	■	■	■
Reiterball mit Abwurf		251						■	■	▮	
Reiterkampf		314						■	■	▮	
Reitertigerball		230							■	■	■
Reiterziehkampf		299					■	■	■		
Rettender Kreis		187				■	■	■			
Rette sich, wer kann!		163				■	■				
Rettungsdienst		315				■	■	■	■		
Rettungshasche		158					■	■	■		■
Ringender Kreis	2/3	305		■	■	■	■	■	■	■	■
Ringender Kreis mit Haschen		164					■	■	■	■	■
Ringender Kreis mit Haschen (im Schnee)		347						■	■	■	
Ringhockey	7/8	289							■	■	■
Ringtennis		228								▮	■
Ri-ra-rutsch!		94	■	■	■						

Name des Spiels	Lehrplanspiel	Seite	Vorschulalter	Schuljahr 1.	2.	3.	4.	5	6.	7.—12.	Erwachsenensportr
Ritsch-ratsch		107					■				
Rodeln mit Sonderaufgaben	4	352				■	■	■	■		
Rodelslalom	5	353						■	■	■	
Rollball	7/8	285							■	■	■
Rücklaufstaffeln	1	128		■	■	■	■	■	■	■	■
Rundlaufstaffeln		130			■	■	■	■	■	■	■
Saalausräumen		153			■	■	■				
Sackhüpfen		136				■	■	■	■		
Sandsäckchen-Hüpfen		134						■	■	■	■
Schattenzeck		151				■	■				
Schatzsucher		371					■	■	■		
Schiebekämpfe	1	301		■	■	■	■	■	■	■	■
Schiebekampf auf der Bank		301				■	■	■			■
Schiebekampf im Stehen oder Sitzen		301					■	■	■	■	■
Schiebekampf im Liegestütz oder in der Bankstellung vorlings		301						■	■	■	■
Schiebekampf nach Rugbyart		301								■	■
Schinkenklopfen		390						■	■	■	■
Schlafender Riese		160		■							
Schlagball		268						■	■	■	■
Schlaglaufen		196					■	■			
Schlagzeck		150				■	■	■			■
Schlangen-Hasche		179		■	■	■					
Schlangenzeck		152		■	■	■					
Schleuderball		282							■	■	■
Schlitten besetzen		352	■	■	■						
Schlittenhindernisstaffel		351		■	■	■	■				

Name des Spiels	Lehrplanspiel	Seite	Vorschulalter	Schuljahr 1.	2.	3.	4.	5.	6.	7.—12.	Erwachsenensport
Schlüsselspiel		389				■	■	■	▌		
Schmaler Pfad		382				■	■	■	■	■	■
Schnappball		231				■	■				
Schneeballschlacht	4	349						■	■	■	■
Schneeballschlacht von Feld zu Feld	4	348					■	■	■	■	■
Schneepflugwettbewerbe		358						■	■	■	■
Schneesäulen bauen		350				■	■	■	■	▌	
Schneewalze		350	■	■	■	■	■	■			
Schneidezeck		158					■	■	■		■
Schnelles Greifen		388					■	■	■	■	■
Schnitzeljagd		373					■	■	■	■	■
Schnitzeljagd (Ski-Geländespiel)		359						■	■	■	■
Schrubberhockey		385						■	■	■	■
Schuhsuchen		318				■	■	■	■	■	■
Schustertanz		97			■	■					
Schwanz ab!		153				■	■	■			
Schwanz ab! (Mannschaftsspiel)		192				■	■	■			
Schwarzer Mann	1	169		■	■	■	■				
Schwarz – Weiß	2–4	189		■	■	■	■	■	■	■	■
Schwarz – Weiß (am Tisch)		388						■	■	■	■
Schwesterchen, komm, tanz mit mir!		100			■	■					
Schwimmarten-Hasche		337								■	■
Schwimmstaffeln		338						■	■	■	■
Sechs hübsche Mädel		103				■					
Seitenwechsel	2–4	119			■	■	■	■	■	■	■
Seitenwechsel mit Fangen		171				■	■	■	■	■	■
Sitzfußball		284								■	■

Name des Spiels	Lehrplanspiel	Seite	Vorschulalter	Schuljahr 1.	2.	3.	4.	5.	6.	7.—12.	Erwachsenensport
Sohlenkampf		383					■	■	■	■	■
Sperrzeck	4	152					■	■	■	■	■
Spiegelbild		319						■	■	■	■
Spinne und Fliegen		337								■	■
Sprengen des Kreises		304					■	■	■	■	■
Sprung ins Ungewisse		326						■	■	■	■
Spurhasche im Kreis		346		■	■	■	■				
Stabhüpfen		134				■	■	■	■	■	■
Stabringen		299						■	■	▪	
Stabwandern		318				■	■	■	■	■	■
Staffelhasche		129						■	■	■	■
Staffeln		126		■	■	■	■	■	■	■	■
Staffeln auf Ski		356					■	■	■	■	
Staffeln mit Geräten und Bällen	1–3	134		■	■	■	■	■	■	■	■
Staffel über den Abgrund		132				■	■	■	■	■	■
Staffel über die Inseln		132						■	■	■	■
Stando (Standball)		249			■	■	■	■			
Stangenschieben		302						■	■	■	
Startball		258				■	■	■	■		
Starthasche		165						■	■	■	■
Steh auf!		318			■	■	■				
Stehball		249			■	■	■	■			
Steh! – Lauf!	2	155		■	■	■	■				
Steifer Mann		309					■	■	■	■	■
Steinbock abschießen		244						■	■	▪	
Steinstoßstaffel		135							■	■	■
Steirisch Ringen		308				■	■	■	■	■	■

Name des Spiels	Lehrplanspiel	Seite	Vorschulalter	Schuljahr 1.	2.	3.	4.	5.	6.	7.—12.	Erwachsenensport
Stelzenlaufen		137							■	■	■
Stimmenraten		321		■	■	■	■				
Stockball (Spiel auf dem Eis)		362						■	■	▪	
Stockballstaffel		135						■	■	■	■
Stockballstaffel (auf dem Eis)		361					■	■	■	▪	
Stollenvortreiben		133			■	■	■	■	■	■	■
Storchzeck		157		■	■						
Stoß von der Bank		309						■	■	■	■
Strandgut		338						■	■	■	■
Streckentauchen		340							■	■	■
Stuhlrutschen		389				■	■	■	■	▪	
Such mich!		324		■	■	■	■				
Suchspiel mit Aufgaben		372						■	■	■	
Tag und Nacht	2	189		■	■	■	■	■	■	■	■
Tauchender Kreis		336						■	■		
Tauchhasche		337								■	■
Tauziehen	1–4	299		■	■	■	■	■	■	■	■
Tauziehen bei geschlossenen Augen		322			■	■	■	■			■
Tauziehen im Kreis		300				■	■	■	■	■	■
Tauziehen im Viereck		300				■	■	■	■	■	■
„Tauziehen" in Booten		341						■	■	■	■
Tauziehen mit Wettlauf	1	300		■	■	■	■	■	■		■
Tauziehen ohne Tau		301						■	■	■	■
Tellertauchen		339								■	■
Teufelsschwanz		179				■	■				
Tigerball	4	229			■	■	■	■	■	■	■

Name des Spiels	Lehrplanspiel	Seite	Vorschulalter	Schuljahr 1.	2.	3.	4.	5.	6.	7.—12.	Erwachsenensport
Torball		278					■	■	■	▮	
Toter Mann		309					■	■	■	■	■
Tragestaffel		134					■	■	■	■	■
Trampelpolka		111				■	■				
Treffball	4–8	237			■	■	■	■	■	■	■
Treffball		252		■	■	■	■	■	■	■	■
Treffball		265					■	■	■		
Treffball zum Üben des Malwechselns nach Abwurf		266						■	■	■	■
Treffersammeln		257					■	■	■		
Treibball		281		■	■	■	■	■	■	■	■
Treibjagd		372					■	■	■	▮	
Tritt auf das Seil!		152	■	■	■						
Tunnelball (Tunnelstaffel)		216		■	■	■					■
Turmball		286								■	■
Umgucker		320		■	■	■	■				
Umkehrlauf		118						■	■	■	■
Umkehrstaffeln	1–4	128		■	■	■	■	■	■	■	■
Umstoßen		308					■	■	■	■	■
Urbär		165				■	▮				
							■				
Väterchen, verkauf den Stier!		104				■	■				
Verbotene Übung		391		■	■	■	■	■	■	■	■
Verdrängen		306							■	■	■
Vereinigung		376						■	■	▮	
Verfolgung		151						■	■	■	■
Verfolgungs-Bockspringen		185						■	■	■	■

Name des Spiels	Lehrplanspiel	Seite	Vorschulalter	Schuljahr 1.	2.	3.	4.	5.	6.	7.—12.	Erwachsenensport
Verkehrsspiel (mit dem Schlitten)		353					■	■	■		
Verschollene suchen		371				■	■	■	■		
Versteckspiel		371		■	■	■					
Versteinern (Verzaubern)		155		■	■	■	■				
Vögel verkaufen		167			■	■					
Von Bank zu Bank		146						■	■		
Von Eck zu Eck		173				■	■				
Von Feld zu Feld		306							■	■	■
Vorsicht, Ohrfeige!		320				■	■	■	■	■	■
Wanderball	1	206		■	■	■	■				
Wandernder Ring		390	■	■	■	■	■				
Wanderspringen		133						■	■	■	■
Wanderstaffeln		133				■	■	■	■	■	■
Wandertauchen		336							■	■	■
Wasserball mit Schleuder		334					■	■	■	■	■
Wassermann		171		■	■	■	■				■
Wechselt das Bäumelein!		137		■	■						
Wechselwalze		312								■	■
Wer bleibt im Kreis?	3	302				■	■	■	■		■
Werfer und Läufer	3	218				■	■	■	■	■	■
Wer fürchtet sich...?	1	169		■	■	■	■				
Wer hascht am schnellsten?	3	154				■	■	■	■	■	■
Wer hat die Vorfahrt?		122				■	■	■			
Wer hat keinen Ball?		139		■	■	■					
Wer hat kein Haus?		139		■	■						
Wer hockt am längsten?		308				■	■	■			■

Name des Spiels	Lehrplanspiel	Seite	Vorschulalter	Schuljahr 1.	2.	3.	4.	5.	6.	7.—12.	Erwachsenensport
Werkstatt vermieten		138		■	■						
Wer reitet?		393						■	■	■	
Wer trifft am meisten?		257					■	■	■		
Wer will fleißige Handwerker sehn?		79		■	■						
Wettläufe und Staffeln (auf Ski)		356					■	■	■	■	■
Wettwanderball mit Lauf (Grundform)	4	214		■	■	■	■				
Wettwanderspringen		133						■	■	■	■
Wie spät ist es, Herr Fuchs?		153			■	■					
Winde, winde eine Welle		88	■	■							
Windmühle		180					■	■			
Wir fahren mit der Eisenbahn		87	■	■	■						
Wir gehn im gleichen Schritte		92		■	■						
Wir haben eine Ziehharmonika		102			■	■					
Wir kommen aus dem Morgenland!		162		■	■						
Wir öffnen jetzt das Taubenhaus		76			■	■					
Wir tanzen um den Kiekebusch		109					■	■			
Wir treten auf die Kette		90	■	■							
Wir wolln den Kranz winden		91	■	■							
Wir wolln die Merseburger Brücke baun!		89	■	■	■						
Wir wolln zum guten Meister gehn		79	■	■	■						
Wogende Reihe		217			■	■	■	■	■	■	■
Wollt ihr wissen, wie's die kleinen Mädchen machen?		78	■	■	■						
Wurfpfeilspiel		385							■	■	■
Zauberzeck		155		■	■	■	■				
Zaunzeck		158					■	■	■		
Zeck (Grundform)	1/2	149	■	■	■	■					

Name des Spiels	Lehrplanspiel	Seite	Vorschulalter	Schuljahr							Erwachsenensport
				1.	2.	3.	4.	5.	6.	7.—12.	
Zeigt her eure Füßchen		81	■	■							
Ziehe durch, ziehe durch		89	■	■	■						
Ziehkampf (Ziehen über den Strich)	1/2	298		■	■	■	■	■	■	■	■
Ziehkampf (gefesselt)		381						■	■	■	
Ziehkampf im Liegestütz		299								■	■
Zieh- und Schiebekampf im Boot		340								■	■
Zielball	4	237			■	■	■	■	■	■	■
Zielball	4	252		■	■	■	■	■	■	■	■
Ziellaufen		392				■	■	■	■	■	
Zielwerfen mit Schneebällen	4	348		■	■	■	■	■	■		
Zubringerstaffel (Laufspiel)		133				■	■	■	■		
Zubringerstaffel (mit dem Schlitten)		353					■	■	■		
Zündholzjagd		391						■	■	■	■
Zündholzstaffel		391						■	■	■	■
Zuzwinkern		389								■	■
Zwei-Deckel-Lauf		136				■	■	■	■		
Zwei fangen einen	3	150		■	■	■	■				■
Zweifelderball	3	254				■	■	■	■	■	■
Zweifelderball im Kreis		257					■	■	■	■	■
Zweifelderball mit Erlösen		255					■	■	■	■	■
Zweifelderball mit Hindernissen		256					■	■	■	■	■
Zwei Hunde und ein Knochen		193					■	■			
Zwei suchen einen Schuh		392		■	■	■	■	■	■		■
Zweitenabschlagen		182			■	■	■				
Zwei unter einer Decke		390						■	■	■	■
Zwerge und Riese		160		■							

Literaturverzeichnis

Alt, R.: Vorlesungen über die Erziehung auf frühen Stufen der Menschheitsentwicklung. Volk und Wissen Volkseigener Verlag, Berlin 1956

Bartel, W.: Freizeitspiele. Verlag Tribüne, Berlin 1971

Böhme, R., Schramm, E.: Hinweise für die inhaltlich-methodische Gestaltung von Sport und Touristik im Schulhort. Volk und Wissen Volkseigener Verlag, Berlin 1978

Borde-Klein, I. u. a.: Spaß und Spiel. Volk und Wissen Volkseigener Verlag, Berlin 1978

Buggel, E.: Geländesport auf Wanderungen und im Ferienlager. Volk und Wissen Volkseigener Verlag, Berlin 1959

Endert, Th., Langhoff, G.: Handball in der Schule. Volk und Wissen Volkseigener Verlag, Berlin 1977

Geißler, A.: Freudvolle Spiele für das 1. bis 10. Schuljahr. Wilhelm Limpert Verlag, Frankfurt a. M. 1956

Geißler, H.: Rodeln und Rodelspiele in der Schule. In „Körpererziehung", Heft 11/1969

GutsMuths, J. Chr. Fr.: Spiele zur Übung und Erholung des Körpers und des Geistes. Sportverlag, Berlin 1959

Haufe. E./Lehmann, R.: Über die Verwendung der Kleinen Spiele und Wettkampfformen. In „Körpererziehung", Heft 3 und 4/1960

Keller, St. u. a.: Körpererziehung im Kindergarten. Volk und Wissen Volkseigener Verlag, Berlin 1976

Kirchmayer, A.: Komm, spiel und tanz mit uns. Verlag für Jugend und Volk, Wien 1947

Kirchmayer, A.: Schulspiele für Jungen und Mädchen. Wien/Leipzig 1940

Kleine Enzyklopädie „Körperkultur und Sport". VEB Bibliographisches Institut, Leipzig 1979

Konzag, G. u. a.: Übungsformen für die Sportspiele. Sportverlag, Berlin 1973

Lehnert, G., Lachmann, I.: Sport und Spiel mit kleinen Leuten. Sportverlag, Berlin 1974

Löscher, A.: Kleine Spiele für viele. Sportverlag, Berlin 1976

Lohmann, W.: Kleine Spiel- und Wettkampfformen für die leichtathletische Sprungschulung. In „Körpererziehung", Heft 7/1967

Maas, W.: Hinaus in Schnee und Eis! In „Körpererziehung", Heft 4/1951

Mahlo, F.: Das spieltaktische Handeln und Möglichkeiten seiner planvollen Ausbildung im Turnunterricht der Unterstufe. Dissertation, Berlin 1963

Makarenko, A. S.: Vorträge über Kindererziehung. Volk und Wissen Volkseigener Verlag, Berlin/Leipzig 1950

Meinel, K., Schnabel, G. u. a.: Bewegungslehre. Volk und Wissen Volkseigener Verlag, Berlin 1977

Nowogrodski, T.: Entwicklungspsychologie. Volk und Wissen Volkseigener Verlag, Berlin 1958

Recla, J. Hirsch, R.: Frohes Spielen. Lebendige Spielerziehung in praktischen Beispielen. Institut für Leibeserziehung der Universität Graz, 1960

Schmidt, F. A.: Die Leibesübungen nach ihrem körperlichen Übungswert dargestellt. Leipzig 1893

Schmidt, W.-D.: Zur Spielausbildung in der Unterstufe. In „Körpererziehung", Heft 4/1978

Singer, W., Berger, A., Preißler, G. u. a.: Kommt herbei zum großen Kreis. Volk und Wissen Volkseigener Verlag, Berlin 1974

Stiehler, G. u. a.: Methodik des Sportunterrichts. Volk und Wissen Volkseigener Verlag, Berlin 1978

ISBN 3-06-16 23 09-4

16. Auflage
Lizenz Nr. 203 · 1000/87 (UN 16 23 09-16)
LSV 0645
Redaktion: P. Wildgrube
Einband: W. Fahr, H. Förster
Zeichnungen: W. Fahr
Illustrationen: H. Förster
Fotos: Fahrig, DHfK Leipzig; J. Hänel, Leipzig; H. Kronfeld, Berlin
Typografische Gestaltung: Atelier vwv, C. Liersch
Printed in the German Democratic Republic
Satz und Druck: Grafischer Großbetrieb Völkerfreundschaft Dresden
Buchbinderische Weiterverarbeitung: „Maxim Gorki", Altenburg
Schrift: 9/11 p Garamond, Linotron
Redaktionsschluß: 1. 7. 1986
Bestell-Nr. 709 140 5
01250